63 bis 2003 (Abschlussplatzierungen)

Das W auf dem Trikot ...

Arnd Zeigler

Das W auf dem Trikot ...

40 Jahre Werder Bremen in der Bundesliga

Mit Vorworten von
Dr. Franz Böhmert und Marco Bode

1686 Abbildungen

EDITION TEMMEN

Bildnachweis:

Baumann, Frank: 267 (u.r.); Bergmann-Verlag: 24, 30 (o.), 34, 36 (o.), 40 (2), 41 (u.), 45 (o.), 50, 54, 74 (o.), 97 (o.), 107 (o.r.), 160 (o.), 212 (o.), 237 (o.); Couddou, Reinaldo/11 Freunde: 140 (u.); FC Schalke 04: 97 (u.); IMAGO: 16, 23, 25 (o.), 29, 31, 32, 35, 37, 41 (o.), 42, 66, 98 (r.), 153, 154 (o.), 161 (o.), 166 (o.); Kicker Sportmagazin: 12 (u.), 20 (l.), 25 (u.), 46 (o.), 48 (u.r.), 57 (u.), 60, 63, 96, 121, 151, 266 (o.); Klötzer, Kuno: 120 (u.l.); Panini GmbH: 221 (u.r.); Radio Bremen: 17 (u.l.), 124 (8), 152 (4), 154 (4); Rufer, Wynton: 191 (u.r.); Schmidt, Karl-Edmund: 136 (u.); Schumann, Walter: 5, 10, 14, 17 (o.), 21 (u.), 22, 26 (o.), 28, 30 (u.), 38, 44, 46 (u.), 55 (o.), 61 (2), 62 (u.), 65, 68, 69 (o.), 70 (2), 72, 73, 74 (2), 76 (2), 78, 79 (2), 80, 82, 83 (2), 84 (o.), 85 (2), 88, 89 (2), 90 (2), 92, 94, 98 (2), 99 (2), 100, 101 (u.), 102, 104, 105 (o.), 106 (u.), 107 (u.li.), 108 (2), 109 (o.), 110, 112 (o.), 113 (o.), 116, 117 (l.), 118, 120 (3), 122, 123, 124 (groß), 125 (2), 127 (3), 128 (2), 130, 131 (2), 132, 133 (4), 134, 137 (u.r.), 138 (3), 139 (2), 142, 143 (2), 144, 146, 147, 148 (2), 150, 154 (u.), 156, 157 (2), 158 (3), 160 (u.), 162 (2), 163 (o.), 164 (2), 165 (3), 166 (u.l.), 170, 171 (2), 176, 177 (o.), 180 (o.), 183 (2), 184, 185 (2), 186 (2), 191 (u.l.), 192, 193 (2), 200 (2), 201 (o.), 203 (o.), 212 (2), 213 (2), 220 (o.), 221 (o.), 236 (o.), 237 (u.r.), 238 (2), 239, 244 (2), 256, 263 (o.), 264, 266 (u.), 268 (2), 269; Sicker-Verlag: 12 (o.), 20 (r.o.) 26 (u.); Stroscher, Jürgen: 6, 9, 67, 168 (u.), 169 (2), 174, 175, 181, 188 (2), 189, 190 (3), 192, 194, 196 (2), 197, 200 (o.), 202 (o.), 203 (u.), 204, 205 (2), 206 (2), 208, 209, 210 (o.), 213 (u.), 214 (2), 215 (2), 216 (2), 217 (2), 218, 220 (u.r.), 221 (u.l.), 222, 223 (2), 224, 226, 228, 229 (2), 230, 232, 233, 234, 235 (2), 242 (2), 243 (3), 245, 248, 249 (2), 250, 252, 253, 254, 257, 258, 260 (2), 261, 262, 267 (2); SV Werder Bremen: 7, 11, 13 (2), 17 (u.r.), 18 (2), 20 (u.r.), 21 (o.), 45 (2), 51 (3), 58, 62 (o.m.), 64, 69 (u.), 75 (o.), 84 (u.), 93 (2), 101 (o.), 105 (u.), 106 (o.), 111, 112 (u.), 114, 117 (r.), 126 (o.r.), 139 (u.l.), 140 (o.), 141 (3), 161 (u.), 168 (o.), 191 (o.r.), 236 (u.), 237 (u.l.), 255; van der Walle, Carl: 137 (3); Watson, Dave: 109 (u.); Weser-Kurier: 55 (u.), 56; Zebrowski, Tanja: 163 (u.), 166 (u.r.), 168 (u.r.), 172, 177 (u.), 178, 180 (u.), 182, 238 (o.); Zeigler, Arnd: 8 (l.), 36 (u.), 107 (u.r.), 113 (u.), 220 (u.l.), 280

Die Porträts der Spielerkader und der Trainer werden nicht einzeln nachgewiesen. Ggfs. gibt der Verlag Auskunft. Bei einigen wenigen Bildern konnten die Fotografen nicht ausfindig gemacht werden. Auch in diesen Fällen bittet der Verlag ggfs. um Nachricht.

Hohenlohestr. 21 – 28209 Bremen
Tel. 0421/34 84 30 – Fax 0421/34 80 94
info@edition-temmen.de
www.edition-temmen.de

Herstellung: Edition Temmen

ISBN 3-86108-695-6

Dr. Franz Böhmert: »... ein ganz besonderer Verein«

Als der DFB im Frühjahr 1963 damit begann, die 16 Teams für die allererste Saison der neu geschaffenen Bundesliga zusammenzustellen, gehörte der SV Werder Bremen zu den ersten neun Kandidaten überhaupt, die für die neue Eliteklasse in Betracht kamen. Unter 27.000 Fußballvereinen in Deutschland war unser Verein als einer der ersten für würdig befunden worden, den deutschen Spitzenfußball zu repräsentieren. Ein Dank dafür gebührt posthum dem großartigen damaligen Geschäftsführer Hansi Wolff, der Werder nach dem Krieg maßgeblich aufgebaut und zu einem der wirklich großen Vereine gemacht hatte. Ohne diese Schlüsselfigur wäre Bundesligafußball in Bremen lange Zeit undenkbar gewesen.

Werder war also »dabei«, aber es war nicht absehbar, welche Konsequenzen dies für unseren Verein mit sich bringen würde. Kaum jemand nahm an, dass wir im Kreise so großer Mannschaften wie Nürnberg, Schalke oder Hertha langfristig eine gute Rolle würden spielen können. Die Maxime unseres Vereins, so viel war klar, musste immer lauten: Wir müssen versuchen, den Verein kreativ zu führen und versuchen, immer etwas cleverer zu sein als die Konkurrenz, um mit unseren Mitbewerbern mithalten zu können.

Damals wie heute litt Werder unter einem großen Standortnachteil: Das Einzugsgebiet Bremens war nicht mit dem großer Metropolen vergleichbar. Wir bekamen kein mit Geldern vom Bund finanziertes Riesenstadion hingestellt, als die WM 1974 in Deutschland anstand. Wir hatten es mit unserem wirtschaftlichen Umfeld immer schwerer, potente Sponsoren für den Verein gewinnen zu können.

Umso erstaunlicher waren vor diesem Hintergrund unsere Triumphe. Sowohl die Meisterschaft gleich im zweiten Bundesligajahr, 1964/65, als auch die lange Erfolgsstory der achtziger und neunziger Jahre waren unter Berücksichtigung unserer Gesamtsituation wirkliche Sensationen und suchen in der Bundesliga ihresgleichen. Heute steht Werder Bremen in der »ewigen Bundesligatabelle« auf dem 3. Tabellenplatz.

Die Erfolge der Ära Otto Rehhagel sorgten dafür, dass unser Verein erstmals auf größere Eigenmittel zurückgreifen konnte. Das Formen und spätere Weiterverkaufen großartiger Spieler wie Rudi Völler oder Kalle Riedle, so schmerzlich es im jeweiligen Moment für uns auch immer war, bildeten eine wichtige Basis für unsere Zukunftssicherung. Wir haben unser Stadion ausgebaut und sind gerüstet. Auch hier waren wir Vorreiter: 1992 hat der SV Werder als erster Verein der Bundesliga den Bau von Businesslogen für nötig gehalten, um den Stadionbesuch bei Werder komfortabler und zeitgemäßer werden zu lassen. Andere Vereine ziehen mit dieser Entwicklung teilweise erst jetzt nach.

Das »Bosman-Urteil« hat 1995 vor allem Vereine wie Werder Bremen hart getroffen. Die Bedingungen, eine starke Mannschaft zusammenzustellen und vor allem zusammenzuhalten, waren plötzlich sehr viel schlechter als vorher. Umso erstaunlicher ist es, dass der SV Werder acht Jahre nach diesem Urteil dauerhaft im oberen Teil der Bundesligatabelle rangiert. Ich bin überzeugt, dass es unserer sportlichen Leitung mit Klaus Allofs und Thomas Schaaf auch in Zukunft gelingen wird, eine schlagkräftige Mannschaft aufzubauen, die im deutschen Fußball eine bedeutende Rolle spielen wird. Und ich bin felsenfest überzeugt, dass Werder Bremen im Rahmen seiner Möglichkeiten auch in Zukunft diesen Weg, den wir seit über 40 Jahren erfolgreich beschritten haben, weiter fortführen wird.

In den gut 22 Jahren seit dem Wiederaufstieg in die Bundesliga stand Werder Bremen sechsmal im Endspiel um den DFB-Pokal und gewann ihn dreimal. Wir wurden viermal Vizemeister, zweimal Meister und einmal Europacupsieger. Wir durften Zeuge einer Erfolgsstory werden, die nur wenige Vereine in Deutschland erzielen konnten.

Werder Bremen ist ein großer deutscher Verein. Ein Verein mit einer Tradition, die in Deutschland nur ganz wenige Clubs vorweisen können. Dieses Buch soll davon erzählen und die vielen, vielen großartigen Momente in unserer Bundesligageschichte ebenso wieder lebendig werden lassen wie die schmerzlichen Augenblicke, die zum Leben eines Traditionsvereins untrennbar dazugehören. Auch soll es Hoffnung machen auf eine Rückkehr zu alten Erfolgen und verdeutlichen, was der SV Werder Bremen für uns alle ist: ein ganz besonderer Verein.

Oktober 2003

Marco Bode:
»... gemeinsam in Erinnerungen schwelgen«

Von der anderen Seite der Welt aus betrachtet erscheint die Bundesliga gelegentlich klein und unbedeutend. Doch neben mir sitzt Wynton »Kiwi« Rufer (wohl einer der talentiertesten und verrücktesten Werderaner), und wenn wir gemeinsam in Erinnerungen schwelgen, erhält der Fußball wieder die Bedeutung, die ihm zusteht, vielleicht sogar ein bisschen mehr.

Es sind die Erinnerungen von vielen Werder-Spielern und noch mehr Werder-Fans, die aus all den Bundesligaspielen, den Siegen und Niederlagen, aus all den Fakten und Statistiken, die Arnd Zeigler hier zusammengestellt hat, eine große Geschichte machen. Jeder trägt seine eigene Geschichte und persönliche Erinnerungen in sich, und so kann dieses Buch wohl nur der größte gemeinsame Teiler all dieser individuellen Geschichten sein. Doch was heißt nur – unser Gedächtnis braucht manchmal Krücken, sonst entfernen sich die Erinnerungen zu weit von der Wirklichkeit.

Dabei wird niemand Probleme haben, sich an die großen Momente zu erinnern: die letzte halbe Stunde des Spiels in der Champions-League gegen RSC Anderlecht, als wir nach einem 0:3-Rückstand noch 5:3 gewannen, oder das Tor, das eben jener Kiwi, der mir jetzt gegenüber sitzt, im Europapokalfinale in Lissabon gegen den AS Monaco erzielte.

Doch ich freue mich im Besonderen auf all jene vermeintlichen Marginalien, die sich allzu leicht aus unserem Gedächtnis verflüchtigen, jene Namen, Episoden und Geschichten am Rande der großen Werder-Historie.

Vergessen wir bei all den Gedanken an die Vergangenheit nicht die Gegenwart und die Zukunft: Werder ist nach einigen unruhigen Jahren wieder dabei, sich in der Spitze der Liga festzusetzen. Vielleicht wird schon in diesem Jahr wieder große Werder-Geschichte geschrieben!

Und das wäre doch schön, der zweite Band schreibt sich ja schließlich nicht von selbst!

Viel Spaß mit diesem Buch wünscht euch euer Marco Bode ... und ...

See you at the far post (says Kiwi).

Auckland, Neuseeland, 28.9.2003

Arnd Zeigler: Warum Werder? Oder: 41 gute Gründe, Grünweiß zu tragen

Seine Zuneigung oder Liebe zu einem Fußballverein rational zu erklären, ist ein Ding der Unmöglichkeit. Ebenso wenig kannst du ja erklären, warum Mutti die Beste ist. Es ist einfach so.

Irgendwann wachst du also auf und hast einen Lieblingsverein, der dich künftig oft nicht mehr so gut schlafen lässt. Kult-Schriftsteller Nick Hornby formulierte es einst wunderbar so: »Man sucht sich keinen Verein aus . Der Verein wird einem gegeben.«

Und wenn du also plötzlich mit einem Verein zitterst, leidest, jubelst, dann wirst du feststellen, dass dein Leben reicher ist – wenngleich nicht unbedingt immer an positiven Dingen. Fest steht nur: Sobald du einen Lieblingsverein hast, verlierst du unwiederbringlich die Macht, deine Laune an Wochenenden frei zu wählen.

Als Werder Bremen 1980 aus der Bundesliga abstieg, war ich 14 und habe geweint. In der Schule bekam ich von meinem Mathelehrer Herrn Frühmark jeden Montagmorgen einen Spruch reingedrückt, der meistens die Wörter »Werder-Fans« und »kleine Brötchen backen« enthielt. Vor diesen Sprüchen graute mir noch mehr als vor Mathe, und das will wirklich etwas heißen.

Trotzig und wild entschlossen habe ich daraufhin jede Sekunde der folgenden Zweitligasaison in mich aufgesogen, obwohl die Gegner nur Erkenschwick, Lüdenscheid und Solingen hießen. Erkenschwick, Lüdenscheid, Solingen, und wenn man gegen Solingen gespielt hatte, kam wieder Erkenschwick und dann wieder Lüdenscheid. Manchmal aber auch Bocholt. Egal. Ich war sicher, dass meine Hingabe auch ein ganz winziges Bisschen dazu beiträgt, den SVW zurück in die Bundesliga zu bringen, wo er schließlich dammichnochmal hingehörte.

Wir (ja, ab jetzt spätestens »wir«!) stiegen bekanntlich sofort wieder auf, und die Welt war schön, denn Werder spielte tollen Fußball und war plötzlich eine Spitzenmannschaft. Nur wer vorher schon den Abstieg miterlebt hatte, wusste die bunten Werder-Achtziger richtig zu schätzen.

Als Michael Kutzop dann 1986 den Elfer versemmelte, hatte ich mich gerade entschlossen, heftig in ein Mädchen verliebt zu sein. Vorher war ich jahrelang nur in Rudi Völler verliebt. Die Enttäuschung der verpassten Meisterschaft war fast zuviel für mich: Ich überlegte ernsthaft, ob Mädchen nicht eigentlich viel besser seien als Fußballvereine, weil Mädchen keine Außenpfosten haben. Aber langfristig hast du als Fan keine faire Wahl: Wenn du jung bist, kommen und gehen die Mädchen, aber der Verein bleibt. Immer.

Der Lieblingsverein ist in guten und schlechten Zeiten für dich da, und dann ist es ja wohl das Mindeste, dass du als Fan das auch andersherum so handhabst. Ein 3:1 gegen Bayern ist unheimlich gut gegen Liebeskummer, und die selbstverständliche Gegenleistung ist, dass du als Fan eben auch da bist, wenn dein Verein mal Kummer hat (und je nach Verein kommt das ja nicht einmal selten vor). Das ist nur fair.

John F. Kennedy hat bekanntermaßen einmal gesagt: »Frage nicht, was dein Land für dich tun kann – frage, was du für dein Land tun kannst.« Ähnlich verhält es sich mit der Liebe zu einem Verein. Man wird nicht Fan, weil man von seinem Verein immer prächtig unterhalten wird, und wenn man Fan wird, investiert man nicht sein Eintrittsgeld, um anschließend guten Fußball reklamieren zu können. Werder-Liebe funktioniert anders. Frag dich am besten erstmal, was du für deinen Verein tun kannst!

Schon früh in der wunderbaren Welt des Fußballs zuhause: der damals 14-jährige Autor dieses Buches (rechts) zusammen mit Jürgen Röber und Rudi Assauer. Die Beziehung zwischen Arnd Zeigler und Rudi Assauer gilt inzwischen als abgekühlt

Dabei geht es gar nicht um große Gesten, viel Geld oder das Ausüben zahlreicher Ehrenämter zur selben Zeit (obwohl das natürlich eine tolle Sache ist!). Nein – es geht darum, dass jeder Werder-Fan einen kleinen Teil dazu beisteuern kann, dass die Mannschaft gewinnt. Und wenn das gelingt, dann war dein Mitzittern, deine Aufregung, dein Gebrüll ein kleiner, aber wichtiger Teil dieses Sieges. Das macht es so toll, ein Fan zu sein. Okay, auch das hat Nick Hornby mal ganz ähnlich formuliert.

Und da gibt es noch etwas. Wann immer Werder Bremen einen großen Sieg landet, kann ich sicher sein, dass in ganz Deutschland Bekannte und Freunde an mich denken. Wenn du Fan bist, dann bist du für Außenstehende Werder Bremen, und Werder Bremen ist du.

Und deshalb gehe ich jetzt mal davon aus, dass dieses Buch mehrheitlich von Werder-Fans gelesen wird und rede mal für uns alle, wenn ich sage: Wir alle sind Werder Bremen, und Werder ist ein Teil von uns allen. Wir sind nicht Rekordmeister, haben auch nicht das größte Stadion oder das dickste Bankkonto, aber Werder Bremen ist sich immer treu geblieben – und damit auch uns. Werder ist einzigartig und nicht nur für uns Fans etwas ganz Besonderes, sondern auch für ausnahmslos alle Spieler und Persönlichkeiten, die in diesem Buch zu Wort kommen. Manche Zyniker sagen, für Renommee und Tradition könne man sich nichts kaufen. Umgekehrt wird ein (Fußball-)Schuh draus: Der SV Werder Bremen kann auf ein Renommee und eine Tradition verweisen, das man sich für kein Geld der Welt kaufen kann! Mehr als vier Jahrzehnte in der deutschen Eliteklasse, die ermöglicht wurden durch einen seriös geführten Verein, der auch in seinen erfolgreichsten Jahren immer menschlich, hanseatisch-bescheiden und sympathisch geblieben ist.

Viel Spaß bei 41 Werder-Kapiteln, in denen es um Tränen geht und um Triumphe, Sympathieträger und Stars, Titelgewinne und Trauerspiele, Emotionen und Endspiele.

in Bremen
DAS „W" AUF DEM TRIKOT
DIE MEISTERSCHALE GLÄNZT NOCH
JAHRE VOLLER FRUST
DOCH WERDER,
WIEDER
BECK'S
BECK'S
VILSA
BRUNNEN
VILSA
BRUNNEN
074

1963/64: Der Fluch der Nummer 1

Oben v. l.:
Edu Hundt (Ligaobmann), Jagielski, Schimeczek, Zebrowski, Ferner, Hänel, Klöckner, Schulz, Thun, Trainer Multhaup.
Unten v.l.:
Schütz, Schwierzke, Bordel, Nachtwey, Lambertz, Bernard, Lorenz, Dudjahn, Piontek, Jung, Masseur Binder

Erinnerungen an die erste Saison der Bundesliga sehen, zumindest im Fernsehen, irgendwie immer gleich aus: Putzige, mit Swingmusik nachvertonte Schwarzweißfilmchen zeigen uns pausbäckige Fans mit Fahnen und Tröten, die zu Hunderten aus Straßenbahnen quellen, um sich in unüberdachten, überfüllten Stehplatzbetonschüsseln für einen Eintrittspreis von 3 DM ihren Lieblingsverein anzusehen. Und die Spielausschnitte von damals muten so gemütlich an, als könne man mit dem Gebotenen aus heutiger Sicht selbst spielerisch ganz gut mithalten: Der Star der Mannschaft dribbelt sich zappelig einen Wolf, während seine Nebenleute mit in die Hüfte gestemmten Händen entspannt zusehen. Der Torwart schlägt ab und keinen Mitspieler interessiert es. Zu langsame Verteidiger polieren ihren schnellen Gegenspielern vorsätzlich die Knochen. Alles also in etwa so wie bei uns Freizeitfußballern heute.

Aber der Fußball der Saison 1963/64 war wirklich anders. Fußball-Deutschland befand sich in Aufbruchstimmung und fieberte dem Start der Bundesliga-Ära entgegen, die vor allem von Bundestrainer Sepp Herberger und dem Kölner Vereinspräsidenten Franz Kremer vorangetrieben wurde. Herberger versprach sich international eine höhere Konkurrenzfähigkeit für seine Nationalelf, wenn sich die besten Spieler Deutschlands Woche für Woche miteinander messen, anstatt – wie in Werders Fall – in der Oberliga gegen Neumünster, Bergedorf und Altona ran zu müssen. Das brilliante Abschneiden Deutschlands bei den ersten Weltmeisterschaften nach Bundesligaeinführung gab dem Trainerfuchs langfristig völlig recht. Und der ausgebuffte Rheinländer Kremer hatte in Köln still und leise das Vollprofitum eingeführt. Der »Lizenzspieler«, heute würde man »Profi« sagen, löste den »Vertragsspieler« aus Oberligazeiten ab. Und wer als Lizenzspieler beim 1. FC Köln kickte, wurde von Franz Kremer rundum kompetent beraten, fürsorglich betreut und verlässlich bezahlt. Während man sich also bei den Geißböcken ausschließlich auf das pure Fußballspielen in der neuen Eliteliga konzentrieren konnte, litten alle anderen Vereine unter Geburtswehen.

Auch Werder ging das nicht anders. An der Weser war man zwar zunächst einmal mit Recht stolz darauf, zu den ersten neun Clubs zu gehören, die vom DFB am 16. Januar 1963 für würdig befunden worden waren, in der Bundesliga mitspielen zu dürfen – im Gegensatz zum FC Bayern München zum Beispiel, der draußen bleiben musste. Fünf Vizemeisterschaften hintereinander in der norddeutschen Oberliga unter

Trainer Schorsch Knöpfle waren die sportliche Visitenkarte. Aber von der Goldgräberstimmung und hemmungslosen Deutschmark-Euphorie mancher anderer Bundesliga-Standorte war man in Werders Führungsetage um Präsident Alfred L. Ries und Geschäftsführer Hans Wolff meilenweit entfernt. Zu offensichtlich war es, dass auf den Verein völlig neue Probleme zukamen: Das Stadion musste ausgebaut werden, weil es zwar wie heute rund 40.000 Zuschauern Platz bot, aber nur über 3200 Sitzplätze und ein kleines Dach auf der Südtribüne verfügte. Und Flutlicht! Man brauchte plötzlich eine Flutlichtanlage! Welchen beruflichen Status haben eigentlich die Lizenzspieler? Wer zahlt die Sozialversicherungsabgaben für die Spieler? Wer kann den Leistungsträgern berufliche Hilfestellung leisten, um sie an der Weser halten zu können? Fragen über Fragen, und eine schwierige Mission vor allem für Hans Wolff, den Geschäftsführer, den man heute natürlich »Manager« nennen würde.

Der DFB hatte sich zwar auf dem Papier zum Vollprofitum durchringen können, legte den Vereinen aber fußballjuristische Daumenschrauben an. Insgesamt 1200 DM durfte ein Lizenzspieler 1963 höchstens inklusive aller Prämien verdienen. Einzig für besonders verdiente Spieler wie Uwe Seeler beim HSV oder die Weltmeister Maxl Morlock (Nürnberg) und Hans Schäfer (Köln) galten Ausnahmeregelungen, die ein etwas höheres Gehalt erlaubten. Von vornherein gab es jedoch Unregelmäßigkeiten, weil verschlagene Fußballfunktionäre mit verschleierten Zahlungen natürlich auch ein erlaubtes Höchstgehalt immer irgendwie umgehen konnten.

Vor dem Hintergrund dieses gestrengen Reglements fiel auch das Ködern neuer Stars nicht leicht. Werder hatte bei seinen Neuverpflichtungen dennoch ein absolut glückliches Händchen: Günter Bernard erwies sich als Volltreffer. Er avancierte zu einem der besten deutschen Torhüter, hütete den Werder-Kasten rund ein Jahrzehnt lang und war die Nummer 1 in der höchst respektablen Reihe von Klassetorhütern, die Werder bis heute vorweisen konnte.

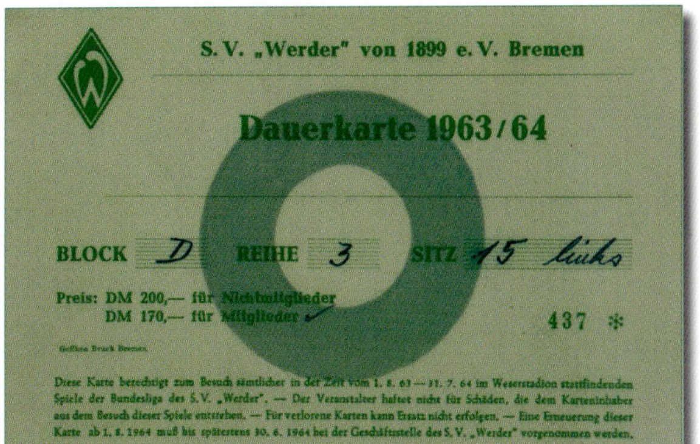
S. V. „Werder" von 1899 e. V. Bremen

Dauerkarte 1963/64

BLOCK D REIHE 3 SITZ 15 links

Preis: DM 200,— für Nichtmitglieder
DM 170,— für Mitglieder ✓

437 *

Geffken Druck Bremen

Diese Karte berechtigt zum Besuch sämtlicher in der Zeit vom 1. 8. 63 — 31. 7. 64 im Weserstadion stattfindenden Spiele der Bundesliga des S.V. „Werder". — Der Veranstalter haftet nicht für Schäden, die dem Karteninhaber aus dem Besuch dieser Spiele entstehen. — Für verlorene Karten kann Ersatz nicht erfolgen. — Eine Erneuerung dieser Karte ab 1. 8. 1964 muß bis spätestens 30. 6. 1964 bei der Geschäftsstelle des S. V. „Werder" vorgenommen werden.

Immer wieder wird gerne behauptet, vom allerersten Tor der Bundesligageschichte gäbe es weder Filmaufnahmen noch Bilder. Das stimmt so nicht ganz: Hier sehen wir Dortmunds Lothar Emmerich jubelnd abdrehen. Im Hintergrund freut sich Torschütze Konietzka über sein historisches Werk nach 40 Sekunden am 1. Spieltag der ersten Bundesligasaison. Links der entgeisterte Werder-Schlussmann Klaus Lambertz. Wir schrieben den 24. August 1963, 17.01 Uhr im Weser-Stadion

Zusätzlich musste Ersatz her für den größten Fußballstar, den Bremen in den fünfziger Jahren bewundern durfte: Für Willi Schröder, den Nationalspieler und herausragenden Spieler der Oberligajahre, kam die Bundesliga einen Hauch zu spät. Er hatte es nach Ansicht von Trainer Knöpfle schon im letzten Oberligajahr am nötigen Trainingseifer fehlen lassen und wurde aussortiert. Nach nur noch einem Pflichtspieleinsatz in seiner letzten Werder-Saison wechselte das Fußballidol mit Beginn der Bundesliga zu den Kollegen von Bremerhaven 93, bei denen in den Sechzigern zahlreiche Werder-Kämpen ihre Karriere ausklingen ließen. Schröder wurde schließlich ersetzt durch den feinen Techniker Diethelm Ferner, den Werder vom VfB Bottrop loseiste. Ferner und Bernard waren die zwei wichtigsten Neuen auf dem Spielfeld. Auf der Trainerbank fand derweil die überraschendste personelle Änderung statt: Mangels Vertrauen in die Perspektive der Mannschaft, die er fünf Jahre lang jeweils zum Nord-Vizemeister gemacht hatte, kündigte der knorrige Erfolgstrainer Georg Knöpfle seinen Abschied an und machte sich auf nach Köln, wo er den 1. FC zur allerersten Bundesligameisterschaft führte. Alles richtig gemacht! Seine Nachfolge trat der Westfale Willi »Fischken« Multhaup an. Ein Herr im gesetzten Alter schon, Gentleman, Autorität

Helmut Jagielski galt als feiner Techniker, was aber nicht bedeutete, dass er in Werders Hintermannschaft ein Waisenknabe war. Hier erholt sich das niedergestreckte Löwen-Sturm-Ass Brunnenmaier nur mühsam

Wußten Sie das vom SV Werder Bremen?

Bremen, Weser-Stadion, Telefon 49 04 39

39 Mannschaften: Vertragsliga, 8 Amateurmannschaften, 1 Reisemannschaft, 1 Altherren-Mannschaft, 28 Jugendmannschaften.
Bezahlte Trainer: Georg Knöpfle (Vertragsspieler); Fred Schulz (Amateure).

Abteilungen: Fußball, Handball, Leichtathletik, Tischtennis, Schach.

Mitglieder: 1900.

Fußgänger: Schröder, Lambertz, Jung, Dudjahn.

Senior: Willi Schröder (35).

Junior: Klaus Lambertz (23).

Verheiratet: Kokartis, Nachtwey, Lorenz, Schütz, Jagielski, Jung, Meyer, Thun, Hänel, Schröder, Schimeczek, Soya.

Ledig: Lambertz Piontek, Zebrowski, Dudjahn.

Spielausschuß: Edu Hundt (ehem. Nationalspieler, dreimal).

Vorsitzender: Dr. Hans Burhorn.

Städt. Stadion: Weser-Stadion am Osterdeich: 32 000 Plätze, davon 3150 Sitzplätze(Ausbau auf 40 000 beginnt jetzt).

Aus eigener Jugend: Lambertz u. Zebrowski.

Nationalspieler: Schröder (12 A u. 2 Amat.).

Kapitän Schütz

Vorschau auf die erste Bundesliga-Saison im »Kicker«. Man beachte die wichtige Rubrik »Fußgänger«!

und absoluter Fußballfachmann. Intelligent, charismatisch und seriös, immer für einen Spruch gut. Multhaup wurde von Werders Liga-Obmann Edu Hundt ausgesucht, mit dem er in den dreißiger Jahren gemeinsam für Schwarz-Weiß Essen kickte.

Als im August 1963 der Vorhang für die Bundesliga aufging, präsentierte sich der Verein mit einem neu ausgebauten Weser-Stadion, dessen Flutlichtanlage am 15. August 1963, neun Tage vor dem Ligastart, vor über 20.000 Fans gegen die international renommierte Elf von Honved Budapest eingeweiht wurde. Werders 2:1-Sieg durch ein Doppelpack des bulligen Sturmtanks Dieter Meyer geriet allerdings im Nachhinein zur Nebensache. Denn in diesem Spiel wuchs sich unmittelbar vor Beginn der Bundesliga eine zuvor schon kritische Personalsituation zur Katastrophe aus: Torwart Volker Boelsen, eigentlich nur der Ersatz-Ersatztorwart, brach sich den Arm und trieb eine aus heutiger Sicht unfassbare Verletzungsserie auf die Spitze, die auch vier Jahrzehnte später noch absolut reif scheint für das Guinness-Buch der Rekorde: Insgesamt verletzten sich im Jahr 1963 hintereinander Werders erste sechs (!!!) Torhüter.

Die Tragödie begann am 6. Januar 1963, einem unglückseligen Winternachmittag, auf dem vereisten Donnerschwee-Platz zu Oldenburg. Konnte der Zehenbruch von Pico Schütz noch verkraftet werden, so wurde Werders unumstrittener Stammtorwart Heini Kokartis an diesem Tag ungleich härter vom Schicksal getroffen: Ein dreifacher Schädelbruch bedeutete später nach Monaten der Ungewissheit sein Karriereende. Nachfolger sollte zum Sommer der schon erwähnte Schweinfurter Günter Bernard werden, der sogar schon im Tor der Nationalelf stand. Bernard kam – und riss sich in seinem allerersten Testspiel für Werder beim Ablösespiel für Ferner in Bottrop den Meniskus.

Zweiter Torwart hinter Kokartis und dann später auch hinter Bernard war der lange Student Klaus Lambertz, den es natürlich auch erwischte. Lambertz laborierte an einem schmerzhaften Brustbeinanriss und ließ sich wochenlang fit spritzen, bis es irgendwann einfach nicht mehr ging. Eigentlich die Chance für Amateurtorwart Volker Boelsen, aber eben nur eigentlich, denn dann kamen Budapest und der Armbruch. Weil in diesem Kapitel nicht nur über Verletzungen berichtet werden soll, folgende Ergänzung nur noch in Kürze: Der Mann hinter Boelsen hieß Erwin Peters und verletzte sich im darauf folgenden Monat, und beide wurden im Tor der Amateure vertreten durch Wolfgang Hermann, also quasi den Ersatz-Ersatz-Ersatz-Ersatztorwart, der schon in seinem allerersten Spiel in der ersten Mannschaft, natürlich, ebenfalls kaputt war.

Die unendliche Torwartmisere machte das Comeback eines ehemaligen Werder-Heroen notwendig, der sich im biblischen Fußballalter von 38 befand und schon seit zwei Jahren im Fußball-Ruhestand weilte: Dragomir Ilic gab in vier Spielen noch einmal sein bestes, kassierte zwar sieben Tore, trug aber zu 6:2 Punkten bei.

Kommen wir zu den prägenden Figuren in Werders erster Bundesligasaison. Herz und Kopf der Mannschaft war wie eh und je Kapitän Pico Schütz, der so ziemlich auf jeder erdenklichen Position glänzte. Begonnen hatte er als Mittelstürmer, und später lag ihm das Verhindern von Toren ebenso gut wie das Toreschießen. Dann Mittelläufer Helmut Jagielski – wobei »Mittelläufer« ein irreführender Begriff war, denn das klassische 4-2-4-System kannte keinen Mittelläufer mehr. Jagielski spielte zentral in der Abwehr und galt vielmehr noch vor Franz Beckenbauer als erster echter Libero Deutschlands überhaupt. Josef Piontek war eine Bank als rechter Außenverteidiger und wurde auf dieser Position schließlich auch Nationalspieler. Max Lorenz war einer der auffälligsten Mittelfeldspieler der Liga und nahm in Werders System die Position im linken Mittelfeld ein. Im Angriff schließlich wirbelten vor allem der trickreiche Rechtsaußen Gerhard Zebrowski und der bullige Mittelstümer Dieter Meyer, der im Jahr zuvor in 28 Oberligaspielen geradezu Gerd-Müller-like gleich 36 Mal eingenetzt hatte.

Heinz Steinmann schießt sein einziges Tor für Absteiger Saarbrücken ausgerechnet gegen seine künftigen Kollegen von Werder Bremen. Werder leistet sich am drittletzten Spieltag eine peinliche 2:3-Schlappe. Man beachte die beeindruckende Anzahl tatenloser Werder-Verteidiger!

In der Bundesliga traf Meyer leider seltener ins Schwarze, weil die Verteidiger aus Köln, Dortmund und Meiderich scheinbar stärker waren als die aus Neumünster oder Oldenburg. Das war unschön, denn Werder hätte einen Knipser im Angrifszentrum gut gebrauchen können. Die erste Bundesliga-Saison der Geschichte lief für die Bremer sehr, sehr durchwachsen. Zwar wurde gleich im ersten Spiel der Deutsche Meister Borussia Dortmund mit 3:2 niedergekämpft, was vor allem deshalb ein Fall für die Geschichtsbücher wurde, weil bereits in der ersten Minute des ersten Bundesligaspiels des SV Werder das allererste Bundesligator überhaupt fiel: Der Dortmunder Friedhelm Konietzka überlistete schon nach geschätzten 40 Sekunden den machtlosen Lambertz. Ein schöner Auftaktsieg, aber leider ein Muster ohne Wert. Denn nach anschließend fünf sieglosen Spielen fand sich Werder schnell auf Rang 12 wieder, nur zwei Punkte vor einem Abstiegsplatz. Passenderweise im Nordderby gelang dann die Wende: Der selbe HSV, der Werder seit Bestehen der Oberliga Jahr für Jahr das Nachsehen gab, wurde im Weser-Stadion durch drei Tore von Pico Schütz mit 4:2 abgeledert. Nach weiteren Siegen gegen Schalke, Frankfurt, Münster und München 1860 marschierte Werder bis zur Winterpause auf einen beachtlichen 6. Platz vor.

Doch Werder wäre nicht Werder gewesen, hätte die Mannschaft nicht in der Rückrunde durch teilweise unerklärliche Ergebnisse ihre gute Ausgangslage wieder verspielt. Die fehlende Konstanz lag hauptsächlich am Spielsystem der Bremer. Trainer Willi Multhaup wollte es perfektionieren. Werder wagte sich unter Multhaup an das modernste System der frühen sechziger Jahre: Das 4-2-4, mit dem die Brasilianer 1958 und 1962 im Husarenstil Weltmeister wurden. Erdacht hatte es der Überlieferung nach schon Jahre vorher Gustav Sebes, der Trainer der ungarischen »Wunderelf«. Bei Werder funktionierte das System nicht ganz so gut wie bei den Brasilianern. Vorerst nicht. Selbstkritisch merkte der Vereinschronist im monatlichen Mitteilungsblatt des Clubs an: »Offensichtlich haben noch nicht alle unserer Bundesliga-Fußballer ihre Aufgabe innerhalb eines solch komplizierten Systems restlos erkannt.«

Im Idealfall bedeutete das 4-2-4 einen vollendeten Angriffswirbel: Die stürmenden Außenverteidiger unterstützten die beiden Läufer im Mittelfeld. Je nach Bedarf konnte die Mannschaft auf dem Feld mit sechs Offensiv- oder Defensivspielern agieren. An weniger guten Tagen freilich konnte ein solide aufspielender Gegner ein wackeliges 4-2-4 in der Luft zerreißen, weil die beiden Mittelfeldspieler nur bei optimaler Unterstützung der übrigen Mannschaftsteile etwas zu melden hatten. Werders noch recht ungewohntes System bescherte den Zuschauern mitunter eigenartige Darbietungen. Beim Spiel in Frankfurt beispielsweise spielte Werder bildschön und gefällig, und Max Lorenz als linker Läufer wurde von vielen Beobachtern sogar als bester Mann auf dem Platz bezeichnet. Ein kleiner Schönheitsfehler jedoch: Lorenz' Gegenspieler Willi Huberts schoss sage und schreibe vier Tore, und Werder verlor trotz eines ausgeglichenen Chancenverhältnisses gleich mit 0:7, ohne wirklich

Tor Nummer drei (von insgesamt sieben!) in einem atemberaubenden Spiel: Werder liegt am 11.1.1964 schon nach 19 Minuten mit 0:3 in Dortmund zurück, nachdem BVB-Torjäger Franz Brungs den Ball über die Linie gegrätscht hat. Lorenz und Piontek können nicht mehr eingreifen. Bei Halbzeit liegt der BVB 4:0 vorne, Werder verkürzt nach dem Wechsel aber noch auf 4:3

Am 22. Februar 1964 trotzte Werder dem späteren Meister 1. FC Köln im Weser-Stadion ein 1:1 ab. Hier scheitert Rechtsaußen Zebrowski am Kölner Schlussmann Toni Schumacher (der *echte* Toni Schumacher!)

schlecht gespielt zu haben. Das Statement des »Kicker« fiel daher etwas bizarr aus: »Werder spielte gut, oft zu durchsichtig. War schulmäßig mit klarer Konzeption, vergaß aber die Deckungsaufgaben.« Und von Max Lorenz wurde berichtet, er habe »erst nach dem Spiel so richtig bemerkt, dass sein Gegenspieler soeben vier Tore erzielt hatte«.

Fans wie Medien registrierten die Spiele des SV Werder in der Rückrunde mit einer gewissen Hilflosigkeit. Dem späteren Meistermacher Multhaup ging das nicht anders. Er fragte sich nicht selten: »Was soll ich denn noch versuchen?« In der Vorrunde hatte die Elf doch gezeigt, wozu sie fähig war und sogar den ewigen Nordrivalen HSV hinter sich gelassen. In der Rückserie aber kassierte die Mannschaft ihre vielen Niederlage mit einer, wie es in einer Nachbetrachtung des bekannten Journalisten Ben Harder heißt: »wurstigen Uninteressiertheit«. (Eine ganz und gar unwurstige Erklärung dafür wird übrigens Kapitän Pico Schütz im nächsten Kapitel liefern!) Selbst gegen die Absteiger Saarbrücken und Münster wurde sang- und klanglos verloren. Eine Entwicklung, die für die kommende Saison 1964/65 nichts Gutes zu verheißen schien. Aber man kann sich ja auch mal täuschen …

Tabelle der Bundesliga 1963/1964

Pl.	Verein	Sp	S	U	N	Tore	Quot.	Punkte
1.	1. FC Köln	30	17	11	2	78:40	1,95	45-15
2.	Meidericher SV	30	13	13	4	60:36	1,67	39-21
3.	Eintracht Frankfurt	30	16	7	7	65:41	1,59	39-21
4.	Borussia Dortmund	30	14	5	11	73:57	1,28	33-27
5.	VfB Stuttgart	30	13	7	10	48:40	1,20	33-27
6.	Hamburger SV	30	11	10	9	69:60	1,15	32-28
7.	1860 München	30	11	9	10	66:50	1,32	31-29
8.	Schalke 04	30	12	5	13	51:53	0,96	29-31
9.	1. FC Nürnberg	30	11	7	12	45:56	0,80	29-31
10.	**Werder Bremen**	**30**	**10**	**8**	**12**	**53:62**	**0,85**	**28-32**
11.	Eintracht Braunschweig	30	11	6	13	36:49	0,73	28-32
12.	1. FC K'lautern	30	10	6	14	48:69	0,70	26-34
13.	Karlsruher SC	30	8	8	14	42:55	0,76	24-36
14.	Hertha BSC Berlin	30	9	6	15	45:65	0,69	24-36
15.	Preußen Münster	30	7	9	14	34:52	0,65	23-37
16.	1. FC Saarbrücken	30	6	5	19	44:72	0,61	17-43

Saisonverlauf 1963/1964:

Vom Spielfeldrand 1963/64:

Durch die Einführung der Bundesliga verdreifachte sich Werders Stammpublikum: Der Zuschauerschnitt stieg von 6300 Besuchern in der Oberliga 1962/63 auf 19.800 in der Bundesliga 1963/64. Allerdings kein Grund zum Jubel, denn in der Zuschauertabelle rangierte Werder damit dennoch auf dem drittletzten Rang.

Multhaup, Willi »Fischken«
*19.7.1903, †18.12.1982
Trainer
30 (64); 1963–1965, 1971

Wer kam?

Bernard (FC Schweinfurt 05)
Boelsen (eigene Jugend)
Ilic (w.d.S. reaktiviert)
Bordel (eigene Amateure)
Schwierzke (1. FC Saarbrücken)
Ferner (VfB Bottrop)
Klöckner (SW Essen)
Sidon (FC Schweinfurt 05)

Wer ging?

Kokartis (Sportinvalide)
Schröder (Bremerhaven 93)

w.d.S. = während der Saison

Die Mannschaft (Name, Geb.-Datum, Position, Bundesliga-Einsätze (Gesamt), Tore (Gesamt), bei Werder von-bis)

1963/64

Bernard, Günter
*4.11.1939
Torhüter
15 (287); 0 (0); 1963–1973

Ilic, Dragomir »Dragan«
*16.8.1925
Torhüter
4 (4); 0 (0); 1963–1964
Jugoslawien

Lambertz, Klaus
*11.5.1940
Torhüter
11 (17); 0 (0); 1963–1967

Bordel, Wolfgang
*27.12.1939
Abwehrspieler
9 (18); 0 (0); 1963–1967
Amateur

Jagielski, Helmut »Jackl«
*13.3.1934, †31.12.2002
Abwehrspieler
23 (64); 0 (0); 1963–1967

Nachtwey, Walter
*18.5.1934
Abwehrspieler
6 (6); 0 (0); 1963–1965

Piontek, Josef »Seppl«
*5.3.1940
Abwehrspieler
30 (203); 0 (15); 1963–1972

Schimeczek, Helmut
»Schimmi«
*4.7.1938
Abwehrspieler
20 (78); 1 (2); 1963–1970

Schwierzke, Wolfgang
*8.3.1937
Abwehrspieler
3 (3); 0 (0); 1963–1964

Ferner, Diethelm »Didi«
*13.7.1941
Mittelfeldspieler
24 (188); 3 (20); 1963–1969

Hänel, Klaus »Atze«
*23.2.1936
Mittelfeldspieler
17 (68); 4 (12); 1963–1968

Lorenz, Max
*19.8.1939
Mittelfeldspieler
30 (176); 0 (15); 1963–1969

Schütz, Arnold »Pico«
*19.1.1935
Mittelfeldspieler
30 (253); 12 (70); 1963–1972

Soya, Willi »Bohne«
*11.10.1935, †4.7.1990
Mittelfeldspieler
25 (34); 4 (7); 1963–1966

Jung; Erwin
*4.3.1941
Stürmer
5 (5); 1 (1); 1963–1965

Klöckner, Theo
*19.10.1934
Stürmer
14 (31); 4 (8); 1963–1965

Meyer, Dieter
*7.4.1940
Stürmer
15 (15); 9 (9); 1963–1964

Thun, Dieter
*4.6.1939
Stürmer
22 (24); 6 (6); 1963–1965

Zebrowski, Gerhard »Zebro«
*25.4.1940
Stürmer
27 (145); 8 (40); 1963–1969

Schulz, Hans
*4.12.1942
Stürmer
19 (31); 4 (6); 1963–1966

Erweiterter Kader:

Boelsen, Volker
*24.8.1944
Torhüter
0 (0); 0 (0); 1963–1965
Amateur

Sidon, Heinz
*22.9.1937
Abwehrspieler
0 (0); 0 (0); 1963–1965
Amateur

Dudjahn, Horst
*6.5.1939, †16.9.1994
Stürmer
0 (0); 0 (0); 1963–1965
Amateur

1964/65: Wer glaubt an Spuk und Geister?

Oben v.l.:
Masseur Binder, Piontek, Schütz, Hänel, Soya, Steinmann, Schulz, Zebrowski, Jagielski, Lorenz, Trainer Multhaup
Unten v.l.:
Lambertz, Bordel, Höttges, Klöckner, Ferner, Bernard

Manchmal funktioniert Fußball geradezu erschreckend einfach. Nehmen wir nur mal als Beispiel den 1. FC Köln: Der hatte die gute Idee, zur ersten Bundesligasaison ein Maskottchen anzuschaffen. Hatte Hörner, wurde nach einem kölschen Fußballidol benannt (»Hennes«) und brachte Glück: Köln wurde auf Anhieb Meister! Bei Werder dachte man: »Das können wir auch.« Zum Schlagerspiel gegen den HSV am 26. September 1964 schenkte Bremens Schlachterinnung dem Verein einen kleinen, schwarzen Heidschnuckenbock. Hatte Hörner und wurde nach einem bremischen Fußballidol benannt: »Pico«. Und das Schönste: Die Gemeinsamkeiten waren hier noch nicht zu Ende: Auch Werder wurde mit dem neu verpflichteten Bock auf Anhieb Meister! Passend zur 1000-Jahr-Feier der Stadt Bremen.

Es wäre allerdings etwas verfehlt, die Meisterschaft ausschließlich auf die Anwesenheit des gehörnten Pico zurückzuführen. Verantwortlich für das strahlendste Jahr der bis dahin 66-jährigen Werder-Historie waren vor allem die (zweibeinigen) Neuverpflichtungen (ohne Hörner), die wiederum Werder genau das gaben, was im ersten Bundesligajahr noch gefehlt hatte. Das zuvor zuweilen noch launisch stotternde 4-2-4-System flutschte vortrefflich. Werder wuchs zu einer perfekt harmonierenden Einheit zusammen. Zwanzig Jahre später hätte Otto Rehhagel so etwas bestimmt schwärmend »mein Kollektiv« genannt.

Die Medien gefielen sich zwar dabei, Werder fortgesetzt eine »Mannschaft ohne Stars« zu nennen, aber das war nur die halbe Wahrheit. Zwar hatte niemand die Mannschaft wirklich auf der Rechnung. Aber die Neueinkäufe waren das Beste, was Werders Geschäftsführer Hansi Wolff in seiner Amtszeit an die Weser lockte: Von Borussia Mönchengladbach kam der aufstrebende, junge Linksverteidiger Horst-Dieter Höttges. Bei Absteiger Saarbrücken eiste man Nationalspieler Heinz Steinmann los, und Schalke 04 musste mit Mittelstürmer Klaus Matischak wieder mal einen Star nach Bremen ziehen lassen, wie schon so oft zuvor.

Matischaks Transfer war nötig geworden, weil der bisherige junge Sturmtank Dieter Meyer sich verpokert hatte: Er wollte zum Meister 1. FC Köln wechseln, bekam aber von Werders Führung kein grünes Licht für einen Wechsel zur Konkurrenz. Selbst Sampdoria Genua aus dem Fußballparadies Italien soll Interesse an dem Mann gehabt haben, der zwischen 1962 und 1964 in nur 43 Ligaspielen für Werder fantastische

45 Tore schoss. Meyer wollte seinen Wechsel listig erzwingen und erwirkte bei Werders Präsident Ries eine Freigabe für seinen Heimatverein Bergedorf 85. Offiziell, weil er sich die Bundesliga nicht zutraute. Inoffiziell, weil er nach dem Umweg über das gemütliche Bergedorf nach Genua oder Köln wollte. Doch die Rechnung ging nicht auf: Dieter Meyer verletzte sich in einem Spiel gegen Bremerhaven 93 so schwer am Knöchel, dass er nie wieder der Alte wurde. Seine Fußballkarriere endete früh und unspektakulär in der Regionalliga Nord. Bei Werder wiederum ließ Klaus »Zick-Zack« Matischak den unglücklichen Meyer schnell vergessen. Matischak avancierte bald zu einem der beliebtesten Werder-Torjäger aller Zeiten.

Werder startete als Tabellenzehnter des Vorjahres wenig glorreich mit einem 1:2 bei Abstiegskandidat Kaiserslautern die Meistersaison. Die Zeitungen zerrissen die Mannschaft in der Luft, der junge Höttges wurde kurzerhand als »bundesligauntauglich« eingestuft und Trainer »Fischken« Multhaup machte sich »große Sorgen« für den weiteren Saisonverlauf. Aber das war völlig unbegründet: es folgten drei Siege am Stück, und schon Mitte September 1964 hatte Werder in der Spitzengruppe eine erste Duftmarke gesetzt: Platz 1! Bis zum Ende der Vorrunde wurde der Spitzenplatz mit Köln und Dortmund hart umkämpft. Am 17. Spieltag übernahmen die Mannen um Pico Schütz nach einem 1:1 in Braunschweig erneut die Pole Position und gaben sie nicht wieder ab. Der HSV wurde auswärts mit 4:0 gedemütigt, Hannover 96 zuhause 3:0 abgefertigt. Und nachdem Werder im Frühjahr in sieben Spielen nur ein Gegentor kassierte und der Öffentlichkeit immer unheimlicher wurde, folgte das Meisterstück: Im Dauerregen wurden am 8. Mai 1965 die direkten Kontrahenten aus Dortmund mit 3:0 nach Hause geschickt. Verfolger und Titelverteidiger Köln konnte nicht nachlegen und spielte nur 0:0 gegen Nürnberg. Theoretisch wäre es für den 1. FC Köln noch möglich gewesen, Werder am letzten Spieltag abzufangen: Der Abstand betrug vor Werders abschließendem Spiel in Nürnberg zwei Punkte und drei Tore in der Tordifferenz, wobei Köln deutlich mehr Tore erzielt hatte. Glücklicherweise wurde aber damals bei Punktgleichheit nicht die Tordifferenz, sondern der Quotient herangezogen. Und das bedeutete, dass Köln am letzten Spieltag bei einer 0:1-Niederlage Werders einen eigenen Sieg mit 15:0 benötigt hätte. Ergo: Die Mathematiker konnten ihren Rechenschieber einpacken, und ein Transparent beim Empfang der Meisterelf am Bremer Hauptbahnhof brachte es auf den Punkt: »Wer glaubt an Spuk und Geister? Werder Meister!« stand da geschrieben.

Die Stammformation des frischgebackenen Deutschen Fußballmeisters war das Beste, was der Norden in den Sechzigern zu bieten hatte: Bernard, Piontek, Steinmann, Jagielski, Höttges, Schütz, Lorenz, Zebrowski, Matischak, Ferner und Klöckner. Mitgeholfen hatten außerdem: Hans Schulz, Schimeczek, Hänel, Bordel, Thun und Soya.

Bremen ertrank in den tollen Tagen damals im Mai 1965 nicht nur im Regen, sondern vor allem in der Freude um den ersten und für 23 lange Jahre einzigen Meistertitel ihres SVW. Kapitän der Meistermannschaft war der Mann, der so gerufen wurde wie der Glücksbringer mit den Hörnern: »Pico« Schütz.

Das berühmteste Jubelfoto der Werder-Historie: Höttges, Bernard, Steinmann, Lorenz, Matischak und Klöckner bejubeln das Ergebnis aus Köln: Werder ist Deutscher Meister! Das berühmte Transparent hieß die Champions bei ihrer Rückkehr vom letzten Auswärtsspiel in Nürnberg am Hauptbahnhof willkommen. Kapitän Pico Schütz präsentiert die Meisterschale bei der offiziellen Ehrung des Meisters

Die frisch gebackene Meisterelf in Nürnberg, wo Werder das praktisch bedeutungslose letzte Saisonspiel zu absolvieren hatte. Über den Siegerkranz freuen sich von links oben nach rechts unten: Klöckner, Trainer Multhaup, Bernard, Steinmann, Piontek, Schütz, Matischak, Jagielski, Lorenz, Zebrowski, Höttges und Ferner

Multhaup, Willi »Fischken«
*19.7.1903, †18.12.1982
Trainer
30 (64); 1963–1965, 1971

Ein historisches Bilddokument: Horst-Dieter Höttges in seinem ersten Bundesligaspiel. Am 22. August 1964 hat auf dem Betzenberg der Lauterer Kapitulski nichts zu lachen

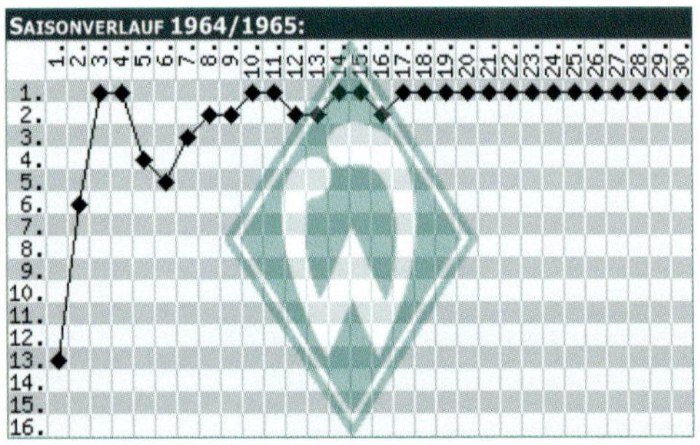

ABSCHLUSSTABELLE DER BUNDESLIGA 1964/1965:

Pl.	Verein	Sp	S	U	N	Tore	Quot.	Punkte
1.	Werder Bremen	30	15	11	4	54:29	1,86	41-19
2.	1. FC Köln	30	14	10	6	66:45	1,47	38-22
3.	Borussia Dortmund	30	15	6	9	67:48	1,40	36-24
4.	1860 München	30	14	7	9	70:50	1,40	35-25
5.	Hannover 96	30	13	7	10	48:42	1,14	33-27
6.	1. FC Nürnberg	30	11	10	9	44:38	1,16	32-28
7.	Meidericher SV	30	12	8	10	46:48	0,96	32-28
8.	Eintracht Frankfurt	30	11	7	12	50:58	0,86	29-31
9.	Eintracht Braunschweig	30	10	8	12	42:47	0,89	28-32
10.	Borussia Neunkirchen	30	9	9	12	44:48	0,92	27-33
11.	Hamburger SV	30	11	5	14	46:56	0,82	27-33
12.	VfB Stuttgart	30	9	8	13	46:50	0,92	26-34
13.	1. FC K'lautern	30	11	3	16	41:53	0,77	25-35
14.	Hertha BSC Berlin	30	7	11	12	40:62	0,65	25-35
15.	Karlsruher SC	30	9	6	15	47:62	0,76	24-36
16.	Schalke 04	30	7	8	15	45:60	0,75	22-38

Wer kam?

Steinmann (1. FC Saarbrücken)
Schulz (eig. Amateure)
Höttges (Bor. Mönchengladbach)
Matischak (Schalke 04)

Wer ging?

Ilic (Karriereende)
Schwierzke (Eintr. Trier)
Meyer (Bergedorf 85)

Die Mannschaft (Name, Geb.-Datum, Position, Bundesliga-Einsätze (Gesamt), Tore (Gesamt), bei Werder von-bis)

1964/65

Bernard, Günter
*4.11.1939
Torhüter
30 (287); 0 (0); 1963–1973

Höttges, Horst-Dieter
»Eisenfuß«
*10.9.1943
Abwehrspieler
29 (420); 1 (55); 1964–1978

Bordel, Wolfgang
*27.12.1939
Abwehrspieler
1 (18); 0 (0); 1963–1967

Jagielski, Helmut »Jackl«
*13.3.1934, †31.12.2002
Abwehrspieler
26 (64); 0 (0); 1963–1967

Lorenz, Max
*19.8.1939
Abwehrspieler
27 (176); 2 (15); 1963–1969

Piontek, Josef »Seppl«
*5.3.1940
Abwehrspieler
28 (203); 3 (15); 1963–1972

Schimeczek, Helmut
»Schimmi«
*4.7.1938
Abwehrspieler
6 (78); 0 (2); 1963–1970

Steinmann, Heinz
*1.2.1938
Abwehrspieler
26 (184); 0 (4); 1964–1971

Ferner, Diethelm »Didi«
*13.7.1941
Mittelfeldspieler
29 (188); 1 (20); 1963–1969

Hänel, Klaus »Atze«
*23.2.1936
Mittelfeldspieler
7 (68); 1 (12); 1963–1968

Schütz, Arnold »Pico«
*19.1.1935
Mittelfeldspieler
28 (253); 10 (70); 1963–1972

Soya, Willi »Bohne«
*11.10.1935, †4.7.1990
Mittelfeldspieler
8 (34); 2 (7); 1963–1966

Klöckner, Theo
*19.10.1934
Stürmer
17 (31); 4 (8); 1963–1965

Schulz, Hans
*4.12.1942
Stürmer
19 (31); 4 (6); 1964–1966

Thun, Dieter
*4.6.1939
Stürmer
2 (24); 0 (6); 1963–1965

Zebrowski, Gerhard »Zebro«
*25.4.1940
Stürmer
28 (145); 11 (40); 1963–1969

Matischak, Klaus »Zick-Zack«
*24.10.1938
Stürmer
19 (42); 12 (20); 1964–1967

Lambertz, Klaus
*11.5.1940
Torhüter
0 (17); 0 (0); 1963–1967

Boelsen, Volker
*24.8.1944
Torhüter
0 (0); 0 (0); 1963–1965
Amateur

Nachtwey, Walter
*18.5.1934
Abwehrspieler
0 (6); 0 (0); 1963–1965

Sidon, Heinz
*22.9.1937
Abwehrspieler
0 (0); 0 (0); 1963–1965
Amateur

Jung, Erwin
*4.3.1941
Stürmer
0 (5); 0 (1); 1963–1965

Dudjahn, Horst
*6.5.1939, †16.9.1994
Stürmer
0 (0); 0 (0); 1963–1965
Amateur

Oben: »Scharfschütze, Hinterhaltsschütze, Freistoßspezialist« stand unter diesem Sammelbild aus dem Jahr 1965
Links und unten: Doppelpico! Während Arnold »Pico« Schütz die Meistermannschaft auf's Spielfeld führt, sorgt am Rande das neue Maskottchen »Pico« für ausreichend Glück. Beide erledigen ihre Jobs 1965 zur vollsten Zufriedenheit!

Arnold »Pico« Schütz: »... richtig original gut Fußball gespielt!«

Was hatte die Meistermannschaft 1965 für Qualitäten?
Schütz: Damals hieß die DFB-Formel: Drei Mann dürft ihr verpflichten – mehr gibt es nicht. Verboten! Und wir hatten das unverschämte Glück, dass wir vor der Meistersaison drei Spieler bekamen, die bei uns in den Kader passten und die wir als Mannschaft dringend brauchten. Ein Heinz Steinmann, ein Höttges und ein Matischak. Dadurch hatten wir eine im wahrsten Sinne des Wortes komplette Mannschaft. Wir wuchsen zu einer guten Einheit und haben auch privat viel zusammen unternommen und uns untereinander gegenseitig besucht. Wir waren eine sehr harmonische Mannschaft. Und wir hatten »Fischken« Multhaup, unseren Trainer. Der war zwar akribisch bei seiner Arbeit, aber als Typ auch locker und menschlich. Wenn wir Training hatten, hat die Mannschaft die erste halbe Stunde erst einmal alleine trainiert, weil Multhaup sich immer erst einmal in Ruhe mit den Trainigskiebitzen unterhalten wollte: »Na, was sagt ihr zum Spiel letzten Samstag?« Er hatte genau die richtige Mischung aus Autorität und langer Leine. Der Montag war immer sein Haupt-Trainingstag. Da mussten wir richtig ran. Dort, wo hinter der Ostkurve heute Kunstrasen und Ascheplatz sind, war früher eine Wiese. Dort ging es dann montags richtig ab: Seilspringen, Steigerungsläufe, Gewichtheben. Multhaup war ein sehr guter Trainer, und Mannschaft und er verstanden sich optimal. Unser Schlüssel war sicher die bärenstarke Hintermannschaft. Höttges und Piontek wurden überall gehasst, wenn wir mit dem Verein irgendwo hinkamen. Spielten sie in der Nationalelf genauso wie bei uns, dann fanden das alle toll. Ran an den Mann, kurz decken, Respekt verschaffen – das war ihr Rezept. Wir bekamen hin und wieder vom Gegner den Vorwurf, unfair zu spielen, aber keiner unserer Spieler wurde vom Platz gestellt. Wir waren einfach nur ein sehr unangenehm zu spielender Gegner. Wir haben einfach nur richtig original gut Fußball gespielt!

Weshalb lief das zweite Bundesligajahr so viel besser als das erste?
Schütz: Das hatte vor allem zwei Gründe. Zum einen hatten wir im ersten Jahr keinen so guten Kader, aber dafür viel Verletzungspech. Aber der Hauptgrund war, wenn ich ganz ehrlich bin, ein ganz anderer: Unser Geschäftsführer Hansi Wolff plante eine Amerikareise für die Zeit zwischen der ersten und der zweiten Bundesligasaison. Wir sollten in New York spielen, in Chicago und Los Angeles. Ein sehr renommiertes Turnier war das. Und der ansonsten sehr schlaue Hansi Wolff hat den Fehler gemacht, uns vorher gemeinsam mit Trainer Multhaup anzukündigen: »Wer sich in der Endphase der Bundesliga verletzt, kommt nicht mit nach Amerika!« Und nach dieser Ansage ließ die Spannung bei uns nach. Wir sind nicht mehr in letzter Konsequenz in die Zweikämpfe gegangen und haben die Saison locker auslaufen lassen. In der Vorrunde standen wir noch prima da, aber je näher die Reise rückten, umso mehr haben wir uns gesagt: »Ich will aber doch mit nach Amerika!« und haben uns nicht mehr so reingekniet. Und dann wurden wir Zehnter.

Sie waren vor der Meistersaison krasser Außenseiter. Wann haben Sie im Verlauf der Punktspielrunde gemerkt: »Hoppla, wir sind ja wirklich gut!«?
Schütz: Wir haben nach der Auftaktniederlage in Kaiserslautern gleich eine gute Serie hingelegt und uns oben in der Tabelle festgesetzt. Unsere Abwehr war so unglaublich stark: Jagielski und Steinmann in der Mitte spielten durchweg klasse, und vor den Außenverteidigern Höttges und Piontek hatte die ganze Bundesliga Angst. Wir standen einfach gut. Und wir waren auch selbstbewusst genug, selbst nach Rückständen, was selten genug vorkam, immer noch mindestens einen Punkt zu holen. Die Kölner waren uns die ganze Saison über immer auf den Fersen, und alle erwarteten, dass wir die Spitze irgendwann verlieren würden. Aber je näher das Saisonende rückte, umso klarer wurde uns: Mensch, wir sind wirklich dicht dran! Und spätestens, als es die Zeitungen merkten und schrieben, dass man Werder Bremen als Titelkandidat ernstnehmen muss, haben wir es endgültig realisiert, wie gut wir waren. Dann wollten wir den letzten Rest auch noch schaffen und die Schale nach Bremen holen. Und am Ende hatten wir so eine breite Brust, dass wir vor jedem Spiel gedacht haben: »Was will der Gegner von uns? Wir stehen oben, und da bleiben wir auch!«

Was änderte sich für Sie durch die Einführung der Bundesliga?
Schütz: Im Grunde nicht viel. Der Vertragsspieler hieß plötzlich »Lizenzspieler«, und manche von uns arbeiteten nicht mehr voll, sondern nur noch halbtags. Ich habe während meiner kompletten Karriere meinen Job als Güterbesichtiger im Hafen nicht aufgegeben. Als die Bundesliga startete, habe ich meinen Vorgesetzten im Verein gesagt: »Leute, ich bin fast dreißig Jahre alt. Ich werde meinen Job nicht an den Nagel hängen!« Ich musste im Hafen ja keine Stahlplatten schleppen. Ich hatte einen soliden, guten Job, den ich nicht aufgeben wollte. Und so sind die Vereinsoberen bei meinem Arbeitgeber aufgelaufen und haben dort vorgesprochen, um für mich zu erreichen, dass ich zum

Pico Schütz 1960: Jungstar …

Arnold Schütz

»Pico« (Jahrgang 1935) spielte rekordverdächtige 17 Jahre in Werders 1. Mannschaft und beendete seine Karriere 1972 nach genau 826 Spielen für die Grünweißen. Als die Bundesliga startete, war »Pico« schon 28 Jahre alt. Dennoch hielt er volle neun weitere Jahre als Leistungsträger bei Werder durch und beendete seine Laufbahn 1972 als ältester Spieler der Bundesliga nach 253 Spielen und 70 Toren für Werder.

… und heute: Ehrenspielführer des SV Werder

Saison 1965/66: Bayerns Dieter Danzberg überlebt diesen Gewaltschuss von »Pico« Schütz nur knapp. Endstand 1:1, Tor: Schütz

Training frei bekomme. In den ersten beiden Bundesligajahren war nur nachmittags Training, ehe dann ein Trainer kam, der entschieden hat, zweimal pro Tag trainieren zu wollen. Morgens um 10 Uhr und dann am Nachmittag um halb vier. Und dann wurde es etwas härter für mich: Ich bin erst frühmorgens ins Büro gefahren und habe geguckt, was ich zu tun habe. Dann später ging's zum Vormittagstraining. Mittags dann rüber zu meiner Mutter, die in der Nähe meiner Arbeitsstelle wohnte, und gegen halb drei wieder zum Weser-Stadion auf den Trainingsplatz.

Weshalb ist ein hochkarätiger Bundesligaspieler wie Pico Schütz nie Nationalspieler geworden?
Schütz: Ich hatte mit meinen Positionen Pech. Ich habe bei Werder als Mittelstürmer begonnen und hatte national immer den dicken Seeler vor mir, an dem man natürlich nicht vorbeikam. Wenn wir Spiele hatten wie »Norddeutschland gegen Westdeutschland«, dann spielte der Dicke immer in der Mitte und ich musste auf Rechtsaußen ausweichen. Einmal bekam ich nach einem starken Spiel mit der norddeutschen Auswahl tatsächlich eine Einladung des DFB für ein Länderspiel gegen Nordirland. Und was passiert? Zeitgleich mit meiner guten Partie der Norddeutschland-Auswahl spielt in Frankfurt Süddeutschland gegen Westdeutschland. Bundestrainer Sepp Herberger ist leider dort und nicht bei unserem Spiel unter den Zuschauern und sieht auf meiner Position den Kölner Wilden, der prima spielt. Ende vom Lied war, dass Wilden gegen Nordirland randurfte und ich nicht. Und dann habe ich mir gesagt, okay, dann war's das wohl mit der DFB-Karriere.

Gab es für Sie je die Überlegung, Werder zu verlassen?
Schütz: Es waren immer mal gute Angebote da, aber von mir aus wollte ich nie wechseln. Dann begann die Bundesliga, wir wurden im zweiten Jahr gleich Deutscher Meister und ich selbst ging auf die Dreißig zu. Und da habe ich mir gesagt, nun machst du dein Ding hier zuende und ziehst das durch. Das hat gut funktioniert: Bei Werder konnte ich insgesamt noch 10 Jahre Bundesliga spielen, obwohl ich bei Bundesligastart schon nicht mehr der Allerjüngste war. So ist es auch meinen Mitspielern und Freunden von damals gegangen: Die meisten sind Bremen treu geblieben und haben gesagt, wir gehören hier her und bringen unsere Karriere hier zuende.

Was bedeutet Ihnen Werder als Verein?
Schütz: Ich bin waschechter Bremer und habe Werder natürlich viel zu verdanken. Wir hatten im Verein immer eine tolle Gemeinschaft, egal ob anfangs in der Oberliga oder später in der Bundesliga. Bei Werder war immer alles sehr harmonisch. Ein sehr menschlicher, gut organisierter Verein. Dank Werder habe ich die ganze Welt kennengelernt. Wir haben in Österreich, Jugoslawien und der Schweiz genauso gespielt wie später in Nord- und Südamerika. Und ich musste nicht mal was dafür bezahlen (lacht). Wo erlebt man so etwas sonst schon? Ich bin dem Verein für vieles sehr dankbar.

Schließlich, für die Nachwelt: Woher kam der Name »Pico«?
Schütz: In meinem Stammverein TuS Walle war ich immer der kleinste und schmalste. Und den kleinsten in einer Mannschaft nannte man immer schon »Pico«. In meiner Ausbildung musste ich dann als junger Kerl schwere Baumwollballen schleppen und habe körperlich langsam zugelegt. Und bei Werder bin ich durch das Training dann richtig kräftig geworden. Der Name »Pico« ist einfach für immer geblieben, auch als er längst schon nicht mehr passte.

Rechte Seite:
Horst-Dieter Höttges, Werders bester Einkauf der sechziger Jahre. Der unschuldige Blick täuscht extrem

1965/66: Danish Dynamite

Oben v.l.:
Trainer Brocker, Schütz, Lorenz, Jagielski, Soya, Piontek, Hänel, Podlich, Danielsen, Matischak
Unten v.l.:
Ferner, Schimeczek, Bordel, Lambertz, Bernard, Steinmann, Höttges, Dausmann

Ein Titelverteidiger möchte in der Regel seinen Titel verteidigen. Deshalb heißt er ja so. Werder bestritt die Saison 1965/1966 als »Gejagter«, doch obwohl die Mannschaft bis kurz vor Schluss der Saison von der erneuten Meisterschaft träumen durfte, am Ende einen respektablen 4. Tabellenplatz belegte und den eigenen Fans den ersten ausländischen Star in der Bundesligageschichte des Vereins präsentierte, bleibt am Ende etwas Ratlosigkeit, wenn man sich die Bundesligarunde nach der Meisterschaft 1965 etwas genauer ansieht.

Nachdem Werder den Titel im Vorjahr geradezu sensationell errungen hatte, ging die Mannschaft mit hohen Erwartungen in die Saison 1965/66. Die Voraussetzungen waren jedoch ungleich schlechter als im Vorjahr. Denn neben der hohen Erwartungshaltung machten die Neueinkäufe diesmal Werder einen Strich durch die Rechnung, und auch mit dem neuen Trainer wurde der SVW nie so recht warm.

In der Zeit des größten Jubels hatte Meistermacher Multhaup seinen Abschied bekannt gegeben und sich, enttäuscht über die vermeintlich nur mäßig ausgeprägte Fußballbegeisterung an der Weser, ausgerechnet dem großen Konkurrenten Borussia Dortmund angeschlossen. Das war ein Grund. Der andere Grund war, dass der SV Werder Multhaups Wünschen nach einer Professionalisierung des Vereins nicht in dem Maße nachkommen mochte, wie es dem Trainer vorschwebte. Multhaup pochte darauf, weiterhin eng mit Ligaobmann Edu Hundt zusammenarbeiten zu dürfen. Hundt wiederum, seines Zeichens ehrenamtlicher Funktionär und erfolgreicher Bremer Geschäftsmann, forderte einen bezahlten Managerposten. Hundt und Multhaup wollten hauptverantwortlich für die personelle Gestaltung des Lizenzspielerkaders sein, der Vorstand wollte soviel Machtfülle nicht zulassen. Vor allem Werders Macher Hansi Wolff hätte eine derartige Beschneidung seines Kompetenzbereichs nie zugelassen. Hundts Wunsch nach angemessener Bezahlung seiner angestrebten Managertätigkeit wurde also abgelehnt. Pikiert trat er von seinem Amt als Ligaobmann zurück. Wenig später teilte Multhaup dem Verein mit, ebenfalls nicht über das Saisonende hinaus für Werder arbeiten zu wollen, und das auch, weil er nach Hundts Abschied keine Basis mehr für ein professionelles Weiterarbeiten sah. Ein für Werder folgenschwerer Verlust!

Der Vorstand guckte als Nachfolger den ehemaligen Schalker Meisterkicker Günther Brocker aus. Der war zwar zu seiner Schalker Zeit ein guter Verteidiger, aber als Trainer hatte er im

Vergleich mit Vorgänger Multhaup deutlich weniger zu bieten. Er war weniger gewitzt, sprach seltener intelligent, schien insgesamt planloser und weniger fußballbesessen. Brockers Taktikbesprechungen bestanden nicht selten aus nur mäßig ausgeklügelten Marschrouten wie »Los, Jungs! Die knallen wir weg!« Kapitän Pico Schütz erinnerte sich später, dass die Mannschaft nach Brockers Kabinenansprachen immer völlig sicher war, dass der Gegner keine Ahnung hatte und der Sieg ein Spaziergang werden würde. Brockers Lieblingsansprache vor einem Spiel ging etwa so: »Wir haben sechs Nationalspieler, unser heutiger Gegner hat nur einen. Was soll da schon schiefgehen?« Charisma und Ausstrahlung, Eigenschaften, mit denen Ex-Trainer Multhaup wahrhaft zu wuchern verstand, gingen Brocker nahezu komplett ab. Und es verwundert nicht, dass ein Trainer weniger Autorität in seiner Mannschaft genießt, wenn den Spielern sehr schnell klar wird, dass der neue Mann weniger zu bieten hat als sein gefeierter Vorgänger. Der wiederum wurde in Dortmund auf Anhieb Europacupsieger, während Günter Brocker das leicht in Schlingern geratene Werder-Schiff vergebens wieder auf den Kurs einer Spitzenelf zu bringen versuchte.

Die Mannschaft hatte ihr Gesicht in der Sommerpause nur wenig verändert. Nachdem im Vorjahr mit Höttges, Matischak und Steinmann ausschließlich Schlüsselspieler und Volltreffer ins Weser-Stadion gelockt wurden, kamen nach der Meisterschaft in erster Linie Mitläufer, die Werder folgerichtig schnell wieder verließen: Der Kieler Manfred Podlich schaffte den Durchbruch ebenso wenig wie Hugo Dausmann vom FK Pirmasens. Podlich bestritt insgesamt elf Spiele im Werder-Trikot, Dausmann 15. Einziger Hochkaräter war mit dem dänischen Halbstürmer John Danielsen der erste namhafte ausländische Star in Werders Bundesliga-Geschichte. Danielsen bereicherte die Grünweißen volle fünf Jahre lang.

Der SV Werder war in dieser Saison leichter auszurechnen. Torjäger Matischak traf nur noch achtmal. Sein Stern begann zu sinken. Außer Torwart Bernard, »Eisenfuß« Höttges und Kapitän Pico Schütz (der in nur 23 Spielen sagenhafte 20 Treffer markierte!) setzte kaum ein Spieler Glanzlichter. Die Abwehr blieb ein bundesweit gefürchtetes Prunkstück des SVW, aber die schönste Abwehr macht auf Dauer wenig Freude, wenn im Sturm nichts passiert. Klöckner war gegangen, Matischak selten in From, Soya lange verletzt und Podlich wie Dausmann keine Verstärkungen. Fast die gesamte Saison litt unter Werders Sturmflaute.

Dabei fing alles so gut an! Werder legte mit vier Siegen in den ersten fünf Spielen einen wahren Raketenstart hin, ohne wirklich spielerisch zu gefallen. Am Anfang jagte man die Bayern (damals einer der beiden Aufsteiger!) und schien der Favoritenrolle des Titelverteidigers gerecht zu werden. Dann allerdings zeigte sich, dass der Werder-Motor längst nicht mehr so reibungslos schnurrte wie noch im Jahr zuvor. In den nächsten vier Spielen, in denen Werder auf Kapitän Pico Schütz verzichten musste, wurde gleich dreimal zu null verloren. Aus Platz 2 nach fünf Spieltagen war Platz 7 geworden. Dann kam Pico zurück und führte seine Elf zu drei Siegen in Folge (Platz 5). Danach fiel das Herz des Werder-Spiels erneut aus. Diesmal gleich sieben Spiele, und wieder sackte Werder ohne ihn ab. Der Rückstand auf die Spitze wuchs und wollte sich nie wieder so recht verringern. Nach Kantersiegen gegen schwächere Teams (5:0 gegen Tasmania, 4:0 gegen Braunschweig, 6:1 bei Schalke 04) folgten immer wieder unerklärliche Patzer.

Alles wäre gar nicht so schlimm gewesen, hätte Werder nicht international dafür gesorgt, dass sich viele deutsche Fernsehzuschauer über die Darbietung des Deutschen Meisters im Landesmeister-Europapokal gegen Partizan Belgrad geradezu schämen mussten. Nach einer unschönen 0:3-Niederlage in Jugoslawien hatte Trainer Brocker genau das Falsche getan: Als Reaktion auf das knüppelharte Spiel des Gegners kündigte er an, den Jugoslawen beim Rückspiel in Bremen »die Knochen

Ganz oben: Längsstreifen machten schon 1965 schlank. Hänel beim Einwurf. Man beachte den Hintergrund: Kaum ein Werder-Fan ohne Krawatte!

Unten: Klaus Matischak hatte zunehmend mit Verletzungen zu kämpfen. Seine Karriere neigte sich dem Ende zu

Ein Klassiker der sechziger Jahre war nicht nur das Duell Werder – HSV, sondern auch das Duell Zebrowski gegen Kurbjuhn. Beim 2:0 am 11. Dezember 1965 zogen im Weser-Stadion nicht nur die Hamburger den Kürzeren, sondern auf diesem Bild auch Kurbjuhn gegen den trickreichen Werder-Flügelstürmer

polieren« zu wollen. Ein bisschen Motivation wäre der Mannschaft vermutlich zugute gekommen, aber das Schüren von hochgejazzten Rachegefühlen erwies sich nicht gerade als hohe Schule der Fußball-Psychologie, um es mal etwas geschönt auszudrücken: Die derart angeheizten und viel zu hart zu Werke gehenden Bremer vergaßen viel zu oft das Fußballspielen, verloren ihren Kapitän Pico Schütz durch Platzverweis und verschenkten eine Partie, die sie bei konzentrierter Herangehensweise möglicherweise noch hätten biegen können. Über die genaueren Umstände einer handfesten Auseinandersetzung zwischen dem schon vom Feld gewiesenen Schütz und einem jugoslawischen Reporter, dessen Schneidezahnsortiment sich im kurzen, aber heftigen Verlauf dieser Begegnung drastisch verringerte, wollen wir den Mantel des Schweigens hüllen. Zurück zum Sport. Der dünne 1:0-Sieg reichte am Ende nicht. Werder musste sich nach dem Ausscheiden aus dem Europacup der Meister, das dummerweise am Tag nach dem Spiel (ironischerweise am Buß- und Bettag) in einer ausführlichen Aufzeichnung im ZDF bundesweit in die deutschen Wohnzimmer flimmerte, massenweise vernichtende Pressestimmen und Leserbriefe entsetzter Fans gefallen lassen.

In der Liga konnte die Mannschaft diesen Eindruck mühsam verwischen. Werder war mit 25:9 Punkten die beste Elf der Rückrunde, dazu das heimstärkste aller Teams. Im Verlauf der Saison hatten sich mit Bernard, Höttges, Piontek und Lorenz im Vorfeld der WM 1966 in England gleich vier Bremer in den engeren Kreis der Nationalelf vorgearbeitet. Mehr war nicht zu erwarten. Spätestens nach dem deprimierenden 0:1 in Braunschweig war klar, dass der Weg zur Meisterschale diesmal nicht wieder über Werder führen würde. Der abschließende 4. Platz fünf Punkte hinter Meister 1860 München war das Optimum für eine alternde Mannschaft, die an schlechteren Tagen nur noch wie ein Abklatsch der starken Vorjahrestruppe wirkte. Die negativen Eindrücke aus einem einzigen Europapokalspiel überschatteten das an sich passable Abschneiden in der Liga. Die Saison 65/66 ließ den Schwanengesang für die ehemalige Meisterelf nahen.

Klaus Matischak erzielt beim 2:0 gegen den Meidericher SV (11.9.1965) in der Schlussminute per Fuß das entscheidende 2:0. Gegenspieler Manfred Müller (sic!) kann ihn hier beim Kopfball nicht entscheidend behindern

Vom Spielfeldrand 1965/66:

Das gesamte Vereinsvermögen des SV Werder betrug am Ende des Kalenderjahres 1965 492.312 DM. 21 Lizenzspieler verdienten zusammen 665.770 DM, was einem Durchschnittsjahresverdienst von 31.703 DM für den Werder-Profi des Jahres 1965 entsprach. Das durchschnittliche Monatseinkommen eines Werder-Lizenzspielers im Jahr nach der Meisterschaft betrug somit: 2642 DM.

Abschlusstabelle der Bundesliga 1965/1966:

Pl.	Verein	Sp	S	U	N	Tore	Quot.	Punkte
1.	1860 München	34	20	10	4	80:40	2,00	50-18
2.	Borussia Dortmund	34	19	9	6	70:36	1,94	47-21
3.	Bayern München	34	20	7	7	71:38	1,87	47-21
4.	**Werder Bremen**	**34**	**21**	**3**	**10**	**76:40**	**1,90**	**45-23**
5.	1. FC Köln	34	19	6	9	74:41	1,80	44-24
6.	1. FC Nürnberg	34	14	11	9	54:43	1,26	39-29
7.	Eintracht Frankfurt	34	16	6	12	64:46	1,39	38-30
8.	Meidericher SV	34	14	8	12	70:48	1,46	36-32
9.	Hamburger SV	34	13	8	13	64:52	1,23	34-34
10.	Eintracht Braunschweig	34	11	12	11	49:49	1,00	34-34
11.	VfB Stuttgart	34	13	6	15	42:48	0,88	32-36
12.	Hannover 96	34	11	8	15	59:57	1,04	30-38
13.	Borussia M'gladbach	34	9	11	14	57:68	0,84	29-39
14.	Schalke 04	34	10	7	17	33:55	0,60	27-41
15.	1. FC K'lautern	34	8	10	16	42:65	0,65	26-42
16.	Karlsruher SC	34	9	6	19	35:71	0,49	24-44
17.	Borussia Neunkirchen	34	9	4	21	32:82	0,39	22-46
18.	Tasmania 1900 Berlin	34	2	4	28	15:108	0,14	8-60

Saisonverlauf 1965/1966:

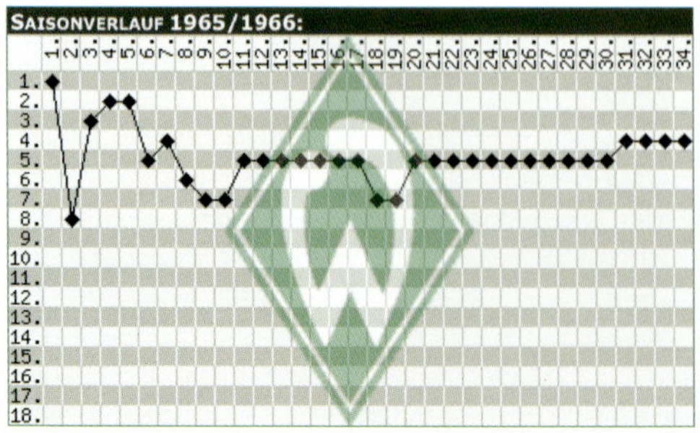

Die Mannschaft (Name, Geb.-Datum, Position, Bundesliga-Einsätze (Gesamt), Tore (Gesamt), bei Werder von–bis)

Bernard, Günter
*4.11.1939
Torhüter
34 (287); 0 (0); 1963–1974

Höttges, Horst-Dieter
»Eisenfuß«
*10.9.1943
Abwehrspieler
31 (420); 5 (55); 1964–1978

Bordel, Wolfgang
*27.12.1939
Abwehrspieler
3 (18); 0 (0); 1963–1967

Jagielski, Helmut »Jackl«
*13.3.1934, †31.12.2002
Abwehrspieler
11 (64); 0 (0); 1963–1967

Lorenz, Max
*19.8.1939
Abwehrspieler
31 (176); 4 (15); 1963–1969

Piontek, Josef »Seppl«
*5.3.1940
Abwehrspieler
33 (203); 2 (15); 1963–1972

Schimeczek, Helmut
»Schimmi«
*4.7.1938
Abwehrspieler
6 (78); 1 (2); 1963–1970

Steinmann, Heinz
*1.2.1938
Abwehrspieler
32 (184); 0 (4); 1964–1971

Danielsen, John
*13.7.1939
Mittelfeldspieler
26 (131); 5 (17); 1965–1970
Dänemark

Ferner, Diethelm »Didi«
*13.7.1941
Mittelfeldspieler
34 (188); 4 (20); 1963–1969

Hänel, Klaus »Atze«
*23.2.1936
Mittelfeldspieler
7 (68); 1 (12); 1963–1968

Schütz, Arnold »Pico«
*19.1.1935
Mittelfeldspieler
23 (253); 20 (70); 1963–1972

Schulz, Hans
*4.12.1942
Mittelfeldspieler
12 (31); 2 (6); 1964–1966

Zebrowski, Gerhard »Zebro«
*25.4.1940
Stürmer
32 (145); 7 (40); 1963–1969

Matischak, Klaus »Zick-Zack«
*24.10.1938
Stürmer
21 (42); 8 (20); 1964–1967

Soya, Willi »Bohne«
*11.10.1935, †4.7.1990
Stürmer
1 (34); 1 (7); 1963–1966

Dausmann, Hugo
*12.9.1942
Stürmer
14 (14); 5 (5); 1965–1966

Podlich, Manfred
*14.5.1940
Stürmer
11 (11); 6 (6); 1965–1967

Wer kam?

Danielsen (BK 09 Odense)
Dausmann (FK Pirmasens)
Podlich (Holstein Kiel)

Wer ging?

Nachtwey (Karriereende)
Jung (VfB Oldenburg)
Dudjahn (VSK Osterholz-Scharmbeck)
Klöckner (SW Essen)
Thun (VfL Wolfsburg)
Sidon (eig. Amateure)
Boelsen (Bergedorf 85)

Brocker, Günther
*24.5.1925
Trainer
34 (71); 1965–9/1967

Erweiterter Kader:

Lambertz, Klaus
*11.5.1940
Torhüter
0 (17); 0 (0); 1963–1967

1966/67: Reell abgeschmiert

Oben v.l.:
Schütz, Steinmann, Lorenz, Baumann, Danielsen, Björnmose, Ferner, Schröder, Podlich, Trainer Brocker
Unten v.l.:
Jagielski, Görts, Lambertz, Matischak, Schimeczek, Zebrowski, Hänel, Bordel, Schweighöfer, Bernard, Höttges

Unfassbar, welches Wellental Werder Bremen seinen Fans in den Gründerjahren der Bundesliga zumutete. Hatte man Werder schon in Oberligazeiten ob der Unberechenbarkeit dieser technisch feinen, aber als sensibel geltenden Mannschaft »die Sphinx des Nordens« genannt, weil diese merkwürdige, zu allem fähige Mannschaft an schlechten Tagen auch in negativer Hinsicht zu wirklich allem fähig war, so wurde spätestens 1966/67 überdeutlich: Die Einführung der Bundesliga hatte an diesem werdertypischen Phänomen nicht das Geringste geändert. Nach Meisterschaft und zuletzt dem respektgebietenden Platz 4 dachten eigentlich alle Fachleute, Werder sei nun bis auf weiteres der Bundesliga-Spitze zuzurechnen. Auf dem Papier zählte Werder Bremen 1966 zur Crème der deutschen Lizenzvereine. Auch Trainer Brocker nennt als Saisonziel vor der vierten Saison, »reell mitmischen zu wollen«. Werder mischte dann auch massiv mit – im Abstiegskampf.

Das war um so schwerer zu fassen, weil Werder im Vergleich zum Vorjahr personell nichts Bahnbrechendes verändert hatte. Trainer Günther Brocker konnte in seinem zweiten Werder-Jahr weiter auf die Defensiv-Karte setzen. Die Transfers zu Saisonbeginn schienen das Niveau des Kaders eher anzuheben. Mit dem ungemein talentierten, aber leider verletzungsanfälligen Hans Schulz (zum HSV), dem alternden Willi Soya (zu Bergedorf 85) und Fehleinkauf Hugo Dausmann (zu Pirmasens) verließen drei Spieler unseren Verein, die ersetzbar schienen.

Weil Werder hinten gewohnt bombenfest stand, klotzte Brocker vorne: Gleich fünf neue Offensivkräfte wurden verpflichtet, weil Ex-Torjäger Klaus Matischak im Vorjahr abbaute. Mit dem Dänen-Star Björnmose, dem quicken Flügelstürmer Werner Görts von Absteiger Neunkirchen, dem bulligen Rolf Schweighöfer aus Schweinfurt und den eigenen Talenten Baumann und Schröder sollte der Werder-Angriff auf Touren kommen. Die Letzteren waren gerade mit Werders Nachwuchs Deutscher Amateurmeister geworden, und Baumann hatte dazu mit gleich drei Toren im Finale entscheidend beigetragen. Geballte Offensivkraft sollte aus dem Tabellvierten wieder einen Titelkandidaten basteln. Ein Trugschluss, wie sich schmerzlich schnell zeigte. Am Ende mussten mangels geeigneter Konkurrenz die alten Kämpen Zebrowski und Schütz als Torjäger herhalten. Schweighöfer konnte sich ebenso wenig in der höchsten Spielklasse durchsetzen wie Baumann und Schröder. Der nächste Nicht-Torjäger Ole Björnmose erlebte später bessere Jahre, wurde zum Dauerbrenner und hielt ein Jahrzehnt lang für Werder und den HSV die Knochen hin. Werner »Anneliese« Görts wiederum reifte in den kommenden Jahren zu einem der besten deutschen Linksaußen und sollte bis ins hohe Fußballalter auf Werders Flügel wirbeln und zu einer der vielen grünweißen Legenden werden.

Die Saison 1966/67 kostete Nerven wie nie zuvor. Der völlig verpatzte Start in diese Saison sollte leider wegweisend sein für ein turbulentes Jahr, in dem die Fans mit unansehnlichem Fußball gequält, die Hoffnungen schnell begraben und natürlich schnell der Kopf von Trainer Brocker gefordert wurde, der in Bremen nie die Popularität seines Vorgängers »Fischken« Multhaup erreichen konnte. Nach drei Spielen hatte Werder genau null Punkte auf dem Konto. Der Saisonstart wurde kurioserweise wohl auch deshalb restlos vergeigt, weil die drei Leistungsträger Bernard, Höttges und Lorenz nach ihrer Teilnahme an der WM 1966 in England und dem Erringen des 2. Platzes vom DFB von einer Feier zur nächsten beordert wurden. Alle drei verpassten dadurch einen Großteil der Vorbereitung. Werder konnte erst zu Saisonbeginn auf seine ausgepowerten Leistungsträger zurückgreifen.

Die Mannschaft schien nach dem Katastrophenstart schon wenige Wochen nach Saisonbeginn entnervt und konnte sich erst im Winter mit einem Zwischenspurt aus der Abstiegszone befreien. Hintereinander wurden der HSV (5:1) und Pokalsieger Bayern München (4:1) aus dem Weser-Stadion gefegt. Werder sagte in der oberen Tabellenhälfte kurz »Kuckuck!«, aber nur um eine haarsträubend schlechte Rückrunde zu spielen, und die Sternstunden gegen den ewigen Nordrivalen und den späteren Südrivalen ließen es umso unbegreiflicher erscheinen, weshalb diese einst so unverwüstliche Mannschaft nun nach unten durchgereicht wurde. Die Rettung kam erst erschreckend kurz vor dem Schlussvorhang der Saison, als der 28-jährige Däne John Danielsen Werder als Mittelstürmer zum erstaunlich glatten 3:0 gegen die Frankfurter Eintracht führte. Am Ende waren nur die beiden Aufsteiger Essen und Düsseldorf noch schlechter. Nur wenige der sonstigen Korsettstangen spielten verlässlich: Steinmann und Höttges boten ebenso Normalform wie Torwart Günter Bernard und Außenverteidiger Piontek. Alles Defensivleute. Wie schlecht der Rest der Mannschaft gespielt haben muss, mag man daran ablesen, dass trotz der soliden Abwehrrecken die viertmeisten Gegentore gefangen wurden – eine für Bremer Verhältnisse ganz und gar ungewohnte Bilanz. Vorne zauberte ausschließlich der schon erwähnte Danielsen von Zeit zu Zeit. Der Rest war grünweißes Schweigen. Die Fans kehrten sich ab und machten Werder zum unangefochtenen Schlusslicht der Zuschauertabelle. Nur noch beschämende 17.000 Bremer kamen im Schnitt ins Weser-Stadion, was nur zu verständlich war, denn dafür brauchte man schon verflucht gute Nerven. Werder überstand die Saison mit der maximalen Anzahl an theoretisch möglichen blauen Augen, und Trainer Brockers Tage in Bremen schienen unweigerlich gezählt. Sein Kredit bei Fans und Medien war verspielt. Sportlich hatte er die Mannschaft heruntergewirtschaftet, menschlich kam er nicht an. Seine Art, so sagten viele, passte einfach nicht nach Bremen. Er durfte allen Vorwarnungen zum Trotz allerdings vor seiner Entlassung erst noch den Saisonbeginn 1967/68 spektakulär in den Sand setzen.

Einer der besten Techniker bei Werder in den Sechzigern: Ballästhet Diethelm Ferner

Der dänische Stareinkauf Ole Björnmose konnte weitaus besser mit dem Leder umgehen, als es dieses Bild vermuten lässt. Im Hintergrund beobachtet Max Lorenz das Szenario auf Werders Trainingsplatz

Abschlusstabelle der Bundesliga 1966/1967:

Pl.	Verein	Sp	S	U	N	Tore	Quot.	Punkte
1.	Eintracht Braunschweig	34	17	9	8	49:27	1,81	43-25
2.	1860 München	34	17	7	10	60:47	1,28	41-27
3.	Borussia Dortmund	34	15	9	10	70:41	1,71	39-29
4.	Eintracht Frankfurt	34	15	9	10	66:49	1,35	39-29
5.	1. FC K'lautern	34	13	12	9	43:42	1,02	38-30
6.	Bayern München	34	16	5	13	62:47	1,32	37-31
7.	1. FC Köln	34	14	9	11	48:48	1,00	37-31
8.	Borussia M'gladbach	34	12	10	12	70:49	1,43	34-34
9.	Hannover 96	34	13	8	13	40:46	0,87	34-34
10.	1. FC Nürnberg	34	12	10	12	43:50	0,86	34-34
11.	MSV Duisburg	34	10	13	11	40:42	0,95	33-35
12.	VfB Stuttgart	34	10	13	11	48:54	0,89	33-35
13.	Karlsruher SC	34	11	9	14	54:62	0,87	31-37
14.	Hamburger SV	34	10	10	14	37:53	0,70	30-38
15.	Schalke 04	34	12	6	16	37:63	0,59	30-38
16.	**Werder Bremen**	**34**	**10**	**9**	**15**	**49:56**	**0,88**	**29-39**
17.	Fortuna Düsseldorf	34	9	7	18	44:66	0,67	25-43
18.	Rot-Weiß Essen	34	6	13	15	35:53	0,66	25-43

Saisonverlauf 1966/1967:

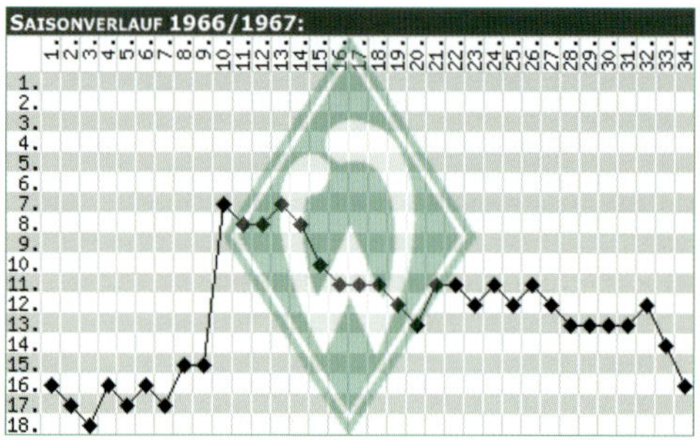

Brocker, Günther
*24.5.1925
Trainer
34 (71); 1965–9/1967

Wer kam?

Teupel (eig. Amateure, w.d.S.)
Schröder (eig. Amateure)
Björnmose (BK Odense)
Schweighöfer (Schweinfurt 05)
Görts (Bor. Neunkirchen)
Baumann (eig. Amateure)

Wer ging?

Schulz (HSV)
Soya (Bergedorf 85)
Dausmann (FK Pirmasens)

w.d.S. = während der Saison

Die Mannschaft
(Name, Geb.-Datum, Position, Bundesliga-Einsätze (Gesamt), Tore (Gesamt), bei Werder von-bis)

1966/67

Bernard, Günter
*4.11.1939
Torhüter
27 (287); 0 (0); 1963–1974

Lambertz, Klaus
*11.5.1940
Torhüter
6 (17); 0 (0); 1963–1967

Teupel, Gerhard
*20.11.1941
Torhüter
1 (1); 0 (0); 1966–1967
Amateur

Höttges, Horst Dieter
»Eisenfuß«
*10.9.1943
Abwehrspieler
30 (420); 3 (55); 1964–1978

Bordel, Wolfgang
*27.12.1939
Abwehrspieler
5 (18); 0 (0); 1963–1967

Jagielski, Helmut »Jackl«
*13.3.1934, †31.12.2002
Abwehrspieler
4 (64); 0 (0); 1963–1967

Lorenz, Max
*19.8.1939
Abwehrspieler
21 (176); 3 (15); 1963–1969

Piontek, Josef »Seppl«
*5.3.1940
Abwehrspieler
30 (203); 2 (15); 1963–1972

Schimeczek, Helmut
»Schimmi«
*4.7.1938
Abwehrspieler
24 (78); 0 (2); 1963–1970

Steinmann, Heinz
*1.2.1938
Abwehrspieler
32 (184); 0 (4); 1964–1971

Schütz, Arnold »Pico«
*19.1.1935
Mittelfeldspieler
32 (253); 9 (70); 1963–1972

Danielsen, John
*13.7.1939
Mittelfeldspieler
27 (131); 3 (17); 1965–1970
Dänemark

Ferner, Diethelm »Didi«
*13.7.1941
Mittelfeldspieler
34 (188); 6 (20); 1963–1969

Hänel, Klaus »Atze«
*23.2.1936
Mittelfeldspieler
19 (68); 2 (12); 1963–1968

Schröder, Herbert
*22.12.1945, †12.5.2000
Mittelfeldspieler
4 (4); 0 (0); 1966–1967

Björnmose, Ole
*7.5.1944
Stürmer
5 (137); 0 (21); 1966–1971
Dänemark

Zebrowski, Gerhard »Zebro«
*25.4.1940
Stürmer
28 (145); 9 (40); 1963–1969

Matischak, Klaus »Zick-Zack«
*24.10.1938
Stürmer
2 (42); 0 (20); 1964–1967

Schweighöfer, Rolf
*1.3.1939
Stürmer
13 (18); 6 (6); 1966–1969

Görts, Werner »Anneliese«
*15.1.1942
Stürmer
30 (363); 6 (73); 1966–1978

Erweiterter Kader:

Baumann, Carsten
*7.10.1946
Stürmer
0 (21); 0 (3);
1966–1967, 1971–1973
Amateur

Podlich, Manfred
*14.5.1940
Stürmer
0 (11); 0 (6); 1965–1967

Max Lorenz: »... in Bremen jeden weggenagelt!«

Max Lorenz 1965 ...

Max Lorenz

Max Lorenz (Jahrgang 1939) fasste als Hemelinger Junge in Werders Bundesligakader Fuß und zählte von Anfang an zu den absoluten Leistungsträgern in der Werder-Elf der Bundesliga-Gründerjahre. Als Allrounder, der nahezu überall spielen konnte, schaffte er den Sprung in die Nationalelf, stand im Kader der Vizeweltmeistermannschaft von 1966 und verließ Werder 1969 in Richtung Braunschweig, wo er seine Karriere später auch beendete.

... und heute

War bei Einführung der Bundesliga 1963 klar, dass das Fußballspielen mal ein Hauptberuf sein würde?

Lorenz: Nein, absolut nicht. Wir haben alle damals noch ehrbare Berufe nebenher gehabt. Ich habe eine Ausbildung bei Jacobs Kaffee gemacht. Als die Bundesliga anfing, war das Einkommen auf 1200 DM netto begrenzt. Mehr durfte man nicht verdienen, aber 1200 DM waren 1963 sehr viel Geld. Alles war ein totaler Neubeginn. Wir trainierten nicht mehr abends, sondern schon um 15.30 Uhr. Plötzlich musste man pünktlich sein, die Reisen wurden immer mehr. Aber diese Zeit möchte ich nicht missen: Es war eine kameradschaftliche Zeit, auch irgendwie wärmer als heute.

Wie sehr hat dann die Meisterschaft 1965 Ihr Leben und das Ihrer Kollegen verändert?

Lorenz: Die Meisterschaft für uns war damals eine Sensation. Das war vergleichbar mit dem »Wunder von Bern« 1954, und genau wie man sich an die erste deutsche Weltmeisterelf mit Fritz Walter und Helmut Rahn erinnert, erinnert man sich immer noch an Werders erste Meistermannschaft: Günter Bernard, unser hervorragender Torwart. Den würde man wahrscheinlich heute für zu klein halten, aber er war immer schon da, wo der Ball hinkam, hatte eine sensationelle Sprungkraft und konnte auch perfekt Fußball spielen. Oft war er so eine Art zusätzlicher »Letzter Mann« hinter unserem Libero Helmut Jagielski. Jagielski war einer der großartigsten Fußballer, die ich je kennen gelernt habe. Kam von Schalke 04 zu uns. Der hat Fußball zelebriert. Manchmal sind die Fans in Ohnmacht gefallen, weil er im Strafraum den Ball bedrängt mit der Hacke zum Torwart zurückgespielt hat. Und er war der verlängerte Arm des Trainers auf dem Spielfeld. »Jackl« hat uns geführt. Von seiner Erfahrung haben wir ungemein profitiert. Piontek und Höttges waren Extraklasse auf dem Außenverteidigerposten. Die hatten soviel Kraft und waren so dynamisch, dass die meisten Gegner Angst gekriegt haben. Heinz Steinmann kam dazu. »Pico« Schütz war eine große Spielerpersönlichkeit, Gerhard Zebrowski ein großartiger Außenstürmer. Klaus Matischak, unser Mittelstürmer, wäre heute gar nicht mit Geld aufzuwiegen. Der hatte manchmal keine Lust und war so ein Basler-Typ. Er konnte selbst entscheiden, ob er gut oder schlecht spielt. »Na gut, dann gib halt den Ball her und ich hau ihn rein!« Und dazu kommt, dass wir eine wahnsinnig eingespielte Mannschaft waren. Wir haben zwei Jahre mit derselben Aufstellung gespielt. Diese ganzen Verletzungen wie heute, die gab es damals noch nicht: »Muskeln, die zumachen« – da lache ich mich tot! Muskel zu oder auf – egal. Wenn wir damals was mit den Muskeln hatten, haben wir das verschwiegen, um am Wochenende wieder mitspielen zu dürfen. Großartig war »Fischken« Multhaup, unser Trainer. Der war ein Grandseigneur, der seiner Zeit weit voraus war. Er war in seiner Denke der Zeit weit voraus, hatte Ideen und Visionen, war ein smarter Typ. Heute würde so einer Bayern München trainieren. Er war wie Trapattoni auf deutsch. Multhaup hat uns den Libero angeschnackt. Wir konnten damit erst nichts anfangen, weil niemand in Deutschland mit Libero spielte. Jagielski war der erste in Deutschland überhaupt. In den Sechzigern war er sicherlich der zweitbeste deutsche Libero nach Beckenbauer. Vor Multhaup haben wir noch ganz simpel Mann gegen Mann gespielt. Multhaups System haben wir im ersten Jahr noch nicht so ganz kapiert, aber dann sind wir vor der zweiten Saison in die USA geflogen und haben an einem Turnier teilgenommen, wo wir uns so richtig eingespielt haben. Danach haben wir hier in Bremen jeden weggenagelt und sind dann verdient Meister geworden.

Wie sind Sie zu Werder gekommen?

Lorenz: Ich war ein echter Hemelinger Junge, ein Straßenfußballer. Ich spielte natürlich beim SV Hemelingen, damals eine Fußballhochburg, und mein Vater hat gesagt: »Junge, du bist ein Hemelinger Jung, du bleibst hier! Wat schall dat?« Ich bin dann aber zu einem Probetraining bei Werder eingeladen worden. Einige Spieler von Werder, Atze Hänel und Horst Barth, waren Kollegen von mir bei Jacobs Kaffee. Die kannten mich und hatten bei Werder vorgesprochen: »Da bei Hemelingen spielt so ein »Lorenz«, ein Verrückter! Holt euch den!« Ich bin dann mit meinem Jacobs Kaffee-Wagen vorgefahren, und Trainer Knöpfle hat gesagt »So, Junge, nu' komm mal her!« Ich hatte nicht mal Sportsachen mit. Haben sie mir alles leihen müssen, und so bin ich dann auf den Platz gelaufen und habe mir gesagt: »Hau rein, du hast nichts zu verlieren!« Dann kamen Edu Hundt, Hans Wolff und Georg Knöpfle, der Trainer, zu meinem Vater und haben ihn überredet, mich einen Vertrag unterschreiben zu lassen. 320 DM habe ich in meiner ersten Saison in der Oberliga verdient, und das war schön, wenn man so ein Sümmchen neben seinem richtigen Job mit Fußball verdienen konnte. Ich war unheimlich stolz, als ehemaliger Tribünenfan, der solchen Spielern wie Willi Schröder und Ilic zugejubelt hat, plötzlich mit denen in einer Mannschaft spielen zu dürfen. Ich war wirklich dankbar, zu dieser Mannschaft zu gehören und habe mir den Arsch aufgerissen, um dabeibleiben zu dürfen.

Lagebesprechung zweier Mittelfeldstrategen: Danielsen (links) im Gespräch mit Max Lorenz

Wie sehen Sie im Nachhinein Ihre bewegte Karriere in der Bundesliga?

Lorenz: Ich habe insgesamt zehn Jahre bei Werder gespielt und bin im hohen Fußballalter dann noch zu Eintracht Braunschweig gewechselt. Ich habe mit 30 noch 480.000 DM gekostet, wahnsinnig viel Geld damals. Die Stadt zu verlassen, war nicht leicht. Ich war ja schon ein Idol hier, wenn ich das selbst mal so sagen darf. Als mein Wechsel fest stand, haben die Leute mir Blumen nach Hause gebracht, und manche Fans haben sogar geweint. Eigentlich war mein Wechsel auch gar nicht so vorgesehen, aber ich war mehrfacher Nationalspieler, und Werder wollte mir nicht das zahlen, was mir eigentlich zugestanden hätte. Der Vorstand hat mir hier auf die Schulter geklopft und wollte mir einreden: »Max, du bist ein Bremer Junge, du bist hier ein Idol. Du gehst doch nicht weg von Werder!« Vom vielen Schulterklopfen hätte ich beinahe eine schräge Schulter gekriegt, aber vom Schulterklopfen kann man nicht leben, und so bin ich nach Braunschweig gegangen. Das habe ich nie bereut, denn ich war auch sehr gerne in Braunsschweig. Dort bin ich leider in den Bundesligaskandal mit hineingerutscht. Wir haben allerdings keine Spiele verschaukelt, sondern umgekehrt für ein erfolgreiches Spiel Geld bekommen, und das würde ich heute auch wieder nehmen. Heute würde man drüber lachen, aber damals bin ich zwei Jahre vom DFB gesperrt worden. Ich wurde zwar noch begnadigt, aber dann war ich zu alt, um den Anschluss noch mal zu schaffen. Also habe ich Schluss gemacht und einen sehr guten Job bei Adidas angenommen.

1967/68: Partnertausch

Oben v.l.:
Schaub, Schweighöfer, Steinmann, Piontek, Danielsen, Schmidt, Björnmose, Zebrowski, Lorenz, Schütz, Trainer Langner
Unten v.l.:
Rupp, Höttges, Loweg, Bernard, Schimeczek, Ferner, Görts
(Diese Aufnahme entstand nicht zu Saisonbeginn, sondern erst nach der Entlassung von Trainer Brocker!)

Die Saison 1967/68 geht als eine der bewegtesten in die Bundesligageschichte des SVW ein. Trainer Günther Brocker führte Werder in eine denkwürdige Saison – mit neuem Torwart und neuem Stürmerstar. Nach dem schmählich vergeigten Saisonauftakt gegen den HSV (0:4) stirbt der langjährige Präsident Alfred Ries. Werder stürzt in eine Führungskrise. Erst ein spektakulärer Trainerwechsel rettete die Bundesligazugehörigkeit und sorgte für eine kaum fassbare Wende zum Guten.

Im Jahr zuvor hatte Werder wie beschrieben nur hauchdünn den Klassenerhalt geschafft. Die Fans bekamen Fußball zum Abgewöhnen, und aller Kritik zum Trotz durfte der oft überfordert scheinende Trainer Brocker die Mannschaft auch 1967 in die neue Saison führen. Ein kapitaler Fehler. Brocker war bei Medien und Fans unten durch und genoss auch innerhalb der Mannschaft nicht mehr viel Respekt.

Seine einzige Chance hätte darin bestanden, gleich in den ersten Saisonspielen den desaströsen Eindruck der Vorsaison zu verwischen. Dafür bedurfte es drastischer Verstärkungen, besonders im Angriff. Aber auch den anderen Mannschaftsteilen tat eine Blutauffrischung bitter nötig. Sturm-Ass Klaus »Zickzack« Matischak beendete vor der Saison ebenso seine Laufbahn wie Abwehr-Haudegen Helmut Jagielski. Zudem demontierte Trainer Brocker zu Saisonbeginn Torwartlegende Günter Bernard, dem er zu Beginn der neuen Spielzeit den wenig bekannten Neuzugang Karl Loweg vorzog, der als einer von gleich drei Spielern von Hessen Kassel zu Werder kam. Der zweite, Horst Schaub, hatte großes Verletzungspech und schaffte den Durchbruch nicht. Der Dritte im Bunde hieß Bernd Schmidt, entpuppte sich als fleißiger Allrounder und hielt in genau 150 Spielen die Knochen für Werder hin. Dazu gesellte sich als Matischak-Nachfolger ein echter Kracher: Bernd Rupp von Borussia Mönchengladbach galt als einer der kommenden Stürmer der Bundesliga und der Nationalelf. Leider, leider: Bei Werder konnte er diesen Ruf letztendlich nicht rechtfertigen.

Getreu dem Motto »Irgendwas muss ich doch ändern!« sorgte Noch-Trainer Brocker zum Start der Saison für personelle Paukenschläge: Er setzte im Auftaktspiel zuhause gegen den HSV mit Bernard und Schütz gleich zwei Denkmäler auf die Bank. Karl Loweg sollte in der Kiste die Nachfolge von Dauerbrenner Günter Bernard antreten. Die Betonung liegt auf »sollte«: In den ersten beiden Spielen sah der Neu-Bremer schlecht aus und kassierte satte neun Tore. Später verschuldete er noch mit zwei weiteren Fehlgriffen das blamable Pokal-Aus gegen Regionalligist Röchling Völklingen. In der Hintermannschaft ersetzte Edelreservist Schimeczek den Ausputzer Jagielski. Neben ihm standen mit Piontek und Höttges die üblichen Verdächtigen. Das Mittelfeld zählte mit Nationalspieler Lorenz, Heinz Steinmann und dem Dänen John Danielsen personell zu den stärkeren Mannschaftsteilen. Lediglich der Sturm war weiterhin ein Sorgenkind: Der vielseitige Neuzugang Bernd Schmidt musste seine Bundesligatauglichkeit erst noch beweisen, Stareinkauf Bernd Rupp war in seinen Leistungen viel zu schwankend und Rechtsaußen Zebrowski hatte beim Trainer keine allzu guten Karten. Der im Jahr zuvor gekommene Werner Görts wurde dagegen überraschend zum Publikumsliebling Der rasante Blondschopf stellte mit seinen 16 Treffern alle anderen Offensivkräfte weit in den Schatten.

Letztlich grub sich Trainer Brocker mit seinen personellen Kapriolen das eigene Grab bei Werder: Nie wieder und nie zuvor startete Werder so katastrophal und desolat in eine neue Serie wie 1967. In den ersten drei Spielen gab es dreimal fürchterlich Prügel. Am ersten Spieltag siegte der HSV erstmals überhaupt seit Einführung der Bundesliga gegen Werder und schoss das Weser-Stadion mit 4:1 sturmreif. Eine Woche später wurde Eintracht Frankfurt zum Toreschießen eingeladen und nahm beim 5:3 diese Einladung auch dankend an. Als dann auch noch die zu jener Zeit noch eher durchschnittlichen Gladbacher das Weser-Stadion gleich mit 4:0 enterten, musste Brocker unter Polizeischutz in die Kabine geleitet werden. Seine Tage waren gezählt. Er wirkte geradezu suizidgefährdet, ratlos, planlos. Um die schwindelerregende Talfahrt des Ex-Meisters von der Weser zu stoppen, musste erstmals in der Bundesligageschichte ein Werder-Coach gefeuert werden.

Es geschah etwas Erstaunliches: Der geschasste Brocker wurde zwei Monate nach seinem Rauswurf bei Werder Bremen vom Ligakonkurrenten Schalke 04 angeheuert, wo er im Jahrzehnt zuvor auch schon als Spieler glänzte. Schalke wiederum hatte sich kurz zuvor von Fritz Langner getrennt. Der »eiserne Fritz« beseitigte im Eiltempo die Scherben, die Brocker hinterlassen hatte. Langner legte mit Werder eine Sensations-Saison hin, die bis heute ihresgleichen sucht. Der harte Fritz erkannte die Defizite innerhalb der vom nachgiebigen Brocker offenkundig vernachlässigten Elf. Er bolzte auf brutalste Weise Kondition und brachte einer personell praktisch unveränderten Mannschaft das Siegen bei. Sein Einstand war ein beeindruckendes 3:0 beim amtierenden Meister aus Braunschweig. Es folgten weitere fünf Spiele ohne Niederlage und der Sprung auf Platz 7. Nicht schlecht für eine Elf, die zwei Monate zuvor irreparabel zerstört zu sein schien! Dann folgte eine Durststrecke, die mit drei Schlappen in vier Wochen einen Rückfall in alte Zeiten andeutete. Aber Fritz Langner jagte diesen kurzen, bösen Traum mit der wohl beeindruckendsten Siegesserie in Werders über 40-jähriger Bundesligageschichte aus dem Weser-Stadion: Von den letzten 21 Spielen verlor Werder nur noch zwei! Die Sternstunde fand wie im Vorjahr gegen den inzwischen zur Spitzenelf aufgestiegenen FC Bayern statt. Die Europapokalhelden von der Isar wurden mit 4:1 nach Hause geschickt. In der Rückrunde blieb die Langner-Elf bis zum Saisonende gar 14 Spiele am Stück ungeschlagen – damals Rekord! Wäre der verpatzte Saisonbeginn nicht gewesen, dann wäre Werder vermutlich der einzige ernsthafte Konkurrent von Max Merkels Nürnbergern gewesen. So aber wurde es am Ende »nur« die Vizemeisterschaft. Werder meldete sich zurück in der Spitzengruppe der Bundesliga. Dachten alle.

Bereits nach drei Spieltagen wurde ein neuer Fototermin mit dem frisch engagierten Trainer Fritz Langner notwendig, der hier sein Antrittsgespräch mit Torjäger Werner Görts führt. Man beachte Langners schicke Sportswear

»Ihr fünf spielt jetzt vier gegen zwei!«

Trainer Fritz Langner

Triumph des Schleifers: Hätte die Saison nur ein paar Wochen länger gedauert, dann hätte Fritz Langner mit seiner Elf die zweite Deutsche Meisterschaft für Werder nach 1965 feiern können. So gab es »nur« die Vizemeisterschaft, was die Werder-Anhänger nicht davon abhielt, den Erfolgstrainer nach dem letzten Spiel gegen Borussia Neunkirchen im Triumphzug durchs Weser-Stadion zu tragen

Abschlusstabelle der Bundesliga 1967/1968:

Pl.	Verein	Sp	S	U	N	Tore	Diff.	Punkte
1.	1. FC Nürnberg	34	19	9	6	71:37	+34	47-21
2.	**Werder Bremen**	**34**	**18**	**8**	**8**	**68:51**	**+17**	**44-24**
3.	Borussia M'gladbach	34	15	12	7	77:45	+32	42-26
4.	1. FC Köln	34	17	4	13	68:52	+16	38-30
5.	Bayern München	34	16	6	12	68:58	+10	38-30
6.	Eintracht Frankfurt	34	15	8	11	58:51	+7	38-30
7.	MSV Duisburg	34	13	10	11	69:58	+11	36-32
8.	VfB Stuttgart	34	14	7	13	65:54	+11	35-33
9.	Eintracht Braunschweig	34	15	5	14	37:39	-2	35-33
10.	Hannover 96	34	12	10	12	48:52	-4	34-34
11.	Alemannia Aachen	34	13	8	13	52:66	-14	34-34
12.	1860 München	34	11	11	12	55:39	+16	33-35
13.	Hamburger SV	34	11	11	12	51:54	-3	33-35
14.	Borussia Dortmund	34	12	7	15	60:59	+1	31-37
15.	Schalke 04	34	11	8	15	42:48	-6	30-38
16.	1. FC K'lautern	34	8	12	14	39:67	-28	28-40
17.	Borussia Neunkirchen	34	7	5	22	33:93	-60	19-49
18.	Karlsruher SC	34	6	5	23	32:70	-38	17-51

Saisonverlauf 1967/1968:

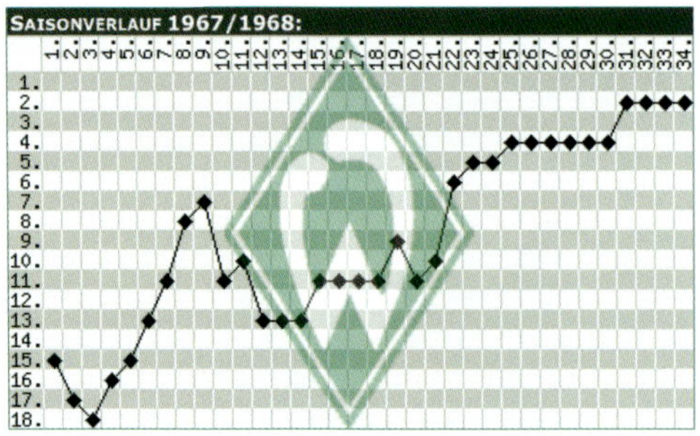

Die Mannschaft

(Name, Geb.-Datum, Position, Bundesliga-Einsätze (Gesamt), Tore (Gesamt), bei Werder von-bis)

Brocker, Günther
*25.5.1925
Trainer 1
3 (71); 1965–9/1967;
1.–3. Spieltag

Bernard, Günter
*4.11.1939
Torhüter
31 (287); 0 (0); 1963–1974

Loweg, Karl
*16.4.1940
Torhüter
4 (15); 0 (0); 1967–1969

Schmidt, Bernd
*1.12.1943
Abwehrspieler
12 (150); 1 (11); 1967–1974

Höttges, Horst-Dieter
»Eisenfuß«
*10.9.1943
Abwehrspieler
33 (420); 9 (55); 1964–1978

Schütz, Arnold »Pico«
*19.1.1935
Abwehrspieler
30 (253); 2 (70); 1963–1972

Langner, Fritz
»Der eiserne Fritz«
*8.8.1912, †25.1.1998
Trainer 2
31 (83); 1967–1969, 1972,
1980; 4.–34. Spieltag

Lorenz, Max
*19.8.1939
Abwehrspieler
33 (176); 4 (15); 1963–1969

Piontek, Josef »Seppl«
*5.3.1940
Abwehrspieler
31 (203); 4 (15); 1963–1972

Schimeczek, Helmut
»Schimmi«
*4.7.1938
Abwehrspieler
10 (78); 0 (2); 1963–1970

Steinmann, Heinz
*1.2.1938
Abwehrspieler
32 (184); 2 (4); 1964–1971

Danielsen, John
*13.7.1939
Mittelfeldspieler
26 (131); 5 (17); 1965–1970
Dänemark

Ferner, Diethelm »Didi«
*13.7.1941
Mittelfeldspieler
33 (188); 4 (20); 1963–1969

Hänel, Klaus »Atze«
*23.2.1936
Mittelfeldspieler
6 (68); 0 (12); 1963–1968

Björnmose, Ole
*7.5.1944
Stürmer
34 (137); 8 (21); 1966–1971
Dänemark

Zebrowski, Gerhard »Zebro«
*25.4.1940
Stürmer
13 (145); 3 (40); 1963–1969

Rupp, Bernd
*24.2.1942
Stürmer
33 (58); 10 (23); 1967–1969

Schweighöfer, Rolf
*1.3.1939
Stürmer
1 (18); 0 (6); 1966–1969

Görts, Werner »Anneliese«
*15.1.1942
Stürmer
30 (363); 16 (73); 1966–1978

Erweiterter Kader:

Gerling, Hans-Georg »Schorse«
*12.1.1943
Torhüter
0 (0); 0 (0); 1967–1968
Amateur

Schaub, Horst »Kuddel«
*28.2.1941
Stürmer
0 (0); 0 (0); 1967–1969

Wer kam?

Loweg (Hessen Kassel)
Schmidt (Hessen Kassel)
Rupp (Bor. M'gladbach)
Schaub (Hessen Kassel)
Gerling (eig. Amateure)

Wer ging?

Lambertz (eig. Amateure)
Teupel (Concordia Hamburg)
Bordel (LBV Phönix)
Jagielski (Karriereende)
Schröder (VfL Osnabrück)
Matischak (Karriereende)
Baumann (VfL Osnabrück)
Podlich (Preußen Münster)

Günter Bernard 1971 …

Günter Bernard

Günter Bernard (Jahrgang 1939) war Werders allererster Stareinkauf der Bundesliga-Ära. Er kam 1963 von Schweinfurt 05, wo er es schon bis ins Tor der Nationalelf geschafft hatte. Galt während seiner ganzen Karriere als einer der besten deutschen Keeper, stand aber immer im Schatten von zunächst Hans Tilkowski und später Sepp Maier. Immerhin durfte er die WM 1966 in England als zweiter Torwart miterleben. Bernard war sowohl im Meisterjahr 1965 als auch in vielen Jahren des Abstiegskampfs ein großer Rückhalt des SV Werder.

… und im Jahr 2003

Günter Bernard: »... unter Langner so fit wie nie zuvor!«

Die bewegende Saison begann mit der unerklärlichen Demontage von Nationaltorwart Günter Bernard, der von Trainer Brocker zunächst aussortiert wurde.

Bernard: Ich habe erst viel später erfahren, dass Günter Brocker mit unserem Ersatztorwart Karl Loweg offenbar krumme Geschäfte gemacht hat. Die sollen miteinander eine Beteiligung des Trainers an Lowegs Einsatzprämien vereinbart haben. Das ist später durchgesickert, und wenn die ersten Spiele nicht so katastrophal verloren gegangen wären, wäre das wahrscheinlich auch so weitergegangen. Zu meinem Glück wurde Brocker schnell entlassen, und sein Nachfolger Langner hat sich gesagt: »Der Bernard war doch vorher ein starker Torwart. Da kann doch was nicht stimmen!« Beim Training hat er gesehen, dass an meiner Leistung nichts auszusetzen war, und glücklicherweise hat er dann nach seinem Amtsantritt sofort wieder auf mich gesetzt. Ich habe dann eine gute Saison gespielt, wir alle haben uns gesteigert und sind auf denkwürdige Weise noch Vizemeister geworden.

Wer hat Sie damals zu Werder geholt?

Bernard: Mit Seppl Piontek und Max Lorenz habe ich im Juniorenbereich schon in DFB-Auswahlmannschaften gespielt, später dann auch in der Nationalelf. Werders starker Torwart Kokartis hat sich dann kurz vor dem Start der Bundesliga 1963 schwer verletzt und Werder bekam ein Torwartproblem. Ich hatte mehrere Angebote, unter anderem von München 1860. Max Merkel wollte mich holen, aber dort hätte ich Radenkovic verdrängen müssen. Bei Werder sollte ich gleich die Nummer 1 werden, und wie der Zufall so wollte hat in meiner Heimat bei Schweinfurt 05 ein gewisser Heinz Rath gespielt. Der war vorher Linksaußen bei Werder Bremen und hat mit Hansi Wolff, dem Geschäftsführer und mit Ligaobmann Edu Hundt dann die ersten Kontakte zu Werder geknüpft. Ich muss gestehen, dass ich damals als Süddeutscher noch dachte: Okay, spielst du halt zwei Jahre im Norden und wechselst dann wieder irgendwo in den Süden. Dann hat es uns als Familie hier aber auf Anhieb so gut gefallen, sportlich sind wir gleich Meister geworden, und so bin ich seit nun schon 40 Jahren hier hängen geblieben.

Welche Faktoren waren verantwortlich für die Erfolge des ersten Bundesligajahrzehnts?

Bernard: (Ohne zu überlegen) Die Harmonie! Wir hatten eine tolle Truppe, in der alles passte und die Mischung stimmte. Ich kenne gegnerische Spieler die froh waren, wenn sie in Bremen nicht aufgestellt wurden, weil sie andernfalls gegen Höttges und Piontek rangemusst hätten. Heinz Steinmann als Vorstopper kam noch dazu, und diese drei wurden ergänzt durch Helmut Jagielski, einen Supertechniker, der oft sehr leichtsinnig gespielt hat, aber das war nicht schlimm. Er konnte seine Technik ausspielen, weil die anderen die Drecksarbeit für ihn mit erledigt haben. Als Jagielski aufhörte, haben wir nie wieder einen so guten Libero gehabt. Und noch etwas hat zum Erfolg beigetragen: Werder hat es als einer der ersten Vereine verstanden, seine Spieler beruflich abzusichern, sowohl während der aktiven Karriere als auch danach. Ich selbst habe zum Beispiel vormittags bei »Hertie« gearbeitet, 9 bis 12 Uhr. Danach ging's dann zum Training. Das änderte sich schließlich 1966, weil dann alle Vereine nach und nach das Vollprofitum einführten. Und gegen Ende unserer Karriere haben Horst Höttges und ich von Werder dann gute Jobs als Vertreter von Puma bekommen.

Sie zählten in den Sechzigern zu den besten deutschen Torhütern. Weshalb hat es mit einer Nationalmannschaftskarriere nie richtig funktioniert?

Bernard: Nun, ich war von 1961 bis 1968 fast immer dabei. Die meiste Zeit war ich Ersatztorwart. Dann kam Sepp Maier groß heraus. Der war erst Anfang 20 und unglaublich gut. Ich hätte vielleicht noch ein paar Länderspiele machen können, aber auf Sicht wäre ich die Nummer 2 oder Nummer 3 geblieben. Deshalb habe ich mich auf Werder konzentriert, und das war dann auch kein Fehler. Manches ist für mich einfach unglücklich gelaufen. 1962 sollte ich mit zur WM in Chile und habe mich dann schwer verletzt. Daraufhin hat Bundestrainer Herberger den Stuttgarter Sawitzki mitgenommen. Und vier Jahre später, bei der tollen WM in England, durfte ich dabei sein. Und kaum jemand weiß, dass ich um ein Haar auch im Endspiel im Wembleystadion zwischen den Pfosten gestanden hätte: Hans Tilkowski, die Nummer 1, hatte sich im Halbfinale gegen Russland schwer an der Schulter verletzt. Ich lag mit ihm auf einem Zimmer und habe mitbekommen, dass er wirklich wahnsinnige Schmerzen hatte und seinen Arm kaum hochbekam. Doch wie das so ist: Auf so ein großes Endspiel verzichtet man nicht gerne, und dann haben sie beim DFB nächtelang alles versucht, um Tilkowski irgendwie fit zu bekommen. Er hatte bis dahin eine fehlerlose WM gespielt, und ich kann es gut verstehen, dass er auch angeschlagen unbedingt spielen wollte. Ich hätte das an seiner Stelle ebenso gemacht.

Kommen wir zurück zum Jahr 1967. Weshalb konnte die Mannschaft denn das Niveau des Meisterjahres mittelfristig nicht halten?

Bernard: Weil Willi Multhaup uns verließ und Günter Brocker einfach nicht zu Werder gepasst hat. Er war selbst

Günter Bernard erlebte 1967/68 eine turbulente Saison, verlor sogar zwischenzeitlich seinen angestammten Platz zwischen den Werder-Pfosten, aber setzte sich schließlich doch gegen seinen Kontrahenten Karl Loweg durch

unbestritten ein sehr guter Fußballer, aber er hat als Trainer alles sehr locker gesehen. Das konnte nicht lange gut gehen. Er wollte neue Leute bringen und das System umkrempeln, wollte ohne Libero spielen. Zudem war er als Typ merkwürdig selbstherrlich. Er hat mir im Training Elfmeter reingehauen und laut gejubelt, wenn er mich überwinden konnte. Als Fritz Langner kam und umgehend Pico Schütz und mich wieder in die Elf eingebaut hat, lief es sofort besser. Langner hat sehr auf Disziplin und Kondition geachtet und uns extrem getrimmt. So fit waren wir noch niemals zuvor, und obwohl es ein ungeheuer hartes Training war, konnten wir das akzeptieren, weil wir gesehen haben, dass wir sofort Erfolg hatten. Auch spielerisch wurden wir schnell besser, weil wir mehr Kraft hatten. Hansi Wolff, unser Geschäftsführer, hat Langner dann nach der Vizemeisterschaft angestachelt: »Fritz, nun musst du nur noch einen Platz klettern, dann werden wir 1969 wieder ganz oben stehen!« Und daraufhin hat Langner einen großen Fehler gemacht: Er hat uns in der Vorbereitung auf die folgende Saison förmlich kaputt trainiert. Er hat es einfach maßlos übertrieben: In der größten Hitze mussten wir 5000-Meter-Läufe machen – sogar ich als Torhüter. Völliger Unsinn.

1968/69: Werders »Alte Herren«

Oben v.l.:
Höttges, Piontek, Schmidt, Steinmann, Bünting, Rupp, Schröder, Danielsen, Björnmose, Görts, Schütz, Lorenz, Trainer Langner
Unten v.l.:
Schaub, Ferner, Schimeczek, Loweg, Bernard, Schweighöfer, Zebrowski, Zembski

Okay, Sparsamkeit ist weder bei Hansestädtern im Allgemeinen, noch beim SV Werder im Besonderen etwas Ungewöhnliches. Vor der Saison 1968/69 jedoch machten sich die Entscheidungsträger um den noch recht neuen Präsidenten Fritz Düring (er hatte im Jahr zuvor den verstorbenen Vereins-Patriarchen Alfred Ries als Chef abgelöst) der falschen Sparsamkeit verdächtig: Trainer Fritz Langner hatte dringend den Einkauf »fertiger« Spieler gefordert. Der Vorstand war offenbar noch leicht geblendet von der Vizemeisterschaft der Vorsaison und lehnte ab. Statt gestandener Bundesligaprofis kamen lediglich fünf Amateure. Der erneute Absturz war vorprogrammiert.

Dabei war der Kader auf den ersten Blick nicht nennenswert schwächer als jener, der vor wenigen Monaten Dank einer beispiellosen Aufholjagd beinahe noch um die Deutsche Meisterschaft mitgespielt hätte: Nur der langjährige Leistungsträger Klaus Hänel hatte sich verabschiedet. Die neu verpflichteten Amateure schienen allesamt talentiert, aber keiner von ihnen konnte der Mannschaft auf Anhieb weiterhelfen. Und die verbliebenen Stars konnten nicht verleugnen, dass der Zahn der Zeit auch an grünweißen Institutionen gemeinerweise nicht spurlos vorübergegangen war: Werder hatte mit einem Durchschnittsalter von 28 Jahren die mit Abstand älteste Mannschaft der Liga. Erschwerend kam dazu, dass Werders Nachwuchskonzept aus heutiger Sicht nicht mehr so leicht nachvollziehbar scheint: Mit Hans Schulz, der sogar bei Bundestrainer Helmut Schön hohes Ansehen genoss und mit dem hochveranlagten Ex-Amateur Herbert Schröder besaß Werder zweifellos Rohdiamanten, die wiederholt zeigten, was sie draufhatten – jedoch leider nicht in Bremen. Hans Schulz glänzte nach seinem Abschied beim Nordrivalen HSV, während Herbert Schröder zum Dreh- und Angelpunkt beim VfL Osnabrück in der Regionalliga avancierte und nach mehreren überragenden Jahren in Ostwestfalen gar vom FC Bayern München verpflichtet wurde.

Das alles alleine wäre vielleicht noch nicht weiter tragisch gewesen. Fritz Langner aber, der aus heutiger Sicht anmutet wie ein Felix Magath mit etwas überschaubarerem Intellekt, hatte seinen Zauber verloren. Seine Quälereien auf dem Trainingsplatz waren für die Mannschaft vorhersehbar geworden. Langner selbst hatte immer wieder gesundheitliche Probleme, in deren Zusammenhang er einmal die Mannschaft mit der unvergesslichen Diagnose erfreute: »Ich habe Durchblutungsstörungen. Die wollten mir glatt mein Bein adoptieren!«

Dieselbe Mannschaft, die ein Jahr vorher noch heilfroh war, von einem untauglichen Trainer wie Brocker erlöst zu werden, zog nun nicht mehr ganz so dankbar mit. Im Vorjahr hatte es noch völlig ausgereicht, eine aus dem Ruder gelaufene Mannschaft konditionell auf Vordermann zu bringen, um ihre Performance um ein Vielfaches zu verbessern. In der Saison 1968/69 war das nicht mehr genug. Die Stammelf war zwar eingespielt, aber dennoch zu wankelmütig. Torwart Bernard erwischte nicht seine allerbeste Saison, beim von Langner nicht besonders geliebten Stürmer Bernd Rupp platzte der Knoten auch in seinem zweiten Werderjahr nur alle Jubeljahre mal und aus den hervorragenden Einzelkönnern Lorenz, Ferner und Björnmose konnte Langner rätselhafterweise kein entsprechend starkes Mittelfeld stricken.

Für Tototipper war Werder anno 1968 eine Zumutung. Als Vizemeister gestartet, landete die Mannschaft schon nach fünf Spieltagen brutal auf Platz 18. Was dann folgte war ein Tanz am Abgrund, der nur von winzigen Sternstündchen unterbrochen wurde: Am 9. Spieltag wurde Ex-Meister Braunschweig vor den Augen von Bundestrainer Schön im Weser-Stadion in einem großartigen Spiel 2:1 niedergekämpft. Im nächsten Heimspiel musste sogar der kommende Meister Bayern München dran glauben, weil die Abwehr dichthielt und der alte Kämpe Heinz Steinmann kurz vor Schluss Sepp Maier mit einem Kopfball das Nachsehen gab. Gerd Müller, der in der Vorrunde alleine sagenhafte 20 Tore machte, wurde wie meistens von Horst-Dieter Höttges kaltgestellt. Der 1:0-Sieg brachte kurzfristig etwas Frischluft auf Platz 15. Durchwachsen ging es weiter, ehe mit der niederschmetternden 0:6-Revanche in München der Absturz wieder unausweichlich schien. Acht Spieltage vor Saisonende wirkte Werder ausgebrannt und Langner ratlos: Platz 17. Zwei Heimspiele in Folge sollten eigentlich ein Punktepolster bringen, aber nach einem Sieg gegen Hertha wurde sang- und klanglos gegen Aufsteiger Aachen verloren.

Weil alles nichts half, griff Fritz Langner zu seiner allerletzten List: Er schickte beim Schicksalsspiel in Braunschweig am 22. April 1969 exakt die elf Spieler auf den Platz, die im Vorjahr Vizemeister wurden. Der Kniff zog: Die um ein Jahr gealterten Herren in grün und weiß besannen sich ihrer Fähigkeiten und nahmen die Eintracht auswärts mit 3:0 geradezu auseinander. Die Moral war wieder intakt, die Angst war weg. Befreit spielte Werder die Saison zu Ende, verlor am Ende sechs Mal in Folge nicht und schloss die Ära Fritz Langner fürs Erste mit einem versöhnlichen Platz 9 ab, der mit großem zeitlichen Abstand nicht annähernd die zwischenzeitlich depressive Stimmung im Weser-Stadion erahnen lässt.

»Die wollten mir glatt mein Bein adoptieren!«

Trainer Fritz Langner nach einem Krankenhausaufenthalt

Oben: Er erlebte bessere Jahre als die unter Brocker und Langner, konnte sich aber in den letzten Jahren seiner Karriere noch einmal eindrucksvoll steigern: Günter Bernard

Unten: Bernd Rupp (links) fühlte sich in Bremen nie wirklich heimisch. Auf diesem Bild scheint auch Diethelm Ferner den teuren, aber umstrittenen Torjäger eher skeptisch zu fixieren

Verabschiedete sich 1969 aus Bremen: Bundesliga-Urgestein Max Lorenz

Vom Spielfeldrand 1968/69:

Wenn die Kaiserslauterer Spieler Schwager, Klimaschewski, Diehl, Neumann und Fuchs 1969 gemeinsam mit einem Mannschaftskameraden aus einem Hotel in Quickborn geworfen wurden, weil sie aus ihrem Fenster Damen mit Hagebutten bewarfen, dann ist das normalerweise kein Thema für ein Werder-Buch. Wenn aber der ebenfalls beteiligte Mannschaftskamerad ein gewisser Otto Rehhagel war, dann sollte das zumindest eine Randnotiz wert sein.

Langner, Fritz
»Der eiserne Fritz«
*8.8.1912, †25.1.1998
Trainer
34 (83); 1967–1969, 1972, 1980

Abschlusstabelle der Bundesliga 1968/1969:

Pl.	Verein	Sp	S	U	N	Tore	Diff.	Punkte
1.	Bayern München	34	18	10	6	61:31	+30	46-22
2.	Alemannia Aachen	34	16	6	12	57:51	+6	38-30
3.	Borussia M'gladbach	34	13	11	10	61:46	+15	37-31
4.	Eintracht Braunschweig	34	13	11	10	46:43	+3	37-31
5.	VfB Stuttgart	34	14	8	12	60:54	+6	36-32
6.	Hamburger SV	34	13	10	11	55:55	0	36-32
7.	Schalke 04	34	14	7	13	45:40	+5	35-33
8.	Eintracht Frankfurt	34	13	8	13	46:43	+3	34-34
9.	**Werder Bremen**	**34**	**14**	**6**	**14**	**59:59**	**0**	**34-34**
10.	1860 München	34	15	4	15	44:59	-15	34-34
11.	Hannover 96	34	9	14	11	47:45	+2	32-36
12.	MSV Duisburg	34	8	16	10	33:37	-4	32-36
13.	Hertha BSC Berlin	34	12	8	14	31:39	-8	32-36
14.	1. FC Köln	34	13	6	15	47:56	-9	32-36
15.	1. FC K'lautern	34	12	6	16	45:47	-2	30-38
16.	Borussia Dortmund	34	11	8	15	49:54	-5	30-38
17.	1. FC Nürnberg	34	9	11	14	45:55	-10	29-39
18.	Kickers Offenbach	34	10	8	16	42:59	-17	28-40

Saisonverlauf 1968/1969:

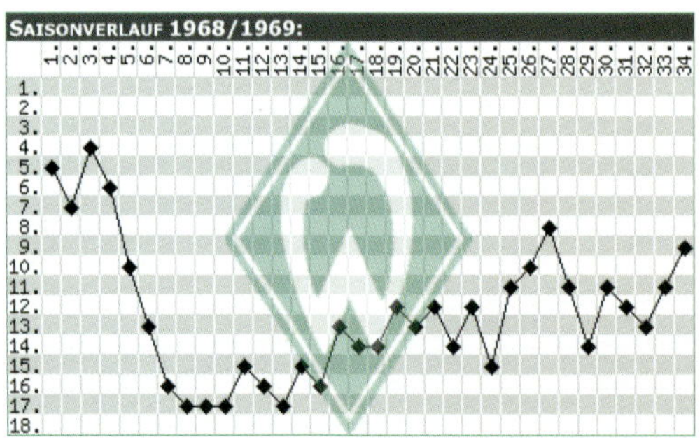

Wer kam?

Zembski (BBV Union Bremen)
Faber (Düren 99)
Roder (eig. Amateure)
Bünting (eig. Amateure)
Meyer (eig. Amateure)

Wer ging?

Hänel (Trainer bei Union Bremen)
Gerling (Bremerhaven 93)

Die Mannschaft (Name, Geb.-Datum, Position, Bundesliga-Einsätze (Gesamt), Tore (Gesamt), bei Werder von-bis)

Bernard, Günter
*4.11.1939
Torhüter
25 (287); 0 (0); 1963–1974

Loweg, Karl
*16.4.1940
Torhüter
11 (15); 0 (0); 1967–1969

Schmidt, Bernd
*1.12.1943
Abwehrspieler
23 (150); 2 (11); 1967–1974

Höttges, Horst-Dieter
»Eisenfuß«
*10.9.1943
Abwehrspieler
31 (420); 6 (55); 1964–1978

Schütz, Arnold »Pico«
*19.1.1935
Abwehrspieler
31 (253); 4 (70); 1963–1972

Lorenz, Max
*19.8.1939
Abwehrspieler
34 (176); 2 (15); 1963–1969

Piontek, Josef »Seppl«
*5.3.1940
Abwehrspieler
27 (203); 2 (15); 1963–1972

Schimeczek, Helmut
»Schimmi«
*4.7.1938
Abwehrspieler
11 (78); 0 (2); 1963–1970

Steinmann, Heinz
*1.2.1938
Abwehrspieler
31 (184); 2 (4); 1964–1971

Zembski, Dieter
*6.11.1946
Abwehrspieler
1 (179); 0 (4); 1968–1975

Faber, Ralf
*12.9.1948
Abwehrspieler
1 (1); 0 (0); 1968–1969

Danielsen, John
*13.7.1939
Mittelfeldspieler
25 (131); 3 (17); 1965–1970
Dänemark

Ferner, Diethelm »Didi«
*13.7.1941
Mittelfeldspieler
34 (188); 2 (20); 1963–1969

Meyer, Herbert
*12.6.1948
Mittelfeldspieler
3 (32); 0 (0); 1968–1971

Roder, Kurt
*25.9.1945
Stürmer
4 (4); 0 (0); 1968–1969

Björnmose, Ole
*7.5.1944
Stürmer
34 (137); 5 (21); 1966–1971
Dänemark

Zebrowski, Gerhard »Zebro«
*25.4.1940
Stürmer
17 (145); 2 (40); 1963–1969

Rupp, Bernd
*24.2.1942
Stürmer
25 (58); 13 (23); 1967–1969

Schweighöfer, Rolf
*1.3.1939
Stürmer
4 (18); 0 (6); 1966–1969

Görts, Werner »Anneliese«
*15.1.1942
Stürmer
34 (363); 15 (73); 1966–1978

Erweiterter Kader:

Schaub, Horst »Kuddel«
*28.2.1941
Stürmer
0 (0); 0 (0); 1967–1969

Bünting, Horst
*1.10.1949
Stürmer
0 (0); 0 (0); 1968–1969

1969/70: Rebell am Ball

Oben v.l.:
Piontek, Steinmann, B. Lorenz, Meyer, Windhausen, Schütz, Danielsen, Trainer Rebell
Mitte v.l.: Schmidt, Coordes, Deterding, Görts
Unten v.l.: Björnmose, Höttges, Bernard, Zembski, Hasebrink

In der Vorsaison mussten Werders Fans mit ansehen, was dabei herauskommt, wenn man bei der Zusammenstellung der Mannschaft zuviel Sparsamkeit an den Tag legt. 1969/1970 darf exemplarisch als Musterbeispiel dafür gelten, was passieren kann, wenn sich ein Vereinsvorstand bei der Auswahl des Trainers für eine Sparlösung entscheidet.

Diese Saison wurde vermeidbarerweise zur schlimmsten Nervenprobe für unseren Verein seit Bestehen der Liga.

Wie gesagt: Eine glücklichere Hand bei der Wahl des Trainers hätte Werder einiges erspart. Mit Erstaunen nahm die Fachwelt zur Kenntnis, dass der alte Fuhrmann Fritz Langner (ging nach Ablauf seines Vertrages zu München 1860) durch den noch älteren Fuhrmann Fritz Rebell von Göttingen 05 ersetzt wurde. Ein erfahrener Trainer, der allerdings schon 64 Jahre alt, und vor allem: völlig bundesliga-unerfahren war. Und schon recht bald überraschte der eigentlich als knallhart geltende Rebell damit, immer mal wieder durchblicken zu lassen, dass ihm die Bundesliga eigentlich viel zu aufregend sei. Das hätte man eventuell auch vorher in Erfahrung bringen können, aber Werders Vereinsführung um Präsident Düring war zu begeistert von der Idee, Fritz Rebell zu verpflichten. Oder um es etwas passender zu sagen: Düring war begeistert von Rebells Gehaltsvorstellungen, denn der Mann aus der Regionalliga erwies sich als ungewöhnlich genügsam in seinen Forderungen.

Personell hatte sich Werder vor der Saison eher verschlechtert: Mit dem wuchtigen Stürmer Windhausen und Mittelfeldstratege Hasebrink kamen zwar erprobte Kräfte vom Ligakonkurrenten Kaiserslautern. Die übrigen Neuzugänge Deterding und Coordes (beide aus Bremerhaven) sowie Bernd Lorenz (Duwo 08 Hamburg) und Ersatztorwart Stefens (SV Meppen) konnten jedoch den Aderlass der Abgänge nicht aufwiegen: Es gingen der in Bremen nie glücklich gewordene Torjäger Rupp, aus der Meisterelf die Leistungsträger Max Lorenz, Ferner und Zebrowski sowie die Reservisten Schweighöfer, Schaub und Faber. Wenn man so will also der erste große Umbruch in Werders Bundesligageschichte. Vor allem der Abschied von Rupp und Max Lorenz tat weh. Bernd Rupp bewies bei seinem neuen Verein 1. FC Köln sofort und nachhaltig, dass er sehr wohl zu den besten Stürmern der Liga gehörte, was er außer in Bremen eigentlich auch überall unter Beweis stellte. Und mit Max Lorenz kehrte ein absolutes Fußball-Denkmal Bremen den

Rücken. Lorenz war neben Diethelm Ferner der einzige Star der Meisterelf, der seine Bundesligakarriere nicht bei seinem Herzensverein Werder beendete.

Die Saison lief unruhig, und zwar konsequent von vorne bis hinten. Nach 3:1 Punkten zum Start gab es die erste Misserfolgsserie, die Werder nach sieben Spielen ohne Sieg in die Abstiegszone katapultierte. Bis zum Saisonende sollten die Bremer nicht wieder herausfinden. Vor allem auswärts war mit Werder kein Staat zu machen: Unter Trainer Rebell gelang kein einziger Sieg. Der wiederum zeigte sich in der Bundesliga mehr und mehr überfordert, verspielte jeglichen Respekt und ließ bald durchblicken, sich diese Liga nicht länger antun zu wollen. Es war beschlossene Sache, dass das Desaster mit dem knorrigen Göttinger eine einjährige Episode bleiben sollte. Umso mehr, als mit der Zeit immer mehr Schrulligkeiten über den unglücklichen älteren Herrn bekannt wurden: Er wollte die Herzen der Spieler gewinnen, indem er ihnen montags Obst auf den Platz legte. Er vergrub Kupfermünzen unter dem Rasen des Weser-Stadions. Er schlief vor wichtigen Spielen in einem grünweißen Nachthemd. Er drosselte das Training und entschloss sich in Zeiten zunehmender Professionalisierung, den entgegengesetzten Weg zu gehen und die Spieler nur noch halbtags trainieren zu lassen. Vollprofis wie die geschäftstüchtigen Danielsen und Björnmose gingen daraufhin auf Jobsuche, um vormittags künftig auch noch etwas zu tun zu haben.

Das Training des eigentlich als »harter Hund« verschrieenen Rebell war erstaunlich lasch und erinnerte manchmal sogar an Opas guten alten Turnverein: Wenn etwa der Trainer huckepack auf den Schultern eines Spielers eine Wäscheleine hochhielt, um die Stürmer unter der Leine hochhüpfen zu lassen. Angeblich gut fürs Sprungvermögen. Die Halbtagsprofis waren nicht sehr überzeugt.

Im Gegenteil: Die Spieler hatten irgendwann die Nase voll von Obst, Nachthemden und Wäscheleinen und waren sich sicher: Mit dem steigen wir ab. Erstmals in Werders Bundesligageschichte wandten sich Lizenzspieler nach einer beschämenden Niederlage in Kaiserslautern mit mulmigem Gefühl und der dringenden Anregung an den Vorstand, den Trainer zu entlassen, und das bitteschön auch möglichst bald. Entlassen werden im wörtlichen Sinne musste Rebell dann nicht mehr: Er sah ein, dass er die Mannschaft nicht mehr erreichte – wenn er sie überhaupt jemals erreicht hatte. Eher erleichtert zog er sich als Rentner ins heimatliche Heusenstamm zurück und hatte vom Profifußball die Nase gestrichen voll. Für weitere Unruhe sorgte in diesen ungemütlichen Tagen auch Horst-Dieter Höttges, der gerne zum FC Barcelona gewechselt wäre. Nur die Ausländersperre im

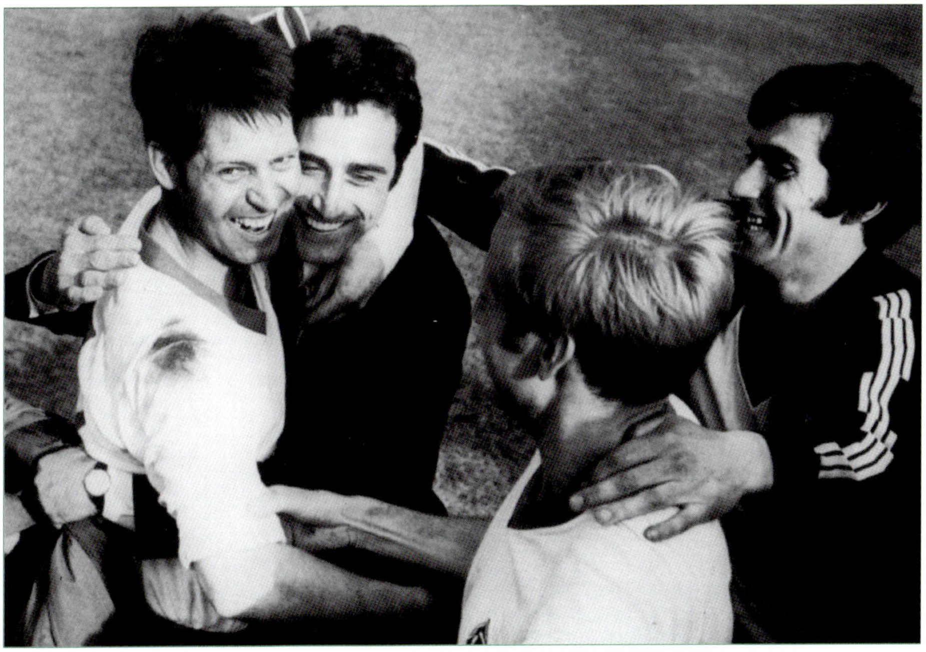

Tilkowski trainiert Werder

Hans Tilkowski

Oben: Ein glückloser Trainer und seine fünf Neuen: Fritz Rebell präsentiert vor dem Saisonstart v.l. Bernd Windhausen, Bernd Lorenz, Egon Coordes, Heinz-Dieter Hasebrink und Eckhard Deterding

Unten: Ein schöner Werder-Tag: Am 18. April 1970 bejubelt Retter Hans Tilkowski gemeinsam mit Pico Schütz, Werner Görts und dem zuvor ausgewechselten Herbert Meyer den entscheidenden Auswärtssieg bei 1860 München

Ein Trainer alter Schule mit Trainingsmethoden wie im Grundschulsportunterricht: Fritz Rebell huckepack auf den Schultern eines Lizenzspielers. Der Sprung nach der hochgehaltenen Wäscheleine sollte die Sprungkraft schulen

spanischen Fußball verhinderte diesen Transfer. In der Bundesliga buhlten ausgerechnet der HSV und Stuttgart vergeblich um das Werder-Idol: Werder dachte gar nicht daran, den »Eisenfuß« abzugeben! Höttges hatte noch volle vier Jahre Vertrag in Bremen und galt als unverkäuflich.

Nun war guter Rat teuer: der künftige Trainer Gebhardt hatte einen gültigen Vertrag – jedoch erst ab der neuen Saison. Vorher stand er in Duisburg unter Vertrag, aus dem er auch nicht entlassen wurde. Werder brauchte also einen Kurzzeittrainer, der am Saisonende klaglos wieder die Trainerbank räumen, aber die Mannschaft dennoch engagiert vor dem Abstieg retten sollte. Der Verein fand seinen Retter in Hans Tilkowski, dem 39-fachen Nationaltorwart, der in seiner besten Zeit sein Nationalmannschaftszimmer mit Werders Keeper Bernard teilte. Tilkowski wurde von einem Trainer namens Erich Ribbeck in Frankfurt demontiert und saß dort seinen Lizenzspielervertrag auf der Tribüne ab. Wenige Tage nach brilliant bestandenem Trainerexamen trat der junge Mann seinen Dienst in Bremen an – als offiziell immer noch aktiver Spieler eines Konkurrenten! Und nach anfänglichen Rückschlägen zeigte sich bald, dass Tilkowski ein Glücksgriff war. Als »Til« anfing, lag klar auf der Hand, was zu tun war: Als erstes fiel dem Trainerneuling auf, dass die von Rebell halbtags trainierte Truppe keinerlei Kondition und Fitness besaß und bei den ersten Trainingseinheiten regelmäßig nach 20 Minuten auf dem grünweißen Zahnfleisch kroch. Tilkowski beseitigte dieses Defizit sukzessive und erreichte auch fußballerisch deutlich mehr als sein Vorgänger. Die Elf spielte sicherer und entwickelte sich von einer berüchtigten Kloppertruppe zu einer Mannschaft, die plötzlich sogar richtig spielen konnte. Die Auswärtssiege in Braunschweig und bei den Münchener Löwen brachten Werder aus dem gröbsten Schlamassel heraus. Das schwer erkämpfte 1:0 zuhause gegen die Bayern machte einerseits alles klar – und versaute andererseits den Münchenern nebenbei den Titelgewinn.

Die Saison 1969/70 wurde nicht nur durch die Kapriolen auf der Werder-Bank zu einer denkwürdigen Phase der Vereinsgeschichte. Die sportliche Krise stürzte den Verein in eine Führungskrise, die sich dramatisch entwickelte und schließlich zu einer tubulenten, aber schon sehr bald fruchtbaren Übernahme des Vereins durch die damals noch sehr jungen Wilden Dr. Franz Böhmert und Klaus-Dieter Fischer führte. Beide waren die Speerspitze einer Opposition gegen den amtierenden Präsidenten Fritz Düring, dem man einfach zu viele Versäumnisse und Fehler ankreiden konnte. Werder hatte zuletzt mit Brocker und Rebell wenig Fortüne bei der Auswahl des Cheftrainers. Heute weiß man sogar, dass Werders alter Vorstand die Möglichkeit gehabt hätte, den damaligen DFB-Trainer Udo Lattek (... schon mal gehört?) zu Werder zu lotsen. Fritz Rebell war im direkten Vergleich um ein paar Mark günstiger zu haben. Im Nachhinein allerdings hat diese Entscheidung den SV Werder vermutlich viel Geld gekostet, denn Udo Lattek kündigte bei seinen Verhandlungen mit dem Vorstand an, zwei junge Spieler nach Bremen mitbringen zu wollen. Die hießen Uli Hoeneß und Paul Breitner (... auch schon mal gehört, gell?) und wurden später Welt- und Europameister. Fritz Rebell kam schließlich ohne Breitner und Hoeneß, aber wie erwähnt mit Wäscheleine und Nachthemd. Dann die Transferpolitik, die in den Jahren nach dem Titelgewinn beinahe desaströs zu nennen war: Hans Schulz, Max Lorenz, Bernd Rupp und Didi Ferner lies Werder ziehen und ersetzte sie durch schwächere Kräfte. Eins kam zum anderen. Das Scheitern Rebells in allerhöchster Abstiegsnot war somit nur der unbestrittene Höhepunkt einer langen Fehlentwicklung im Verein. Böhmert und Fischer traten gegen den ohnehin amtsmüden Düring an, um Werder moderner zu führen und die viel zu häufigen Personalentscheidungen nach Gutsherrenart der Vergangenheit durch zeitgemäßeres Management zu ersetzen.

Am Saisonende im Sommer 1970 erlebte Bremen einen traurigen Abschied von Retter Hans Tilkowski, der so gerne geblieben wäre und doch Gebhardt Platz machen musste. Man behielt ihn in warmer Erinnerung – und holte ihn wenige Jahre später zurück. Dann allerdings leider mit deutlich weniger Erfolg.

Das bizarrste Ereignis der Saison spielte sich beim Heimspiel gegen Rot Weiß Essen ab. Beim 2:1-Siegtor durch Björnmose stand urplötzlich ein sichtlich promilleerfahrener Werderfan im Essener Tor – neben dem nicht unwesentlich verwirrten Torwart Bockholt (siehe nächste Seite!). Björnmose störte sich daran nicht und schoss ein – und der Schiedsrichter gab den Treffer zum Erstaunen aller Augenzeugen! Es war der Siegtreffer, der bei Torwart Bockholt die Sicherungen bersten ließ: Der Essener rannte aus seinem Tor und biss dem Torschützen in die Schulter. Unterhaltung der hochkarätigsten Art. Ein Resultat derartiger Vorfälle war, dass in der Folgezeit erstmals Zäune zwischen Stehplätzen und Spielfeld errichtet wurden.

Rassiges Duell zwischen Björnmose (Werder) und Günther Netzer (Mönchengladbach). Tore fallen am 11. Oktober 1969 im Weser-Stadion allerdings nicht

Alle Kapitäne 1963–2003

Pico Schütz
Heinz Steinmann
Horst-Dieter Höttges
Rudi Assauer
Per Röntved
Dieter Burdenski
Benno Möhlmann
Mirko Votava
Dieter Eilts
Marco Bode
Andy Herzog
Frank Baumann

Heinz Steinmann

SV Werder Bremen

Skandal am 15. November 1969: Bei Björnmoses Siegtor gegen RW Essen hilft ein betrunkener Zuschauer mit!

Rebell, Fritz
*7.5.1905, †12.10.1990
Trainer 1
22 (22); 1969–1970
1.–18. Spieltag

Tilkowski, Hans »Til«
*12.7.1935
Trainer 2
12 (65); 1970, 1976–1977
19.–34 Spieltag

Wer kam?

Stefens (SV Meppen)
Coordes (Bremerhaven 93)
Hasebrink (1. FC Kaiserslautern)
Hoyer (eig. Amateure, w.d.S.)
Kiefert (eig. Amateure, w.d.S.)
Kugler (eig. Amateure)
Deterding (Bremerhaven 93)
Lorenz (Duwo 08 Hamburg)
Plaggemeyer (eig. Amateure, w.d
Windhausen (1. FC Kaiserslauterr
Quanz (eigene Jungmannen, w.d

Wer ging?

Loweg (FSV Frankfurt)
Max Lorenz (Eintr. Braunschweig
Faber (Düren 99)
Ferner (RW Essen)
Roder (Polizei SV Bremen)
Zebrowski (Bremerhaven 93)
Rupp (1. FC Köln)
Schweighöfer (SpVgg. Fürth)
Bünting (Sportinvalide)

w.d.S. = während der Saison

Abschlusstabelle der Bundesliga 1969/1970:

Pl.	Verein	Sp	S	U	N	Tore	Diff.	Punkte
1.	Borussia M'gladbach	34	23	5	6	71:29	+42	51-17
2.	Bayern München	34	21	5	8	88:37	+51	47-21
3.	Hertha BSC Berlin	34	20	5	9	67:41	+26	45-23
4.	1. FC Köln	34	20	3	11	83:38	+45	43-25
5.	Borussia Dortmund	34	14	8	12	60:67	-7	36-32
6.	Hamburger SV	34	12	11	11	57:54	+3	35-33
7.	VfB Stuttgart	34	14	7	13	59:62	-3	35-33
8.	Eintracht Frankfurt	34	12	10	12	54:54	0	34-34
9.	Schalke 04	34	11	12	11	43:54	-11	34-34
10.	1. FC K'lautern	34	10	12	12	44:55	-11	32-36
11.	**Werder Bremen**	**34**	**10**	**11**	**13**	**38:47**	**-9**	**31-37**
12.	Rot-Weiß Essen	34	8	15	11	41:54	-13	31-37
13.	Hannover 96	34	11	8	15	49:61	-12	30-38
14.	Rot-Weiß Oberhausen	34	11	7	16	50:62	-12	29-39
15.	MSV Duisburg	34	9	11	14	35:48	-13	29-39
16.	Eintracht Braunschweig	34	9	10	15	40:49	-9	28-40
17.	1860 München	34	9	7	18	41:56	-15	25-43
18.	Alemannia Aachen	34	5	7	22	31:83	-52	17-51

Saisonverlauf 1969/1970:

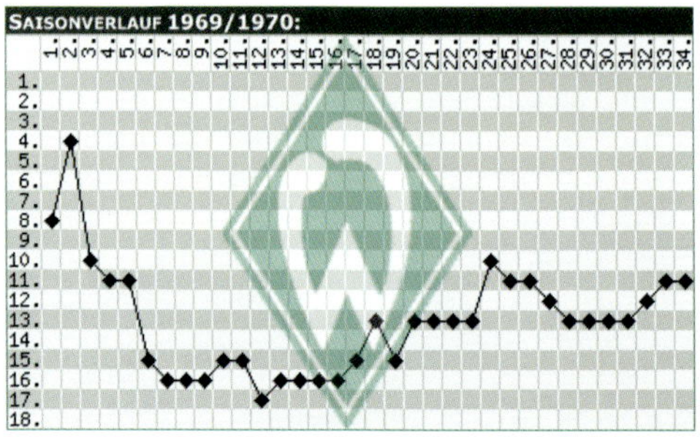

Die Mannschaft (Name, Geb.-Datum, Position, Bundesliga-Einsätze (Gesamt), Tore (Gesamt), bei Werder von–bis)

1969/70

Bernard, Günter
*4.11.1939
Torhüter
31 (287); 0 (0); 1963–1974

Stefens, Fritz
*16.4.1940
Torhüter
3 (6); 0 (0); 1969–1971

Schmidt, Bernd
*1.12.1943
Abwehrspieler
23 (150); 1 (11); 1967–1974

Höttges, Horst-Dieter
»Eisenfuß«
*10.9.1943
Abwehrspieler
31 (420); 3 (55); 1964–1978

Schütz, Arnold »Pico«
*19.1.1935
Abwehrspieler
30 (253); 5 (70); 1963–1972

Piontek, Josef »Seppl«
*5.3.1940
Abwehrspieler
23 (203); 2 (15); 1963–1972

Schimeczek, Helmut
»Schimmi«
*4.7.1938
Abwehrspieler
1 (78); 0 (2); 1963–1970

Steinmann, Heinz
*1.2.1938
Abwehrspieler
30 (184); 0 (4); 1964–1971

Zembski, Dieter
*6.11.1946
Abwehrspieler
19 (179); 0 (4); 1968–1975

Coordes, Egon
*13.7.1944
Mittelfeldspieler
20 (50); 0 (1); 1969–1971

Danielsen, John
*13.7.1939
Mittelfeldspieler
27 (131); 1 (17); 1965–1970
Dänemark

Hasebrink, Heinz-Dieter
*28.8.1941
Mittelfeldspieler
31 (114); 3 (16); 1969–1973

Meyer, Herbert
*12.6.1948
Mittelfeldspieler
13 (32); 0 (0); 1968–1971

Björnmose, Ole
*7.5.1944
Mittelfeldspieler
34 (137); 5 (21); 1966–1971
Dänemark

Hoyer, Norbert
*17.10.1942
Mittelfeldspieler
1 (1); 0 (0); 1969–1970
Amateur

Kiefert, Jürgen
*2.10.1941
Mittelfeldspieler
1 (1); 0 (0); 1969–1970
Amateur

Deterding, Eckhard
*13.4.1948
Stürmer
7 (16); 0 (1); 1969–1971

Görts, Werner »Anneliese«
*15.1.1942
Stürmer
34 (363); 15 (73); 1966–1978

Lorenz, Bernd
*24.12.1947
Stürmer
25 (51); 5 (10); 1969–1971

Plaggemeyer, Walter
*25.11.1949
Stürmer
2 (2); 0 (0); 1969–1970
Amateur

Windhausen, Bernd
*22.9.1942
Stürmer
17 (29); 4 (8); 1969–1971

Erweiterter Kader:

Kugler, Bernd
*19.9.1946
Torhüter
0 (0); 0 (0); 1969–1971
Amateur

Quanz, Karl-Heinz »Kalle«
*8.8.1951
Mittelfeldspieler
0 (0); 0 (0); 1969–1970
Amateur

1970/71: Knack!

Oben v.l.:
Trainer Gebhardt, Höttges, Piontek, Schmidt, Björnmose, B. Lorenz, Stefens, Thelen, Hasebrink, Meyer, Assauer, Steinmann, Schütz
Unten v.l.:
Bernard, Götz, Zembski, Windhausen, Deterding, Coordes, Kamp, Görts

Ein neues Werder-Jahrzehnt brach an. Ganz neue Gesichter prägten die neue Zeit unseres Vereins in dieser Saison. Mit Dr. Franz Böhmert hatte vor Saisonbeginn ein neuer, junger Präsident den Verein übernommen. Auf der Bank saß mit Robert »Zapf« Gebhardt ein »harter Hund« alter Prägung, und auf dem Spielfeld verschwanden langsam aber sicher die Überlebenden der 65er Meisterelf. Nur eins blieb bestehen: Werder unternahm auch in dieser Saison eine ausgedehnte Sightseeing-Tour durch die düsteren Regionen der Bundesligatabelle.

Personell konnte Werder vor der Saison traditionsgemäß keine großen Sprünge machen. Nur drei echte Neulinge und einen Amateur hatte der neue Trainer Gebhardt beim Saisonauftakt im Schlepptau: Willi Götz aus dem eigenen Nachwuchs kam bei Werder über eine Reservistenrolle nie heraus. Der Kölner Werner Thelen kam als Sturmhoffnung, traf kein einziges Mal ins Tor und verschwand nach 15 Spielen und nur einem Jahr wieder. Aber dann kamen auch zwei Neu-Werderaner an die Weser, deren weiteren Werdegang man sicher keinem Leser erklären muss: Rudi Assauer und Kalli Kamp!

Mit Rudi Assauer kam für Werders Verhältnisse ein absoluter Stareinkauf aus Dortmund. Gemeinsam mit Horst-Dieter Höttges bildete der heutige »Mr. Schalke« sechs Jahre lang ein zuverlässiges Abwehrbollwerk. Kurios dagegen der Werdegang von Kalli Kamp, den der ehemalige Nürnberger Meisterkicker Robert Gebhardt noch aus der fränkischen Heimat kannte: Kamp kam als Torjäger aus Rüsselsheim und schlug bei Werder sofort ein, obwohl er an der Weser bis auf Tore schießen so ziemlich alles konnte. Schon in seinem ersten Jahr absolvierte der junge Kamp alle 34 Spiele und bewies zwar keinen übermäßigen Torriecher, wohl aber Mannschaftsdienlichkeit und nie versiegenden Kampfgeist.

Trainer Robert Gebhardt, den alle nur unter seinem Spitznamen »Zapf« kannten (den bekam er Jahrzehnte vorher verpasst, weil er schon in jungen Jahren den Zapfhahn in der väterlichen Wirtschaft bedienen musste), hatte es zunächst nicht leicht bei Werder, was nicht nur an der tollen Arbeit seines schweren Herzens scheidenden Vorgängers Hans Tilkowski lag. Umso mehr, weil ihm bewährte Kräfte nicht mehr zur Verfügung standen. John Danielsen, Werders erster ausländischer Bundesliga-Star, verpokerte sich bei den Verhandlungen um einen neuen Vertrag und schnürte statt für

Werder künftig für den schweizerischen FC Chiasso die Stiefel. Heinz Steinmann wurde zum Ausklang seiner Karriere das, was man heute »Standby-Profi« nennen würde. Er spielte in der gesamten Saison nur noch 75 Minuten beim 0:0 gegen Berlin und machte danach Schluss mit Profifußball, oder wie man damals noch geläufiger sagte: mit seinem Lizenzspieler-Dasein. Noch schlimmer traf es Josef Piontek: Der hätte zwar gerne noch gespielt, konnte aber nicht. Piontek fiel fast zwei Jahre lang verletzungsbedingt aus. Auch seine Bundesliga-Karriere stand vor dem Aus.

Die neu zusammengewürfelte Truppe bestätigte beim Bundesligastart 1970/71 selbst die verbohrtesten Pessimisten und startete die Spielzeit rekordverdächtig mit gleich sechs Spielen ohne Sieg. Platz 18, mal wieder Abstiegskampf vom Allerfeinsten.

Kurios: Danach folgte direkt ein Werder-Hoch mit sechs Spielen ohne Niederlage, das die Mannen um die verbliebenen Stars Schütz, Höttges und Bernard auf Platz 13 hievte. Vor allem zuhause holte sich die Gebhardt-Elf nach und nach die nötigen Punkte zum Klassenerhalt. Um den spärlich ins Weser-Stadion pilgernden Fans aber besseren Fußball bieten zu können, fehlte schlicht und einfach ein richtig guter Stürmer. Die Abwehr stand mit 40 Gegentoren gut, aber vorne passierte zu wenig, und so wurde Pico Schütz, mittlerweile ältester Feldspieler der Bundesliga, gemeinsam mit Kalli Kamp und Bernd Lorenz mit jeweils fünf Toren bester Werder-»Torjäger« der Saison.

Das Ende vom Lied: ein schließlich frühzeitig gesicherter 10. Platz. Alles in allem ein durchwachsenes Jahr, wie gewohnt. Zu wenig zum Leben, zuviel zum Sterben. Hätte man zu jener Zeit schon gewusst, dass bereits diese erste Saison der siebziger Jahre mit diesem Rang 10 die beste Platzierung des ganzen Jahrzehnts gebracht hatte, dann wäre das für den Werder-Vorstand kein sehr vergnüglicher Gedanke gewesen. Die Saison könnte man im Prinzip glatt als »ereignisarm« abhaken wenn ... ja, wenn am 3. April nicht etwas passiert wäre, was noch heute in keinem geschichtlichen Bundesliga-Rückblick fehlen darf. Werder spielte beim Tabellenführer Mönchengladbach auf dem Bökelberg und hielt bis kurz vor Schluss ein angesichts der mittlerweile traditionellen Auswärtsschwäche fast schon sensationelles 1:1. Bei einem wuchtigen Kopfballversuch landete nach 88 Minuten der Gladbacher Nationalstürmer Laumen, putzigerweise ein künftiger Bremer, im Tornetz. Und sehr zur Verwunderung des Publikums brach durch Laumens Schwung das Tor knirschend zusammen: nix Aluminium, damals waren Pfosten noch aus Holz. Es folgten filmreife Szenen von nicht geringem Comedy-Wert: Weil Werder scharf auf den unerwarteten Punktgewinn war, wollten alle Spieler in Grünweiß das Tor wieder aufrichten. Immer, wenn das zu gelingen drohte, kamen Gladbacher Ordner und legten das Tor wieder hin. Der Borussia war klar, dass ein 1:1 gegen Werder zu wenig sein könnte im Titelzweikampf mit den Bayern. Gladbach hoffte auf ein Wiederholungsspiel, Werder wollte den Punkt, basta. Legendär ist bis heute der Werder-Vorschlag, das abgebrochene Tor für die letzten paar Minuten von eigenen Ersatz-

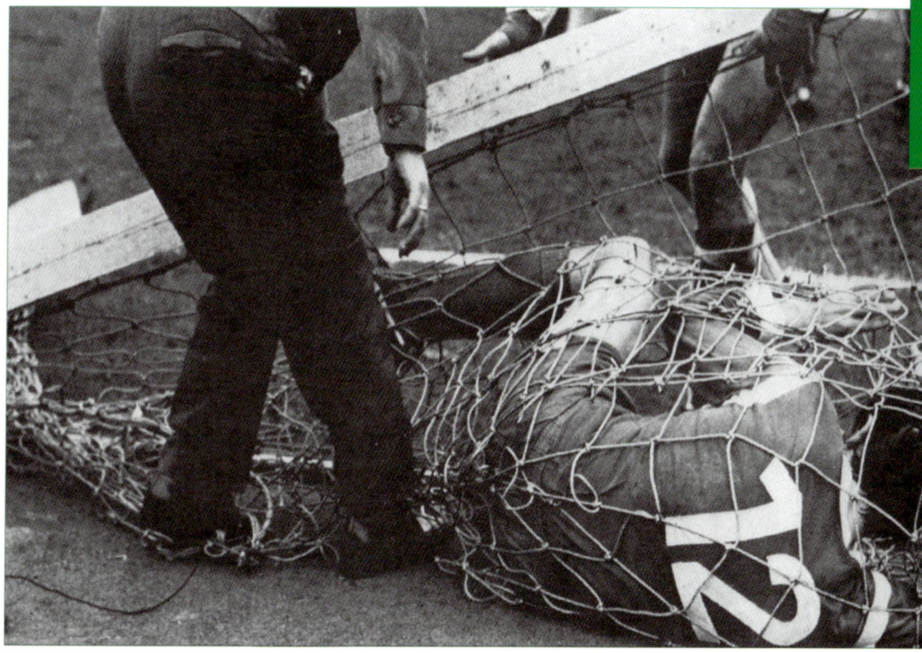

Knack – da war das Tor kaputt

Mönchengladbach – Bremen abgebrochen

Das konnte nur in Gladbach passieren

Denn nur dort sind die Pfosten einbetoniert

Bilddokumente einer auf ewig einmaligen Bundesliga-Kuriosität: Der Pfostenbruch von Mönchengladbach! Der eingewechselte Gladbacher (und künftige Bremer) Herbert Laumen liegt nach einem Kopfball im über ihm zusammengebrochenen Tor (großes Foto), gefangen wie ein Fisch im Netz. Das Bild links darunter belegt eindeutig die Aussage aller Beteiligten, wonach nur die Bremer Spieler sich um eine Behebung des Schadens bemühten. Das kleine Bild zeigt die Ursache des Zwischenfalls: Der Torpfosten war knapp über der Grasnarbe offensichtlich durchgegammelt

spielern festhalten zu lassen. Ende vom Lied: Weil die Gladbacher kein Ersatztor beschaffen konnten, bekam Werder am Grünen Tisch sogar beide Punkte. Die Gladbacher Fans wünschten den DFB daraufhin zum Teufel. Umsonst, denn ihre Mannschaft schaffte es trotzdem noch. Und auch Werder hätte mit dem geschenkten DFB-Punkt im Rucksack beinahe etwas erreicht, von dem vor der Saison kein Bremer zu träumen gewagt hätte: Vier Spieltage vor Saisonende stand Werder dank einer Serie von 12:2 Punkten aus sieben ungeschlagenen Spielen in Folge auf einem überraschenden 5. Platz und träumte vom ersten UEFA-Cup-Auftritt in der Vereinsgeschichte. Eine blamable 0:2-Packung bei den fast schon abgestiegenen Oberhausenern eine Woche vor Saisonende ließ diesen Traum zerplatzen. Oberhausen rettete sich dank der beiden Punkte gegen den SVW, und Werder musste sich dusseligerweise sogar vorwerfen lassen, den Mannen vom Niederrhein im Zuge des Bundesligaskandals die Punkte freiwillig zugeschustert zu haben. Weil schnell klar wurde, dass kein Verein so behämmert wäre, die eigene Europacupteilnahme gegen schmutziges Bestechungsgeld zu tauschen, verlief diese Räuberpistole im Sande. Werder war mit dem abschließenden Abrutschen auf Platz 10 auch wirklich genug gestraft.

Unabhängig vom Herumstapfen in der sportlichen Grauzone der Liga wurde Werders Vorstand im Laufe der Saison noch aus einem anderen Grund mulmig: Die besser situierten Bundesligaclubs betrieben beim DFB die Aufhebung der Ablösesummenbegrenzung. Drohend wurde diese Vision immer konkreter, und bei Werder wusste man: Wenn die Ablösesummen frei verhandelbar werden, dann bedeutet das nichts anderes als mittelfristig eine Konzentration der besten Spieler der Liga bei den wenigen reichen Clubs und die Verurteilung des Ligarests zu verarmten, sportlich chancenlosen Kellerkindern. Werders Vereinsführung wollte diesem Schicksal entgehen und baldowerte einen in der Theorie brillianten Plan aus, der nicht nur Werders Fans in der kommenden Saison beschäftigen sollte, sondern bundesweit für großes Erstaunen bei Fachleuten und Fußballanhängern sorgen würde. Mehr über die großen Pläne des eher kleinen Vereins auf den nächsten Seiten.

Einen optischen Vorboten der neuen Werder-Ära gab es schon im Frühling 1971 zu bestaunen: Im vorletzten Saison-Heimspiel gegen den FC Bayern stellte Werder ein ungewohntes neues Trikot vor. Nicht nur die neuen, rotweißen Farben verkündeten, dass der Verein unter dem erst 37-jährigen Vereinsoberhaupt Franz Böhmert in der kommenden Saison 1971/72 ein für alle Mal das Abstiegsgespenst aus Bremen verscheuchen wollte. Alles bei Werder sollte erstens anders und zweitens besser werden. Anders wurde es.

Abschlusstabelle der Bundesliga 1970/1971:

Pl.	Verein	Sp	S	U	N	Tore	Diff.	Punkte
1.	Borussia M'gladbach	34	20	10	4	77:35	+42	50-18
2.	Bayern München	34	19	10	5	74:36	+38	48-20
3.	Hertha BSC Berlin	34	16	9	9	61:43	+18	41-27
4.	Eintracht Braunschweig	34	16	7	11	52:40	+12	39-29
5.	Hamburger SV	34	13	11	10	54:63	-9	37-31
6.	Schalke 04	34	15	6	13	44:40	+4	36-32
7.	MSV Duisburg	34	12	11	11	43:47	-4	35-33
8.	1. FC K'lautern	34	15	4	15	54:57	-3	34-34
9.	Hannover 96	34	12	9	13	53:49	+4	33-35
10.	**Werder Bremen**	**34**	**11**	**11**	**12**	**41:40**	**+1**	**33-35**
11.	1. FC Köln	34	11	11	12	46:56	-10	33-35
12.	VfB Stuttgart	34	11	8	15	49:49	0	30-38
13.	Borussia Dortmund	34	10	9	15	54:60	-6	29-39
14.	Arminia Bielefeld	34	12	5	17	34:53	-19	29-39
15.	Eintracht Frankfurt	34	11	6	17	39:56	-17	28-40
16.	Rot-Weiß Oberhausen	34	9	9	16	54:69	-15	27-41
17.	Kickers Offenbach	34	9	9	16	49:65	-16	27-41
18.	Rot-Weiß Essen	34	7	9	18	48:68	-20	23-45

Saisonverlauf 1970/1971:

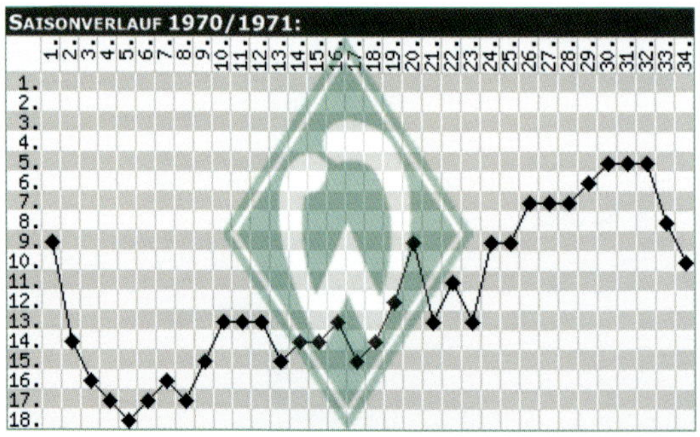

Gebhardt, Robert »Zapf«
*20.9.1920, †8.2.1986
Trainer
34 (42); 1970–1971

Wer kam?

Assauer (Borussia Dortmund)
Müller (eig. Amateure, w.d.S.)
Schöttner (eig. Amateure, w.d.S)
Götz (eig. Amateure)
Kamp (Opel Rüsselsheim)
Thelen (1. FC Köln)

Wer ging?

Schimeczek (Karriereende)
Danielsen (FC Chiasso / Schweiz)
Hoyer (OT Bremen)
Kiefert (SV Hemelingen)
Plaggemeyer (Göttingen 05)
Quanz (eig. Amateure)

w.d.S. = während der Saison

Die Mannschaft (Name, Geb.-Datum, Position, Bundesliga-Einsätze (Gesamt), Tore (Gesamt), bei Werder von–bis)

1970/71

Bernard, Günter
*4.11.1939
Torhüter
33 (287); 0 (0); 1963–1974

Stefens, Fritz
*16.4.1940
Torhüter
3 (6); 0 (0); 1969–1971

Schmidt, Bernd
*1.12.1943
Abwehrspieler
32 (150); 4 (11); 1967–1974

Höttges, Horst-Dieter
»Eisenfuß«
*10.9.1943
Abwehrspieler
22 (420); 1 (55); 1964–1978

Schütz, Arnold »Pico«
*19.1.1935
Abwehrspieler
34 (253); 5 (70); 1963–1972

Assauer, Rudolf »Rudi«
*30.4.1944
Abwehrspieler
31 (188); 1 (4); 1970–1976

Steinmann, Heinz
*1.2.1938
Abwehrspieler
1 (184); 0 (4); 1964–1971

Zembski, Dieter
*6.11.1946
Abwehrspieler
34 (179); 2 (4); 1968–1975

Coordes, Egon
*13.7.1944
Abwehrspieler
30 (50); 1 (1); 1969–1971

Hasebrink, Heinz-Dieter
*28.8.1941
Mittelfeldspieler
22 (114); 4 (16); 1969–1973

Meyer, Herbert
*12.6.1948
Mittelfeldspieler
16 (32); 0 (0); 1969–1971

Björnmose, Ole
*7.5.1944
Mittelfeldspieler
30 (137); 3 (21); 1966–1971
Dänemark

Schöttner, Volker
*9.6.1952
Stürmer
1 (1); 0 (0); 1970–1972
Amateur

Götz, Willi
*20.9.1947
Stürmer
5 (12); 0 (0); 1970–1972

Deterding, Eckhard
*13.4.1948
Stürmer
9 (16); 1 (1); 1969–1971

Görts, Werner »Anneliese«
*15.1.1942
Stürmer
25 (363); 4 (73); 1966–1978

Lorenz, Bernd
*24.12.1947
Stürmer
26 (51); 5 (10); 1969–1971

Kamp, Karl-Heinz »Kalli«
*26.09.1946
Stürmer
34 (361); 5 (26); 1970–1984

Windhausen, Bernd
*22.9.1942
Stürmer
17 (29); 4 (8); 1969–1971

Thelen, Werner
*8.7.1947
Stürmer
15 (15); 0 (0); 1970–1971

Müller, Klaus
*19.11.1950
Stürmer
1 (1); 0 (0); 1970–1971
Amateur

Erweiterter Kader:

Kugler, Bernd
*19.9.1946
Torhüter
0 (0); 0 (0); 1969–1971
Amateur

Piontek, Josef »Seppl«
*5.3.1940
Abwehrspieler
0 (203); 0 (15); 1963–1972

1971/72: Millionenelf Freunde müsst ihr sein

Oben v.l.:
Trainer Gebhardt, Piontek, Schmidt, Hasebrink, Assauer, Baumann, Laumen, Zembski, Weber, Schütz
Unten v.l.:
Höttges, Dietrich, Weist, Bernard, Haak, Götz, Neuberger, Kamp, Görts

Ein eigenes Programmheft nur für die Präsentation der neuen Werder-Elf in der Stadthalle. 7000 kamen

Die Saison 1971/72 wird in Werders Vereinsgeschichte immer eine Sonderstellung einnehmen. Leider nicht auf Grund überragender sportlicher Erfolge, sondern durch einen sehr intelligent geplanten Kraftakt, der jedoch misslang und Werder schließlich fast ins Verderben führte: das »Millionending«.

Sage und schreibe 7000 Fans drängelten sich schon am 19. Juli 1971, Wochen vor Saisonbeginn, in die Bremer Stadthalle zur offiziellen Vorstellung der »neuen« Werder-Elf, an der diesen Sommer wirklich fast alles neu war. Und trotz der wieder mal sehr bescheidenen Vorsaison wurden an jenem Tag sogar lauthals Träume von der Meisterschaft besungen. Denn Werder hatte zur Verblüffung der Konkurrenz mehr Geld als je zuvor für neue Stars lockergemacht – mehr als die Bayern, mehr als Borussia Mönchengladbach!

Ganz Deutschland fragte sich: »Wie machen die das bloß?« Ausgerechnet die seit vielen Jahren klammen Bremer, die zuletzt Saison für Saison beim Spieler-Shopping einen Igel in der Tasche hatten. Selbst die eigenen Fans und Vereinsmitglieder waren verblüfft; hatten sie doch immer wieder gehört, ihr Verein habe Schulden. Aber Werder hatte unter der Federführung von Präsident Böhmert, Schatzmeister Riethmöller und dem 3. Vorsitzenden Klaus-Dieter Fischer sowie Geschäftsführer Wolff einen gewieften Dreh gefunden, den Verein auf finanziell weitaus größere Füße zu stellen: »Bremens Industrie und Handel haben uns wesentliche Hilfe bei der Verpflichtung der neuen Spieler geleistet und ihnen außergewöhnliche Lebensstellungen zugesichert!«, lobte Hansi Wolff das Engagement der Bremer Wirtschaft.

Doch das war nur die Hälfte des Millionendings. Für jedermann gut sichtbar lief Werder anno 1971 in den heute legendären »Speckflaggen-Trikots« in den Bremer Farben Rot und Weiß auf und verleugnete zugunsten dieser knalligen Bremen-Werbung sogar gewissermaßen die Vereinsidentität: Auf der Brust ersetzte der Bremen-Schlüssel das »W« auf dem Trikot, und auf dem Rücken stand nun »BREMEN« – und nicht etwa »Werder«. Die Stadt Bremen ließ sich im Gegenzug nicht lumpen, erließ Vergnügungssteuer und Steuerschulden und beteiligte Werder fortan an den Werbeeinnahmen aus dem Weser-Stadion. Der SVW hatte auf einen Schlag ein prall gefülltes Konto, ohne sich neu zu verschulden und konnte endlich einmal auf große Einkaufstour gehen.

Werders große Pläne hingen nicht alleine mit der engen Liebe zur Stadt Bremen, sondern vor allem mit einschneidenden Neuerungen im deutschen Fußball zusammen: Die Freigabe der Ablösesummen stand unmittelbar bevor. Bis 1971 galt eine in den DFB-Statuten festgelegte Höchstgrenze von 100.000 DM. Nationalspieler durften etwas teurer sein. Und Werders rühriger Geschäftsführer Wolff wusste: »Jetzt oder nie! Diese Saison bietet uns die letzte Chance, eine wirklich gute Mannschaft zusammenzubekommen. Nach dem Wegfall der Ablösesummengrenze werden wir uns keine großen Könner mehr leisten können!«

Und so düste Hansi Wolff als »Mann mit dem Geldkoffer« durch die Bundesliga-Lande, um für den traditionell sparsamen SV Werder plötzlich alles zu kaufen, was auf dem Markt war. Günther Netzer war einer der wenigen Stars, die dem Lockruf aus Bremen widerstehen konnten. Unglaublich: Der Superstar wäre gerne nach Bremen gewechselt, bestand aber auf der Zusage Werders, als Nebenverdienst Werders Stadionzeitung vermarkten zu dürfen. Da das »Werder-Echo« aber in Händen des Ex-Stürmerstars Klaus Matischak lag, musste Werder dem Mittelfeld-Ass aus Mönchengladbach diesen Gefallen versagen. Der blonde Engel blieb daraufhin in Gladbach, seine Teamkollegen Dietrich und Laumen, die ebenso Nationalspieler waren wie der Dortmunder Willi Neuberger, trugen dagegen ab sofort Grünweiß, oder besser: Rotweiß. Bei Laumen bekam Werder den Zuschlag, obwohl 13 der 18 Bundesligisten sich um seine Dienste bemühten. Dazu kam Dortmunds Super-Sturmtalent Werner »Acker« Weist, der schon als neuer Gerd Müller gefeiert wurde. Das millionenschwere halbe Dutzend wurde schließlich komplettiert durch den Berliner Jürgen Weber, den Heimkehrer Carsten Baumann und den Bremerhavener Torhüter Peter Haak, der vor allem durch seine für einen Lizenzspieler etwas ungewöhnlichen Körpermaße auffiel: Haak wog 95 Kilogramm bei einer Größe von 1,80 m. Allerdings nur zu Beginn. Dann musste er unter Zapf Gebhardt trainieren.

Soweit die lange, spannende Vorgeschichte einer Saison, die dann sportlich nicht der Rede wert war. Denn Werders vermeintliche »Meisterelf aus dem Geldsack« gurkte mittelmäßig bis schlecht herum. Die neuen Stars waren entweder dauerverletzt, litten unter Integrationsproblemen oder fanden nie zu ihrer Form.

Pico Schütz dazu: »Durch den Einkauf der vielen teuren Spieler innerhalb des Kaders begann ein Hauen und Stechen. Wir hatten ja auch vor der Millionenelf schon gute Fußballer: Hasebrink, Kalli Kamp und andere, das waren alles auch gute Spieler, denen man hochbezahlte Stars vor die Nase gesetzt hat. Manch einer hat dann angekündigt: ›Lasst die erst mal

kommen – die kriegen gleich was auf die Knochen!‹ Ich habe versucht, das zu vermitteln: ›Mensch Leute, bleibt doch erst mal ruhig! Die werden auch keine Bäume ausreißen.‹ Es kamen zwar namhafte Spieler, aber in manchen Fällen auch Leute für Positionen, wo wir gar keinen Bedarf hatten. Der Laumen, der Dietrich, die hatten bei ihrem letzten Verein Mönchengladbach auch schon nicht mehr unumstritten gespielt. Bei Werder hat man entschieden: ›Wenn wir so namhafte Leute vom Deutschen Meister kriegen können, dann müssen wir sie auch holen.‹ Und weil sie teuer waren, mussten sie auch spielen. Und das waren dann später auch diejenigen, die dafür gesorgt haben, dass Trainer ›Zapf‹ Gebhardt gehen musste. Gebhardt war ein guter Trainer, der entlassen wurde, obwohl wir auf Platz 7 eigentlich noch gut dastanden. Laumen und Dietrich haben gegen Gebhardt gewettert, weil sie dessen Training zu hart fanden. Die haben unserem Vorstand erzählt, dass sie in Gladbach viel weniger trainieren mussten und dafür viel fitter waren. Hintergrund war eher, dass sie bei uns in Bremen ihre Karriere geruhsam ausklingen lassen und die Kohle einsacken wollten, ohne dafür hart zu trainieren.«

Die Kluft innerhalb der Mannschaft, die keine mehr war, schien unüberbrückbar. Die neu verpflichteten Stars gaben Interviews, in denen sie gerne betonten, dass »nirgendwo in der Bundesliga so gut gezahlt wird wie in Bremen!« Peter Dietrich sagte das, der statusgemäß auch gleich in die unmittelbare Nachbarschaft von Bürgermeister Hans Koschnick zog. Auf der anderen Seite gab es die alten Leistungsträger wie Bernard, Schütz, Hasebrink oder Zembski, die mit deutlich weniger zufrieden sein mussten. Dieter Zembski kehrte im September von seinem ersten (und einzigen) Länderspieleinsatz in Hannover gegen Mexiko zurück

So mischt Werder mit!

Weber Neuberger Weist Laumen Dietrich

Werders letzter großer Coup?

Von „hanseatischer Sparsamkeit" nicht mehr die Rede / Verstärkungen im Anmarsch

Oben: Trainer »Zapf« Gebhardt mit millionenschweren Neuzugängen: Neuberger, Weist, Dietrich, Haak, Laumen, Weber, Baumann

In Bremens Farben: Rot und Weiß

Bundesliga im „New Look"

Rätsel um das „Millionenspiel" gelüftet

Koschnick: „Ja zur Bundesliga in Bremen"

Der »Weser-Kurier« stellt im Frühsommer 1971 den neuen Werder-Dress vor – ausnahmsweise auf kolorierten Seiten! Als Models dienen Assauer und Schütz. Das Trikotdesign war noch nicht endgültig ausgereift: Die Streifen wurden später schmaler

und erzählte seinen Bremer Kumpanen: »Ihr glaubt gar nicht, was anderswo in der Bundesliga verdient wird!« Unzufriedene Profis mischten sich also mit Überbezahlten. Das konnte nicht gut gehen.

Ging es dann auch nicht: Den Saisonstart seiner Mannschaft beim 1. FC Köln (0:0) bezeichnete Trainer Gebhardt abschätzig als »Hokuspokus-Fußball«. Danach wurde es eher noch schlimmer: Nur ein 2:2 zuhause gegen die biederen Lauterer, und als die Millionentruppe am 3. Spieltag in Frankfurt mit 0:4 auseinandergenommen wurde und sieglos auf Platz 14 absackte, war erstmals Feuer unterm Werderdach. Dann schien es einen Wimpernschlag lang so, als könne der Startruppe doch die ersehnte Wende gelingen: Die Millionäre siegten dreimal am Stück, und zum Teil wurde sogar spielerisch geglänzt. Werder war auf Platz 3 angekommen und fing an zu träumen, dass nun doch alles gut wird. Aber alles wurde schlecht. Die Niederlage bei Tabellenführer Schalke 04 war noch entschuldbar, das 2:3 zuhause gegen Stuttgart aber sorgte für einen großen Knall: Trainer Gebhardt wurde überraschend schnell gefeuert, vielleicht zu schnell.

Keiner der neuen Spieler schlug ohne Wenn und Aber ein. Der schon erwähnte Dietrich freute sich über sein tolles Gehalt, zahlte aber wenig davon mit Leistung zurück. Meistens war er verletzt, und Mönchengladbach war froh, ihn rechtzeitig verkauft zu haben. Andersrum posaunte Dietrich nach seinem Wechsel zu Werder, Mönchengladbach habe »seinen Zenit als Verein überschritten«. Viel falscher kann man nicht liegen: Gladbach wurde ohne Dietrich zu einem Superteam der siebziger Jahre und Dietrich landete in Bremen hoch bezahlt auf der Ersatzbank, wenn er gerade nicht verletzt war. Werner »Acker« Weist machte zwar das eine oder andere Tor, spielte aber zu unkonstant. Herbert Laumen wurde hin und her geschoben: Mal war er Mittelstürmer, mal sollte er ins Mittelfeld. Mit dem Trainer zoffte er sich, weil Gebhardt von dem teuren Star auch Abwehraufgaben erwartete, wonach Laumen aber nun gar nicht zumute war. Bester der Neulinge war noch Willi Neuberger, der nach langem Hickhack mit Borussia Dortmund erst kurz nach Saisonbeginn einsteigen durfte.

Obwohl eindeutig die seelenlose Mannschaft Wurzel allen Werder-Übels war, fand eine nie gekannte Rotation auf der Trainerbank statt. Unglaubliche sechs Trainer (!!!) kümmerten sich in der Saison 1971/72 um den ins Schlingern geratenen SV Werder Bremen – einer erfolgloser als der andere! Der beinharte »Zapf« Gebhardt wurde gegen einen bekannten Mann ausgetauscht, der gegen Stuttgart sehr, sehr zufällig schon auf der Tribüne saß. »Bekannt« ist eigentlich untertrieben: Der neue Mann war in Bremen seit sechs Jahren ein Denkmal. Er hieß Willi Multhaup. Gebhardts Scheitern war bitter. Man warf ihm öffentlich vor, mit den teuren Stars nicht klargekommen zu sein und vergaß, dass es bei Licht betrachtet gar nicht »seine« Stars waren: Gebhardt bekam ein halbes Dutzend namhafter Spieler – nicht weil er sie haben wollte oder für seine Mannschaft benötigte, sondern weil sie schlicht und einfach auf dem Markt waren.

Meistermacher Willi Multhaup beendete also sein Rentnerdasein im Pott und trat mit verblüffenden Erfolgsrezepten an, wie »Die Spieler müssen nun ein paar Butterbrote mehr essen!« oder »Da es sich bei Werder um sehr viele westdeutsche Spieler handelt, muss man mit denen richtig westdeutsch reden, mit ›ährlich‹ und ›woll‹ und so, klar?«.

Multhaup sollte den dauerverletzten Lizenzspieler Seppl Piontek einarbeiten, der bei Werder langsam in die Trainerrolle hineinwachsen sollte. Piontek litt jedoch unter Dauerstress, weil sein Trainerexamen zuviel Zeit erforderte, um Werder nebenbei coachen zu können. Und so wurde er in der Trainingsarbeit phasenweise vertreten vom immer noch aktiven Haudegen Arnold Schütz. Ein Trainer ohne Lizenz, der von einem anderen Trainer ohne Lizenz vertreten wurde – das fand der DFB gar nicht gut. Notgedrungen kam deshalb noch der Trainerlizenzinhaber Hugo Scharmann als Strohmann dazu, der Werder in seligen Oberligazeiten bis 1951 betreut hatte und ab Dezember 1971 nominell für die Mannschaft zuständig war, aber faktisch nicht das geringste mit ihr zu tun hatte. Das war Trainer Nummer 5.

Geht er?

Kommt er?

Robert „Zapf" Gebhardt (51), seit 1970 Trainer beim SV Werder Bremen. Er wurde als Außenläufer des 1. FC Nürnberg bekannt, mit dem er 1948 Deutscher Meister war. Trainierte von 1968 bis 1970 den MSV Duisburg.

Willy Multhaup (68) ging als Erfolgstrainer in die Bundesliga-Geschichte ein. 1965 mit Bremen Deutscher Meister; 1966 mit Dortmund Europacupsieger der Pokalgewinner; 1968 deutscher Pokalgewinner mit Köln.

Ersatztorwart Peter Haak erinnert sich heute, dass der Vorstand nach nahezu jedem schlechteren Spiel (und davon gab es ausreichend viele) mit Trainer Nr. 6 drohte: »Wenn ihr euch nicht zusammenreißt, verpflichten wir den Fritz Langner! Also seht euch vor!« Die älteren Spieler kannten Langner noch, die jungen Spieler nicht. Sie sollten ihn kennenlernen. Haak blickt schaudernd zurück: »Am Montag nach einem katastrophalen 2:4 zuhause gegen Braunschweig wurden wir überraschend in den Sitzungsraum bestellt. Und da saß er dann plötzlich, der angedrohte Langner. Er war einerseits als Trainer hart, okay. Aber andererseits hatte er keinen Stil und war niveaulos im Umgang mit seinen Spielern. Seine Ausdrucksweise uns gegenüber war schon nicht mehr rüde, die war allerunterste Schublade.«

Fritz Langners Mission bestand ausschließlich darin, die in den Sand gesetzte Bundesligasaison noch durch das letzte erreichbare Ziel aus dem Feuer zu reißen: Werders Millionarios standen im Pokal-Halbfinale gegen Kaiserslautern. Dieser Pokal sollte unbedingt an die Weser, und Mannschaftskapitän Horst-Dieter Höttges, der als einer der wenigen Spieler mit Langner zurechtkam, frohlockte: »Mit dem werden wir Pokalsieger!« Es passte ins Bild dieser verkorksten Saison, dass natürlich auch das misslang. Werder verlor sowohl das Hin- als auch das Rückspiel gegen die Pfälzer. Langner verschwand noch vor Saisonende wieder, sollte allerdings nicht das letzte Mal Werder-Trainer gewesen sein. Für die letzten beiden Saisonspiele wurde dann erstaunlicherweise kein weiterer Trainer verpflichtet. Piontek übernahm wieder und blieb im letzten Teilstück der Saison immerhin ungeschlagen.

Für Horst-Dieter Höttges war das nicht die einzige Enttäuschung: Ausgerechnet dem international gefeierten Nationalspieler wurde von Geschäftsführer Hansi Wolff die Kapitänsbinde weggenommen, weil Höttges am Tag vor dem erwähnten Heimdebakel gegen Eintracht Braunschweig an einem Tresen gesichtet wurde. Erschwerend kam dazu, dass es ausgerechnet der Tresen des Hotels war, in dem sich der Gegner des nächsten Tages auf das Spiel gegen Werder vorbereitete. Braunschweig wertete Höttges lockeres Auftauchen als Provokation. Höttges war sauer und dachte sogar kurz an einen Vereinswechsel. In der Saison hatte sich unter anderem Ajax Amsterdam heftigst für den Nationalverteidiger interessiert. Dem Fußballgott sei Dank: Der Wechsel zerschlug sich, auch der Groll gegen Hansi Wolff verrauchte, und dem SV Werder blieb sein eisenfüßiges Denkmal erhalten.

Die Millionenelf dagegen zerfiel in Rekordzeit. Platz 11 für die »Meistermannschaft aus dem Geldsack«. Was blieb, waren teure Gehaltsempfänger, enttäuschte Hoffnungen … und rotweiße Trikots.

Alte und neue Trainergeneration: Meistertrainer Multhaup (rechts) kehrte kurz als Nothelfer zu Werder zurück. Als er sah, dass Trainer-Azubi Piontek (links) die Lage gut im Griff hatte, ging er wenige Wochen später endgültig in Rente

Abschlusstabelle der Bundesliga 1971/1972:

Pl.	Verein	Sp	S	U	N	Tore	Diff.	Punkte
1.	Bayern München	34	24	7	3	101:38	+63	55-13
2.	Schalke 04	34	24	4	6	76:35	+41	52-16
3.	Borussia M'gladbach	34	18	7	9	82:40	+42	43-25
4.	1. FC Köln	34	15	13	6	64:44	+20	43-25
5.	Eintracht Frankfurt	34	16	7	11	71:61	+10	39-29
6.	Hertha BSC Berlin	34	14	9	11	46:55	-9	37-31
7.	1. FC K'lautern	34	14	7	13	59:53	+6	35-33
8.	VfB Stuttgart	34	13	9	12	52:56	-4	35-33
9.	VfL Bochum	34	14	6	14	59:69	-10	34-34
10.	Hamburger SV	34	13	7	14	52:52	0	33-35
11.	**Werder Bremen**	**34**	**11**	**9**	**14**	**63:58**	**+5**	**31-37**
12.	Eintracht Braunschweig	34	8	15	11	43:48	-5	31-37
13.	Fortuna Düsseldorf	34	10	10	14	40:53	-13	30-38
14.	MSV Duisburg	34	10	7	17	36:51	-15	27-41
15.	Rot-Weiß Oberhausen	34	7	11	16	33:66	-33	25-43
16.	Hannover 96	34	10	3	21	54:69	-15	23-45
17.	Borussia Dortmund	34	6	8	20	34:83	-49	20-48
18.	Arminia Bielefeld	*(34)*	*(6)*	*(7)*	*(21)*	*(41:75)*	*(-34)*	*(19-49)*

Saisonverlauf 1971/1972:

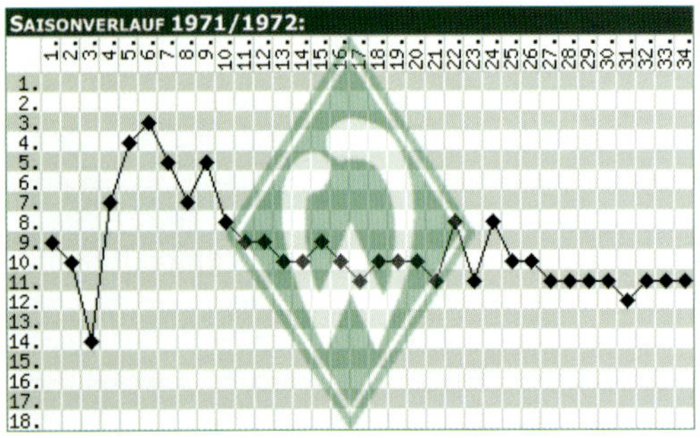

Vom Spielfeldrand 1971/72:

Trainer Zapf Gebhardts strikte Abneigung gegen Getränke auch nichtalkoholischer Natur nahm zuweilen bizarre Züge an. Bei der Fahrt zu einem Auswärtsspiel musste sich Außenstürmer Werner Görts gefallen lassen, dass Gebhardt dessen Sporttasche durchsuchte. Er hatte Görts in Verdacht, heimlich Wasser mit sich zu schmuggeln. Ergebnis: negativ.

Gebhardt, Robert »Zapf«
*20.9.1920, †8.2.1986
Trainer 1
8 (42); 1970–1971
1.–8. Spieltag

Multhaup, Willi »Fischken«
*19.7.1903, †18.12.1982
Trainer 2
4 (64); 1963–1965, 1971
9.–12., 33./34. Spieltag

Piontek, Josef »Seppl«
*5.3.1940
Trainer 3
20 (122); 1971–1972, 1972–1975; 13.–30., 33/34. Spieltag

Scharmann, Hugo
*26.3.1911, †27.8.1979
Trainer (Strohmann) 4
nominell ab 1.12.1971 Trainer

Langner, Fritz »Der eiserne Fritz«; *8.8.1912, †25.1.1998
Trainer 5
2 (81); 1967–1969, 1972, 1980; 31./32. Spieltag

Wer kam?

Haak (Bremerhaven 93)
Bracht (eig. Amateure, w.d.S.)
Dietrich (Bor. M'gladbach)
Neuberger (Borussia Dortmund)
Starzak (eig. Amateure, w.d.S.)
Weber (Hertha BSC Berlin)
Baumann (VfL Osnabrück)
Laumen (Bor. M'gladbach)
Weist (Borussia Dortmund)
Allhorn (eig. Amateure)

Wer ging?

Stefens (SV Meppen)
Steinmann (Sportinvalide)
Coordes (VfB Stuttgart)
Müller (SpVgg. Bayreuth)
Meyer (Kickers Offenbach)
Björnmose (HSV)
Deterding (Olympia Wilhelmshaven)
Bernd Lorenz (Rapid Wien)
Windhausen (Sportinvalide)
Thelen (Alemannia Aachen)
Kugler (Polizei SV)

w.d.S. = während der Saison

Die Mannschaft (Name, Geb.-Datum, Position, Bundesliga-Einsätze (Gesamt), Tore (Gesamt), bei Werder von-bis)

1971/72

Bernard, Günter
*4.11.1939
Torhüter
33 (287); 0 (0); 1963–1974

Haak, Peter
*6.8.1947
Torhüter
3 (3); 0 (0); 1971–1972

Schmidt, Bernd
*1.12.1943
Abwehrspieler
27 (150); 3 (11); 1967–1974

Höttges, Horst-Dieter »Eisenfuß«
*10.9.1943
Abwehrspieler
28 (420); 3 (55); 1964–1978

Schütz, Arnold »Pico«
*19.1.1935
Abwehrspieler
15 (253); 3 (70); 1963–1972

Piontek, Josef »Seppl«
*5.3.1940
Abwehrspieler
1 (203); 0 (15); 1963–1972

Assauer, Rudolf »Rudi«
*30.4.1944
Abwehrspieler
32 (188); 0 (4); 1970–1976

Zembski, Dieter
*6.11.1946
Abwehrspieler
30 (179); 1 (4); 1968–1975

Bracht, Uwe
*10.7.1953
Mittelfeldspieler
1 (272); 0 (24); 1971–1984
Amateur

Neuberger, Willi
*15.5.1946
Mittelfeldspieler
33 (63); 7 (11); 1971–1973

Starzak, Norbert
*27.8.1950, †4.8.2003
Mittelfeldspieler
2 (2); 0 (0); 1971–1972
Amateur

Weber, Jürgen
*29.6.1944
Mittelfeldspieler
27 (27); 5 (5); 1971–1972

Dietrich, Peter
*6.3.1944
Mittelfeldspieler
8 (82); 2 (7); 1971–1976

Kamp, Karl-Heinz »Kalli«
*26.9.1946
Mittelfeldspieler
34 (361); 5 (26); 1970–1984

Hasebrink, Heinz-Dieter
*28.8.1941
Mittelfeldspieler
27 (114); 3 (16); 1969–1973

Götz, Willi
*20.9.1947
Stürmer
7 (12); 0 (0); 1970–1972

Baumann, Carsten
*7.10.1946
Stürmer
16 (21); 3 (3); 1966–1967, 1971–1973

Görts, Werner »Anneliese«
*15.1.1942
Stürmer
27 (363); 3 (73); 1966–1978

Weist, Werner »Acker«
*11.3.1949
Stürmer
28 (145); 13 (53); 1971–1977

Laumen, Herbert
*11.8.1943
Stürmer
31 (60); 10 (18); 1971–1973

Erweiterter Kader:

Allhorn, Heinz
*23.1.1952
Torhüter
0 (0); 0 (0); 1971–1973
Amateur

Schöttner, Volker
*9.6.1952
Stürmer
0 (1); 0 (0); 1970–1972
Amateur

kicker
UNSERE SERIE
Trainer der Bundesliga
„Zapf“
Gebhard
SV Werder Bremen

Dr. Franz Böhmert, Klaus-Dieter Fischer: Zwei Leben für den SV Werder

Wie lief Ihre Amtsübernahme 1970?
Böhmert: Mit meinem Vorgänger »Fidi« Düring haben mich davor und danach freundschaftliche Bande verbunden. Wir haben auch ganz offen über alles geredet. Düring war nicht so ehrgeizig, dass er sein Amt um jeden Preis behalten wollte. Er hat vielmehr immer gesagt: Wenn es jüngere gibt, die den Verein übernehmen wollen, soll es so sein. Wir haben uns eingeschaltet, weil es mit dem Verein nach der Deutschen Meisterschaft etwas bergab ging. Es gab unterschiedliche Strömungen um den Verein, und viele waren der Ansicht, alles müsse langsam etwas professioneller werden. Klaus-Dieter Fischer kam mit seinen Leuten sogar schon 1968 zu mir und bat mich, den Verein zu übernehmen, aber damals war ich gerade Chefarzt geworden und konnte das nicht machen. Ich musste mich erst mal um meine Abteilung hier im Krankenhaus kümmern. Naja, und dann kamen sie eben zwei Jahre später wieder.

Wie genau lief die Entmachtung der »grauen Eminenz Werders«, Hans Wolff?
Fischer: Am Anfang war die Zusammenarbeit mit Hansi Wolff für uns sehr positiv. Gerade für uns als jungen Vorstand war er ein sehr wertvoller Ratgeber. Er wusste unheimlich gut Bescheid, war auf seinem Gebiet extrem erfahren und hatte unglaublich gute Connections in Bremen. Aber so nach ein oder zwei Jahren merkten wir dann doch, dass es ihm nicht passte, dass da junge Leute waren, die auch eigene Ideen hatten und nicht alles das machten, was ihm selbst vorschwebte. Das hat alles vor sich hingeschwelt bis zu einem Spiel in Bochum, das wir damals auswärts mit 3:0 gewannen. Und Hansi Wolff hatte, wie sich herausstellte, im Alleingang und ohne Absprachen der Mannschaft eine zusätzliche Siegprämie versprochen. Und da haben wir uns gesagt: Wenn jetzt jemand mit den Mitteln des Vereins so umgeht, dann müssen wir dagegen vorgehen. Dazu kam, dass er gegen seinen Nachfolger Rudi Assauer, den wir langsam einarbeiteten, in der Öffentlichkeit polemisiert hat. Und dann mussten wir uns von diesem wirklich sehr verdienstvollen Mann leider trennen.

Böhmert: Hans Wolff war für mich fast ein väterlicher Freund. Er hat die Notwendigkeit der Veränderungen in der Vereinsspitze eingesehen und den Wechsel von Fidi Düring zu mir mitgetragen. Allerdings hatten später dann Klaus-Dieter Fischer und ich so eine Art Vater-Sohn-Konflikt mit ihm, der irgendwann nicht mehr lösbar war. Hansi Wolff hat zum Beispiel gesagt: »Trikotwerbung kommt nicht in Frage! Und Bandenwerbung verschandelt das Stadion!« Er kam einfach aus einer anderen Zeit. Aber andererseits wäre der SV Werder ohne ihn nie das geworden, was er heute ist. Ihn zu entmachten war die allerschwierigste Entscheidung meiner Amtszeit und das einzige schwere menschliche Problem, das mich in all den Jahren bei Werder wirklich belastet hat. Er hatte die Geschicke des SV Werder über 30 Jahre lang zum Wohle des Vereins geführt. Auch wegen ihm konnten wir 1965 Deutscher Meister werden. Diese notwendige Entscheidung hat uns alle wahnsinnig belastet. Es war mit Abstand meine schlimmste Zeit bei Werder.

Und einer der Gründe für ihr Engagement war der Fehlgriff des alten Vorstands, Fritz Rebell 1969 als Trainer einzustellen?
Fischer: Richtig. Wir selbst konnten zu Beginn keine großen Bedingungen stellen, denn wir kamen ja gleich in eine gewisse »Retterposition«. Wir waren Letzter der Bundesligatabelle, finanziell und sportlich schwer angeschlagen. Werder hatte gerade Trainer Rebell entlassen und Hans Tilkowski angeheuert.

Böhmert: Durch die personellen Fehlentscheidungen unserer Vorgänger entstand zwischen dem alten Vorstand auf der einen Seite und uns Jüngeren auf der anderen Seite eine Konfliktsituation. Als der Vorstand Fritz Rebell verpflichtete, habe ich meine großen Bedenken geäußert. Ich erinnere mich sehr gut: Ich war in der Geschäftsstelle, und es waren zwei Kandidaten für Werders Trainerjob da. Der eine war Fritz Rebell, und der andere war mein Freund Udo Lattek. Dann kam der damalige Vizepräsident Wilhelm Riethmöller und polterte mich an: »Du immer mit deinen Trainern! Der Rebell wollte 4500 DM haben und der Lattek wollte 6000 DM haben. So viel sind die beide nicht wert!« Udo Lattek hätte für dieses Geld auch noch zwei A-Jugendliche namens Hoeneß und Breitner mit zu uns gebracht. Aber die Namen haben damals noch keinen großen Eindruck hinterlassen. (lacht)

Ihr erstes ganz großes Projekt war die »Millionenelf«. Was war der Grundgedanke dahinter?
Fischer: Die Millionenelf war eigentlich unsere erste, große, eigene Idee als neuer Vorstand. Wir hatten gehört, dass der DFB daran arbeitet, die Beschränkung der Ablösesummen wegfallen zu lassen und haben uns gesagt: Jetzt oder nie, jetzt müssen wir noch einmal zuschlagen, um Werder noch einmal massiv zu verstärken. Und wir sagen heute noch:

Dr. Franz Böhmert

Böhmert (Jahrgang 1934) wurde 1970 Präsident des SV Werder und der jüngste Vereinsboss der Fußballbundesliga, nachdem er drei Jahre zuvor schon Deutschlands jüngster Chefarzt geworden war. Später Ärztlicher Direktor des Zentralkrankenhauses »Links der Weser«. Vater einer Tochter. Engagiert sich im Vorstand sowohl des DFB als auch der DFL. Übernahm nach der Neustrukturierung des Vereins 1999 den Vorsitz des Werder-Aufsichtsrates.

Klaus-Dieter Fischer

Fischer (Jahrgang 1940) war ab 1970 zunächst 3. Vorsitzender und später Vizepräsident des SV Werder. »Vize« gilt als einer der wichtigsten Motoren des Vereins. Seit Jahrzehnten engagiertester Kämpfer für die Nachwuchsarbeit. Genaue Aufgabendefinition in Werders Chefetage: Vorstandsmitglied Amateurabteilungen, Vorsitzender des Amateurvorstandes und Leiter der Nachwuchsgruppe der Bundesliga.

Klaus-Dieter Fischer und Dr. Franz Böhmert – die Architekten des SV Werder zu Beginn ihrer Amtszeit in den Siebzigern … und ein Jahrzehnt später

Die Idee war richtig und gut, wir haben leider nur die falschen Leute geholt, um damit Erfolg zu haben.

Böhmert: Wir haben uns gesagt: Nun sind wir eine graue Maus geworden. So darf das nicht bleiben! Wir dürfen jetzt nicht kleckern, wir müssen klotzen! Diese Idee der Millionenelf erarbeiteten wir damals zusammen mit Edu Hundt, den wir fünf Jahre nach seinem Rücktritt als Liga-Obmann wieder ins Präsidium zurückholten. Er war einer unserer ganz wichtigen Berater in jener Zeit. Wir waren einfach der Meinung, zum Wohle des Vereins einen Befreiungsschlag zu versuchen. Richard Boljahn von der SPD hat uns sehr geholfen, damals eine der politischen Größen der Stadt. Ganz Deutschland hat sich damals gefragt: Wie machen die Bremer das bloß? Ein Jahr später kam »Ente« Lippens zu mir und fragte, ob wir ihn nicht auch noch kaufen wollen: »Mensch Doktor, Werner Görts, ›Acker‹ Weist und ich – das wäre doch ein Bombensturm für euch!« Ich sagte ihm: »Willi, das ist eine nette Idee, aber jetzt haben wir kein Geld mehr!« Und darauf sagte Lippens: »Dann verkauft halt ein Schiff!« (lacht) Letzten Endes haben wir ganz einfach die falschen Spieler geholt. Und dazu war mit Robert »Zapf« Gebhardt ein Trainer im Amt, der schon vor meiner Amtszeit verpflichtet wurde, und mit dem ich nie klargekommen bin. Wir hatten eigentlich gar keine Beziehung zueinander. Er war einfach nicht meine Welt. Wir hatten auch nicht dieselbe Meinung darüber, wie man im Fußball vorankommt. Im Grunde hatten wir mit ihm dieselben Probleme wie viele Jahre später mit Aad de Mos. Die Chemie stimmte einfach nicht. Er tat Dinge, bei denen ich dachte; das kann nicht wahr sein. Wir verloren gegen Stuttgart mit 2:3, sein letztes Spiel vor der Entlassung. Am nächsten Morgen bestellte er die Mannschaft zum Training und quälte sie mit pausenlosen 400-Meter-Läufen. Werner Görts ist dabei zusammengebrochen und musste sich übergeben. Und dann seine bekannte oberste Devise: »Trocken bleiben, trocken bleiben!« Die Spieler durften fast nichts trinken. Und bei den Verletzungen hat er nur glatte Brüche anerkannt. Adduktoren und Syndesmose und was es heute alles gibt, das wurde erst nach Gebhardt erfunden. Verletzte Spieler waren für ihn Weicheier. Und so passte das alles nicht mehr zusammen. Die vielen Individualisten wie Peter Dietrich, Willi Neuberger und Herbert Laumen auf der einen Seite, und dann dieser Trainer auf der anderen …

Die Neueinkäufe waren ohne Frage zwar die besten Spieler auf dem Markt, aber allesamt Charaktere, die nicht zusammen passten. Dazu ist uns ein Coup nicht gelungen, der eigentlich der wichtigste Part in den Planungen der »Millionenelf« war: Die Verpflichtung von Günther Netzer. Mit ihm war alles klar, aber dann hat er darum gebeten, als Nebenjob unsere Stadionzeitung vermarkten zu dürfen. Unser »Werder-Echo« hatten wir jedoch schon in Klaus Matischaks Hände gegeben und konnten es ihm natürlich nicht wieder wegnehmen, nur um Netzer zu bekommen. Klaus Matischak wiederum, mit dem ich jetzt oft in seiner Wahlheimat USA Urlaub mache, der sagt heute über diese Sache: »Mann, seid ihr damals blöd gewesen! Ihr hättet den Netzer haben können und verzichtet wegen der Stadionzeitung!« Aber das war einfach immer auch etwas, was Werder ausgemacht hat: »Mati« hatte seine Verdienste, und es war für uns nie eine Frage, dass wir zu unserem Wort stehen und nicht vertragsbrüchig werden, nur um einen neuen Spieler holen zu können.«

Ein Jahr später sollte es dann ein »Millionending, zweiter Teil« geben. Wir waren uns schon mit Uli Hoeneß und Ulrik LeFevre von Mönchengladbach einig. Gemeinsam mit Dieter Burdenski sollten sie die zweite Stufe unserer Millionenelf bilden. Hoeneß hat in Bremen schon Wohnungen angeschaut. Alles war so gut wie perfekt, aber dann hat der DFB die Beschränkung der Ablösesummen aufgehoben, und statt 100.000 DM sollten Hoeneß und LeFevre plötzlich je 800.000 DM kosten. Damit war die Sache dann natürlich erledigt.

Fischer: Wir haben einen großen Teil der Ausgaben für die Millionenelf später durch Ablösesummen wieder hereingeholt, aber die Gehälter und die Langfristigkeit der gut dotierten Verträge waren ein großes Problem, unter dem der ganze Verein lange zu leiden hatte. Wir hatten viel Glück, als wir nach zwei Jahren Willi Neuberger wieder für gutes Geld an den Wuppertaler SV loswurden. Ich erinnere mich noch gut, dass ich mit unserem Schatzmeister Wilhelm Riethmöller die Verhandlungen mit Wuppertal geführt hatte. Das war im »Hotel zur Post«, und wir haben sogar auf einem Briefbogen des Hotels diesen Vertrag fixiert und unterzeichnet. Dieser Verkauf war damals unsere Rettung. Aber durch die Neueinkäufe der »Millionenelf-Ära« waren unsere Spielergehälter insgesamt exorbitant gestiegen. Unser Fehler in

kicker
Kapitäne der Bundesliga (III)
Rudi Assauer
Werder Bremen
Foto: Thomas Metelmann
Werder

»Das hat bitter wehgetan!« (Fischer): Der gerade entlassene Wolfgang Weber verlässt nach der Verabschiedung von seiner Mannschaft im Januar 1980 zum letzten Mal die Werder-Kabine

der ganzen Sache war, uns zu sehr auf das Urteil von Hansi Wolff zu verlassen, der maßgeblich für die Spielerverpflichtungen zuständig war. Es wäre besser gewesen, wenn wir damals schon einen starken sportlichen Direktor gehabt hätten, der ausschließlich für das sportliche Management zuständig gewesen wäre. Hansi Wolff hatte eigentlich alles an Spielern geholt, was er bekommen konnte.

Wie waren die Arbeitsbedingungen im Verein in jener Zeit?
Böhmert: Die Jahre zwischen 1973 und 1978 waren finanziell eine ungeheuer schwierige Phase für den Verein. Wir hatten oft schlaflose Nächte, weil wir manchmal nicht wussten, woher das Geld kommen sollte, um die Gehälter zu bezahlen. Ich erinnere mich noch gut, dass wir mal an einem Punkt waren, wo wir kein Weihnachtsgeld zahlen konnten. Wir hatten einfach kein Geld. Rudi Assauer war Mannschaftskapitän, kam zu mir und mahnte: »Doktor, das geht so nicht. Wir müssen der Mannschaft Weihnachtsgeld zahlen! Die halten schließlich alle im Abstiegskampf ihre Knochen für den Verein hin!« Und dann hat er privat das Geld für seine Mannschaftskameraden vorgestreckt! Rudi hat uns 30.000 DM zur Verfügung gestellt, und davon haben wir der Mannschaft ihr Weihnachtsgeld ausgezahlt. Assauer verdiente damals 70.000 DM im Jahr, aber er lebte immer sparsam. Er gab uns das Geld und sagte mir: »Zahlt es zurück, wenn ihr könnt!« Wiederbekommen hat er das Geld erst, als er nach Schalke ging. Er war dann ja Manager, und wir haben ihm gesagt: »Rudi, du weißt ja selbst am besten, wie unsere finanzielle Lage ist. Wenn wir es uns leisten können, dann nimm dir das Geld einfach wieder zurück.« (lacht)

Welches war die schwierigste Entscheidung Ihrer Amtszeit?
Fischer: Bitter wehgetan hat die Entscheidung, »Bulle« Weber als Trainer entlassen zu müssen. Das war so ein fantastischer Mensch, und wenn ich ihm heute begegne, tut es mir immer noch leid, dass wir solch eine Entscheidung treffen mussten. Und in der jüngeren Vergangenheit war das kurze Engagement von Felix Magath 1999 ein Fehler, der bei uns ganz tief gesessen hat. Wir waren so sicher, mit Magath aus dem Tabellenkeller rauszukommen, und die Tatsache, dass er sich heute in Stuttgart menschlich offenbar so extrem anders verhält, ist sicherlich auch ein Ergebnis unserer vielen Gespräche mit ihm. Wir haben mit Felix Magath endlos über seinen Führungsstil diskutiert, aber zu jener Zeit vor vier Jahren war er so rigide in seinen Verhaltensformen den Spielern gegenüber, dass es einfach nicht mehr ging. Unstrittig ist, dass er uns damals ins Pokalendspiel gebracht hat. Aber vom Tabellenstand und von der Moral innerhalb der Mannschaft her standen wir am Ende seiner Zeit bei uns wieder genau da, wo wir am Anfang waren.

Gutes Stichwort! Welche Trainerentlassung fiel Ihnen außerdem noch besonders schwer?
Böhmert: Bei Dixie Dörner war es ähnlich schwer. Oder bei Wolfgang Sidka. Bei Aad de Mos lag der Fall anders. Bei ihm ging es nicht mehr anders, obwohl ich das vom fachlichen her sehr bedauert habe. Fragen Sie mal alle Spieler, die unter Aad de Mos trainiert haben. Die sagen alle: Fußballerisch war er eine Granate! Sein Vorgänger Otto Rehhagel wurde von den Spielern wie ein Guru verehrt. Das machte es für de Mos zusätzlich schwer. Er war ein zu krasses Kontrastprogramm zu Otto. Das konnte menschlich nicht funktionieren. Was Trainerwechsel angeht, hatte ich immer meine Philosophie. In dieser Hinsicht hatte ich drei Lehrmeister: Fischken Multhaup, Edu Hundt und Otto Rehhagel. Durch sie habe ich für mich gelernt: Du musst immer zusehen, den charismatischsten Trainer zu bekommen! Ich habe damals mit Udo Lattek lange verhandelt. Georg Buschner, der DDR-Nationaltrainer war 1974 bei uns im Gespräch. Und Rinus Michels. Als der damals in Barcelona aufhörte, habe ich zu Hansi Wolff gesagt: »Hol mir den Rinus Michels!« Und als Otto Rehhagel uns verließ, sagte ich sofort: »Arsène Wenger!« Mit Wenger haben wir einen großen Fehler gemacht, aber hinterher ist man halt immer schlauer: Arsène Wenger wäre im November 1995 gekommen. Wir wollten aber das Risiko damals nicht eingehen, den eigentlichen Rehhagel-Nachfolger erst vier Monate nach Saisonbeginn zu bekommen. Wenger stand damals in Japan unter Vertrag. Er war verhandlungsbereit, und Willi Lemke und ich sind dann rübergeflogen, über Tokio nach Nagoya. Eine grausam anstrengende Reise! Dort angekommen haben wir uns kurz im Hotel frisch gemacht, haben vier Stunden mit Arsène Wenger verhandelt und sind dann wieder zurückgeflogen. Wenger hatte in seinem Vertrag in Japan zwar eine Ausstiegsklausel, aber er

hat uns gesagt: »Ich bin erst seit vier Wochen hier. Ich habe drei Spieler aus Monaco zu mir nach Japan geholt und kann nicht jetzt schon hier wieder alles hinschmeißen!« Dieses Verhalten sprach ja für ihn! »Wenn die Saison hier vorbei ist, im November, könnte ich nach Bremen kommen!« Aber so lange konnten wir nicht warten.

Einen Beinahe-Skandal gab es 1979: Per Röntved, Werders Abwehrkünstler 1972 bis 1979, bezichtigte Werder nach seiner Heimkehr nach Dänemark in einem Enthüllungsbuch des Dopings. Werder wollte ihn daraufhin sogar verklagen. Was ist daraus geworden?

Böhmert: Wir haben zu Per heute noch ein gutes Verhältnis. Er hängt noch sehr an Bremen. Vor zwei Jahren rief mich ein Freund von ihm aus Bremer Zeiten an: »Herr Doktor, der Per hat mich angerufen. Er würde gerne seinen Kindern noch mal seine alte Wirkungsstätte zeigen.« Gar keine Frage, habe ich geantwortet. Per ist Ehrengast bei uns, immer! Und dann kam Per, und wir haben alle alten Spieler zusammengetrommelt und hatten ein tolles Treffen. Er hatte vor vielen Jahren einen Schlaganfall, aber ist inzwischen wieder auf dem Weg der Besserung. Er wurde dann im Stadion besonders begrüßt und hatte Tränen in den Augen. Ich habe seinen Kindern erklärt, was für ein großartiger Fußballer er war. Einer der besten, die wir je hatten. In den Siebzigern war Per Röntved übrigens so etwas wie unser Tafelsilber. Wann immer wir finanziell in Not gerieten, berieten wir darüber, Röntved zu verkaufen, weil er als nahezu einziger Spieler bei uns gutes Geld gebracht hätte. Wir hatten mal eine Finanzlücke von 160.000 DM. Unser Controller kam zu uns und sagte: »Wir müssen Spieler verkaufen!«. Wir fragten »Wen denn?« Und er sagte: »Röntved!« Und das wurde zum Schlagwort bis heute. Wann immer es Probleme gibt, heißt es irgendwann: »Ui, nun müssen wir wohl Röntved verkaufen!« (lacht)

Gut, dann hat er also dieses Buch geschrieben. Hintergrund war, dass wir damals einen bei den Spielern sehr geschätzten Mannschaftsarzt hatten: Dr. Hoge. Die Spieler verehrten ihn wie einen Guru. Und Dr. Hoge hatte es sich angewöhnt, den Spielern manchmal reine Placebo-Tabletten zu verabreichen, wenn es mal nicht so lief. Die Spieler kamen zu ihm und sagten »Peter, ich fühl' mich heute nicht so!« Und er sagte geheimnisvoll: »Okay, nimm eine hiervon, aber nur eine halbe Tablette!« Das war der Ursprung für Pers Dopingenthüllungen. Heute würde das wahrscheinlich höhere Wellen schlagen, aber damals hat das keinen interessiert. Das Thema war dann im Nu vergessen.

Wie ernst stand es um Werder nach dem Abstieg 1980?

Böhmert: Sehr ernst! Ich habe in diesem Jahr frühzeitig im Gefühl gehabt, dass es diesmal schief gehen könnte. Ich habe zu Rudi Assauer gesagt: »Rudi, diesmal packen wir es nicht!«. Aber ich habe gleichzeitig gedacht, mal sehen, wofür der Abstieg gut sein kann. Wir haben ja finanziell immer schon am Rande des Erträglichen gearbeitet. Die Devise hieß: Wenn wir absteigen, müssen wir eben finanziell gesunden und uns ganz langsam wieder nach oben arbeiten. Ohne den Abstieg damals hätte es unsere späteren Erfolge nie gegeben. Das steht für mich fest. Wir haben damals gesagt, wir verkaufen alles, was uns Geld einbringt und versuchen dann, mit einer jungen Mannschaft wieder nach oben zu kommen. Und wenn der direkte Wiederaufsteig nicht klappt, dann müssen wir eben noch einen Schnitt machen und ganz kleine Brötchen backen. Wir hatten sehr viel Glück mit unseren Neuzugängen: Klaus Fichtel und Erwin Kostedde kamen und schlugen voll ein. Erwin Kostedde hatte einen extrem leistungsbezogenen Vertrag. Genaugenommen hatte er sogar zwei Verträge: Den richtigen, und einen für seine Frau. (lacht) Er hatte einen Vertrag, den er zuhause vorzeigen konnte, und in dem es sich so las, als hätte er ein solides Einkommen. Dabei wurde er in Wirklichkeit nach Einsätzen bezahlt.

Der Einkauf älterer Spieler, später ja so etwas wie Otto Rehhagels Markenzeichen, war aber unter den Fans anfangs umstritten?

Böhmert: Ja, das stimmt. Wir verloren in der 2. Liga unser erstes Heimspiel mit 1:2 gegen Bocholt. Das war noch unter Kuno Klötzer. Danach kamen aufgebrachte Zuschauer zu mir und gifteten: »Herr Doktor, wann begreifen Sie endlich, dass der Assauer weg muss? Wer so alte Säcke wie Fichtel und Kostedde verpflichtet, der hat keine Ahnung von Fußball!« Die beiden waren später unsere Garanten für den Wiederaufstieg. Die Zuschauer haben sich immer mal auf diese Weise getäuscht. Ich erinnere mich, dass 1992 langjährige Logenbesucher zu mir kamen, ihre Karte zerrissen und mich wütend fragten: »Wann begreifen Sie endlich, dass der Rehhagel weg muss? Sie mit Ihrer ewigen, übertriebenen Nibelungentreue!« In den folgenden drei Jahren holte Rehhagel jedes Jahr einen Titel. Die Lehre daraus ist, dass man mit

Das Leben eines Bundesliga-Präsidenten ist nicht immer glamourös. Bilddokument einer der turbulentesten Auswärtsreisen der Vereinsgeschichte: Der umgeleitete Flug nach Moskau wird 1987 zur strapaziösen Geschichte für alle Beteiligten. Dr. Böhmert gönnt sich während einer Zwischenstation eine Mütze Schlaf. Im Hintergrund schlummert Bernd Neumann (CDU)

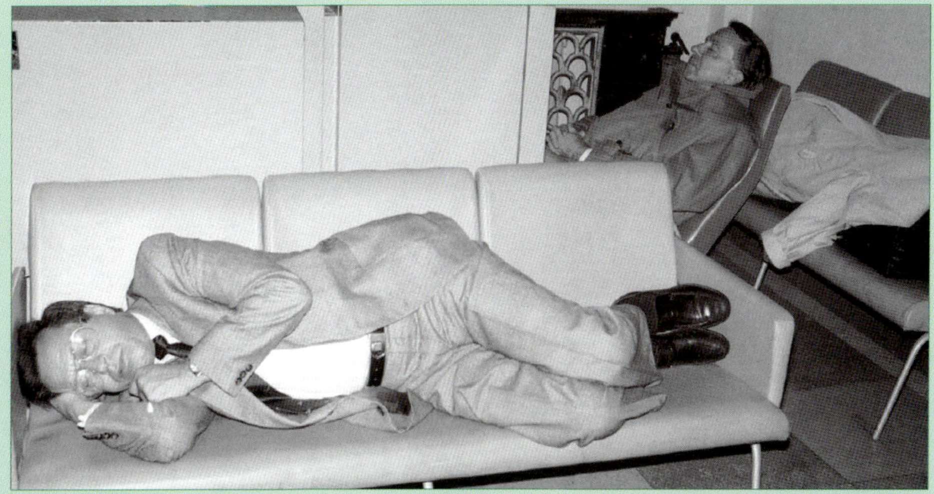

einem Erfolgsgaranten wie Otto Rehhagel auch Geduld haben muss, mal schlechtere Zeiten durchzumachen.

Gab es je Bestrebungen, Otto Rehhagel nach seinem Abschied noch einmal in anderer Funktion zurückzuholen?
Böhmert: Ja, die gab es! Als er in Kaiserslautern Trainer war, habe ich mit ihm richtig ernst darüber verhandelt, ihn als Sportdirektor zurückzuholen. Nach dem Wiederaufstieg der Lauterer hatte Otto dort Ärger mit Hans-Peter Briegel, dem damaligen Manager. Später hat er mir verraten: »Doktor, wenn Sie mich in dieser Phase angerufen hätten, wäre ich zu Fuß nach Bremen gekommen!« Aber dann war Briegel weg und Rehhagel ist mit Lautern Meister geworden. Danach hatte sich das Thema dann natürlich erledigt.

Ihr größter Fehler innerhalb Ihrer Amtszeit?
Böhmert: Wahrscheinlich die Tatsache, dass wir den großartigen Fußballer Junior Baiano nach nur einem Jahr wieder nach Brasilien verkauft haben. Seine Frau wollte zurück, er selbst gar nicht mal. Also haben wir uns mit Flamengo über einen Transfer geeinigt. An einem Dienstag um 12 Uhr mittags sollte die erste Rate der Ablösesumme für ihn auf unserer Bank angekommen sein. Am Abend vorher hatte die Mannschaft mit ihm Abschied gefeiert. Er war unheimlich beliebt innerhalb der Mannschaft. Einen Tag später, an diesem besagten Dienstag ruft mich Willi Lemke an und sagt: »Nun rate mal, wer hier bei mir im Büro sitzt, mit Tränen in den Augen? Junior Baiano! Will nicht mehr weg!« Dieser Abschiedsabend musste ihn also sehr angerührt haben. Ich sagte dann zu Willi Lemke: »Willi, kein Problem! Wie ich die Brasilianer kenne, werden die nicht pünktlich zahlen. Und wenn das Geld um 12 Uhr nicht da ist, schreibst du ein nettes Fax an Flamengo und erklärst den Transfer für geplatzt.« Um kurz nach 12 Uhr ruft er wieder an, am Boden zerstört: »Du, das Geld ist auf dem Konto ...« Da waren wir beide so sauer ...! Wir mussten ihn also ziehen lassen, und diesen Weggang habe ich unsagbar bedauert. Junior Baiano war ein toller Kerl, ein sehr feiner Mensch. Ich erinnere mich noch gut: Er war in Bremen seiner gelegentlichen Leichtsinnigkeit wegen bei den Zuschauern nicht unumstritten. Einmal habe ich ihn in unserer Kabine gesehen, nachdem er bei uns von den eigenen Fans ausgepfiffen wurde. Da saß er, war abgrundtief deprimiert – und weinte. Und auf deutsch sagte er weinend zu mir »Ich versuche doch, immer nur mein Bestes zu geben!« Das hat mich damals so erschüttert! Da merkte man, mit welchen Emotionen und welchem Engagement Junior Baiano Fußball spielte. Wenn ich an ihn denke, werde ich heute noch traurig. Als Spieler und auch menschlich würde ich ihn immer wieder holen. Der würde bei uns jederzeit reinpassen.

Fischer: Im Nachhinein ist es auch nach vielen Jahren noch bedauerlich, dass es uns 1994 nicht gelungen ist, Stefan Effenberg zu verpflichten. Ich bin heute noch sicher, dass wir mit Effenberg damals im Europapokal weiter gekommen wären und mit Sicherheit auch die Meisterschaft 1995 geholt hätten. Ob wir auf Dauer mit ihm glücklich geworden wären, das wage ich zu bezweifeln, aber für diese Saison damals wäre die Entscheidung, ihn zu holen richtig gewesen. Wir haben dann ja leider aus finanziellen Gründen nein sagen müssen.

Wie sehen Sie die Neustrukturierung des Vereins im Jahr 2003?
Böhmert: Solche Entwicklungen sieht man immer mit einem lachenden und einem weinenden Auge. Werder musste sich früher immer abstrampeln, um mit den Konkurrenten mithalten zu können, die viel bessere Voraussetzungen hatten als wir. Egal ob durch's Stadion oder durch die Infrastruktur. Wir hatten hier ja permanent große logistische Probleme. Wenn ich mir verglichen damit Bayern München anschaue glaube ich, dass die auch Beckenbauer und Müller damals nicht hätten halten können, wenn sie im Stadion an der Grünwalder Straße hätten weiterspielen müssen. Wir waren immer hintendran und haben es irgendwie immer gerade so gepackt. Als Klaus-Dieter Fischer und ich zwei Jahre im Amt waren, haben wir eine erste Satzungsänderung verabschiedet. Wir haben den Vereinsvorstand verschlankt auf unseren Drei-Personen-Vorstand. Früher war es gang und gäbe, dass Vereine riesige Vorstände hatten, wo jeder mal mitreden durfte. Das war für Werder damals eine ganz entscheidende Neuerung: Dass wir künftig auf ganz kleiner Ebene Entscheidungen treffen konnten, mussten und wollten, die dann auch meistens richtig waren.

Im Gegensatz zu früher gleicht das Umsatzvolumen unseres Vereins heute einem mittelständischen Betrieb. Damals hatten wir einen Jahresumsatz von umgerechnet 900.000 Euro. Heute sind es 40 Millionen Euro. Das ist eine Verantwortung, die nicht mehr drei Leute alleine tragen können. Insofern war die Neustrukturierung eine wirtschaftliche Notwendigkeit, der wir jetzt Rechnung tragen. Ich bedauere das teilweise, dass es heute komplizierter ist als damals, den Verein zu führen. Von der Struktur her ist es aber richtig, weil man heutzutage auch versuchen muss, andere Kapitalquellen zu erschließen. Zusätzlich sichern wir den Verein ab. Früher war ja der Verein für alles haftbar. Heute gewährleistet die Kapitalgesellschaft, dass der Verein in seiner Struktur immer erhalten bleibt. Selbst, wenn jetzt der Profibereich mal in eine Schieflage geraten sollte, was wir alle nicht hoffen wollen, würde der Verein selbst in seiner Grundstruktur erhalten bleiben. Und deswegen war alles notwendig und richtig.

Baumeister der größten Erfolge: Willi Lemke, Otto Rehhagel und Dr. Franz Böhmert

Linke Seite: Werner »Anneliese« Görts, zwölf Jahre lang Dauerrenner auf Werders linkem Flügel

1972/73: Bye bye, Pico!

Oben v.l.:
Trainer Piontek, Schmidt, Zembski, Assauer, Dietrich, Hasebrink, Neuberger, Laumen, Höttges
Unten v.l.:
Kontny, Bernard, Baumann, Allhorn, Weist, Tippelt, Kamp, Görts

Ratlosigkeit greift um sich im Fußball-Bremen des Sommers 1972: Genau ein Jahr zuvor schien Werder mit dem zusammengekauften Dream Team nach der Bundesliga-Spitze greifen zu können. Doch die neuen Stars wie Laumen, Neuberger und vor allem Dietrich, allesamt Nationalspieler, verdienten an der Weser prächtig und kickten dafür bedenklich unauffällig. Vor der Saison 1972/73 hielt eine große Hoffnung den Verein aufrecht: Fans wie Verantwortliche träumten davon, die teuren Millionarios mögen sich doch bitte als Mannschaft finden und jetzt endlich den Fußball spielen, den man seit einem Jahr von ihnen erwartete. Alt-Bundestrainer Sepp Herberger nannte Werder sogar als möglichen Titelkandidaten! Eine Fachzeitschrift brachte es auf den Punkt: »Die Bremer Millionenrakete soll endlich zünden!«

Dass daraus wieder mal nichts wurde, lag unter anderem an einer Art »Kirch-Krise«, mit der sich die Liga 1972 herumschlagen musste: Im Jahr zuvor hatte der Bundesliga-Skandal um verschobene Spiele die Liga in ihren Grundfesten erschüttert. Die Fans verloren den Glauben an ehrlichen Sport und blieben zuhause. Die Stadien leerten sich, was damals schwerer wog als heute. Denn anders als heute bildeten 1972 die Zuschauereinnahmen noch einen Löwenanteil des Umsatzes. Resultat: Den Vereinen wurde das Geld knapper, während die teuren Verträge der Lizenzspieler weiterliefen.

Werder litt darunter mehr als andere Vereine, denn vor allem die im halben Dutzend geholten Neuzugänge der Vorsaison kassierten zum größten Teil fürstliche Bezüge. Und so kochten nicht nur Bayern und Mönchengladbach 1972 auf Sparflamme, auch der SV Werder blieb auf dem Transfermarkt so zurückhaltend wie lange nicht mehr. Der talentierte Außenstürmer Tippelt kam aus Hamburg, brachte es aber nur auf fünf Ligaeinsätze und wurde schon im Jahr darauf zum SV Meppen abgeschoben, weil ihm offenkundig die Erstligareife fehlte. Mehr Glück hatte Werder mit dem blutjungen Abwehrspieler Mario Kontny, der mit erst 19 Jahren andeutete, dass ihm die Zukunft gehören könnte.

Noch mehr als auf Mario Kontny jedoch schien dies auf den prominentesten Neuzugang zuzutreffen, der trotz seiner erst 21 Jahre schon zu den gefragtesten Talenten der Bundesliga zählte: Dieter Burdenski. Werder bekam den Mann, der als DER kommende deutsche Keeper galt, und wie wir wissen, hält die Partnerschaft Werder-Burdenski bis heute an.

Ehe »Budde« bei Werder durchstarten konnte, verging jedoch viel Zeit. Denn wenige Tage nach seiner Ankunft in Bremen brach sich der Mann, der Günter Bernard ablösen sollte, das Bein. Oldtimer Bernard, der sich eigentlich verstärkt um seine berufliche Existenz kümmern wollte, musste ein Jahr als Nummer 1 im Werder-Tor dranhängen und spielte seine vielleicht beste Saison überhaupt. Dieter Burdenski kehrte erst zum Saisonende in die Bude zurück, blieb dann aber fast 15 Jahre lang eine feste Größe zwischen den Werder-Pfosten.

Dass Werder auch 1972/73 enttäuschte, lag vor allem an der fehlenden Substanz des Kaders: Durch das fehlende Geld ging der SVW mit einem Mini-Aufgebot von nur 16 Profis in die Saison. Wenn man den langzeitverletzten Burdenski und die nur sporadisch eingesetzten Baumann und Tippelt abzieht, wird klar, dass die Grünweißen personell auf dem letzten Loch pfiffen.

Die Lage verbesserte sich im Spätsommer. Genauer gesagt, nach den Olympischen Spielen von München: Da stieß mit einem gewissen Per Röntved der Kapitän der dänischen Elf zu Werder, um zunächst das Mittelfeld und in späteren Jahren die Abwehr zu verstärken. Wer sich an Röntved erinnert wird bestätigen: Mit ihm kam einer der besten Fußballer, die in den siebziger Jahren das Werder-Trikot trugen! Nicht umsonst wollten die Bayern den langen Blonden wenige Jahre später zum Beckenbauer-Nachfolger machen.

Per Röntved wurde bitter benötigt. Als er kam, standen die Ex-Millionarios schon wieder auf Platz 15. Mit ihm wurden zunächst fünf Spiele nicht verloren. Werder kletterte auf Platz 11, und abgesehen von wenigen Ausreißern nach unten sollten die Bremer diesen Platz bis zum Saisonende beibehalten. Die teuren Einkäufe der Vorsaison fanden auch im zweiten Jahr bei Werder nicht zu ihrer Form, und nach wie vor rätselte Deutschland, aber vor allem Werder: Weshalb nur schafft es eine Mannschaft mit sieben Nationalspielern nicht, erfolgreichen Fußball zu spielen?

Auch Trainer Josef Piontek wurde von der Entwicklung seiner Mannschaft negativ überrascht. Vor der Saison war er noch überzeugt, dass Werders teure Mannschaft mit einem Jahr Verspätung vielleicht doch noch die Spitzenelf werden könnte, als die sie zusammengekauft wurde. Die Gründe für diesen Optimismus teilte der Trainer in einer schriftlichen Situationsanalyse seinem Vorstand mit: Die lange verletzten Dietrich und Görts würden endlich voll mitmischen können, die Spannungen zwischen alten und neuen Spielern seien möglicherweise ausgestanden. Piontek baute auf mehr Homogenität innerhalb der Mannschaft. Und wieder zerstoben schöne Fußballträume im Weserwind: Nichts davon bewahrheitete sich.

Schatzmeister Riethmöller ehrt den »Helden von Wembley«: Werders frischgebackener Europameister Horst-Dieter Höttges wird gefeiert. Assauer und Bernard freuen sich mit

Vielleicht lag dies auch an einem Abgang: Werder verlor vor der Saison das Bremer Bundesliga-Denkmal »Pico« Schütz. Die wichtigste Werder-Integrationsfigur des ersten Bundesliga-Jahrzehnts beendete die Karriere nach unglaublichen 826 Spielen für die erste Mannschaft. Mit ihm hängte auch der schon im Vorjahr zum neuen Trainer gekürte Seppl Piontek endgültig und offiziell seine Fußballstiefel an den Nagel und konzentrierte sich auf den Trainerjob bei Werder. Eigentlich war Piontek als Sportdirektor oder »Team-Manager« nach englischem Vorbild eingeplant, dem ein reiner »Übungsleiter« unterstellt werden sollte. Er merkte jedoch schnell, dass ihm die tägliche Arbeit auf dem Trainingsplatz besser gefiel. Seppl Piontek blieb drei Jahre lang mit mäßigem Erfolg Werders Chefcoach.

Bemerkenswerter Zweikampf: Werner Görts wird umgenietet von – Otto Rehhagel (damals Kaiserslautern)!

Mittelmaß war überhaupt Trumpf bei Werder in den Jahren nach dem »Millionending«: Die Hintermannschaft um die Haudegen Bernard, Assauer und Höttges stand felsenfest, aber das, was man heute »Kreativabteilung« nennen würde, lahmte Woche für Woche: Laumen, Dietrich und Neuberger schafften es nur selten, den Gegner in Angst und Schrecken zu versetzen. Und im Sturm reichte ein »Acker« Weist alleine nicht aus. Der Ex-Dortmunder wurde mit 13 Toren Werders interner Torschützenkönig, blieb aber hinter den hohen Erwartungen weiter zurück. Der Rest der Mannschaft tat dies auch: Werder wurde wieder nur Elfter.

Oben: Kamp, Bernard und Assauer bejubeln einen lebenswichtigen Auswärtssieg in Oberhausen

Links: Mehr als ein Jahrzehnt lang das »ewige« Duell – Höttges gegen Gerd Müller

Vom Spielfeldrand 1972/73:

Die Saison begann mit einem seltsamen Wettbewerb, der als Überbrückung der Sommerpause gedacht war und als Schnapsidee endete: Der DFB beschloss zum ersten Mal die Durchführung eines »Liga-Pokals«. Werder hatte sich dummerweise vorher schon für eine USA-Reise entschieden, inklusive zahlreicher vereinbarter Freundschaftsspiele, die nicht mehr storniert werden konnten. Bizarre Lösung: Werder splittete seinen Kader in zwei Grüppchen. Während die eine Gruppe in den USA kickte, machte die andere Hälfte des Kaders Urlaub. Anschließend durften die USA-Heimkehrer urlauben, während die Urlauber am Ligapokal teilnehmen mussten.

Unterdessen wurden wichtige Weichen für die Zukunft gestellt. Mit der Verpflichtung des neuen Jugendkoordinators Jürgen Wähling wollte der Verein der Geldknappheit Rechnung tragen und künftig vermehrt auf eigenen Nachwuchs setzen. Werder fügte sich in das Schicksal, vorerst zu den grauen Mäusen der Liga zu zählen. Nach der Saison verschwand mit Neuberger der erste »Millionario« zum Wuppertaler SV. Er war der einzige Millionario, für den Werder eine nennenswerte Summe bekommen konnte. Laumen und Dietrich waren inzwischen schwer vermittelbar. Für Neuberger aber gab es gute 400.000 DM, die fürs Erste Werders Liquidität sicherten. Das Experiment »Millionenelf« war nach zwei Jahren endgültig gescheitert.

Abschlusstabelle der Bundesliga 1972/1973:

Pl.	Verein	Sp	S	U	N	Tore	Diff.	Punkte
1.	Bayern München	34	25	4	5	93:29	+64	54-14
2.	1. FC Köln	34	16	11	7	66:51	+15	43-25
3.	Fortuna Düsseldorf	34	15	12	7	62:45	+17	42-26
4.	Wuppertaler SV	34	15	10	9	62:49	+13	40-28
5.	Borussia M'gladbach	34	17	5	12	82:61	+21	39-29
6.	VfB Stuttgart	34	17	3	14	71:65	+6	37-31
7.	Kickers Offenbach	34	14	7	13	61:60	+1	35-33
8.	Eintracht Frankfurt	34	15	4	15	58:54	+4	34-34
9.	1. FC K'lautern	34	12	10	12	58:68	-10	34-34
10.	MSV Duisburg	34	12	9	13	53:54	-1	33-35
11.	**Werder Bremen**	**34**	**12**	**7**	**15**	**50:52**	**-2**	**31-37**
12.	VfL Bochum	34	11	9	14	50:68	-18	31-37
13.	Hertha BSC Berlin	34	11	8	15	53:64	-11	30-38
14.	Hamburger SV	34	10	8	16	53:59	-6	28-40
15.	Schalke 04	34	10	8	16	46:61	-15	28-40
16.	Hannover 96	34	9	8	17	49:65	-16	26-42
17.	Eintracht Braunschweig	34	9	7	18	33:56	-23	25-43
18.	Rot-Weiß Oberhausen	34	9	4	21	45:84	-39	22-46

Saisonverlauf 1972/1973:

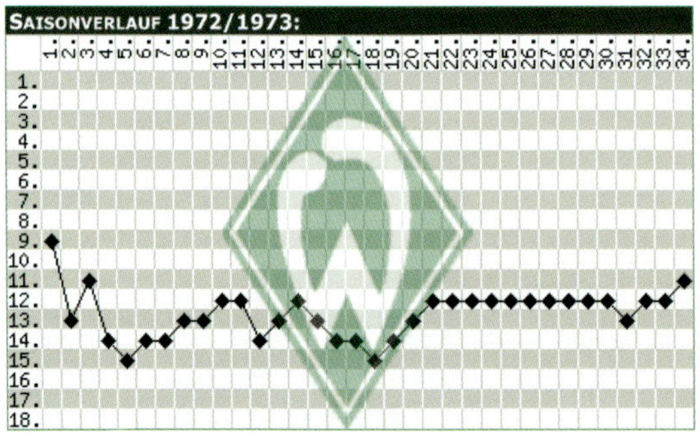

Piontek, Josef »Seppl«
*5.3.1940
Trainer
34 (122); 10/1971–5/1972, 1972–1975;

Zembski, Dieter
*6.11.1946
Abwehrspieler
31 (179); 1 (4); 1968–1975

Wer kam?

Burdenski (Arm. Bielefeld)
Rosenberger (eig. Amateure, w.d.S.)
Kontny (Wilhelmsburg 09 Hamburg)
Erkenbrecher (eig. Amateure)
Röntved (Brönshöj Kopenhagen/Dänemark, w.d.S.)
Tippelt (Hamburger SV)
Mohrmann (eig. Amateure)
Rischker (eig. Amateure)
Roggow (eig. Amateure)

Wer ging?

Haak (RW Braunschweig)
Schütz (Karriereende)
Piontek (Trainer SVW)
Starzak (DJK Gütersloh)
Weber (Hellenic Kapstadt/Südafrika)
Götz (Hannover 96)
Baumann (Hessen Kassel, w.d.S.
Schöttner (Bremerhaven 93)

w.d.S. = während der Saison

Die Mannschaft (Name, Geb.-Datum, Position, Bundesliga-Einsätze (Gesamt), Tore (Gesamt), bei Werder von–bis)

1972/73

Bernard, Günter
*4.11.1939
Torhüter
33 (287); 0 (0); 1963–1974

Burdenski, Dieter »Budde«
*26.11.1950
Torhüter
4 (444); 0 (1); 1972–1988

Rosenberger, Bernd
*22.7.1947
Torhüter
2 (2); 0 (0); 1972–1973
Amateur

Schmidt, Bernd
*1.12.1943
Abwehrspieler
21 (150); 0 (11); 1967–1974

Höttges, Horst-Dieter »Eisenfuß«
*10.9.1943
Abwehrspieler
29 (420); 3 (55); 1964–1978

Kontny, Mario
*7.4.1953
Abwehrspieler
15 (76); 0 (3); 1972–1978

Assauer, Rudolf »Rudi«
*30.4.1944
Abwehrspieler
34 (188); 0 (4); 1970–1976

Bracht, Uwe
*10.7.1953
Mittelfeldspieler
1 (272); 0 (24); 1971–1984
Amateur

Kamp, Karl-Heinz »Kalli«
*26.9.1946
Mittelfeldspieler
32 (361); 2 (26); 1970–1984

Hasebrink, Heinz-Dieter
*28.8.1941
Mittelfeldspieler
34 (114); 6 (16); 1969–1973

Neuberger, Willi
*15.5.1946
Mittelfeldspieler
30 (63); 4 (11); 1971–1973

Röntved, Per
*27.1.1949
Mittelfeldspieler
28 (194); 5 (40); 1972–1979
Dänemark

Dietrich, Peter
*6.3.1944
Mittelfeldspieler
20 (82); 4 (7); 1971–1976

Erkenbrecher, Uwe
*14.11.1954
Mittelfeldspieler
5 (24); 0 (1); 1972–1975
Amateur

Tippelt, Dieter
*20.11.1953
Stürmer
5 (5); 0 (0); 1972–1973

Baumann, Carsten
*7.10.1946
Stürmer
5 (21); 0 (3); 1966–1967
1971–1973

Görts, Werner »Anneliese«
*15.1.1942
Stürmer
33 (363); 3 (73); 1966–1978

Laumen, Herbert
*11.8.1943
Stürmer
29 (60); 8 (18); 1971–1973

Weist, Werner »Acker«
*11.3.1949
Stürmer
28 (145); 13 (53); 1971–1977

Erweiterter Kader:

Allhorn, Heinz
*23.1.1952
Torhüter
0 (0); 0 (0); 1971–1973
Amateur

Mohrmann, Dieter
*25.4.1949
Abwehrspieler
0 (0); 0 (0); 1972–1973
Amateur

Roggow, Hans-Joachim
*13.6.1951
Abwehrspieler
0 (0); 0 (0); 1972–1973
Amateur

Rischker, Wolfgang
*8.1.1953
Mittelfeldspieler
0 (0); 0 (0); 1972–1973
Amateur

1973/74: Kinderstunde

Oben v.l.:
Trainer Piontek, Ohling, Assauer, Zembski, Schmidt, Burdenski, Laumen, Bracht, Röntved, Erkenbrecher, Brexendorf, Höttges
Unten v.l.:
Schwän, Dreyer, Kontny, Schildt, Bernard, Kaiser, Weist, Kamp, Dietrich, Görts

Das erste Jahrzehnt der deutschen Fußball-Eliteklasse war überstanden. Werder gehörte nonstop dazu. Alleine das war schon ein Erfolg. Werder hatte die erste Bundesliga-Dekade ohne Skandale überstanden, hatte einen Titel gewonnen und eine Reihe von Persönlichkeiten hervorgebracht. Im Sommer 1973 sah es dennoch sehr düster aus um Werders Bundesliga-Zukunft. Zuletzt wurde eine mit viel Geld aufgepumpte Mannschaft in vier Jahren dreimal Elfter und einmal Zehnter. Nachdem die Millionenelf zwei Jahre in Folge versagt hatte, hatten Vorstand und Trainer alle Illusionen verloren und waren sich im Klaren, dass der Verein ganz schweren Zeiten entgegensehen würde.

»Der Traum von einer derutschen Spitzenmannschaft aus Bremen ist ausgeträumt!«, zog Trainer Piontek schon vor Saisonbeginn ein ganz bitteres Fazit der jüngeren Bundesligageschichte: »Wir kämpfen ums Überleben, und zwar mit ganz bescheidenen Mitteln.«

Wie ein Ausrufungszeichen zu dieser Aussage wirkte der Verkauf des verhinderten Stars Herbert Laumen eine Woche vor dem ersten Spiel zum Ligakonkurrenten 1. FC Kaiserslautern. Der Verkauf von Laumen, der an der Weser zu keiner Zeit seinen guten Namen aus Gladbacher Tagen rechtfertigen konnte, war wie ein letzter Schlussstrich unter dem gescheiterten Experiment mit der »Meistermannschaft aus dem Geldsack«. Nur zwei der 1971 eingekauften Stars waren nun noch übrig: Mittelfeldmann Peter Dietrich, der allerdings unter einer fast schon unheimlichen Verletzungsserie litt und bei Werder ähnlich wie Kollege Laumen nie beweisen konnte, welche Fähigkeiten ihn in Mönchengladbach zum Nationalspieler werden ließen. Und dann war da immer noch Sturmtank Werner »Acker« Weist, der als Knipser geholt wurde und diesem Ruf nie konstant gerecht werden konnte.

Der gesamten Bundesliga ging es wirtschaftlich schlecht. Zu klar war die Dominanz der Bayern in den Jahren zuvor, zu langweilig der Saisonverlauf, zu groß immer noch die Enttäuschung über den Bundesligaskandal. Und Werder ging es noch schlechter als einem Großteil der anderen Clubs, wenngleich die Erlöse der verkauften Spieler am Ende die Investitionen in die Möchtegern-Millionenelf praktisch wieder aufwogen: Für Laumen und Neuberger kamen noch einmal 650.000 DM in die klamme Werder-Kasse, die dringend benötigt wurden, um das Schlimmste zu verhindern.

Nach diesen beiden Abgängen ohne adäquaten, gestandenen Ersatz war jedem Fan klar: Diese Mannschaft kann in der Liga keine große Rolle mehr spielen. Zusammen mit Hasebrink waren wieder drei »fertige« Spieler abgegeben worden. Geholt wurden »viele Talente für wenig Geld«, wie es im Verein formuliert wurde. Im Nachhinein belegen die Namen Brexendorf, Schildt, Dreyer, Erkenbrecher, Ripke, Ohling, Kaiser und Schwän, dass bei den Neuen kein »Kracher« zu erwarten war. Werders neue Hoffnungsträger kamen nun nicht mehr aus Mönchengladbach oder Kaiserslautern, sondern aus Bremerhaven und Stade. Nur die beiden Amateure Geils und Bracht wuchsen zu überdurchschnittlichen Bundesligaprofis heran. Vor allem das erst 20-jährige Küken Uwe Bracht zeigte sich erstaunlich konstant, brillierte zeitweise mit langen Pässen und toller Technik in Werders Mittelfeld, durch Schnelligkeit und Dribbelstärke. Bracht machte als ganz junger Mann schon 30 Ligaspiele mit. Geils brauchte noch drei weitere Jahre bis zum endgültigen Sprung in die Stammelf. Die vielen Talente aus dem eigenen Nachwuchs waren ein erste Früchte des aus der Not heraus geborenen Nachwuchskonzeptes. Werder hatte den späteren Bundesligatrainer Jürgen Wähling (u. a. Hannover 96) als Koordinator für den Nachwuchsbereich eingestellt. Vor allem Klaus-Dieter Fischer, damals 3. Vorsitzender und zuständig für die Amateur-Abteilung, wies immer wieder engelszüngig darauf hin, dass gerade ein finanziell so gehandicapter Verein wie Werder es sich nicht erlauben könne, die Nachwuchsarbeit nach dem Zufallsprinzip vor sich hinlaufen zu lassen. In den nächsten Jahren wurde die Mannschaft gezielt durch vielversprechende Talente aufgefüllt, die sich entweder mittelfristig in die Bundesligamannschaft einbauen ließen, oder für nicht zu verachtende Summen an unterklassige Clubs weitertransferiert wurden.

Personell war ansonsten alles wie immer: Hinten stand der traditionelle, solide Defensivbeton. Dieter Burdenski rechtfertigte in seiner ersten kompletten Saison bei Werder seinen Ruf als größtes Torwarttalent in ganz Deutschland. Höttges und Assauer wechselten sich als Libero ab, und davor spielten Zembski, Kamp und Röntved eine gute Saison. Vorne allerdings passierte wenig: »Acker« Weist traf die Bude ab und zu, aber längst nicht so oft wie erhofft. Werner Görts hatte sich vom Torjäger zum klassischen, reinen Flügelstürmer entwickelt, auf dem anderen Flügel probierte es der junge Einkauf Schildt. Die meisten der Neuzugänge erwiesen sich naturgemäß als zu grün, um im Abstiegskampf eine große Hilfe zu sein.

Auch der Saisonverlauf war eigentlich wie immer in jenen bewegten Jahren: holpriger Start mit sieben sieglosen Spielen gleich zu Beginn, davon allerdings gleich vier Unentschieden. Dann einer der bewährten grünweißen Zwischenspurts, und am Ende ein relativ sicherer Platz im Mittelfeld. Trainer Seppl Piontek hatte vor der Saison angekündigt: »Alles, was in der kommenden Saison oberhalb des 11. Platzes liegt, wäre ein Erfolg.« Der Mann hatte Ahnung: Werder wurde zum dritten Mal in Folge Elfter ...

In der Kölner Radrennbahn grätscht hier Werders Eisenfuß gegen ein aufstrebendes Kölner Talent, das vier Jahre später auch kurzzeitig das Werder-Trikot trug: Jürgen Glowacz

Endgültig Abschied zu nehmen galt es am Saisonende von Günter Bernard, Werders erster Torwartlegende der Bundesligageschichte. Der Begründer der sprichwörtlichen »grünweißen Torwarttradition« sagte »Tschüß!«, weil der überragende Burdenski auf viele Jahre die Nummer 1 zu werden versprach (und dieses Versprechen auch einlöste). Bernard hatte sich ein Jahr klaglos hinter »Budde« auf die Bank gesetzt und verabschiedete sich im Mai mit einem Abschiedsspiel gegen eine internationale Auswahl von seinen Fans, die ihn zehn Jahre lang als Rückhalt im Werder-Kasten schätzen gelernt hatten.

Einen Lichtblick gab es noch zu feiern: Werders Rekordnationalspieler Horst-Dieter Höttges durfte sich als erster Werderaner überhaupt »Weltmeister« nennen. Der »Eisenfuß« kam zwar während der WM nur zu einem Kurzeinsatz, aber der hatte es in sich: Die 0:1-Niederlage im »Bruderkampf« gegen die DDR war das 66. und letzte Länderspiel in der an Erfolgen nicht armen Karriere des Defensivkünstlers. Höttges beendete seine internationale Karriere nach fast einem Jahrzehnt als einer der besten Abwehrspieler Europas. Für Werder hielt er noch weitere vier Jahre die Knochen hin, in denen sich seine zum geflügelten Wort gewordene Prophezeiung erfüllen sollte: »Solange ich für Werder spiele, steigt der Verein nicht ab!«

Zufriedenheit sieht anders aus: Weist, Erkenbrecher und Görts verlassen zur Halbzeit das Spielfeld. Rechts Zembski

Vom Spielfeldrand 1973/74:

Werder kehrte innerhalb der Saison schleichend zu den alten grünweißen Farben zurück. Die rotweißen »Unglückstrikots« wurden immer häufiger in der Klamottenkiste gelassen und gegen die alten grünen Trikots ausgetauscht. Auf Anfragen neugieriger Fans und Journalisten teilte der Verein mit, die »Speckflaggentrikots« seien mit der Zeit schlicht und einfach eingelaufen, und da es sich um teure Spezialanfertigungen (60 DM!) handelte, habe man sich entschlossen, zeitweilig zu den simpleren Traditionstrikots zurückzukehren.

In den kompletten Siebzigern ein Ausbund an Fleiß und Laufbereitschaft: Kalli Kamp

Abschlusstabelle der Bundesliga 1973/1974:

Pl.	Verein	Sp	S	U	N	Tore	Diff.	Punkte
1.	Bayern München	34	20	9	5	95:53	+42	49-19
2.	Borussia M'gladbach	34	21	6	7	93:52	+41	48-20
3.	Fortuna Düsseldorf	34	16	9	9	61:47	+14	41-27
4.	Eintracht Frankfurt	34	15	11	8	63:50	+13	41-27
5.	1. FC Köln	34	16	7	11	69:56	+13	39-29
6.	1. FC K'lautern	34	15	8	11	80:69	+11	38-30
7.	Schalke 04	34	16	5	13	72:68	+4	37-31
8.	Hertha BSC Berlin	34	11	11	12	56:60	-4	33-35
9.	VfB Stuttgart	34	12	7	15	58:57	+1	31-37
10.	Kickers Offenbach	34	11	9	14	56:62	-6	31-37
11.	**Werder Bremen**	**34**	**9**	**13**	**12**	**48:56**	**-8**	**31-37**
12.	Hamburger SV	34	13	5	16	53:62	-9	31-37
13.	Rot-Weiß Essen	34	10	11	13	56:70	-14	31-37
14.	VfL Bochum	34	9	12	13	45:57	-12	30-38
15.	MSV Duisburg	34	11	7	16	42:56	-14	29-39
16.	Wuppertaler SV	34	8	9	17	42:65	-23	25-43
17.	Fortuna Köln	34	8	9	17	46:79	-33	25-43
18.	Hannover 96	34	6	10	18	50:66	-16	22-46

Saisonverlauf 1973/1974:

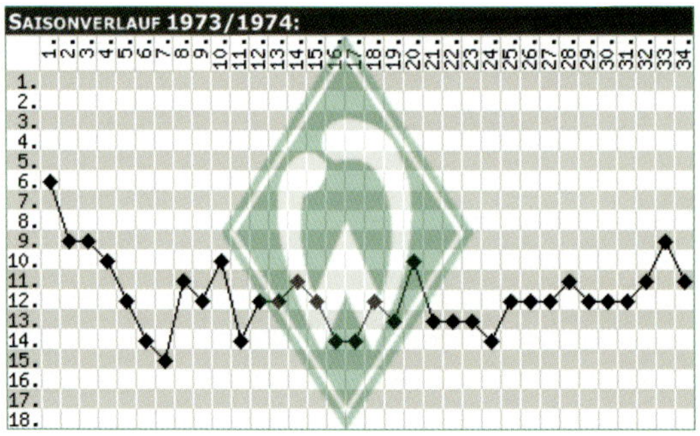

Piontek, Josef »Seppl«
*5.3.1940
Trainer
34 (120);
25.10.1971–7.5.1972,
1972–1975

Wer kam?

Brexendorf (Bremerhaven 93)
Schildt (Bremerhaven 93)
Dreyer (VfL Stade)
Ohling (eig. A-Jugend)
Ripke (eig. Amateure, w.d.S.)
Thygesen (BK 03 Kopenhagen, w.d.S.)
Schwän (eig. A-Jugend)
Kaiser (eig. A-Jugend

Wer ging?

Rosenberger (TuS Schwachhause
Hasebrink (Spielertrainer TuS Vah
Neuberger (Wuppertaler SV)
Tippelt (SV Meppen)
Laumen (1. FC Kaiserslautern)
Allhorn (Polizei SV Bremen)

w.d.S. = während der Saison

Die Mannschaft (Name, Geb.-Datum, Position, Bundesliga-Einsätze (Gesamt), Tore (Gesamt), bei Werder von–bis)

1973/74

Burdenski, Dieter »Budde«
*26.11.1950
Torhüter
34 (444); 0 (1); 1972–1988

Assauer, Rudolf »Rudi«
*30.4.1944
Abwehrspieler
34 (188); 2 (4); 1970–1976

Erkenbrecher, Uwe
*14.11.1954
Abwehrspieler
10 (24); 1 (1); 1972–1975

Schmidt, Bernd
*1.12.1943
Abwehrspieler
12 (150); 0 (11); 1967–1974

Höttges, Horst-Dieter »Eisenfuß«
*10.9.1943
Abwehrspieler
31 (420); 6 (55); 1964–1978

Kontny, Mario
*7.4.1953
Abwehrspieler
21 (76); 2 (3); 1972–1978

Zembski, Dieter
*6.11.1946
Abwehrspieler
34 (179); 0 (4); 1968–1975

Brexendorf, Bernd
*21.10.1954
Mittelfeldspieler
6 (11); 0 (0); 1973–1975

Röntved, Per
*27.1.1949
Mittelfeldspieler
29 (194); 7 (40); 1972–1979
Dänemark

Bracht, Uwe
*10.7.1953
Mittelfeldspieler
30 (272); 4 (24); 1971–1984

Dietrich, Peter
*6.3.1944
Mittelfeldspieler
32 (82); 1 (7); 1971–1976

Kamp, Karl-Heinz »Kalli«
*26.9.1946
Mittelfeldspieler
34 (361); 1 (26); 1970–1984

Dreyer, Uwe
*14.8.1952
Stürmer
2 (2); 0 (0); 1973–1974

Ohling, Volker
*17.1.1955
Stürmer
2 (53); 2 (8); 1973–1977
Amateur

Ripke, Franz-Josef
*11.10.1954
Stürmer
1 (4); 0 (0); 1973–1975
Amateur

Schildt, Hans-Gerd
*12.6.1952
Stürmer
20 (20); 3 (3); 1973–1974
Amateur

Thygesen, Poul-Erik
*17.7.1950
Stürmer
13 (20); 4 (4); 1973–1975
Dänemark

Görts, Werner »Anneliese«
*15.1.1952
Stürmer
34 (363); 5 (73); 1966–1978

Weist, Werner »Acker«
*11.3.1949
Stürmer
32 (145); 9 (53); 1971–1977

Erweiterter Kader:

Bernard, Günter
*4.11.1939
Torhüter
0 (287); 0 (0); 1963–1974

Geils, Karl-Heinz »Kalle«
*20.5.1955
Abwehrspieler
0 (132); 0 (2); 1973–1980
Amateur

Kaiser, Detlef
*19.9.1954
Mittelfeldspieler
0 (0); 0 (0); 1973–1974
Amateur

Schwän, Rainer
*22.11.1954
Mittelfeldspieler
0 (0); 0 (0); 1973–1974
Amateur

Horst-Dieter Höttges 1966 …

Horst-Dieter »Eisenfuß« Höttges

Höttges (Jahrgang 1943) kam als junger Spieler aus Mönchengladbach 1964 zu Werder und konnte auf Anhieb entscheidend zur Meisterschaft 1965 beitragen. Er wurde schnell Nationalspieler und war bis 1978 die bekannteste Persönlichkeit auf dem Rasen des Weser-Stadions. Insgesamt bestritt Höttges für Werder 420 (55 Tore) Bundesligaspiele und 66 Länderspiele (1 Tor).

… und heute

Horst-Dieter Höttges »… Highlight Garrincha!«

Sie waren 14 Jahre Profi bei Werder, sind Ehrenspielführer und Rekordnationalspieler des Vereins und haben vor allem in den viele, vielen Phasen endlosen Abstiegskampfs immer vorbildlich die Knochen hingehalten. Was bedeutet Ihnen Werder?
Höttges: Sehr viel. Ich habe hier alles erreicht, bin eigentlich immer anständig behandelt worden. Der Verein ist durch und durch seriös geführt und war und ist meine sportliche Heimat. Ich hatte immer mal wieder Angebote renommierter Vereine wie Ajax Amsterdam oder Barcelona, aber konkret ist ein Vereinswechsel nie geworden, und ich bereue das kein Stück. Im Gegenteil: Es war gut, dass ich immer hier geblieben bin.

Gerd Müller nennt Sie heute noch seinen »allerhärtesten Gegenspieler«. Der Vorwurf, Sie seien ein knallharter Klopper, kam von gegnerischen Trainern während Ihrer aktiven Zeit immer mal wieder, und Ihren legendären Spitznamen »Eisenfuß« trugen Sie sicher auch nicht von ungefähr. Wie würden Sie selbst Ihre Spielweise beschreiben?
Höttges: Ich war sicher immer hart und vielleicht auch manchmal an der Grenze des Erlaubten, aber nie bewusst unfair. Ich bin in meiner Karriere nur einmal vom Platz geflogen, und das war zu Unrecht: Im Dezember 1968 in Mönchengladbach hat Trainer Hennes Weisweiler bei Fans und Schiri so lange Stimmung gegen mich gemacht, bis ich nach einem Allerweltsfoul an Berti Vogts drei Minuten vor Schluss vom Platz gestellt wurde.

Man munkelt, viele Stürmer hätten vor Spielen gegen Sie regelrecht Angst gehabt. Gab es andersrum Spieler, mit denen Sie überhaupt nicht klargekommen sind?
Höttges: Stan Libuda! Aber nur auswärts – zuhause habe ich ihn immer gut im Griff gehabt.

Wo lagen als Spieler Ihre Stärken und Schwächen?
Höttges: Ich war schnell, robust, zweikampfstark, hatte einen ganz guten Kopfball. Schwächen …? Na gut, im Nachhinein muss man ehrlich sagen, dass meine Technik nicht die allerbeste war.

Was war Ihr Karrierehighlight?
Höttges: Im Verein natürlich die Meisterschaft 1965, gleich in meinem ersten Bundesligajahr. Und international natürlich die vielen Erfolge mit der Nationalelf: die tolle WM in Mexiko 1970, die Europameisterschaft 1972. Meine Nationalmannschaftskarriere ging 1974 ziemlich unspektakulär zu Ende, als ich bei der WM im eigenen Land nur noch einmal zum Einsatz kam, und das ausgerechnet beim denkwürdigen 0:1 gegen die DDR. Das war für mich kein Problem, weil meine Zeit international wirklich vorbei war.

Welches war Ihr bestes Spiel überhaupt?
Höttges: Das ist natürlich sehr schwer zu sagen (überlegt lange). 1965 habe ich im Maracana-Stadion von Rio de Janeiro als junger Mann gegen Brasilien sehr gut gegen den damaligen Weltklasse-Rechtsaußen Garrincha gespielt. Allerdings nur eine Halbzeit. Ich kam so überraschend gut mit ihm klar – da habe ich mich in der Pause lieber auswechseln lassen. (lacht)

Seltsam war Ihr Karriereende bei Werder: Sie spielten 1977/78 noch einmal eine bärenstarke Saison und waren der Kopf der Mannschaft, die sich nach fast aussichtslosem Rückstand im Winter 1977 in der Rückrunde unter der Leitung von Rudi Assauer noch grandios vor dem Abstieg rettete. 1978 lief Ihr Vertrag aus, und obwohl Werder Sie gerne noch eine Saison behalten hätte und Sie auch nicht abgeneigt gewesen wären, kam es nicht mehr zu einer Einigung. Wie kam das?
Höttges: Eins vorweg: Es hing nicht am Geld, obwohl das damals so zu lesen war. Mein Vertrag lief aus, und ich hatte in meiner letzten Saison noch einmal alles gegeben. Ich habe oft mit Spritze gespielt, um der Mannschaft im Abstiegskampf helfen zu können. Dann bekam ich einen

Zwei Werder-Generationen trafen sich im Frühjahr 2003 beim Testspiel zwischen Werders Nachwuchs und dem finnischen Erstligisten FC Jokerit Helsinki wieder: Horst-Dieter Höttges im Gespräch mit dem Trainer der Gäste, Pasi Rautiainen

Kündigungsbrief von Manager Assauer zum Ende der Saison. Eigentlich war das eine reine Formalie, aber ich habe mich darüber geärgert und wollte dann nicht mehr, als Werder mich bat, doch weiterzuspielen. Ich hatte für Werder vorher so viel getan und fand es unwürdig, dann solch einen Brief zu bekommen. Klaus-Dieter Fischer hat noch sehr hartnäckig versucht, mich umzustimmen, aber ich war dann dickköpfig und habe mich nicht mehr darauf eingelassen. In der folgenden Saison habe ich noch meinem Freund Helmut Jagielski geholfen, der damals die Amateure trainiert hat. Die standen im Tabellenkeller, und ich habe ein halbes Jahr, übrigens an der Seite des damals 18-jährigen Thomas Schaaf, noch mal ausgeholfen.

Legendär war auch Ihr wie in Stein gemeißelter Satz »Solange ich bei Werder spiele, steigt der Verein nicht ab!«
Höttges: (schmunzelt) Ja, genauso kam es dann ja auch ...!

Waren Sie gerade im Abstiegskampf als 66-facher Nationalspieler eine Identifikationsfigur, vor allem für jüngere Spieler?
Höttges: Ich glaube schon, dass jüngere Spieler ein bisschen zu einem aufschauen, wenn man als Spieler mit über 400 Bundesligaspielen, als dreifacher WM-Teilnehmer und Europameister mit ihnen trainiert. Mein Grundsatz war immer: Training ist für mich wie Spiel. Ich habe das genauso ernst genommen, und die jüngeren Spieler haben das sicher gemerkt. Es geht auch beim Training nicht ohne hundertprozentigen Einsatz.

Sie haben eine 14-jährige Profilaufbahn ohne größere Skandale hinter sich gebracht, obwohl Sie in oft sehr schwierigen Phasen der Vereinsgeschichte eine der Galionsfiguren waren. Sie sind mal vorübergehend die Kapitänsbinde losgeworden, nachdem Sie vor einem Spiel gegen Eintracht Braunschweig ausgerechnet im Mannschaftshotel der Braunschweiger am Tresen gesichtet wurden. Das war aber eigentlich auch schon alles an Negativschlagzeilen.
Höttges: Die Kapitänsbinde wurde mir von Hans Wolff weggenommen, und heute würde ich sagen, dass er damals völlig Recht hatte. Ich habe einen Fehler gemacht, und er musste handeln. Ansonsten war damals alles noch nicht so kompliziert wie heute: Das Geld spielte keine so große Rolle wie heute. Dadurch gab es auch weniger Neid. Heute werden ganz andere Gehälter gezahlt, und die stehen dann auch immer gleich in der Zeitung. Heute wäre es undenkbar, abends nach einem verlorenen Spiel irgendwo als Profi sein Bierchen zu trinken, weil dann sofort alle sagen würden: »Guck mal, der hoch bezahlte Profi – erst verliert er, und dann trinkt er einen!« Und es würde heute auch alles sofort in der Zeitung breitgetreten werden. Früher war das etwas weniger schwierig für uns Spieler.

Der stärkste Höttges, den es je gab: EM-Finale 1972 gegen die UdSSR

Es gab aber eine Phase, in der dann doch Neid innerhalb von Werders Kader festzustellen war: als die teuren Spieler der Millionenelf geholt wurden ...
Höttges: Das mag stimmen. Aber der Neid war eine Nebensache. Entscheidender war, dass die Spieler damals einfach nicht gepasst haben. Wir haben sechs Spieler geholt, und das waren alles gute Fußballer. Aber entweder es passt, oder es passt nicht. Man kann nicht nur kaufen, um einen großen Kader zu haben. Jeder einzelne Spieler muss passen. Wie das laufen muss, erleben wir jetzt, mehr als dreißig Jahre später mit der aktuellen Werder-Mannschaft. Da passiert das genaue Gegenteil: Es sind mit Reinke, Ismaël und Davala drei hervorragende neue Spieler gekommen, die sich perfekt in die Mannschaft einfügen. So muss es sein. Damals war einfach der Wurm drin.

Was macht Horst-Dieter Höttges im Jahr 2003?
Höttges: Ich trainiere die U-15 des SV Werder. Das macht Riesenspaß. Wir trainieren viermal die Woche, dann am Wochenende ist das Spiel. Ich bin also nach wie vor jeden Tag hier bei Werder unterwegs. Das ist mir sehr wichtig. Und es hält mich jung.

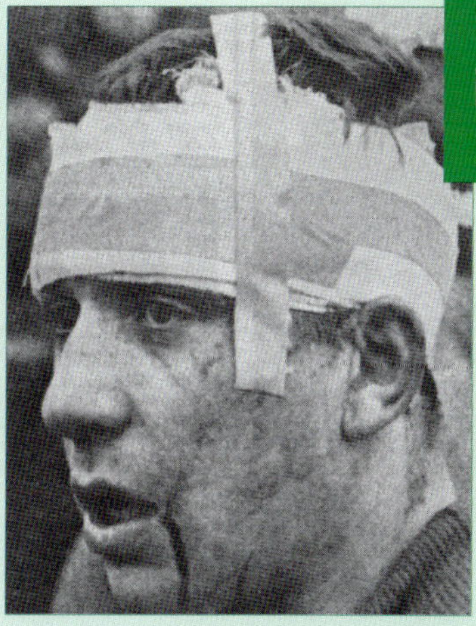

Eisenkopf Höttges! Die Kopfverbände sind im Laufe der Jahre auch irgendwie schicker geworden. Hier sehen wir ein Bild aus dem Jahr 1965. Die damalige Kopfverletzung war natürlich kein Grund, das Spiel zu beenden

Alle Nationalspieler des SV Werder 1899–2003

1.	Höttges, Horst-Dieter	66
2.	Völler, Rudi	41
3.	Bode, Marco	40
4.	Eilts, Dieter	31
5.	Basler, Mario	19
6.	Lorenz, Max	17
7.	Baumann, Frank	16
	Meier, Norbert	16
9.	Frings, Torsten	15
10.	Burdenski, Dieter	12
11.	Riedle, Karl-Heinz	10
	Schröder, Willi	10
13.	Borowka, Uli	6
	Otten, Jonny	6
	Piontek, Josef	6
16.	Reinders, Uwe	4
17.	Bernard, Günter	3
18.	Ferner, Diethelm	2
	Hermann, Günter	2
	Ordenewitz, Frank	2
	Steinmann, Heinz	2
	Ernst, Fabian	2
	Borowski, Tim	2
	Heidemann, Matthias	2
	Burdenski, Herbert	2
26.	Zembski, Dieter	1
	Wolter, Thomas	1
	Reck, Oliver	1
	Neubarth, Frank	1
	Hobsch, Bernd	1

1974/75: Blaue Augen

Oben v.l.:
Trainer Piontek, Zembski, Assauer, Burdenski, Meyer, Erkenbrecher, Brexendorf, Dietrich, Thygesen, Röntved, Ohling
Unten v.l.:
Röber, Kontny, Klausmann, Bracht, Kamp, Weist, Görts, Höttges

Die Saison 1974/75 brachte es schmerzlich an den Tag: Von immer mehr »grauen Mäusen« in der deutschen Eliteklasse war Werder mittlerweile eine der Grauesten. Schuld daran war indirekt auch die für Deutschland so erfolgreiche WM 1974 im eigenen Lande: Mit den neu entstandenen Riesenstadien in Frankfurt, Gelsenkirchen, München oder Düsseldorf konnte Bremen bei weitem nicht mithalten. Das marode, zugige Weser-Stadion war aber nicht der Hauptgrund für eine wieder mal nervenzerfetzende Werder-Saison am Rande des Abgrunds.

Bedingt durch die chronisch drückende Schuldenlast als Spätfolge des in die Hose gegangenen Wagnisses namens »Millionenelf« drei Jahre zuvor konnte Werder schon zum zweiten Mal in Folge auf dem Transfermarkt nur bei den Sonderangeboten herumstöbern und hoffen, keine Mängelexemplare zu erwischen. Immerhin ging dem Verein mit dem erst 20-jährigen Hans-Jürgen Röber (der auf dem weiten Weg zwischen 1974 und 2003 seinen ersten Vornamen irgendwo liegen ließ) ein echter Volltreffer ins Netz. Über viele Vorschusslorbeeren konnte sich der auch erst 22-jährige Urban Klausmann aus Villingen freuen, ein scheinbar hoch talentierter beidfüßiger Flügelstürmer.

Röber blieb bis zum späteren Abstieg 1980 bei Werder und klopfte als schussstarker Mittelfeldmotor wiederholt an die Tür zur Nationalelf. Klausmann war davon weit entfernt: Ganze fünf Spiele trug er für 90 Minuten das nun wieder grünweiße Trikot. (Die »Speckflaggentrikots« wurden ein für alle Mal in die Mottenkiste der Werder-Historie verbannt.) Danach wurde er zum Joker, und das auch nur mangels Alternativen im Werder-Angriff, in dem Oldtimer Werner Görts das Tor ebenso wenig traf wie der aufstrebende Jungstar Volker Ohling. Einzig »Acker« Weist wusste immer mal wieder, wo die Kiste steht. Werders Angriff blieb wie immer das ganz, ganz große Problem der Elf. Im späteren Saisonverlauf kam mit Franz Hiller noch ein Mittelfeldallrounder zum Sonderpreis aus der 2. spanischen Liga, der sofort zur festen Größe wurde, ohne jemals für Werder besondere Heldentaten zu vollbringen.

Nachdem Werder sich auf einer vierwöchigen (!!) USA-Reise auf die Saison vorbereitete, wurde bald klar: Die Mannschaft würde in der Saison viel zu zittern haben. Umso mehr, weil es erstmals in der Bundesligageschichte künftig drei statt wie bisher zwei Absteiger geben würde. An den nackten Zahlen liest sich gut ab, welch deprimierende Saison der SV

Werder in jenem Jahr hinlegte: Zwölfmal auf einem Abstiegsplatz, 69 Gegentore, nur neun Siege, nur 25 Punkte – und trotzdem gab es ein zwischenzeitlich kaum noch für möglich gehaltenes Happy End!

Das allerdings lag weniger an eigener Klasse als vielmehr daran, dass mit dem VfB Stuttgart Werders Hauptkonkurrent sieben Spieltage vor Saisonende die Nerven verlor. Werder hatte als Tabellensechzehnter mit Meisterschaftsanwärter Hertha BSC Berlin sensationell den Tabellenzweiten mit 4:0 aus dem Weser-Stadion geballert (zweimal Weist, zweimal Röber). Und damit ausgerechnet vor dem direkten Aufeinandertreffen mit dem Kontrahenten Stuttgart im Neckarstadion den VfB auf den Abstiegsplatz 16 geschickt. Die Schwaben hätten mit einem Heimsieg eine Vorentscheidung im Abstiegskampf schaffen können, aber durch eines der wichtigsten Werder-Tore der siebziger Jahre sicherte Werner Weist den Hanseaten zwölf Minuten vor Spielende ein wertvolles 2:2, das dem Tabellennachbarn endgültig den Zahn zog. Die Stuttgarter erholten sich nicht mehr: Sie wurden von Tabellenführer Mönchengladbach mit 5:1 zerrupft, während Werder zeitgleich mit dem 1. FC Köln die nächste Spitzenelf deklassierte: 4:1 dank Röntved, Weist und zweimal Kalli Kamp(!). Und als die Bremer dann sogar auswärts bei den schon abgeschlagenen Wuppertalern gewannen (was bemerkenswert war, weil Werder in dieser Saison auswärts zur Schießbude sondergleichen geworden war!), resignierte der angeschlagene VfB Stuttgart und schlug sich beim 3:4 zuhause gegen Frankfurt praktisch selbst. Vier Punkte und elf Tore Vorsprung hatte Werder vier Spieltage vor Saisonende. Man feierte schon die Rettung mit dem scheidenden Trainer Seppl Piontek, den es nach insgesamt 15 Jahren Werder Bremen an den Rhein zu Fortuna Düsseldorf zog. Doch Werder feierte beinahe zu früh: In den letzten vier Spielen erbte Werder nur noch ein winziges Pünktchen, und letztlich blieb der SVW nur drin, weil der VfB Stuttgart auch noch sein letztes Heimspiel gegen Kaiserslautern in den Sand setzte.

Nach drei elften Plätzen in Folge kam Werder mit einer unüberschaubaren Anzahl blauer Augen und Rang 15 davon. Die Finanzen hatten sich nicht im Geringsten verbessert. Werder war wirtschaftlich und personell im Begriff, zu schrumpfen, ohne dass man wirklich von »gesundschrumpfen« hätte reden können.

Oben: Werders Neuzugänge kamen allesamt aus der Abteilung für Sonderangebote: Trainer Piontek präsentiert zum Trainingsauftakt die Herren Meyer, Klausmann und Röber

Unten: Kalli Kamp mal nicht als Wadenbeißer, sondern als Opfer: rassiges Duell mit Gladbachs Klinkhammer

Behielt als einer der wenigen in einer aufregenden Saison immer die Nerven: Horst-Dieter Höttges

Piontek, Josef »Seppl«
*5.3.1940
Trainer
34 (120); 10/1971–5/1972, 1972–1975

Vom Spielfeldrand 1974/75:

Kurios, aber wahr: Aus Sparzwängen verringerte sich der Kader vor der kommenden Saison auf ganze 16 Profis. Und die wenigen neuen, die geholt wurden, wurden mit Hermann Eppenhoff von einem Trainer ausgesucht, der Werder schließlich nie trainieren durfte.

Abschlusstabelle der Bundesliga 1974/1975:

Pl.	Verein	Sp	S	U	N	Tore	Diff.	Punkte
1.	Borussia M'gladbach	34	21	8	5	86:40	+46	50-18
2.	Hertha BSC Berlin	34	19	6	9	61:43	+18	44-24
3.	Eintracht Frankfurt	34	18	7	9	89:49	+40	43-25
4.	Hamburger SV	34	18	7	9	55:38	+17	43-25
5.	1. FC Köln	34	17	7	10	77:51	+26	41-27
6.	Fortuna Düsseldorf	34	16	9	9	66:55	+11	41-27
7.	Schalke 04	34	16	7	11	52:37	+15	39-29
8.	Kickers Offenbach	34	17	4	13	72:62	+10	38-30
9.	Eintracht Braunschweig	34	14	8	12	52:42	+10	36-32
10.	Bayern München	34	14	6	14	57:63	-6	34-34
11.	VfL Bochum	34	14	5	15	53:53	0	33-35
12.	Rot-Weiß Essen	34	10	12	12	56:68	-12	32-36
13.	1. FC K'lautern	34	13	5	16	56:55	+1	31-37
14.	MSV Duisburg	34	12	6	16	59:77	-18	30-38
15.	**Werder Bremen**	**34**	**9**	**7**	**18**	**45:69**	**-24**	**25-43**
16.	VfB Stuttgart	34	8	8	18	50:79	-29	24-44
17.	Tennis Borussia Berlin	34	5	6	23	38:89	-51	16-52
18.	Wuppertaler SV	34	2	8	24	32:86	-54	12-56

Saisonverlauf 1974/1975:

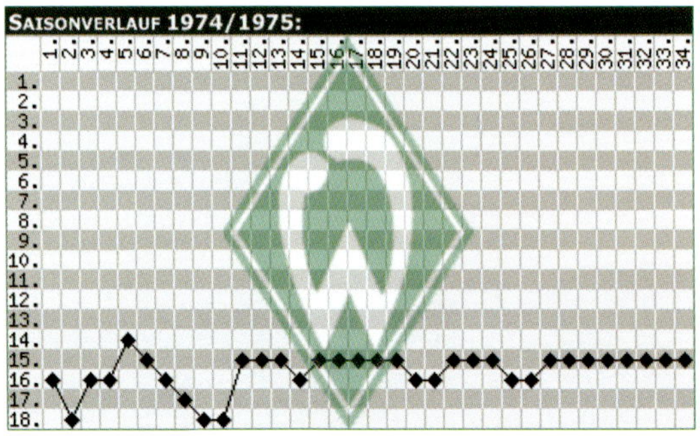

Wer kam?

Hiller (FC Elche/Spanien, w.d.S.)
Röber (TuS Lingen)
Klausmann (Villingen)

Wer ging?

Schmidt (Hessen Kassel)
Dreyer (Barmbek-Uhlenhorst)
Schildt (Borussia Dortmund)
Schwän (Werder Bremen 2. Herren)
Kaiser (VfB Komet Bremen)

w.d.S. = während der Saison

Die Mannschaft
(Name, Geb.-Datum, Position, Bundesliga-Einsätze (Gesamt), Tore (Gesamt), bei Werder von-bis)

1974/75

Burdenski, Dieter »Budde«
*26.11.1950
Torhüter
34 (444); 0 (1); 1972–1988

Assauer, Rudolf »Rudi«
*30.4.1944
Abwehrspieler
34 (188); 1 (4); 1970–1976

Geils, Karl-Heinz »Kalle«
*20.5.1955
Abwehrspieler
6 (132); 0 (2); 1973–1980
Amateur

Erkenbrecher, Uwe
*14.11.1954
Abwehrspieler
9 (24); 0 (1); 1972–1975

Zembski, Dieter
*6.11.1946
Abwehrspieler
30 (179); 0 (4); 1968–1975

Höttges, Horst-Dieter »Eisenfuß«
*10.9.1943
Abwehrspieler
31 (420); 6 (55); 1964–1978

Kontny, Mario
*7.4.1953
Abwehrspieler
17 (76); 0 (3); 1973–1978

Brexendorf, Bernd
*21.10.1954
Mittelfeldspieler
5 (11); 0 (0); 1973–1975

Röntved, Per
*27.1.1949
Mittelfeldspieler
23 (194); 7 (40); 1972–1979
Dänemark

Bracht, Uwe
*10.7.1953
Mittelfeldspieler
30 (272); 2 (24); 1971–1984

Dietrich, Peter
*6.3.1944
Mittelfeldspieler
12 (82); 0 (7); 1971–1976

Kamp, Karl-Heinz »Kalli«
*26.9.1946
Mittelfeldspieler
34 (361); 6 (26); 1970–1984

Hiller, Franz
*22.10.1950
Mittelfeldspieler
25 (162); 0 (4); 1974–1980

Röber, Hans-Jürgen
*25.12.1953
Mittelfeldspieler
21 (184); 5 (57); 1974–1980

Ohling, Volker
*17.1.1955
Stürmer
2 (53); 2 (8); 1973–1977

Ripke, Franz-Josef
*11.10.1954
Stürmer
3 (4); 0 (0); 1973–1975
Amateur

Klausmann, Urban
*29.6.1952
Stürmer
19 (19); 1 (1); 1974–1975

Thygesen, Poul-Erik
*17.7.1950
Stürmer
7 (20); 0 (4); 1973–1975
Dänemark

Görts, Werner »Anneliese«
*15.1.1942
Stürmer
34 (363); 2 (73); 1966–1978

Weist, Werner »Acker«
*11.3.1949
Stürmer
29 (145); 11 (53); 1971–1977

Erweiterter Kader:

Meyer, Rolf
*3.10.1955
Torhüter
0 (0); 0 (0); 1974–1975

1975/76: Otto die Erste

Oben v.l.:
Trainer Burdenski, Assauer, Hiller, Röntved, Kontny, Ohling, Burdenski, Müllner
Mitte v.l.:
Kamp, Weist, Voss, Thygesen, Dietrich, Schlief
Unten v.l.:
Rütten, Klausmann, Bracht, Röber, Görts, Sunday, Höttges

Werders siebziger Jahre begannen mit Abstiegskampf, hatten nie etwas anderes zu bieten als Abstiegskampf und endeten konsequenterweise mit dem Abstieg. Nachdem die zuletzt geschilderte Saison 1974/75 zum schlechtesten Jahr der bis dahin zwölfjährigen Bundesligageschichte unseres Vereins wurde, wurde auch Jahr 13 zur harten Probe für unsere Freunde: Werder landete wieder nur knapp am rettenden Ufer, und der Klassenerhalt wurde erst am vorletzten Spieltag gesichert.

Zu Beginn der Saison gab es Turbulenzen um den Trainerposten. Nachdem es Seppl Piontek, Werders Urgestein, nach 15 Jahren als Spieler und Trainer zu Fortuna Düsseldorf verschlug, guckte sich Werders Chefetage den renommierten alten Fuhrmann Hermann Eppenhoff als neuen Werder-Trainer aus. Der wurde schon ein halbes Jahr vor Saisonbeginn der Öffentlichkeit vorgestellt. Wenige Tage vor Saisonbeginn jedoch erfuhr man bei Werder, dass Eppenhoff einen Herzinfarkt erlitten habe. Eppenhoff selbst wollte seinen Dienst unbedingt antreten, die Ärzte waren anderer Meinung. Am Ende wurde sogar prozessiert.

Werder aber blieb nichts anderes übrig, als im Eiltempo einen neuen Trainer zu finden. Mit Georg Buschner (DDR) und Rinus Michels (Holland) wurden zwei prominente Trainer der WM 1974 in Betracht gezogen. Buschner erfuhr von Werders Interesse übrigens erst 18 Jahre später, als die DDR längst nicht mehr existierte. Als beide Verpflichtungen scheiterten und die Zeit immer knapper wurde, wählte Werder die interne Lösung: Herbert Burdenski, Vater des Torwarts und 20 Jahre zuvor Leistungsträger der ersten Mannschaft, wurde überredet, in den Trainerjob zurückzukehren, den Burdenski sr. nach zuletzt eher erfolglosen Versuchen bei Borussia Dortmund und RW Essen eigentlich schon abgehakt hatte.

Herbert Burdenski, der wie sein Sohn bei Werder nur »Budde« hieß, hatte es von Anfang an schwer. Die chronisch leere Vereinskasse erlaubte mit Voss (VfB Oldenburg), Rütten (FC Viersen), Schlief (VfR Neuss) und Müllner (VfB Stuttgart Amateure) wieder mal nur den Einkauf von Talenten, die unglückseligerweise erstmalig komplett als Fehleinkäufe abgebucht werden mussten. Von Ersatztorwart Albert Voss (»Unser Albert Voss«) vielleicht abgesehen, der ein halbes Jahrzehnt lang der perfekte zweite Mann hinter Dieter Burdenski wurde.

Hängepartie um einen Trainer, der Werder nie trainierte: der erfahrene Hermann Eppenhoff, der zuletzt bei Werders direktem Konkurrenten im Abstiegskampf, dem VfB Stuttgart, entlassen wurde. Der Trainer wurde vorgestellt, der Vertrag wurde unterschrieben: Ab 1. Juli 1975 war Eppenhoff verantwortlich. 7000 DM sollte er im Monat verdienen, und sogar Prämien für Meisterschaft und Europapokalsieg (50.000 DM) waren kurioserweise schon ausgehandelt worden. Im Mai wurde alles festgezurrt, doch kurz darauf erlitt Eppenhoff einen Herzinfarkt. Der Vertrag wurde schließlich aufgelöst, mit dem Trainer verglich man sich, und Hermann Eppenhoff tauchte fortan nie wieder in der Bundesliga auf. Er starb 1992

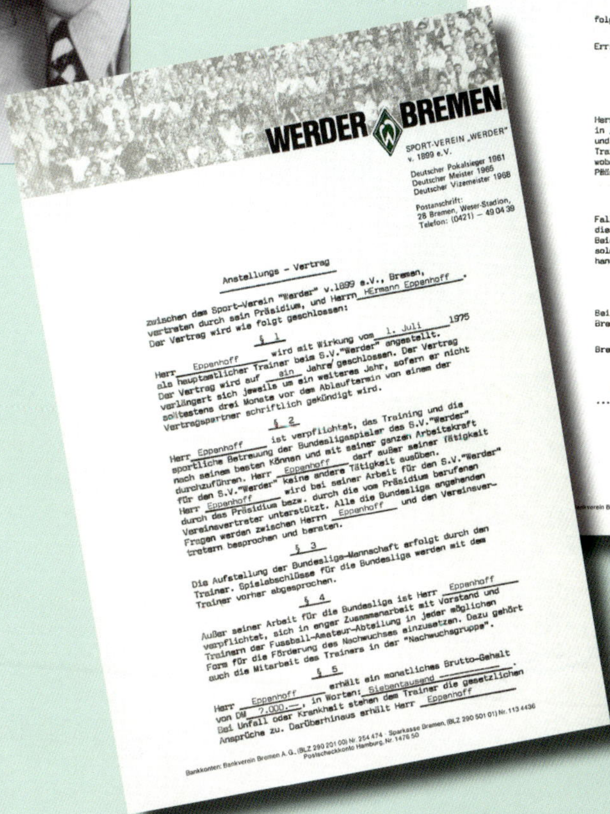

WERDER BREMEN

SPORT-VEREIN „WERDER"
v. 1899 e.V.

Deutscher Pokalsieger 1961
Deutscher Meister 1965
Deutscher Vizemeister 1968

Postanschrift:
28 Bremen, Weser-Stadion,
Telefon: (0421) – 49 04 39

Anstellungs – Vertrag

zwischen dem Sport-Verein "Werder" v.1899 e.V., Bremen, vertreten durch sein Präsidium, und Herrn HErmann Eppenhoff. Der Vertrag wird wie folgt geschlossen:

§ 1

Herr Eppenhoff wird mit Wirkung vom 1. Juli 1975 als hauptamtlicher Trainer beim S.V."Werder" angestellt. Der Vertrag wird auf ein Jahre geschlossen. Der Vertrag verlängert sich jeweils um ein weiteres Jahr, sofern er nicht spätestens drei Monate vor dem Ablauftermin von einem der Vertragspartner schriftlich gekündigt wird.

§ 2

Herr Eppenhoff ist verpflichtet, das Training und die sportliche Betreuung der Bundesligaspieler des S.V."Werder" nach seinem besten Können und mit seiner ganzen Arbeitskraft durchzuführen. Herr Eppenhoff darf außer seiner Tätigkeit für den S.V."Werder" keine andere Tätigkeit ausüben. Herr Eppenhoff wird bei seiner Arbeit für den S.V."Werder" durch das Präsidium bezw. durch die vom Präsidium berufenen Vereinsvertreter unterstützt. Alle die Bundesliga angehenden Fragen werden zwischen Herrn Eppenhoff und den Vereinsvertretern besprochen und beraten.

§ 3

Die Aufstellung der Bundesliga-Mannschaft erfolgt durch den Trainer. Spielabschlüsse für die Bundesliga werden mit dem Trainer vorher abgesprochen.

§ 4

Außer seiner Arbeit für die Bundesliga ist Herr Eppenhoff verpflichtet, sich in enger Zusammenarbeit mit Vorstand und Trainern der Fussball-Amateur-Abteilung in jeder möglichen Form für die Förderung des Nachwuchses einzusetzen. Dazu gehört auch die Mitarbeit des Trainers in der "Nachwuchsgruppe".

§ 5

Herr Eppenhoff erhält ein monatliches Brutto-Gehalt von DM 7.000.–, in Worten: Siebentausend. Bei Unfall oder Krankheit stehen dem Trainer die gesetzlichen Ansprüche zu. Darüberhinaus erhält Herr Eppenhoff

Bankkonten: Bankverein Bremen A.G., (BLZ 290 201 00) Nr. 254 474 · Sparkasse Bremen, (BLZ 290 501 01) Nr. 113 4436
Postscheckkonto Hamburg, Nr. 1476 50

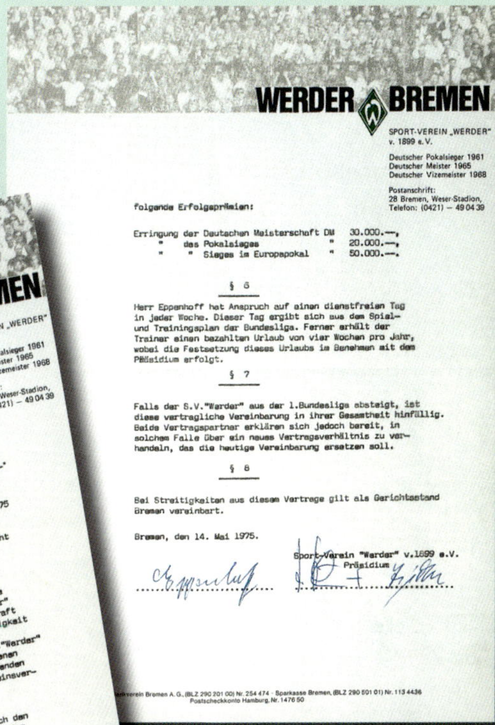

WERDER BREMEN

SPORT-VEREIN „WERDER"
v. 1899 e.V.

Deutscher Pokalsieger 1961
Deutscher Meister 1965
Deutscher Vizemeister 1968

Postanschrift:
28 Bremen, Weser-Stadion,
Telefon: (0421) – 49 04 39

folgende Erfolgsprämien:

Erringung der Deutschen Meisterschaft	DM	30.000.–,
" des Pokalsieges	"	20.000.–,
" " Sieges im Europapokal	"	50.000.–.

§ 6

Herr Eppenhoff hat Anspruch auf einen dienstfreien Tag in jeder Woche. Dieser Tag ergibt sich aus dem Spiel- und Trainingsplan der Bundesliga. Ferner erhält der Trainer einen bezahlten Urlaub von vier Wochen pro Jahr, wobei die Festsetzung dieses Urlaubs im Benehmen mit dem Präsidium erfolgt.

§ 7

Falls der S.V."Werder" aus der 1.Bundesliga absteigt, ist diese vertragliche Vereinbarung in ihrer Gesamtheit hinfällig. Beide Vertragspartner erklären sich jedoch bereit, in solchem Falle über ein neues Vertragsverhältnis zu verhandeln, das die heutige Vereinbarung ersetzen soll.

§ 8

Bei Streitigkeiten aus diesem Vertrage gilt als Gerichtsstand Bremen vereinbart.

Bremen, den 14. Mai 1975.

Sport-Verein "Werder" v.1899 e.V.
Präsidium

...verein Bremen A.G., (BLZ 290 201 00) Nr. 254 474 · Sparkasse Bremen, (BLZ 290 501 01) Nr. 113 4436
Postscheckkonto Hamburg, Nr. 1476 50

Die Neuzugänge wurden komplettiert durch Afrikas größten Fußballstar Ibrahim Sunday, der vom FC Kumasi aus Ghana nach Bremen kam, nachdem Werder ihn bereits jahrelang beobachtet hatte. Und dann war da noch der wuchtige schwedische Sturmtank Sanny Aslund, der als Last-Minute-Neuzugang von Espanol Barcelona verpflichtet wurde. Sunday machte in zwei Jahren nur ein einziges Bundesligaspiel für unseren Verein, weil sich schnell zeigte, dass afrikanische Fußballer in den Siebzigern zwar ballgewandt, aber körperlich und taktisch zu schwach waren, um sich im europäischen Fußball zu behaupten. Und Aslund wurde zum Phänomen: Er verschwand nach nur 19 Spielen wieder in die schwedische Heimat und traf in diesen 19 Spielen für Werder nur bescheidene 4 Mal ins Netz, aber alle vier Tore gehörten zu den entscheidenden Toren dieser Saison!

Nach längerem Hin und Her übernahm »Torwartvater« Herbert Burdenski das Werder-Schiff in unruhiger See. Sein Werder-Kapitel dauerte nur ein gutes halbes Jahr

Oben: Erleichterung, wohin man sieht: Wieder einmal hatte Werder den Klassenerhalt geschafft. Oben freut sich Abwehrstar Röntved (rechts) mit dem bedenklich langhaarigen Kalli Kamp

Unten: Die Turbulenzen um die Entlassung Trainer Rebells kosteten letzten Endes auch ihn den Job: Geschäftsführer Hansi Wolff räumte nach Jahrzehnten verdienstvoller Vereinsarbeit 1970 seinen Schreibtisch bei Werder

Los ging es mit einem sensationellen 3:0-Auswärtssieg in Bochum, den besagter Aslund gemeinsam mit Ex-Stürmerstar Werner Weist sicherstellte, dessen Ruf als Torjäger in dieser Saison endgültig verblasste. Den dritten Treffer erzielte mit dem jungen Jürgen Röber die positivste Überraschung der Saison. Röber machte alle 34 Spiele mit, schoss zehn Tore und wurde B-Nationalspieler, und das als No-Name-Schnäppchen der Vorsaison. Die Vorrunde brachte nach elf Spieltagen durch ein 3:1 über Kickers Offenbach mit Platz 6 die beste Platzierung im Laufe einer Saison, die Werder im gesamten Jahrzehnt je erleben durfte.

Dann folgten zwei katastrophale Serien, die die Elf ins Unglück stürzten: Zunächst wurde aus Platz 6 nach elf Spielen durch sechs triste, sieglose Spiele im Herbst und Winter 1975 Platz 14 vor der Winterpause. Während der Vorbereitung auf die Rückrunde kam es, zusätzlich bedingt durch diese Misserfolgsserie, zum Bruch zwischen Mannschaft und Trainer Burdenski, über den Dieter Burdenski später sagte: »Mein Vater ist auf der Algerienreise gescheitert. Nicht, weil wir dort auf Betonplätzen und abgestreuter Wüste spielen mussten. Nein, es gab dort statt guter Verpflegung meist nur Rotwein. Nach einigen Gläsern muss er wohl einiges zu viel gesagt haben.« Mannschaft und Trainer gingen noch zusammen in die Rückrunde, aber nach fünf weiteren Spielen ohne Sieg und ohne jedes Tor einigten sich Vorstand und Trainer, sehr zur Enttäuschung des Torhüters, sich zu trennen. Herbert Burdenski trug die Entlassung mit Fassung und akzeptierte, durch die Trennung dem Wohl des Vereins zu dienen, dem er als Trainer nicht mehr helfen konnte. Schon einen Tag nach der Entlassung übernahm in Bremen erstmalig ein Mann das Ruder, von dem im Frühjahr 1976 niemand ahnen konnte, dass er später wie kein Zweiter Werders Bundesligageschichte prägen sollte: Der in Offenbach geschasste Otto Rehhagel übernahm für nur zwölf Spiele die Verantwortung. Als er kam, stand Werder auf Platz 14, nur einen Punkt vor dem Schlusslicht Bayer Uerdingen. Nach vier Siegen, vier Unentschieden und vier Niederlagen übergab Rehhagel seinem schon feststehenden Nachfolger Hans Tilkowski am Saisonende das Ruder auf Platz 13 stehend, drei Punkte vor den Abstiegsplätzen.

Rehhagels Sternstunde schlug, als Werder unter ihm drei Spieltage vor Saisonende beim Titelanwärter HSV mit 2:1 siegte (Tore: Görts und Aslund). Im darauf folgenden letzten Heimspiel gegen den MSV machten Mannschaft und Rehhagel mit einem 2:0 endgültig alles klar (auch in diesem Spiel sorgte der Schwede Aslund für die Entscheidung!) und stießen in der Kabine auf den Klassenerhalt an.

Kurz bevor Werder im Frühjahr 1976 wieder einmal einen Trainer entlassen musste, zog in Werders Führungsetage ein Unwetter auf, gegen das die Demission von Herbert Burdenski geradezu eine Routinesache war: Der Vorstand des Vereins entmachtete den bis dahin starken Mann, den Geschäftsführer und heimlichen Boss Hansi Wolff, den man damals teils ehrfürchtig, teils liebevoll, teils spöttisch »Hansi Werder im Sportverein Wolff« nannte. Wenige Wochen nach seinem 30. Dienstjubiläum verlor der Mann, der in seiner Amtszeit 16 Vorstände überlebte, nahezu seinen kompletten Zuständigkeitsbereich. Hansi Wolff war offiziell Geschäftsführer, eigentlich aber eher Sportdirektor und Manager, obwohl er als Kaufmann bei Werder begann und sich alles Sportliche erst mit den Jahren aneignete. Der junge Vorstand des Vereins befand, wohl zu recht, Wolffs Arbeitsauffassung für nicht mehr zeitgemäß. Die Betreuung der Bundesligaabteilung übernahm Ex-Stürmerstar Klaus Matischak,

Anstoßen war Trumpf 1976: »Feuerwehrmann« Otto Rehhagel stößt zunächst mit seinem soeben entlassenen Vorgänger Herbert Burdenski im Restaurant »Ragusa« auf eine erfolgreichere Rückrunde an. Man beachte die Tapete! Am 4. Juni wiederum feiert Rehhagel mit seiner Mannschaft die Rettung im Weser-Stadion gegen den MSV Duisburg (2:0). Man beachte das Ambiente der Werder-Kabine!

der offiziell zum »Lizenzspieler-Obmann« ernannt wurde. Für den Bereich Wirtschaft und Öffentlichkeitsarbeit war der noch als Spieler aktive Rudi Assauer vorgesehen. Ein besonderer Schlag ins Gesicht für Wolff, der keinen Hehl daraus machte, Assauer als Manager für unfähig zu halten. Wolfgang Barkhausen übernahm die verwaltungsmäßige Führung der Geschäftsstelle. Für Hansi Wolff (62), der in seinen glücklicheren Jahren als Werders Gechäftsführer im Alleingang Trainer verpflichtete und feuerte, das Vereinsvermögen einnahm und wieder ausgab und neue Spieler nach eigenem Gusto aussuchte und verpflichtete, blieb lediglich der reine geschäftliche Bereich eines Sportvereins übrig. Vom Tausendsassa zum Kassenwart in kürzester Zeit! Rudi Assauer sorgte mit Fleiß und Engagement schließlich dafür, dass Wolff sich sein Terrain nicht wieder zurückerkämpfen konnte. »Der schöne Rudi« stand am 31. Spieltag noch als Spieler auf dem Rasen und saß am 34. Spieltag schon als Manager auf der Bank. Eigentlich hatte er noch bis 1978 einen Vertrag als Lizenzspieler, doch Assauer erwies sich in erstaunlich kurzer Zeit als patenter Manager und leistete bis zu seinem Abschied weitestgehend gute Arbeit.

Das bizarrste Ereignis der Saison trug sich beim ansonsten eher ereignislosen Heimspiel gegen Hannover 96 zu. Die Spieler boten kaum Highlights. Höhepunkt der Partie war der legendäre Schiedsrichter Wolf-Dieter Ahlenfelder: Der verlief sich zunächst in den damals eigentlich noch sehr übersichtlichen Katakomben des Weser-Stadions, trug eine veritable Alkoholfahne vor sich her und fiel während des Spiels dadurch auf, dass er unmotiviert gestikulierte und auf dem Platz herumfauchte. Der absolute Höhepunkt folgte nach 30 Minuten: Ahlenfelder pfiff zur Halbzeit und musste erst darauf hingewiesen werden, dass eine Halbzeit eigentlich 45 Minuten dauern sollte. Beim Gang in die Kabine streckte er einem Fotografen die Zunge heraus. Werders Präsident Dr. Böhmert stellt im Gegensatz zum Schiri nüchtern fest: »Für diese Show hätten wir die Eintrittspreise erhöhen müssen!« Das Spiel endete vor Lachen 0:0.

Saisonverlauf 1975/1976:

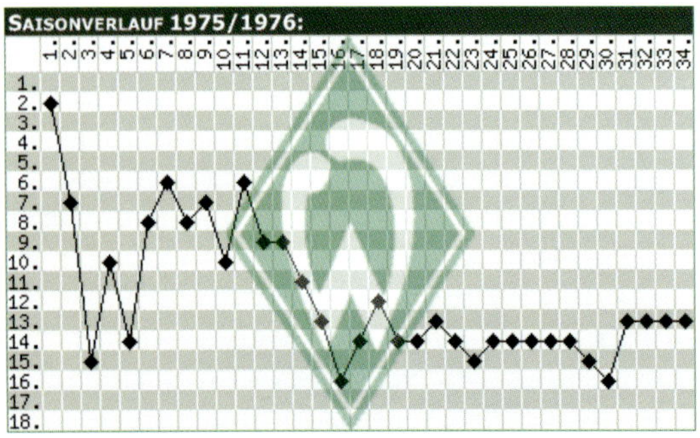

Vom Spielfeldrand 1975/76:

Durch einen Fehler, der kaum jemandem auffiel, sicherte sich Otto Rehhagel einen Platz in den Bundesliga-Geschichtsbüchern: Im letzten Saisonspiel wollte Werder den in Afrika vergötterten, aber für die Bundesliga ungeeigneten Ballkünstler Ibrahim Sunday einsetzen, um ihn für seine unermüdlichen, vorbildlichen Trainingsleistungen zu belohnen. Dumm nur: Als Sunday am letzten Spieltag gegen RW Essen von Rehhagel eingewechselt wurde, standen mit dem Dänen Per Röntved und dem Schweden Sanny Aslund schon zwei Ausländer für Werder auf dem Rasen. Mehr waren damals nicht erlaubt. Als Sunday hereinkam, hätte Rehhagel einen der beiden Skandinavier herausnehmen müssen. Er ließ jedoch Jürgen Röber draußen und beging damit den ersten Wechselfehler der Bundesligageschichte. Otto genießt somit durch seinen späteren Wechselfehler als Trainer bei Kaiserslautern auch als Einziger die Ehre, für zwei derartige Missgeschicke verantwortlich gewesen zu sein. Werder verlor das Spiel in Essen mit 0:2, konnte also keine Punkte dafür abgezogen bekommen. Eine Geldstrafe war dennoch fällig, Sunday machte nur dieses eine Bundesligaspiel und Rehhagel verabschiedete sich mit diesem seltsamen Vermächtnis fürs Erste aus Bremen.

Abschlusstabelle der Bundesliga 1975/1976:

Pl.	Verein	Sp	S	U	N	Tore	Diff.	Punkte
1.	Borussia M'gladbach	34	16	13	5	66:37	+29	45-23
2.	Hamburger SV	34	17	7	10	59:32	+27	41-27
3.	Bayern München	34	15	10	9	72:50	+22	40-28
4.	1. FC Köln	34	14	11	9	62:45	+17	39-29
5.	Eintracht Braunschweig	34	14	11	9	52:48	+4	39-29
6.	Schalke 04	34	13	11	10	76:55	+21	37-31
7.	1. FC K'lautern	34	15	7	12	66:60	+6	37-31
8.	Rot-Weiß Essen	34	13	11	10	61:67	-6	37-31
9.	Eintracht Frankfurt	34	13	10	11	79:58	+21	36-32
10.	MSV Duisburg	34	13	7	14	55:62	-7	33-35
11.	Hertha BSC Berlin	34	11	10	13	59:61	-2	32-36
12.	Fortuna Düsseldorf	34	10	10	14	47:57	-10	30-38
13.	**Werder Bremen**	**34**	**11**	**8**	**15**	**44:55**	**-11**	**30-38**
14.	VfL Bochum	34	12	6	16	49:62	-13	30-38
15.	Karlsruher SC	34	12	6	16	46:59	-13	30-38
16.	Hannover 96	34	9	9	16	48:60	-12	27-41
17.	Kickers Offenbach	34	9	9	16	40:72	-32	27-41
18.	KFC Uerdingen 05	34	6	10	18	28:69	-41	22-46

Burdenski, Herbert »Budde«
*19.5.1922, †15.9.2001
Trainer 1
21 (21); 1975–2/1976
1.–22. Spieltag

Rehhagel, Otto
*9.8.1938
Trainer 2
13 (493); 1976, 1981–1995
23.–34. Spieltag

Wer kam?

Rütten (FC Viersen)
Daras (eig. Amateure, w.d.S.)
Sunday (FC Kumasi/Ghana)
Aslund (Espanol Barcelona, w.d.S.)
Müllner (VfB Stuttgart Amateure)
Schlief (VfR Neuss)
Metzer (eig. Amateure)

Wer ging?

Erkenbrecher (Wattenscheid 09)
Zembski (Eintr. Braunschweig)
Brexendorf (Jahn Regensburg)
Meyer (eig. Amateure)
Ripke (eig. Amateure)
Klausmann (Waldhof Mannheim)
Thygesen (FC Winterthur/ Schweiz)

w.d.S. = während der Saison

Die Mannschaft (Name, Geb.-Datum, Position, Bundesliga-Einsätze (Gesamt), Tore (Gesamt), bei Werder von-bis)

Burdenski, Dieter »Budde«
*26.11.1950
Torhüter
34 (444); 0 (1); 1972–1988

Assauer, Rudolf »Rudi«
*30.4.1944
Abwehrspieler
23 (188); 0 (4); 1970–1976

Geils, Karl-Heinz »Kalle«
*20.5.1955
Abwehrspieler
1 (132); 0 (2); 1973–1980
Amateur

Röntved, Per
*27.1.1949
Abwehrspieler
31 (194); 7 (40); 1972–1979
Dänemark

Rütten, Klaus
*14.6.1952
Abwehrspieler
3 (3); 0 (0); 1975–1977

Höttges, Horst-Dieter
»Eisenfuß«
*10.9.1943
Abwehrspieler
30 (420); 4 (55); 1964–1978

Kontny, Mario
*7.4.1953
Abwehrspieler
23 (76); 1 (3); 1973–1978

Daras, Dimitrios »Dimi«
*21.4.1956
Mittelfeldspieler
1 (4); 0 (0); 1975–1979
Griechenland; Amateur

Sunday, Ibrahim
*1.8.1950
Mittelfeldspieler
1 (1); 0 (0); 1975–1977
Ghana

Röber, Hans-Jürgen
*25.12.1953
Mittelfeldspieler
34 (184); 10 (57); 1974–1980

Bracht, Uwe
*10.7.1953
Mittelfeldspieler
34 (272); 0 (24); 1971–1984

Dietrich, Peter
*6.3.1944
Mittelfeldspieler
10 (82); 0 (7); 1971–1976

Kamp, Karl-Heinz »Kalli«
*26.9.1946
Mittelfeldspieler
28 (361); 2 (26); 1970–1984

Hiller, Franz
*22.10.1950
Mittelfeldspieler
32 (162); 0 (4); 1974–1980

Aslund, Sanny
*29.8.1952
Stürmer
19 (19); 4 (4); 1975–1976
Schweden

Ohling, Volker
*17.1.1955
Stürmer
16 (53); 2 (8); 1973–1977

Müllner, Georg
*24.10.1953
Stürmer
21 (23); 2 (2); 1975–1977
Amateur

Schlief, Wolfgang
*13.4.1949
Stürmer
19 (19); 1 (1); 1975–1977
Amateur

Weist, Werner »Acker«
*11.3.1949
Stürmer
17 (145); 5 (53); 1971–1977

Görts, Werner »Anneliese«
*15.1.1942
Stürmer
34 (363); 6 (73); 1966–1978

Erweiterter Kader:

Voss, Albert
*8.9.1951
Torhüter
0 (1); 0 (0); 1975–1981

Metzer, Rolf
*22.10.1952
Abwehrspieler
0 (0); 0 (0); 1975–1976
Amateur

1976/77: Was ist blau und wirbt für Fisch?

Oben v.l.:
Trainer Tilkowski, Hiller, Geils, Müllner, Röntved, Ohling, Mense, Meininger, Konschal
Mitte v.l.:
Siegmann, Weist, Kontny, Rütten, Bracht, Görts, Höttges
Unten v.l.: Schlief, Röber, Voss, Burdenski, Sunday, Kamp

Sport BEOBACHTER

Werder zukünftig in Königsblau

Werbung für „Norda" bringt 400 000 DM

BREMEN – Die Grün-Weißen Traditionalisten des SV Werder Bremen werden ihrem Präsidium sicherlich etwas böse sein, aber es steht seit dem 1. Juli fest, daß die

Dafür daß die Werderaner nun auf ihrem Trikot für Norda werben, erhält der Verein rund 400 000 Mark, und diese Tatsache wird es den Grün-Weißen leicht machen, auf ihre geliebten Farben zu verzichten.

Die Vertreter des Bremerhavener Unternehmens, das rund 9000 Menschen auf Schiffen, in den

Die Saison 1976/77 brachte eine Zäsur in Werders Bundesligageschichte: Erstmals leistete sich Werder nun also einen hauptamtlichen »Bundesliga-Manager«, und der hörte auf den damals wie heute berühmten Namen Rudi Assauer. Assauer wechselte nahtlos vom Rasen an den Schreibtisch und erwarb sich in Rekordzeit Respekt in der Branche, nachdem er zuvor als jüngster Manager der Liga (Assauer war erst 32!) und Ex-Kicker eher von oben herab belächelt wurde.

Dazu muss man wissen, dass die Mehrheit der Clubs den Posten eines Managers 1976 ohnehin für neumodischen Schnickschnack hielt. Nur zwei weitere Vereine beschäftigten einen Manager, wobei Robert Schwan vom FC Bayern sich »Direktor« nannte und der berühmt-berüchtigte Dr. Peter Krohn vom HSV sogar großspurig »General-Manager«.

Auf Rudi Assauer wartete sofort Schwerstarbeit. Bei Werder ging man finanziell traditionsgemäß auf dem Zahnfleisch. Das lag zum einen daran, dass der Verein im Vorjahr als einer von zwölf Bundesligaclubs immer noch mit blanker Brust spielte. Das Trikotsponsoring trat seinen Siegeszug an, und in der Saison 1976/77 hatten bereits zehn Vereine ihre Brust verkauft. Auch Rudi Assauer zog einen für damalige Zeiten erstklassigen Deal an Land: Nachdem Verhandlungen mit »Campari« scheiterten (die Spirituosenfirma entschied sich schließlich für den erfolgreicheren HSV), stellte Rudi Assauer den Kontakt zum Bremerhavener Fisch-Konzern »Nordsee« her, der ab sofort zwei Jahre lang mit seiner Marke »Norda« auf Werders Brust warb. Der für damalige Verhältnisse großzügige Betrag von geschätzten 480.000 DM floss in Werders leere Kasse.

Begleiterscheinung dieses Deals: Nach nur zwei Jahren in den Traditionsfarben Grün-Weiß mussten sich die Fans diesmal extrem umgewöhnen: Norda bestand auf die Verwendung der Firmenfarben Blau und Weiß, und so kam es, dass Werder inklusive der Ausweichfarben zwei Saisons lang nie in Grün-Weiß, aber dafür wechselweise in Blau, Weiß oder Rot spielte. Die Tradition hatte einen weitaus geringeren Stellenwert als heute. Kein Fan lief Sturm gegen die neuen Werder-Farben. Die Werder-Raute war bereits vor längerer Zeit vom Trikot verschwunden.

Paradiesisch für die Fans, aber finanziell katastrophal für den Verein war der Zustand des Weser-Stadions. Das bot zwar wie heute ca. 40.000 Zuschauern Platz, aber darunter waren 35.000 Stehplätze. Wenn man berücksichtigt, dass die Eintrittsgelder damals einen weitaus wichtigeren Teil des Etats ausmachten als dies heute der Fall ist, dann kann man sich vorstellen, dass man bei Werder nicht ohne Sorge beobachtete, wie die ohnehin reicheren Clubs mit ihren riesigen Betonschüsseln mit einem Vielfachen an lukrativen Sitzplätzen Jahr für Jahr bessere Voraussetzungen für erfolgreichen Profifußball besaßen als der SV Werder.

Merkwürdig gestaltete sich die Bewegung auf Werders Trainerbank. Sechs Jahre zuvor hatte Hans Tilkowski als junger Trainer Werder im Husarenstreich gerettet und wäre von Werder am liebsten gehalten worden. Das ging damals nicht, weil mit »Zapf« Gebhardt schon der Nachfolger verpflichtet wurde. 1976 hätte Werder gerne den jungen Retter Otto Rehhagel behalten. Auch das ging nicht. Wieder stand Werder schon bei einem Nachfolger im Wort. Der hieß – Hans Tilkowski.

Tilkowski, der neue Trainer, der aus Nürnberg an die Weser wechselte, musste weiterhin mit einem unangenehm dünnen personellen Gerüst klarkommen. Neben Assauer verließ Sturmtank Aslund Werder nach einem kurzen Gastspiel, Millionario Dietrich beendete seine Profilaufbahn, und schon während der Vorsaison hatten Klausmann und Thygesen in Bremen die Segel gestrichen. Dafür kamen der Berliner Abwehrrecke Norbert Siegmann, Braunschweigs Flügelflitzer Hartmut Konschal, der junge Gütersloher Stürmer Willi Mense und ein neuer Kandidat für den traditionellen Problemposten bei Werder: den des Mittelstürmers. Karl-Heinz Meininger hieß der Mann, wurde von Tilkowski aus Nürnberg mitgebracht und sollte den alternden »Acker« Weist ersetzen. Das gelang nur teilweise: Meininger erwies sich als zu wenig konstant in seinen Leistungen. Er traf zehnmal in seiner ersten Saison als Bundesligaspieler. Das klingt aus heutiger Sicht passabel. 1976 war es für einen klassischen Mittelstürmer zuwenig. Kurz nach Saisonbeginn komplettierte der Jugoslawe Miodrag Petrovic, ein kleiner, technisch starker Mittelfeldmann, Werders Personalplanung.

Abgesehen von Werders schon ein Jahrzehnt andauernder Flaute im Angriffsspiel litt der gesamte Kader darunter, fußballerisch nicht sehr viel zu bieten zu haben. Werders Fußball war weder modern, noch schön anzusehen. Symptomatisch und folgerichtig war es daher, dass Torwart Dieter »Budde« Burdenski und Libero Per Röntved zu den Stars der Saison avancierten. Burdenski wurde am Ende einer wieder einmal überragenden Saison mit der Berufung in die Nationalelf belohnt. Per Röntved wiederum wurde vom FC Bayern München geadelt: Die mussten sich nach einem Libero-Nachfolger für den zu Cosmos New York geflüchteten Kaiser Franz Beckenbauer umsehen und verhandelten hartnäckig mit Werders blondem Dänen. Die damals astronomische Ablösesumme von 1,2 Mio DM stand im Raum, aber letztlich zerschlug sich der Transfer.

Der Saisonverlauf gestaltete sich ausnahmsweise einmal eher undramatisch: Der Saisonbeginn wurde wie meistens vergurkt (in den ersten sieben Spielen gelang kein Sieg), aber Dank großer Kampfkraft hatte Werder sich in den Monaten darauf weitestgehend aus dem Abstiegskampf herausgehalten. Im Frühjahr durfte man sogar kurz vom UEFA-Cup träumen, was einer Sensation gleich gekommen wäre. Nachdem die Schlussphase der Saison aber mit fünf Niederlagen in den letzten acht Spielen in den Sand gesetzt wurde, sprang schließlich der für Werder nicht unvertraute Platz 11 heraus. Fazit: eine Saison ohne großen Unterhaltungswert, wenn man einmal von den Siegen gegen Meister Mönchengladbach und Titelanwärter Braunschweig (jeweils 1:0) absieht. Schon das kommende Jahr sollte wieder Werder-Nervenkitzel pur bieten.

Rudi Assauer an allen Fronten: in Anzug und Krawatte eine Lagebesprechung des jungen Neu-Managers mit Ligaobmann Klaus Matischak. Oben rechts auf dem Trainingsplatz mit Neuzugang Miodrag Petrovic

Auf seine alten Tage nun das: Werbung für Fischkonserven auf der Brust! Doch Horst-Dieter Höttges machte auch damit eine gute Figur

Engagiert, aber schwierig im Umgang mit seinen Spielern: der neue Trainer Hans Tilkowski

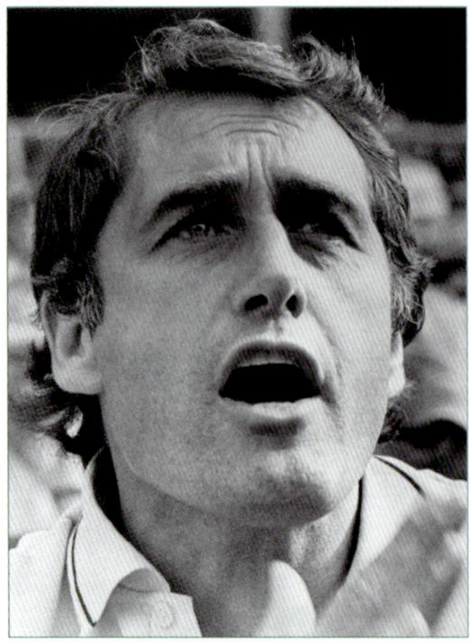

Vom Spielfeldrand 1976/77:

Seine letzte Werder-Saison spielte »Acker« Weist, der die schillernden Vorschusslorbeeren aus seiner Dortmunder Zeit in Bremen nicht wie erwartet ernten konnte. Sein letzter Vertrag bei Werder enthielt eine Kuriosität: Weist erhielt neben einem Grundgehalt von 3000 DM eine Leistungsprämie von 30.000 DM für »bis zu 10 von Herrn Weist erzielte Tore«, weitere 10.000 DM ab dem 11. Tor für »von Herrn Weist weiterhin erzielte fünf Tore« und außerdem DM 3000 für jedes weitere »von Herrn Weist erzielte Tor«. Das Problem dabei: Wer nach Toren extra bezahlt wird, könnte eventuell auf die Idee kommen, im entscheidenden Moment vielleicht weniger mannschaftsdienlich zu spielen, als es der Spielzug erfordern würde. Und deshalb enthält der Vertrag einen nachträglichen handschriftlichen Zusatz des Präsidiums: »Als Tor gilt auch die unmittelbare Vorlage für den Torschützen.« Ach, und unter uns: Weist schoss in seinen letzten beiden Saisons zusammen … 7 Törchen.

Tilkowski, Hans »Til«
*12.7.1935
Trainer
34 (65); 1970, 1976-12/1977

Abschlusstabelle der Bundesliga 1976/1977:

Pl.	Verein	Sp	S	U	N	Tore	Diff.	Punkte
1.	Borussia M'gladbach	34	17	10	7	58:34	+24	44-24
2.	Schalke 04	34	17	9	8	77:52	+25	43-25
3.	Eintracht Braunschweig	34	15	13	6	56:38	+18	43-25
4.	Eintracht Frankfurt	34	17	8	9	86:57	+29	42-26
5.	1. FC Köln	34	17	6	11	83:61	+22	40-28
6.	Hamburger SV	34	14	10	10	67:56	+11	38-30
7.	Bayern München	34	14	9	11	74:65	+9	37-31
8.	Borussia Dortmund	34	12	10	12	73:64	+9	34-34
9.	MSV Duisburg	34	11	12	11	60:51	+9	34-34
10.	Hertha BSC Berlin	34	13	8	13	55:54	+1	34-34
11.	**Werder Bremen**	**34**	**13**	**7**	**14**	**51:59**	**-8**	**33-35**
12.	Fortuna Düsseldorf	34	11	9	14	52:54	-2	31-37
13.	1. FC K'lautern	34	12	5	17	53:59	-6	29-39
14.	1. FC Saarbrücken	34	9	11	14	43:55	-12	29-39
15.	VfL Bochum	34	11	7	16	47:62	-15	29-39
16.	Karlsruher SC	34	9	10	15	53:75	-22	28-40
17.	Tennis Borussia Berlin	34	6	10	18	47:85	-38	22-46
18.	Rot-Weiß Essen	34	7	8	19	49:103	-54	22-46

Saisonverlauf 1976/1977:

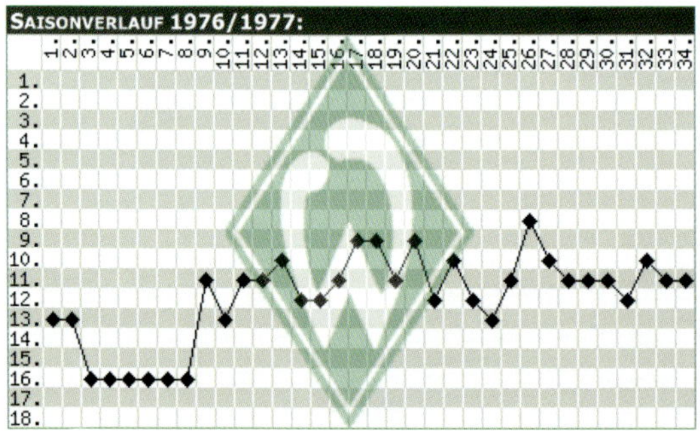

Wer kam?

Siegmann (Te-Be Berlin)
Petrovic (Westfalia Herne, w.d.S.)
Konschal (Eintracht Braunschweig)
Meininger (1. FC Nürnberg)
Mense (SVA Gütersloh)
Knop (eig. Amateure)

Wer ging?

Assauer (Karriereende/Manager beim SV Werder)
Dietrich (SG Westend Frankfurt)
Aslund (AIK Solna/Schweden)
Rütten (SpVgg. Fürth, w.d.S.)
Metzer (eig. Amateure)

w.d.S. = während der Saison

Die Mannschaft (Name, Geb.-Datum, Position, Bundesliga-Einsätze (Gesamt), Tore (Gesamt), bei Werder von-bis)

1976/77

Burdenski, Dieter »Budde«
*26.11.1950
Torhüter
34 (444); 0 (1); 1972–1988

Geils, Karl-Heinz »Kalle«
*20.5.1955
Abwehrspieler
28 (132); 0 (2); 1973–1980
Amateur

Röntved, Per
*27.1.1949
Abwehrspieler
29 (194); 6 (40); 1972–1979
Dänemark

Siegmann, Norbert »Zico«
*20.5.1953
Abwehrspieler
23 (153); 2 (10); 1976–1986

Höttges, Horst-Dieter
»Eisenfuß«
*10.9.1943
Abwehrspieler
32 (420); 2 (55); 1964–1978

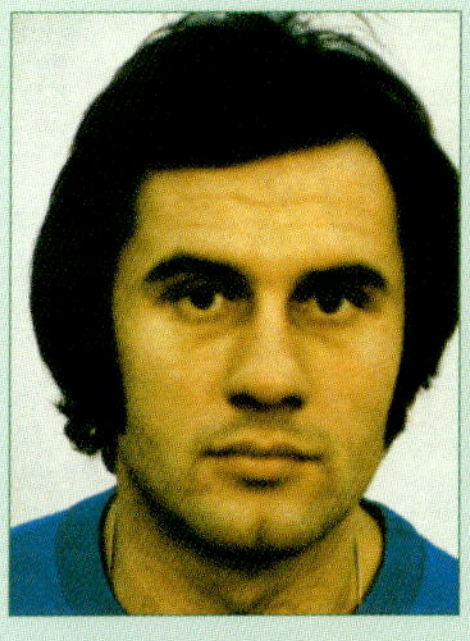

Petrovic, Miodrag
*16.11.1946
Mittelfeldspieler
26 (26); 0 (0); 1976–1977
Jugoslawien, Amateur

Daras, Dimitrios »Dimi«
*21.4.1956
Mittelfeldspieler
1 (4); 0 (0); 1975–1979
Griechenland

Röber, Hans-Jürgen
*25.12.1953
Mittelfeldspieler
34 (184); 8 (57); 1974–1980

Bracht, Uwe
*10.7.1953
Mittelfeldspieler
30 (272); 4 (24); 1971–1984

Kamp, Karl-Heinz »Kalli«
*26.9.1946
Mittelfeldspieler
34 (361); 4 (26); 1970–1984

Hiller, Franz
*22.10.1950
Mittelfeldspieler
34 (162); 2 (4); 1974–1980

Konschal, Hartmut
*2.4.1953
Stürmer
31 (133); 5 (12); 1976–1982

Ohling, Volker
*17.1.1955
Stürmer
9 (53); 0 (8); 1973–1977
Amateur

Müllner, Georg
*24.10.1953
Stürmer
2 (23); 0 (2); 1975–1977
Amateur

Weist, Werner »Acker«
*11.3.1949
Stürmer
14 (145); 2 (53); 1971–1977

Görts, Werner »Anneliese«
*15.1.1942
Stürmer
29 (363); 3 (73); 1966–1978

Meininger, Karlheinz
»Charly«
*1.2.1953
Stürmer
28 (52); 10 (12); 1976–1978

Mense, Willi
*8.9.1957
Stürmer
5 (16); 1 (3); 1976–1978

Voss, Albert
*8.9.1951
Torhüter
0 (1); 0 (0); 1975–1981

Rütten, Klaus
*14.6.1952
Abwehrspieler
0 (3); 0 (0); 1975–1977

Kontny, Mario
*7.4.1953
Abwehrspieler
0 (76); 0 (3); 1973–1978

Sunday, Ibrahim
*1.8.1950
Mittelfeldspieler
0 (1); 0 (0); 1975–1977
Ghana

Schlief, Wolfgang
*13.4.1949
Stürmer
0 (19); 0 (1); 1975–1977
Amateur

Knop, Jens
*21.6.1952
Stürmer
0 (0); 0 (0); 1976–1977
Amateur

1977/78: Rudi Riese

Oben v.l.:
Trainer Tilkowski, Hiller, Siegmann, Geils, Röntved, Burdenski, Reinders, Meininger, Konschal, Höttges
Unten v.l.:
Daras, Röber, Bracht, Dressel, Voss, Mense, Kontny, Kamp, Görts

Dank des Hauptsponsors läuft Werder das zweite Jahr hintereinander in blauen Shirts auf. Und wie schon im Vorjahr bringen die neuen Farben wenig Glück. Im Gegenteil: Eine entspannte Saison sieht ganz, ganz anders aus. Los ging der Nervenkitzel schon vor der Saison: Dem damals chronisch am Rande der Pleite vorbeischrammenden Verein drohte der Absturz ins Amateurlager. Knapp zwei Millionen DM Schulden waren für den DFB Anlass, dem SV Werder die Lizenz für die Bundesligasaison 1977/78 erst einmal zu verweigern. Der Senat half seinem wichtigsten Bremen-Werbeträger finanziell aus der Patsche, aber die Lizenz wurde erst im Juli erteilt, als die wichtigsten Saisonplanungen längst über die Bühne gegangen sein mussten. Die DFB-Auflagen waren nicht von Pappe: Der Verein durfte eine Ausfallbürgschaft von 150.000 DM nur mit DFB-Genehmigung ausgeben. Neuverschuldung wurde ebenso verboten wie die Neuverpflichtung von Spielern. Und nach jedem Spiel kontrollierte der DFB die Kassenabrechnung. Stürmische Zeiten!

Mit großem zeitlichen Abstand lässt sich sagen, dass Werder diese Turbulenzen politisch nicht unangenehm waren. Denn der Verein fühlte sich von der Stadt Bremen in den Bemühungen um ein modernisiertes und damit konkurrenzfähigeres Weser-Stadion seit Jahren im Stich gelassen. Jetzt, da die Bremer Politik um den wichtigen Werbeträger Werder zittern musste, änderte sich das. Zwei Jahre später stand die nagelneue Nordtribüne.

Bis zum Heckmeck um die Lizenz hatte Werder drei Neuzugänge verpflichtet, was nicht viel war angesichts der Abgänge von Werner Weist, Volker Ohling, Georg Müllner, Miodrag Petrovic und Ibrahim Sunday. Zumal die Neuzugänge alles andere als Hochkaräter zu sein schienen: Mit Linksaußen Werner Dressel kam ein A-Jugendlicher vom 1. FC Nürnberg, mit Dimitrios Daras wurde ein in Bremen lebender griechischer Student vorgestellt, der seine ersten Bundesliga-Erfahrungen schon in den Jahren zuvor machen durfte, und mit Uwe Reinders kam als vermeintlichem neuen Torjäger der einzige fertige Spieler, wenngleich auch nur vom Zweitligisten Schwarz-Weiß Essen. Personell verschärfte sich die Lage noch durch das tragische Karriereende des erst 24-jährigen Defensivmannes Mario Kontny, dem viele Fachleute eine tolle Bundesligakarriere vorhersagten. Eine heute harmlose Meniskusverletzung bedeutete das Aus für den Blondschopf, der statt auf dem

Rasen nur noch in Werders Geschäftsstelle am Schreibtisch wirbeln konnte.

Mit einem Mini-Kader von nur 17 Spielern sollte also der Abstieg vermieden werden. Dass dies letztlich gelang, grenzt an ein Wunder. Werders fünf Stürmer trafen in der gesamten Saison alle zusammen beschämende 8 Mal (!) in die gegnerischen Netze. Der erst 19-jährige Dressel wurde dabei zum Shooting Star und mit drei Treffern (...!) zu Werders treffsicherstem Stürmer. Was damals noch keiner wusste: Der rasend schnelle Dressel, der in seinem ersten Profijahr sogar für die Nationalelf in Frage zu kommen schien, lieferte nicht nur seine erste Profisaison ab, sondern gleichzeitig auch seine beste. Die großen Hoffnungen konnte er weder bei Werder, noch später beim HSV, in Nürnberg oder Dortmund rechtfertigen. Zur riesigen Enttäuschung wurde vorerst der bullige Uwe Reinders, der als Mittelstürmer kein einziges Tor zu Stande brachte. Manager Rudi Assauer kanzelte Reinders öffentlich als »mein erster richtiger Fehleinkauf« ab, und erst Jahre später merkte man, dass der Essener schlicht und einfach auf der falschen Position spielte: Als Rechtsaußen wurde er einer der gefürchtetsten Bundesligastürmer, dazu Nationalspieler und WM-Teilnehmer.

Zurück in den düsteren Liga-Alltag 1977. Die Saison geriet vollends in Gefahr, als sich Horst-Dieter Höttges den Arm brach und Werder immer weiter in den Abstiegsstrudel rutschte. In höchster Not warf auch noch der als »menschlich schwierig« geltende Trainer Hans Tilkowski nach anderthalb Jahren die Brocken hin, nachdem er im Trainingslager durch die Indiskretion eines Spielers erfahren hatte, dass die Mannschaft nahezu geschlossen gegen seine Weiterverpflichtung gestimmt habe. In derselben Nacht flüchtete Tilkowski wortlos aus dem Trainingslager. Die Weihnachtszeit verbrachte Jung-Manager Rudi Assauer mit der Trainersuche und stand nebenbei auf dem Trainingsplatz, um die Mannschaft in Form zu halten.

Der »neue« Werder-Trainer brachte unserem Verein Hohn und Spott ein: Fred Schulz, der am Tag nach Neujahr 1978 der Öffentlichkeit präsentiert wurde, hatte eine große Vergangenheit als Spieler und Trainer in Halle und Bremen, war aber gesegnete 74 Jahre alt und handelte sich von der Boulevardpresse schnell den Spottnamen »Trainer-Opa« ein. Die etwas seriösere Presse war sich einig: Der honorige Schulz war der »Strohmann«, der dem eigentlichen Trainer Rudi Assauer mit der erforderlichen DFB-Trainerlizenz aushalf. Der neue Trainer brachte zunächst keine Trendwende. Nach einem lockeren 4:0 gegen den abgeschlagenen FC St. Pauli hagelte es vier Niederlagen in Folge. Werder nistete sich auf Abstiegsplatz 16 ein und hatte zwölf Spieltage vor Saisonende satte vier Punkte (heute etwa entsprechend sechs Punkten nach der Drei-Punkte-Regel!) Rückstand auf den VfL Bochum. Davor rangierte der 1. FC Saarbrücken fünf Punkte vor Werder – pikanterweise mit dem immer noch beleidigten Hans Tilkowski als neuem Trainer.

Tilkowski aber hatte aufs falsche Pferd gesetzt: In den letzten zwölf Spieltagen errackerten seine Ex-Schützlinge von der Weser Punkt um Punkt, während seinen neuen Saarbrückern die Puste ausging. Das Tandem Schulz/Assauer führte Werder in einem sensationellen Saisonfinish noch auf Platz 15. Aus vier Punkten Rückstand wurden innerhalb von nur zwölf Spieltagen neun Punkte Vorsprung, und das ganz ohne Drei-Punkte-Regel! Rudi Assauer leistete Unglaubliches als Manager und Retter auf dem Trainingsplatz. Werder landete in der Rückrundentabelle auf einem respektablen Platz 8 und verdankte das auch der ersten »Leihgabe« der Bremer Bundesligageschichte: Der Kölner Jürgen Glowacz, von Assauer erst verpflichtet und dann trainiert, wurde zum Dreh- und Angelpunkt in Werders Mittelfeld. Nach nur 17 Spielen für den SVW musste Glowacz zurück zum 1. FC Köln. Werder konnte sich seine Weiterverpflichtung einfach nicht leisten.

Bei den Vätern des erfolgreichen Klassenerhalts dürfen wir Dieter Burdenski nicht vergessen, der in dieser Saison

Oben: Beim Spiel gegen den BVB durften die ungewohnt erröteten Bremer die schnellste 2:0-Führung in Werders Bundesligageschichte bejubeln: Bracht und Dressel (beide kuschelnd am Boden) hatten in der 5. und 6. Minute zugeschlagen. Der Dortmunder Huber wendet sich links restlos bedient ab

Unten: Schnell, preiswert und zuverlässig: Der schon 74-jährige Fred Schulz übernahm im Winter pro forma das Traineramt. Seine Trainerlizenz und Rudi Assauers Einsatz auf dem Trainingsplatz retteten Werder 1978 vor dem Abstieg endgültig den Durchbruch zu einem der allerbesten Torhüter Deutschlands schaffte. Der Lohn: »Budde« durfte nach Saisonende als einziger Werderaner mit zur WM nach Argentinien. Und ganz besonders würdigen müssen wir zwei der verdientesten Spieler, die jemals das Trikot mit dem »W« trugen: Horst-Dieter Höttges (»Eisenfuß«) und Werner Görts (»Anneliese«) hängten zeitgleich die Fußballschuhe an den Nagel. Beide spielten noch einmal eine ganz große Saison – Höttges vielleicht sogar eine seiner stärksten. Sie waren die Garanten für den Klassenerhalt – gemeinsam mit dem Mann, der sowohl am Schreibtisch als auch auf dem Trainingsplatz die Verantwortung für die Mannschaft übernahm: Rudi Assauer.

Vom Spielfeldrand 1977/78:

Der Abschied von Werner Weist hatte ein bizarres Nachspiel: Weist wechselte zu den Stuttgarter Kickers, machte dort jedoch nur noch zehn Spiele in der 2. Liga Süd (1 Tor) und beendete nach nur einer Saison bei den Stuttgartern verletzungsgeplagt seine Karriere – mit 29 Jahren. Die Kickers beschuldigten Werder, ihnen einen Invaliden angedreht zu haben und behielten einen Großteil der Ablösesumme ein. Werder klagte vor Gericht und hatte Erfolg: Die Kickers mussten 75.000 DM überweisen. Damit aber nicht genug: Um die Begleichung der Gerichtskosten mussten beide Vereine nach Europacupregeln gegeneinander antreten. Motto: Der Verlierer muss blechen. Die Stuttgarter zogen den Kürzeren.

Tilkowski, Hans »Til«
*12.7.1935
Trainer 1
19 (65); 1970, 1976-12/1977;
1.–19. Spieltag

Schulz, Fred
*27.10.1903, †1.4.1990
Trainer 2
15 (15); 1978
20.–34. Spieltag

Amtsübergabe nach alter Schule: Fred Schulz (links) begrüßt auf dem Trainingsplatz den kommenden Mann auf Werders Bank, den jungen Wolfgang Weber

Abschlusstabelle der Bundesliga 1977/1978:

Pl.	Verein	Sp	S	U	N	Tore	Diff.	Punkte
1.	1. FC Köln	34	22	4	8	86:41	+45	48-20
2.	Borussia M'gladbach	34	20	8	6	86:44	+42	48-20
3.	Hertha BSC Berlin	34	15	10	9	59:48	+11	40-28
4.	VfB Stuttgart	34	17	5	12	58:40	+18	39-29
5.	Fortuna Düsseldorf	34	15	9	10	49:36	+13	39-29
6.	MSV Duisburg	34	15	7	12	62:59	+3	37-31
7.	Eintracht Frankfurt	34	16	4	14	59:52	+7	36-32
8.	1. FC K'lautern	34	16	4	14	64:63	+1	36-32
9.	Schalke 04	34	14	6	14	47:52	-5	34-34
10.	Hamburger SV	34	14	6	14	61:67	-6	34-34
11.	Borussia Dortmund	34	14	5	15	57:71	-14	33-35
12.	Bayern München	34	11	10	13	62:64	-2	32-36
13.	Eintracht Braunschweig	34	14	4	16	43:53	-10	32-36
14.	VfL Bochum	34	11	9	14	49:51	-2	31-37
15.	**Werder Bremen**	**34**	**13**	**5**	**16**	**48:57**	**-9**	**31-37**
16.	1860 München	34	7	8	19	41:60	-19	22-46
17.	1. FC Saarbrücken	34	6	10	18	39:70	-31	22-46
18.	FC St. Pauli	34	6	6	22	44:86	-42	18-50

Saisonverlauf 1977/1978:

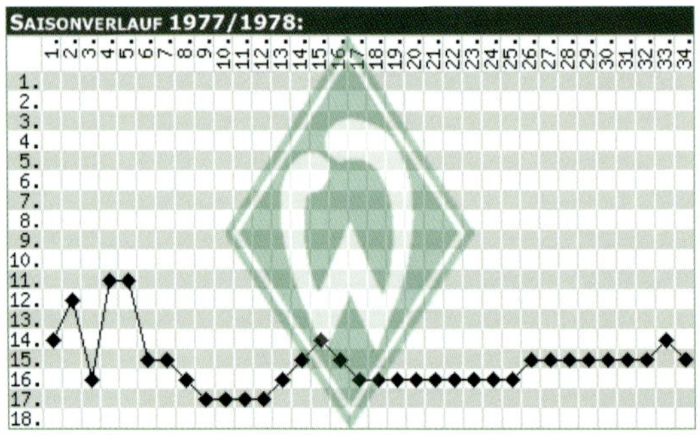

Wer kam?

Wessel (eig. Amateure)
Glowacz (1. FC Köln, w.d.S. ausgeliehen)
Dressel (1. FC Nürnberg)
Reinders (SW Essen)
H. Haskamp (eig. Amateure)

Wer ging?

Petrovic (ASC Schöppingen)
Ohling (Bremerhaven 93)
Müllner (Eintr. Trier)
Weist (Kick. Stuttgart)
Schlief (Eintr. Trier)
Sunday (VSK Osterholz-Scharmbeck)
Kontny (Sportinvalide, w.d.S.)
Knop (eig. Amateure)

w.d.S. = während der Saison

Die Mannschaft (Name, Geb.-Datum, Position, Bundesliga-Einsätze (Gesamt), Tore (Gesamt), bei Werder von-bis)

1977/78

Burdenski, Dieter »Budde«
*26.11.1950
Torhüter
33 (444); 0 (1); 1972–1988

Voss, Albert
*8.9.1951
Torhüter
1 (1); 0 (0); 1975–1981

Geils, Karl-Heinz »Kalle«
*20.5.1955
Abwehrspieler
32 (132); 1 (2); 1973–1980

Röntved, Per
*27.1.1949
Abwehrspieler
21 (194); 6 (40); 1972–1979
Dänemark

Siegmann, Norbert »Zico«
*50.5.1953
Abwehrspieler
28 (153); 1 (10); 1976–1986

Höttges, Horst-Dieter
»Eisenfuß«
*10.9.1943
Abwehrspieler
32 (420); 3 (55); 1964–1978

Konschal, Hartmut
*2.4.1953
Abwehrspieler
34 (133); 4 (12); 1976–1982

Wessel, Karl-Friedrich
*26.9.1954
Abwehrspieler
2 (2); 0 (0); 1977–1978
Amateur

Daras, Dimitrios »Dimi«
*21.4.1956
Mittelfeldspieler
2 (4); 0 (0); 1975–1979
Griechenland; Amateur

Röber, Hans-Jürgen
*25.12.1953
Mittelfeldspieler
34 (184); 13 (57); 1974–1980

Bracht, Uwe
*10.7.1953
Mittelfeldspieler
34 (272); 6 (24); 1971–1984

Kamp, Karl-Heinz »Kalli«
*26.9.1946
Mittelfeldspieler
23 (361); 1 (26); 1970–1984

Hiller, Franz
*22.10.1950
Mittelfeldspieler
22 (162); 0 (4); 1974–1980

Glowacz, Jürgen
*30.9.1952
Mittelfeldspieler
17 (17); 3 (3); 1977–1978

Dressel, Werner »Lego«
*30.8.1958
Stürmer
29 (94); 3 (20); 1977–1980

Reinders, Uwe
*19.1.1955
Stürmer
25 (206); 0 (67); 1977–1985

Görts, Werner »Anneliese«
*15.1.1942
Stürmer
21 (363); 1 (73); 1966–1978

Meininger, Karlheinz
»Charly«
*1.2.1953
Stürmer
24 (52); 2 (12); 1976–1978

Mense, Willi
*8.9.1957
Stürmer
11 (16); 2 (3); 1976–1978

Erweiterter Kader:

Kontny, Mario
*7.4.1953
Abwehrspieler
0 (76); 0 (3); 1973–1978

Haskamp, Helmut
*23.8.1956
Mittelfeldspieler
0 (0); 0 (0); 1977–1978
Amateur

sportmagazin
kicker
DEUTSCHLANDS GRÖSSTE SPORTZEITUNG
Sepp Maiers Stellvertreter:
Dieter Burdenski
SV Werder Bremen
Foto: Herbert Liedel

Rudi Assauer: »Nun mach mal!«

Sie sind inzwischen untrennbar mit dem FC Schalke 04 verbunden, waren aber insgesamt auch ein Jahrzehnt in Bremen und haben hier den Einstieg ins Managergeschäft geschafft. Was bedeutet Ihnen Werder Bremen heute?
Assauer: Werder war für mich eine sehr, sehr schöne Zeit. Wenn es eine Möglichkeit gäbe, den Verein Schalke 04 zu transportieren in die Stadt Bremen, wäre es ideal. Aber das geht ja leider nicht.

Sie residierten damals in ziemlich maroden Räumlichkeiten in der alten Südtribüne, hatten nur einen winzigen Stab von Mitarbeitern in der Geschäftsstelle und waren mit 32 Jahren als Berufsanfänger in großem Maß auf sich alleine gestellt. Wie waren Ihre Arbeitsbedingungen zu Beginn Ihrer Managerkarriere bei Werder?
Assauer: Die damalige Zeit war nun mal etwas bescheidener. Als ich 1993 auf Schalke anfing, haben dort auch nur fünf Leute außer mir gearbeitet. Das hat sich alles in den letzten Jahrzehnten hochgeschaukelt. Wenn ich mir jetzt die Nordtribüne im Weser-Stadion ansehe – es war damals meine Idee, die Tribüne über Werbung zu finanzieren. Wir haben den einzelnen Blöcken gegen Bezahlung feste Firmennamen gegeben und damit haben wir das Ding finanziert. Irgendwann wurden Logen gebaut mit allem Pipapo. Es ging immer weiter, aber diese Nordtribüne, das war damals mein erster wichtiger Schritt.

Sie haben Werder 1977/78 beinahe im Alleingang als Trainer-Manager gerettet. Erst ein riesiger Rückstand auf das rettende Ufer, dann am Ende hatte Werder sogar einen großen Vorsprung ...
Assauer: Tja, sie hatten eben einen guten Trainer ... Moment, wir müssen das mal eben für dieses Buch festhalten! Es war ja folgendermaßen: Ich habe mich morgens früh um 8 Uhr im Trainingsanzug ins Büro gesetzt. Um 10 Uhr bin ich auf den Trainingsplatz gegangen, habe die Mannschaft trainiert, schnell geduscht und bin mittags wieder zurück an meinen Manager-Schreibtisch. Am Nachmittag dann dasselbe nochmal. Das war ein unglaublicher Stress, aber wir haben es dann alle zusammen gepackt und sind drin geblieben.

Legenden ranken sich um die Nacht-und-Nebel-Kapitulation von Trainer Hans Tilkowski. Was ist in dieser Dezembernacht wirklich passiert?
Assauer: Ach, Tilkowski ... Es ging zwischen ihm und Werder einfach nicht mehr. Wir haben vor kurzem bei der Beerdigung von Lothar Emmerich zum ersten Mal seit damals wieder vernünftig miteinander geredet. Er ist bis heute sicher, dass ich 1977 die Mannschaft gegen ihn aufgehetzt habe und dafür sorgte, dass die Spieler keine hohe Meinung von ihm hatten. Absoluter Quatsch. Es war einzig und alleine meine Entscheidung, Hans Tilkowski zu sagen: »Junge, so kriegen wir das Ding nicht mehr gebacken mit dir.« Die Spieler hatten damit nicht das Geringste zu tun. Tilkowski passte nicht zur Mannschaft. Er war wie ein Feldwebel, hat befohlen und keine Widerworte geduldet. Gleichzeitig war er dünnhäutig und unempfänglich für Kritik oder Anregungen.

Als Spieler eilte Ihnen bei Werder der Ruf voraus, den einen oder anderen Trainer maßgeblich mit »abgeschossen« zu haben. Sie haben sich damals gegen diese Darstellung gewehrt. Heute, mit etwas Abstand: Waren Sie bei dem einen oder anderen Trainerwechsel die treibende Kraft?
Assauer: Ich war Spielführer dieser Mannschaft, und ich habe manchmal erkannt, dass es mit dem einen oder anderen Trainer nicht möglich war, unser Klassenziel zu erreichen und zumindest in der Liga zu bleiben. Und dann war es meine Pflicht, den Vorstand zu informieren, wenn ich gesehen habe, dass es nicht mehr funktioniert. Da ist dann natürlich ein Zapf Gebhardt über die Wupper gegangen. Ich habe mir gesagt: Okay, es geht um Werder Bremen und um den Verbleib in der Liga! Entsprechend bin ich aufgetreten, und wir haben es dann ja auch immer geschafft, in der Liga zu bleiben. Also waren die Trainerwechsel in meiner Zeit alle nicht so verkehrt.

Butter bei die Fische: Welcher Werder-Trainer hatte welche Schwächen?
Assauer: Ach Gottchen, fangen wir bei Gebhardt an. Das war ein Trainer der fünfziger und sechziger Jahre. Alte Trainingsmethodik, mit Medizinbällen um die Bahn laufen, 400-Meter-Läufe machen. Er hat uns völlig falsch trainiert! Wenn ich sehe, wie heute trainiert wird im Schnelligkeits- und Ausdauerbereich – Gebhardt hat von allem das Gegenteil gemacht. Wir haben damals alles falsch gemacht. An heißen Tagen durftest du bei Gebhardt kein Wasser trinken. Eine Katastrophe! Da hast du eine 0,2-Literflasche Wasser vor dem Spiel bekommen, und die mussten sich zwei Spieler teilen. Mehr durftest du nicht trinken. Gebhardt befahl immer: »Trocken bleiben, trocken bleiben!« Völlig absurd, heute unvorstellbar! Damals gab es im Weser-Stadion noch die alte Aschenbahn um das Spielfeld. Da mussten wir zehnmal 200 Meter laufen auf Zeit, durften höchstens 30 Sekunden brauchen. Und dann noch zehnmal

Rudi Assauer sportlich 1970 ...

Rudi Assauer

Rudi Assauer (Jahrgang 1944) kam 1970 von Borussia Dortmund zu Werder Bremen. Insgesamt sechs Saisons lang verlieh er Werders Hintermannschaft in ganz schwierigen Zeiten in enger Zusammenarbeit mit Horst-Dieter Höttges Stabilität. 1976 wechselte er mit 32 Jahren auf den Managersessel bei Werder Bremen und wurde nicht nur der jüngste, sondern auch der erste »richtige« Manager der Fußball-Bundesliga.

... und schnieke 2003

Eindrucksvoller Beleg für turbulente Berufsjahre im Leben des Rudi A.: als Mannschaftskapitän im Werder-Trikot 1976, als Manager am Schreibtisch 1977 und als Interimstrainer auf dem Weg zum Trainingsplatz 1978. Der nominelle Cheftrainer Fred Schulz (Mitte) und Torwart Dieter Burdenski gingen nicht nur auf diesem Foto Assauers Weg mit

400 Meter auf 60 Sekunden. Und wenn einer über der Zeit lag vor Erschöpfung, musste er eine Extrarunde laufen. Da sind einige hinterher rückwärts gelaufen, weil oben im Hirn der Sauerstoff wegblieb. Ich erinnere mich an Hasebrink! Der ist plötzlich rückwärts gelaufen, und bupp, lag er in der Sandgrube drin! Es gab weitere Beispiele: Herbert Burdenski, Fritz Langner, Fritz Rebell – alles eine Trainergeneration. Zu altmodisch in ihren Methoden für die Bundesliga in den Siebzigern.

Otto Rehhagel?

Assauer: Otto habe ich verpflichtet, nachdem er in Düsseldorf rausgeflogen war. Keiner wollte ihn, ich habe ihn geholt. Kuno Klötzer, unser damaliger Trainer, hatte einen Autounfall und konnte erst mal nicht mehr weitermachen. Rehhagel kam als Nothelfer und hat die Mannschaft gleich so prima im Griff gehabt, dass ich gesagt habe: »Otto, das mit Kuno Klötzer ist meine Sache. Das regle ich!« Ich wollte, dass Otto bei Werder bleibt. Wir sind dann aufgestiegen und Otto hat die Mannschaft gleich in die Bundesligaspitze geführt. Fantastisch!

Fans sind nicht immer einer Meinung, wie diese doch etwas widersprüchlichen Transparente beweisen, die am selben Tag in Werders Fankurve aufgenommen wurden: Rudi Assauer hatte soeben seinen Wechsel zu Schalke 04 bekanntgegeben

Eine obligatorische Frage, die viele Ihrer Kollegen von damals in diesem Buch beantworten: Weshalb hat die Millionenelf nicht funktioniert?
Assauer: Weil diejenigen, die diese teuren Spieler ausgesucht haben, zuwenig Ahnung vom Fußball hatten. Es wuchs kein Kollektiv. Es hat alles nicht gepasst. Vielleicht waren die Stareinkäufe auch charakterlich alle zu ähnlich. Die Idee war gut, aber die Umsetzung hat nicht funktioniert. Wir waren keine Truppe.

Als Sie als Manager einstiegen, waren Sie erst 32 Jahre alt. Gab es keine Autoritätsprobleme mit den Spielern, mit denen Sie erst zusammenspielten, bevor Sie als Manager ihr Vorgesetzter wurden?
Assauer: Nein, das war kein Problem. Ich hatte andere Schwierigkeiten. Ich war am Samstag noch als Spieler auf dem Platz, und am Montag sollte ich mich als Manager an den Schreibtisch setzen und man sagte zu mir: »Nun mach mal!« Dann habe ich zum ersten Mal an meinem Schreibtisch gesessen und gegrübelt: Verdammt, *was* soll ich jetzt machen? (lacht)

Was war Ihr schönstes Erlebnis in Ihrer Zeit bei Werder?
Assauer: Da muss ich gar nicht überlegen! Das schönste Erlebnis war in der Zweitligasaison Werders Spiel bei Hertha BSC Berlin im ausverkauften Olympiastadion. Wir haben 2:1 gewonnen und wussten: Jetzt sind wir durch! Erst lagen wir zurück durch Okudera, dann glich Reinders aus und Pasi Rautiainen machte im Nachschuss das 2:1-Siegtor. Da waren über 70.000 Zuschauer bei einem Zweitligaspiel. Hinterher gab es die schönste Feier, weil sie klein war und spontan.

Was war Ihre schwerste Entscheidung, die Sie als Werder-Manager getroffen haben?
Assauer: Eindeutig die Entscheidung, Werder zu verlassen um nach Schalke zu gehen.

1978/79: Das Jahr Eins nach Horst-Dieter

Oben v.l.:
Trainer Weber, Röntved, Burdenski, Kamp, Hiller, Siegmann, Geils, Reinders, Konschal, Linz
Unten v.l.:
Daras, Bargfrede, Dressel, Voss, Möhlmann, Bracht, Wunder, Röber

Jetzt pusten wir mal durch! Die Saison 1978/79 war aus Werders Sicht zwar keineswegs sorgenfrei, aber im Vergleich zur vorigen Saison und erst recht zur nachfolgenden Saison war sie erholsam und entspannt. Werder, wieder in grünweiße Traditionsfarben gehüllt, brach auf zu neuen Ufern: Ein Stadion im neuen Gewand, ein neuer Trainer, ein neuer Kapitän, ein neuer Hauptsponsor, ein neuer Stürmerstar – und das alles in einer einzigen Saison!

Der Reihe nach: Eklig kurz vor Saisonbeginn kündigte der Trikotsponsor »Norda« den Vertrag. Werder hatte ein 400.000-DM-Loch in der ohnehin leergefegten Kasse, das erst kurz vor Saisonstart durch den japanischen Kamera-Hersteller »Pentax« gestopft wurde. Nicht zuletzt dadurch entspannte sich auch die Lage des im Jahr zuvor noch vom Lizenzentzug bedrohten Vereins. Werder konnte sogar wieder in neue, fertige Spieler investieren und tat dies höchst umstritten: Nachdem nämlich auch der blasse Charly Meininger Werders traditionelles Knipser-Problem nicht lösen konnte, eiste Werder für 150.000 DM den Ex-Nationalstürmer Klaus Wunder vom Nordrivalen Hannover 96 los. Dort war man heilfroh, den »Querulanten« los zu werden, denn Wunder galt als Absahner. Und (obwohl erst 27 Jahre alt!) als Spieler, der seine beste Zeit bereits hinter sich hatte. Als Nationalspieler war er für damals astronomische 700.000 DM vom MSV Duisburg zum FC Bayern gewechselt, wo er sich nicht durchsetzen konnte. Hannover bekam ihn für eine halbe Million, und Werder dann geradezu zum Sparpreis.

Teurer war da schon ein weithin unbekannter Mann aus Münster: Der 24-jährige Benno Möhlmann kostete stolze 400.000 DM, aber schnell wurde deutlich, dass er jeden Pfennig wert war: Möhlmann glänzte als Stratege im Mittelfeld und tat dies letztendlich fast ein Jahrzehnt lang. Die Neuzugänge wurden komplettiert durch den Torschützenkönig der Rheinland-Pfalz-Liga, einen gewissen Paul Linz, den wir heute als Trainer von Eintracht Trier kennen. Linz kam mit der Referenz von 40 Saisontoren beim VfL Trier, konnte diese Treffsicherheit bei Werder aber nie bestätigen. Aus den eigenen Amateuren stieß noch der kleine Hansi Bargfrede dazu, blieb jedoch ohne Liga-Einsatz.

Die Saison 1978/79 wurde für Werder zu einem personellen Drahtseilakt: Nur 13 Spieler bildeten den Stamm der Mannschaft. Norbert Siegmann war einige Zeit verletzt, Paul Linz kam nur als Joker zum Einsatz – alle anderen mussten quasi durchspielen. Der enge Kader wurde durch Werders nach wie vor alarmierende Finanzlage notwendig: Das Weser-Stadion befand sich im Umbau, die neue Nordtribüne wurde erst im Winter 1978 fertig, und da der DFB Werders Wunsch nach einer Verlegung der zuschauerträchtigen Spiele in die Zeit nach der Fertigstellung des Stadions nicht nachkam, ging alleine in den Heimspielen gegen den HSV und Bayern laut Manager Rudi Assauer eine halbe Million DM flöten – damals eine für den Verein unvorstellbar große Summe.

Der Saisonstart wurde – zum wievielten Mal eigentlich? – vermasselt, aber nachdem die Vorrunde am Rande des Abgrunds einigermaßen aufrecht bewältigt wurde, biss sich Werders kleines Häuflein bundesligatauglicher Spieler in der Rückrunde durch und wurde am Ende gesicherter Elfter. Sternstunden waren die beiden Unentschieden gegen Meister HSV: Am 2. Spieltag dauerte es nur fünf Minuten, bis der umstrittene Klaus Wunder Werders erstes Heimtor erzielte. Am Ende ermauerte sich die Weber-Truppe gegen die HSV-Elf um Superstar Kevin Keegan ein 1:1. Im Rückspiel wiederum sah der HSV schon wie der sichere Sieger aus, ehe Möhlmann und Reinders mit ihren Toren in den letzten sieben Minuten noch ein sensationelles 2:2 herausholten. Saison-Highlight war die Premiere der neuen Nordtribüne (heute die älteste Tribüne des Stadions) im Heimspiel gegen die weltbeste Vereinsmannschaft FC Liverpool. Werders Fans staunten über die neuen Flutlichtmasten, die damals das hellste Flutlicht in ganz Europa lieferten. Und nicht nur die Zuschauer auf der nagelneuen Nordtribüne bejubelten am Ende ein gerechtes 1:1 gegen die englische Spitzenelf, nachdem Uwe Reinders per Kopf sogar die Führung erzielt hatte.

Der im Vorjahr schon als Fehleinkauf gehandelte Reinders wurde in seiner 2. Saison als wuchtiger Rechtsaußen doch noch zum Volltreffer. Klaus Wunder mühte sich, machte auch Tore (acht an der Zahl), konnte aber nie vertuschen, dass er längst nicht mehr der Spitzenmann früherer Jahre war. Werders Problem lag erstmalig in der Bundesligageschichte ausnahmsweise mal in der Abwehr: Vor Torwart Burdenski, der in dieser Saison vom »Kicker« zum besten Torwart der Liga gekürt wurde, musste Werders Hintermannschaft zum ersten Mal seit 14 Jahren ohne Horst-Dieter Höttges auskommen. Neuer Chef in der Deckung war Werders neuer Kapitän Per Röntved, doch der Däne (»bester Libero der siebziger Jahre nach Beckenbauer«) ließ in seinem letzten Jahr bei Werder die Souveränität früherer Jahre vermissen.

Fast die komplette Saison verbrachte Werder mit der Suche nach einem passenden Nachfolger für den scheidenden Dänen. Die Besetzung dieser Schlüsselposition sollte nach Saisonende zu Werders Schicksal werden, aber das konnte 1979 noch niemand ahnen.

Oben: Uwe Reinders köpft gegen Weltklassetorwart Ray Clemence vom FC Liverpool das allererste Tor im umgebauten Weser-Stadion. Im Hintergrund ist die neu erbaute Nordtribüne zu erkennen, die am 12.12.1978 im Spiel zwischen Werder und der damals vielleicht besten Vereinself der Welt eingeweiht wurde. Werder trotzte dem FC Liverpool ein 1:1 ab

Unten: Zwei bekannte und drei unbekannte Gesichter: Der neue Trainer Wolfgang Weber begrüßt zum Saisonauftakt beim ersten Training die Neuzugänge Paul Linz (VfL Trier), Ex-Nationalspieler Klaus Wunder (Hannover 96), Hans-Jürgen Bargfrede (Werder Amateure) und Benno Möhlmann (Preußen Münster). Möhlmann war mit einer Ablösesumme von 400.000 DM Werders bis dahin teuerster Einkauf aller Zeiten

Einer der wenigen Werder-Stars der Siebziger sagt »Tschüß«: Per Röntved verabschiedet sich am 2.6.1979 nach einem 3:1 gegen den 1. FC Kaiserslautern von den Werder-Fans. Später sorgte er mit einem Enthüllungsbuch für großen Ärger bei Werder

Vom Spielfeldrand 1978/79:

Beim Spiel in Bochum betrat Thomas Schaaf erstmals die Bundesligabühne. Zwar nur für 25 Minuten und in einem Spiel, das am Ende mit 0:3 verloren ging, aber Thomas Schaaf stellte dennoch einen bis heute gültigen Rekord auf: Zwölf Tage vor seinem 18. Geburtstag feierte Schaaf nicht nur sein Debüt, sondern ist bis heute mit 17 Jahren und 353 Tagen der jüngste Spieler, der je für Werder in der Bundesliga auflief.

Weber, Wolfgang »Bulle«
*26.6.1944
Trainer
34 (53); 1978–1/1980

Abschlusstabelle der Bundesliga 1978/1979:

Pl.	Verein	Sp	S	U	N	Tore	Diff.	Punkte
1.	Hamburger SV	34	21	7	6	78:32	+46	49-19
2.	VfB Stuttgart	34	20	8	6	73:34	+39	48-20
3.	1. FC K'lautern	34	16	11	7	62:47	+15	43-25
4.	Bayern München	34	16	8	10	69:46	+23	40-28
5.	Eintracht Frankfurt	34	16	7	11	50:49	+1	39-29
6.	1. FC Köln	34	13	12	9	55:47	+8	38-30
7.	Fortuna Düsseldorf	34	13	11	10	70:59	+11	37-31
8.	VfL Bochum	34	10	13	11	47:46	+1	33-35
9.	Eintracht Braunschweig	34	10	13	11	50:55	-5	33-35
10.	Borussia M'gladbach	34	12	8	14	50:53	-3	32-36
11.	**Werder Bremen**	**34**	**10**	**11**	**13**	**48:60**	**-12**	**31-37**
12.	Borussia Dortmund	34	10	11	13	54:70	-16	31-37
13.	MSV Duisburg	34	12	6	16	43:56	-13	30-38
14.	Hertha BSC Berlin	34	9	11	14	40:50	-10	29-39
15.	Schalke 04	34	9	10	15	55:61	-6	28-40
16.	Arminia Bielefeld	34	9	8	17	43:56	-13	26-42
17.	1. FC Nürnberg	34	8	8	18	36:67	-31	24-44
18.	Darmstadt 98	34	7	7	20	40:75	-35	21-47

Saisonverlauf 1978/1979:

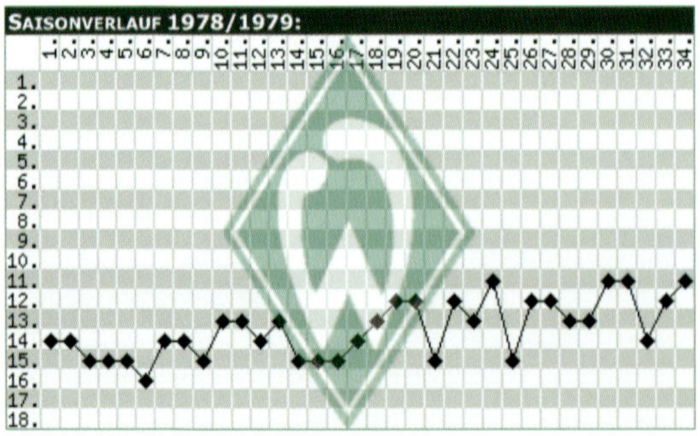

Wer kam?

M. Haskamp (eig. Amateure)
Schaaf (eig. Amateure)
Möhlmann (Preußen Münster)
Feldhaus (eig. Amateure)
Linz (VfL Trier)
Wunder (Hannover 96)
Bargfrede (eig. Amateure)
Dietrich (Holstein Kiel)

Wer ging?

Höttges (SC Oberbecksen)
Wessel (VfL Osnabrück)
Glowacz (zurück zum 1. FC Köln, war ausgeliehen)
Meininger (RW Essen)
Görts (Karriereende)
Mense (Preußen Münster)
H. Haskamp (eig. Amateure)

Die Mannschaft

(Name, Geb.-Datum, Position, Bundesliga-Einsätze (Gesamt), Tore (Gesamt), bei Werder von–bis)

1978/79

Burdenski, Dieter »Budde«
*26.11.1950
Torhüter
34 (444); 0 (1); 1972–1988

Haskamp, Martin
*11.9.1958
Abwehrspieler
1 (9); 0 (0); 1978–1983
Amateur

Geils, Karl-Heinz »Kalle«
*20.5.1955
Abwehrspieler
31 (132); 1 (2); 1973–1980

Röntved, Per
*27.1.1949
Abwehrspieler
33 (194); 2 (40); 1972–1979
Dänemark

Siegmann, Norbert »Zico«
*30.5.1953
Abwehrspieler
20 (153); 0 (10); 1976–1986

Schaaf, Thomas
*30.4.1961
Abwehrspieler
1 (262); 0 (13); 1978–1995
Amateur

Konschal, Hartmut
*2.4.1953
Abwehrspieler
32 (133); 2 (12); 1976–1982

Möhlmann, Benno
*1.8.1954
Mittelfeldspieler
34 (230); 5 (33); 1978–1988

Röber, Hans-Jürgen
*25.12.1953
Mittelfeldspieler
30 (184); 12 (57); 1974–1980

Bracht, Uwe
*10.7.1953
Mittelfeldspieler
32 (272); 2 (24); 1971–1984

Kamp, Karl-Heinz »Kalli«
*26.9.1946
Mittelfeldspieler
23 (361); 1 (26); 1970–1984

Hiller, Franz
*22.10.1950
Mittelfeldspieler
29 (162); 2 (4); 1974–1980

Feldhaus, Wilfried »Willi«
*23.9.1954
Stürmer
1 (4); 0 (0); 1978–1980
Amateur

Dressel, Werner »Lego«
*30.8.1958
Stürmer
32 (94); 5 (20); 1977–1980

Reinders, Uwe
*19.1.1955
Stürmer
32 (206); 7 (67); 1977–1985

Linz, Paul
*4.1.1956
Stürmer
10 (10); 1 (1); 1978–1980

Wunder, Klaus »Cäsar«
*13.9.1950
Stürmer
33 (56); 8 (12); 1978–1980

Erweiterter Kader:

Voss, Albert
*8.9.1951
Torhüter
0 (1); 0 (0); 1975–1981

Bargfrede, Hans-Jürgen
*10.3.1959
Mittelfeldspieler
0 (0); 0 (0); 1978–79,
1980–81; Amateur

Daras, Dimitrios »Dimi«
*21.4.1956
Mittelfeldspieler
0 (4); 0 (0); 1975–1979
Griechenland; Amateur

Dietrich, Stefan
*14.12.1956
Mittelfeldspieler
0 (0); 0 (0); 1978–1979
Amateur

1979/80: Time To Say Goodbye

Oben v.l.:
Burdenski, Otten, Schaaf, Reinders, Haskamp, Voss
Mitte v.l.:
Trainer Weber, Watson, Offermanns, Möhlmann, Linz, Hiller, Geils, Siegmann, Kamp
Unten v.l.:
Feldhaus, Konschal, Dressel, Bracht, Wunder, Röber, Masseur Kienert

Wenn jemals in einer Bundesligasaison für den SV Werder wirklich ALLES schief lief, dann in der nun genauer betrachteten Saison 1979/80. Der alte Abwehrchef Per Röntved fuhr heim nach Dänemark und brachte dort per Enthüllungsbuch den SV Werder noch vor Saisonbeginn mit unsinnigen Doping-Vorwürfen in Misskredit. Röntveds Nachfolger Dave Watson flog im zweiten Spiel für Werder vom Platz, überwarf sich mit seinen Kollegen und verabschiedete sich daraufhin auf Nimmerwiedersehen. Der neue, teure Stürmerstar Gerhard Steinkogler zog sich nach drei Spielen für Werder eine schwere Verletzung zu, konnte erst am Saisonende wieder eingreifen und kehrte nach nur sieben Spielen für Werder ins heimatliche Österreich zurück. Nationaltorwart Dieter Burdenski erlebte eine haarsträubende Saison und kassierte mit 93 Gegentoren so viele wie kein anderer Werder-Keeper vorher und nachher, was nicht ausschließlich an ihm selbst lag, sondern maßgeblich an den Abwehr-Experimenten, die nach dem Abschied von Libero Watson notwendig wurden. Und zu schlechter Letzt musste wieder ein Trainerwechsel her – erstmalig in Werders Bundesligageschichte ohne Erfolg. Am Ende der Chaos-Saison stand der Abstieg in die 2. Liga Nord im Sommer 1980.

Aber immer langsam der Reihe nach. Nur ein Jahr nach dem Abschied von Denkmal Horst-Dieter Höttges verabschiedete sich mit Per Röntved die nächste Säule der Hintermannschaft. Röntved war vielleicht der beste Fußballer, den Werder in den siebziger Jahren präsentieren konnte. Er hatte nach sieben Jahren genug von Deutschland und der Bundesliga und ließ seine Karriere in der 2. dänischen Liga ausklingen. Überraschend und unvorbereitet wie ein Keulenschlag traf Werder ein Enthüllungsbuch namens »Die Kehrseite«, das Röntved zeitgleich mit seinem Abschied aus Deutschland in Dänemark vielbeachtet herausgab. Aus heiterem Himmel wusch er darin schmutzige Wäsche in großer Menge und per Rundumschlag: Neben vielen internen Details bezichtigte er Werder des Dopings und behauptete, vom Vereinsarzt ein Aufputschmittel namens »Inocid« bekommen zu haben. Ganz Werder fiel aus allen Wolken. Die Anschuldigungen verliefen freilich im Sande, was auch daran liegen könnte, dass es eine Substanz namens »Inocid« schlicht und einfach gar nicht gibt. Das Buch des scheidenden Liberos war in Rekordzeit vergessen.

Nach Röntveds Abschied musste ein neuer Abwehrchef her. Möglichst einer, der vorerst kein Enthüllungsbuch beabsichtigte. Mit Jürgen Offermanns hatte Werder zwar schon einen möglichen »Libero der Zukunft« verpflichtet, aber der junge Mann aus Lüdenscheid schien unserem Trainer Wolfgang Weber noch zu grün für Werders Abwehrzentrum. Neben Offermanns begrüßte Weber zum Trainingsstart mit dem erst 18-jährigen Hagener Jonny Otten vielleicht so etwas wie den »Spieler der Saison«. Otten erwies sich trotz seiner Jugend als absoluter Leistungsträger und absolvierte in seiner ersten Saison gleich 33 von 34 Spielen.

Schließlich überraschte Manager Assauer mit der Verpflichtung des englischen Nationalliberos Dave Watson von Manchester City. Sportlich eine Granate, allerdings schon 32 Jahre alt. Rund ums Weser-Stadion entfachte diese Nachricht eine wahre Watson-Mania, denn allen war nach den ersten Eindrücken sofort klar: Dieser Mann könnte zum besten Libero der Bundesliga werden und Werders Hintermannschaft zu einem Bollwerk für die Konkurrenz werden lassen.

Es kam anders. Dave Watson zog nach Kirchlinteln, um in unmittelbarer Nähe der dortigen Kaserne englisches Fernsehen empfangen zu können. Er umgab sich mit Landsleuten, vermied jeden privaten Kontakt mit seinen Mitspielern und hatte nach drei Monaten, wie sich Dieter Burdenski erinnert, »mit uns kein einziges deutsches Wort geredet«. Im Saisoneröffnungsspiel gegen Leeds United (0:0) glänzte Watson, gewann jeden Kopfball, hielt die Abwehr zusammen und traf die Latte. Im ersten Bundesligaspiel gegen Bayer Uerdingen (1:0) bekräftigte er diesen starken Eindruck. Dann jedoch brach das Unheil zunächst über Watson, und mittelfristig über die ganze Mannschaft herein.

Nach nur 36 Minuten in seinem zweiten Bundesligaspiel ließ sich Dave Watson zu einer Tätlichkeit gegen den ihn provozierenden Münchener Löwen Bitz hinreißen. Resultat: acht Wochen Sperre für einen Schubser. Im Spiel bei Schalke 04 hätte Watson die Abwehr wieder organisieren dürfen. Hätte. Denn rätselhafterweise erschien der Brite nur kurz zur Abfahrt des Mannschaftsbusses, um mitzuteilen, er sei verletzt. Werders Arzt Dr. Wiedenmann hatte jedoch ganz im Gegensatz dazu festgestellt, Watson sei einsatzfähig. Trainer Weber redete mit Engelszungen auf seinen Libero ein – vergeblich. Watson weigerte sich, die Fahrt nach Gelsenkirchen anzutreten.

Das Kapitel Watson endete so schnell, wie es ein Vierteljahr zuvor begonnen hatte. Werders Führung verhängte gegen ihn eine Disziplinarstrafe von 10.000 DM, Watson war darüber erbost und nutzte eine Länderspielberufung, um sich

Werder-Jubel auf fremden Plätzen war ein seltenes Gut in der Saison 1979/80! Hier freuen sich Otten, Dressel und Röber

daheim in England mit dem FC Southampton über einen Transfer zurück auf die Insel einig zu werden. Werder erhielt umgerechnet 900.000 DM, etwa doppelt so viel, wie Watson 100 Tage zuvor gekostet hatte.

Werder hatte nun Geld, aber keinen Libero mehr. Nach Watson probierte Wolfgang Weber mit mäßigem Erfolg nacheinander Benno Möhlmann, Franz Hiller und Hans-Jürgen Offermanns im Abwehrzentrum aus. Während Werder in der Tabelle immer weiter abrutschte und vor allem auswärts zunehmend die Hucke voll bekam, suchte Rudi Assauer in ganz Europa den neuen Werder-Libero. Das Geld war da, nur passende Spieler gab es keine. Und je länger der Libero gesucht wurde, umso klarer wurde: Ein guter Stürmer wäre eigentlich ebenso notwendig. Kurz vor Schließung der Transferliste zauberte Werder deshalb mit dem erst 20-jährigen Österreicher Gerhard Steinkogler vom Grazer AK den nächsten vermeintlichen Superstar aus dem Hut. Erstaunlicherweise setzte sich Werder im Werben um den Jungstar gegen Bayern München und Inter Mailand

Der Trainer und sein Schlüsselspieler: Wolfgang Weber freut sich über die Ankunft des erfahrenen neuen Werder-Liberos Dave Watson. Die Freude währte beidseitig nur kurz

Strohmänner, die Dritte: Fritz Langner übernimmt neben dem Traineramt hier von Rudi Assauer mehr Bälle, als er tragen kann. Auch sonst hatte sich der Trainer-Rentner mit seinem letzten offiziellen Engagement verhoben

Der letzte Strohhalm: Rudi Assauer verpflichtete im Herbst für viel Geld das österreichische Supertalent Gerhard Steinkogler. Verletzungsbedingt konnte der Grazer dem SV Werder jedoch keine große Hilfe sein

durch. Finanziert wurde er durch eine kurzlebige Werder-Sponsorenvereinigung namens »Torjäger GmbH«.

Doch auch das Kapitel Steinkogler endete tragisch: Nach drei Spielen, in denen er Hoffnung auf eine rosige Zukunft im Werder-Angriff wachsen ließ, riss er sich beim »Vier gegen Zwei« im Training die Bänder, pausierte monatelang und war erst wieder fit, als es fast zu spät war.

Ohne den verletzten Österreicher verlor Werder die ersten beiden Spiele der Rückrunde gegen die Neulinge Uerdingen und München 1860. Vor allem das 4:6 (!) zu Hause gegen die ebenfalls abstiegsbedrohten Sechziger war schockierend und desolat. Wolfgang Weber musste gehen, nachdem dem Vorstand schon Wochen zuvor das Verhältnis zwischen ihm und der Mannschaft gestört schien. Rudi Assauer übernahm wieder einmal aushilfsmäßig das Traineramt, doch nach kurzer Zeit fand Werder wie schon zwei Jahre vorher eine sensationelle Übergangslösung: Nach zwölf Jahren kehrte Fritz Langner, mit 67 längst im Rentenalter, auf die Trainerbank zurück. Zum dritten Mal wurde er Werder-Trainer, wenngleich diesmal nur als Strohmann für Rudi Assauer. Zum allerletzten Mal in diesem Leben.

Das Tandem Langner/Assauer bescherte den Werder-Fans die seltsamste, bewegendste und torreichste Rückrunde der grünweißen Vereinsgeschichte. Zu Hause wurde jeder Gegner begeisternd weggefiedelt (4:0 gegen Braunschweig, 4:1 gegen Düsseldorf, 4:0 gegen Schalke, 4:2 gegen Gladbach), auswärts hingegen gab es Woche für Woche ein Debakel nach dem anderen (0:4 in Leverkusen, 0:5 beim HSV, 0:7 bei den Bayern, 1:4 in Duisburg). Vier Spieltage vor Saisonende stand Werder am Abgrund. Das Torverhältnis war im Eimer, Auswärtsspiele bedeuteten sichere Niederlagen, und so wurde die Nervenbelastung am Saisonende zum entscheidenden Manko. Nach fünf Heimsiegen hintereinander patzte Werder ausgerechnet in den beiden letzten wichtigen Spielen zu Hause gegen Kaiserslautern (2:4, nachdem man schon ein 0:2 aufgeholt hatte) und Köln (0:5) sowie auswärts in Frankfurt, wo Werder am drittletzten Spieltag trotz einer sensationellen 2:0-Führung durch drei Tore in den Schlussminuten noch mit 2:3 verlor. Kurioserweise wurde mittlerweile aus lauter Ratlosigkeit Mittelstürmer Klaus Wunder als Liberokandidat Nr. 39 (geschätzt) getestet. Der große Durchbruch als Abwehrchef sollte auch ihm verwehrt bleiben, um es mal diplomatisch auszudrücken.

Werder war abgestiegen. Erstmals in der Bundesligageschichte musste der Traditionsverein in die Zweitklassigkeit. Ein Abstieg, der ganz Bremen erschütterte. Rudi Assauer tat ihn als Betriebsunfall ab und bastelte sogleich an einer Mannschaft, die den direkten Wiederaufstieg schaffen sollte. Und heute, viele Jahre danach, wissen wir: Langfristig wurde Werders einziger Abstieg zu einem Glücksfall. In der 2. Liga Nord wuchs eine Mannschaft zusammen, die schon wenig später für Werders goldene achtziger Jahre verantwortlich zeichnete.

Wolfgang Weber: »Ich war zu nachgiebig«

Was lief denn schief in diesem Abstiegsjahr 1979/80?
Weber: Nach fast 25 Jahren ist es sicherlich sehr schwer, sich noch an jedes Detail genau zu erinnern. Nachdem wir in der Saison 78/79 den 11. Platz belegen konnten, wollten wir uns natürlich verbessern, und das hieß: in den einstelligen Tabellenbereich vorstoßen. Wir hatten im Sommer 1979 mit Per Röntved einen Mann von internationaler Klasse verloren und ihn durch Dave Watson von Manchester City perfekt ersetzt. Watson war der Libero der englischen Nationalmannschaft. Mit ihm hätten wir in der Bundesliga sicherlich einen der stärksten Abwehrchefs gehabt. Dave hat zum Saisonauftakt beim 1:0-Heimsieg gegen Uerdingen eine Klassepartie geliefert, aber dann mussten wir zu 1860 München, und er hat sich nach kurzer Zeit übermotiviert ein böses Revanchefoul geleistet, für das er nach 36 Minuten vom Platz gestellt wurde. Er bekam eine achtwöchige Sperre aufgebrummt. Wir mussten auf dem Liberoposten herumexperimentieren, und als Watsons Sperre endlich beendet war, wollte er nicht mehr für Werder spielen, weil es seiner Frau in Bremen nicht gefiel. So begann die Saison für uns. Dieser Platzverweis war der Schlüssel zu unseren späteren Abwehrproblemen. Ich glaubte, dieses Problem intern lösen zu können. Das war, wie sich später zeigte, ein Trugschluss. Natürlich haben wir später auch nach anderen Lösungen gesucht. Die Verpflichtung des damals sehr starken Mönchengladbachers Hans-Günther Bruns ist zum Beispiel knapp gescheitert, und viele andere Dinge haben sich zerschlagen.

Wie wichtig wäre Dave Watson für die Mannschaft gewesen?
Weber: Wer in der englischen Nationalmannschaft Libero und Kapitän ist, muss ein Mann von europäischer Klasse sein. Damals war der Liberoposten auch eine besonders zentrale Position für die Mannschaft, mehr noch als heute. Leider konnten wir uns nicht lange daran freuen, dass Watson genau der Spieler war, der uns gefehlt hatte.

Heute erlebt man es von ausländischen Stars in der Bundesliga beinahe wöchentlich, dass sie sich nach eigener Aussage in Deutschland nicht wohlfühlen und unbedingt weg wollen. Meistens ist das ein Sturm im Wasserglas. Wäre die Lage bei Dave Watson nicht eventuell auch noch hinzubiegen gewesen?
Weber: Jeder Spieler, der im Ausland seine Brötchen verdienen will, muss wissen, was auf ihn zukommt und muss auch seine Familie in die Überlegungen mit einbeziehen. Werder hat aus meiner Sicht alles getan, um den Watsons das Einleben in Bremen so problemlos wie möglich zu machen. Auf der anderen Seite muss natürlich der Spieler als erstes bereit sein, die Sprache des Landes zu lernen, in dem er seinen Beruf ausübt. Daran mangelte es offensichtlich.

Heute fast vergessen: Bum Kun Cha, später einer der besten Bundesligaspieler, war während der Saisonvorbereitung 1979 in Werders Trainingslager, und lange sah es so aus, als sollte dieser großartige Stürmer zu Werder kommen.
Weber: Werder hatte nie eine wirkliche Chance, diesen absoluten Ausnahmestürmer zu verpflichten. Bum Kun Cha wollte ich unbedingt haben. Aber der hatte nach seinem Probetraining bei uns noch eine Verabredung bei Eintracht Frankfurt, und vor allem hatte er damals schon ein cleveres Management. Als er dann Werders Trainingslager verlassen hat, um noch bei Eintracht Frankfurt vorzuspielen, war mir klar, dass er unser Angebot nicht annehmen würde. Wir hätten ihn am selben Tag verpflichten müssen, statt ihn noch mit Frankfurt verhandeln zu lassen. Werder ist bei ihm an die finanzielle Schmerzgrenze gegangen. Es war klar, dass Eintracht Frankfurt noch einmal eine Schippe drauflegen würde. Am Ende bekam er dort wohl 100.000 DM mehr, als ihm Werder bezahlt hätte. Damals eine Riesensumme.

Sie sind 1978 als Trainer-Neuling zu Werder gekommen. Sie waren bis unmittelbar vorher noch Profi beim 1. FC Köln und sind unmittelbar nach dem ausgezeichnet bestandenen Trainerexamen bei Werder eingestiegen. Nach Ihrem Rauswurf 1980 haben Sie nie wieder als Trainer gearbeitet. Wie sehen Sie heute Ihre kurze Trainerlaufbahn? Waren Sie mit 34 Jahren zu jung, um einen finanziell angeschlagenen Abstiegskandidaten zu trainieren, oder kamen einfach sehr viele unglückliche Dinge zusammen?
Weber: Zunächst einmal konnte ich ja durchaus mit meiner ersten Saison bei Werder zufrieden sein. Schon vier

Unteres Bild: Kurzzeitige Harmonie zwischen Trainer und Manager. Wenig später ließ Assauer Weber fallen

Wolfgang Weber 1978 …

Wolfgang Weber

Wolfgang Weber (Jahrgang 1944) kam mit ausgezeichneten Referenzen nach Bremen: Der 53-fache Nationalspieler und »Held von Wembley« hatte ein hervorragendes Trainerexamen abgeliefert und galt als psychologisch und fachlich geschicktes Trainertalent. In seinem ersten Jahr erreichte er einen guten 11. Platz, ehe er in der folgenden Saison 1979/80 unter den Querelen um Dave Watson zu leiden hatte. Der Verlust des Abwehrchefs riss eine Lücke, die nicht mehr reparabel war. Weber zog sich nach seiner Entlassung im Januar 1980 aus dem Trainergeschäft zurück und ward nie wieder euf einer Trainerbank gesehen. Mit 35 Jahren war die Karriere des Fußballlehrers schon wieder vorbei.

… und heute

Gute Zeiten, schlechte Zeiten: Auf dem oberen Bild wird ein strahlender Wolfgang Weber von einem zufriedenen Rudi Assauer als neuer Werder-Coach präsentiert. Unten grübelt Assauer in der Pressekonferenz nach Webers letztem Spiel als Trainer (4:6 zuhause gegen 1860 München) über notwendige Rettungsmaßnahmen. Man beachte Mimik und Körpersprache beider Bilder im direkten Vergleich!

oder fünf Monate nach meinem Amtsantritt hat mir Werders Vorstand einen neuen Vertrag angeboten, den ich dann auch unterschrieben habe. Der Vorstand und das Management, interpretiere ich mal, waren also offensichtlich mit meiner Arbeit zufrieden. Im zweiten Jahr jedoch gab es dann einige mannschaftliche Probleme, die wir ja schon benannt haben. Bis zur Winterpause der Abstiegssaison lief es eigentlich noch gut: Nach zwei Spielen in der Rückrunde, die beide verloren gingen, glaubte die Vereinsführung, sich von mir trennen zu müssen. Fakt ist, dass ich die Mannschaft mit 15 Punkten nach 19 Spielen auf einem Nichtabstiegsplatz verlassen habe, und dass in den letzten 15 Spielen nach meiner Beurlaubung dann leider nur noch zehn Punkte erzielt werden konnten. Am Ende stand der bittere Abstieg. Selbstverständlich habe ich eine Mitverantwortung dafür zu tragen, dass es nicht so lief, wie wir uns das vor der Saison vorgestellt hatten. Vielleicht hätte ich vehement darauf bestehen müssen, dass die Mannschaft einen neuen, starken Libero braucht, nachdem Watson uns verlassen hatte. Finanziell stand Werder nicht besonders gut da, aber in einer solchen Situation hätte man dann eben trotzdem mal tiefer in die Tasche greifen müssen, um die Saison zu retten. Letzten Endes war ich zu nachgiebig, was die Stärkung meiner eigenen Position als Trainer anging. Ein zweiter Fehler war, dass ich keinen Assistenztrainer hatte und dadurch alles alleine machen musste. Ich hätte unbedingt jemanden gebraucht, der mir auf dem Trainingsplatz gewisse Dinge abnimmt, damit man sich nicht mit jeder Lappalie abgeben muss. Auch hätte ich mehr den Kontakt mit den alten Werderanern wie Pico Schütz, Max Lorenz oder Horst-Dieter Höttges suchen müssen. Da war ja jede Menge fußballerische Fachkompetenz vorhanden, die man durchaus hätte nutzen können. Aber als junger Trainer glaubt man vielleicht zu sehr, alles alleine besser zu können.

Wie lief Ihre Entlassung dann ab? Woran erinnern Sie sich?

Weber: Samstags hatten wir im Weser-Stadion mit 4:6 gegen München 1860 verloren. Letztlich war dieses Spiel typisch für den gesamten Saisonverlauf: Wir konnten vorne gar nicht so viele Tore machen, wie wir hinten reingelassen haben. Diese nicht gelösten Probleme in der Hintermannschaft waren verantwortlich dafür, dass es für mich selbst als Trainer immer enger wurde. Ich selbst habe immer geglaubt, dass ich das Ruder noch rechtzeitig herumreißen kann. Die Beurlaubung, wie man das ja so nett ausdrückt, kam nach einer langen Vorstandssitzung, an deren Ende der Vorstand mir das Misstrauen aussprach. Für mich kam diese Entlassung ziemlich überraschend. Natürlich spürt man, dass da was im Busch ist, aber dass es zu einer Trennung kommt, hätte ich an diesem Montag nicht erwartet.

Weshalb sind Sie anschließend nie wieder Trainer geworden? Hatten Sie keine Lust mehr?

Weber: Wenige Wochen nach meiner Zeit als Trainer von Werder Bremen bekam ich ein sehr interessantes Angebot von Adidas. Ich habe dieses Angebot ohne lange zu überlegen angenommen. Wahrscheinlich war das die richtige Entscheidung, denn mein Ehrgeiz im Fußball hätte mich möglicherweise über kurz oder lang »aufgefressen«.

Dave Watson: »Ich hätte in Bremen bleiben sollen!«

An was denken Sie zuerst, wenn Sie »Werder Bremen« hören?
Watson: Ich habe eigentlich, auch wenn das überraschend klingen mag, hauptsächlich gute Erinnerungen an Werder. Auch wenn die Zeit kurz war, habe ich sie irgendwie genossen. Es gab dann diesen Knackpunkt: Ich flog in München vom Platz und wurde acht Wochen gesperrt. Am Abend vorher war ich mit Wolfgang Weber essen. Und Wolfgang hatte sich entschlossen, mir einen Pressebericht zu übersetzen, der an jenem Tag in der »BILD« erschienen war. Tenor war, dass einige wenige Spieler in der Mannschaft sauer auf mich waren, weil ich angeblich Extrawürste für mich reklamiert hätte. Weber sagte mir, von wem diese Meldung lanciert wurde, und das waren einzelne Spieler, die noch nicht mal zur Stammelf gehörten. Ich habe das nicht verstanden. Diese zwei oder drei Spieler schafften es nicht in die Anfangsformation, aber sie hielten es für nötig, mich über die Boulevardpresse zu kritisieren. Ich weiß gar nicht mehr, was genau sie kritisierten, aber ich hatte mir nichts vorzuwerfen. Ich begann gerade erst, mich einzugewöhnen und trainierte genauso hart wie jeder andere im Team. Als Wolfgang mir das alles so kurz vor dem Spiel in München erzählte, brodelte es in mir. Diese Stimmungsmache hinter meinem Rücken störte mich sehr, und in München lief ich deshalb mit viel Wut im Bauch auf. Heute weiß ich, ich hätte diese Meldungen einfach ignorieren sollen. Mir war nicht klar, dass die »BILD« so einzuschätzen ist wie bei uns in England die »SUN«. Es kam so viel zusammen: Meine Familie hatte Probleme mit unserem Umzug nach Bremen, ich verstand die Sprache nicht und war deshalb noch ein Außenseiter, dann diese Presseberichte. Es kam alles zusammen. Vorher war ich erst ein einziges Mal in meiner Karriere vom Platz geflogen, mehr als zehn Jahre zuvor. In München wollte ich mich eigentlich nur schützen. Es gab da diesen kleinen Spieler bei 1860, Hermann Bitz. Der ist nach einem Zusammenprall mit gesenktem Kopf direkt auf mich zugerannt. Er war ein kleiner Spieler und traf mich mit seinem Kopf am Kinn. Ich habe ihn dann mit flachen Händen weggestoßen, um mich zu schützen. Da war kein Schlag, gar nichts. Aber Bitz fiel zu Boden und machte den Anschein, als hätte ich ihn erschossen. Er stand in dem Ruf, ein Provokateur zu sein, aber niemand im Verein hatte mich vor ihm gewarnt. Der Verein hat mir sofort Hilfe zugesagt, mir bei der folgenden DFB-Verhandlung Rückendeckung zu geben, aber es nützte alles nichts.

Weshalb hat es damals nicht funktioniert zwischen Ihnen und Werder Bremen?
Watson: Das ist schwer zu sagen, weil es letztlich viele Kleinigkeiten waren, die sich irgendwann summiert hatten. Als

Dave und Penny Watson 1979 am Tag von Watsons Vertragsunterzeichnung in Bremen …

… Dave und Penny Watson im Jahr 2003

ich nach meiner Verpflichtung in Bremen auf einer Pressekonferenz vorgestellt wurde, betonte Manager Rudi Assauer, dass seine Frau Inge, die gut englisch sprach, uns beim Einleben helfen würde. Sie sollte uns helfen, eine Wohnung zu finden. Aber als mein Vertrag begann und wir endgültig nach Bremen kamen, war Frau Assauer für fünf Wochen in Urlaub, irgendwo in Norddeutschland. Wir saßen dann wochenlang in einem Hotelzimmer, mit drei Kindern. Meine Frau hat das bald verrückt gemacht. Nachdem uns niemand half, eine Wohnung zur Miete zu finden, haben wir

Dave Watson

Dave Watson (Jahrgang 1946) war Nationallibero und später auch Mannschaftskapitän der englischen Nationalelf. Nach Profistationen bei Notts County, Rotherham United und Sunderland wurde er bei Manchester City zum Superstar. Als er dort mit Trainer Malcolm Allison nicht mehr zurecht kam, bat er nach vier erfolgreichen Jahren um die Freigabe. Neben englischen Clubs und Vereinen der NASL, der nordamerikanischen Profiliga, hatten Eintracht Frankfurt und Werder Bremen Interesse. Werder bekam schließlich den Zuschlag – auch weil beim Nachbarn in Hamburg zur selben Zeit ein anderer Engländer namens Kevin Keegan die Bundesliga begeisterte. Nach nur drei unglücklichen Monaten, geprägt von Heimweh, Ärger mit Werder Bremens Manager Rudi Assauer, einem Platzverweis, vom Vorstand ausgesprochenen Geldstrafen und einer Verletzung, forcierte Dave Watsons eine Heimkehr nach England. Der FC Southampton bezahlte für den beinahe 33-jährigen Libero stolze 900.000 DM an Werder – mehr als die doppelte Summe, die Werder ein Vierteljahr vorher an Manchester City überwiesen hatte.

Charaktergesicht Watson: So müssen englische Abwehr-Asse aussehen!

uns schließlich in Kirchlinteln ein Haus gekauft, nur um endlich dieses verdammte Hotel verlassen zu können. Ein Haus kaufen, das war natürlich blödsinnig. Ich hatte ja nur einen Zwei-Jahres-Vertrag und wollte irgendwann wieder nach England zurück. Anders ging es aber nicht, wenn wir nicht auf ewig in diesem Hotel festsitzen wollten. Wir fühlten uns damals ziemlich im Stich gelassen. Wissen Sie: All diese selbstverständlichen Dinge wie Teppiche kaufen, Tapeten, einen Maler beauftragen, ohne im geringsten Ihre Sprache zu sprechen – wir haben das zwar irgendwie hingekriegt, aber das war ein unglaublicher Stress für meine Familie.

Ab wann war Ihnen klar, dass Sie die Aufgabe bei Werder nicht zu Ende bringen würden?

Watson: Es gab einen Schlüsselmoment: Meine Sperre war gerade abgelaufen, und wir mussten nach Schalke. Ich hätte endlich wieder spielen dürfen, aber ich hatte mir direkt vorher im Training tragischerweise das Knie verdreht. Es schwoll stark an, und mir war klar, dass ich es schonen musste. Wolfgang Weber war informiert und er stimmte zu, mich pausieren zu lassen. Ich kannte meinen Körper sehr genau. Es war mein linkes Knie, ich wusste, dass es eine Woche später wohl wieder okay gewesen wäre. Wolfgang Weber hat das akzeptiert, nicht aber Rudi Assauer. Der sagte mir: »Du kommst auf jeden Fall trotzdem mit!«. Und er drängte mich auch, meine Sportsachen mitzunehmen. Von da an fühlte ich mich unter Druck gesetzt. Deshalb habe ich abgelehnt, mitzufahren. Als der Bus losfahren sollte, rief mich sogar noch Dr. Böhmert an, um mich zu überreden. Ich kann Ihnen versichern, dass es für mich sehr ungewöhnlich war, aber ich lehnte das noch einmal ab, weil es absolut nicht ging. Ich war monatelang gesperrt, und ich brannte darauf, wieder zu spielen. Weshalb hätte ich kneifen sollen, wenn ich gesund gewesen wäre? Ich hatte mich die halbe Vorrunde der Saison lang danach gesehnt, in die Mannschaft zurückzukehren. Dr. Böhmert wollte mich überreden: »Dave, Sie müssen aber mitfahren!« Doch mein Knie plagte mich, und ich sagte ihm: »Doktor, wenn sie mich mitnehmen, werden sie mich auch drängen, mit der Mannschaft aufzulaufen, und das will ich nicht. Mein Knie ist nicht in Ordnung und ich weiß am besten, wann ich spielen kann und wann nicht!«.

Sie blieben also zuhause. Werder verlor ohne Sie 0:3 auf Schalke. Was geschah dann?

Watson: In der Woche danach, am Montag oder Dienstag, bekam ich ein Schreiben von Rudi Assauer. Da stand drin, dass ich eine Strafe zahlen sollte, weil ich nicht mit nach Schalke gefahren war. 5000 DM, damals sehr viel Geld, und unbegreiflicherweise sollten noch einmal 5000 DM nachträglich für die rote Karte bei München 1860 dazukommen. Das hat mir dann den Rest gegeben, und von diesem Moment an wollte ich nicht mehr. Der Verein hätte mich noch umstimmen können. Aber sie drängten mich hartnäckig dazu, diese Strafe zu zahlen. Auf der anderen Seite versicherte mir Klaus-Dieter Fischer immer wieder: »Wir wollen, dass du bleibst. Wir wollen um dich herum eine Mannschaft aufbauen!« Und ich konnte nur sagen: »Okay, wir können ja drüber reden, was nun zu tun ist, aber erst mal müsst ihr diese Strafe zurücknehmen.« Noch absurder wurde diese Maßnahme dadurch, dass ich sogar für den Platzverweis noch nachzahlen sollte. Auf der einen Seite versicherten sie mir: »Wir werden dir helfen, wir unterstützen dich wo wir können! Dir wurde Unrecht getan und wir werden dafür sorgen, dass du nicht lange gesperrt wirst.« Und dann soll ich plötzlich blechen.

Ich habe sie gefragt: »Hey, ich dachte, ihr wolltet mich unterstützen – und jetzt soll ich Strafe zahlen? Wenn ihr sagt, ihr wollt dass ich bleibe – warum bestraft ihr mich dann?« Das war der Konflikt, der zum Bruch führte. Ich dachte nur: »Mit der einen Hand klopfen sie dir auf die Schulter, und mit der anderen verpassen sie dir eine Ohrfeige!« Danach ist dann übrigens etwas passiert, was mich angerührt hat: Ich bekam einen sehr netten Brief von einem Bremer, der mich inständig bat, meine Wechselabsichten noch einmal zu überdenken. Er schrieb, ich solle Gras über die Sache wachsen lassen, weil die Zeit das alles wieder einrenken würde. Ich wünschte, ich hätte den Rat dieses Mannes befolgt, aber ich war zu wütend und verletzt. Mein Verhältnis zu Rudi Assauer war kaputt. Er ging mir plötzlich aus dem Weg. Es ist so viel Zeit vergangen. Sehen Sie: Ich beschuldige niemanden. Ich habe selbst viel falsch gemacht damals, und ich mache mir wirklich den Vorwurf, vor den Problemen zu schnell weggelaufen zu sein. Wären manche Dinge anders gelaufen, dann wäre ich vielleicht vier oder fünf Jahre bei Werder geblieben. Ich habe nach meiner Bremer Zeit noch sechs Jahre lang auf gutem Niveau in England gespielt.

War der im Vergleich zu heute noch eher gemütliche Verein damals vielleicht noch nicht bereit für einen internationalen Star wie Sie?

Watson: Ich muss mal ganz klar sagen: Alle im Verein waren sehr nett zu uns, besonders Dr. Böhmert, Mister Fischer, Benno Möhlmann, der mein Zimmerkumpel war. Der sprach gut englisch und half mir sehr, aber ich konnte ihn ja auch nicht dauernd um Gefälligkeiten bitten. Wir haben sofort Deutschunterricht genommen, aber ehe man sich verständigen kann, dauert es natürlich seine Zeit.

Andererseits: Könnte es vielleicht aber auch sein, dass Sie nach den ersten Problemen sehr bald nicht mehr bereit waren, sich bei Werder zu integrieren?

Watson: Nein, das stimmt nicht. Wir waren zwar gerne in Manchester, von wo aus ich zu Werder gewechselt bin. Aber wir hatten uns auf Bremen gefreut.

Welche Dinge hätte der Verein anders regeln sollen, und welche Dinge bedauern Sie nach all den Jahren?

Watson: Ich bedauere wirklich, dass ich zu schnell die Flinte ins Korn geworfen habe. Ich hätte nicht so schnell nach England zurückkehren dürfen. Es hätte sich alles irgendwann eingerenkt, wenn ich geblieben wäre. Mein Hauptproblem war der Umgang mit Rudi Assauer. Er benahm sich wie ein Alleinherrscher im Club. Er hat nie um etwas gebeten oder diskutiert, er hat immer nur Befehle erteilt. Das kannte ich aus England so nicht. Eigentlich mochte ich ihn, aber er hat mir gegenüber seine Versprechen nie gehalten. Erst kam die Sache mit der Wohnungssuche, dann noch extremer ein Erlebnis nach meinem Platzverweis: Assauer kam in München nach dem Spiel in die Kabine zu mir und sagte mir sofort zu, dass er mir jede erdenkliche Unterstützung leisten würde, um nach der roten Karte Schadensbegrenzung zu betreiben. Er versicherte mir, dass er mich nach Kräften unterstützen würde, wenn beim DFB über meine Sperre verhandelt werden würde. Er versprach mir, dass er mich davor schützen werde, ungerecht behandelt zu werden. Alles leere Versprechungen.

War es ein seltsames Gefühl, aus der Ferne mitzubekommen, dass die Mannschaft, der ich helfen sollte, ohne mich absteigen muss?

Watson: Oh, ja! Das war in der Tat hart für mich. Ich war sehr überrascht, dass Werder dann abstieg. Ich war tieftraurig, weil ich mich selbst auch mit dafür verantwortlich gemacht habe. Ohne meinen Abschied wäre manches in

Die Schlüsselszene einer ganzen Saison: Watson patscht Münchens Bitz ins Gesicht, der ihn zuvor mit dem Kopf gerammt hatte. Rot für den Briten, sein Ende bei Werder. Der Anfang unlösbarer Abwehrprobleme der Bremer. Abstieg

Dave Watson mit Klaus-Dieter Fischer. Werders Vizepräsident war einer der wichtigsten Ansprechpartner des Briten: Außer ihm sprach kaum jemand im Verein Englisch

Bremen sicher anders gelaufen. Aber wissen Sie, man trifft Entscheidungen im Leben, und mit deren Konsequenzen muss man dann halt leben.

Sie haben hoffentlich nicht nur negative Erinnerungen an Ihre Bremer Zeit. An wen erinnern Sie sich möglicherweise gerne?
Watson: Dr. Böhmert und Mister Fischer mochte ich immer sehr …

… die sind immer noch hier!
Watson: Wirklich? Fabelhaft! Das freut mich wirklich zu hören! Übrigens: Ein Jahr später, 1980, fand in Italien die EM statt, und dort habe ich Dr. Böhmert dann noch mal getroffen. Ich wohnte mit der englischen Nationalmannschaft im selben Hotel wie er. Das war sehr nett. Eigentlich bin ich mit jedem in Bremen gut klargekommen. Es gab nur zwei oder drei Spieler im Kader, die mit mir ein Problem hatten und Stimmung gegen mich gemacht haben. Wahrscheinlich war es eine reine Eifersüchtelei. Davon abgesehen waren alle nett zu mir.

Was machen Sie heute?
Watson: Ich leite meine eigene Firma, Dave Watson International Ltd., in einem kleinen Vorort von Nottingham. Eine Sportmarketing-Firma. Wir betreuen Ex-Profis. Wir zählen 400 Ex-Spieler zu unserem Kundenstamm. Wir vermarkten sie, vermitteln sie an Medien oder an Veranstalter. Wir arbeiten für fast jeden namhaften Ex-Profi hier in England, weil wir die einzige Firma sind, die diesen Service anbietet. Wir arbeiten für Tony Adams von Arsenal, der vor einem Jahr aufgehört hat. Oder für Ruud Krol aus Holland, für Gianfranco Zola, bis hinunter zu Spielern aus der 3. Division. Wir arbeiten gerade daran, unsere internationalen Kontakte zu intensivieren, um nicht nur Engländer zu betreuen, sondern vielleicht auch mal Leute wie Johan Cruyff und Franz Beckenbauer. Gerade habe ich mich lange mit Emilio Butragueno unterhalten, der im Management von Real Madrid arbeitet. Wir wollen zusammen vielleicht eine ähnliche Agentur für Spanien aufbauen. Es ist ein toller Beruf, ich liebe ihn! Jeder Anruf bringt etwas anderes. Mal ruft ein Fernsehsender an, mal sucht jemand einen Spieler für einen Golf-Tag oder für einen Vortrag. Ich rede jeden Tag mit ehemaligen Mitspielern. Ray Wilkins, Bryan Robson, alle haben sie schon für mich gearbeitet. Ohne unbescheiden klingen zu wollen, aber fast jeder zurückgetretene Spieler in England hat schon mit mir zusammengearbeitet. Ich habe so viele gute Kontakte in der Fußballszene hier, dass ich den meisten Kunden mit einem oder zwei Anrufen innerhalb von fünf Minuten weiterhelfen kann. Darf ich Sie übrigens mal was fragen?

Bitte!
Watson: Glauben Sie, dass die älteren Werder-Fans mir noch böse sind?

Ich habe nicht das Gefühl. Ich glaube eher, man erinnert sich an Sie als an einen sehr guten Fußballer, mit dem Werder damals sicher nicht abgestiegen wäre. Und mit der zeitlichen Distanz muss man wahrscheinlich einfach akzeptieren, dass damals vieles zwischen Ihnen und Werder einfach ganz dumm gelaufen ist.
Watson: (Atmet durch) Es freut mich wirklich, dass Sie das so sehen! (Pause) Ich wäre sehr gerne einmal wieder bei Werder, um »Hallo« zu sagen!

Der damals 14-jährige Autor dieses Buches ist stolz wie Oskar: Der neue Star aus England gibt ihm ein Autogramm auf den damals noch straffen Bauch. Das T-Shirt ging später nach einem turbulenten Kick auf dem Schulhof von Kirchweyhe verloren, aber das ist wieder eine andere Geschichte

Gerhard Steinkogler: »Werder ist mir ans Herz gewachsen!«

Welcher Gedanke kommt dir als erstes, wenn du »Werder Bremen« hörst?
Steinkogler: Ich habe an Bremen gute Erinnerungen, weil mich diese Zeit, auch wenn sie kurz und nicht ganz glücklich war, als Fußballer geprägt hat. Dann bekam ich den Bänderriss, was damals sehr schwer für mich war. Vielleicht war ich auch noch etwas zu jung für einen Auslandstransfer. Ach, und ich erinnere mich gut an den allerersten Ratschlag, den mir Rudi Assauer nach meiner Verpflichtung mit auf den Weg gegeben hat: »MEIDE DAS STEINTOR!«

Wie ist dein Wechsel in die Bundesliga damals abgelaufen?
Steinkogler: Rudi Assauer und Wolfgang Weber haben mich beobachtet. Ich habe zu der Zeit gerade mein Debüt in der Nationalelf gegeben und eine gute Saison gespielt. Es gab auch Interesse von Hertha BSC Berlin, Inter Mailand und Bayern München, aber Werders Angebot war schon sehr gut. Bei Hertha hätte ich etwas mehr verdienen können, aber Werders Manager Assauer hat auf mich von vornherein einen guten Eindruck gemacht, und dann habe ich ihm relativ schnell die Zusage gegeben.

Wie war die Situation, als du in Bremen ankamst?
Steinkogler: Na ja, die Mannschaft steckte mitten im Abstiegskampf. Ich war erst 20, war zwar ein guter Stürmer, aber nicht routiniert genug. Ich war sehr teuer, habe den Verein 800.000 DM gekostet. Das war auch nicht ganz leicht für mich. Nach meinen ersten drei Spielen wurde dann Weber entlassen, und Assauer hat interimsmäßig das Training gemeinsam mit Fritz Langner geleitet. Meine drei ersten Spiele sind eigentlich auch gut gelaufen: Siege gegen Frankfurt und Bochum, Niederlage gegen Köln. Eigentlich war die Stimmung sogar sehr gut, bis ich mich verletzte. Ich musste dann sechs Wochen Gips tragen und tatenlos zusehen. Das war sehr deprimierend. Ohne die Verletzung hätte ich mir sicher in Deutschland einen Namen gemacht. Ich war antrittsschnell, kopfballstark, hatte einen starken linken Fuß und ein ganz gutes Spielverständnis.

An welche Kollegen erinnerst du dich besonders?
Steinkogler: (Ohne eine Sekunde zu überlegen) Burdenski, Konschal, Otten. Mit Jonny Otten war ich gut befreundet. Klaus Wunder, Reinders, Röber, Dressel, Uwe Behrens, Kalli Kamp. Der ist ja heute noch da, gell? Grüße kannst du unbedingt ausrichten an Herrn Barkhausen, an Kalli Kamp und Thomas Schaaf!

Deine Erzählungen klingen, als sei die Bundesliga trotz des vielen Pechs für dich eine wichtige Erfahrung gewesen?
Steinkogler: Natürlich! Das Training war viel intensiver, dann wird in Deutschland viel professioneller arbeitet. Wenn um 10 Uhr Training ist, dann ist es um 10 Uhr und nicht um fünf nach 10. In Deutschland ist der Fußball zielstrebiger, ehrgeiziger. Die Deutschen wollen auf dem Platz immer mehr, mehr, mehr. In Österreich ist es eher so: Geht's gut, ist es gut. Geht's nicht gut, dann ist es auch schön.

Weshalb bist du nach dem Abstieg wieder nach Österreich gegangen?
Steinkogler: Austria Wien und andere Vereine hatten Interesse, und Assauer hat mich freigegeben. In Wien konnte ich einen sehr guten Vertrag unterschreiben. Wenn ich heute drüber nachdenke, denke ich trotzdem oft, dass es ein Fehler war, Werder zu verlassen. Ich hätte in der 2. Liga bleiben sollen, hätte mich dort als junger Spieler sicherlich weiterentwickeln können. Gerade auch später unter Otto Rehhagel, das wäre sicher ein guter Trainer gewesen, um mich weiter zu formen. Vielleicht hätte ich dann mehr als fünf Länderspiele gemacht.

Es fällt auf: Du hast alle Fakten, alle Gegner und Spiele von damals noch sehr präsent, obwohl du nur so kurz bei Werder warst.
Steinkogler: Auf jeden Fall. Ich beobachte die Bundesliga sehr aufmerksam, und Werder ist mir wirklich ans Herz gewachsen. Wenn Bremen im Europacup spielt, bin ich insgeheim Werder-Fan. Ich bin ja nicht im Bösen gegangen. Ich wollte mit 20 Jahren einfach nicht in der 2. Liga spielen. Ich bedauere auch manchmal sehr, dass Werder mein einziger Versuch war, im Ausland zu spielen. Ich hatte viele Angebote, nachdem ich mit Austria Wien 1983 im Europapokal in Barcelona ein wichtiges Tor geschossen habe. Da war ich immer noch jung, erst 23, und hatte Angebote von Cagliari, Lazio Rom und Inter. Es ist dann immer irgendwie nicht zustande gekommen. So habe ich in Österreich weitergespielt: Austria Wien, Wacker Innsbruck, Grazer AK, Austria Wien, Vienna Wien, Wiener Sportclub, und dann in den Regionalligen. Mit 34 habe ich dann endgültig auf höherer Ebene aufgehört.

Was machst du heute?
Steinkogler: Ich bin im Rathaus bei der Gemeinde Wien angestellt, in der Stadthauptkasse.

Gerhard Steinkogler 1979: Hoffnungsträger bei Werder ...

Gerhard Steinkogler

Gerhard Steinkogler (Jahrgang 1959) kam im Herbst 1979 als vermeintlicher Retter an die Weser. Nach nur drei Spielen, in denen der erst 20-jährige Jungstar viele gute Ansätze zeigt, riss er sich im Training die Bänder und fiel lange aus. Nach seiner Gesundung war Werder bereits so gut wie abgestiegen. Trotz bestehenden Vertrags verkaufte Werder Bremen das Talent nach dem Abstieg an Austria Wien. Ironie des Schicksals: Sein einziges Bundesligator schießt der sympathische Österreicher in seinem einzigen Spiel über 90 Minuten: Am allerletzten Spieltag beim 2:5 in Bochum, als Werders Abstieg längst besiegelt ist.

... und heute: Angestellter bei der Stadt Wien

Vom Spielfeldrand 1979/80:

Die Liberosuche gestaltete sich auch deshalb für Werder holprig, weil die Finanzierung von Transfers in jenen Jahren eng mit der so genannten Torjäger GmbH zusammenhing. Rudi Assauer hatte diesen Zusammenschluss von Werder-Gönnern angekurbelt, um auch in Zeiten harter DFB-Auflagen finanzielle Mittel für neue Spieler bereitstellen zu können. Durch Gewinnbeteiligung bei einem Weiterverkauf des zu Werder transferierten Spielers konnten die spendablen Geschäftsleute später profitieren. Wichtige Spielregel: Keiner der verpflichteten Spieler durfte älter als 26 sein. Anderweitig hätte das Finanzamt nicht mitgespielt. So kommt es, dass Werder vor dem Abschluss der Transferliste im Abstiegsjahr nicht den ersehnten Libero, sondern einen jungen Stürmer verpflichtete, weil alle in die engere Wahl genommenen Abwehr-Kandidaten das »Steueralter« schon überschritten hatten.

Letzter Ausgang Ruhrstadion: Die soeben offiziell abgestiegenen Wunder, Hiller und Röber verlassen nach einem 2:5 in Bochum die Bundesligabühne. Alle drei trugen zum allerletzten Mal den Werder-Dress. Hiller und Wunder sah man in der Bundesliga nie wieder

Abschlusstabelle der Bundesliga 1979/1980:

Pl.	Verein	Sp	S	U	N	Tore	Diff.	Punkte
1.	Bayern München	34	22	6	6	84:33	+51	50-18
2.	Hamburger SV	34	20	8	6	86:35	+51	48-20
3.	1. FC K'lautern	34	18	5	11	75:53	+22	41-27
	VfB Stuttgart	34	17	7	10	75:53	+22	41-27
5.	1. FC Köln	34	14	9	11	72:55	+17	37-31
6.	Borussia Dortmund	34	14	8	12	64:56	+8	36-32
7.	Borussia M'gladbach	34	12	12	10	61:60	+1	36-32
8.	Schalke 04	34	12	9	13	40:51	-11	33-35
9.	Eintracht Frankfurt	34	15	2	17	65:61	+4	32-36
10.	VfL Bochum	34	13	6	15	41:44	-3	32-36
11.	Fortuna Düsseldorf	34	13	6	15	62:72	-10	32-36
12.	Bayer Leverkusen	34	12	8	14	45:61	-16	32-36
13.	1860 München	34	10	10	14	42:53	-11	30-38
14.	MSV Duisburg	34	11	7	16	43:57	-14	29-39
15.	KFC Uerdingen 05	34	12	5	17	43:61	-18	29-39
16.	Hertha BSC Berlin	34	11	7	16	41:61	-20	29-39
17.	**Werder Bremen**	**34**	**11**	**3**	**20**	**52:93**	**-41**	**25-43**
18.	Eintracht Braunschweig	34	6	8	20	32:64	-32	20-48

Saisonverlauf 1979/1980:

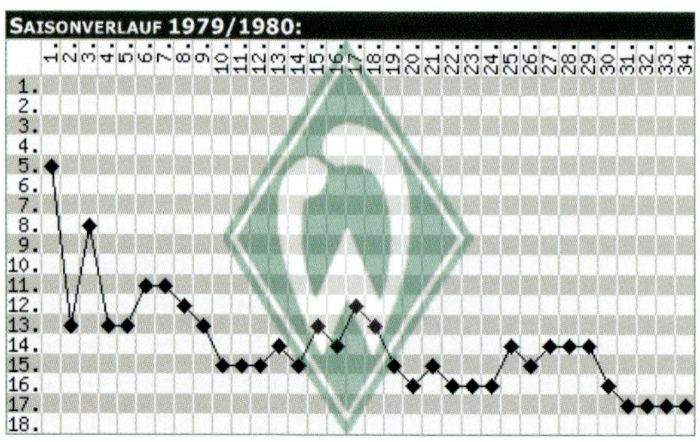

Weber, Wolfgang »Bulle«
*26.6.1944
Trainer 1
19 (53); 1978–1/1980
1.–19. Spieltag

Assauer, Rudolf »Rudi«
*30.4.1944
Interimstrainer 2a
1 (1); 1980; 20. Spieltag

Langner, Fritz
*8.8.1912, †25.1.1998
Trainer 2b
14 (83); 1967–1969, 1972, 1980; 21.–34. Spieltag

Wer kam?

Watson (Manchester City/Engla
Otten (SV Hagen)
Offermanns (RW Lüdenscheid)
Behrens (eig. Amateure, w.d.S.)
Steinkogler (Grazer AK /Österrei
w.d.S.)

Wer ging?

Röntved (Freja Randers/Dänema
Bargfrede (eig. Amateure)
Daras (Atlas Delmenhorst)
Watson (FC Southampton/Engla
w.d.S.)
Dietrich (Holstein Kiel)

w.d.S. = während der Saison

Die Mannschaft (Name, Geb.-Datum, Position, Bundesliga-Einsätze (Gesamt), Tore (Gesamt), bei Werder von-bis)

1979/80

Burdenski, Dieter »Budde«
*26.11.1950
Torhüter
34 (444); 1 (1); 1972–1988

Geils, Karl-Heinz »Kalle«
*20.5.1955
Abwehrspieler
31 (132); 1 (2); 1973–1980

Siegmann, Norbert »Zico«
*20.5.1953
Abwehrspieler
20 (153); 0 (10); 1976–1986

Watson, Dave
*5.10.1946
Abwehrspieler
2 (2); 0 (0); 1979–1980
England

Konschal, Hartmut
*2.4.1953
Abwehrspieler
32 (133); 2 (12); 1976–1982

Otten, Jonny
*31.1.1961
Abwehrspieler
33 (308); 0 (1); 1979–1992

Offermanns, Hans-Jürgen
*16.3.1957
Mittelfeldspieler
22 (22); 1 (1); 1979–1981

Bracht, Uwe
*10.7.1953
Mittelfeldspieler
32 (272); 2 (24); 1971–1984

Röber, Hans-Jürgen
*25.12.1953
Mittelfeldspieler
30 (184); 12 (57); 1974–1980

Kamp, Karl-Heinz »Kalli«
*26.9.1946
Mittelfeldspieler
23 (361); 1 (26); 1970–1984

Möhlmann, Benno
*1.8.1954
Mittelfeldspieler
34 (230); 5 (33); 1978–1988

Hiller, Franz
*22.10.1950
Mittelfeldspieler
29 (162); 2 (4); 1974–1980

Feldhaus, Wilfried »Willi«
*23.9.1954
Stürmer
1 (4); 0 (0); 1978–1980
Amateur

Dressel, Werner »Lego«
*30.8.1958
Stürmer
32 (94); 5 (20); 1977–1980

Reinders, Uwe
*19.1.1955
Stürmer
32 (206); 7 (67); 1977–1985

Wunder, Klaus »Cäsar«
*13.9.1950
Stürmer
23 (56); 4 (12); 1978–1980

Behrens, Uwe
*10.4.1959
Stürmer
10 (16); 4 (4); 1979–1982
Amateur

Steinkogler, Gerhard »Gerd«
*29.9.1959
Stürmer
7 (7); 1 (1); 1979–1980
Österreich

Erweiterter Kader:

Voss, Albert
*8.9.1951
Torhüter
0 (1); 0 (0); 1975–1981

Haskamp, Martin
*11.9.1958
Abwehrspieler
0 (9); 0 (0); 1978–1983
Amateur

Schaaf, Thomas
*30.4.1961
Abwehrspieler
0 (262); 0 (13); 1978–1995
Amateur

Linz, Paul
*4.1.1956
Stürmer
0 (10); 0 (1); 1978–1980

1980/81: Auferstanden aus Ruinen

Oben v.l.:
Trainer Klötzer, Bracht, Kostedde, Offermanns, Schaaf, Möhlmann, Siegmann, Otten, Behrens, Reinders, Masseur Kienert
Unten v.l.:
Fichtel, Jank, Bargfrede, Burdenski, Voss, Meier, Masztaler, Konschal, Kamp

Nun also doch. Fast 15 Jahre lang hatte sich Werder stetig gegen den Absturz in die Zweitklassigkeit gewehrt. 1980 war es soweit: Die Gegner hießen plötzlich nicht mehr Bayern, HSV oder Mönchengladbach, sondern Erkenschwick, Lüdenscheid und Solingen. Diejenigen Fans, die Werder auch in dieser Zweitligasaison die Treue hielten, erinnern sich an unendlich viele langweilige Spiele, und, eigentlich komisch, es hat auch fast immer geregnet. Vielleicht kam einem das aber auch nur so vor, weil die Spiele oft eher trostlos abliefen: 95 Prozent aller Werder-Gegner stellten sich vor die eigene Torlinie und mauerten.

Dennoch wurde es eine erfolgreiche Saison und sicherlich eine der wichtigsten in Werders Vereinsgeschichte. Nach dem deprimierenden Abstieg im Jahr zuvor gelang es Werder erstaunlicherweise, die Mannschaft für die Zweitligasaison zu verstärken, statt unter einem Aderlass zu leiden. Natürlich gab es namhafte Abgänge: Mittelfeldmotor Röber ging zu den Bayern, Jungstar Werner Dressel zog es zum HSV, Eigengewächs Geils verstärkte die Abwehr von Arminia Bielefeld und Allrounder Franz Hiller verließ Werder in Richtung Schweiz. Aber das war es auch schon. Beim Auftakttraining waren einige Stars überraschend dabei, deren Abschied beim Abstieg beschlossene Sache schien: Dieter Burdenski fand zu seinem Leidwesen und zum Leidwesen seines treuen Vertreters Albert Voss keinen neuen Club und wurde zu seinem Glück bei Werder gezwungen. Auch Uwe Reinders war noch dabei, Abwehr-Ass Siegmann, Flügelflitzer Konschal und Jonny Otten, eines der größten Talente, das Werder je in seinen Reihen hatte. Der immer noch eher unerfahrene Manager Rudi Assauer lieferte sein Meisterstück: Er holte für wenig Geld gleich vier ehemalige und einen kommenden Nationalspieler ins Weser-Stadion!

Da war zunächst mal Klaus Fichtel von Schalke 04. Der schien mit gut 35 Jahren seine beste Zeit hinter sich zu haben und wurde von den Schalkern nach Bremen abgeschoben. Ein Fehler, wie man in Gelsenkirchen bald feststellen musste: Fichtel wurde zum Vater des Werder-Aufstiegs, spielte wie in seinen besten Jahren und wurde später von einem gewissen Rudi Assauer, mittlerweile pikanterweise Schalke-Manager, mit 39 Jahren in den Ruhrpott zurückgelotst, wo er noch weitere erstaunliche vier Jahre kickte. Erst mit fast 44 Jahren absolvierte Fichtel sein letztes Bundesligaspiel (gegen Werder!). Nicht schlecht für einen, der demselben Club schon neun Jahre zuvor zu alt schien.

Klaus Fichtel war die eine Hälfte des Wunders. Die andere war nahezu gleichaltrig, kaffeebraun und lockenköpfig: Erwin Kostedde, bei Stade Laval französischer Torschützenkönig und viele Jahre zuvor Deutschlands erster dunkelhäutiger Nationalspieler. Er wurde zu einem Kultstürmer bei Werder, nachdem ihn Eintracht Frankfurt aus Altersgründen verschmäht hatte. Und das Tollste: Er kostete unseren Verein fast nichts! Kostedde wollte seine Karriere in Bremen ausklingen lassen und akzeptierte einen aus heutiger Sicht unfassbaren Vertrag: Er erhielt kein Grundgehalt und pro Einsatz nur ganze 3000 DM! Dass Erwin sich in Bremen dennoch eine warme Mahlzeit leisten konnte, lag an seinem unglaublichen Erfolg: Er machte als einziger Spieler neben seinem Senioren-Partner Fichtel alle 42 Punktspiele mit und erzielte dabei stolze 29 Tore. Umso erstaunlicher, als Kostedde weder schnell war, noch viel lief. Er stand immer richtig und brachte seine Gegenspieler mit explosiven, überraschenden Aktionen an den Rand des Suizids. Erwin traf per schneller Drehung mit herausgestrecktem (und nicht ganz austrainiertem) Hinterteil, per Flugkopfball, per Fallrückzieher, per Volleyschuss. Kein anderer Werder-Stürmer vor und nach ihm schaffte es in nur zwei Jahren, sich einen derart massiven Kultstatus zu erarbeiten.

Die weiteren Neuverpflichtungen sollen nicht verschwiegen werden. Norbert Meier kam als Billig-Stürmer aus Bergedorf. Er sollte ein bisschen Zweitligaluft schnuppern, avancierte aber blitzschnell zu einem der besten Werder-Linksaußen aller Zeiten und stürmte nur schwindelerregende zwei Jahre nach seinem Abschied aus Bergedorf erstmals für Deutschland. Meier dürfte in 40 Jahren Bundesliga Werders technisch bester Linksfuß gewesen sein. Seine Stärke war das große Unglück eines Mannes, der eigentlich als Dressel-Nachfolger auf dem Linksaußenposten fest gebucht war: Klaus-Dieter Jank aus Stuttgart konnte Meier trotz großer Bundesligaerfahrung nie gefährlich werden und brachte es nur auf 25 weitestgehend farblose Spiele im Werder-Angriff.

Neu war auch Werders Trainer: Mit Kuno Klötzer von Hertha BSC kam ein alter Fuhrmann zurück nach Bremen, der sich 32 Jahre zuvor als Spieler aus Bremen verabschiedet hatte. »Ritter Kuno« legte den Grundstein zum Aufstieg, konnte seine Früchte jedoch nicht mehr selbst ernten. Zu Beginn der Rückrunde verunglückte er mit seinem Opel Kadett auf vereister Fahrbahn auf der B 214 zwischen Celle und Braunschweig schwer. Die Folgen des Unfalls (Rippenbruch, Platzwunden und eine schwere Gehirnerschütterung) kosteten ihn schließlich den Trainerjob.

Klötzers spätere Meistermannschaft der 2. Liga Nord 1980/1981 startete im Weser-Stadion mit einem Katastrophenspiel in die Saison, das die neuformierte Werder-Elf über Monate zu schocken schien: Nach einem mageren 1:1 in Oberhausen wurde der Heimauftakt des Aufstiegs-Topfavoriten in Bremen gegen den namenlosen Aufsteiger 1. FC Bocholt mit 1:2 versemmelt. Nicht alleine das Ergebnis, sondern vor allem die hilflose Vorstellung des SV Werder erschreckte Mannschaft und Fans. Kostedde und Fichtel schienen Fehlinvestitionen gewesen zu sein. Die Volksseele kochte. Nur langsam kam die Elf danach in Tritt, brauchte ein Vierteljahr bis zum Sprung auf einen Aufstiegsplatz und erklomm erst am 28. November nach einem problemlosen 3:0 zuhause gegen Hannover 96 (Tore: Konschal, Bracht, Otten) erstmalig Platz 1 der 2. Bundesliga Nord. Der Aufstieg geriet danach nie ernsthaft in Gefahr.

Der glücklichste Moment der Saison: Trainer Rehhagel, erst seit gut zwei Wochen im Amt, landet mit dem 2:1-Auswärtssieg beim schärfsten Konkurrenten Hertha BSC Berlin vor 71.000 Zuschauern im Berliner Olympiastadion den wichtigsten Sieg der Saison. Gemeinsam mit Klaus Fichtel verlässt er glücklich die Arena

Abwehrritter ohne Furcht und Tadel: Der schon betagte Klaus Fichtel machte mit seinem Wechsel zu Werder alles richtig und wurde zu einem Garanten für den direkten Wiederaufstieg

Dennoch gab es große Turbulenzen bei Werder, denn am 8. Februar 1981 griff das Schicksal in Form des schon erwähnten Autounfalls ein. Kuno Klötzer wurde wegen hartnäckiger Kopfschmerzen krank geschrieben, und nachdem Rudi Assauer zwei Spiele lang die Verantwortung übernahm, und Klötzer kurzzeitig zurückkehrte, übernahm nach neuerlichen gesundheitlichen Problemen bei »Ritter Kuno« ein junger Trainer das Ruder bei Werder als Nothelfer, der schon vier Jahre zuvor eindrucksvoll auf Werders Bank ausgeholfen hatte und dabei nicht nur bei Werders Fans, sondern auch bei der Vereinsführung einen blendenden Eindruck hinterließ: Otto Rehhagel! Der zunächst nur vorübergehend als Krankheitsvertretung für Klötzer eingesprungene Rehhagel eroberte die Herzen der Werder-Fans wieder im

Befreiter Jubel nach dem Meisterstück: Werders 3:0 im Lokalderby beim VfB Oldenburg sichert endgültig den direkten Wiederaufstieg. Im wunderschönen Donnerschwee-Stadion freuen sich nach getaner Arbeit die beiden Norberts: Meier und Siegmann.

Abschlusstabelle der 2. Bundesliga Nord 1980/1981:

Pl.	Verein	Sp	S	U	N	Tore	Diff.	Punkte
1.	**Werder Bremen**	**42**	**30**	**8**	**4**	**97:33**	**+64**	**68-16**
2.	Eintracht Braunschweig	42	29	7	6	102:44	+58	65-19
3.	Hertha BSC Berlin	42	31	2	9	123:42	+81	64-20
4.	Hannover 96	42	20	16	6	88:49	+39	56-28
5.	Alemannia Aachen	42	24	7	11	80:51	+29	55-29
6.	VfL Osnabrück	42	22	8	12	76:50	+26	52-32
7.	Union Solingen	42	20	10	12	76:61	+15	50-34
8.	Rot-Weiß Essen	42	20	7	15	99:74	+25	47-37
9.	Fortuna Köln	42	18	10	14	83:67	+16	46-38
10.	SG Wattenscheid 09	42	15	12	15	62:68	-6	42-42
11.	Viktoria Köln	42	14	13	15	67:79	-12	41-43
12.	1. FC Bocholt	42	14	10	18	66:70	-4	38-46
13.	Preußen Münster	42	14	8	20	48:72	-24	36-48
14.	Rot-Weiß Oberhausen	42	12	11	19	59:84	-25	35-49
15.	VfB Oldenburg	42	12	10	20	64:89	-25	34-50
16.	SC Herford	42	11	10	21	48:65	-17	32-52
17.	Tennis Borussia Berlin	42	9	14	19	47:71	-24	32-52
18.	Göttingen 05	42	9	14	19	67:98	-31	32-52
19.	Holstein Kiel	42	12	7	23	48:81	-33	31-53
20.	Rot-Weiß Lüdenscheid	42	8	11	23	43:83	-40	27-57
21.	SpVgg Erkenschwick	42	7	8	27	46:91	-45	22-62
22.	OSV Hannover	42	7	5	30	41:108	-67	19-65

Saisonverlauf 1980/1981:

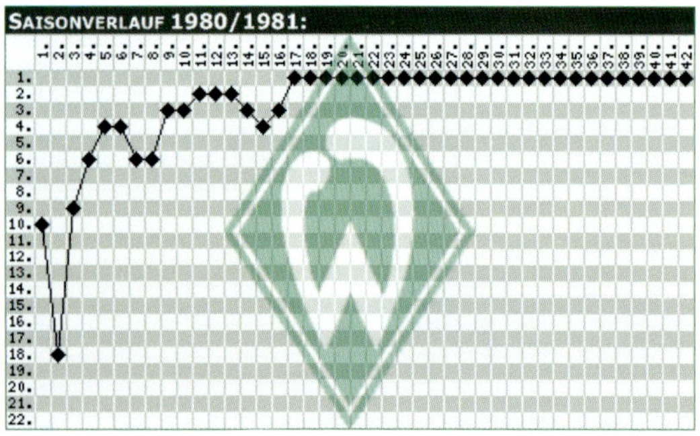

Sturm, nachdem er den Verein schon 1976 eindrucksvoll vor dem Abstieg gerettet hatte. Anno 1981 brachte Rehhagel eine Elf mächtig in Schwung, die zwar zum Zeitpunkt seiner Amtsübernahme schon Tabellenführer war, aber nur selten begeisterte. Nach einem 4:2 in Solingen zelebrierte Werder bei Rehhagels Heimpremiere mit dem 6:0 gegen die wirklich nicht schlechte Alemannia aus Aachen (mit zwei Pracht-Toren von Kalli Kamp!) Traumfußball. Bis zum Ende der Saison wurde marschiert, und der Aufstieg wurde passenderweise mit einem 3:0 beim Derby in Oldenburg perfekt gemacht.

In der Endphase der Saison fielen wichtige Entscheidungen für die Zukunft unseres Vereins: Rehhagel wurde vom Interims- zum Cheftrainer befördert, was Kuno Klötzer zwar nicht gefiel, aber durch Rehhagels Erfolge unumgänglich geworden war. Rudi Assauer gab seinen Abschied bekannt und schloss sich Schalke 04 an. Die wichtigste Entscheidung aber war der Aufstieg selbst. Er rettete Werders Existenz, denn nicht wenige nehmen an, dass die Mannschaft und die Voraussetzungen für »Profifußball made in Bremen« bei einem Scheitern im Kampf um den Aufstieg irreparabel zerbröselt wären. Ein Happy End der Saison also, wie es im Buche steht. Und heute wissen wir: Ohne den einjährigen Ausflug in die 2. Liga hätte es die Ära Otto Rehhagel und die Erfolge der goldenen Achtziger nie gegeben.

Klötzer, Kuno »Ritter Kuno«
*19.4.1922
Trainer 1
28; 1980–1981
1.–24., 27.–32. Spieltag

Assauer, Rudolf »Rudi«
*30.4.1944
Interimstrainer
2; 1980–1981
25./26. Spieltag

Rehhagel, Otto
*9.8.1938
Trainer 2
12; 1976, 1981–1995
33.–42. Spieltag

Wer kam?

Fichtel (Schalke 04)
Rautiainen (Bayern München, w.
ausgeliehen)
Masztaler (SFL Bremerhaven)
Meier (Bergedorf 85)
Böhnke (eig. Amateure)
Kostedde (Stade Laval)
Jank (VfB Stuttgart)
Bargfrede (eig. Amateure)
Rülander (eig. Amateure)

w.d.S. = während der Saison

Die Mannschaft (Name, Geb.-Datum, Position, Einsätze, Tore in der 2. Bundesliga, bei Werder von–bis)

1980/81
2. Liga

Burdenski, Dieter »Budde«
*26.11.1950
Torhüter
35; 0; 1972–1988

Voss, Albert
*8.9.1951
Torhüter
8; 0; 1975–1981

Fichtel, Klaus »Tanne«
*19.11.1944
Abwehrspieler
42; 0; 1980–1984

Siegmann, Norbert »Zico«
*20.5.1953
Abwehrspieler
40; 4; 1976–1986

Schaaf, Thomas
*30.4.1961
Abwehrspieler
19; 1; 1978–1995
Amateur

Konschal, Hartmut
*2.4.1953
Abwehrspieler
25; 4; 1976–1982

Haskamp, Martin
*11.9.1958
Abwehrspieler
4; 0; 1978–1983
Amateur

Otten, Jonny
*31.1.1961
Abwehrspieler
41; 2; 1979–1992

Offermanns, Hans-Jürgen
*16.3.1957
Mittelfeldspieler
15; 3; 1979–1981

Möhlmann, Benno
*1.8.1954
Mittelfeldspieler
37; 13; 1978–1988

Rautiainen, Pasi
*25.12.1953
Mittelfeldspieler
15; 1; 1980–1982
Finnland

Bracht, Uwe
*10.7.1953
Mittelfeldspieler
37; 2; 1971–1984

Masztaler, Bogdan
*19.9.1949
Mittelfeldspieler
3; 0; 1980–1981
Polen

Kamp, Karl-Heinz »Kalli«
*26.9.1946
Mittelfeldspieler
39; 4; 1970–1984

Meier, Norbert
*20.9.1958
Stürmer
39; 16; 1980–1990

Böhnke, Michael »Mike«
*30.8.1958
Stürmer
1; 0; 1980–1984
Amateur

Reinders, Uwe
*19.1.1955
Stürmer
37, 16; 1977–1985

Kostedde, Erwin
*21.5.1946
Stürmer
42; 29; 1980–1982

Wer ging?

Geils (Arm. Bielefeld)
Röber (Bayern München)
Hiller (Nordstern Basel)
Feldhaus (eig. Amateure)
Dressel (HSV)
Wunder (Karriereende)
Linz (Freiburger FC)
Steinkogler (Austria Wien / Österreich)
Offermanns (w.d.S. zu Viktoria Köln)

Behrens, Uwe
*10.4.1959
Stürmer
6; 1; 1979–1982

Jank, Klaus-Dieter
*23.11.1952
Stürmer
25; 0; 1980–1982

Erweiterter Kader:

Bargfrede, Hans-Jürgen
»Hansi«; *10.3.1959
Mittelfeldspieler
0; 0; 1978–79, 1980–81
Amateur

Rülander, Hermann
*21.11.1960
Torhüter
0; 0; 1980–1982
Amateur

Nachdenkliche Gesichter waren Trumpf im Jahr 1980: Dieter Burdenski und Benno Möhlmann führen den SV Werder durch eine turbulente Phase seiner Bundesligageschichte

Kuno Klötzer: »Meine vier Leistungsträger ...«

War Werder für Sie ein besonderer Verein, als Sie 1980 in Bremen unterschrieben? Für Sie war es ja eine »Heimkehr«, nachdem Sie 30 Jahre vorher als Spieler im Weser-Stadion aufliefen. Oder war Werder am Ende nur eine kurze Episode einer ereignisreichen Trainerlaufbahn?

Klötzer: Keiner meiner Vereine war eine Episode! Alles waren echte Aufgaben für mich. Rudi Assauer kam zu mir nach Norderstedt, eine Woche nachdem Werder abgestiegen war. Er sagte »Kuno, wir brauchen jetzt einen erfahrenen Trainer, und das bist du!« Sehr plötzlich kam das. Mit Assauer habe ich dann prima zusammengearbeitet.

War Ihnen bei Ihrem Antritt klar, dass diese Mannschaft den Aufstieg relativ locker schaffen würde?

Klötzer: Klaus Fichtel kam zu mir als schon älterer Spieler, Erwin Kostedde war die andere Säule. Natürlich sind wir mit einem großen Fragezeichen in die Saison gegangen, weil keiner wissen konnte, wie es um die Moral der Truppe nach dem Abstieg bestellt ist. Deswegen hatte Assauer ja auch auf mich als schon sehr erfahrenen Mann gebaut. Er traute mir zu, diese Mischung aus Routiniers und jungen Spielern zu einer guten Mannschaft zusammenzuschweißen. Und mir wurde von Anfang an gesagt, dass die Mannschaft aus wirtschaftlichen Gründen unbedingt aufsteigen muss. Ich wusste also, um was es ging.

Wer waren außerdem für Sie als Trainer die Schlüsselspieler?

Klötzer: Dieter Burdenski als Torwart, Klaus Fichtel in der Abwehr, Benno Möhlmann als Spielführer und Verbindungsmann im Mittelfeld, Uwe Bracht als Regisseur, und dann der Erwin Kostedde. Eine starke Achse. Das waren meine vier [sic!] Leistungsträger.

Hätten Sie Ihr Werk nach dem Autounfall gerne zu Ende geführt?

Klötzer: Ich hatte am Ende gar keinen Einfluß darauf. Sicher hätte ich die Saison gerne zu Ende gemacht. Dann hätte man sich zusammensetzen können, um zu beraten, ob man zusammen weitermacht. Ich hatte mit Werder nur einen Einjahresvertrag. Über das Ende der Zusammenarbeit war ich dann also nicht sehr glücklich, aber dennoch war mein Eindruck vom Verein bis dahin ganz hervorragend. Selbst für mich als schon älteren Hasen war zum Beispiel zu Beginn meiner Amtszeit als Werder-Trainer ganz neu, dass man mich überall hinzugezogen hat. Damals tagte immer montags um 17 Uhr Werders Präsidium, und da hat man mich ausdrücklich dabeihaben wollen. Keiner der anderen Vereine war so kooperativ.

Ein neuer Trainer, ein junges Talent und gaaaanz viel Erfahrung: »Ritter Kuno« Klötzer stellt vor Werders einziger Zweitligasaison weitgehend bekannte Gesichter vor. Oben v.l.: Erwin Kostedde, Trainer Klötzer und Klaus Fichtel. Unten v.l.: Masztaler, Meier, Jank

Alter Fuchs und junger Hüpfer: Kuno Klötzers Trainerkarriere neigte sich in Bremen dem Ende zu. Rechts neben ihm einer, der zum Zeitpunkt des Fotos noch nicht wusste, dass er diesen Platz auf der Bank auch einmal als Cheftrainer einnehmen würde: Thomas Schaaf!

Kuno Klötzer 1980 ...

Kuno Klötzer

Kuno Klötzer (Jahrgang 1922) kam mit der Empfehlung eines Europapokalsieges mit dem HSV 1977 zu Werder Bremen. Er hatte zu Oberligazeiten schon das Werder-Trikot getragen. Klötzer stieg in der 2. Liga Nord bei Werder ein und führte den Verein nach holprigem Saisonstart an die Tabellenspitze. Nach einem Autounfall im Winter wurde er zunächst vertretungsweise und später dann dauerhaft durch Otto Rehhagel ersetzt. Seine Trainerkarriere endete 1982: Klötzer wurde vom abstiegsbedrohten MSV Duisburg als Retter angeheuert, endete mit seiner Mannschaft jedoch abgeschlagen auf dem letzten Tabellenplatz. Lebt seit langem als Pensionär in Norderstedt bei Hamburg.

... und heute

1981/82: Die grünweiße Wiedergeburt

Oben v.l.:
Masseur Kienert, Kostedde, Okudera, Gruber, Siegmann, Behrens, Reinders, Trainer Rehhagel
Mitte v.l.:
Fichtel, Bracht, Otten, Böhnke, Schaaf, Möhlmann, Kamp
Unten v.l.:
Meier, Jank, Rülander, Burdenski, M. Haskamp, Rautiainen

Was waren Werders Fans leidgeprüft in den zwölf Jahren zwischen 1969 und 1981: Gleich siebenmal auf Platz 11 der Abschlusstabelle, meistens in großer Abstiegsgefahr, ohne eine Chance auf einen Titel oder gar einen neuen Star. Die Saison 1981/82, um die wir uns in diesem Kapitel kümmern wollen, entschädigte dagegen für viele Jahre voller Frust und markierte den Beginn eines goldenen Zeitalters.

Schon der erste Spieltag nach dem Wiederaufstieg brachte ein völlig neues Werder-Gefühl: Der Aufsteiger Werder Bremen, der in seinem letzten Bundesligajahr die grauenhafte Auswärtsbilanz von 3:31 Punkten und 13:61 Toren einfuhr, erstürmte als krasser Außenseiter mit sensationellem Offensivfußball den Bökelberg zu Mönchengladbach gleich mit 4:2 und stand als Neuling auf Platz 2 der Bundesliga. Fachleute taten diesen Start als typische Momentaufnahme ab, und selbst Otto Rehhagel redete von »zwei Punkten gegen den Abstieg«. Aber die kommenden Wochen sollten schnell beweisen, dass Werder anno 1981 vielleicht sogar der bis dahin stärkste Aufsteiger aller Zeiten gewesen sein könnte.

Zum Star der ersten tollen Wochen nach dem Wiederaufstieg wurde der schon in der Zweitligasaison kometengleich aufgestiegene kleine Hamburger Norbert Meier: Er traf nicht nur beim tollen Auftaktsieg in Gladbach, sondern auch beim 1:0 gegen Bielefeld und beim 1:3 in München, der ersten Saisonniederlage. Dieses Spiel geriet freilich fast zur Nebensache, denn seit Tagen hatte die Bundesliga nur noch ein Gesprächsthema: den »Fall Lienen«!

Der lief in der Woche zuvor in der Form seines Lebens für die Bielefelder Arminia im Weser-Stadion auf, wirbelte Werder 20 Minuten lang wie aufgezogen mit tollen Dribblings in Serie mächtig durcheinander und wurde schließlich von Norbert Siegmann gefoult. Mit mehr als zwei Jahrzehnten Distanz kann man sagen: Es war keines der härtesten Fouls der Bundesligageschichte, aber vermutlich eines der unglücklichsten: Siegmanns Stollen trafen Lienen am Oberschenkel, also da, wo ein Fußballschuh normalerweise kaum Schaden anrichten kann. Anders in diesem Fall: Siegmanns Stollen bohrten sich in Lienens Oberschenkel, und die Bilder der hässlichsten Wunde der deutschen Fußballgeschichte gingen um die Welt.

Lienen sprang auf, und noch ehe ihn ein Sanitäter verarzten konnte, stieß er den völlig konsternierten Otto Rehhagel mit beiden Fäusten vor die Brust: »Du hast dem doch gesagt, dass er mich kaputttreten soll!!« Um diesen Vorwurf kümmerten sich fortan die Juristen. Rehhagel soll Siegmann mit den an sich nicht so ungewöhnlichen Worten »Pack ihn dir!« zum vorsätzlichen Foulspiel aufgefordert haben. Ein ziemlich haltloser Vorwurf, nicht zuletzt, weil ein Spieler im dümmsten Fall zwar seinem Gegenspieler theoretisch vorsätzlich die Knochen polieren, aber kaum absichtlich den Oberschenkel aufschlitzen kann. Rehhagel und Siegmann wurden rehabilitiert, was nichts daran änderte, dass Werders Trainer zum Rückspiel auf der Alm sicherheitshalber eine Bleiweste trug und von zahlreichen Polizisten eskortiert wurde. Zuvor hatte es von Bielefelder Seite Morddrohungen gegen ihn und Siegmann gegeben. Siegmann blieb zu Hause, der bleierne Otto hatte wenig Grund aufzuspringen: Werder gewann das Rückspiel locker mit 2:0 und setzte sich weiter oben fest. Ewald Lienen wiederum trat 28 Tage nach Siegmanns Foul wieder gegen den Ball.

Black Power für Werder: Erwin Kostedde und Rigobert Gruber zählten in der Saison des Wiederaufstiegs nicht nur optisch zu den Farbtupfern

Beeindruckend aus heutiger Sicht, dass diese famose Saison ohne neue Stars gelang: Werder hatte sich lediglich mit dem bis dahin unbekannten Rigobert Gruber und dem bei Hertha BSC in der 2. Liga nicht übermäßig aufgefallenen Yasuhiko Okudera verstärkt, und Otto Rehhagel hatte damit zum ersten, aber längst nicht zum letzten Mal sein Talent als Spürnase für bis dahin verkannte Spieler bewiesen. Okudera wirbelte als Allrounder vornehmlich auf den Außenbahnen, und Gruber wurde als Billigeinkauf zu einer der besten Neuerwerbungen seit langem: Er spielte eine tadellose Saison in Werders Defensivbereich, erfüllte nahezu jede Aufgabe perfekt und schoss als Verteidiger erstaunliche acht Saisontore. Gruber wäre ohne Frage in der Nationalelf gelandet, wenn ihn nicht wenig später eine verheerende Knieverletzung ereilt hätte, die seine Karriere nach unzähligen Comebackversuchen schließlich beendete.

Der schon erwähnte Skandal um Ewald Lienens Verletzung war eine von insgesamt zwei schwarzen Stunden des SV Werder in dieser ansonsten unbeschreiblich schönen Saison 1981/82. Die andere trug sich am 14. November 1981 in Frankfurt zu. Werder musste ohne den verletzten Dieter Burdenski antreten und bot im Tor den völlig unerfahrenen Hermann Rülander auf, der in der Woche zuvor beim Training seine gesamten Teamkameraden durch Nervosität von bis dahin in der Bundesliga unbekanntem Ausmaß völlig kirre machte. Zwei überlieferte Sätze aus den Tagen vor dem Frankfurt-Spiel demonstrieren, wie es um Rülander bestellt gewesen sein muss: »Gut, dass die Frankfurter nicht wissen, was wir für einen Torwart haben!«, soll Altstar Erwin Kostedde einem Offenbacher Freund vor dem Spiel anvertraut haben. Und: »Ich bin froh, wenn wir in Frankfurt nicht zehn Stück kriegen!«, erklang es sogar aus dem Mund von Otto Rehhagel höchst selbst.

Otto Rehhagels Wunsch ging in Erfüllung: Werder verlor nur 2:9. Rülander flatterte sich den ersten Ball selbst ins Tor, schien selbst bei Abwürfen überfordert und trug dazu bei, dass die Frankfurter aus allen Lagen auf Werders Tor ballerten und damit auch meistens Erfolg hatten. Nach 78 Minuten hatte Rehhagel Mitleid und nahm den später passablen Zweitligatorwart Rülander aus der Schusslinie, im wahrsten Sinne des Wortes. Die letzten beiden Tore zum 2:9 kassierte Amateurtorwart Robert Frese, der vielleicht von vornherein die bessere Wahl gewesen wäre.

Dies blieben in der Nachbetrachtung zwei unbedeutende Fleckchen auf einer fast weißen Werder-Weste. Das albtraumhafte 2:9 in Frankfurt hatte sogar in positiver Hinsicht etwas Denkwürdiges: Es war das erste Spiel nach der Inthronisierung des neuen Werder-Managers. Vorgänger Rudi Assauer hatte am Ende der Zweitligasaison Bremen den Rücken gekehrt, weil er über die Zuschauerresonanz in der Hansestadt enttäuscht war. Ihn zog es nach Schalke, wo er zwar mehr Zuschauer begrüßen konnte, aber postwendend dorthin musste, wo er gerade entschwunden zu

Einer der komplettesten Werder-Verteidiger aller Zeiten: Rigobert Gruber war in der Luft eine Klasse für sich, technisch versiert, zweikampfstark und torgefährlich

sein hoffte: in die 2. Liga. Werder suchte monatelang nach einem passenden Nachfolger und wurde in der Politik fündig: SPD-Landesgeschäftsführer Willi Lemke, ein Mann, der Werder schon lange nahe stand, erhielt das Vertrauen des Werder-Vorstands. Eine Wahl, die zunächst erstaunlich war, weil man eigentlich mit einem Fußball-Fachmann à la Assauer gerechnet hatte. Lemke ließ von vornherein keinen Zweifel daran, eher ein Marketing-Stratege als jemand zu sein, dem der Stallgeruch der Bundesliga anhaftete. Das Kreativpotenzial und die Quirligkeit des schmalen Mannes mit der großen Brille sollten den SV Werder und die gesamte Bundesliga von nun an volle 18 Jahre lang in Atem halten. Beim Amtsantritt allerdings nannte das CDU-nahe Anzeigenblatt »Weser-Report« die Entscheidung des Vereins pro Lemke noch »eine unverständliche Brüskierung von zigtausenden treuer, aber unpolitischer oder politisch andersdenkender Anhänger und Gönner des SV Werder Bremen«.

Davon unbeeindruckt marschierte Werder als Aufsteiger im Husarenritt durch die Liga, stand mehrfach sogar auf Platz 2. Am Ende wurde der UEFA-Cup-Platz durch ein spektakuläres 4:2 in Stuttgart gesichert. Die Saison endete also, wie sie begann. Die jüngeren Werder-Fans erlebten zum ersten Mal in ihrem Leben eine Bundesligasaison ganz ohne Abstiegsangst. Und keiner konnte ahnen, dass selbst dieser nie für möglich gehaltene Platz 5 (die beste Platzierung seit 1967!) nur ein Vorgeschmack sein sollte auf sogar noch bessere Werder-Zeiten. Sehr, sehr bald schon konnten sie beginnen.

In den frühen achtziger Jahren erfreute sich unter jungen Menschen Rap-Musik verstärkt großer Beliebtheit. Die dazugehörigen Bewegungen nannte man »Breakdance«, und die hier von Otto Rehhagel in Vollendung präsentierte Breakdance-Variante hieß »Electric Boogie« (in Wirklichkeit ging es allerdings lediglich um eine vergebene Torchance)

Willi Lemke: »... ich saß unter Schimmelpilzen«

Wie wurden Sie 1981 für Werder angeheuert?

Lemke: Nach Rudi Assauers Abschied war damals der Managerposten bei Werder über einen langen Zeitraum vakant, und die hauptsächlich handelnden Personen im Club, Präsident Böhmert, Vize Fischer und Schatzmeister Hohnhorst wurden dadurch extrem strapaziert. Die mussten rund um die Uhr präsent sein, weil kein Manager da war, und das zusätzlich zu ihren »Hauptjobs« im Verein. Es gab damals über 70 Bewerber für Rudi Assauers Posten, und eigentlich hatte sich der Vorstand auch schon auf einen Kandidaten geeinigt. Der hat seine Bereitschaft aber kurzfristig zurückgezogen. Als langjähriger Freund des Vereins wurde ich dann im Sommer eingeladen, zu einem Intertotorundenspiel nach Malmö mitzufahren. Auf der Fähre nach Malmö sagte dann die damalige Frau des Vizepräsidenten zu mir »Sag mal, ›Manager‹ – wäre das nicht was für dich?« Ich war schon sieben Jahre in meinem Job bei der Bremer SPD und fand den Gedanken an einen Posten bei Werder eigentlich auch sehr interessant, aber ich habe diese Frage nicht weiter ernst genommen, gelächelt und nichts weiter dazu gesagt. Aber nach ein paar Nächten, in denen ich drüber geschlafen hatte, war mir klar: Ich würde das sehr gerne machen. Daraufhin habe ich meinen Freund Franz Böhmert angerufen, alles mit ihm besprochen und mal ein Exposé erstellt, in dem drinstand, wie ich mir meine Arbeit für Werder vorstellen könnte. Er war davon spontan begeistert, war auch überrascht, dass ich mich für den Job interessiere. Mein damaliges Konzept habe ich dann nacheinander erst dem Präsidium und dann den Sponsoren und Werder-Freunden vorgetragen. Und anschließend haben sie mich dann gebeten, den Job zu übernehmen. In dem Konzept ging es um einen, wie man heute sagen würde, »Relaunch« von Werder Bremen. Am 11.11.1981 habe ich dieses Konzept der Presse vorgestellt, und wenn Sie sich das heute durchlesen, dann werden Sie feststellen, dass wir gemeinsam 95 Prozent dessen auch umgesetzt haben. Das Einzige, was wir dann verworfen haben, war ein Relaunch des Werder-Emblems. Das hatte ich damals auch vorgeschlagen, aber in diesem Punkt haben mich Freunde und Werbeexperten angerufen und gesagt: »Willi, daran darfst du überhaupt nicht denken! Davon musst du die Finger lassen!«

Wie waren Ihre Arbeitsbedingungen damals im alten Weser-Stadion?

Lemke: Ich saß damals unter Schimmelpilzen. Ein Büro mit dem Charme der dreißiger Jahre, das gleichzeitig Sitzungszimmer und mein Arbeitszimmer war. Und direkt über meinem Stuhl breitete sich hartnäckig ein großflächiger Schimmelpilz aus. Die Tageseinnahmen wurden jeweils im Schuhkarton eingesammelt, eine Kasse gab es nicht. Das Klo war so schlimm, dass es einmal eine unglaublich peinliche Situation gab, die ich nie vergessen werde. Da war die Ehefrau von Willy Brandt bei uns, sehr großer Werder-Fan. Ich musste ihr dann den Weg zu unserer unglaublichen Toilette weisen. Unsagbar peinlich! Eine Toilette unter der alten Südtribüne, direkt am Flur, durch deren Milchglasscheibe man sehr viel Einblick hatte. Jahrzehntelang mussten Besucher des Stadions, die Besatzung der Geschäftsstelle und der Manager diese Toilette benutzen. Ich habe gesagt: »Leute, das müssen wir wirklich dringend ändern!« Und das ist durch den Umbau des Stadions ja glücklicherweise dann auch geschehen.

Kommen wir zu einer Konstante in Ihrer 18-jährigen Managerlaufbahn bei Werder: Der Dauerzoff mit Uli Hoeneß war und ist legendär, und manchmal ist man erstaunt, wie unversöhnlich Sie selbst fast fünf Jahre nach Ihrem Ausscheiden aus dem Management des Vereins noch miteinander umgehen. Uli Hoeneß sagte unlängst wieder: »Dem Lemke würde ich heute noch nicht mal die Hand geben!«

Lemke: Uli Hoeneß glaubt, mit Geld und Macht Leute niederbügeln zu können. Es gibt viele Beispiele dafür, wie er Menschen durch ganz gezielte, harte Attacken mundtot gemacht hat. Die Art und Weise, wie er Christoph Daum damals aus der Liga gepfeffert hat, die Art und Weise, wie er sich zuletzt mit dem Präsidenten von Real Madrid sinnlos über den Beckham-Transfer angelegt hat – das sind Dinge, die mir ganz, ganz fern liegen. Ich würde auch niemals so ein hinterlistiges Ding machen wie die Sache mit den Kirch-Geldern, als er die ganze Bundesliga um 21 Millionen Euro erleichtert hat und dann kleinlaut drei Millionen davon als Brosamen abgibt. Oder wie er sich auf St. Pauli als Retter feiern lässt – das ist alles scheinheilig und überhaupt nicht mein Ding. Ich habe ihm niemals, über die gesamten 18 Jahre, die wir in verschiedenen Gremien des DFB gearbeitet haben, klein beigegeben. Wenn er sich als »Erfinder des Fußballs« aufgespielt hat und gesagt hat »Wir sind das Maß aller Dinge, alles andere interessiert niemanden!« oder »Wir Bayern brauchen die Bundesliga im Zweifel nicht!« oder neuerdings »Wir brauchen die Nationalelf nicht unbedingt!«, dann hat er von mir immer volles Rohr Gegenwind gekriegt, und das ist er nicht gewöhnt. Das tut ihm weh, und deshalb hat er so eine Abneigung gegen mich. Ich kann Ihnen übrigens versichern: Meine Abneigung gegen ihn ist vielleicht nicht ganz so öffentlich wie seine, aber ebenso emotional. Ich könnte mir überhaupt nicht vorstellen, Uli Hoeneß in meinem Freundeskreis aufzunehmen. Da sind andere Qualitäten gefragt, nicht die Ellenbogen-Qualitäten des Herrn Hoeneß.

Willi Lemke 1981 bei der Vorstellung seines »Bewerbungskonzeptes« …

Willi Lemke

Willi Lemke (Jahrgang 1946) wurde im Herbst 1981 zum Nachfolger von Manager Rudi Assauer auserkoren. Eine Entscheidung, die damals sehr überraschte, weil man aus der Bundesliga vornehmlich ehemalige Profi-Kicker auf dem Managersessel gewohnt war. Lemke dagegen kam als Landesgeschäftsführer der Bremer SPD zu Werder. Die Entscheidung, einen Politiker zum Bundesliga-Manager zu küren, wurde anfangs von der Öffentlichkeit skeptisch bis spöttisch kommentiert. Der drahtige »Werder-Willi« konnte diese Vorbehalte in der spektakulär erfolgreichen Anfangsphase seiner Amtszeit jedoch rasend schnell zerstreuen.

… und heute als Bildungssenator in Bremen

Szenen aus einer TV-Show, die Willi Lemke gerne ungeschehen machen würde: In der Redeschlacht mit dem windigen Spielerberater Holger Klemme flogen die Fetzen

Ein anderer schillernder, mittlerweile aber völlig vergessener Gegenspieler des Willi Lemke war in der Anfangszeit Ihrer Arbeit für Werder der berüchtigte Spielerberater Holger Klemme, der seinerzeit Rudi Völler beraten hat. Was ist aus dem geworden?

Lemke: Der hatte einen großen Auftritt, und dann wurde es ruhig um ihn: Er führte einen Prozess gegen uns, den er mit Pauken und Trompeten verlor, und sein Hauptklient Rudi Völler hat anschließend gesagt »Mit dem Klemme will ich nichts mehr zu tun haben!« Das war damals übrigens sehr beeindruckend für mich, Rudi Völlers charakterliche Stärke zu sehen, der als sehr junger Mann schon gut erkannt hat, wem er vertrauen sollte und wem besser nicht. Klemme ist danach völlig von der Bildfläche verschwunden. Ich erinnere mich an diese schillernde Figur noch sehr genau. Er kam dauernd mit neuen Ideen, was man alles zusammen dealen könnte, und ich bin heute sehr glücklich, darauf nie weiter eingegangen zu sein.

Der Glücksmoment schlechthin ...?

Lemke: Überhaupt keine Frage, natürlich das Europapokalfinale in Lissabon! Vor dem Spiel hatten wir alle nicht so recht an einen Sieg geglaubt. Wir hatten eine ganz magere Saison in der Bundesliga gespielt. Vorher sind wir durch denkwürdige Spiele bis in dieses Finale gekommen: gegen Brügge 2:0 mit einem tollen Tor von Manni Bockenfeld! Oder unser Schnee-Spiel in Istanbul, als wir in der 93. Minute nur deshalb kein Tor kassiert haben, weil der Ball bei einer brenzligen Szene vor unserem Tor in der Matschepampe liegenblieb und ein türkischer Stürmer deshalb daran vorbeirutschte. Ich sehe heute noch vor mir, wie dann Olli Reck mit dem Bauch auf diesen Ball fiel. Das Finale war dann der ganz große taktische Triumph des Otto Rehhagel. Er hatte mit Klaus Allofs einen Joker gezogen, mit dem der gegnerische Trainer Arsène Wenger nicht gerechnet hatte. Die Art und Weise, wie der Sieg dann zustande kam, dann die Nacht darauf und der Empfang in Bremen – beim Gedanken daran kriege ich heute noch eine Gänsehaut!

Welchen Fehler können Sie heute, mit etwas Distanz, eingestehen?

Lemke: Da gibt es mehrere. Ich habe einen Riesenfehler gemacht, indem ich mich mit dem schon erwähnten Spielerberater Holger Klemme auf ein TV-Rededuell eingelassen habe. Das fand damals im WDR-Fernsehen statt, und ich sage mir heute noch: Wie konntest du so blöd sein und dich darauf einlassen? Ich hätte wissen müssen, dass das völlig daneben gehen musste. Auf einer seriösen Ebene konnte man mit diesem Menschen nicht kommunizieren, und ich hätte das damals gar nicht erst versuchen dürfen. Es war klar, dass am Ende eine üble Schlammschlacht dabei herauskommen würde.

Zweitens hätte ich niemals Junior Baiano verkaufen dürfen. Da war ich viel zu menschlich. Es hätte mich damals nicht interessieren dürfen, ob der zwölf Wochen gesperrt wird oder es hier kalt findet. Rudi Völler hat seinerzeit gesagt, Junior Baiano sei einer der besten Gegenspieler gewesen, gegen den er je antreten musste. Baiano war einer der genialsten Abwehrspieler, die wir je bei Werder hatten. Aber als er mich mit großen Augen anguckte und flehte: »Meine Frau, meine Kinder ... bitte habt Verständnis. Meine Familie fühlt sich in Deutschland nicht wohl!«, da war ich zu schwach. Ich hätte hart bleiben und ihn an seinen Vertrag erinnern müssen. Nebenbei bemerkt: Ich hatte ihn vorher zu sensationellen Konditionen aus Brasilien verpflichten können. Baiano war nicht einmal teuer!

So fand Willi Lemke seinen Arbeitsplatz zu Beginn seiner Amtszeit vor. Sieht aus wie der Kellerbereich einer Nachkriegs-Grundschule, war aber der Eingangsbereich zu Werders Geschäftsstelle Anfang der achtziger Jahre

Und drittens: Beim geplanten Transfer von Stefan Effenberg zu Werder ist 1994 am Ende alles schief gelaufen. Es gab vorher verschiedene Verhandlungsstränge, die wir entwirren mussten, und die kompliziert miteinander verwoben waren. Zum einen war da der Strang zu Florenz, seinem Verein. Die wollten von Anfang an zuviel Geld haben. Später haben wir uns mit dem AC Florenz geeinigt und mit deren Seite alles klargemacht. Plötzlich tauchten wieder andere Probleme mit den Effenbergs auf. Erschwerend kam dazu, dass Effe von seiner Frau beraten wurde. Das war ein großes Problem, denn mit Spielerberatern konnte ich sonst generell auf einer weniger emotionalen Ebene verhandeln. Unser Vertrag mit Effenberg war praktisch schon so gut wie unterzeichnet, als Frau Effenberg in letzter Sekunde noch einmal mit einer neuen Forderung kam, die alles wieder zum Einstürzen brachte. Die Effenbergs wollten noch einmal für jedes Jahr der Vertragsdauer einen Extrabetrag, und ich werfe mir heute noch vor, dass ich dieser neuen Verhandlungssituation nicht anders begegnet bin. So haben wir uns entschieden, uns nicht erpressen zu lassen und haben die Sache für geplatzt erklärt. Schön und gut, aber Otto Rehhagel stand dadurch da wie ein Depp. Der hatte nämlich schon der »Sport-Bild« ein Interview gegeben mit dem Tenor »Wie ich es geschafft habe, Effenberg zu Werder zu holen!«. Unglaublich dumm gelaufen. Heute, mit mehr Lebenserfahrung, würde ich sagen: Ich hätte mit den Effenbergs ganz alleine verhandeln sollen, und dann hätte ich verschiedene Möglichkeiten gehabt: Ich hätte rumweinen können: »Lassen Sie mich doch bitte nicht unverrichteter Dinge nach Hause fahren! Die verprügeln mich da bei Werder!« Irgendwie hätte ich es hingekriegt, sie weichzukochen.

Medien und Fans fordern immer mal wieder, gerade bei solchen Transfers finanziell mehr ins Risiko zu gehen.

Lemke: Wären wir damals bei Effenberg mehr ins Risiko gegangen, dann hätten wir ihn sicherlich bekommen, aber Werder wäre heute als Verein finanziell nicht gesund. Wir sind niemals bis an den Rand des Ruins gegangen, wie es bis heute einige Vereine nach wie vor machen. Sie würden in Ohnmacht fallen, wenn Sie wüssten, wer alles am Rande des Abgrunds lebt, ohne dass es an die Öffentlichkeit dringt. Werder Bremen ist heute ein gesunder Verein, und das liegt vor allem daran, dass wir nie unkalkulierbare Risiken eingegangen sind, sondern immer nur Dinge riskiert haben, die wir verantworten konnten.

Sie haben 1999 als Manager bei Werder aufgehört, um Bildungssenator zu werden. Fiel es Ihnen schwer, den Verein loszulassen?

Lemke: Ich hatte mir diesen Schritt vorher ein halbes Jahr lang überlegt. Das, was wir zusammen erleben durften, wird so nie wiederkommen. Alles in diesem Verein stimmte personell perfekt, und damit meine ich nicht nur Otto Rehhagel, sondern alle handelnden Personen im Verein. Die Finanzen stimmten immer. Wir sind alle menschlich miteinander umgegangen. Dieses grünweiße Wir-Gefühl habe ich 18 Jahre lang genossen. Man sagt immer, du sollst gehen, wenn es am schönsten ist. Eigentlich hätte ich schon gemeinsam mit Rehhagel bei Werder aufhören sollen, denn es war eigentlich allen klar, dass da eine Zäsur bei Werder kommen würde, die zwangsläufig schmerzlich sein muss. Dann habe ich die schwierigen Jahre ohne Rehhagel noch mitgemacht, und mein Abschluss war absolut perfekt: In meinem allerletzten Spiel als Werder-Manager sind wir 1999 gegen Bayern München noch einmal Pokalsieger geworden. Für mich war das wie ein Geschenk des Himmels. Ich habe danach die ganze Nacht durchgefeiert mit Spielern, Sponsoren, Freunden, dem Präsidium. Das »Loslassen« war nicht so schlimm. Ich bin jetzt viel unbelasteter dabei. Ich bin immer noch bei jedem Heimspiel im Stadion und schaue mir die Auswärtsspiele im Fernsehen an, aber es gibt diese tonnenschwere Last nicht mehr, die auf mir lag, als ich noch Manager war. Ich habe viel mehr Spaß im Stadion und ärgere mich viel freier. Vorher hatte ich Existenzangst, wenn bei Werder etwas schiefging: Familien, die an Werder hängen, Spielerverträge, Sponsorenverträge ... Wie schwer ist es, erst mit Werder gegen Pasching zu verlieren und anschließend ein Sponsorengespräch führen zu müssen? Die Spieler haben davon gar keine Ahnung. Diese tonnenschwere Last habe ich heute nicht mehr. Ich bin entspannter und objektiver. Nach wie vor gehe ich hoch wie von der Tarantel gestochen, wenn jemand meinen geliebten SV Werder kritisiert. Aber es ist jetzt die Aufsichtsratsperspektive und nicht mehr die des unmittelbar Betroffenen. Der Abschied ist mir leichter gefallen, als ich gedacht hatte. Ich bin ja auch nicht aus der Welt. Ich werde nach wie vor zu Werder gefragt und gebe bei besonderen Events Stellungnahmen ab. Ich wurde ja nicht abgeschossen, sondern habe aufgehört. Meine Akzeptanz ist bei den Werder-Fans immer noch groß. Noch heute werde ich öfter als »Werder-Willi« angesprochen und nicht als Bildungssenator. Das ist wunderbar! Ich hatte früher zeitweise auch Angst, rausgeekelt zu werden. Früher habe ich gedacht: »Mein Gott, wenn Werder absteigt, wie stehst du dann da? Wie gehst du dann durch die Stadt?« Damit hätte ich nicht leben können. Nach den Spielen gegen Pasching hätte ich nicht Manager sein mögen. Aber ab und zu würde ich heute gerne noch dabeisein, gar keine Frage. Besonders an den schönen Tagen.

Das neue Tandem in der Kommandozentrale: Willi Lemke und Otto Rehhagel beraten sich in der Geschäftsstelle, irgendwann 1981

Willi Lemke lässt auch heute noch erahnen, dass aus ihm beinahe mal ein richtiger Sportlehrer geworden wäre

Mit Willi Lemke wurde PR bei Werder größer geschrieben denn je. Als Manager stellte er in Sachen Professionalisierung so manches Signal auf Grün

Oben: Gibt es etwas schöneres als ein »Tor des Monats« gegen den HSV im ausverkauften Weser-Stadion? Uwe Reinders gelingt dieses denkwürdige Ereignis an einem kalten Novemberabend: Sprint aus der eigenen Hälfte, und dann nacheinander Stein und Hidien genarrt

Rehhagel, Otto
*9.8.1938
Trainer
34 (493); 1976, 1981–1995

Vor diesem Mann zitterten zu Beginn der Achtziger alle Linksverteidiger der Bundesliga: Uwe Reinders war nach einer Durststrecke zu Beginn seines Werder-Engagements ein Rechtsaußen der Extraklasse

Abschlusstabelle der Bundesliga 1981/1982:

Pl.	Verein	Sp	S	U	N	Tore	Diff.	Punkte
1.	Hamburger SV	34	18	12	4	95:45	+50	48-20
2.	1. FC Köln	34	18	9	7	72:38	+34	45-23
3.	Bayern München	34	20	3	11	77:56	+21	43-25
4.	1. FC K'lautern	34	16	10	8	70:61	+9	42-26
5.	**Werder Bremen**	**34**	**17**	**8**	**9**	**61:52**	**+9**	**42-26**
6.	Borussia Dortmund	34	18	5	11	59:40	+19	41-27
7.	Borussia M'gladbach	34	15	10	9	61:51	+10	40-28
8.	Eintracht Frankfurt	34	17	3	14	83:72	+11	37-31
9.	VfB Stuttgart	34	13	9	12	62:55	+7	35-33
10.	VfL Bochum	34	12	8	14	52:51	+1	32-36
11.	Eintracht Braunschweig	34	14	4	16	61:66	-5	32-36
12.	Arminia Bielefeld	34	12	6	16	46:50	-4	30-38
13.	1. FC Nürnberg	34	11	6	17	53:72	-19	28-40
14.	Karlsruher SC	34	9	9	16	50:68	-18	27-41
15.	Fortuna Düsseldorf	34	6	13	15	48:73	-25	25-43
16.	Bayer Leverkusen	34	9	7	18	45:72	-27	25-43
17.	Darmstadt 98	34	5	11	18	46:82	-36	21-47
18.	MSV Duisburg	34	8	3	23	40:77	-37	19-49

Saisonverlauf 1981/1982:

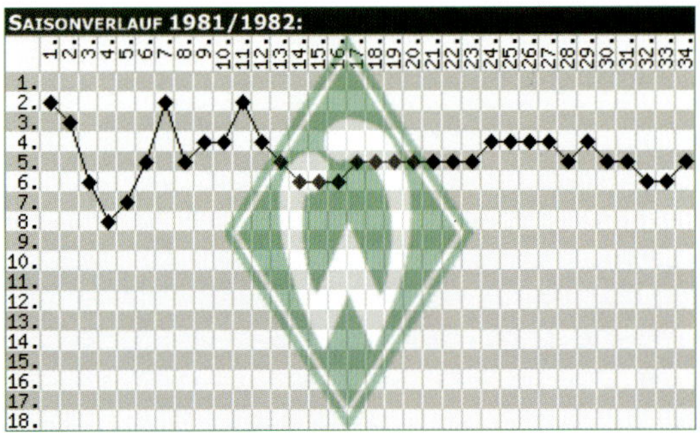

Wer kam?

Frese (eig. Amateure, w.d.S.)
Gruber (Eintr. Frankfurt)
Okudera (Hertha BSC Berlin)
Funk (Eintr. Frankfurt, w.d.S.)

Wer ging?

Voss (VfB Oldenburg)
Masztaler (Wiener SK/Österreic
Bargfrede (FC St. Pauli)
Konschal (Freiburger FC, w.d.S.)

w.d.S. = während der Saison

Die Mannschaft (Name, Geb.-Datum, Position, Bundesliga-Einsätze (Gesamt), Tore (Gesamt), bei Werder von-bis)

Burdenski, Dieter »Budde«
*26.11.1950
Torhüter
33 (444); 0 (1); 1972–1988

Rülander, Hermann
*21.11.1960
Torhüter
2 (2); 0 (0); 1980–1982

Frese, Robert
*26.10.1961
Torhüter
1 (1); 0 (0); 1981–1982
Amateur

Fichtel, Klaus »Tanne«
*19.11.1944
Abwehrspieler
34 (75); 0 (0); 1980–1984

Siegmann, Norbert »Zico«
*20.5.1953
Abwehrspieler
25 (153); 3 (10); 1976–1986

Schaaf, Thomas
*30.4.1961
Abwehrspieler
1 (262); 0 (13); 1978–1995

Haskamp, Martin
*11.9.1958
Abwehrspieler
4 (9); 0 (0); 1978–1983

Otten, Jonny
*31.1.1961
Abwehrspieler
34 (308); 0 (1); 1979–1992

Gruber, Rigobert »Rigo«
*14.5.1961
Abwehrspieler
34 (89); 8 (12); 1981–1986

Konschal, Hartmut
*2.4.1953
Abwehrspieler
3 (133); 0 (12); 1976–1982

Okudera, Yasuhiko »Oku«
*12.3.1952
Mittelfeldspieler
30 (159); 2 (11); 1981–1986
Japan

Möhlmann, Benno
*1.8.1954
Mittelfeldspieler
34 (230); 3 (33); 1978–1988

Rautiainen, Pasi
*25.12.1953
Mittelfeldspieler
26 (26); 1 (1); 1980–1982
Finnland

Bracht, Uwe
*10.7.1953
Mittelfeldspieler
19 (272); 2 (24); 1971–1984

Kamp, Karl-Heinz »Kalli«
*26.9.1946
Mittelfeldspieler
31 (361); 0 (26); 1970–1984

Meier, Norbert
*20.9.1958
Stürmer
33 (242); 15 (66)
1980–1990

Böhnke, Michael »Mike«
*30.8.1958
Stürmer
8 (25); 0 (1); 1980–1984
Amateur

Reinders, Uwe
*19.1.1955
Stürmer
34 (206), 18 (67); 1977–1985

Kostedde, Erwin
*21.5.1946
Stürmer
33 (33); 9 (9); 1980–1982

Behrens, Uwe
*10.4.1959
Stürmer
6 (16); 0 (4); 1979–1982

Erweiterter Kader:

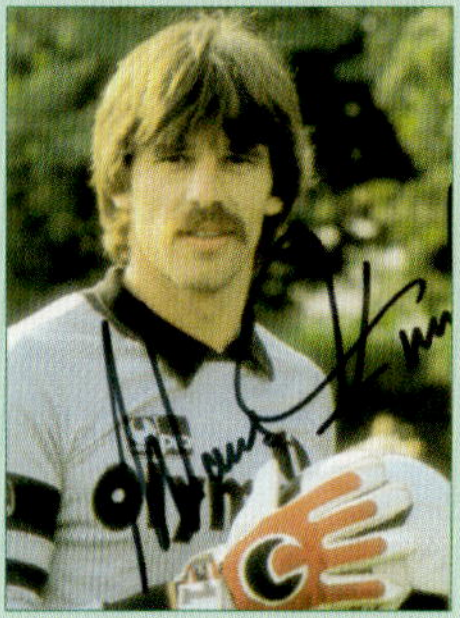

Funk, Klaus
*21.2.1954
Torhüter
0 (3); 0 (0); 1981–1986

Jank, Klaus-Dieter
*23.11.1952
Stürmer
0 (0); 0 (0); 1980–1982

Mensch, Werder.
Daschadollisdascha.
Olympia International

1982/83: »Attack, Attack«

Oben v.l.:
Neubarth, Gruber, Sidka, Reinders, Siegmann, Völler, Schaaf
Mitte v.l.:
Trainer Rehhagel, Bracht, Okudera, Burdenski, Funk, M. Haskamp, Böhnke, Masseur Kienert, Physiotherapeut Andrae
Unten v.l.:
Fichtel, Otten, Möhlmann, Meier, Kamp

»In fourteen days we come back. Attack, attack!«

Aufforderung von Otto Rehhagel an seine Spieler beim UEFA-Cup-Klassiker in Dundee

Das Hochgefühl der Vorsaison wollte einfach nicht verfliegen, und das war auch gut so: Als die Saison 1982/83 begann, hatten sich Werders Fans immer noch nicht so recht daran gewöhnt, dass ihr Lieblingsclub nach unzähligen Jahren des Dahinvegetierens im trüben Bundesliga-Abstiegskampfgewässer nun plötzlich einer der wenigen Vereine war, der seinen Platz an der Sonne der Tabelle mit einer Europapokal-Teilnahme veredeln durfte. Werder war im UEFA-Cup! Zum ersten Mal in der Geschichte des Vereins gab es Werder-Spiele live im Fernsehen. Werder Bremen war plötzlich ein richtig guter Bundesligist, spielte wunderbaren Fußball, hatte einen tollen Trainer, verpflichtete fantastische Spieler – alles war wie ein grünweißer Traum.

Personell hatte sich der Tabellenfünfte des Vorjahres ziemlich eindeutig verstärkt. Vom Stamm der Elf waren nur Pasi Rautiainen (nach Bielefeld) und Kult-Stürmer Erwin Kostedde gegangen. Kostedde hatte sich mit neun Toren ordentlich aus der Bundesliga verabschiedet. Aber es wurde schließlich doch deutlich, dass der beinahe zirkustaugliche Ballartist (und das ist durchaus liebevoll gemeint!) den Ansprüchen eines Vereins nicht mehr genügte, der fortan international mitmischen wollte. Kostedde, der in Bremen passabel verdiente, aber nicht übermäßig reich wurde, verpasste den richtigen Zeitpunkt zum Aufhören und tat sich noch eine wenig rühmliche Zweitligasaison beim VfL Osnabrück an. Jahre später geriet er noch einmal böse in die Schlagzeilen, als er im westfälischen Coesfeld die Spielhalle »Joy« maskiert überfallen haben soll. Er saß sogar hinter Gittern, ehe sich seine Unschuld herausstellte. Verbittert zog sich der »braune Bomber« seither aus der Öffentlichkeit zurück. In Bremen behielten ihn die Fans jedoch als großartigen Instinktfußballer in Erinnerung, der in seinen zwei Jahren bei Werder knapp 40 meist herrlich anzusehende Tore zu Aufstieg und UEFA-Cup-Qualifikation beisteuerte.

Werders Neueinkäufe schlugen zu 100 Prozent ein und waren damit ein weiteres Kapitel in Otto Rehhagels beeindruckender Transfer-Bilanz. Allerdings kam Werder (und Otto) ein Zufall zu Hilfe. Als Nachfolger für Erwin Kostedde war nämlich eigentlich Hannovers Stürmerstar Dieter Schatzschneider fest eingeplant. Der hatte in der vorigen Saison die meiste Zeit die Torschützenliste der 2. Liga angeführt und galt als Wunschstürmer in Hamburg, Schalke – und Bremen. Werder baggerte heftig und verschmähte dadurch beinahe einen gewissen Rudolf Völler, der von seinem

Berater Holger Klemme, einem wenig sympathischen, dafür aber sehr dauergewellten Bundesliga-Dauergast der frühen achtziger Jahre beinahe schon penetrant bei Otto Rehhagel angeboten wurde. Die Legende besagt, dass Rehhagel Klemme fast schon abgesagt hatte: »Tut mir leid, aber wir holen wohl lieber den Schatzschneider!« Dann aber fügte sich das Schicksal auf für Werder wundersame Weise: Schatzschneider entschied sich doch lieber für den HSV, Werder griff sich als Ersatz diesen Völler, und der ballerte sich am letzten Spieltag der 2. Liga mit vier Toren für seinen Verein 1860 München noch zum Torschützenkönig-Titel – vor Schatzschneider. Schatzschneider wiederum vermasselte in den folgenden Jahren seine Karriere in Basler-Manier und kam in seiner gesamten Bundesliga-Laufbahn lediglich auf 28 Tore für drei verschiedene Vereine. Rudi Völler traf alleine in seinem ersten Werder-Jahr stolze 23 Mal und wurde damit nicht nur Bundesliga-Torjäger Nr. 1, sondern auch »Fußballer des Jahres«.

Zusätzlich zu Supereinkauf Völler entschied sich Rehhagel für den Mittelfeld-Arbeiter Wolfgang Sidka, der günstig mit der späteren »Tante Käthe« aus München zu Werder stieß. Außerdem kam damals ein noch milchgesichtiger Schlacks aus Hamburg: Frank Neubarth vom Oberligisten Concordia wurde zuvor zum »Oberligaspieler des Jahres« gewählt. Vor seiner Haustür, beim HSV, fiel er dennoch durch. Der große Ernst Happel persönlich urteilte vernichtend: »Der ist zu lang und zu langsam.« Ein weiterer glücklicher Zufall für den SV Werder, der auf diese Weise einen tollen Stürmer für wenig Geld bekam, weil ihn der Nordrivale nicht wollte. Sowas macht Freude.

Die Saison 1982/83 brachte für Werder eine nach dem Vorjahr kaum für möglich gehaltene weitere Steigerung. Nachdem die ersten drei Monate der Saison etwas holprig anliefen (13:11 Punkte, Platz 7), steigerte sich Werder im weiteren Saisonverlauf in einen absoluten Rausch hinein. Die junge Mannschaft spielte unbekümmert, frech, geradezu verboten offensiv. Am Ende trieb die Mannschaft den hohen Favoriten HSV vor sich her und griff nur um Fingernagelbreite an der Meisterschale vorbei: In der Abschlusstabelle fehlten dem SVW ganze acht Törchen zum Titelgewinn. Fußball-Deutschland zeigte sich fasziniert von Rehhagels Rasselbande und ihrem explosiven Offensivfußball, und alle neutralen Fans drückten dem Underdog beim Zweikampf mit dem scheinbar übermächtigen HSV die Daumen. Hätte es die Formulierung 1983 schon gegeben, dann wäre Werder seinerzeit der allererste »Meister der Herzen« gewesen. So wurden die Bremer ein Jahr nach dem »besten Aufsteiger aller Zeiten« gleich auch noch »der beste Vizemeister aller Zeiten«. Grandiose

Torhüterschicksale 1: Uwe Reinders sorgt dafür, dass Bayern-Torwart Jean-Marie Pfaff seine erstes Bundesligaspiel nicht so leicht vergisst. Mit diesem Einwurf semmelt der Werder-Rechtsaußen den Ball aufs Bayern-Tor. Pfaffs Fingerspitzen erledigen den Rest. Werder besiegt die Bayern am ersten Spieltag durch dieses Tor mit 1:0. Keiner konnte ahnen, dass dies nicht einmal das kurioseste Torhüter-Eigentor der Saison bleiben würde, denn … (bitte umblättern!)

Wie gut Werder diesmal eingekauft hatte, konnte zum Zeitpunkt dieses Bildes noch nicht einmal Otto Rehhagel wissen. Der Werder-Trainer präsentiert stolz seine drei Volltreffer Völler, Sidka und Neubarth

Mitte: Der Aufschwung des SV Werder in dieser Saison ließ sich am allerbesten durch gleich vier A-Nationalspieler aus Bremen dokumentieren: Völler, Meier, Burdenski und Otten wurden von Bundestrainer Derwall gerufen. Superschick damals die Polohemdenmode

52 Pluspunkte (Zwei-Punkte-Regel) hätten in fast allen anderen Saisons zum Titel gereicht – nur eben 1983 nicht.

Die Sternstunde erlebten Völler und Co. an einem klirrend kalten Januarnachmittag 1983, als der HSV nach über einem Jahr oder 36 Spielen ohne Niederlage im Weser-Stadion beide Punkte abliefern musste. Völler, Neubarth und Kapitän Benno Möhlmann schickten den Nordrivalen geschlagen nach Hause und verkürzten den eigenen Rückstand auf den Spitzenreiter von vier auf zwei Punkte. Der Titelkandidat Werder war geboren, und Otto Rehhagel hörte sogar auf, von »zwei Punkten gegen den Abstieg« zu reden. Rudi Völler machte sich mit jedem seiner vielen Tore immer interessanter und zog schon in seiner ersten Saison bei Werder die Aufmerksamkeit der üblichen Verdächtigen auf sich. Im Frühling 1983 buhlte der damals noch etwas glanzvollere AC Turin um Werders Superstar. Werder gründete eigens die so genannte »Werder-Werbe-GmbH«, um den Torjäger vermarkten und so an der Weser halten zu können. Dass dem SV Werder dieses Unterfangen volle fünf Jahre gelang, grenzt im Nachhinein an ein Wunder.

Ein Rückblick auf die Saison 1982/83 wäre nicht komplett, ohne an zwei Tore zu erinnern, die zum Seltsamsten gehören, was es in der Bundesliga je zu sehen gab. Beide fielen innerhalb weniger Monate im Weser-Stadion, beide bedeuteten das wichtige 1:0, und beide brannten sich unauslöschlich in den Fußball-Lebenslauf des jeweils beteiligten Torwarts ein. Da war zunächst der unsterbliche Moment an jenem 21. August 1982, 16.24 Uhr: Werder empfing Bayern München und dessen neuen Weltklassetorwart Jean-Marie Pfaff. Dieser erlebte im Weser-Stadion sein allererstes Bundesligaspiel, und er verließ es als Depp. Fast eine gesamte Halbzeit lang hatten sich die Bayern vorher mit Werder gefetzt, ohne dass irgendetwas Entscheidendes vor den Toren passiert wäre. Fast mit dem Halbzeitpfiff schleuderte Uwe Reinders einen Einwurf mit dem Drive einer Kanonenkugel in Richtung Bayern-Tor. Die meisten Bundesligaspieler kannten diese Einwürfe, Pfaff (noch) nicht. Er brachte das Kunststück fertig, in Bedrängnis den Ball so virtuos zu berühren, dass a) der Tatbestand der Berührung erfüllt wurde (per Einwurf darf bekanntlich nicht direkt ein Tor erzielt werden), b) die Richtung des Balles um genau die Zentimeter verändert wurde, die ihn über die Torlinie eiern ließen und zwar c) Letzteres exakt so, dass die zahlreich anwesenden Bayern-Verteidiger nicht eingreifen konnten und der beinahe einschussbereite Rudi Völler nicht eingreifen musste. Ein Tor, das man so nicht hätte ausdenken können. Pure Magie!

Das andere Tor fiel aus Werder-Sicht weniger gekonnt, erhielt aber die bis heute unerreichte Höchstpunktzahl auf der Bundesliga-Slapstick-Skala. Unser Mitgefühl gilt in diesem Fall Frankfurts ehemaligem Schlussmann Jürgen Pahl, der an einem schnatterkalten Dezembertag noch nicht so ganz anwesend war und den Ball schon nach drei Minuten mit einem Bewegungsablauf, den man sonst entfernt von Diskuswerfern oder von Charlie Chaplin kennt, praktischerweise gleich über die eigene Linie schleuderte. Kein weiter Reinders-Einwurf war nötig, kein böser Werder-Stürmer war in der Nähe, keine Fernsehkamera war auf Pahl gerichtet. Ein Jammer. Der bedauernswerte Schlussmann fing sich entnervt noch eine gelbe Karte ein, ließ sich zur Halbzeit auswechseln und lehnte nach dem Spiel jede Bitte ab, das Tor noch einmal fürs Fernsehen nachzustellen.

Nicht für Pahl, auch nicht für Pfaff, aber sehr wohl für Werder endete die Saison mit einem Happy End, obwohl der Meistertitel verpasst wurde. In einer Nervenschlacht hatte

die Mannschaft am letzten Spieltag den sich tapfer wehrenden VfL Bochum mit 3:2 niedergerungen. An einem unvorstellbar heißen Junitag hatten alle Werder-Fans Transistorradios dabei, die am Ohr festgewachsen schienen. Alles hoffte auf einen Punktverlust des HSV auf Schalke. Damit alles nicht zu einfach aussah, erlaubte sich Werder selbst ein haarsträubendes Match gegen die Bochumer, die unbedingt geschlagen werden mussten: Der VfL ging sogar in Führung und entnervte Werder nochmals durch den Ausgleich, nachdem Völler und Reinders den Rückstand gerade mühselig umgebogen hatten. Von 16.35 Uhr bis 16.37 Uhr war Werder dann zwei irre Minuten lang Deutscher Meister. Dann traf in Gelsenkirchen Wolfgang Rolff zum 2:1 für den HSV, wenig später war es sogar ganz zappenduster um Werder, als der Bochumer Krella wie erwähnt das vollends ernüchternde 2:2 reinmogelte. Erst 16 Minuten vor dem Ende, um 16.58 Uhr im brütend heißen Weser-Stadion, erlöste Verteidiger Norbert Siegmann die Bremer mit dem Tor, das zum Meistertor hätte werden können. Die Fans in Bremen beten für den Ausgleich auf Schalke. Kurzzeitig sorgt der WDR-Reporter Jochen Hageleit für Jubelstimmung, weil er in seiner Übertragung aus Gelsenkirchen einen Satz unvorsichtigerweise mit den Worten »Stellen Sie sich vor, es steht hier 2:2 ...« beginnt. Ein Orkan der Meisterfreude bricht los im Weser-Stadion, und kaum einer bekommt mit, dass Herr Hageleit wirklich nur ganz unverbindlich vorschlagen wollte, es sich einmal vorzustellen. Der HSV gewinnt 2:1, Werder muss noch fünf Jahre länger auf den ersehnten Meistertitel warten. Damals, 1983, wusste das natürlich niemand. Ganz Bremen war dankbar für Werders Rückkehr in die Ligaspitze und feierte auf dem Marktplatz die Vizemeisterschaft.
Eigentlich war bis auf die Schale schon alles wie bei einer richtigen Meisterfeier. Zehntausende feierten enthusiastisch eine gerührte Vizemeistermannschaft und deren Trainer. Alle gemeinsam waren sie gespannt auf das, was noch kommen wird.

BILD-SPORT

Torwart Pahl: So warf ich mir den Ball ins Tor

Was das Fernsehen verpaßte: Pahl wollte zu Falkenmayer abwerfen, da rutschte ihm der Ball aus der Hand

Von PAUL PALMERT

ES PASSIERT DAS VERRÜCKTESTE

Torhüterschicksale 2: Exakt 75 Tage nach Jean-Marie Pfaffs Fehlgriff im Weser-Stadion legt Frankfurts Keeper Pahl nach und erzielt ein noch kurioseres Eigentor. Schon nach drei Spielminuten wirft der ehemalige DDR-Juniorenauswahltorhüter sich das Leder im Stil eines Diskuswerfers ins eigene Netz, ohne dass weit und breit ein Werderaner in der Nähe gewesen wäre. Unsere Bilder zeigen Pahls verzweifelten Rettungsversuch, den entgeisterten Blick von Werders Meier und einen fassungslosen Frankfurter Abwehrspieler. Pahls anschließender Blick sagt alles. Der bemitleidenswerte Schlussmann wurde zur Pause ausgewechselt, Werder siegte 3:0

3:2! Werder Vize

Toller Empfang am Rathausmarkt

5. Juni 1983

1,40 DM

Bild am Sonntag

BREMER Morgenpost

UNABHÄNGIGE TAGESZEITUNG

Nr. 129/23. W., Montag, 6. Juni 1983 · 40 Pf · C3880A

Feier und Prämie wie beim Meister

Jungs, seid stolz!

Montag, 6. Juni 1983 · 40 Pf

Bild BREMEN

UNABHÄNGIG · ÜBERPARTEILICH

Werder Werder wunderbar

Willi Lemke kann einfach alles tragen, auch dieses Transisterradio. Am letzten Spieltag erlebten solche (oder weniger futuristisch aussehende) Empfänger Hochkonjunktur: Das Fernduell zwischen Werder und dem HSV faszinierte die Bundesliga. Nie zuvor und nie wieder danach hörten so viele Werder-Fans im Stadion Radio. Leider vergeblich. Die Saison endete »nur« mit der Vizemeisterschaft, doch die Enttäuschung hielt sich in Grenzen. Die Presse feierte auch den Zweiten wie einen Meister

Abschlusstabelle der Bundesliga 1982/1983:

Pl.	Verein	Sp	S	U	N	Tore	Diff.	Punkte
1.	Hamburger SV	34	20	12	2	79:33	+46	52-16
2.	**Werder Bremen**	**34**	**23**	**6**	**5**	**76:38**	**+38**	**52-16**
3.	VfB Stuttgart	34	20	8	6	80:47	+33	48-20
4.	Bayern München	34	17	10	7	74:33	+41	44-24
5.	1. FC Köln	34	17	9	8	69:42	+27	43-25
6.	1. FC K'lautern	34	14	13	7	57:44	+13	41-27
7.	Borussia Dortmund	34	16	7	11	78:62	+16	39-29
8.	Arminia Bielefeld	34	12	7	15	46:71	-25	31-37
9.	Fortuna Düsseldorf	34	11	8	15	63:75	-12	30-38
10.	Eintracht Frankfurt	34	12	5	17	48:57	-9	29-39
11.	Bayer Leverkusen	34	10	9	15	43:66	-23	29-39
12.	Borussia M'gladbach	34	12	4	18	64:63	+1	28-40
13.	VfL Bochum	34	8	12	14	43:49	-6	28-40
14.	1. FC Nürnberg	34	11	6	17	44:70	-26	28-40
15.	Eintracht Braunschweig	34	8	11	15	42:65	-23	27-41
16.	Schalke 04	34	8	6	20	48:68	-20	22-46
17.	Karlsruher SC	34	7	7	20	39:86	-47	21-47
18.	Hertha BSC Berlin	34	5	10	19	43:67	-24	20-48

Saisonverlauf 1982/1983:

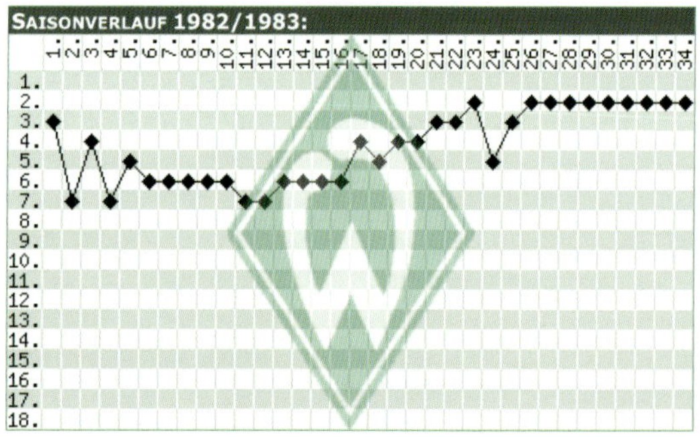

Die Mannschaft (Name, Geb.-Datum, Position, Bundesliga-Einsätze (Gesamt), Tore (Gesamt), bei Werder von–bis)

1982/83

Burdenski, Dieter »Budde«
*26.11.1950
Torhüter
34 (444); 0 (1); 1972–1988

Fichtel, Klaus »Tanne«
*19.11.1944
Abwehrspieler
33 (75); 0 (0); 1980–1984

Siegmann, Norbert »Zico«
*20.5.1953
Abwehrspieler
27 (153); 4 (10); 1976–1986

Schaaf, Thomas
*30.4.1961
Abwehrspieler
21 (262); 1 (13); 1978–1995

Haskamp, Martin
*11.9.1958
Abwehrspieler
4 (9); 0 (0); 1978–1983

Otten, Jonny
*31.1.1961
Abwehrspieler
34 (308); 0 (1); 1979–1992

Gruber, Rigobert »Rigo«
*14.5.1961
Abwehrspieler
28 (89); 3 (12); 1981–1986

Hermann, Günter »Jimmy«
*5.12.1960
Mittelfeldspieler
1 (231); 0 (8); 1982–1993
Amateur

Okudera, Yasuhiko »Oku«
*12.3.1952
Mittelfeldspieler
34 (159); 4 (11); 1981–1986
Japan

Möhlmann, Benno
*1.8.1954
Mittelfeldspieler
32 (230); 6 (33); 1978–1988

Sidka, Wolfgang
*26.5.1954
Mittelfeldspieler
31 (115); 7 (17); 1982–1987

Bracht, Uwe
*10.7.1953
Mittelfeldspieler
21 (272); 1 (24); 1971–1984

Kamp, Karl-Heinz »Kalli«
*26.9.1946
Mittelfeldspieler
18 (361); 0 (26); 1970–1984

Meier, Norbert
*20.9.1958
Stürmer
31 (242); 11 (66); 1980–1990

Böhnke, Michael »Mike«
*30.8.1958
Stürmer
13 (25); 0 (1); 1980–1984
Amateur

Reinders, Uwe
*19.1.1955
Stürmer
20 (206), 8 (67); 1977–1985

Neubarth, Frank »Socrates«
*29.7.1962
Stürmer
18 (317); 6 (97); 1982–1996

Völler, Rudolf »Rudi«
*13.4.1960
Stürmer
31 (137); 23 (97); 1982–1987

Wer kam?

Hermann (eig. Amateure, w.d.S.)
Sidka (München 1860)
Neubarth (Conc. Hamburg)
Völler (München 1860)

Wer ging?

Rülander (SV Meppen)
Frese (VfL Weiße Elf Nordhorn)
Rautiainen (Arm. Bielefeld)
Behrens (Arm. Hannover)
Kostedde (VfL Osnabrück)
Jank (South China Athletic/
Hongkong)

Rehhagel, Otto
*9.8.1938
Trainer
34 (493); 0 (0)
1976, 1981–1995

Erweiterter Kader:

Funk, Klaus
*21.2.1954
Torhüter
0 (3); 0 (0); 1981–1986

Unser Wohnzimmer: das Weser-Stadion 1963 bis 2004

Das Weser-Stadion gehört nicht zu den modernsten, und nach neutraler Ansicht wohl auch nicht zu den allerschönsten Stadien der Bundesliga. Doch jeder Werder-Fan hat es im Laufe der Jahre lieben gelernt. Es liegt zentral direkt an der Weser, die dort bekanntlich einen großen Bogen macht. Bei den Umbaumaßnahmen der letzten zwei Jahrzehnte wurde das Stadion für die zahlungskräftigere Klientel attraktiver, ohne dabei die Wünsche der Kurvenfans zu ignorieren. Im Jahr 2004 präsentiert es sich in neuem Gewand als viel zitiertes »Schmuckkästchen«. Die Zuschauer sitzen so dicht am Spielfeld wie nie zuvor, und das Fassungsvermögen von 45.000 Plätzen kann sich sehen lassen. Vor allem nach der Absenkung des Spielfeldes und den dadurch möglich gewordenen neuen Tribünenplätzen in Spielfeldnähe fällt vielen Besuchern auf, dass der SV Werder vor allem bei gutem Besuch mittlerweile ein wirklich tolles Stadion hat. Hier die Entwicklung vom Start der Bundesliga bis heute.

Vor der Bundesliga-Ära stellte sich das Weser-Stadion so dar. Im Hintergrund erkennt man die damals noch winzige Nordtribüne, die 1963 für die Bundesliga ausgebaut wurde

In einem voll besetzten Weser-Stadion feiern die Fans am 15. August 1963 die Einweihung der neuen Flutlichtanlage, die eigens für die Bundesliga installiert wurde. Werder gewann 2:1 gegen die international renommierte Elf von Honved Budapest. Links sehen wir die damals neu erbaute Nordtribüne, im Hintergrund kann man die damals noch sehr kleine Ostkurve sehen

Seltene Bilddokumente aus dem Meisterjahr 1965: Links sehen wir eine Szene aus dem entscheidenden Heimspiel gegen Borussia Dortmund am 8. Mai 1965. Entscheidender als das Spielgeschehen ist der Blick auf die winzige Ostkurve, die wie die Westkurve im selben Jahr um einen Oberrang erweitert wurde. Rechts sehen wir die Nordtribüne, in deren Mitte sich 1965 auch der Fanblock befand

Unten rechts: Dieses Bild von Walter Schumann ist jedem Werder-Fan sehr vertraut. Interessant ist im direkten Vergleich dazu das linke Foto, das in derselben Sekunde aus dem Fanblock in der Nordtribüne gegenüber aufgenommen wurde. Soeben hat Stadionsprecher Oßenkop die erlösende Information vom entscheidenden Punktverlust des Konkurrenten 1. FC Köln durchgegeben. Der sich entfesselnde Meisterjubel in diesen Sekunden lässt sich erahnen

Werder kommt! Wir sehen die alte Südtribüne, wie sie sich zwischen 1963 und 1973 präsentierte. Die Spieler kommen noch aus dem alten Kabinengang, der sich am Rand der Südtribüne in Nähe der Westkurve befand

Business-Logen anno 1965: Werders Anhängern war im Meisterjahr kein Sitzplatz zu wackelig

Nach der Überdachung und Modernisierung der Südtribüne 1973 waren 1978 Finanzierung und Bau der neuen Nordtribüne ein Kraftakt für den Verein. Für den Fan änderte sich einiges: Anders als vorher gab es nun keine reine Stehplatzgerade mehr, und auch der direkte Durchgang zwischen Ost- und Westkurve war nicht mehr möglich. Durch die neu entstandenen Werbeflächen (damals noch ungewöhnlich in den Stadien der Bundesliga) konnte ein beträchtlicher Teil der Baukosten wieder hereingeholt werden

So wie auf dem linken unteren Bild präsentierte sich das Weser-Stadion in den Jahren zwischen 1979 und 1988. Im Jahr der Deutschen Meisterschaft 1988 gewöhnten sich die Fans dann kurzzeitig an den freien Blick auf die Weser: Die Westkurve wurde abgerissen und neu erbaut

Unten rechts: 1992 wird die Südtribüne umfangreich neu gebaut. Die rechte Hälfte der zuletzt 1973 modernisierten alten Tribüne ist bereits abgetragen. Wir sehen noch die alte Sprecherkabine und in der Bildmitte dahinter die bereits halb abgerissenen Räume der ehemaligen Stadiongaststätte

Auf dem Foto oben erkennen wir die Baumaßnahmen an der rechten Hälfte der Südtribüne 1992, während deren linke Hälfte schon fertig gestellt ist. Die Ostkurvenfans standen fortan als Einzige im Regen

Unten: Das Stadion vor der Absenkung des Spielfeldes im Sommer 2002. Das »kleinste Weser-Stadion aller Zeiten« fasste zu diesem Zeitpunkt rund 35.000 Zuschauer

Rechts: Endlich geschlossen! Das Weser-Stadion in der erstmals komplett überdachten Version im Jahr 2000

Unten: So etwa wird das Weser-Stadion im Jahr 2004 aussehen. Wir erkennen die neuen Türme an der Nordtribüne und den ungewöhnlichen Blick von oben

1983/84: ... und noch ein Superstar

Oben v.l.:
Physiotherapeut Andrae, Neubarth, Gruber, Reinders, Pezzey, Sidka, Siegmann, Ruländer, Böhnke, Otten, Schaaf, Masseur Kienert, Trainer Rehhagel
Unten v.l.:
Völler, Okudera, Fichtel, Meier, Burdenski, Funk, Möhlmann, Hermann, Bracht, Kamp

Nun aber! Wenn man im ersten Jahr nach einem Aufstieg gleich Fünfter wird und im Jahr darauf nur durch unglaubliches Pech nicht Deutscher Meister, dann muss im Jahr darauf der zählbare Erfolg her, um die Kundschaft zu befriedigen. Das dachte man wohl auch bei Werder und verpflichtete im Sommer 1983 den nächsten Superstar: Der Österreicher Bruno Pezzey wurde dem ebenfalls ins Auge gefassten Schweden Glenn Hysén vorgezogen. Pezzey war durch viele großartige Länderspiele und durch fünf starke Jahre im Trikot von Eintracht Frankfurt schon ein Star. Die Eintracht aber geriet schon damals ganz gerne einmal in finanzielle Schwierigkeiten, was den Wechsel des Abwehrkönners für Werder machbar werden ließ. Folgerichtig sollte der Vizemeister in der neuen Saison nach den Sternen greifen können.

Doch so einfach funktioniert Fußball leider nicht. Werders umformierte und vermeintlich verstärkte Abwehr stand mit dem neuen Weltstar zunächst wackliger als vorher mit dem betagten Klaus Fichtel, der für Pezzey ins zweite Glied zurückrückte. Dieser Umstand für sich wäre wiederum nicht so schlimm gewesen, hätte der Titelkandidat Werder durch diese Turbulenzen in der Hintermannschaft nicht den euphorisch erwarteten Saisonstart in den Sand gesetzt. Beim Neuling SV Waldhof Mannheim setze es eine nie für möglich gehaltene und dennoch völlig verdiente 0:2-Pleite.

Die Werder-Fans waren kurz beunruhigt, hofften aber auf eine möglichst rasante Wende zum Guten. Sie hatten Werder nicht zuletzt Dank der Personalie Bruno Pezzey einen großen Vertrauensvorschuss gewährt und mit 6000 verkauften Dauerkarten (Vorjahr 4800) für einen neuen Rekord gesorgt. Doch die Kundschaft wurde auf eine Geduldsprobe gestellt. Werder erwies sich als zu launisch, um ernsthaft in den Kampf um die Meisterschaft eingreifen zu können. Nach dem Auftaktflop gegen Mannheim folgte zuhause ein müheloses 5:2 gegen den VfL Bochum und der Sprung auf Platz 7. Bei den noch sieglosen Mönchengladbachern waren die Grünweißen anschließend völlig chancenlos und hätten sogar höher verlieren können als 1:3. Einem neuerlichen Heimsieg gegen Köln (Siegtor durch Thomas Schaaf!) folgten zwei torlose Unentschieden auf fremden Plätzen, die durch ein farbloses 2:0 daheim gegen Nürnberg unterbrochen wurden. Werder war zwar mühselig wieder auf Platz 6 und damit ins obere Tabellendrittel geklettert, aber spielte merkwürdig drögen Fußball. Als gegen den HSV zuhause schon das nächste 0:0 wartete, wurde der Titelkandidat sehr zum Unbehagen von Otto Rehhagel und dem Vorstand erstmals zum Medienthema: Die Mannschaft, die in den Jahren zuvor knalligen Offensivfußball zelebrierte, wurschtelte sich durch die Bundesliga-Vorrunde. Bei den in Abstiegsgefahr geratenen Lauterern mussten Pezzey und Co. drei Minuten vor dem Ende das bittere 3:3 hinnehmen. Wieder nur ein Unentschieden! Und vor allem: Immer noch kein Auswärtssieg!

Psychologe Fritz Stemme befasste sich mit der seltsam gehemmt wirkenden Werder-Truppe, was Rehhagel erzürnte, denn der sah den Saisonverlauf durchaus nicht so negativ und wehrte sich gegen jegliche hohe Erwartungshaltung. Stemme seinerseits stellte fest, dass vor allem Werders Stürmer offenbar gegen eine psychische Barriere ankämpften: »Sie denken zuviel!« verriet der Experte dem Weser-Kurier. Für Otto Rehhagel war das leerer Hokuspokus. Der Mann, der sich nach der Torflaute der letzten Wochen erstmalig leise in Frage gestellt sah, fühlte sich bestätigt, als Werder nicht nur die Dortmunder Borussia um zwei Punkte erleichterte, sondern auch den Skalp der stark in die Saison gestarteten Uerdinger forderte. Das 3:0 in der Grotenburg-Kampfbahn ging locker von der Hand (oder vom Fuß) und bedeutete den ersten Auswärtssieg. Spätestens nach dem denkwürdigen 8:1 gegen Kickers Offenbach am 26. November 1983 schien Werder wieder bereit für einen erneuten Titelkampf. Der Kantersieg gegen die wehrlosen Hessen war dabei aus mehreren Gründen äußerst denkwürdig: nicht, weil Dieter Burdenski an diesem Abend seinen 33. Geburtstag feierte, sondern weil Jonny Otten mit einem 22-Meter-Gewaltschuss sein einziges Bundesligator in die Statistik hämmerte. Und ferner, weil in Offenbachs Team mit dem kantigen Michael Kutzop im Abwehrzentrum und dem Torwart-Frischling Oliver Reck auf der Ersatzbank zwei Cracks im Aufgebot standen, die im Weser-Stadion deutlich schönere Stunden erleben sollten als dieses 1:8.

Werder wiederum erlebte deutlich schönere Stunden als das 0:4 beim Erzrivalen HSV, das Mitte März die wohl letzte Titelhoffnung in die Elbe sickern ließ. Eines von vielen unschönen Auswärts-Erlebnissen einer am Ende dennoch halbwegs geretteten Saison, denn schließlich und endlich landeten die Bremer sicher auf Platz 5 und waren wieder international dabei. Das war insofern ein feiner Zug des Fußball-Gottes, als sich unsere Helden im UEFA-Cup sehr gerne für das etwas peinliche Ausscheiden gegen Lokomotive Leipzig rehabilitieren wollten.

Ein besonderes Highlight der Saison 1983/84 war Werders nie da gewesene Präsenz in der Nationalelf. Zeitweilig trugen

Mit Bruno Pezzey zogen Otto Rehhagel und Willi Lemke einen ganz dicken Fisch an Land. Gemeinsam mit dem ebenfalls extrem kopfballstarken Gruber bildete der Österreicher eines der stärksten Abwehrtandems der Liga (oben)

Rudi Völler gewann im Sommer 1983 nicht nur die Torjägerkanone und den Titel »Fußballer des Jahres«, sondern hatte auch das zweifelhafte Vergnügen, zum meistgefoulten Spieler Deutschlands zu avancieren. Hier hat ihn der Schalker Werner Lorant niedergestreckt

Abschlusstabelle der Bundesliga 1983/1984:

Pl.	Verein	Sp	S	U	N	Tore	Diff.	Punkte
1.	VfB Stuttgart	34	19	10	5	79:33	+46	48-20
2.	Hamburger SV	34	21	6	7	75:36	+39	48-20
3.	Borussia M'gladbach	34	21	6	7	81:48	+33	48-20
4.	Bayern München	34	20	7	7	84:41	+43	47-21
5.	**Werder Bremen**	**34**	**19**	**7**	**8**	**79:46**	**+33**	**45-23**
6.	1. FC Köln	34	16	6	12	70:57	+13	38-30
7.	Bayer Leverkusen	34	13	8	13	50:50	0	34-34
8.	Arminia Bielefeld	34	12	9	13	40:49	-9	33-35
9.	Eintracht Braunschweig	34	13	6	15	54:69	-15	32-36
10.	KFC Uerdingen 05	34	12	7	15	66:79	-13	31-37
11.	SV Waldhof Mannheim	34	10	11	13	45:58	-13	31-37
12.	1. FC K'lautern	34	12	6	16	68:69	-1	30-38
13.	Borussia Dortmund	34	11	8	15	54:65	-11	30-38
14.	Fortuna Düsseldorf	34	11	7	16	63:75	-12	29-39
15.	VfL Bochum	34	10	8	16	58:70	-12	28-40
16.	Eintracht Frankfurt	34	7	13	14	45:61	-16	27-41
17.	Kickers Offenbach	34	7	5	22	48:106	-58	19-49
18.	1. FC Nürnberg	34	6	2	26	38:85	-47	14-54

Saisonverlauf 1983/1984:

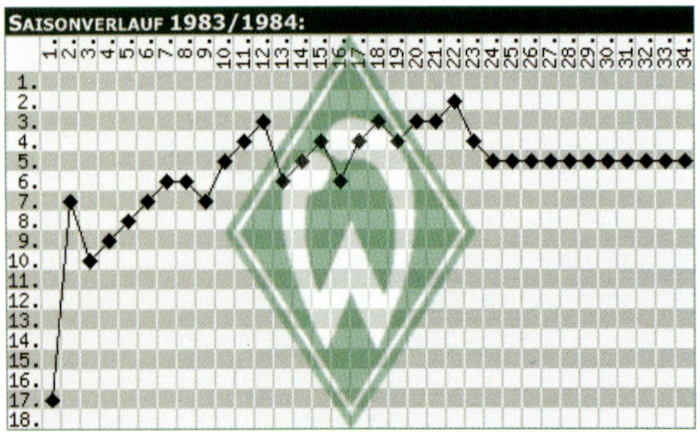

mit Dieter Burdenski, Jonny Otten, Norbert Meier und dem frischgebackenen »Fußballer des Jahres« Rudi Völler gleich vier Werderaner den Adler auf der Brust.

Am 33. Spieltag schaffte Werder es doch noch, dem HSV die Meisterschaft zu entreißen. Allerdings nicht durch einen Sieg, sondern durch eine Heimniederlage gegen den VfB Stuttgart, die die Schwaben vorab den Meistersekt öffnen ließ. Es war das etwas ernüchternde Ende einer schließlich wenig aufregenden Saison. Das gilt zumindest für die Bundesliga. Im DFB-Pokal schrieben die Bremer dagegen Geschichte: Im Halbfinale gab es in Mönchengladbach mit dem 4:5 nach Verlängerung eines der spannendsten Werder-Spiele aller Zeiten. Die Mannschaft lag schon mit 1:3 hinten, drehte das Spiel in der Schlussphase innerhalb von wenigen Minuten in eine 4:3-Führung um und musste erst in der Nachspielzeit den Ausgleich durch den eingewechselten Hans-Jörg Criens hinnehmen. Criens schoss später das Siegtor gegen Werder in einem Spiel, das zeitweise nach einer Tränengasattacke aus dem Fanblock vor dem Abbruch stand und sich im nachhinein für Werder doppelt tragisch auswirkte, weil Abwehrmann Rigobert Gruber bei einem Zusammenprall eine schwere Knieverletzung erlitt, die ihn Jahre später zum Aufhören zwang.

Das finanzielle Schmankerl der Saison gelang wiederum Werders Manager Willi Lemke, wem sonst. Der kassierte für den auch im zweiten Jahr glänzenden Rudi Völler gutes Geld vom AC Mailand. Allerdings nicht, um Völler zu verschachern, sondern lediglich als Gegenleistung für einen Vorvertrag, den so wohl nur Vereine aushandeln, die nicht wissen, was sie sonst mit ihrem vielen Geld anstellen sollen: Werder bekam von den spendablen Mailändern stattliche 80.000 DM einzig für die Zusicherung, dass Rudi Völler im Falle des Falles keine Freigabe für einen anderen italienischen Club erhalten hätte. Da freilich eh zu keiner Sekunde daran gedacht wurde, Rudi Völler auch nur den Hauch einer Freigabe zu erteilen, konnte Willi Lemke dem AC Milan dieses Versprechen guten Gewissens mit auf den Heimweg geben.

Rehhagel, Otto
*9.8.1938
Trainer
34 (493); 1976, 1981–1995

Wer kam?

Pezzey (Eintr. Frankfurt)
Lellek (eig. Amateure, w.d.S.)
Böhm (eig. Amateure, w.d.S.)
Ordenewitz (eig. Amateure, w.d.
Ruländer (VfL Wolfsburg)

Wer ging?

Haskamp (VfB Oldenburg)

w.d.S. = während der Saison

Die Mannschaft (Name, Geb.-Datum, Position, Bundesliga-Einsätze (Gesamt), Tore (Gesamt), bei Werder von-bis)

1983/84

Burdenski, Dieter »Budde«
*26.11.1950
Torhüter
34 (444); 0 (1); 1972–1988

Fichtel, Klaus »Tanne«
*19.11.1944
Abwehrspieler
8 (75); 0 (0); 1980–1984

Siegmann, Norbert »Zico«
*20.5.1953
Abwehrspieler
11 (153); 0 (10); 1976–1986

Schaaf, Thomas
*30.4.1961
Abwehrspieler
29 (262); 1 (13); 1978–1995

Pezzey, Bruno
*3.2.1955, †31.12.1994
Abwehrspieler
33 (114); 5 (18); 1983–1987
Österreich

Lellek, Dirk
*3.1.1964
Abwehrspieler
3 (6); 1 (1); 1983–1985,
1986–1987; Amateur

Otten, Jonny
*31.1.1961
Abwehrspieler
27 (308); 1 (1); 1979–1992

Gruber, Rigobert »Rigo«
*14.5.1961
Abwehrspieler
27 (89); 1 (12); 1981–1986

Hermann, Günter »Jimmy«
*5.12.1960
Mittelfeldspieler
1 (231); 0 (8); 1982–1993
Amateur

Okudera, Yasuhiko »Oku«
*12.3.1952
Mittelfeldspieler
29 (159); 1 (11); 1981–1986
Japan

Möhlmann, Benno
*1.8.1954
Mittelfeldspieler
33 (230); 4 (33); 1978–1988

Sidka, Wolfgang
*26.5.1954
Mittelfeldspieler
30 (115); 4 (17); 1982–1987

Bracht, Uwe
*10.7.1953
Mittelfeldspieler
9 (272); 1 (24); 1971–1984

Böhm, Lothar
*18.2.1956
Mittelfeldspieler
1 (1); 0 (0); 1983–1984
Amateur

Kamp, Karl-Heinz »Kalli«
*26.9.1946
Mittelfeldspieler
8 (361); 0 (26); 1970–1984

Meier, Norbert
*20.9.1958
Stürmer
33 (242); 14 (66)
1980–1990

Böhnke, Michael »Mike«
*30.8.1958
Stürmer
4 (25); 1 (1); 1980–1984
Amateur

Reinders, Uwe
*19.1.1955
Stürmer
33 (206), 11 (67); 1977–1985

Neubarth, Frank »Socrates«
*29.7.1962
Stürmer
31 (317); 13 (97); 1982–1996

Völler, Rudolf »Rudi«
*13.4.1960
Stürmer
31 (137); 18 (97); 1982–1987

Ordenewitz, Frank »Otze«
*25.3.1965
Stürmer
5 (125); 0 (37); 1983–1989
Amateur

Erweiterter Kader:

Funk, Klaus
*21.2.1954
Torhüter
0 (3); 0 (0); 1981–1986

Ruländer, Matthias
*16.8.1964
Abwehrspieler
0 (24); 0 (0); 1983–1984,
1985–1988

1984/85: Die Geburt Ottos II.

Oben v.l.:
Masseur Kienert, Physiotherapeut Andrae, D. Lellek, Neubarth, Pezzey, Siegmann, Gruber, Wolter, Rulánder, Ordenewitz, Völler, Schaaf, Trainer Rehhagel
Unten v.l.:
Okudera, Reinders, Meier, Funk, Möhlmann, Burdenski, Sidka, Hermann, Otten, Trainerassistent Kamp

Ein Jahr nach der kostspieligen Verpflichtung des in seinem ersten Werder-Jahr eher blass gebliebenen Bruno Pezzey verhielt sich Werder auf dem Transfermarkt zurückhaltend. Das frühe Aus im UEFA-Cup und das letztlich eher etwas ernüchternde Abschneiden im Kampf um die Meisterschaft verhinderten ein nennenswertes Auffüllen der Vereinsschatulle. Beim traditionellen Fototermin gab es keine neuen Völlers oder Pezzeys zu bewundern. Genau genommen begrüßten die Werder-Profis nur Kollegen aus der eigenen Amateurabteilung, einen jungen Flitzer aus Hamburgs Verbandsliga und einen fast 30-jährigen Abwehrrecken vom Absteiger Kickers Offenbach, und der ließ sich sogar vorerst noch entschuldigen. Dennoch gelang allen Beteiligten eine Saison, die rundum als Erfolg zu werten war: Werder gelang die Rückkehr in die Ligaspitze.

Schon unmittelbar vor Saisonbeginn glückte Werder ein Kraftakt, der als einer der größten Erfolge der achtziger Jahre zu werten ist, obwohl er sich nicht im Weser-Stadion, sondern im Szene-Café »Casablanca« zutrug: Der mittlerweile von praktisch allen großen europäischen Vereinen gejagte Rudi Völler verlängerte seinen Vertrag beim SV Werder bis 1987. Niemand hatte damit ernsthaft gerechnet, weil Vereine wie Barcelona und der AC Mailand schon allzu penetrant mit allzu dicken Geldbündeln allzu selbstsicher gewedelt hatten. Und auch Bayern München war sich eigentlich schon sehr sicher, Rudi Völler in absehbarer Zeit an der Isar begrüßen zu können, woraufhin der Superstar sympathischerweise später kundtat: »Also, zu den Bayern werde ich mit großer Sicherheit nie gehen.«

Möglich gemacht hatte diese aufsehenerregende Vertragsverlängerung eine Einrichtung, die an die Stelle der schon erwähnten »Torjäger GmbH« trat: Die »Werder-Werbe-GmbH« war ebenso ein Zusammenschluss potenter Werder-Sponsoren, der sich um den Verbleib des SVW in der Spitzengruppe der Bundesliga verdient machen wollte. Meyerhoff, Beck's und einige wenige andere Werder-Freunde stellten zu einem wesentlichen Teil die Gelder bereit, die Rudi Völler zur Vertragsverlängerung bewegen konnten. Werder musste also nur einen Teil der geschätzten 600.000 DM Jahresgehalt berappen.

Weitaus preisgünstiger kamen die schon kurz erwähnten Neuverpflichtungen. Die Amateure Günter Hermann, Dirk Lellek und Frank Ordenewitz wurden der Presse als neue

Gesichter vorgestellt, obwohl alle drei ihre Bundesligapremiere schon lange hinter sich hatten. Der einzig wirklich Neue war zunächst ein athletischer blonder Hamburger Junge, der eine Tradition fortsetzte, die Fans und Verein manch schadenfrohen Blick gen Hamburg schweifen ließ, denn der besagte Blonde hieß Thomas Wolter und war nach Norbert Meier und Frank Neubarth schon das dritte Hamburger Supertalent innerhalb weniger Jahre, das erst vom HSV verkannt, dann von Werder geangelt und später sogar in die Nationalelf berufen wurde. Und kurz vor dem Saisonauftakt gelang Werder noch die Verpflichtung des 29-jährigen Michael Kutzop, der nach dem Abstieg der Offenbacher Kickers fast schon bei Bayer Uerdingen angeheuert hatte. Seltsame Kapriolen des Transfermarktes: Offenbach wollte für den Freistoßspezialisten 600.000 DM haben, Uerdingen jedoch nur 350.000 DM zahlen. Nachdem beide sich nicht geeinigt hatten, bekam Werder den Hünen komischerweise für 220.000 DM. Für Gesprächsstoff hatte der gute Kumpel von Rudi Völler in der Vorsaison gesorgt, weil er bei der 3:7-Heimniederlage der Hessen gegen Werder aus freundschaftlicher Verbundenheit die Deckungsarbeit weitestgehend unterließ. Rudi Völler zauberte und traf, Kutzop auch – ins eigene Tor, das damals der bedauernswerte Oliver Reck hütete.

Michael Kutzop blieb der einzige namhafte Zugang einer Saison, die trotz einer dünneren Personaldecke (die langjährigen Leistungsträger Kamp und Bracht hatten sich ebenso verabschiedet wie die lebende Legende Klaus Fichtel) zu einer runden Sache mit lediglich winzigen Schönheitsfehlern wurde.

Seine Ablösesumme zahlte Kutzop in seinem ersten Bundesligaspiel beinahe schon komplett zurück: Nach einem zähen Fight traf er kurz vor Schluss zum goldenen 1:0 im Auftaktspiel gegen Bayer Uerdingen, seinen Beinahe-Club. Das 2:4 in der darauffolgenden Woche bei den wiedererstarkten Bayern rief Werders zeitweilige Auswärtsschwäche der Vorsaison schmerzlich in Erinnerung, aber diese bösen Ahnungen waren nun von denkbar kurzer Dauer. Am 3. und 4. Spieltag lieferte Werder gleich zwei Galavorstellungen ab, die die Mannschaft auf Platz 3 hievten und an die Glanzleistungen der Vizemeistersaison 1983 erinnerten: Erst wurde der 1. FC Köln mit 6:2 aus dem Weser-Stadion geprügelt (drei Tore von Norbert Meier!), ehe der amtierende Meister VfB Stuttgart sogar auswärts mit 3:1 gedemütigt wurde. Vor allem der hohe Heimsieg gegen die Kölner wurde kennzeichnend für die Saison. Werder gelangen Kantersiege gleich als Massenanfertigung – ein nie gekanntes Hochgefühl für Verein und Fans: 5:2 gegen den HSV, 7:1 gegen Karlsruhe, 6:0 gegen Borussia Dortmund, 6:1 gegen Kaiserslautern. Der SVW schien sich unaufhaltsam in Richtung Meisterschaft zu siegen. Je weiter die Saison fortschritt, um so klarer schieden Meister Stuttgart und Mitfavorit HSV aus dem Meisterschaftsrennen aus. Werder und die Bayern lieferten sich zum allerersten Mal einen reinen Titelzweikampf. Im Frühling 1985 trieben Völler und Co. die Münchener Bayern monatelang vor sich her. Fast die gesamte Rückrunde hindurch hatten die Bayern zwei Punkte Vorsprung vor Werder. Selten mehr, selten weniger. Werder marschierte vor allem, weil Rudi Völler seine ohnehin schon beeindruckende Treffsicherheit noch einmal steigerte und grandiose 25 Mal traf. Und der im Vorjahr schon als teurer Mitläufer gescholtene Libero Bruno Pezzey fand den Weg zurück zu alter Weltklasse. Frank Neubarth entwickelte sich zum ligaweit gefürchteten Kopfball-Ungeheuer. Und selbst der gute alte Uwe Reinders als der am wenigsten effektive Stürmer traf noch 12 Mal ins Schwarze.

Die Meisterschaft entschied sich am allerletzten Spieltag. Werder hatte das beste Torverhältnis aller Teams, musste aber mit zwei Punkten Rückstand auf die Bayern nach Dortmund reisen, während Matthäus und Co. sich zur leichteren Aufgabe

Eine Sternstunde: Am 20. Oktober 1984 walzt Werder den HSV im Weser-Stadion nach 0:1-Rückstand noch mit 5:2 nieder. Otto Rehhagel bejubelt mit Rudi Völler dessen Führungstor zum 2:1

auf den Weg nach Braunschweig machten. Das Herzschlagfinale blieb dummerweise aus: Bei Halbzeit stand es auf beiden Plätzen noch 0:0, aber als die Bayern in Braunschweig durch Dieter Hoeneß in Führung gingen, war Werder geschlagen. Nach Dortmunds Toren durch Schüler und Egli sogar doppelt. Die Bayern holten sich verdientermaßen die Meisterschale. Werder wurde zum zweiten Mal in drei Jahren Vizemeister, und Udo Lattek ersann fix den Schmähnamen »Otto der II.« für seinen angehenden Intimfeind Rehhagel.

Zum Problem für die zweitbeste Mannschaft Deutschlands wurden kurioserweise die eigenen Fans. Deren Erwartungshaltung stieß dem Beinahe-Meistertrainer Otto Rehhagel sauer auf. Rehhagel bremste und bremste und bremste. *Natürlich* ersehnten sie den ersten Meistertitel seit 1965 – *alle* bei Werder taten das! Aber die Ungeduld wuchs, weil die Tabellenspitze permanent wie eine Mohrrübe vor der Nase baumelte, und Werder strampelte sich ab wie der Esel, der nie zum Zubeißen kam. Werders Anhänger hätten schon mächtig Appetit auf diese leckere Meister-Mohrrübe gehabt. Und wenn man so sehr hungert, dann mag man die Dinge nicht mehr hören, die Otto die gesamte Rückrunde über öffentlich herunterbetete: »Wir sind zwar gut, aber nicht gut genug für die Meisterschaft!« Die Fans wollten das nicht wahrhaben: Sie standen mit ihrer Lieblingself auf Platz zwei, ready to take off. Die Bayern schienen oft fällig, doch immer wenn die Euphorie so richtig durch die Hansestadt schwappte, ver(reh)hagelte der Erfolgstrainer die Meisterlaune: »Deutscher Meister wird man nicht mit dem Mund!«, pflegte der sture Westfale zu mahnen. Im Heimspiel gegen Bayer Leverkusen am 29. Spieltag kulminierte die Diskrepanz zwischen Erwartungshaltung und Realität auf schmerzhafte Weise: Ganze sechs Spieltage vor Schluss waren enttäuschende 18.000 Fans ins Weser-Stadion gekommen und hofften zum x-ten Male auf die Eroberung der Tabellenspitze. Als aus dem 2:0 gegen die Werkself ein 2:1 wurde, wuchs der Unmut. Werder wurde von den eigenen Fans ausgepfiffen und mit »Aufhören!«-Rufen bedacht. Das wankende Team musste noch das 2:2 hinnehmen und verlor einen weiteren wichtigen Punkt im Titelkampf.

Dass es nichts werden kann mit dem Titelgewinn, hätte allen aber viel früher klar sein müssen. Schon im Frühjahr hatte BILD-Kolumnist Max Merkel Werder die Meisterschaft vorausgesagt. Klar, dass damit die tatsächlichen Aussichten auf den Triumph gegen Null sanken.

Oben: Ein Zweikampf zwischen Werder-Trainer Rehhagel und seinem ehemaligen Wunschstürmer Dieter Schatzschneider. »Schatz« hatte zwei Jahre vorher ein Angebot Werders abgelehnt und war über Umwege bei Schalke 04 gelandet

Unten: Ehemalige Kollegen und Beinahe-Kollegen: Uwe Reinders verlässt mit Ex-Mannschaftskamerad Klaus Fichtel das Spielfeld. Werder hatte 2:1 gewonnen

Saisonverlauf 1984/1985:

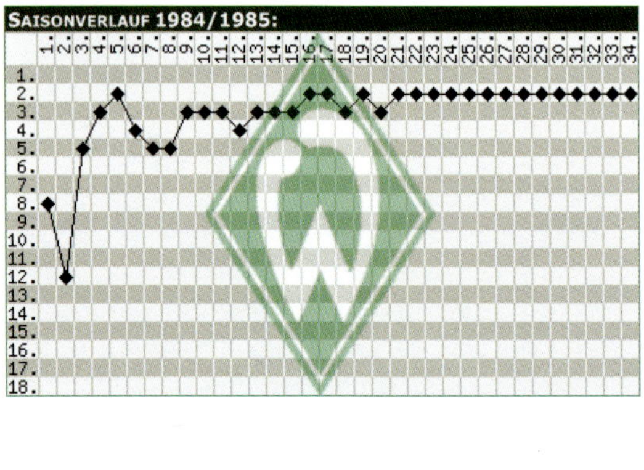

Abschlusstabelle der Bundesliga 1984/1985:

Pl.	Verein	Sp	S	U	N	Tore	Diff.	Punkt
1.	Bayern München	34	21	8	5	79:38	+41	50-1
2.	**Werder Bremen**	**34**	**18**	**10**	**6**	**87:51**	**+36**	**46-2**
3.	1. FC Köln	34	18	4	12	69:66	+3	40-2
4.	Borussia M'gladbach	34	15	9	10	77:53	+24	39-2
5.	Hamburger SV	34	14	9	11	58:49	+9	37-3
6.	SV Waldhof Mannheim	34	13	11	10	47:50	-3	37-3
7.	KFC Uerdingen 05	34	14	8	12	57:52	+5	36-3
8.	Schalke 04	34	13	8	13	63:62	+1	34-3
9.	VfL Bochum	34	12	10	12	52:54	-2	34-3
10.	VfB Stuttgart	34	14	5	15	79:59	+20	33-3
11.	1. FC K'lautern	34	11	11	12	56:60	-4	33-3
12.	Eintracht Frankfurt	34	10	12	12	62:67	-5	32-3
13.	Bayer Leverkusen	34	9	13	12	52:54	-2	31-3
14.	Borussia Dortmund	34	13	4	17	51:65	-14	30-3
15.	Fortuna Düsseldorf	34	10	9	15	53:66	-13	29-3
16.	Arminia Bielefeld	34	8	13	13	46:61	-15	29-3
17.	Karlsruher SC	34	5	12	17	47:88	-41	22-4
18.	Eintracht Braunschweig	34	9	2	23	39:79	-40	20-4

Die Mannschaft

(Name, Geb.-Datum, Position, Bundesliga-Einsätze (Gesamt), Tore (Gesamt), bei Werder von-bis)

1984/85

Burdenski, Dieter »Budde«
*26.11.1950
Torhüter
34 (444); 0 (1); 1972–1988

Kutzop, Michael »Kutzi«
*23.3.1955
Abwehrspieler
24 (121); 2 (23); 1984–1990

Schaaf, Thomas
*30.4.1961
Abwehrspieler
32 (262); 1 (13); 1978–1995

Pezzey, Bruno
*3.2.1955, †31.12.1994
Abwehrspieler
33 (114); 6 (18); 1983–1987
Österreich

Lellek, Dirk
*3.1.1964
Abwehrspieler
3 (6); 0 (1); 1983–1985, 1986–1987; Amateur

Otten, Jonny
*31.1.1961
Abwehrspieler
32 (308); 0 (1); 1979–1992

Sauer, Gunnar
*11.6.1964
Abwehrspieler
1 (134); 0 (8); 1984–1996
Amateur

Okudera, Yasuhiko »Oku«
*12.3.1952
Abwehrspieler
33 (159); 3 (11); 1981–1986
Japan

Hermann, Günter »Jimmy«
*5.12.1960
Mittelfeldspieler
31 (231); 2 (8); 1982–1993

Möhlmann, Benno
*1.8.1954
Mittelfeldspieler
34 (230); 7 (33); 1978–1988

Sidka, Wolfgang
*26.5.1954
Mittelfeldspieler
32 (115); 4 (17); 1982–1987

Meier, Norbert
*20.9.1958
Mittelfeldspieler
30 (242); 7 (66); 1980–1990

Rehhagel, Otto
*9.8.1938
Trainer
34 (493); 1976/1981–1995

Wolter, Thomas »Stonie«
*4.10.1963
Mittelfeldspieler
3 (312); 0 (12); 1984–1999

Reinders, Uwe
*19.1.1955
Stürmer
28 (206); 12 (67); 1977–1985

Neubarth, Frank »Socrates«
*29.7.1962
Stürmer
31 (317); 14 (97); 1982–1996

Völler, Rudolf »Rudi«
*13.4.1960
Stürmer
32 (137); 25 (97); 1987–1987

Ordenewitz, Frank »Otze«
*25.3.1965
Stürmer
9 (125); 1 (37); 1983–1989
Amateur

Wer kam?

Kutzop (Kickers Offenbach)
Sauer (eig. Amateure)
Wolter (HEBC Hamburg)
Noruschat (eig. Amateure)

Wer ging?

Fichtel (Schalke 04)
Bracht (Sportinvalide)
Böhm (Blumenthaler SV)
Kamp (Karriereende)
Böhnke (1. FC Bocholt)
Ruländer (an FC St. Pauli ausgeliehen)

Erweiterter Kader:

Funk, Klaus
*21.2.1954
Torhüter
0 (3); 0 (0); 1981–1986

Gruber, Rigobert »Rigo«
*14.5.1961
Abwehrspieler
0 (89); 0 (12); 1981–1986

Noruschat, Axel
*31.1.1962
Abwehrspieler
0 (2); 0 (0); 1984–1987
Amateur

Siegmann, Norbert »Zico«
*20.5.1953
Abwehrspieler
0 (153); 0 (10); 1976–1986

1985/86: Klong

Oben v.l.:
Sidka, Pezzey, Gruber, Ruländer, Wolter, Völler, Siegmann, Ordenewitz
Mitte v.l.:
Masseur Kienert, Masseur Berger, Kutzop, Neubarth, Klobke, Möhlmann, Eilts, Sauer, Votava, Otten, Co-Trainer Kamp, Trainer Rehhagel
Unten v.l.:
Okudera, Funk, Hermann, Burdenski, Meier, Noruschat, Schaaf

In diesem Buch gibt es längere und kürzere Kapitel. Denn in Werders Bundesligageschichte gab es bei genauerer Betrachtung ereignisreichere und auch ereignisärmere Jahre. Die Spielzeit 1985/86 wird darin auf ewig eine Sonderstellung einnehmen, denn nie zuvor erlebte Werder Bremen eine so aufwühlende Saison mit derart nervenzehrender Dramaturgie, flirrenden Triumphen, Tragödien, traurigen Helden und einem Showdown, der in der Bundesliga seinesgleichen suchte.

Nach zwei Vizemeisterschaften in drei Jahren, in denen Werder jeweils der Jäger war, wurde die Mannschaft in dieser Saison zum ersten Mal zum dauerhaft Gejagten. Schlüssel dazu war der erste rundum geglückte Start seit Ewigkeiten: Einem Auswärtssieg auf Schalke am 1. Spieltag folgte ein 8:2-Feuerwerk gegen Hannover 96 und der Sprung an die Tabellenspitze, die auch durch ein maues 1:1 in Saarbrücken nicht verspielt wurde. Der strauchelnde Nordrivale HSV konnte durch ein brillantes Jokertor des eingewechselten Werder-Hamburgers Thomas Wolter mit 2:0 relativ entspannt zurück an die Elbe geschickt werden. Und nachdem die Grünweißen selbst nach zehn Spieltagen noch nicht verloren hatten und die Konkurrenz atemlos hinter sich herjapsen ließen, glaubte ganz Bremen allmählich: Diesmal packen wir es endlich! Selbst der Fußballgott schien auf Bremer Seite zu sein: Als am 11. Spieltag mit einem glatten 0:3 in Lautern der erste kleine Fleck auf der weißen Weste erschien, war Haupt-Widersacher Bayern so freundlich, sich in Bochum mit demselben Ergebnis schlagen zu lassen. Werder blieb oben.

Der eindeutig benennbare Wendepunkt einer bis dahin traumhaft schönen Saison ereilte die Bremer am 23. November im Münchener Olympiastadion. Die Bayern lagen drei Punkte hinter Werder und hatten erstmals in ihrer Historie die bedrohliche Aussicht, von Rehhagels Emporkömmlingen als erste Kraft im Lande abgelöst zu werden. Bis aufs Blut gereizt gingen sie an diesem eisigen Novembertag zu Werke, und ausgerechnet der erst eine Woche zuvor von einem bösen Tritt des Bochumers Benatelli nach zwei Monaten Verletzungspause genesene Rudi Völler war das auserkorene Opfer. Schon nach einer knappen halben Stunde wurde er von Klaus Augenthaler mit einem der meistdiskutierten Fouls der Bundesligageschichte auf selten gesehene Weise umgenietet. Die Bilder des Fouls zeigen, dass der Ball zum Zeitpunkt des Tritts schon meterweit weg ist. Der

Nationalmittelstürmer wurde von seinem Berufskollegen für fünf Monate aufs Krankenlager getreten. Werder verlor geschockt mit 1:3, und die Bayern hatten ihr Ziel erreicht: Ihr Rückstand war auf einen einzigen Punkt zusammengeschrumpft. Werder schien nicht nur personell, sondern auch moralisch angeknockt.

Fast schlimmer noch als der nur mit einer gelben Karte geahndete Tritt des Klaus Augenthaler war das Ballyhoo der Bayern in den Tagen und Wochen nach dieser schlimmen Szene. Udo Lattek gefiel sich darin, die Bremer zu erinnern, man spiele ja hier schließlich nicht Tischtennis und solche unglücklichen Fouls seien völlig normal. Uli Hoeneß ergänzte, der Völler sei einfach nur zu schnell, und deshalb sind halt bei ihm manchmal unvorhergesehen die Knochen dort, wo einen Wimpernschlag vorher noch der Ball war. BR-Reporter Eberhard Stanjek verstieg sich im Kommentar des Spiels zu der unglaublichen Formulierung, Völler sei »dumm gefallen« und habe sich nicht durch das Foul, sondern durch den Aufprall auf den Boden verletzt. Eine bemerkenswerte Verballeistung, die Uli Hoeneß übrigens auch nach vielen Jahren noch für eine korrekte Beschreibung des damaligen Sachverhalts hält. Highlight der Schlammschlacht war die Aussage des Bayern-Medizinmannes Müller-Wohlfahrt, der nach einer Untersuchung des Werder-Stürmerstars diagnostizierte, Völlers Hauptproblem sei in Wahrheit eine so genannte »weiche Leiste«, an der Augenthalers Foul natürlich nach Ansicht der in diesen Tagen erstmals in der Bundesliga tätigen »Abteilung Attacke« der Münchener völlig unschuldig war. Auf einer Pressekonferenz machte sich Udo Lattek später, unwürdiger Höhepunkt einer hässlichen Affäre, über Werders Verletzungspech lustig: »Die Bremer heulen da immer rum, dass ihre Spieler sich verletzen wie die Fliegen, und damit es schlimmer klingt, zählen sie sogar noch diesen Gruber dazu, der seit zig Jahren sowieso nicht mehr Fußball spielt!« Rigobert Gruber kämpfte zu dieser Zeit seit fast zwei Jahren gegen das drohende Schicksal Sportinvalidität.

Der Siegeszug der Bremer bis zur Winterpause ist aus heutiger Sicht umso sensationeller, weil die Mannschaft vom ersten Spieltag an in der Tat mit einer Häufung von Verletzungen kämpfen musste, wie man sie so noch nicht oft erlebt hatte. Die Misere begann schon nach vier Spielminuten am allerersten Spieltag, als Olaf Thon Werders Kapitän Benno Möhlmann mit einem bösen Foul auf den Rasen schickte. Bänderriss, ebenso wie im selben Spiel bei Günter Hermann, der für Möhlmann eingewechselt worden war. Jonny Otten verletzte sich im Sommer schwer, und dann waren da noch die Langzeitpatienten Norbert Siegmann und Gruber. Fünf Leistungsträger fielen alleine in der Vorrunde über Monate aus. Siegmann und Gruber schafften die Rückkehr in Werders Elf nicht mehr. Siegmann gab noch ein kurzes und erfolgloses Intermezzo beim Zweitligisten Fortuna Köln, Gruber musste seine Comebackträume ganz begraben. Mit ihm verlor Werder einen der talentiertesten Abwehrspieler, die je das grünweiße Trikot trugen. Und all diese Verletzungen wurden noch schlimmer durch den Abgang von Idol Uwe Reinders, den es zu Saisonbeginn nach Frankreich zog.

… und schon wieder ein »Tor des Monats«, made in Bremen: Manni Burgsmüller trifft in seinem allerersten Spiel für Werder an einem bitterkalten Novemberabend auf dem Bökelberg mit einem unfassbaren Volley-Schnibbel-Lupfer. Torwart Sude hat keine Chance

Gekommen war im Gegenzug ein Mann, der als einer der typischen Rehhagel-Einkäufe gelten kann: Miroslav Votava, Ex-Nationalspieler der Dortmunder Borussen, wollte nach wenig spektakulären Jahren in Diensten von Atletico Madrid unbedingt zurück in die Bundesliga. Otto rief, Mirko kam, und die Fachwelt wunderte sich: Votava war schon im gesegneten Fußballalter von 29 Jahren und galt zwar als solider Arbeiter, aber auch als jemand, der keine große Zukunft in der Bundesliga mehr vor sich haben würde. Selten zuvor hatte man sich so sehr geirrt: Der »alte« Votava spielte noch beinahe zwölf Jahre für Werder und half als Kapitän maßgeblich mit, zwei Meistertitel, zwei Pokalsiege und den Europacuptriumph zu stemmen. Erst mit 40 Jahren endete seine goldene Zeit beim SV Werder.

Die Rückrunde der Saison 1985/86 wurde leider nicht ganz so golden, wie sich das alle Werder-Fans und der Großteil der neutralen Fußballanhänger im Lande erhofft hatten. Ohne Völler fiel der tüchtigen Mannschaft vieles deutlich schwerer als in den rauschhaften Erfolgsmonaten der Hinserie. Sie gewann ihre Spiele weiterhin, aber alles sah un-

Eine der meistgezeigten Sequenzen aus Werders Bundesligageschichte: Klaus Augenthaler raspelt Rudi Völler ohne Rücksicht auf Verluste von den Beinen. Auffällig: Der Ball scheint wirklich nur Nebensache zu sein

gleich angestrengter aus. Der Hoffnungsfunke, der Woche für Woche mehr und mehr zu einer veritablen Hoffnungsfackel anwuchs, wurde in den Wintermonaten vor allem entfacht durch den sensationell direkt vom Oberhausener Altenteil verpflichteten Oldie Manni Burgsmüller. Die Medien sagten: »Jetzt ist er endgültig durchgedreht!« – und meinten Rehhagel. Der wiederum sagte: »Wir haben einen der besten deutschen Fußballer nach dem Kriege verpflichtet!« – und meinte Burgsmüller.

»Der alte Mann und der Ball« hieß es in Werders Reihen fortan, und der alte Mann betrat einen Monat vor seinem 36. Geburtstag die Bundesligabühne mit einer Galavorstellung: Sein unnachahmlich angeschnittener Schlenzer auf dem Bökelberg brachte Werder einen Auswärtssieg beim direkten Kontrahenten im Kampf um die Tabellenspitze und Manni Burgsmüller die Medaille für den »Torschützen des Monats« der ARD-Sportschau. Burgsmüller traf Spiel um Spiel und sorgte dafür, dass der eigentlich unersetzliche Rudi Völler nicht ganz so sehr fehlte. In der Endabrechnung kam das Schlitzohr Burgsmüller auf 13 zumeist spektakuläre Tore in nur 20 Spielen. Werders Titelhoffnungen hielt maßgeblich er am Leben. Es gab sogar nicht wenige, die ihn gerne bei der WM in Mexiko als Sturm-Alternative dabeigehabt hätten.

Einen Bruch bekam die Werder-Herrlichkeit Mitte der Rückrunde, als der Titelgewinn immer wahrscheinlicher schien. Rehhagel wurde in gleichem Maße langsam unruhiger wie die Öffentlichkeit euphorischer wurde. Die Bayern redeten viel, handelten jedoch wenig: Selbst zwei blasse Unentschieden der Bremer in Mannheim und gegen Bochum reichten Werder, um den Vorsprung auf die Bayern sogar noch auszubauen. Vier Spieltage vor Ende der Saison schienen Lattek die Giftpfeile auszugehen: Werder knallte Bayer Leverkusen mit 5:0 aus dem Stadion, hielt vier Punkte Vorsprung auf den FCB und hatte Latteks Truppe nun sogar im Torverhältnis überholt. Werder musste noch nach Uerdingen und Stuttgart, konnte dazwischen aber in zwei aufeinander folgenden Heimspielen gegen Mönchengladbach und die Bayern aus eigener Kraft alles klarmachen. Das schien nur noch eine Formsache, denn die Münchener hatten mit Auswärtsspielen in Dortmund und bei Werder und einem Heimprogramm mit Bayer Leverkusen und Mönchengladbach ein ebenso schweres Programm.

Bremen schwelgte in Titelträumen. Bei einem Sieg in Uerdingen wäre fast schon alles geritzt gewesen, doch Werder spielte schwach und verlor 0:1. Bayers Siegtorschütze Franz Raschid ließ nach Abpfiff vernehmen, ihm tue es Leid, mit seinem Tor gegen Werder ausgerechnet den Bayern genützt zu haben, weil er die wirklich nicht möge, aber er sei nun einmal Profi und müsse so einen Ball reinmachen, wenn er könne. Die Bayern ihrerseits fiedelten Dortmund auswärts mit 3:0 weg und waren nun wieder bis auf zwei Punkte an Werder dran. Das Torverhältnis hatten sie schon in der Woche davor durch ein 5:0 gegen Kaiserslautern wieder auf ihre Seite gebracht. Bremen fieberte nun zwei Meisterschaftsendspielen entgegen, die innerhalb von fünf Tagen 81.000 Fans ins Weser-Stadion lockten. Bei einem Sieg gegen Gladbach wäre fast schon alles klar gewesen. In diesem Fall hätte am folgenden Dienstag möglicherweise schon ein Unentschieden gegen die Bayern gereicht. Aber Gladbach wehrte sich erbittert und glich 17 Minuten vor dem Ende durch Hochstätter das Tor aus, mit dem Frank Neubarth Werder fast schon zum Titel geschossen hätte. Meier und Pezzey vergaben unfassbare Chancen, und der eigentlich nicht als Überflieger geltende Gladbacher Keeper Thorstvedt machte das Spiel seines Lebens. Zwei Tage nach diesem Donnerstagsspiel zeigten auch die Bayern Nerven und krampften sich zu einem torlosen Unentschieden gegen Bayer Leverkusen.

Am 22. April kam es zu einem der denkwürdigsten Spiele im Bremer Weser-Stadion. Rudi Völler saß fast genau fünf Monate nach dem Augenthaler-Tritt erstmals wieder auf der Bank, die Medien überschlugen sich mit Superlativen, und es kam zu einer Fußball-Schlacht, in der es auf Biegen und Brechen um alles ging. Beide Mannschaften hatten vom ersten Ball an das Messer zwischend den Zähnen, und selbst Augenthaler war mutig genug, sich den orkanartigen Pfiffen im Weser-Stadion zu stellen. Die erste Halbzeit endete wie durch ein Wunder mit 0:0, was vor allem an einer Weltklasseleistung von Bayern-Keeper Pfaff lag. Werder vergab bis Mitte der 2. Hälfte gute bis beste Tormöglichkeiten. In der Schlussphase schlugen plötzlich die Bayern zurück und sorgten mit einigen furiosen Kontern für Herzflimmern bei den Werder-Fans.

Rudi Völlers Einwechslung 13 Minuten vor Schluss sollte den verzweifelt fightenden Bremern noch einmal einen moralischen Kick geben, und das Szenario dieser Auswechslung war eine der Szenen der Saison: Ein dröhnend aufkreischendes Bremer Publikum in der erzitternden Betonschüssel des Weser-Stadions schob Völler akustisch aufs Feld. Eine Umarmung mit Rehhagel, der dem Torjäger noch irgendetwas ins Ohr flüsterte, während beide von 50 oder 60 Fotoreportern eingekesselt wurden – dann musste es weitergehen. Der Torjäger, der sich im Hinspiel schwer verletzt hatte, sollte gegen denselben Gegner im Rückspiel das Unrecht an sich selbst rächen, und er war verdammt dicht dran, genau das zu tun. Ein verbissen geführter Zweikampf mit Sören Lerby im Strafraum sorgte für einen der umstrittensten Handelfmeter aller Zeiten. Völler spitzelte den Ball an Lerby vorbei, und dessen Arm bewegte sich abwehrend in die Flugbahn. Allerdings konnten selbst

Dutzende von Wiederholungen nicht exakt beweisen, welchen Lerby-Teilbereich die Kugel wirklich traf. Am wahrscheinlichsten scheint, dass der Ball exakt den Punkt traf, an dem der Arm in die Schulter übergeht, und von da aus ins Gesicht abrutschte. Kaum einer würde den Elfmeter heute noch für gerechtfertigt halten.

Das konnte Michael Kutzop aber völlig egal sein. Er hatte bis dahin nie einen Elfer versemmelt, und dieser Meister-Elfmeter sollte dann doch wohl auch drin sein.

War er aber nicht.

Auch wenn man sich den Elfmeter heute auf Video anschaut, geht der Ball immer an dieselbe Stelle. Es gibt auch mit vielen Jahren Abstand keinen vernünftigen Grund für Kutzops Fehlschuss. Sicher: Die Bayern haben natürlich alle Register gezogen, um Werders Abwehrrecken zu verunsichern. Er wurde auf dem Weg zum Punkt gezupft, gestoßen, angespuckt, am Ohr gezogen. Der Ball war plötzlich verschwunden, und so dauerte es vom Elfmeterpfiff bis zur Ausführung mehr als zwei Minuten. Anlauf wie immer. Außenpfosten. Vorbei. Hände vors Gesicht schlagen. Abhaken.

In der Nachbetrachtung gelten Augenthaler-Foul und Kutzop-Elfer als die Schlüsselszenen einer bewegenden Saison. Vom letzten Spiel in Stuttgart redet man dabei kaum, obwohl erst der vermasselte Showdown am 34. Spieltag die Entscheidung brachte. Fans und Mannschaft gingen das Saisonfinale merkwürdig mutlos an – als wüssten alle, dass am Ende sowieso wieder das Böse siegt. Im Neckarstadion hätte ein Unentschieden zur Meisterschaft gereicht, aber die auf dem Zahnfleisch angereiste Werder-Elf, die zudem durch das Ballyhoo nach dem Kutzop-Fehlschuss vier Tage zuvor restlos entnervt schien, war dafür einfach nicht mehr gut genug. Durch krasse Abwehrfehler gelangen Werder-Schreck Karl Allgöwer zwei tödliche Tore, und obwohl Manni Burgsmüller noch den Anschluss herstellte, hielt der VfB, für den es um nichts mehr ging, ein für die Stuttgarter wertloses 2:1 gegen am Boden zerstörte Bremer, die nur mühsam die Fassung wahrten, als der GAU wirklich geschehen war.

Intern gab es nach dieser Niederlage Unstimmigkeiten. Spieler wie der scheidende Ersatztorwart Klaus Funk äußerten vor TV-Kameras Unverständnis darüber, dass Rehhagel in diesem entscheidenden Spiel auf die erfahrenen Sidka und Möhlmann verzichtete und stattdessen mit Wolter und Ordenewitz junge Leute in dieses Endspiel warf. Und der Einsatz Rudi Völlers von Beginn an schien ebenfalls keine glückliche Entscheidung: Der Nationalmittelstürmer war längst noch nicht im Vollbesitz seiner Kräfte und rieb sich in den Duellen mit Deutschlands bestem Vorstopper Karl-Heinz Förster frühzeitig auf.

Schlüsselszene 1: Rudi Völler wird von Klaus Augenthaler umgemetzelt. Weit und breit nicht in der Nähe: der Ball

Der »Meister der Herzen« war auch 1986 noch nicht erfunden (siehe Saison 1982/83), und weil seinerzeit Platz zwei auch noch nicht zur Teilnahme an einem verwässerten Landesmeister-Cup berechtigte, mussten die Bremer nach dem entscheidenden 1:2 beim VfB Stuttgart eine an und für sich grandiose Saison als ganz schwere Niederlage empfinden. Zu unvergesslichen und ergreifenden Szenen kam es bei der Ankunft der Verlierer am Bremer Flughafen: Der frischgebackene Wieder-nur-Vizemeister wurde von hunderten Fans umjubelt und geherzt, die Spieler bekamen Blumen überreicht und wurden in Sprechchören gefeiert. Alles endete in einem Autokorso, der im Falle der gewonnenen Meisterschaft kaum anders ausgesehen hätte. Den größten Beifall von allen bekam – Michael Kutzop.

»Unsere Rechnung war: Wir müssen unsere Punkte zuhause holen. Wir haben sie nicht geholt, und so haben wir heute hier einen Punkt gebraucht, den wir nicht geholt haben.«

Bruno Pezzey nach dem finalen 1:2 in Stuttgart

Schlüsselszene 2: Michael Kutzop wird binnen Sekundenbruchteilen landesweit berühmt, hätte auf diese Aufmerksamkeit aber sicherlich gerne verzichtet. Der Film links zeigt den Schuss, den Ball am Außenpfosten und die Einsamkeit des Fehlschützen in den Sekunden danach. Auf dem großen Bild oben könnte man kurz die Illusion gewinnen, der Ball gehe nach all den Jahren vielleicht irgendwie doch noch rein. Der Gesichtsausdruck des Fehlschützen auf dem Bild rechts zerstört diese Fantasie irreparabel: Wenn jemals ein Gesicht Bände sprach, dann das des niedergeschmetterten Kutzop

»Das Tor war plötzlich so klein wie eine Streichholzschachtel.«

Michael Kutzop nach seinem legendären Elfer-Fehlschuss gegen die Bayern

Abschlusstabelle der Bundesliga 1985/1986:

Pl.	Verein	Sp	S	U	N	Tore	Diff.	Punkte
1.	Bayern München	34	21	7	6	82:31	+51	49-19
2.	**Werder Bremen**	**34**	**20**	**9**	**5**	**83:41**	**+42**	**49-19**
3.	KFC Uerdingen 05	34	19	7	8	63:60	+3	45-23
4.	Borussia M'gladbach	34	15	12	7	65:51	+14	42-26
5.	VfB Stuttgart	34	17	7	10	69:45	+24	41-27
6.	Bayer Leverkusen	34	15	10	9	63:51	+12	40-28
7.	Hamburger SV	34	17	5	12	52:35	+17	39-29
8.	SV Waldhof Mannheim	34	11	11	12	41:44	-3	33-35
9.	VfL Bochum	34	14	4	16	55:57	-2	32-36
10.	Schalke 04	34	11	8	15	53:58	-5	30-38
11.	1. FC K'lautern	34	10	10	14	49:54	-5	30-38
12.	1. FC Nürnberg	34	12	5	17	51:54	-3	29-39
13.	1. FC Köln	34	9	11	14	46:59	-13	29-39
14.	Fortuna Düsseldorf	34	11	7	16	54:78	-24	29-39
15.	Eintracht Frankfurt	34	7	14	13	35:49	-14	28-40
16.	Borussia Dortmund	34	10	8	16	49:65	-16	28-40
17.	1. FC Saarbrücken	34	6	9	19	39:68	-29	21-47
18.	Hannover 96	34	5	8	21	43:92	-49	18-50

Saisonverlauf 1985/1986:

Burdenski, Dieter »Budde«
*26.11.1950
Torhüter
31 (444); 0 (1); 1972–1988

Noruschat, Axel
*31.1.1962
Abwehrspieler
1 (2); 0 (0); 1984–1987
Amateur

Rehhagel, Otto
*9.8.1938
Trainer
34 (493); 1976/1981–1995

Wer kam?

Ruländer (zurück vom FC St. Pauli
war ausgeliehen)
Votava (Atletico Madrid)
Burgsmüller (RW Oberhausen, w.
Reck (Kickers Offenbach, w.d.S.)
Klobke (eig. Amateure)
Eilts (eig Amateure)

Wer ging?

Reinders (Girondins Bordeaux)
Lellek (an Herta BSC Berlin ausgeliehen)
Siegmann (Fortuna Köln, w.d.S.)

w.d.S. = während der Saison

Die Mannschaft

(Name, Geb.-Datum, Position, Bundesliga-Einsätze (Gesamt), Tore (Gesamt), bei Werder von–bis)

1985/86

Funk, Klaus
*21.2.1954
Torhüter
3 (3); 0 (0); 1981–1986

Kutzop, Michael »Kutzi«
*23.3.1955
Abwehrspieler
34 (121); 10 (23); 1984–1990

Schaaf, Thomas
*30.4.1961
Abwehrspieler
30 (262); 3 (13); 1978–1995

Pezzey, Bruno
*3.2.1955, †31.12.1994
Abwehrspieler
33 (114); 6 (18); 1983–1987
Österreich

Otten, Jonny
*31.1.1961
Abwehrspieler
12 (308); 0 (1); 1979–1992

Sauer, Gunnar
*11.6.1964
Abwehrspieler
1 (134); 0 (8); 1984–1996
Amateur

Ruländer, Matthias
*16.8.1964
Abwehrspieler
12 (24); 0 (0);
1983–1984, 1985–1988

Okudera, Yasuhiko »Oku«
*12.3.1952
Abwehrspieler
33 (159); 1 (11); 1981–1986
Japan

Hermann, Günter »Jimmy«
*5.12.1960
Mittelfeldspieler
23 (231); 3 (8); 1982–1993

Mohlmann, Benno
*1.8.1954
Mittelfeldspieler
9 (230); 0 (33); 1978–1988

Sidka, Wolfgang
*26.5.1954
Mittelfeldspieler
22 (115); 2 (17); 1982–1987

Meier, Norbert
*20.9.1958
Mittelfeldspieler
31 (242); 4 (66); 1980–1990

Wolter, Thomas »Stonie«
*4.10.1963
Mittelfeldspieler
29 (312); 4 (12); 1984–1999

Votava, Miroslav »Mirko«
*25.4.1965
Mittelfeldspieler
32 (357); 1 (18); 1985–1997

Neubarth, Frank »Socrates«
*29.7.1962
Stürmer
32 (317); 20 (97); 1982–1996

Völler, Rudolf »Rudi«
*13.4.1960
Stürmer
13 (137); 9 (97); 1982–1987

Ordenewitz, Frank »Otze«
*25.3.1965
Stürmer
24 (125); 7 (37); 1983–1989

Burgsmüller, Manfred
»Manni«
*22.12.1949
Stürmer
20 (115); 13 (34); 1985–1990

Erweiterter Kader:

Reck, Oliver »Olli«
*27.2.1965
Torhüter
0 (345); 0 (0); 1985–1998

Gruber, Rigobert »Rigo«
*14.5.1961
Abwehrspieler
0 (89); 0 (12); 1981–1986

Siegmann, Norbert »Zico«
*20.5.1953
Abwehrspieler
0 (153); 0 (10); 1976–1986

Klobke, Frank
*4.8.1963
Mittelfeldspieler
0 (0); 0 (0); 1985–1987
Amateur

Eilts, Dieter
»Ostfriesen-Alemao«
*13.12.1964
Mittelfeldspieler
0 (390); 0 (7); 1985–2002
Amateur

1986/87: Ende der Völlerei

Oben v.l.:
Kutzop, Schlindwein, Neubarth, Pezzey, Votava, Sauer, Wolter, Ordenewitz, Co-Trainer Kamp
Mitte v.l.:
Masseur Berger, Völler, Möhlmann, Noruschat, Sidka, Klobke, Meier, Otten, Burgsmüller, Trainer Rehhagel
Unten v.l.:
Zeugwart Ehrke, Ruländer, Eilts, Reck, Hermann, Burdenski, Hanses, Schaaf

Widmen wir uns nun der vielleicht problematischsten Saison der achtziger Jahre. Rudi Völler erfreute die Vereinsoberen zwar frühzeitig mit einer Vertragsverlängerung bis 1990, doch es war sehr bald klar, dass Werder dem Werben reicher italienischer Vereine nicht mehr lange würde standhalten können. Eine ganze Stadt bangte und hoffte, ehe sie sich schließlich mit dem Abschied von ihrem Idol abfinden musste. Zusätzlich zu den Turbulenzen um Völler sorgten hartnäckige Verletzungen von Bruno Pezzey und Frank Neubarth für viel Verdruss. So viel Pech und Unruhe gepaart mit einer riesigen Erwartungshaltung von Fans und Medien – das konnte nicht gut gehen. Ging es dann auch nicht.

Um nicht zu sehr zu unken: Werder missriet diese Saison nicht. Sie endete mit einem nach wie vor als Erfolg zu wertenden Platz 5 und dem erneuten Einzug ins internationale Geschäft. Für die Mannschaft, die noch in der Vorsaison nur durch eine Verkettung diverser unvorstellbarer Katastrophen nicht überlegen den Meistertitel holte, war ein am Ende mühsam erkämpfter UEFA-Cup-Platz aber auch kein Grund für einen weiteren Autokorso. Werder in der Spitzengruppe – das war normal geworden. Werder war nicht mehr der große Außenseiter, und Otto Rehhagel fiel es immer schwerer, die Sehnsüchte der Fans zu dämpfen.

Die gesamte Saison lief aus Werder-Sicht seltsam. Wann immer die Mannschaft andeutete, dass sie nach wie vor zu den stärksten Teams in Deutschland gehörte, folgte ein Rückschlag. Werder leistete vom 1. bis zum 34. Spieltag genug, um dauerhaft im oberen Drittel Sonne zu tanken, aber dann im entscheidenden Moment eben doch wieder nicht genug, um endlich nach den Sternen zu greifen. Der gute Saisonstart mit Platz 3 nach fünf Spieltagen half bei der Grundrisslegung neuer Meisterschaftsluftschlösser, aber vor allem in fremden Stadien lauerten plötzlich die versammelten Luftschloss-Abrissbagger. Nachdem von den ersten drei Auswärtsspielen zwei gewonnen wurden, kamen in den restlichen vierzehn Spielen in der Fremde nur noch weitere zwei Siege dazu. Viel zu wenig für einen Titelaspiranten. 54 Gegentore wiederum waren viel zu viel für gehobene Liga-Ansprüche.

Die wacklige Abwehrbilanz erstaunt im Nachhinein etwas, denn während der Saison hatte Werder mit dem anfangs etwas staksig wirkenden Norweger Rune Bratseth, wie sich später erweisen sollte, für kleines Geld einen absoluten Weltklassemann bekommen, dessen Verpflichtung höchst rätselhaft ablief. Bratseth kam im Doppelpack mit einem anderen Norweger zum Probetraining. Der andere hieß Vegard Skogheim, hinterließ im Gegensatz zu Bratseth auch bei den Werder-Profis einen glänzenden Eindruck und wurde dennoch wieder heimgeschickt. Und obwohl der SVW eigentlich vornehmlich einen Stürmer suchte, wurde der im Probetraining blasse Defensivmann Bratseth verpflichtet.

Schon ein halbes Jahr vor dem sich schnell steigernden Bratseth versuchte ein anderer Abwehrmann in Bremen sein Bestes, dem wenig später die zweifelhafte Ehre zuteil wurde, bis heute als Otto Rehhagels einziger echter Fehleinkauf überhaupt zu gelten: Dieter Schlindwein kam aus Mannheim mit der Referenz, in den zurückliegenden Jahren regelmäßig Rudi Völlers unangenehmster Gegenspieler gewesen zu sein. »Besser, der spielt *für* uns als *gegen* uns!«, schien sich Rehhagel zu sagen. Doch Schlindwein enttäuschte auf der ganzen Linie, verbockte in den ersten beiden Saisonspielen gleich mehrere Gegentore und verschwand nach nur drei durchweg schwachen Spielen wieder in der Versenkung. Bei diesen drei Spielen im Werder-Trikot blieb es. Am Saisonende ließ er sich frustriert nach Frankfurt verkaufen und versuchte dort einen Neuanfang.

Werders vergeblicher Kampf um die Rückkehr in den Kreis der heißesten Titelanwärter geriet am Ende etwas in den Hintergrund. Mehr Aufsehen erregte der rasante Umbruch einer großartigen Werder-Elf, die in den vergangenen fünf Jahren Deutschland mit zauberhaftem Fußball verzückte. Rudi Völler zog in seinem letzten Jahr bei Werder noch einmal groß auf und machte den Fans und Kollegen seinen Abschied aus Bremen mit 22 Saisontoren besonders schwer. Mit Bruno Pezzey kehrte ein zweiter Superstar Werder den Rücken. Dieter Burdenski machten nach 15 Jahren als unangefochtene Nummer 1 zwischen den Werder-Pfosten dem Emporkömmling Oliver Reck Platz. Wolfgang Sidka war zuletzt mehr verletzt als gesund und ließ seine aktive Bundesligakarriere ausklingen, und auch Kapitän Benno Möhlmann verlor bei Rehhagel weitgehend seine Bedeutung als verlängerter Arm auf dem Spielfeld. Nicht klar war auch, ob Sturmtank Frank Neubarth, auf den es nach Völlers Abschied natürlich verstärkt angekommen wäre, nach seinem zweiten Schienbeinbruch innerhalb eines Jahres je wieder auf die Beine kommen würde.

Das Werder-Schiff schien schlingernd in eine nebulöse Zukunft zu tuckern. Der »Stern« nahm diese Tatsache als Anlass für einen Artikel, der am Ende der Saison erschien und auf gleich sieben Seiten (!) einer wahren Hinrichtung der

Mirko Votava, schon als reifer Spieler zu Werder gekommen, entwickelte sich in den späten Achtzigern zu einem unverzichtbaren Abräumer im Werder-Mittelfeld

Der Herr rechts genießt die zweifelhafte Ehre, nicht ganz zu Recht als Otto Rehhagels einziger Fehleinkauf zu gelten: Dieter Schlindwein aus Mannheim kam mit großen Hoffnungen und verschwand nach ganzen drei Spielen im Werder-Dress. Die eher betretenen Gesichter auf diesem Foto können dennoch nicht als Vorahnungen gewertet werden

vermeintlich auseinander brechenden Werder-Familie glich. Erst wurde Werders kompletter Kader inklusive Vorstand und Trainerstab dazu bewegt, auf einem alten Segelschiff für ein Gruppenfoto zu posieren. Das ursprünglich vielleicht nett gemeinte Bild verwendete die Illustrierte dann für einen bitterbösen Artikel unter der Überschrift *»Antreten zum Abtakeln«*. Tenor: der dilettantisch gelenkte Provinzverein SV Werder und seine abgehalfterte Mannschaft vor dem Totalabsturz in die Bedeutungslosigkeit. Der Autor unterstellte Rehhagel, künftig mangels spielerischer Klasse nur noch mauern zu wollen und schloss mit den Worten *»Das grün-weiße Fußball-Wunder geht mit einer Bankrotterklärung seines Messias zu Ende.«* Selten zuvor hat ein Sportjournalist mit einer Analyse so sehr danebengelegen.

Begnadeter Techniker: Der aus den eigenen Amateuren hervorgegangene Günter »Jimmy« Hermann spielte sich sogar ins Blickfeld von Teamchef Franz Beckenbauer

Vom Spielfeldrand 1986/87:

Der 21. März 1987 soll ein feierlicher Tag werden. Im Heimspiel gegen Borussia Mönchengladbach steht Dieter Burdenski zum 900. Mal im Werder-Tor! Seit fast drei Jahren (letzte Niederlage am 19.5.1984 gegen Stuttgart) war Werder im Weser-Stadion schon ungeschlagen, und gegen den nicht sehr furchteinflößenden Tabellenelften vom Niederrhein sollte das auch so bleiben. Es kam etwas anders: Werder gelang nichts, Gladbach alles. Am Ende stand es 1:7. Bis heute Werders höchste Heimniederlage der Vereinsgeschichte. Dieter Burdenski trug daran noch die allerwenigste Schuld.

Nicht mehr mit eindeutiger Sicherheit zu ermitteln: Holt Manni Burgsmüller gerade aus, hat er schon getroffen, warum fliegen seine Haare, und was hat der arme Zweier aus Kaiserslautern ihm bloß getan?

Der ohne Frage bizarrste Schnappschuss dieses Buches: Werders Profis im Musical-Outfit. Wir erkennen mit allergrößter Mühe von links: Michael Kutzop, Dieter Schlindwein, Manni Burgsmüller, Bruno Pezzey und Rudi Völler

Abschlusstabelle der Bundesliga 1986/1987:

Pl.	Verein	Sp	S	U	N	Tore	Diff.	Punkte
1.	Bayern München	34	20	13	1	67:31	+36	53-15
2.	Hamburger SV	34	19	9	6	69:37	+32	47-21
3.	Borussia M'gladbach	34	18	7	9	74:44	+30	43-25
4.	Borussia Dortmund	34	15	10	9	70:50	+20	40-28
5.	**Werder Bremen**	**34**	**17**	**6**	**11**	**65:54**	**+11**	**40-28**
6.	Bayer Leverkusen	34	16	7	11	56:38	+18	39-29
7.	1. FC K'lautern	34	15	7	12	64:51	+13	37-31
8.	KFC Uerdingen 05	34	12	11	11	51:49	+2	35-33
9.	1. FC Nürnberg	34	12	11	11	62:62	0	35-33
10.	1. FC Köln	34	13	9	12	50:53	-3	35-33
11.	VfL Bochum	34	9	14	11	52:44	+8	32-36
12.	VfB Stuttgart	34	13	6	15	55:49	+6	32-36
13.	Schalke 04	34	12	8	14	50:58	-8	32-36
14.	SV Waldhof Mannheim	34	10	8	16	52:71	-19	28-40
15.	Eintracht Frankfurt	34	8	9	17	42:53	-11	25-43
16.	FC Homburg	34	6	9	19	33:79	-46	21-47
17.	Fortuna Düsseldorf	34	7	6	21	42:91	-49	20-48
18.	Blau-Weiß 90 Berlin	34	3	12	19	36:76	-40	18-50

Saisonverlauf 1986/1987:

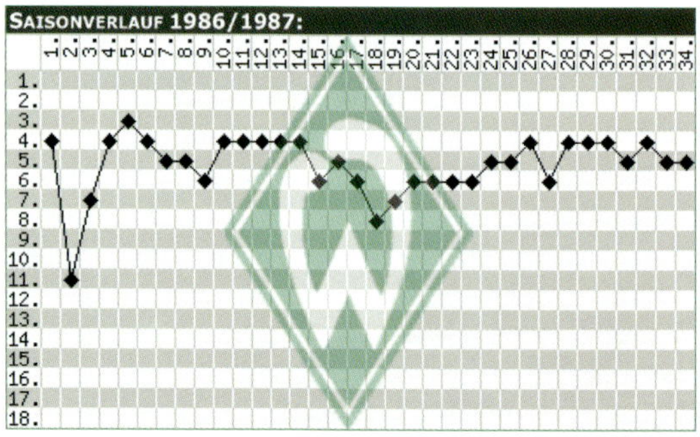

Burdenski, Dieter »Budde«
*26.11.1950
Torhüter
34 (444); 0 (1); 1972–1988

Ruländer, Matthias
*16.8.1964
Abwehrspieler
10 (24); 0 (0);
1983–1984, 1985–1988

Wolter, Thomas »Stonie«
*4.10.1963
Mittelfeldspieler
29 (312); 3 (12); 1984–1999

Wer kam?

Bratseth (Rosenborg Trondheim, w.d.S.)
Lellek (zurück, war an Hertha BSC Berlin und anschließend an Viktoria Aschaffenburg ausgeliehen)
Schlindwein (Waldhof Mannheim)
Hanses (eig. Amateure)

Wer ging?

Funk (Hertha BSC)
Okudera (Furukawa Denko/Japan)
Gruber (eig. Amateure)

w.d.S. = während der Saison

* Vertragsamateur

Die Mannschaft (Name, Geb.-Datum, Position, Bundesliga-Einsätze (Gesamt), Tore (Gesamt), bei Werder von–bis)

1986/87

Kutzop, Michael »Kutzi«
*23.3.1955
Abwehrspieler
24 (121); 7 (23); 1984–1990

Schaaf, Thomas
*30.4.1961
Abwehrspieler
29 (262); 4 (13); 1978–1995

Pezzey, Bruno
*3.2.1955, †31.12.1994
Abwehrspieler
15 (114); 1 (18); 1983–1987
Österreich

Otten, Jonny
*31.1.1961
Abwehrspieler
29 (308); 0 (1); 1979–1992

Sauer, Gunnar
*11.6.1964
Abwehrspieler
25 (134); 1 (8); 1984–1996

Schlindwein, Dieter
*7.2.1961
Abwehrspieler
3 (3); 0 (0); 1986–1987

Noruschat, Axel
*31.1.1962
Abwehrspieler
1 (2); 0 (0); 1984–1987

Bratseth, Rune
*19.3.1961
Abwehrspieler
17 (230); 1 (12); 1986–1995
Norwegen

Eilts, Dieter*
»Ostfriesen-Alemao«
*13.12.1964
Mittelfeldspieler
1 (390); 0 (7); 1985–2002

Hermann, Günter »Jimmy«
*5.12.1960
Mittelfeldspieler
25 (231); 0 (8); 1982–1993

Möhlmann, Benno
*1.8.1954
Mittelfeldspieler
20 (230); 3 (33); 1978–1988

Meier, Norbert
*20.9.1958
Mittelfeldspieler
30 (242); 4 (66); 1980–1990

Hanses, Christoph*
*6.10.1964
Mittelfeldspieler
3 (4); 0 (0); 1986–1990

Votava, Miroslav »Mirko«
*25.4.1956
Mittelfeldspieler
34 (357); 3 (18); 1985–1997

Neubarth, Frank »Socrates«
*29.7.1962
Stürmer
5 (317); 0 (97); 1982–1996

Völler, Rudolf »Rudi«
*13.4.1960
Stürmer
30 (137); 22 (97); 1982–1987

Ordenewitz, Frank »Otze«
*25.3.1965
Stürmer
30 (125); 8 (37); 1983–1989

Burgsmüller, Manfred
»Manni«
*22.12.1949
Stürmer
30 (115); 8 (34); 1985–1990

Rehhagel, Otto
*9.8.1938
Trainer
34 (493); 1976/1981–1995

Erweiterter Kader:

Reck, Oliver »Olli«
*27.2.1965
Torhüter
0 (345); 0 (0); 1985–1998

Lellek, Dirk
*3.1.1964
Abwehrspieler
0 (6); 0 (1);
1983–1985, 1986–1987

Klobke, Frank*
*4.8.1963
Mittelfeldspieler
0 (0); 0 (0); 1985–1987

Sidka, Wolfgang
*26.5.1954
Mittelfeldspieler
0 (115); 0 (17); 1982–1987

Dieter Burdenski: »Werder und ich, das ist eine enge und intakte Beziehung«

Oben: Dieter Burdenski 1975 ...

Dieter Burdenski

»Budde« (Jahrgang 1950) kam 1972 an die Weser. Bei Arminia Bielefeld war »Budde« vorher als Randfigur in einen Bundesligaskandal verwickelt, was seinem hervorragenden Ruf als »Kronprinz Sepp Maiers« keinen Abbruch tat. Bei Werder wurde er anderthalb Jahrzehnte lang zum Synonym für einen Torwart, der auch hinter einer unter Dauerdruck stehenden Abwehr im Abstiegskampf kühlen Kopf behält. Obwohl im Stil alles andere als nüchtern, war Burdenski (abgesehen vom Abstiegsjahr 1980) ein Muster an Beständigkeit und schaffte verdientermaßen auch den Sprung zum Nationaltorwart. 1987 zog er sich zu Gunsten des jungen Oliver Reck auf die Ersatzbank zurück. Ende der neunziger Jahre kehrte »Budde« als Torwarttrainer zu Werder zurück.

... und heute

Fünfzehn Jahre Werder als Profi – war diese Vereinstreue Zufall, oder war Werder immer der richtige Verein für Sie?
Burdenski: Ich habe mich sowohl in Bremen als auch hier im Verein vom Umfeld her immer sehr wohl gefühlt. Bei Werder habe ich mich immer optimal weiterentwickeln können. Sicher, es gab immer mal Situationen, wo es theoretisch auch zu einer Trennung hätte kommen können – vor allem natürlich nach unserem Abstieg 1980. Da war ich von der Tendenz her eigentlich schon so gut wie weg, aber trotz prominenter Interessenten war dann doch nie der richtige Verein dabei. Im Nachhinein war es gut so, denn nach dem Wiederaufstieg durften wir alle zusammen fußballerisch eine ganz tolle Zeit erleben. Wir waren erfolgreich, spielten attraktiven Fußball und spielten international. Es war die richtige Entscheidung, hier in Bremen zu bleiben. Auch wenn ich das damals, nach dem Abstieg, natürlich noch nicht wissen konnte.

Stimmt es, dass Ihr Vater 1972 wollte, dass Sie zu Werder wechseln?
Burdenski: Nicht nur. Ich war nach meinem Wechsel von Schalke zu Bielefeld in hervorragender Form. Ich zählte hinter Sepp Maier zu den besten Torhütern der Bundesliga. Ich hatte so viele Angebote, dass ich mir meinen Verein quasi aussuchen konnte. Danach wurde alles durch den Bundesligaskandal sehr kompliziert. Ich habe in Bielefeld verlängert, dann wurde dem Verein die Lizenz entzogen. Dann wollte ich den Verein natürlich verlassen, und Bremen war erste Wahl, weil Werder eine sehr gut besetzte Mannschaft hatte. Es passte alles zusammen, auch weil Werders Stammtorwart Günter Bernard schon etwas älter war.

Man redet immer wieder gerne von Werders großer Torwarttradition. Mit Bernard, Burdenski, Reck und Rost kam der Verein mit vier Torhütern durch die ersten vier Jahrzehnte Bundesliga. War das Zufall, oder hat Werder ein goldenes Händchen für gute Torleute?
Burdenski: Dass einige wenige Torleute über Jahrzehnte die Torwartposition bei Werder beherrschen, konnte man so nicht planen. Da spielte sehr viel Glück eine Rolle. Dieses Phänomen wird es so wahrscheinlich auch nie wieder geben, weil Vereinstreue heute viel seltener geworden ist.

Sie genießen einen großartigen Ruf, gelten als Torwart-Denkmal Werders. Einzig im Abstiegsjahr sahen Sie nicht gut aus. Wie kam das?
Burdenski: Das ist richtig. In den Siebzigern war die Frage immer nur: Sind wir am letzten Spieltag oder schon am vorletzten Spieltag vor dem Abstieg gerettet? Wir haben uns in diesen Jahren als Mannschaft nicht weiterentwickelt. Es ging ja immer nur ums Überleben. Dass wir nach unzähligen Jahren in Abstiegsgefahr irgendwann mal absteigen mussten, war eigentlich klar. Ich habe in meiner Zeit bei Werder fast jedes Spiel bestritten. Am Ende waren es fast 1000 Spiele im Werder-Dress. Diese Zahl hat vor mir niemand erreicht, und die wird auch nach mir keiner schaffen. Dass dann irgendwann mal ein Jahr dabei ist, in dem sich der Körper schlicht und einfach eine Auszeit nimmt, ist mehr oder weniger folgerichtig. Für mich war das tragisch, denn eigentlich war ich in diesem einen schwächeren Jahr die unbestrittene Nummer 1 in Deutschland. Ich habe alle EM-Qualifikationsspiele mitgemacht, nachdem Sepp Maier durch seinen Autounfall außer Gefecht war. Gerade in diesem Jahr, als ich den dauerhaften Durchbruch hätte schaffen können, habe ich in der Bundesliga sehr schlecht gespielt. Mein schlechtestes Jahr in 15 Jahren Werder! Ich verlor dadurch meinen Platz im Tor der Nationalelf, und als ich mich zwei Jahre später wieder herangekämpft hatte, stand inzwischen Toni Schumacher in der Kiste. Der hat seine Chance konsequent genutzt. Letztendlich ist so was immer auch Schicksal. Ich hadere nicht. Ich konnte über einen sehr langen Zeitraum sehr gute Leistungen bringen, und das ist im Nachhinein auch etwas Schönes.

Eine Extremsituation entstand für Sie 1975, als Ihr Vater Werder-Trainer wurde. Wie schwierig war das für Sie?
Burdenski: Das war ein sehr schwieriges Jahr für mich! Wenn der Vater den Sohn trainiert, ist man plötzlich sehr isoliert innerhalb der eigenen Mannschaft, weil natürlich alle Kollegen annehmen, dass man dem Vater alles weitererzählt. Von der Leistung her war ich weiter unantastbar, aber menschlich gab es eine Kluft zwischen den anderen Spielern und mir. Dann ist mein Vater entlassen worden. Das wurde dann zusätzlich noch einmal problematisch. Da musste ich trennen zwischen der familiären Lage auf der einen Seite und meinem Job als Profi auf der anderen. Auf dem Platz habe ich zwar weiter meine Leistung gezeigt, aber es hat schon sehr wehgetan. Wenn der eigene Vater mit einer solchen Aufgabe scheitert, dann muss man schon sehr professionell weiterarbeiten, um so etwas wegzustecken.

Wie sehr hat es Sie genervt, dass die großen Erfolge der Rehhagel-Ära unmittelbar nach Ihrer Zeit stattfanden?

Burdenski: Das war absolut ein Problem für mich, da bin ich ehrlich. Ich habe immer gut gehalten. Wir hatten in den letzten Jahren meiner Karriere immer schon eine gute Mannschaft, aber waren nicht erfolgsorientiert genug. Wir haben zwei Jahre kein Heimspiel verloren, wahnsinnig viele Tore geschossen, fantastischen Fußball gespielt, aber es hat immer eine Winzigkeit gefehlt, um ganz oben zu stehen. Und als wir endlich die optimale Mannschaft zusammenhatten, war es für mich zu spät. Als ich 1988 aufhörte, wurden wir zwar Deutscher Meister, aber ich habe in der Saison nur noch drei Spiele absolviert. Für die Mannschaft war es natürlich großartig, aber ich selbst habe mich nicht als Deutscher Meister gefühlt. In den Jahren davor wäre ich wahnsinnig gerne einmal Meister geworden.

Was war in Ihren Augen Rehhagels Erfolgsrezept?

Burdenski: Er hatte in den erfolgreichen Jahren eine unglaublich intakte Mannschaft. Er besaß einen wahnsinnigen Siegeswillen und ließ uns sehr offensiv spielen. So etwas kannten wir vor ihm gar nicht. Vor ihm wollten wir uns auswärts immer irgendwie einen Punkt ermogeln oder, wenn's schlimmer kam, nicht zu hoch verlieren. Unter Rehhagel wollten wir überall gewinnen. Wir sind ganz anders in die Spiele gegangen. Rehhagel hat uns gezeigt, dass man keine Angst haben muss vor großen Gegnern, großen Spielen, großen Stadien. Unsere Mannschaft war über Jahre zu einer Einheit gewachsen – alles passte einfach perfekt zusammen.

Ihr bestes Spiel ...?

Burdenski: Das ist sehr schwer zu sagen, weil es so unendlich viele Spiele waren. Einer der Höhepunkte war sicherlich mein erstes Länderspiel 1977 in Montevideo gegen Uruguay. Wir haben 2:0 gewonnen. Es war sehr schwer, damals in diese Mannschaft hereinzukommen, und für mich war es der Auftakt zu meiner Nationalmannschaftskarriere.

1997 kehrten Sie als Torwarttrainer zu Werder zurück. War das »nur ein Job«, oder war Ihnen immer klar, dass Sie eines Tages zu Werder zurück möchten?

Burdenski: Ich bin in Bremen geboren und bin hier groß geworden. Ich habe diesem Verein so lange die Treue gehalten, fast alle Einsatz-Rekorde aufgestellt. So lange wie ich wird nie wieder jemand Profi bei Werder sein, vermute ich. Ich hänge an dieser Stadt und diesem Umfeld. Zwischen Werder und mir ist es wie in einer sehr engen und intakten Beziehung. Wahrscheinlich bin ich ein Teil dieses Vereins geworden. Und es ist sehr schön, dass ich auch jetzt, nach meiner aktiven Zeit, eine feste Aufgabe bei Werder habe. Unser Trainerstab harmoniert optimal. Die Konstellation Schaaf – Allofs – Kamp – Burdenski dürfte in Deutschland einmalig sein. Ich habe als Spieler erst mit Kalli Kamp ein Zimmer geteilt, später mit Thomas Schaaf. Wir kennen uns alle sehr gut und wissen uns einzuschätzen. Klaus Allofs kenne ich seit zig Jahren aus der Nationalelf und als Gegner bei Fortuna Düsseldorf. Es ist alles gewachsen, es sind keine Neidfaktoren dabei, und das alles zusammen ist eine tolle Voraussetzung für eine sehr erfolgreiche Arbeit hier bei Werder.

Oben: »Budde« der Ältere und »Budde« der Jüngere im Sommer 1975. Vater Herbert brachte seinen Filius durch sein kurzes Trainer-Engagement bei Werder in eine schwierige Lage

Links: Der Über-Torwart und sein Kronprinz: Dieter Burdenski galt lange als bester Torwart hinter Sepp Maier, obwohl auf dem Foto der Sepp eindeutig hinter »Budde« steht

Die meisten Ligaspiele 1963-2003

1.	Burdenski, Dieter	1972 – 1988	479 (*)
2.	Höttges, Horst-Dieter	1964 – 1978	420
3.	Kamp, Karl-Heinz	1970 – 1984	400 (*)
4.	Eilts, Dieter	1986 –2002	390
5.	Bode, Marco	1989 –2002	379
6.	Görts, Werner	1966 – 1978	363
7.	Votava, Mirko	1985 – 1997	357
8.	Otten, Jonny	1979 – 1992	349 (*)
9.	Reck, Oliver	1987 – 1998	345
10.	Neubarth, Frank	1982 – 1996	317

(*) = inkl. Spiele 2. Bundesliga 1980/81

1987/88: Der Triumphmarsch

Oben v.l.:
Pezzey, Kutzop, Bratseth, Votava, Wolter, Sauer, Borowka, Riedle, Ordenewitz
Mitte v.l.:
Masseur Berger, Neubarth, Burgsmüller, Eilts, Rose, Otten, Möhlmann, Co-Trainer Kamp, Trainer Rehhagel
Unten v.l.:
Zeugwart Ehrke, Ruländer, Meier, Burdenski, Hermann, Reck, Hanses, Schaaf

Werder 1:0! Jaaa, wir sind Meister

Im Sommer 1987 stand der SV Werder an einem Scheideweg. Mit Völler und Pezzey verlor der Verein zwei Weltklassespieler, mit Burdenski eine Torwartlegende. Wolfgang Sidka kapitulierte vor zermürbenden Verletzungsproblemen und ließ die Spielerkarriere beim TB Berlin ausklingen, und Kapitän Benno Möhlmann flüchtete vor der immer bedrohlicher scheinenden Werder-Ersatzbank. Er ließ sich nach Saisonbeginn zum HSV transferieren. Fünf Leistungsträger der letzten Vizemeisterelf von 1986 verschwanden auf einen Schlag. Die Medien hatten sich wie die Aasgeier auf Werders Image vom vermeintlich ewigen Loser eingeschossen und lagen mit der Vereinsführung seit Jahren im Dauerclinch. Unvergessen war die eisige Atmosphäre im »Swutsch«-Studio von Radio Bremen, als Moderator Christian Berg 1986 nach dem niederschmetternd verspielten Meistertitel der Bremer im »Kutzop-Elfer-Jahr« eine Delegation des Vereins, die unmittelbar nach dem finalen K.o. in Stuttgart pflichtbewusst, aber sichtlich getroffen in die Live-Sendung eilte, mit den feixenden Worten empfing: »Bei Werder sind sie bestimmt alle glücklich darüber, dass Willi Lemke nun die Meisterprämie nicht auszahlen muss!«

Bisweilen trug die Fehde zwischen Radio Bremen und dem SVW also bizarre Züge, zumindest aus heutiger Sicht. Da wurde im Sommer 1987 zum Beispiel gegen den teuren Einkauf eines gewissen Karl-Heinz Riedle gewettert, den Rehhagel sich bei Absteiger Blau Weiß 90 Berlin ausgeguckt hatte. Die medialen Fußballexperten hielten Riedle

Unten: Ein aktueller und ein zukünftiger Bremer: Kalle Riedle im Duell mit Didi Beiersdorfer, der jedoch erst verpflichtet wurde, nachdem er sich zu einer anderen Frisur durchringen konnte

für überteuert und propagierten hartnäckig, dass Werder mit einem gewissen Dirk Kurtenbach von den Stuttgarter Kickers einen besseren und billigeren Stürmer hätte bekommen können. Kurtenbach kickte nach diesem verbalen Ritterschlag noch wenige Jahre blass in der 2. Liga und beendete mit 27 Jahren seine Profilaufbahn. Kalle Riedle wurde bei Werder zu einem der besten Stürmer Europas, und die Ablösesumme, die der Verein drei Jahre später für ihn kassierte, sanierte den Verein finanziell. Ein bisschen Sachverstand schien bei diesem Rehhagel also durchaus vorhanden gewesen zu sein.

In einem Punkt hatte sich Otto vor dieser Saison freilich gewaltig geirrt: Es kündigte an, »die Mannschaft der neunziger Jahre« formen zu wollen und es klang ein bisschen so, als wolle er sich im Voraus dafür entschuldigen, ohne Völler, Burdenski und Pezzey mit den Titelanwärtern nicht mehr mithalten zu können. Zitieren wir ihn jedoch mit ausreichend zeitlicher Distanz selbst: »Alles Kokolores!« Rehhagel baute nicht die Mannschaft des kommenden Jahrzehnts auf, sondern in Rekordzeit die eindeutig beste Elf Deutschlands in der Saison 1987/88. Eine Mannschaft, die so überlegen durch die Liga marschierte, dass der Meisterschaft schon Wochen vor Saisonende jegliche Spannung ausging. Bei Werder hielt sich die Enttäuschung darüber verständlicherweise in engen Grenzen: Für den neben allen Sternstunden doch Kummer gewohnten Club, der es vermeintlich nie nach ganz oben schaffen würde, war die Saison 1987/88 die reinste Therapie. Die zwei Jahre zuvor noch seelisch angeknacksten Kutzop, Burgsmüller und Co. konnten die bösen Geister von 1986 verscheuchen. Das verstörende Geräusch eines an den Außenpfosten ploppenden Balles verhallte endlich.

Das Elfmeter-Trauma wurde erfolgreich und nachhaltig ersetzt durch einen beinahe rauschhaften Abend im Frankfurter Waldstadion. Werder siegte 1:0 durch einen Kopfball von Riedle, und weil freundlicherweise zeitgleich der 1. FC Köln zwei fest eingeplante Zähler in Hamburg ließ, mussten die Vereinsoberen völlig unvorhergesehen eine spontane Meisterfeier improvisieren, was sie sichtlich gerne taten. Die Fernsehbilder trugen Bilder von enthemmt jauchzenden Werder-Funktionären in die Wohnzimmer, die sich Zeit ihres Vereinslebens nichts sehnlicher gewünscht hatten als diesen Augenblick: Mit Werder wieder die Nummer 1 in ganz Deutschland zu sein!

Die in all den Jahren zuvor einerseits so kreative und brillante, aber andererseits oft auch so labil und zerbrechlich scheinende Mannschaft bewies vom ersten Spieltag der Saison an eine Killermentalität, die den Rest der Liga kalt

Oben: Es ist vollbracht! Mirko Votava stemmt die Schale und genießt den schönsten Werder-Moment der achtziger Jahre. Mit der Meisterschaft 1988 stillt Votavas Mannschaft eine seit 23 Jahren währende Sehnsucht aller Werder-Fans

Im direkten Duell gegen die Bayern fiel die Vorentscheidung im Titelrennen: Werder siegte an einem herrlichen Frühlingstag 1988 sicher mit 3:1. Das brisante Duell wird auf diesem Foto eröffnet durch die Seitenwahl zwischen den Kapitänen Votava und Augenthaler

Zwei Publikumslieblinge der Meistersaison: Neuzugang Uli Borowka wurde auf Anhieb eine unverzichtbare Stütze der Hintermannschaft. Ziegenbock »Meier« wurde nach einigen Jahren Maskottchen-Pause Nachfolger der Heidschnucke »Pico«. Auch »Meier« verstand sein glückbringendes Handwerk. Seine Maskottchen-Karriere ist längst beendet. »Meier« lebt heute glücklich in einem opulenten Stall auf dem Gelände der Brauerei Beck und Co.

erwischte. Nach vier Spieltagen war Werder noch ohne Gegentor, nach acht Spieltagen immer noch ungeschlagen. Die Kölner konnten phasenweise ein kleines bisschen mithalten, was vor allem dem legendären blauen Glückspullover ihres Kurzzeit-Sportdirektors Udo Lattek zugeschrieben wurde. Die Bayern hechelten hinterher, aber wann immer sie den Hauch einer Chance sahen, legte Werder nach Belieben eine weitere Glanzleistung hin. Das eigentliche Meisterstück lieferte Rehhagels Mannschaft schon acht Spieltage vor Schluss, als im Weser-Stadion die wutschnaubenden Bayern kalt lächelnd und scheinbar problemlos mit 3:1 heimgeschickt wurden. Kalle Riedle, der vermeintliche Fehleinkauf der ersten Saisonwochen, erledigte das in seinem vielleicht besten Spiel für Werder zu weiten Teilen im Alleingang. Der junge Allgäuer erlebte eine bewegte Saison. Seine ersten Tore für Werder gelangen Riedle in Uerdingen per Doppelpack, nachdem er in den ersten vier Saisonspielen leer ausging. Nach 16 Spielen waren Mitte November nur zwei weitere Törchen hinzugekommen, und manch Journalist höhnte über das Millionen-Missverständnis Riedle. Dann kam die Wende: Nach besagten vier Toren in den ersten 16 Spielen traf das Kopfball-Ungeheuer in den nächsten 17 Spielen (einmal musste er pausieren) bis Saisonende gleich 14 Mal ins Netz und wurde zu einem der Garanten für Werders Triumphzug durch die Liga.

Der zweite Garant hieß hinten Borowka und vorne Uli, und das Seltsame an seinem Vornamen war, dass er mit jedem Jahr seiner Werder-Karriere an Schlussvokalen gewann, ehe der Blondschopf knapp neun Jahre später als Kultfigur »Uliiiiiiiiii« abdankte. Uli Borowka wurde zum gnadenlosen Abräumer in Werders Hintermannschaft, und seine viel beachtete Krawattennadel in Axtform trug er später völlig zu Recht. Borowka hätte 1987 auch zu den Bayern, dem HSV oder Dortmund gehen können, ehe er sich für Werder entschied. Unter anderem sah der beinharte Mönchengladbacher jedoch in Bremen beste Entwicklungschancen und hoffte inständig, eines Tages, irgendwann einmal, vielleicht auch das Trikot der Nationalelf überstreifen zu dürfen. Dieses Ziel hatte er als Stammspieler bei Gladbach fünf Jahre lang vergeblich verfolgt. Nach seinem ersten Spiel für Werder dauerte es dagegen nur genau acht Monate und einen Tag, ehe Borowka von Teamchef Franz Beckenbauer gerufen wurde, um für Deutschland zu spielen. Leider war die internationale Karriere des unermüdlichen Fighters nur von kurzer Dauer: Bei der EM 1988 in Deutschland durfte er noch ein bisschen herumgrätschen, aber bald schon wurde ihm von Beckenbauer der feinmotorisch ähnlich begabte Guido Buchwald vom VfB Stuttgart vorgezogen, und dabei blieb es dann. Zur EM wurde Borowka von seinem Werder-Kollegen Gunnar Sauer begleitet, der oft dicht dran war, ohne es jemals bis in die Nationalelf zu schaffen.

Europacup in BILD-Bremen

14 Millionen im Europacup-Rausch

6:2

Werder tanzte Kasatschok

Werder Das beste Spiel aller Zeiten

So freute sich Werder nach dem Super-Sieg über Moskau: Frank Neubarth (1:0 und 2:0) springt Karl-Heinz Riedle (5:1) auf den Rücken, rudert mit den Armen. Dann starten die beiden zum Jubellauf

Plakat des Hinspiels zwischen Spartak und Werder

Bilddokumente des allerersten »Wunders von der Weser«: Nach einem 1:4 in der damals noch sowjetischen Hauptstadt war Werder praktisch draußen, aber in einem Nebelspiel vor nur 16.000 Fans im Weser-Stadion spielt sich Werder in einen Rausch und siegt mit 6:2. Das Bild ganz oben zeigt das erste Tor schon nach drei Minuten, das Werders Sturmwirbel einleitete. Frank Neubarth begründete mit diesem Kopfball seinen Ruf als »Mr. Europacup«. Die Partie stand wegen der schlechten Sicht phasenweise vor dem Abbruch. Wohl keiner der Zuschauer konnte sich damals vorstellen, dass Werder in den kommenden Jahren noch ganz ähnliche Kunststücke gelingen würden

Sauer war neben dem unantastbaren Rune Bratseth und dem zwar nicht mehr ganz taufrischen, aber dennoch verlässlichen Michael Kutzop der personifizierte Abwehr-Beton. Und alle gemeinsam bildeten das »Bollwerk vor dem Bollwerk«: Oliver Reck, der junge Burdenski-Nachfolger, wuchs in seiner ersten Saison als Stammtorwart über sich hinaus und stellte mehrere Rekorde für die Ewigkeit auf: Nur 22 Gegentore in der ganzen Saison (drei davon kassierte Dieter Burdenski vertretungsweise), nur ganze zehn Gegentore in 17 Auswärtsspielen (Schalkes Torwart Toni Schumacher fing sich in derselben Zeit beinahe die sechsfache Menge!).

Bei manchen Sportlern sagt man, sie hätten erst spät die Bestätigung und Genugtuung für durchlittene Medienkampagnen erfahren. Bei Olli Reck war es umgekehrt: Erst kam die Bestätigung, dann die Kampagnen. Dieser Mann wurde ein Phänomen, weil er nahezu unbemerkt von der breiten Öffentlichkeit zu einem der besten deutschen Torhüter der neunziger Jahre wurde. Zudem verkörpert er bis heute ein sympathisches Stück Werder Bremen.

»Jetzt fahren wir selbstbewusst an die Ostseeküste!«

Die Stadionzeitung »Bayern-Echo« vor dem Auswärtsspiel der Bayern bei Werder Bremen

Meister Bremen im Freudentaumel
• 5000 Werder-Fans holten Meister-Elf am Flughafen ab
• Triumph-Fahrt in die City • Rauschende Siegesfeiern
Donnerstag, 5. Mai 1988 · 50 Pf
Bild
BREMEN

Zwei Generationen von Meisterspielern: Bei der Ehrung im Rathaus versteht sich »Meister 88« Mirko Votava blendend mit »Meister 65« Gerhard Zebrowski

Für Michael Kutzop der Moment, der seine Biografie reparierte. Mit zwei Jahren Verspätung darf er die Schale stemmen

Rehhagel, Otto
*9.8.1938
Trainer
34 (493); 1976/1981–1995

Abschlusstabelle der Bundesliga 1987/1988:

Pl.	Verein	Sp	S	U	N	Tore	Diff.	Punkte
1.	Werder Bremen	34	22	8	4	61:22	+39	52-16
2.	Bayern München	34	22	4	8	83:45	+38	48-20
3.	1. FC Köln	34	18	12	4	57:28	+29	48-20
4.	VfB Stuttgart	34	16	8	10	69:49	+20	40-28
5.	1. FC Nürnberg	34	13	11	10	44:40	+4	37-31
6.	Hamburger SV	34	13	11	10	63:68	-5	37-31
7.	Borussia M'gladbach	34	14	5	15	55:53	+2	33-35
8.	Bayer Leverkusen	34	10	12	12	53:60	-7	32-36
9.	Eintracht Frankfurt	34	10	11	13	51:50	+1	31-37
10.	Hannover 96	34	12	7	15	59:60	-1	31-37
11.	KFC Uerdingen 05	34	11	9	14	59:61	-2	31-37
12.	VfL Bochum	34	10	10	14	47:51	-4	30-38
13.	Borussia Dortmund	34	9	11	14	51:54	-3	29-39
14.	1. FC K'lautern	34	11	7	16	53:62	-9	29-39
15.	Karlsruher SC	34	9	11	14	37:55	-18	29-39
16.	SV Waldhof Mannheim	34	7	14	13	35:50	-15	28-40
17.	FC Homburg	34	7	10	17	37:70	-33	24-44
18.	Schalke 04	34	8	7	19	48:84	-36	23-45

Saisonverlauf 1987/1988:

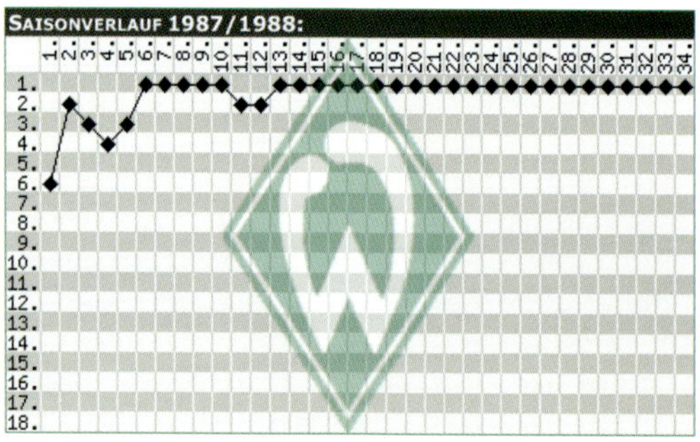

Wer kam?

Borowka (Bor. Mönchengladbach
Riedle (Blau Weiß 90 Berlin)
Rose (eig. Amateure)

Wer ging?

Pezzey (FC Tirol/Österreich)
Schlindwein (Eintracht Frankfurt)
Noruschat (RW Essen)
Völler (AS Rom/Italien)
Lellek (VfB Oldenburg)
Klobke (VfB Oldenburg)
Sidka (TB Berlin)
Möhlmann (HSV, w.d.S.)

w.d.S. = während der Saison

Die Mannschaft (Name, Geb.-Datum, Position, Bundesliga-Einsätze (Gesamt), Tore (Gesamt), bei Werder von–bis)

1987/88

Burdenski, Dieter »Budde«
*26.11.1950
Torhüter
3 (444); 0 (1); 1972–1988

Reck, Oliver »Olli«
*27.2.1965
Torhüter
32 (345); 0 (0); 1985–1988

Kutzop, Michael »Kutzi«
*23.3.1955
Abwehrspieler
17 (121); 1 (23); 1984–1990

Schaaf, Thomas
*30.4.1961
Abwehrspieler
29 (262); 1 (13); 1978–1995

Borowka, Ulrich »Uli«
*19.5.1962
Abwehrspieler
31 (239); 1 (8); 1987–1996

Otten, Jonny
*31.1.1961
Abwehrspieler
30 (308); 0 (1); 1979–1992

Sauer, Gunnar
*11.6.1964
Abwehrspieler
33 (134); 2 (8); 1984–1996

Ruländer, Matthias
*16.8.1964
Abwehrspieler
2 (24); 0 (0);
1983–1984, 1985–1988

Bratseth, Rune
*19.3.1961
Abwehrspieler
31 (230); 0 (12); 1986–1995
Norwegen

Eilts, Dieter
»Ostfriesen-Alemao«
*13.12.1964
Mittelfeldspieler
2 (390); 0 (7); 1985–2002

Hermann, Günter »Jimmy«
*5.12.1960
Mittelfeldspieler
30 (231); 0 (8); 1982–1993

Möhlmann, Benno
*1.8.1954
Mittelfeldspieler
1 (230); 0 (33); 1978–1988

Meier, Norbert
*20.9.1958
Mittelfeldspieler
26 (242); 7 (66); 1980–1990

Wolter, Thomas »Stonie«
*4.10.1963
Mittelfeldspieler
16 (312); 0 (12); 1984–1999

Votava, Miroslav »Mirko«
*25.4.1956
Mittelfeldspieler
32 (357); 2 (18); 1985–1997

Neubarth, Frank »Socrates«
*29.7.1962
Stürmer
22 (317); 6 (97); 1982–1996

Riedle, Karl-Heinz »Kalle«
*16.9.1965
Stürmer
33 (86); 18 (38); 1987–1990

Ordenewitz, Frank »Otze«
*25.3.1965
Stürmer
30 (125); 15 (37); 1983–1989

Burgsmüller, Manfred
»Manni«
*22.12.1949
Stürmer
26 (115); 6 (34); 1985–1990

Erweiterter Kader:

Hanses, Christoph
*6.10.1964
Mittelfeldspieler
0 (4); 0 (0); 1986–1990
Amateur

Rose, Olaf
*28.10.1967
Stürmer
0 (0); 0 (0); 1987–1988
Amateur

Olli Reck zu Beginn seiner Werder-Karriere 1985 …

Olli Reck: »… immer alles zurückgezahlt!«

Oliver Reck

»Olli« (Jahrgang 1965) kam 1985 zunächst als Ersatztorwart hinter Dieter Burdenski vom Zweitligisten Kickers Offenbach zu Werder. Erst in seiner dritten Saison bei Werder stand er zwischen den Pfosten, wurde als Entschädigung aber auf Anhieb unangefochtener Stammkeeper. Schon in seiner ersten kompletten Saison 1987/88 wurde er Meister und stellte mit nur 22 Gegentoren in einer Spielzeit einen bis heute gültigen Rekord auf – und vier davon kassierte sogar nicht einmal Reck, sondern der mittler weile zum Ersatzmann gewordene Burdenski. In den ersten Jahren seiner Bundesligakarriere erlangte Reck allen Erfolgen zum Trotz von der »BILD«-Zeitung den Spitznamen »Pannen-Olli«.

…und zwölf Jahre später vor seiner letzten Saison in Bremen

Was verbindest du heute noch mit Bremen als Stadt und mit Werder als Verein?

Reck: Wahnsinnig viel. Ich habe 13 Jahre in diesem Club gespielt. Meine Kinder sind in Bremen geboren und leben noch hier. Ich bin immer noch alle 14 Tage in Bremen. Meine Jungs spielen in Bremen Fußball, der Kleine bei Werder und der Größere beim FC Oberneuland. Und es gibt auch noch regen, engen Kontakt zum Verein und zur Mannschaft.

Die angenehmsten Persönlichkeiten deiner 13 Werder-Jahre waren …?

Reck: Puh, also da möchte ich niemandem zu nahe treten und niemandem unrecht tun: Ich kann da niemanden hervorheben. Es waren so viele, und wir haben auch immer noch viel Kontakt untereinander. Otto Rehhagel hat zu meiner Anfangszeit so um 1986 eine neue, junge Mannschaft zusammengestellt, und wir hatten viele talentierte, erfolgshungrige Spieler: Günter Hermann, Gunnar Sauer, Kalle Riedle, Uli Borowka – und meine Wenigkeit. Diese junge Mannschaft ist 1988 auf Anhieb Deutscher Meister geworden. Das war damals eine Riesenüberraschung und hat uns alle zusammengeschweißt. Es haben sich sehr viele Freundschaften entwickelt. Später dann auch mit Thomas Schaaf und Klaus Allofs, und es ist schön für mich, mit ehemaligen Mitspielern befreundet zu sein, die heute noch im Verein sind und die man auf diese Weise regelmäßig wiedertrifft.

Wie bewertest du aus der Distanz die Arbeit deiner Freunde Klaus Allofs und Thomas Schaaf?

Reck: Man hat im Verein etwas sehr Richtiges getan, indem Klaus Allofs und Thomas Schaaf die Zeit bekommen haben, hier eine junge Mannschaft behutsam aufzubauen. Man sieht, wie vielversprechend die Werder-Elf des Jahres 2003 ist. Thomas Schaaf zieht dieses Konzept knallhart durch. Thomas hat eine gute Philosophie was Fußball angeht, ist hier in Bremen sehr verwurzelt und kennt jeden Pflasterstein in der Stadt. Und diese Nähe zu seiner Stadt ist wiederum auch wichtig für den Verein. Thomas Schaaf und Werder, Klaus Allofs und Werder – das passt einfach.

Eine Persönlichkeit wirst du sicherlich dennoch hervorheben können: Otto Rehhagel. Auch mit ihm gab es Misserfolge und Jahre, in denen es hieß, er sei schon zu lange bei Werder. Die Öffentlichkeit hat zuletzt oft nur seine störrische, bockige Seite mitbekommen. Wie war er wirklich?

Reck: Entscheidend war letztendlich, dass wir unter ihm immer zur rechten Zeit einen Titel gewonnen haben. Wir haben fast durchgehend oben mitgespielt, und wenn nicht, dann sind wir eben Pokalsieger geworden – oder Europapokalsieger. Hätten wir diese Titel nicht gewonnen, dann hätte vielleicht sogar Rehhagel irgendwann gewackelt. So aber gab es kaum jemals etwas zu kratzen an diesem Denkmal Otto Rehhagel. Wir als Mannschaft haben uns nie verschlissen, weil er es perfekt verstanden hat, die Mannschaft optimal zu ergänzen und zu verstärken. Dann hat er es großartig hinbekommen, diese neuen Spieler auch zu integrieren. Und was hat er nicht für hervorragende Leute zu uns geholt: Wynton Rufer, Dietmar Beiersdorfer, Klaus Allofs – das waren immer wieder neue Leute, die einfach gepasst haben. Rehhagel konnte dieses Puzzle zusammenfügen wie kein Zweiter. Ich habe jetzt noch viel Kontakt zu ihm. Er wohnt wieder in meiner Nähe, in Essen. Wir telefonieren häufig und treffen uns. Und dann wird immer über alte, schöne Zeiten gefachsimpelt.

Man hatte auch von außen immer den Eindruck, als hättest du mit Otto Rehhagel immer und gerade in deinen schwereren Zeiten ein ganz besonderes Verhältnis gehabt?

Reck: Natürlich war das etwas ganz besonderes. Aber die Basis dafür war immer, dass ich ihm in den nächsten Spielen mit meiner Leistung etwas zurückgegeben habe. Natürlich habe ich mir ein paar Schnitzer geleistet, aber auf der anderen Seite sind Rehhagel und Werder dann auch dafür belohnt worden, an mir festzuhalten, weil Werder mit mir als jungem Torwart die erfolgreichste Phase der Vereinsgeschichte erleben durfte.

Jung, dynamisch, erfolgreich: Der damals noch sehr behaarte Reck grapscht sich in seinem ersten Jahr als Stammtorwart die Salatschüssel!

Eine von Hunderten von tollen Reck-Paraden in zwölf Jahren bei Werder: Diesen Ball von Bayerns Roland Wohlfahrt kann er unfassbarerweise noch abwehren!

Nicht zuletzt deshalb wird den Fans hier deine erfolgreiche Zeit weitaus mehr in Erinnerung bleiben als das Image des »Pannen-Olli«. Hat dieser Spitzname damals wehgetan?
Reck: Ich habe das zur Kenntnis genommen, aber mich eigentlich immer auf das Wesentliche konzentriert. Man muss sich immer auf das konzentrieren können, was auf dem Platz passiert. Das ist mir zum Glück meistens gelungen. Ich hatte in meinen unglücklicheren Zeiten immer wichtige Leute im Verein hinter mir. Nicht nur Otto Rehhagel, sondern auch Dr. Böhmert hat mich unglaublich unterstützt, und zusammen haben wir letztlich diese Phasen überstanden. Die beiden waren immens wichtig für mich.

Was war das Besondere an der Meistersaison 1987/88?
Reck: Unser verschworener Haufen bestand aus ganz vielen Spielern, die unbedingt und endlich mal ganz oben stehen wollten, weil sie vorher so oft knapp an der Meisterschaft vorbeigeschrammt waren. Norbert Meier, Jonny Otten, Michael Kutzop, Dieter Burdenski zum Ausklang seiner Karriere – für all diese Spieler war die Meisterschaft 1988 das I-Tüpfelchen auf ihrer Profilaufbahn. Sensationell war die Meisterschaft, weil wir viele junge Spieler einbauen mussten, die auf Anhieb zu großartigen Verstärkungen wurden. Unser großes Plus war die Defensivarbeit: Wir haben in der ganzen Saison nur 22 Gegentore bekommen, heute noch Bundesligarekord. Wir haben hinten bombastisch gut gestanden. Ein weiterer Mosaikstein war unsere Harmonie: Wir haben sehr viel miteinander unternommen, auch außerhalb des Platzes. Wir verstehen uns heute noch fantastisch, wenn wir uns sehen. Und unser tolles Verhältnis innerhalb der Mannschaft wurde dann auch zu unserer ganz großen Stärke auf dem Spielfeld.

Das beste Spiel deiner Karriere war ...?
Reck: Mein persönlich bestes Spiel war zuhause gegen Brügge, Halbfinale im Europapokal 1992. Für uns als Mannschaft das beste Spiel war sicher das 5:1 gegen Neapel mit Diego Maradona. Das war ein außergewöhnlicher Fußballabend. Wir haben unfassbar gezaubert – toll!

Otto Rehhagel hat oft und gerne betont, wer 14 Jahre in Bremen gelebt hat, werde »diese Stadt immer in seinem Herzen tragen«. Du warst fast genauso lange in Bremen. Was fühlst du in Bezug auf deine ehemalige Heimatstadt?
Reck: Genauso. Ich hänge an Bremen und werde das immer tun.

Olli Reck bejubelte in Bremen zwei Meistertitel, zwei Pokalsiege und einen Europapokalsieg

1988/89: Große, weite Fußballwelt

Oben v.l.:
Kutzop, Neubarth, Bratseth, Wolter, Votava, Borowka
Mitte v.l.:
Masseur Berger, Zeugwart Ehrke, Burgsmüller, Harttgen, Riedle, Eilts, Sauer, Ordenewitz, Co-Trainer Kamp, Trainer Rehhagel
Unten v.l.:
Hermann, Meier, Reck, Otten, Rollmann, Hanses, Schaaf

Beinahe einer entspannten Saison sahen die Bremer im Sommer 1988 entgegen. Die erste Meisterschaft seit 23 Jahren vibrierte noch angenehm nach, der größte Druck hatte sich erst einmal verflüchtigt – ebenso wie der garstige Schmähname »Otto der II.«. Die scheinbar als Siegertypen ungeeigneten Werder-Profis hatten es nicht nur den Bayern, sondern praktischerweise zeitgleich auch Udo Lattek gezeigt, der bekanntlich während einer kurzen Episode als Sportdirektor für die Erfolge des 1. FC Köln mitverantwortlich zeichnete. Nebenkriegsschauplätze gab es nicht: Anders als im Jahr zuvor mit Rudi Völler, galt es diesmal keinen Star zu ersetzen. Im Gegenteil: Die brachial umworbenen Rune Bratseth und Karl-Heinz Riedle verlängerten ihre Verträge bei Werder bis 1993 bzw. 1992. Riedle gab dabei den großen Bayern einen Korb, was ein Jahr zuvor auch schon Frank Neubarth getan hatte. Der wiederum stand nach zwei Schienbeinbrüchen in Folge endlich mal wieder eine Saison ohne Blessuren durch und machte ebenso wie Riedle gleich 13 Buden.

Auch die Transferpolitik sorgte nicht für übermäßige Unruhe. Kein Stammspieler war gegangen, kein neuer Star gekommen. Die junge Meistermannschaft sollte sich weiter festigen. Und sie bekam eine Blutauffrischung durch gleich drei technisch beschlagene Supertalente, die den Kader verstärkten: Mit Uwe Harttgen stieß ein eleganter, intelligenter Mittelfeldakteur zur Mannschaft, dem vom Talent her nicht viele Mittelfeldspieler in Deutschland das Wasser reichen konnten. Um einen Spruch auszuborgen, der eigentlich auf den Frankfurter Uwe Bein gemünzt war: Bei ihm bekam der Ball Augen! Von Oliver Freund erzählte man sich Ähnliches. Beide gemeinsam waren mit den schon etablierten »Otze« Ordenewitz, Günter Hermann, Gunnar Sauer und Thomas Schaaf sowie dem im Frühjahr kometengleich aufstrebenden Dieter Eilts ein Zeugnis für Werders herausragende Nachwuchsarbeit. Zeitweilig standen in Werders erster Elf mit Schaaf, Sauer, Ordenewitz und Eilts sowie Wolter, Neubarth, Meier, Reck und Otten gleich neun Spieler auf dem Platz, die entweder aus den eigenen Amateuren hervorgegangen waren oder für einen Spottpreis schon in jungen Jahren gezielt in die Bundesligaelf eingearbeitet wurden.

Komplettiert wurden die Neuzugänge durch den Norweger Vegard Skogheim, der schon knapp anderthalb Jahre zuvor beim Probetraining zusammen mit Rune Bratseth überzeugte, aber zunächst überraschend unverrichteter Dinge in seine

Heimat zurückgeschickt wurde. Skogheim erwies sich einerseits zwar als geschickter, wuseliger Ballverteiler im rechten Mittelfeld, aber mittelfristig auch als nicht robust genug für die Bundesliga. Und für den endgültig scheidenden Dieter Burdenski setzte sich fortan der forsche Jürgen Rollmann als Ersatztorwart auf die Bremer Bank. Rollmann beharkte sich zeitweilig mit Rehhagel und Olli Reck, erwies sich als überaus selbstbewusst und stand einmal sogar ganz kurz davor, Reck dauerhaft im Tor abzulösen. Nachdem das nicht klappte, machte Rollmann noch beim MSV Duisburg Karriere, verabschiedete sich aber nach einem Intermezzo beim FC Augsburg frühzeitig vom Leistungssport und wagte sich danach als Pressesprecher der bayerischen SPD an einen Job, der ungefähr ähnlich stürmisch sein konnte wie der als Duisburger Keeper im Tabellenkeller.

Wie erwähnt: Werders Saison 1988/89 verlief bemerkenswert harmonisch und unstürmisch. Es gab keine Krisen, keine längeren Durststrecken, keine Skandale und keine Blamagen. Wenn man denn nach Enttäuschungen suchen möchte, dann hat an der Weser die verspielte Titelverteidigung schon sechs Spieltage vor Schluss niemandem so recht gemundet. Bis zum 28. Spieltag saß Werder dem FC Bayern im Nacken, der auf die meilenweit gegen Werder verlorene Meisterschaft der Vorsaison mit den Stareinkäufen Grahammer, Reuter, Thon und Ekström reagiert hatte. Aber Werder zeigte im Mai hintereinander gegen zwei rheinische Ligakonkurrenten Nerven und verlor nicht nur zuhause gegen den 1. FC Köln, sondern anschließend gleich auch noch in Uerdingen. Die Saison war gelaufen. In der Liga verzeichnete der SVW schließlich einen höchst respektablen 3. Rang.

Ereignisse der Saison waren sicherlich zwei Paarungen im Europacup. Im Herbst ging es gegen den Dynamo Berlin um die »wahre Deutsche Meisterschaft«, und im desaströsen Hinspiel enttäuschte Werder beim chancenlosen 0:3 nicht nur sich, die Medien und die Bremer Fans, sondern auch die fast geschlossen mit den Grünweißen fiebernden DDR-Fußballanhänger, die dem eigentlichen Klassenfeind aus der BRD alles Gute im Duell mit dem verhassten DDR-Meister wünschten, bei dem sich der gefürchtete Stasi-Boss Erich Mielke in seiner Loge die Hände rieb. Pikanterie am Rande: Das Spiel wäre auch bei weniger miesem Verlauf für Werder verloren gewesen, weil der nur selten eingesetzte Skogheim überraschend von Beginn an auflief, ohne auf dem Spielberichtsbogen zu stehen.

Im Rückspiel im Weser-Stadion kam es vierzehn Tage später zum vielleicht wunderbarsten aller Werder-Wunder. Die DDR-Elf um die Stars Thom, Rohde, Pastor und Ernst wurde schon vor dem Spiel mit starken Sprüchen zermürbt. Die Werder-Spieler trommelten vor dem Anpfiff an die Kabinentür der Gäste und riefen: »Kommt raus, ihr Feiglinge!!« Günter Hermann sagte seinem Kontrahenten schon vor dem Anpfiff auf den Kopf zu: »Ihr bekommt hier heute fünf Stück!«. Hermann bewies an jenem schönen Abend nicht nur seine Qualitäten als Ergebnis-Orakel, sondern auch die als Fußballer: Sein unglaublicher Volleyschuss zum 2:0 stellte die Weichen auf Wunder und zählte zu den schönsten Werder-Toren der achtziger Jahre. Spätestens das 5:0 von Thomas Schaaf in der Schlussminute ließ alle Dämme brechen: Das Weser-Stadion erlebte einen seiner stolzesten Fußballmomente überhaupt.

Mal wieder Wunder-Jubel: Günter Hermann und Manni Burgsmüller bejubeln ihre Tore zum sensationellen 5:0 über Dynamo Berlin

Where the Stars come out at night: Das Weser-Stadion erlebte im Frühjahr 1989 den nächsten Aufmarsch internationaler Superstars. Und damit ist nicht nur Rune Bratseth (rechts) gemeint, sondern natürlich auch die Herren van Basten und Gullit, die mit 0:0 und 1:0 gegen Werder knapp die Oberhand im Cup der Landesmeister behielten

Ähnlich stolz hätte es wenige Monate später werden können: Im Frühjahr 1989 bescherte der Fußballgott Werder mit dem AC Milan im Cup der Landesmeister das Traumlos schlechthin: Die damals weltbeste Vereinsmannschaft mit ihren Superstars Baresi, Maldini, Gullit, van Basten und Rijkaard kam zum Kräftemessen an die Weser! In einem Hinspiel auf Biegen und Brechen erkämpfte sich Werder ein etwas glückliches 0:0. Im Auswärtsspiel im Giuseppe-Meazza-Stadion zu San Siro tat sich dann Unerhörtes: Eine brav fightende Werder-Elf erspielte sich gegen drückend überlegene Mailänder zwar kaum eigene Torchancen, aber verlor letztlich nur durch eine der groteskesten Elfmeter-Fehlentscheidungen der Vereinsgeschichte: Als Gunnar Sauer nach einer guten halben Stunde von Marco van Basten im eigenen Strafraum ungelenk von hinten umgetreten wurde, entschied der schottische Schiedsrichter George Smith skandalös auf Strafstoß. Was im Weltfußball äußerst selten vorkommt: Der Foulende durfte selbst schießen, und van Basten ließ sich die Chance zum Siegtor nicht nehmen. Beim Rückflug schnappte sich Präsident Franz Böhmert das Bordmikrofon des Charterfliegers, um die demoralisierte Werder-Delegation aufzurichten. Kernaussage: »Sollte mir so ein Fehler unterlaufen wie diesem Schiedsrichter, könnte ich mir sofort einen neuen Beruf suchen!«

Die insgesamt gesehen gute Saison endete mit einem Missklang im Berliner Olympiastadion: Werder traf im Pokalfinale auf den Außenseiter Borussia Dortmund. Planmäßig schafften die Bremer durch Riedle die frühe Führung, aber der von einer Verletzung kaum genesene Dortmunder Goalgetter Norbert Dickel, der heute als Stadionsprecher beim BVB bekannt ist, machte Werder schwer zu schaffen – und ruinierte sich in diesem Spiel seine Karriere, wie sich später herausstellen sollte. Nach seinem Ausgleichstor gestalteten die Dortmunder das Spiel offen, und Trainer-Guru Rehhagel beging einen seiner ganz seltenen nachweisbaren taktischen Fehler: Er nahm Linksverteidiger Jonny Otten nach 55 Minuten gegen Stürmer Frank Ordenewitz aus dem Team, um für die Entscheidung zu sorgen. Das gelang: Nur drei Minuten brauchten die Dortmunder, um über die nun verwaiste linke Abwehrseite der Bremer das 2:1 einzuleiten. Am Ende hieß es sogar 1:4 aus Werder-Sicht. Alle der drei Tore nach Ottens Auswechslung fielen über Dortmunds rechte Angriffsseite.

Abschlusstabelle der Bundesliga 1988/1989:

Pl.	Verein	Sp	S	U	N	Tore	Diff.	Punkte
1.	Bayern München	34	19	12	3	67:26	+41	50-18
2.	1. FC Köln	34	18	9	7	58:30	+28	45-23
3.	**Werder Bremen**	**34**	**18**	**8**	**8**	**55:32**	**+23**	**44-24**
4.	Hamburger SV	34	17	9	8	60:36	+24	43-25
5.	VfB Stuttgart	34	16	7	11	58:49	+9	39-29
6.	Borussia M'gladbach	34	12	14	8	44:43	+1	38-30
7.	Borussia Dortmund	34	12	13	9	56:40	+16	37-31
8.	Bayer Leverkusen	34	10	14	10	45:44	+1	34-34
9.	1. FC K'lautern	34	10	13	11	47:44	+3	33-35
10.	FC St. Pauli	34	9	14	11	41:42	-1	32-36
11.	Karlsruher SC	34	12	8	14	48:51	-3	32-36
12.	SV Waldhof Mannheim	34	10	11	13	43:52	-9	31-37
13.	KFC Uerdingen 05	34	10	11	13	50:60	-10	31-37
14.	1. FC Nürnberg	34	8	10	16	36:54	-18	26-42
15.	VfL Bochum	34	9	8	17	37:57	-20	26-42
16.	Eintracht Frankfurt	34	8	10	16	30:53	-23	26-42
17.	Stuttgarter Kickers	34	10	6	18	41:68	-27	26-42
18.	Hannover 96	34	4	11	19	36:71	-35	19-49

Saisonverlauf 1988/1989:

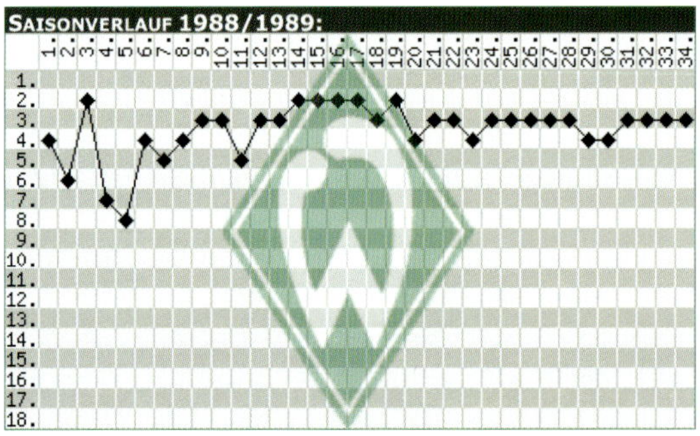

Rehhagel, Otto
*9.8.1938
Trainer
34 (493); 1976/1981–1995

Wer kam?

Skogheim (Hamarkameratene/Norwegen)
Rollmann (FSV Frankfurt)
Freund (eig. A-Jugend)
Harttgen (eig. Amateure)

Wer ging?

Burdenski (Karriereende)
Ruländer (Borussia Dortmund)
Rose (an Eintracht Braunschwe ausgeliehen)

Die Mannschaft (Name, Geb.-Datum, Position, Bundesliga-Einsätze (Gesamt), Tore (Gesamt), bei Werder von-bis)

1988/89

Reck, Oliver »Olli«
*27.2.1965
Torhüter
34 (345); 0 (0); 1985–1998

Kutzop, Michael »Kutzi«
*23.3.1955
Abwehrspieler
10 (121); 2 (23); 1984–1990

Schaaf, Thomas
*30.4.1961
Abwehrspieler
23 (262); 2 (13); 1978–1995

Borowka, Ulrich »Uli«
*19.5.1962
Abwehrspieler
28 (239); 1 (8); 1987–1996

Otten, Jonny
*31.1.1961
Abwehrspieler
31 (308); 0 (1); 1979–1992

Sauer, Gunnar
*11.6.1964
Abwehrspieler
19 (134); 2 (8); 1984–1996

Bratseth, Rune
*19.3.1961
Abwehrspieler
32 (230); 5 (12); 1986–1995
Norwegen

Eilts, Dieter
»Ostfriesen-Alemao«
*13.12.1964
Mittelfeldspieler
13 (390); 0 (7); 1985–2002

Hermann, Günter »Jimmy«
*5.12.1960
Mittelfeldspieler
34 (231); 0 (8); 1982–1993

Skogheim, Vegard
*28.4.1966
Mittelfeldspieler
3 (3); 0 (0); 1988–1990
Norwegen

Meier, Norbert
*20.9.1958
Mittelfeldspieler
21 (242); 3 (66); 1980–1990

Wolter, Thomas »Stonie«
*4.10.1963
Mittelfeldspieler
33 (312); 1 (12); 1984–1999

Hanses, Christoph
*6.10.1964
Mittelfeldspieler
1 (4); 0 (0); 1986–1990

Votava, Miroslav »Mirko«
*25.4.1956
Mittelfeldspieler
33 (357); 1 (18); 1985–1997

Neubarth, Frank »Socrates«
*29.7.1962
Stürmer
27 (317); 13 (97); 1982–1996

Riedle, Karl-Heinz »Kalle«
*16.9.1965
Stürmer
33 (86); 13 (38); 1987–1990

Ordenewitz, Frank »Otze«
*25.3.1965
Stürmer
27 (125); 6 (37); 1983–1989

Burgsmüller, Manfred
»Manni«
*22.12.1949
Stürmer
28 (115); 6 (34); 1985–1990

Erweiterter Kader:

Rollmann, Jürgen
*17.10.1966
Torhüter
0 (9); 0 (0);
1988–1992, 1995–1996

Freund, Oliver
*15.4.1970
Mittelfeldspieler
0 (1); 0 (0); 1988–1991
Amateur

Harttgen, Uwe
*6.7.1964
Mittelfeldspieler
0 (82); 0 (15);
1988–1994, 1997–1998
Amateur

Manfred Müller

Im Herbst 1988 verstarb unerwartet Werders langjähriger Schatzmeister Karl-Heinz Hohnhorst. Zum Nachfolger wurde Manfred »Manni« Müller (Jahrgang 1944), der Vorstandsvorsitzende der AOK Bremen/Bremerhaven gekürt. Seit der Umstrukturierung des Vereins 1999 heißt sein Wirkungsfeld offiziell »Vorstandsmitglied Marketing und Management«. Zu den derzeit wichtigen Missionen von »Money-Manni« zählte – und zählt! – die logistische Planung des Stadionumbaus. Obwohl er erst mit über vierzig Jahren Werder-Mitglied wurde, ist Müller alles andere als ein Seiteneinsteiger in den Verein. Im Gegenteil: Schon 1958 verkaufte er als 14-Jähriger Buttjer Coca-Cola im Weser-Stadion, um die Oberligaspiele der 1. Mannschaft sehen und dabei etwas Taschengeld verdienen zu können. Manfred Müller hatte also schon in jungen Jahren erste Berührungspunkte mit Themen wie Catering, Sponsoring und Einnahmen. Welch angemessener Einstieg für einen späteren Schatzmeister.

Manfred Müller: »... wir sind zu bescheiden!«

Wie sieht das Zwischenfazit Ihrer Amtszeit aktuell aus? Welche Philosophie steckt hinter Ihrer Arbeit?

Müller: In der Bundesliga hat es seit den sechziger Jahren eine kontinuierliche Entwicklung gegeben: Vom reinen Verein haben sich die Bundesligisten nach und nach über die Installation von hauptamtlichen Managern und hauptamtlichen Vorständen und die Schaffung des entsprechenden Unterbaus hin in Richtung von Kapitalgesellschaften entwickelt. Auch bei uns ist mit Gründung der GmbH und Co. KG a. A. ein logischer Schritt vollzogen worden. Wir müssen deshalb nicht an die Börse gehen, aber die Umwandlung bewirkt, dass im Verein insgesamt professioneller gearbeitet werden kann. Es gibt in Kapitalgesellschaften eine Offenlegungspflicht, die den Profibereich des Vereins insgesamt transparenter macht. Die Vision dabei ist, dass wir sportlichen Erfolg haben und diesen Erfolg ummünzen in einen Markennamen Werder Bremen. Wir müssen unsere Infrastruktur stärken und unser Stadion attraktiver machen. Wir müssen für eine bessere Konkurrenzfähigkeit innerhalb der Liga unsere Einnahmemöglichkeiten verbessern, beispielsweise durch ein besseres Logen- und Sitzplatzangebot, bessere Gastronomie und insgesamt mehr Komfort. In manchen anderen Ländern wie z. B. Holland sieht man, dass dort bei einigen Vereinen insgesamt ein Drittel des Budgets alleine durch Gastronomie erwirtschaftet wird. Da ist bei uns eine Menge Luft nach oben, und deshalb auch mein Vorschlag, die Halbzeitpause um fünf Minuten zu verlängern. Es gibt keinen Dienstleister, der so unfreundlich mit seinem Publikum umgeht, indem er ihm nur eine Viertelstunde Zeit gibt, um entweder auf die Toilette zu gehen oder etwas zu essen. Einen Kaffee trinken, gar noch ein Stück Kuchen, ein Bier und eine Bratwurst oder nur Bier – das alles geht in 15 Minuten nicht. Für eine bessere Wirtschaftlichkeit muss man die Verweildauer der Zuschauer im Stadion verlängern, und das geht logischerweise am besten in der Mitte eines Spiels. Der Stand dabei ist so, dass der DFB der FIFA diesen Vorschlag geschickt hat. Dort wird nun irgendwann darüber entschieden.

Die Stadt Bremen hat das Weser-Stadion bis zum 31.12.2032 an die Bremer Weser-Stadion GmbH als Erbbaupacht übertragen. Wir haben im Jahr 2002 50 Prozent dieser Gesellschaft gekauft, und es gehört auch zu unserer langfristigen Strategie, im Stadion mehr zu sagen zu haben. Es wird von vielen Fans beklagt, dass die Schalensitze im Weser-Stadion rot sind und nicht grün. Wir hatten darauf nie einen Einfluss. Man hat uns früher immer demonstrativ darauf hingewiesen, dass das Stadion »Weser-Stadion« heißt und nicht »Werder-Stadion«. Wir versuchen jetzt, gemeinsam mit der Stadt das Stadion zu verbessern. Neue Logen, neue Kioske, ein Farbkonzept. Das Stadion soll insgesamt »grün-weißer« werden. Wir wollen mit dem Weser-Stadion in der ersten Reihe der Stadien in Deutschland bleiben und damit für Werder als Verein bessere Wettbewerbsmöglichkeiten sichern.

Ihr Job bringt es mit sich, dass Sie sich über Werders Image sorgen müssen. Gibt es Dinge, die Sie an der öffentlichen Wahrnehmung des Vereins stören und die Sie gerne ändern würden?

Müller: Das Problem bei Werder ist: Unser Verein polarisiert nicht! Schauen Sie sich Bayern München an: Die sind gleichzeitig beliebteste und verhassteste Mannschaft. Bremen ist im Vergleich mit einem Prozent des Bundesgebietes zu klein für derartige Wahrnehmungen. Unser Bremer Naturell kommt erschwerend dazu. Wir Bremer sind sehr zurückhaltend – ganz anders als z. B. der Hamburger. Der Hamburger zeigt, dass er Geld hat – in Bremen ist das verpönt. Es gibt Bremer, die problemlos ihren Geburtstag im Park-Hotel feiern könnten, aber statt dessen lieber einen Koch nach Hause kommen lassen, damit niemand merkt, dass sie Geld haben. In Hamburg machen sie es genau umgekehrt: Da wird im besten Hotel gefeiert, damit alle sagen: »Das muss aber ein guter Kaufmann sein, wenn er es sich leisten kann, an einem so noblen Ort zu feiern!« Das ist der Unterschied zwischen Bremen und Hamburg: Wir sind zu bescheiden. Auch Werder ist zeitweise zu bescheiden aufgetreten. Und selbstkritisch müssen wir eingestehen, dass wir es auch nicht verstanden haben, die Erfolge der achtziger und neunziger Jahre angemessen herauszustellen. Wir sind Dritter der ewigen Bundesligatabelle, und wir sind nach Bayern München in den letzten zwei Jahrzehnten die Mannschaft, die am häufigsten im internationalen Wettbewerb gespielt hat. Kaum einer weiß das heute. Unter anderem liegt das an der Personengebundenheit unserer Erfolge. Vieles wurde an Otto Rehhagel und Willi Lemke als Person festgemacht, aber nicht an Werder als Verein, und als sie gingen, haben sie diesen guten Ruf quasi mitgenommen. Nehmen wir mal als Gegenbeispiel Borussia Mönchengladbach: Dort hat der *Verein* das Image als Fohlenelf begründet, nicht irgendwelche Einzelpersonen. Über dieses Phänomen müssen wir nachdenken. An der Marke Werder Bremen müssen wir immer weiter arbeiten. Ganz wichtig dafür ist auf sportlicher Ebene die Person Klaus Allofs. Wir sind seit einiger Zeit wieder auf einem guten Weg, aus unseren Möglichkeiten das Beste zu machen. Wir brauchen jetzt sportliche Stabilität, um unseren Verein weiter zu stärken.

Wie schwierig ist für den obersten Marketing-Mann im Verein der Spagat zwischen der Kommerzialisierung auf der einen Seite und den Anliegen der Fans andererseits? Sie müssen das

Thomas Schaaf und Manfred Müller sind nach wie vor im Geschäft. Aus der ersten Reihe der Vereinsarbeit zurückgezogen haben sich dagegen Willi Lemke und Manni Müllers Krawatte (Bildmitte)

Geld reinholen, während die Fans oft traditionalistisch denken und Kommerz ablehnen. Wie schwer wiegt diese Diskrepanz?
Müller: Wir nehmen die Fans sehr ernst. Wir haben in den letzten vier Jahren die Preise in der Ostkurve nicht erhöht, abgeschen von einer kleinen Erhöhung im Zusammenhang mit unserer VBN-Aktion, damit die Werder-Fans alle kostenfrei ins Stadion fahren können. Wir haben die besten und schönsten Kioske nicht in der Nordtribüne gebaut, sondern erst einmal in der Ostkurve. Wir haben dort auch den niedrigsten Zaun in der ganzen Bundesliga, damit die Fans nicht durch ein Gitter aufs Spielfeld blicken müssen, sondern drüberschauen können. Wir haben das Argument der Fans angenommen und eigens für die gegnerischen Fans einen Stehplatzbereich eingerichtet.

Andererseits müssen die Fans aber auch zur Kenntnis nehmen, dass wir uns in einem Wettbewerb befinden und mit den anderen Vereinen mithalten müssen, trotz unserer schwierigen Rahmenbedingungen. Ich kann vieles verstehen, was die Fans wollen, aber die Fans müssen auch verstehen, dass wir Geld einnehmen müssen. Ich hatte vor der Saison 2003/04 einige Diskussionen mit Fans, in denen es darum ging, ob unsere neuen Trikots mit ihren orangenen Ärmeln nun einen Bruch mit der Werder-Tradition bedeuten oder nicht. Die Wahrheit ist aber, dass wir noch niemals so viele Trikots verkauft haben wie jetzt. Überall gab es zeitweilig Lieferschwierigkeiten, weil wir mehr als die doppelte Menge verkauft haben im Vergleich zum selben Zeitpunkt im Vorjahr. Offenbar finden die meisten Fans das Trikot mittlerweile gut. Noch nie hat eines unserer Trikots so sehr polarisiert, und das ist auch gut so. Wir haben intern auch sehr hart diskutiert: Machen wir's, oder machen wir's nicht? Man kann nicht 100 Jahre in immer demselben weißen oder grünen Trikot herumlaufen. Das wäre langweilig.

Anderswo verkaufen Vereine den Namen ihres Stadions. Käme das für Werder in Frage, oder wäre das ein Problem?
Müller: Also, für viele Bremer wäre das sicherlich ein Problem. Aber wenn ein Verein wie Werder dafür einen siebenstelligen Eurobetrag bekommen könnte, müsste man darüber nachdenken. Werder ist kein reicher Verein. Wir haben keine nennenswerten Schulden bei unserer Bank, aber wir müssen um unser Budget sehr hart kämpfen. Wenn wir einigermaßen sportlich mithalten wollen, brauchen wir nun mal Geld. Keiner von uns kann deshalb sagen, dass wir über derartige Maßnahmen um unserer Tradition willen niemals nachdenken werden. Was nützt es, wenn wir irgendwann kein Geld mehr haben und vor lauter Tradition absteigen?

Es ist einfach, die Spieler nach ihrem größten Erfolg zu feiern. Welcher Erfolg fällt einem Schatzmeister und Marketingmanager auf Anhieb ein?
Müller: In den ersten neun Jahren meiner Amtszeit konnte ich neunmal hintereinander eine positive Jahresbilanz verkünden, was für Bundesligavereine ungewöhnlich ist. Im Gegensatz zu vielen anderen Vereinen haben wir bei Werder immer einnahmeorientiert geplant und nur Geld ausgegeben, das wir vorher auch eingenommen hatten. Viele Konkurrenten haben im selben Zeitraum das Gegenteil getan und ausgabenorientiert gedacht: Erst Geld ausgeben und dann überlegen, wie man's wieder einnimmt. Bremen hätte uns auch nicht weiterhelfen können, wenn wir in eine Schieflage geraten wären. Deshalb haben wir uns bemüht, grundsätzlich mit den Einnahmen auszukommen und keine Schulden zu machen. Wir sind auch Risiken eingegangen, aber die mussten immer kalkulierbar sein. Den Bau der Nordtribüne voranzutreiben und 50 Prozent der Anteile des Stadions zu kaufen, das waren sicherlich auch Eckpfeiler in meiner Amtszeit. Man darf ja eines nicht vergessen: Durch unsere Anteile haben wir nun auch ein schönes Stadion bekommen, aber wir haben keine 300 Millionen Euro Schulden dafür machen müssen, wie andere Vereine es getan haben. Wir haben den Umbau des Stadions gestemmt, ohne den Staat zu sehr zu belasten und haben uns Eintrittspreise bewahrt, die im Vergleich zu anderen Vereinen moderat geblieben sind. Wir wollen sicherstellen, dass Fußball ein Live-Sport bleibt und unser Stadion immer mindestens zu 50 bis 55 Prozent gefüllt ist, egal gegen welchen Gegner. Durch unsere 20.000 verkauften Dauerkarten haben wir das praktisch erreicht.

Abschließend: Haben Sie ein geschäftliches Motto?
Müller: Mein Motto lautet: Niemals über Geld sprechen! Über Geld reden bringt nur Unglück. Wenn Sie kein Geld haben, sind Sie ein Versager. Haben Sie aber Geld und lassen das durchblicken, dann haben Sie nur Neider und alle wollen ihr Geld haben. Diese Regel gilt übrigens auch im Privatleben.

1989/90: Wer war noch gleich dieser »Maradona«?

Oben v.l.:
Rufer, Kutzop, Bode, Eilts, Wolter, Sauer, Otten, Borowka
Mitte v.l.:
Masseur Berger, Zeugwart Ehrke, Neubarth, Bratseth, Harttgen, Freund, Bockenfeld, Votava, Burgsmüller, Co-Trainer Kamp, Trainer Rehhagel
Unten v.l.:
Hermann, Riedle, Reck, Wiedener, Rollmann, Hanses, Schaaf

Durchwachsen ging es weiter in der Bundesliga-Historie des SV Werder. Das Schöne an diesem zuweilen etwas unberechenbaren Verein war inzwischen, dass in den national mäßigen Jahren international geglänzt wurde, und manchmal auch umgekehrt. In der Bundesligasaison 1989/90 erlitt Werder Negativserien, die man seit dem Wiederaufstieg vor acht Jahren nicht kannte. Und erstmals wurde hinter vorgehaltener Hand ein Spruch geraunt, der in diesen Jahren in bestimmten Fan-Kreisen immer mal wieder zu hören war, ohne sich jemals als besonders clever herauszustellen: »Der Rehhagel muss weg! Der ist zu lange da und kann die Mannschaft nicht mehr motivieren!«

Gemessen an den nackten Ergebnissen der Bundesligasaison ist diese Unkerei sogar ansatzweise verständlich. Werder begann die Saison mit sieben Spielen ohne Niederlage, leistete sich aber zu viele Unentschieden für einen Satz nach ganz oben. Und ein völlig missratener September machte die ganze Saison kaputt: In den Spielen gegen Köln, Mannheim, den HSV, Frankfurt und Bochum holperten sich die Rehhagel-Mannen zu lediglich einem einzigen kümmerlichen Punkt, und der resultierte mit einem 0:0 gegen Bochum auch nicht gerade aus einer Heldentat. Aus Platz 3 war in Nullkommanix Platz 12 geworden. Der Meister des Jahres 1988 schien im Herbst 1989 in einer tiefen Krise.

Und das, obwohl Werder im Vergleich zur Vorsaison personell zugelangt hatte. Während mit Frank Ordenewitz (nach Köln) nur ein Stammspieler den Verein verließ, wurden mit dem zuletzt überragenden Außenverteidiger Manni Bockenfeld aus Mannheim und dem Neuseeländer Wynton Rufer in Diensten von Grashoppers Zürich zwei erklärte Wunschspieler von Otto Rehhagel verpflichtet. Rufer konnte zunächst nur ausgeliehen werden, weil sich sein Schweizer Verein als immens harte Verhandlungsnuss erwies. Am Ende forcierte der schrullige Ozeanier den Wechsel, indem er einen nicht geringen Teil der Wechselsumme aus eigener Tasche zahlte.

Auch die Neueinkäufe konnten den Unmut der Fans über den mauen Saisonverlauf zunächst nicht entscheidend dämpfen. Im Gegenteil: Vor allem Rufer schien den meisten Werder-Anhängern nicht ganz geheuer: Ein Neuseeländer? Aus der Schweiz? Für viel Geld? Was fällt dem Rehhagel denn noch alles ein?

Auch hier hätte man sich ruhig einfach mal auf den Sachverstand des »Alten« verlassen sollen. Mit Wynton Rufer kam nicht nur einer der coolsten Kicker der Welt nach Bremen, sondern auch noch einer der besten. Zuletzt hatte er in der Schweiz 19 Mal eingenetzt, und Werder setzte sich in seinem Werben gegen so prominente Konkurrenz wie Nottingham Forest oder den AS Monaco durch.

Bei Licht betrachtet konnte Wynton Rufer fast alles, wenn er wollte. Zu seiner persönlichen Note gehörte allerdings auch der Umstand, nicht immer unbedingt zu wollen. Zuweilen sahen seine Bemühungen auf dem Platz lässig aus, wenn nicht gar lustlos. Aber Werder-Fans liebten diese ganz besonderen Augenblicke, in denen der komische Vogel scheinbar aus dem Nichts einen Galamoment aus der Schublade holte und Dinge mit dem Ball tat, die sonst keiner in der Bundesliga konnte. Rufer absolvierte in seiner ersten Bundesligasaison alle 34 Spiele. Das war für einen Stürmer schon mal selten, und für einen Stürmer mit Konkurrenten namens Riedle und Neubarth umso mehr.

In der Bundesliga traf Rufer in seiner ersten Saison zehnmal ins Schwarze und half mit, die Wolken des »schwarzen Septembers« langsam zu vertreiben. Werder fing sich mit einer Serie von sieben Spielen ohne Niederlage und erreichte mit Platz 7 sogar wieder UEFA-Cup-verdächtige Platzierungen. Aber das große Glück täuschte nur kurz an, sagte schnell »Kuckuck!« und schlich sich knapp an Bremen vorbei. Werder gewann ein halbes Jahr lang kein Auswärtsspiel mehr und landete am Ende mit ausgeglichenem Punktekonto auf einem etwas ernüchternden 7. Tabellenplatz, gediegene 15 Punkte hinter Meister Bayern. Die Fans hätten mehr verdient gehabt: Sie hatten mit dem Kauf von 8000 Dauerkarten einen neuen Vereinsrekord aufgestellt.

So weit, so mau. Wäre der UEFA-Cup-Wettbewerb nicht gewesen, dann wäre dieses Kapitel nun schon vorbei. In diesem Fall könnte man die Saison unter dem zweifelhaften Gütesiegel »Schnell vergessen« abhaken. Aber es gab einen Namen, der Bremen im Herbst 1989 in Atem hielt wie niemals ein anderer zuvor: Diego Armando Maradona! Der wurde Werder mit seinem italienischen Club SSC Neapel, dessen weitere Weltstars wie Alemao, Carnevale oder Careca man vor lauter Maradona beinahe übersah, im UEFA-Cup zugelost. In Rekordzeit waren alle Tickets verkauft, was am Tag des Vorverkaufsbeginns zu einem nie gekannten Verkehrschaos am Osterdeich führte.

Schon das Hinspiel im ungemütlichen Kessel des San Paolo-Stadions wurde zu einem Highlight. Der in der Bundesliga im Mittelmaß versinkende SV Werder erstürmte die Festung der Neapolitaner sensationell mit 3:2 durch ein für die Italiener schockierendes Kontertor von Wynton Rufer in der Schlussminute. Maradona wurde von Mirko Votava abgemeldet, dem Rehhagel »das beste Spiel seiner Karriere« bescheinigte. Rehhagel selbst lobte das Hinspiel als »mein schönster Tag als Trainer« – er konnte noch nicht wissen, was im Rückspiel passieren sollte ...

Am Nikolausabend 1989 erlebten 40.000 Fans im aus allen Nähten platzenden Weser-Stadion ein wahres Werder-

Wunder Numero 3! Auch wenn es anders aussah: Werder spielte nicht nur gegen Diego Maradona, sondern gegen den ganzen SSC Neapel. Die Italiener hatten bei beiden Spielen nicht den Hauch einer Chance und unterlagen Werder mit 2:3 und 1:5. Ihr argentinischer Star wurde im Hinspiel von Mirko Votava und im Rückspiel von Uli Borowka kaltgestellt, und wenn es sein musste, machte ihn zwischendurch auch mal Günter Hermann nass (oben)

Einer der besten Werder-Stürmer aller Zeiten: Kalle Riedle verstärkte den SVW drei Jahre lang.

Happening. Bis zuletzt war nicht klar, ob der vermeintlich angeschlagene Maradona auflaufen würde. Er tat es. Das war ein Fehler. Denn diesmal bekam er nicht Votava, sondern Borowka. Vergnüglich wurde für den damals auf der Höhe seines Könnens befindlichen Argentinier auch dieses Tête-à-tête nicht: Borowka zermürbte den kleinen Mann aus dem Land der Gauchos vom ersten Ballkontakt an. Und die Weltstars an seiner Seite, angetreten mit dem festen Willen, ihre Ehre wieder herzustellen, erlebten keinen schöneren Abend als ihr Chef. Bei Werder wiederum mochte noch keiner so recht glauben, dass das Rückspiel nach dem Sieg in Neapel nur noch eine Formsache sei. War es aber: Riedle traf nach 25 Minuten per Volleyschuss, und die ungeduldig und immer verzweifelter scheinenden Neapolitaner wurden in der 2. Halbzeit durch Traumtore von Rufer, Riedle, Sauer und Eilts vollends abgeschossen. Otto Rehhagel erkannte nach dem Spiel diesmal »das schönste Spiel meiner Laufbahn«. Als die Partie um 22.05 Uhr leider schon zu Ende war, hatten sich 13 Werder-Profis ihre stolzen 21.500 DM Siegprämie redlich verdient.

Was geschah noch 1989/90? Norbert Meier, der von Otto Rehhagel in seinen letzten Jahren bei Werder wegen mutmaßlicher Deckungsschwächen vor allem in Auswärtsspielen zum ersten Heimarbeiter der Bundesliga degradiert wurde (»Heimspiel-Meier«), suchte im Winter bei Borussia Mönchengladbach eine neue Chance. Der Abschied vom beliebten Mittelfeldmann während des Hallenturniers in der Stadthalle fiel schwer.

Dann: Das Fachblatt »Kicker« wählte wie jedes Jahr die beliebtesten Spieler der Bundesliga. Die Wahl 1989 geriet zum Triumph ohnegleichen für Werder, und zwar nicht alleine, weil Kalle Riedle diese Wahl in der Kategorie »Stürmer« meilenweit gewann. Fast noch beeindruckender war die Tatsache, dass mit Riedle, Wynton Rufer, Manni Burgsmüller und Frank Neubarth insgesamt vier (!) Werder-Angreifer unter Deutschlands beliebtesten elf Offensivkönnern landeten. DFB-Teamchef Beckenbauer attestierte Werder den »besten Angriff der Bundesliga«, und Kalle Riedle wurde folgerichtig von der halben italienischen »Serie A« gejagt. Im Gegensatz zu Rufer und Rune Bratseth, die ebenfalls auf dem Wunschzettel vieler Clubs aus dem Liraparadies standen, entschied sich die Kopfball-Koryphäe für den Sprung über die Alpen. Von ihm hieß es also Abschied nehmen. Das war einerseits betrüblich, aber andererseits halb so schlimm, weil mit dem 20-jährigen Wuschelkopf Marco Bode aus einem kleinen Örtchen namens Schwiegershausen bei Osterode im Harz schon der nächste Stürmerstar bereitstand. »Gewehr bei Fuß«, hätte man auch sagen können, aber Bode war zu jener Zeit Zivildienstleistender. Obwohl erst kurz in Diensten der Werder-Amateure, wurde der junge Mann von Otto Rehhagel schnell ins kalte Wasser geworfen, als Kalle Riedle an einer Leistenverletzung laborierte. Der lange Nachwuchsstürmer zeigte keinerlei Respekt vor der Bundesliga und fand sich sofort zurecht.

Abschlusstabelle der Bundesliga 1989/1990:

Pl.	Verein	Sp	S	U	N	Tore	Diff.	Punkte
1.	Bayern München	34	19	11	4	64:28	+36	49-19
2.	1. FC Köln	34	17	9	8	54:44	+10	43-25
3.	Eintracht Frankfurt	34	15	11	8	61:40	+21	41-27
4.	Borussia Dortmund	34	15	11	8	51:35	+16	41-27
5.	Bayer Leverkusen	34	12	15	7	40:32	+8	39-29
6.	VfB Stuttgart	34	15	6	13	53:47	+6	36-32
7.	**Werder Bremen**	**34**	**10**	**14**	**10**	**49:41**	**+8**	**34-34**
8.	1. FC Nürnberg	34	11	11	12	42:46	-4	33-35
9.	Fortuna Düsseldorf	34	10	12	12	41:41	0	32-36
10.	Karlsruher SC	34	10	12	12	32:39	-7	32-36
11.	Hamburger SV	34	13	5	16	39:46	-7	31-37
12.	1. FC K'lautern	34	10	11	13	42:55	-13	31-37
13.	FC St. Pauli	34	9	13	12	31:46	-15	31-37
14.	KFC Uerdingen 05	34	10	10	14	41:48	-7	30-38
15.	Borussia M'gladbach	34	11	8	15	37:45	-8	30-38
16.	VfL Bochum	34	11	7	16	44:53	-9	29-39
17.	SV Waldhof Mannheim	34	10	6	18	36:53	-17	26-42
18.	FC Homburg	34	8	8	18	33:51	-18	24-44

Saisonverlauf 1989/1990:

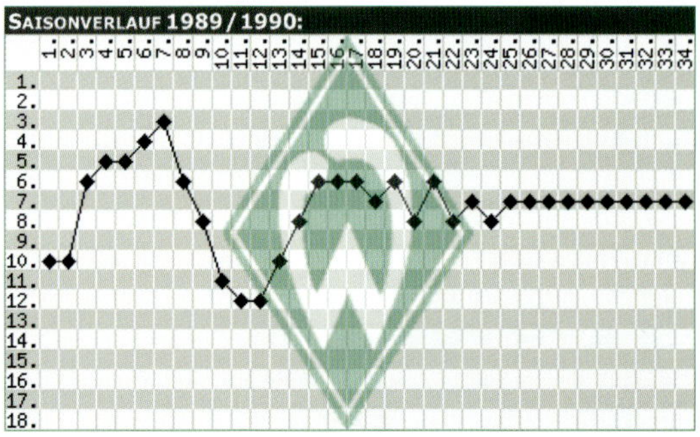

Reck, Oliver »Olli«
*27.2.1965
Torhüter
32 (345); 0 (0); 1985–1998

Rehhagel, Otto
*9.8.1938
Trainer
34 (493); 1976/1981–1995

Wer kam?

Bockenfeld (SVW Mannheim)
Bode (eig. Amateure)
Wiedener (eig. Amateure)
Rufer (Grashoppers Zürich/Sch

Wer ging?

Ordenewitz (1. FC Köln)
Skogheim (Viking Stavanger, w.
Meier (Bor. Mönchengladbach,

w.d.S. = während der Saison

Die Mannschaft

(Name, Geb.-Datum, Position, Bundesliga-Einsätze (Gesamt), Tore (Gesamt), bei Werder von–bis)

1989/90

Rollmann, Jürgen
*17.10.1966
Torhüter
2 (9); 0 (0);
1988–1992, 1995–1996

Bockenfeld, Manfred
»Manni«
*23.7.1960
Abwehrspieler
30 (94); 2 (2); 1989–1994

Kutzop, Michael »Kutzi«
*23.3.1955
Abwehrspieler
21 (121); 1 (23); 1984–1990

Schaaf, Thomas
*30.4.1961
Abwehrspieler
19 (262); 0 (13); 1978–1995

Borowka, Ulrich »Uli«
*19.5.1962
Abwehrspieler
28 (239); 2 (8); 1987–1996

Otten, Jonny
*31.1.1961
Abwehrspieler
27 (308); 0 (1); 1979–1992

Sauer, Gunnar
*11.6.1964
Abwehrspieler
18 (134); 2 (8); 1984–1996

Bratseth, Rune
*19.3.1961
Abwehrspieler
29 (230); 2 (12); 1986–1995
Norwegen

Eilts, Dieter
»Ostfriesen-Alemao«
*13.12.1964
Mittelfeldspieler
31 (390); 1 (7); 1985–2002

Hermann, Günter »Jimmy«
*5.12.1960
Mittelfeldspieler
28 (231); 1 (8); 1982–1993

Skogheim, Vegard
*28.4.1966
Mittelfeldspieler
3 (3); 0 (0); 1988–1990
Norwegen

Meier, Norbert
*20.9.1958
Mittelfeldspieler
7 (242); 1 (66); 1980–1990

Wolter, Thomas »Stonie«
*4.10.1963
Mittelfeldspieler
21 (312); 0 (12); 1984–1999

Harttgen, Uwe
*6.7.1964
Mittelfeldspieler
13 (82); 5 (15)
1988–1994, 1997–1998

Votava, Miroslav »Mirko«
*25.4.1956
Mittelfeldspieler
30 (357); 3 (18); 1985–1997

Neubarth, Frank »Socrates«
*29.7.1962
Stürmer
19 (317); 5 (97); 1982–1996

Riedle, Karl-Heinz »Kalle«
*16.9.1965
Stürmer
20 (86); 7 (38); 1987–1990

Bode, Marco
*23.7.1969
Stürmer
20 (379); 4 (101); 1989–2002
Amateur

Burgsmüller, Manfred
»Manni«
*22.12.1949
Stürmer
11 (115); 1 (34); 1985–1990

Rufer, Wynton »Kiwi«
*29.12.1962
Stürmer
34 (174); 10 (59); 1989–1995
Neuseeland

Erweiterter Kader:

Freund, Oliver
*15.4.1970
Mittelfeldspieler
0 (1); 0 (0); 1988–1991
Amateur

Wiedener, Andree
*14.3.1970
Abwehrspieler
0 (164); 0 (3); 1989–2001
Amateur

Hanses, Christoph
*6.10.1964
Mittelfeldspieler
0 (4); 0 (0); 1986–1990

Marco Bode 1989 …

Marco Bode

Marco Bode (Jahrgang 1969) stieß vom VfR Osterode zu den Amateuren des SV Werder, von wo aus er in rasantem Tempo schon 1989, als 20-Jähriger, für die Bundesliga entdeckt wurde. Otto Rehhagel hielt frühzeitig große Stücke auf den damaligen klassischen Linksaußen, der über Sturmspitze, Außenbahn, offensives Mittelfeld bis hin zum Verteidiger in der Viererkette bei Werder letztlich alles spielte. 1995 feierte er in Südafrika sein Länderspieldebüt. Der lange als fairster Profi Deutschlands geltende Bode krönte seine internationale Karriere mit dem Europameistertitel 1996 und der Vizeweltmeisterschaft 2002, nach deren Erringung er seine aktive Laufbahn etwas überraschend beendete.

… und heute (mit Ebenbild aus Plastik)

Marco Bode: »Komisch, bisschen früh!«

Wann hast du für dich gemerkt, dass du es als Profi in der Bundesliga packen wirst?

Bode: Ich hatte als Kind gar nicht den Wunsch, Profi zu werden. Ich habe auch immer vermutet, nicht gut genug für eine Profikarriere zu sein und habe mich deshalb um Einsätze in den Auswahlmannschaften im Jugendbereich immer gedrückt. Dann war ich überrascht, dass mir der Sprung von der Verbandsliga Niedersachsen, wo ich mit dem VfR Osterode gespielt habe, bis zur Oberliga und den Werder-Amateuren relativ leicht gefallen ist. Und auch beim Training der Profis war ich zwar vor Nervosität anfangs etwas übereifrig und bin zuviel gelaufen, so dass ich dann vor dem Tor schnell müde war (lacht), aber vom ersten Bundesligaspiel an habe ich gemerkt, dass ich es packen kann. Otto Rehhagel bezeichnet immer ein Spiel in Nürnberg als meinen Durchbruch, weil ich da mit rechts ins Tor getroffen habe und er erkennen konnte, dass ich auch aus dem Mittelfeld heraus torgefährlich sein kann. Von da an habe ich dann auch im linken Mittelfeld gespielt.

Erst nach zwei Jahren Profidasein habe ich so richtig realisiert, was ich da eigentlich gemacht habe. Und dann hatte ich kurzzeitig sogar ein Problem damit, weil plötzlich klar war, dass ich den Job als Berufsfußballer nun erst einmal die nächsten zehn Jahre machen würde. Ich wusste gar nicht so recht, ob ich das überhaupt will. Im ersten Jahr hatte ich schon 20 Einsätze, aber von meinem Gefühl her war ich noch kein Stammspieler. Erst im Mittelfeld fühlte ich mich dann besser aufgehoben, weil ich eben doch nicht wirklich ein Torjäger war.

… aber dafür immerhin Rekordtorschütze des Vereins!

Bode: Schon, ja. Weil ich so lange geblieben bin. (lacht) Aber ich hatte gerade erst ein nettes Gespräch mit einem Taxifahrer, der mir gesagt hat, er könne mir für jedes meiner Tore mindestens zwei Riesenchancen nennen, die ich vermasselt habe. Und wahrscheinlich hat der Mann recht. (lacht)

Ich lege dir mal in den Mund: »Werder war ein ganz besonderer Verein für mich und ich bin letztlich froh, nie gewechselt zu sein!« Wahr oder falsch?

Bode: Dem ersten Teil der Frage kann ich ohne wenn und aber zustimmen. Ich habe Werder von Anfang an immer als besonders familiären und angenehmen Verein empfunden – Werder und die Stadt Bremen, das gehörte für mich immer zusammen. Die Mediensituation hier war etwas zurückhaltender hier als z. B. in Berlin, München oder Hamburg. Und meistens hatten wir auch eine wunderbare Mannschaft, hatten Freundschaften innerhalb der Mannschaft, haben privat viel zusammen unternommen, und ich glaube, dass dies in anderen Mannschaften in dem Maß nicht der Fall war. Deshalb wollte ich auch nie innerhalb Deutschlands wechseln. Fußball stand zwar immer an erster Stelle, aber ich habe mich auch immer für so viele andere Dinge interessiert, dass es mir wichtig war, ein normales Leben führen zu können, und das ging in Bremen fast immer. Und selbst in den turbulenteren Phasen habe ich mich im Verein und in der Stadt immer wohlgefühlt. Deshalb hat es mich nie irgendwo anders hingezogen. Ich habe mir natürlich schon angehört, was die anderen Vereine zu bieten haben – wäre ja auch dumm gewesen, wenn nicht. Aber mir war eigentlich immer klar, dass ein Wechsel für mich nur ins Ausland in Frage gekommen wäre.

Wie konkret war denn jemals ein Wechsel bei dir?

Bode: Am Anfang habe ich da überhaupt nicht drüber nachgedacht, weil ich in den ersten sechs Jahren jedes Jahr immer wieder neue Erfolge hatte. Meine Verträge wurden auch nach und nach immer besser, ich habe regelmäßig gespielt und deshalb habe ich an einen Wechsel keinen Gedanken verschwendet. Ende 1995 habe ich mein erstes Länderspiel gemacht, und als Nationalspieler wird man dann langsam interessanter für andere Vereine. Ich habe nie geplant, erst mal hier sechs Jahre zu spielen, dann nach dort zu wechseln und irgendwann nach Italien. Ich habe das immer alles auf mich zukommen lassen und mich dann damit beschäftigt, wenn ein konkretes Angebot kam. Irgendwann hatte ich mal die Möglichkeit, zum FC Liverpool zu gehen. Aber damals war Trainer Houllier gerade neu, und die Mannschaft war lange noch nicht so gut wie heute. Manchmal denke ich, es wäre schön gewesen, das damals auszuprobieren, aber andererseits kann ich auch ohne den Fußball irgendwann mal ins Ausland gehen.

Wirst du später auf deine Profilaufbahn zurückblicken wie auf einen Abschnitt im Berufsleben, oder wirst du dankbar sein, in der Bundesliga-Geschichte über so viele Jahre gut dabei gewesen sein zu können?

Bode: Es war ein großes Glück, diesen Job auf dem Niveau machen zu können. Ich selbst definiere mein Selbstwertgefühl nicht aus dem Fußballerdasein, aber Profi zu sein war für mich immer ein Traumberuf, und dann auch noch in einer solchen Mannschaft so viele Erfolge zu feiern und viele Freundschaften dabei zu gewinnen, sehe ich heute schon als großes Glück.

Dein bestes Spiel war …?
Bode: Wirklich alles gelungen ist mir in meinem 300. Bundesligaspiel. Auswärts beim VfL Wolfsburg habe ich drei Tore geschossen, Pizarro auch drei, und wir haben 7:2 gewonnen. Lieber noch erinnere ich mich aber an viele Europacupspiele, die für mich gut gelaufen sind. Als wir 1993/94 zum Beispiel in der Champions League nach Anderlecht mussten. Ich meine nicht das legendäre 5:3, sondern das dann schon bedeutungslose Rückspiel, wo Anderlecht und wir praktisch schon ausgeschieden waren. Wir haben 3:2 in Belgien gewonnen, ich habe zwei Tore gemacht, und es hat alles geklappt. Oder beim Länderspiel gegen England, als ich gegen Beckham gespielt habe, und ich gemerkt habe: »Hey, heute geht alles!« Und gleich in meiner ersten Saison hatte ich auch so ein Spiel, an das ich mich gerne erinnere: Heimspiel gegen Kaiserslautern, und ich hatte zwei Tore zum 2:0 geschossen. Da ist mir auch alles gelungen, und es war ein Gänsehauterlebnis. Als Rehhagel mich ausgewechselt hat, sind die Leute aufgestanden und haben applaudiert. Witzigerweise ist dann für mich Gunnar Sauer reingekommen, und der hat dann auch noch mal zwei Tore zum 4:0-Endstand geschossen.

Schönstes Tor …?
Bode: Mein schönstes Tor war wahrscheinlich der Fallrückzieher gegen Oliver Kahn. Das Tor wurde zu Unrecht aberkannt. Oliver Kreuzer stand zwei Meter entfernt, und mein Fallrückzieher war angeblich »am Mann«. Das nervt schon ein klein wenig, so ein Tor zu machen, ohne dass es zählt. Es gab in diesem Jahr merkwürdigerweise eine Phase, in der ich viele Fallrückzieher gemacht habe. (lacht) Da habe ich bei einem Freundschaftsspiel im Winter auf gefrorenem Boden auch ein Fallrückziehertor gemacht. Das war sogar noch etwas schöner, weil ich den Ball erst mit der Brust gestoppt und dann per Fallrückzieher ins Tor geschossen habe. Das Tor hat sogar gezählt, aber leider war keine Kamera im Stadion. (lacht)

Das schönste von über 100 Bode-Toren für Werder: Fallrückzieher gegen Olli Kahn 1996. Zählte nicht, weil Bodes linker Fuß (rechts im Bild) angeblich Bayerns Oliver Kreuzer (links im Bild) gefährdet haben soll. Welch ein Unsinn, und was für ein Jammer um dieses Tor

Kannst du erklären, was Otto Rehhagel ausgemacht hat?
Bode: Seine wichtigsten Fähigkeiten waren sicherlich zum einen, dass er ein Fußball-Verrückter war und den ganzen Tag an nichts anderes gedacht hat. Das tun andere Trainer sicherlich auch, aber bei ihm kam noch dazu, dass er ein Supergespür dafür hatte, wie eine Mannschaft funktioniert, und welcher Spieler ihm in dieser komplizierten Konstruktion einer Mannschaft am besten weiterhelfen kann. Er hatte ein besonderes Auge, die speziellen Fähigkeiten jedes Spielers optimal zu erkennen, und er hat mehr auf diese speziellen Fähigkeiten geachtet und sich quasi »Spezialisten« für die einzelnen Positionen gesucht, als bei einem Spieler davon auszugehen, dass der alles gleichermaßen können muss. Rune Bratseth zum Beispiel war so einer. Der war mit seiner Größe und seiner Schnelligkeit so ungeheuer wertvoll für die Mannschaft, dass man auf der anderen Seite akzeptieren konnte, dass er technisch kein Pelé war. Andere Spieler konnten besonders gut Zweikämpfe im Mittelfeld gewinnen. Und so weiter und so fort. Und so hat er eine Gruppe zusammengebaut, die nur als Einheit so gut funktionieren konnte. Oder um es anders auszudrücken: Die Mannschaft zusammen war viel größer als die Summe ihrer Teile! (lacht) Gestalttheorie!

Otto konnte sehr gut mit seinen Stars umgehen. Er hatte eine sehr gute Mischung aus Gleichbehandlung einerseits und Sonderbehandlung andererseits. Er hat den wichtigen

Marco Bode hat es nicht geschafft, für einen hohen Geldbetrag das Negativ dieses Fotos zu kaufen. Und so dürfen wir mit anderthalb Jahrzehnten Abstand in Ruhe vergleichen, ob uns Marcos Naturlocken besser gefallen als die damals wahrscheinlich mega-angesagte Dauerwelle des Karlsruhers Thomas Süss, der wiederum seinem Namen unbestritten alle Ehre macht

»You look just like Steffi Graf!«

Nelson Mandela zu Marco Bode vor dessen erstem Länderspiel in Südafrika im Dezember 1995

Spielern gewisse Freiheiten gewährt, aber gleichzeitig hat er auch immer dafür gesorgt, dass diese Extrawürste innerhalb der Mannschaft akzeptiert wurden. Beispiel: Wenn Mario Basler um kurz nach 10 Uhr mit seinem Wagen am Trainingsplatz vorbeigefahren kam, während wir schon trainiert haben, dann hat er da keine große Aktion draus gemacht. Aber Otto hat es in der Mannschaft gleich angesprochen, einen Witz drüber gemacht und sich in netter Form über Basler lustig gemacht. Aber er hat ihn dann nicht so bestraft, dass man wochenlang in der Presse darüber diskutiert hat. Er hatte ein gutes Gespür, wie man mit solchen Leuten umgehen muss. Und er hat auch der Mannschaft zu jeder Zeit deutlich gemacht, wie wichtig Stars wie Basler oder Herzog für die Mannschaft sind und dass sie zum Erfolg des Kollektivs entscheidend beitragen. Andererseits hat er sicherlich den Stars auch klargemacht, dass sie ohne die Mannschaft auch nichts wert gewesen wären.

Weshalb hatten es alle Trainer nach Otto Rehhagel so schwer bei euch?

Bode: Das ist kein Werder-spezifisches Problem: Dortmund hatte nach der Ära Hitzfeld ganz ähnliche Probleme. Immer wenn ein Trainer so lange und so erfolgreich bei einem Verein arbeiten konnte, hat es der nächste und vielleicht auch der übernächste Trainer nach ihm erst einmal sehr schwer. Sicherlich hatte Werder aber bei dem einen oder anderen Trainer einfach Pech bei der Auswahl. Es gibt in dem Sinne gar keine schlechten und guten Trainer, es muss einfach passen zwischen Verein und Trainer und auch der Atmosphäre in der Stadt, und das hat in manchen Fällen eben nicht geklappt. Werder hat eigentlich erst mit Thomas Schaaf jemanden gefunden, bei dem das alles passt. Aad de Mos zum Beispiel war im Grunde ein guter Trainer mit guten Ideen. Sein Training war interessant und abwechslungsreich, aber darüber hinaus hat menschlich zwischen ihm und uns vieles nicht hingehauen.

Spektakulärer noch war das Kapitel Felix Magath. Was ist da schief gelaufen?

Bode: Schwer zu sagen. Man kann die Qualität eines Trainers nicht absolut messen. In Stuttgart sieht man, dass er ein guter Trainer sein muss. Wahrscheinlich haben die Bedingungen hier nicht zu ihm gepasst, und inzwischen hat er sich wohl auch verändert. Von allem etwas. In den ersten Monaten hatten wir kurz Erfolg mit ihm, aber schon da war für mich erkennbar, dass er bei Werder keine langfristige Zukunft haben würde. Und ich glaube, das hat er insgeheim auch selbst gespürt. Dieses Frühjahr mit Magath war die bitterste Phase meiner Karriere. Wir waren mit ihm anfangs auf Platz 7 geklettert, und als wir sogar kurz vom UEFA-Cup träumten, ging es wieder bergab, und zwar unaufhaltsam. Die Stimmung wurde immer schlechter, das Training wurde immer härter, und da bekam ich erstmals in meiner Karriere konkret Angst, abzusteigen. Und darauf hatte ich nun überhaupt keinen Nerv. Einerseits konnte ich mir nicht vorstellen, in der 2. Liga zu spielen. Andererseits konnte ich mir aber auch nicht vorstellen, den Verein zu verlassen, obwohl das sicherlich gegangen wäre. Ich bin noch heute froh und dankbar, dass wir den Abstieg damals noch vermeiden konnten.

Gegen wen hast du besonders gerne gespielt und gegen wen eher ungern?

Bode: Ich habe im klassischen 3-5-2 immer auf der Außenbahn lieber gegen die gespielt, die von der Statur her so waren wie ich, weil ich dann meistens im direkten Duell beweglicher und schneller war. Nicht so sehr mochte ich diese 1,65-Dribbler, die mit Turbo auf dich zukamen, und wo du nicht genau wusstest, was passiert. Gegen solche Leute sieht man als 1,90-Mann dann schon mal leicht ein bisschen hüftsteif aus. In der Anfangsphase meiner Karriere gab es noch mehr als heute diese fiesen Vorstopper. Didi Beiersdorfer war so einer. Das waren so Typen, die dich vor dem Zweikampf eigentlich hätten warnen müssen, dass du hinterher möglicherweise deine Karriere beenden musst. Sowas habe ich auch nicht so gemocht. Ich habe dann später lieber gegen moderne Viererketten gespielt, wo einem nicht jemand den ganzen Tag hinterherlief. Und dann war da noch mein Freund Salihamidzic, mit dem ich mir immer herrliche Duelle geliefert habe. Das ist ja auch eher so'n kleinerer, sehr unangenehmer Spieler. Dazu ein raffinierter Typ, der auch immer mal gerne eine Schwalbe eingebaut hat. Im Spiel fand ich ihn dann auch eher immer ziemlich unsympathisch, aber dadurch hat er mich auch zu einem Ehrgeiz herausgefordert, den ich an mir gar nicht kannte und der mir vielleicht auch sonst oft in meiner Karriere gefehlt hat. Aber Salihamidzic konnte ihn wecken. (lacht)

Welcher deiner Mitspieler hat dir im Laufe deiner Karriere besonders imponiert?

Bode: Fußballerisch sicher Wynton Rufer, mit dem ich auch etwa zeitgleich bei Werder angefangen habe. Von ihm habe ich sehr viel gelernt – bis auf die Grundtechnik, die ja mehr oder weniger auch durch Talent bedingt ist. In guter Form war er der kompletteste Spieler, den ich je kennen gelernt habe. Sehr bewundert habe ich auch Rune Bratseth, an dem ich mich auch sehr orientiert habe. Rune war wie ich auch sehr ehrgeizig, wollte immer gewinnen und wollte auch Erfolg haben. Und er hat immer vorgelebt: Fußball ist zwar wichtig, aber nicht alles im Leben.

Wie hast du deine späte Nationalmannschaftskarriere empfunden, die ja ziemlich überraschend kam?

Bode: Absolut, sehr überraschend. Ich habe das letzte Jahr in der Nationalelf unter Rudi Völler sehr genossen. In den Jahren davor habe ich mich nie als Stammspieler gefühlt und hatte dadurch auch manchmal keine Lust, zur Nationalelf zu fahren. Wenn du aber richtig dazugehörst, ist es toll: Du hast sehr gute Mitspieler auf gutem Niveau, und es ist anders als in der Bundesliga. Der Gegner ist einem nicht so vertraut und man ist neugieriger. Da bin ich in meinem letzten Jahr sehr gerne hingefahren.

Man behauptet allgemein, du hättest deine Karriere zu früh beendet. Wonach hast du entschieden, dass Schluss sein soll?

Bode: Die Idee ist langsam gewachsen. Es wäre falsch zu sagen, ich hätte keine Lust mehr gehabt. Aber ich wollte im richtigen Moment aufhören und nicht abwarten, bis ich auf die Bank muss, verletzungsanfällig werde, mit dem Trainer nicht klarkomme oder bis die Zuschauer im Stadion mich nicht mehr auf dem Spielfeld sehen wollen. Das alles hätte theoretisch ja passieren können, und deshalb habe ich mir aus dem Bauch heraus gesagt: »Jetzt hast du es 13 oder 14 Jahre gemacht, und das ist nun ein guter Zeitpunkt.« Interessanterweise habe ich meinem Freund Rune Bratseth schon mit Anfang 20 gesagt, dass ich mal mit 30 aufhöre, damit ich hinterher noch studieren kann. Okay, mit 30 habe ich es nicht ganz geschafft, aber ich habe immer noch so aufgehört, dass die Leute sagen: »Komisch, bisschen früh!«

Wie ist heute deine Nähe oder Distanz zu Werder?

Bode: Ich habe versucht, etwas auf Distanz zu gehen, aber das gelingt noch nicht so richtig. Es ist immer noch so, dass es mich nicht kalt lässt, wenn ich ins Stadion gehe. Ich bin nervös, fast wie früher, wenn ich verletzt war. Ganz entspannt kann ich mir ein Werder-Spiel noch nicht ansehen, und oft beschäftigt es mich sogar noch am nächsten Tag.

Was die wenigsten wissen: Nicht Frank Neubarth, sondern Marco Bode ist Werders wahrer »Mr. Europacup«! Auf unserem Bild erzielt er 1989 sein allererstes von insgesamt 22 Toren im europäischen Wettbewerb – Werder-Rekord!

Werders Bundesliga-Rekordtorschütze umarmt den Mann, der durch den Wechsel zu Schalke 04 die Chance vergab, Bode in dieser Rangliste einmal abzulösen

Die meisten Ligatore 1963–2003

1.	Bode	1989–2002	101
2.	Neubarth	1982–1996	97
3.	Völler	1982–1987	97
4.	Reinders	1977–1985	83(*)
5.	Meier, N.	1981–1990	82(*)
6.	Görts	1966–1978	73
7.	Schütz	1963–1972	69
8.	Ailton	1998–	60
9.	Rufer	1989–1995	59
10.	Herzog	1992–1995 + 1996–2001	58

(*) = inkl. Tore 2. Bundesliga Nord 1980/81

Du fieberst mit, findest es irgendwie blöd, dass du nicht selbst auf dem Platz dabei bist. Und weil es mich so nervös macht, gehe ich auch nicht jedes Mal ins Stadion.

Das Leben als Fußballspieler und der wöchentliche Rhythmus fehlen mir manchmal schon, aber es gibt auch sehr viele Momente, in denen ich meine Unabhängigkeit dann auch wiederum sehr genieße.

1990/91: Aller guten Dinge ...

Oben v.l.:
Bratseth, Harttgen, Bode, Borowka, Sauer, Wolter, Otten
Mitte v.l.:
Masseur Berger, Zeugwart Ehrke (davor), Bester, Votava, Freund, Malchow, Eilts, Neubarth, Rufer, Co-Trainer Kamp, Trainer Rehhagel
Unten v.l.:
Hermann, Bockenfeld, Reck, Wiedener, Rollmann, van Lent, Schaaf

Die Saison 1990/91 war, wie wir aus heutiger Sicht wissen, ein historisches Kapitel: Nie zuvor und nie wieder nachher verpasste Werder unter der Ägide Otto Rehhagels das internationale Geschäft. Im Sommer 1990 war es soweit: Erstmals seit 1982 sah Werder einer Saison ganz ohne Europacupspiele (und -einnahmen!) entgegen. Willi Lemke gab die Parole aus: »Europa wird ein Jahr ohne uns auskommen müssen.« Schuld daran war das aus Werder-Sicht kaum erträgliche letzte Spiel der Vorsaison: Zum zweiten Mal in Folge durfte Werder als Favorit das Pokalfinale in Berlin bestreiten, und zum zweiten Mal in Folge gab es eine nie erwartete Abreibung. Diesmal tat sie noch mehr weh als im Vorjahr: Nach dem 2:3 gegen Beinahe-Absteiger Kaiserslautern dachte Rehhagel zermürbt an Rücktritt. Und Manni Burgsmüller beendete seine unvergleichliche Karriere, indem er eine Minute vor Schluss dieses Endspiels einen schon als sicheres Ausgleichstor verbuchten Ball aus acht Metern in den Berliner Abendhimmel drosch.

Auch für Karl-Heinz Riedle war das traumatische 2:3 an diesem heißen Maitag in Berlin das letzte Spiel im Werder-Dress. Sein Abschied tat weh, aber war auch nötig, denn mit den Ablösemillionen (geschätzte elf Millionen DM) stopfte Werder die viel zu großen Löcher im Europacup-Einnahmen-Eimer, finanzierte einen Teil des Stadions und lotste einen absoluten Fußball-Promi nach Norddeutschland.

Neben Riedle und Burgsmüller sagte auch Oldtimer Michael Kutzop »Tschüß«. Drei maßgebliche Spieler der Meistermannschaft von 1988 gingen also zeitgleich. Sie wurden ersetzt durch drei Talente aus dem eigenen Nachwuchs und einen Mann, der im deutschen Fußball immer noch einen fantastischen Namen besaß: Klaus Allofs! Der schon 33-Jährige wurde von Rehhagel und Lemke in einer Nacht- und Nebelaktion aus Bordeaux an die Weser gelotst. Wieder so ein komischer Transfer! Immer dieser Rehhagel!

Klaus Allofs spielte insgesamt nur drei Jahre für den SV Werder, aber er half maßgeblich mit, in diesem Zeitraum gleich drei verschiedene Titel zu gewinnen und tat dies u. a. mit insgesamt 18 größtenteils wunderschönen Toren in der Bundesliga. Viele davon hatten unbestritten »Tor des Monats«-Qualität, weil der Altstar immer noch viele Dinge konnte, die in Deutschland damals wie heute nicht viele Spieler beherrschten.

Ebenso interessant wie die Neuverpflichtung Klaus Allofs war anno 1990 die Liste der Spieler, die bei Werder fest eingeplant waren, aber dann doch nicht den Weg an die Weser fanden. Da war zum einen der heutige Trainer Falko Götz, den Werder schon an der Angel hatte. Götz wollte, durfte aber nicht kommen. Ebenso prominent wie Falko Götz waren auch Mittelfeld-Ass Rico Steinmann und Stürmer Uwe Rösler. Beide waren ebenso umworben, wurden aber mit zunehmend konkreteren Verhandlungen auch sprunghaft teurer. Am Ende winkte Werder in beiden Fällen ab. Ebenso nicht in Frage kam die Verpflichtung von Ulf Kirsten. Werders Interesse war groß, aber die Ablöseforderung für den Vollblutstürmer lag am Ende bei damals völlig illusorischen vier Millionen DM. Vervollständigt wird die Liste der Beinahe-Werderaner durch einen gewissen Carsten Jancker aus dem Nachwuchs von Hansa Rostock. Anders als andere Interessenten hielten sich Werders Unterhändler an die Regeln des Fairplay und bekundete artig offiziell Interesse, stellten sich bei Janckers Eltern vor und redeten mit den Vertretern Rostocks. Der 1. FC Köln baggerte dagegen im Verborgenen – und bekam die begehrte Unterschrift.

Der Saisonverlauf 1990/91 legt die Vermutung nahe, dass Werder auch ohne die Herren Götz, Steinmann und Co. ganz gut zurecht kam. Die personellen Lücken in der Stammelf wurden prima durch die zu Leistungsträgern reifenden Bode und Harttgen gestopft. Klaus Allofs wurde der erhoffte Leistungsträger, und Wynton Rufer entwickelte sich endgültig zu einem absoluten Star der Bundesliga. In seinem Fall war das etwas überraschend, denn der Neuseeländer erlebte mit seinem Ex-Verein Grashoppers Zürich eine unglaubliche Hängepartie, ehe er überhaupt weiterhin für Werder zaubern durfte.

Rufer war in der vergangenen Saison nur ausgeliehen worden. Klar, dass Werder nach »Kiwis« phänomenalen Einstand nicht im Traum daran dachte, nach Ablauf des Leihvertrags auf die Dienste des Stürmers zu verzichten. Eine mit Zürich ausgehandelte Kaufoption gab es jedoch nicht, und so war Werder dem etwas fragwürdigen kaufmännischen Geschick des Schweizer Nationalligisten ausgeliefert. Grashoppers-Manager Vogel forderte für Rufer zunächst weltfremde sieben Millionen DM Ablöse. (Nähere Hintergründe dazu aus dem Munde von Wynton Rufer selbst einige Seiten weiter!) Werder war nicht bereit, diese Summe zu zahlen und rief die UEFA als Schiedsgericht auf den Plan. Die wiederum legte die Ablösesumme auf 3,1 Millionen DM fest, wobei Wynton Rufer davon ein Anteil von 1,1 Millionen DM zustand. Das Unglaubliche: Der Neuseeländer unterzeichnete eine Absichtserklärung, auf dieses Vermögen zu verzichten, nur um weiter unter Otto Rehhagel spielen zu dürfen! Letztlich kostete der komische Vogel aus Ozeanien Werder also nur ca. zwei Millionen DM.

Oben: Frank Neubarth erlebte in den frühen neunziger Jahren seine Blütezeit. Galt als einer der Schlüsselspieler von Otto Rehhagel, bestach durch hohe Spielintelligenz und lief auch deshalb am Ende seiner Karriere häufig als Libero auf. Wäre ohne zahlreiche schwere Verletzungen mit ziemlicher Sicherheit Werders Rekordtorschütze geworden

Links: Zwei Stürmergenerationen trafen sich 1990 bei Werder und verstanden sich auf dem Spielfeld glänzend: Klaus Allofs spielte am Ende seiner Karriere Seite an Seite mit Marco Bode, bei dem gerade erst alles begann

Nach zwei vergeblichen Anläufen endlich der ersehnte Pokalsieg! Dreißig Jahre hatte Bremen auf den zweiten Triumph nach 1961 warten müssen. Oben freut sich Bürgermeister Wedemeier mit Otto Rehhagel und Marco Bode. Unten jubeln Reck, Eilts und Willi Lemke nach dem siegreichen Elfmeterschießen gegen den 1. FC Köln

Ein Klacks für einen Spieler, der zum Besten gehört, was Werder fußballerisch je zu bieten hatte!

Nach dem Verpassen des Klassenziels in der Spielzeit zuvor waren natürlich mediale Argusaugen auf Werder gerichtet: Mal wieder wurden bei Boulevardpresse und Fernsehen die Messer gewetzt und mit großem Eifer klitzekleinste Anzeichen für eine Talfahrt des Rehhagel-Vereins gesucht. In der Vorrunde der Saison geschah dies jedoch vergeblich: Werder marschierte wie in besten Zeiten, nachdem ein stotternder Saisonstart mit 7:7 Punkten mühelos aus den grünweißen Kleidern geschüttelt werden konnte. Die Wende zum Guten für die Bremer lässt sich nicht nur an einem einzigen Spiel festmachen, sondern sogar an einem einzigen Schuss: Uli Borowka holte ihn ganz tief aus seiner gefürchteten »Wumms«-Schublade und pfefferte den Ball gegen die Bayern aus 35 Metern via Innenpfosten ins Gehäuse eines bemitleidenswert chancenlosen Bayern-Keepers Aumann. An diesem 28. September 1990 um 21:06 Uhr war Werder wieder da!

Es folgten zwölf Spiele, in denen Werder sich nur dem 1. FC Kaiserslautern geschlagen geben musste. Plötzlich war der SVW Tabellenführer, wurde Herbstmeister und schien auch Anfang der neunziger Jahre anknüpfen zu können an die goldenen Achtziger. Leider war die Mannschaft nicht reif, den Fans den großen Traum von der Rückkehr auf den Thron zu erfüllen. Mit einer Misserfolgsserie, die exakt dem Spiegelbild der Erfolge aus dem Herbst und Winter zu entsprechen schien, ritt sich Werder wieder in eine kritische Situation: Zwölf Spiele mit nur einem Sieg (6:0 gegen Hertha BSC) rissen Werder nicht nur aus den Titelträumen, sondern ließen den Verein sogar um die UEFA-Cup-Teilnahme bangen. Erst in den letzten beiden Saisonspielen fing sich die Elf wieder, fuhr gegen Düsseldorf und Bochum zwei Siege ein und beendete die Spielzeit 1990/91 auf einem guten Platz 3.

Die beiden Siege zum Abschluss der Saison kamen gerade recht, um im dritten Pokalfinale nacheinander wieder einmal Favorit zu sein. Gegen den 1. FC Köln spielte Werder Bremen Schicksal für dessen Trainer Erich »Mach et, Otze!« Rutemöller. Das Endspiel geriet weniger spektakulär als im Vorjahr, aber dafür wurde es endlich mal gewonnen, wenn auch erst im Elferschießen. Vorstand, Trainer und Spieler hätten eine dritte Schlappe in drei aufeinander folgenden Pokalfinals wohl seelisch auch kaum noch wegstecken können. Uli Borowka wurde im Elfmeterschießen zum Finalhelden, seine grünweiße Schiebermütze zum modischen Werder-Accessoire der Saison, und der Satz »Dreimal ist Bremer Recht!« zur Werder-Fußballweisheit des Sommers 1991.

Abschlusstabelle der Bundesliga 1990/1991:

Pl.	Verein	Sp	S	U	N	Tore	Diff.	Punkte
1.	1. FC K'lautern	34	19	10	5	72:45	+27	48-20
2.	Bayern München	34	18	9	7	74:41	+33	45-23
3.	**Werder Bremen**	**34**	**14**	**14**	**6**	**46:29**	**+17**	**42-26**
4.	Eintracht Frankfurt	34	15	10	9	63:40	+23	40-28
5.	Hamburger SV	34	16	8	10	60:38	+22	40-28
6.	VfB Stuttgart	34	14	10	10	57:44	+13	38-30
7.	1. FC Köln	34	13	11	10	50:43	+7	37-31
8.	Bayer Leverkusen	34	11	13	10	47:46	+1	35-33
9.	Borussia M'gladbach	34	9	17	8	49:54	-5	35-33
10.	Borussia Dortmund	34	10	14	10	46:57	-11	34-34
11.	SG Wattenscheid 09	34	9	15	10	42:51	-9	33-35
12.	Fortuna Düsseldorf	34	11	10	13	40:49	-9	32-36
13.	Karlsruher SC	34	8	15	11	46:52	-6	31-37
14.	VfL Bochum	34	9	11	14	50:52	-2	29-39
15.	1. FC Nürnberg	34	10	9	15	40:54	-14	29-39
16.	FC St. Pauli	34	6	15	13	33:53	-20	27-41
17.	KFC Uerdingen 05	34	5	13	16	34:54	-20	23-45
18.	Hertha BSC Berlin	34	3	8	23	37:84	-47	14-54

Saisonverlauf 1990/1991:

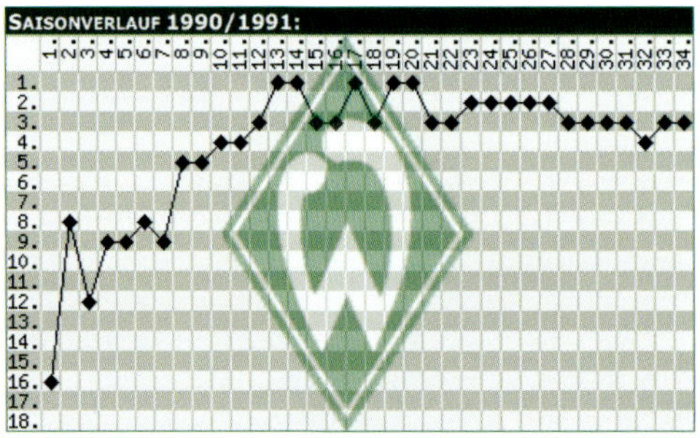

Rehhagel, Otto
*9.8.1938
Trainer
34 (493); 1976/1981–1995

Wer kam?

Allofs (Girondins Bordeaux)
Bester (eig. Amateure)
Malchow (eig. Amateure)
van Lent (eig. Amateure)

Wer ging?

Kutzop (Karriereende)
Riedle (Lazio Rom/Italien)
Burgsmüller (Karriereende)
Hanses (SV Meppen)

w.d.S. = während der Saison

Die Mannschaft (Name, Geb.-Datum, Position, Bundesliga-Einsätze (Gesamt), Tore (Gesamt), bei Werder von-bis)

1990/91

Reck, Oliver »Olli«
*27.2.1965
Torhüter
34 (345); 0 (0); 1985–1998

Bockenfeld, Manfred
»Manni«
*23.7.1960
Abwehrspieler
14 (94); 0 (2); 1989–1994

Schaaf, Thomas
*30.4.1961
Abwehrspieler
13 (262); 0 (13); 1978–1995

Borowka, Ulrich »Uli«
*19.5.1962
Abwehrspieler
32 (239); 1 (8); 1987–1996

Otten, Jonny
*31.1.1961
Abwehrspieler
6 (308); 0 (1); 1979–1992

Sauer, Gunnar
*11.6.1964
Abwehrspieler
22 (134); 0 (8); 1984–1996

Bratseth, Rune
*19.3.1961
Abwehrspieler
31 (230); 1 (12); 1986–1995
Norwegen

Eilts, Dieter
»Ostfriesen-Alemao«
*13.12.1964
Mittelfeldspieler
32 (390); 0 (7); 1985–2002

Hermann, Günter »Jimmy«
*5.12.1960
Mittelfeldspieler
29 (231); 1 (8); 1982–1993

Freund, Oliver
*15.4.1970
Mittelfeldspieler
1 (1); 0 (0); 1988–1991

Wolter, Thomas »Stonie«
*4.10.1963
Mittelfeldspieler
29 (312); 0 (12); 1984–1999

Harttgen, Uwe
*6.7.1964
Mittelfeldspieler
31 (82); 7 (15);
1988–1994, 1997–1998

Votava, Miroslav »Mirko«
*25.4.1956
Mittelfeldspieler
31 (357); 2 (18); 1985–1997

Neubarth, Frank »Socrates«
*29.7.1962
Stürmer
23 (317); 5 (97); 1982–1996

Allofs, Klaus
*5.12.1956
Stürmer
30 (78); 10 (18); 1990–1993

Bode, Marco
*23.7.1969
Stürmer
25 (379); 3 (101); 1989–2002

Bester, Marinus
*16.1.1969
Stürmer
1 (15); 0 (0); 1990–1992,
1993–1995; Amateur

Rufer, Wynton »Kiwi«
*29.12.1962
Stürmer
33 (174); 15 (59); 1989–1995
Neuseeland

Erweiterter Kader:

Rollmann, Jürgen
*17.10.1966
Torhüter
0 (9); 0 (0);
1988–1992, 1995–1996

Malchow, Alexander
»Sascha«
*11.9.1969
Abwehrspieler
0 (0); 0 (0); 1990–1992
Amateur

Wiedener, Andree
*14.3.1970
Abwehrspieler
0 (164); 0 (3); 1989–2001
Amateur

van Lent, Arie
*31.8.1970
Stürmer
0 (32); 0 (6);
1990–1994, 1995–1998
Niederlande; Amateur

1991/92: Die Krönung

Oben v.l.:
Eilts, Bester, Kolbuch, Przondziono, Unger, Votava, Sauer, Wolter, Otten, Legat, Rufer
Mitte v.l.:
Masseur Berger, Trainer Rehhagel, Bratseth, Neubarth, Bode, Harttgen, Malchow, Witossek, Deering, Kohn, Wenschlag, Zeugwart Ehrke, Co-Trainer Kamp
Unten v.l.: Bockenfeld, Borowka, Hermann, Rollmann, Wiedener, Reck, van Lent, Allofs, Schaaf

Wenn es einen Fußballgott gibt, dann hatte der in Sachen Werder 1991/92 gut zu tun und hat seine Aufgabe am Ende einer ganz eigenartigen Saison großartig gelöst. Das schlechteste Jahr in der Bundesliga seit dem Beginn der Regentschaft des Otto Rehhagel wurde ausgeglichen durch den wohl stolzesten Tag der Vereinsgeschichte: Den Sieg im Europapokal der Pokalsieger!

Am Anfang der Saison stand die Freude über die Rückkehr ins internationale Geschäft. Die Fleischtöpfe waren wieder näher gerückt, und das war in der Sommerpause 1991 besonders wichtig, weil Werder vor der vielleicht längsten Saison überhaupt stand. Denn die Bundesliga wurde einmalig durch die Integration der Ex-DDR-Vereine aus Rostock, Dresden und Leipzig auf 20 Clubs aufgestockt und dauerte nun 38 statt 34 Spieltage. Rehhagel reagierte, indem er den bis dahin größten Kader der Bundesligageschichte um sich scharte: Dem einzigen Abgang Oliver Freund standen gleich neun neue Spieler gegenüber, von denen allerdings nur drei auch Geld kosteten. Im Doppelpack kamen die beiden Leistungsträger des VfL Bochum, Torsten Legat und Stefan Kohn. Und als Dreingabe mit Kay Wenschlag ein Talent aus dem Osten, das allerdings seine Bundesligatauglichkeit in zwei Jahren bei Werder nie unter Beweis stellen konnte und anschließend eine Odyssee durch die norddeutsche Amateurfußballszene begann.

Die Bundesligasaison lässt sich diesmal denkbar kurz zusammenfassen: Werder blieb vom ersten Spieltag an weit hinter den Erwartungen zurück und leistete sich eine nie

Otto Rehhagels Karriere hatte viele besondere Momente. Dies war einer der besondersten: in sich gekehrt mit dem Europapokal beim Heimflug nach Bremen

für möglich gehaltene Zahl von Pleiten gegen vermeintlich schlagbare Kontrahenten. Werder verlor gegen Neulinge, Werder verlor gegen Abstiegskandidaten, Werder verlor auswärts und Werder verlor zuhause. Alleine in der Vorrunde trugen die Werder-Bezwinger mit dem KSC, Kickers Stuttgart, Dynamo Dresden, dem 1. FC Köln, Kaiserslautern und dem 1. FC Nürnberg wahrlich keine furchterregenden Namen. In der Rückrunde lieferten die Grünweißen die Punkte dann noch einmal brav und gewissenhaft gegen beinahe exakt dieselben Mannschaften ab – gegen die Kickers und Nürnberg sogar zuhause. Am Ende stand ein 9. Platz im Gesamtklassement, der durch weitere Fakten eindeutig als Misserfolg entlarvt werden konnte: Werder leistete sich gleich fünf Heimniederlagen (nur Platz 13 der Heimtabelle), schoss nur 44 Tore in 38 Spielen und erlebte am Ende das lange nicht gekannte Gefühl eines negativen Torverhältnisses. Die Kundschaft auf der Tribüne registrierte das Abschneiden des amtierenden Pokalsiegers bisweilen verschnupft bis bitterböse und zahlte es dem enttäuschenden Bundesligaensemble wieder einmal heim, indem sie dem vermeintlich Hauptschuldigen ans Bein pinkelte: Otto Rehhagel war bei beängstigend vielen Anhängern unten durch, was sich an einem regnerischen Märzfreitag in einem unerhörten Ausbruch entlud. Bei der in der Tat restlos deprimierenden Heimniederlage gegen den späteren Absteiger Stuttgarter Kickers (1:3) erschall es im Weser-Stadion laut und deutlich: »Uwe-Uwe-Uwe!!!« Gemeint war diesmal eindeutig nicht Seeler, sondern Reinders, und gefeiert wurde nicht der Rechtsaußen, sondern der erfolgreiche Trainer Uwe Reinders, der genau eine Woche vorher praktischerweise bei Hansa Rostock gefeuert worden war.

Werder wäre nicht Werder, wenn der Verein ernsthaft über eine Entlassung des Trainer-Denkmals sinniert hätte. Trotzig arbeitete Rehhagel weiter mit seinen Jungs, bekam die demonstrative Rückendeckung seines Vorstands (wie immer in solch unruhigen Phasen), und simultan trat nun auch der eingangs schon kurz gelobte Fußballgott auf den Plan. Der sorgte nämlich dafür, dass sowohl Fans als auch Mannschaft reich entschädigt wurden für das Trübsal des Bundesligageschehens. Denn in zwei wahren Thrillern gelang gegen Galatasaray Istanbul und den FC Brügge der Einzug ins Finale des Europapokals der Cupsieger. In der Türkei bedurfte es in einem heute legendären Schneespiel einer unglaublichen Portion Glück, um nicht noch in letzter Minute im Schneegestöber unterzugehen. Und gegen Brügge wurden Werders Kicker von allen Seiten mit allen Mitteln gepiesackt, getreten, von den Zuschauern mit Gegenständen beworfen und übel beschimpft. Im Rückspiel war es eines der seltenen Tore von Manni Bockenfeld, das die Finalreise nach Lissabon sicherte.

»Gooool gooool gooooool goooooooooool!!!«

Radio Bremens Hörfunkreporter Walter Jasper beim entscheidenden 2:0 von Wynton Rufer im Europacupfinale von Lissabon

Einer der großartigsten Werder-Profis aller Zeiten an seinem größten Tag: Wynton Rufer hat auf der Tribüne seinen Vater entdeckt und zeigt ihm stolz den Pott, den er durch sein Solo zum 2:0 gesichert hat

Oben: So fing es an! Klaus Allofs, überraschend in der Startformation, dreht nach seinem Führungstor jubelnd ab

Unten: Werders Europacuphelden stellen sich zu einem Mannschaftsfoto für die Ewigkeit. Oben v.l.: Reck (im Finale gesperrt), Sauer, Rufer, Bratseth, Ersatztorhüter Klugmann, Harttgen, Schaaf, Wolter, Legat, Wenschlag, Trainer Rehhagel, Co-Trainer Kamp. Unten v.l.: Bode, Borowka, Allofs, Bockenfeld, Kohn, Rollmann, Eilts, Hermann, Neubarth, Votava. Nicht im Bild Otten und Bester

Ebendort trat Werder eigentlich als Außenseiter gegen den AS Monaco an. Die von Startrainer Arsène Wenger betreuten Monegassen hatten Superstars wie Djorkaeff, George Weah, Petit oder Nationaltorwart Ettori aufgeboten, während Rehhagel seinen gesperrten Torwart Reck durch Rollmann ersetzen musste. Im Sturm sollte zur allgemeinen Überraschung der Oldie Klaus Allofs die Kastanien aus dem Feuer holen. Und das tat er dann auch.

Nicht die Kastanien, sondern vor allem der ersehnte Europacup fand den Weg in die Vitrine des Vereins, weil Allofs und Rufer glänzten und alle Profis auf dem Lissaboner Rasen über sich hinauswuchsen. Monaco hatte nach Allofs' Führungstor kurz vor der Pause nach Vorlage von Wynton Rufer das Nachsehen, und in der zweiten Hälfte schaukelte Werder das Ding durch einen Gänsehautgeniestreich derselben beiden Spieler entspannt nach Hause: Allofs spielte einen sensationellen Steilpass, der Monacos Hintermannschaft wie ein Messer zerschnitt, und der Kiwi hatte fast 50 Meter lang Zeit, sich zu überlegen, wie er den Ball reinmachen möchte. Er entschied sich für die frechste Lösung und narrte Torwart Ettori, indem er den Ball aus vollem Lauf auf einer Seite am Schlussmann entlang spielte, auf der anderen Seite vorbeisprintete und schließlich vehement einlochte. Werder und ganz Bremen lagen im Freudentaumel, und das nach einer insgesamt so mageren Bundesligasaison!

Wynton Rufer hat für Werder schließlich insgesamt 99 Tore in Pflichtspielen erzielt. Viele davon waren wunderschön, doch keines wird so unauslöschbar in der Erinnerung hängen bleiben wie der Treffer von Lissabon, der dem »perfekten Fußballmoment« für einen Werder-Fan schon verdammt nahe kam.

»Otto Rehhagel betritt deutschen Boden!« (Rolf Töpperwien). Zum ersten und bislang einzigen Mal in der Geschichte der Hansestadt landet ein Europapokal in Bremen

Wynton Rufer: »... Dresdner Banditen!«

Dein Wechsel zu Werder war für alle Beteiligten eine Nervenprobe, weil es zwischen Werder und den Grashoppers lange und zäh hin und her ging. Wie ist der Transfer aus deiner Perspektive abgelaufen?

Rufer: Otto Rehhagel hatte einen Freund in der Schweiz. Der muss ihm von mir vorgeschwärmt haben, als ich bei Aarau spielte. Otto hat mich dann auch beobachtet und wollte mich danach unbedingt verpflichten. Also bekam ich eine Offerte von Werder und hätte sogar schon 1988, direkt nach dem Gewinn der Meisterschaft, in Bremen unterschreiben können. Ich war schon in Bremen und habe verhandelt. Aber mein Trainer bei Aarau, der übrigens damals Ottmar Hitzfeld hieß, hat mich dazu überredet, noch mit ihm gemeinsam von Aarau zu den Grashoppers nach Zürich zu wechseln. Also habe ich Werder abgesagt, obwohl mir eigentlich klar war, dass das möglicherweise ein Fehler sein würde. Ich habe viele Tore für Zürich geschossen, aber es war ein verlorenes Jahr. Die Schweizer Liga kannst du doch vergessen. Wäre ich 1988 zu Werder gewechselt, dann hätte ich im Landesmeister-Cup gegen den AC Milan mitspielen dürfen. Ein Jahr später hat mir Werder dann noch einmal ein Angebot gemacht, obwohl ich ihnen schon einmal abgesagt hatte. Der AS Monaco und Nottingham Forest wollten mich auch haben, aber Otto Rehhagel hat mich absolut begeistert. Er wirkte sehr interessiert und von mir überzeugt. Nottingham hat nur den Chief Scout vorbeigeschickt und von Monaco bekam ich auch nur den Manager zu sehen. Otto Rehhagel kam persönlich und wollte mich unbedingt haben. Das war es! Ich hätte in England oder Frankreich das Dreifache verdienen können, aber es ging mir nicht ums Geld. Geld war bei mir immer zweitrangig.

Gläubig: Wynton Rufer als Laienprediger in Bremen

Deshalb hast du bei deinem endgültigen Wechsel dann auch auf deinen Anteil an der Ablösesumme verzichtet?

Rufer: Das war eine Wahnsinnsgeschichte. Der damalige Vereinsmanager Erich Vogel wollte mich unbedingt nach Monaco oder Nottingham verkaufen, weil Zürich von denen 5 oder 6 Millionen DM Ablöse erhalten hätte. Ich selbst wiederum hatte in meinem Vertrag, dass ich ein Anrecht auf die Hälfte der erzielten Ablösesumme habe. Und Vogel war ganz fest davon überzeugt, dass ich da unterschreibe, wo ich das meiste Geld geboten bekomme. Aber da hat er sich sehr verschätzt, weil es mir wie gesagt nie in erster Linie ums Geld ging. Jedesmal, wenn ich von meinen Gesprächen mit Werder berichtete, tönte er: »Vergiss doch Werder! Das ist nichts für dich!« In meinem Kopf war ich aber längst sicher: Ich will nur zu Werder! Ich war schon in Bremen an dem Samstag nach Werders historischem Sieg in Frankfurt, als Kalle Riedle das entscheidende Tor zur Meisterschaft 1988 geköpft hat. Da saß ich im Park-Hotel und wollte unbedingt bei Werder unterschreiben. Es passte für mich alles: Ich habe mich in Bremen gleich wohl gefühlt, der Vorstand war seriös und nett, Otto Rehhagel kannte ich ja sowieso schon, die Mannschaft war gerade Meister geworden – und mein Hotelzimmer war schön. Zürichs Manager hat mich bearbeitet: »Okay, dann rede halt mit Werder, aber unterschreibe auf gar keinen Fall! Wir werden dich bei einem viel besseren Club unterbringen, Juventus Turin oder so! Aber erst mal wechselst du mit Hitzfeld und mir von Aarau nach Zürich!« Damals hat mich Vogel noch mal weichgekocht, und ich habe klein beigegeben. Ich war halt noch sehr jung.

Wenn du sagst, dass du nur wegen Otto Rehhagel zu Werder gekommen bist – was war es, was dich an ihm so sehr überzeugt hat?

Rufer: Ich wollte zu Werder, ohne ein einziges Wort über mein Gehalt geredet zu haben. Es war mir egal, weil ich zu Rehhagel wollte. Rehhagel war damals schon ein sehr bekannter Trainer. Er war ein ganz normaler, netter Mensch. Offen, ehrlich, geradeaus. Er hat eine ganz besondere Atmosphäre innerhalb des Teams geschaffen. Unser Verhältnis untereinander war sensationell. Als wir uns 2002 zum 10. Jubiläum des Europacupsieges wiedergetroffen haben war es, als sei ich nur eine Woche weggewesen. Er hat uns gelehrt, was es bedeutet, eine Mannschaft zu sein. Andere Trainer holen Superstars und bauen sich daraus eine Mannschaft. Bei Otto war es umgekehrt: Er hat eine Mannschaft gebaut, und innerhalb dieser funktionierenden Mannschaft sind wir dann Stars geworden. Otto hat uns als Nobodys geholt, aber schau, was aus uns geworden ist: Marco Bode

Wynton Rufer 1989 ...

Wynton Rufer

»Kiwi« (Jahrgang 1962) bereicherte Werders Profikader insgesamt fünfeinhalb Jahre lang mit einer an der Weser vorher selten gesehenen Fußball-Feingeistigkeit. Er war ein Ästhet am Ball, ein Schlitzohr (eines seiner ersten Tore im Werdertrikot erzielte er wie selbstverständlich mit der Hand!) und ein Sympathieträger ohne gleichen. Zeitweilig schien er das sprichwörtliche »schlamperte Genie« zu sein, ließ aber im entscheidenden Moment immer sein Können sprechen. Ein Fußballer, dem man gerne zusah, ehe er sich im Winter 1994 von Werder und vor allem seinem verehrten Trainer Otto Rehhagel verabschiedete, um in Japan sein Glück zu versuchen. Auf seiner letzten Pressekonferenz als Werderaner wurde Rufer vor Ergriffenheit von einem Weinkrampf geschüttelt. Unvergessen die damaligen Worte des traurigen Trainers: »Wynton geht, und ich bleibe traurig zurück.« Rufer lebt heute in Auckland, Neuseeland.

... und 2003

Sein größter Moment! Oben erzielt er nach einem 50-Meter-Sprint das entscheidende 2:0 im Europacupfinale 1992. Verteidiger Valéry kommt nur einen Wimpernschlag zu spät, Nationaltorwart Ettori kann nur noch hinterherhecheln

Unten: Befreiter Jubel, der Weg zum totalen Triumph ist frei. Rechts eilt Manni Bockenfeld zum Gratulieren herbei. Torwart Ettori ist geknickt

wird Europameister und Vizeweltmeister! Dieter Eilts ist Europameister geworden, ich bin zu Ozeaniens »Fußballer des Jahrhunderts« gewählt worden. Sehr viel davon haben wir Otto Rehhagel zu verdanken. Das, was wir zusammen in Bremen hatten, werden wir nie wieder erleben.

Was war dein schönster Augenblick bei Werder?
Rufer: Der hatte nichts mit Fußball zu tun. Wir hatten eine Aktion in einem katholischen Kinderheim in Erfurt. Erst haben wir dort ein Benefizspiel gespielt, und später sind die Kinder aus diesem Waisenhaus zu uns nach Bremen gekommen, um uns zu besuchen. Die meisten Spieler haben also ein Waisenkind bei sich zuhause aufgenommen, fast die ganze Mannschaft! Ich habe damals mitgeholfen, dass diese Sache zustande kam. Am Samstag hatten wir ein Bundesligaspiel, bei dem die Kinder zu Gast waren. Die ganze Woche über haben wir uns mit diesen Kindern beschäftigt, und am Sonntag nach diesem Spiel hieß es Abschied nehmen. Und soll ich dir was sagen? Viele unserer Spieler haben am Bus geweint! Das war für mich ein sehr bewegender Moment. Ich als Christ wusste vorher schon, dass es Wichtigeres gibt als Fußball. Aber bei diesem Ereignis hatte die ganze Mannschaft mitgeholfen, und das war ein großer Tag für uns.

Und sportlich? Dein bestes Spiel für Werder?
Rufer: Ich denke, das entscheidende Spiel um die Meisterschaft 1993 in Stuttgart, als wir dort 3:0 gewannen. Die älteren Spieler waren immer noch angefressen durch die verlorene Meisterschaft dort sieben Jahre zuvor. Das steckte in einigen ganz tief drin. Am Abend vorher hatte Otto eine seiner einmaligen Mannschaftssitzungen abgehalten. Auch darin war er einmalig. Sensationell waren seine Einzelgespräche: Wenn du danach auf den Platz gegangen bist, wusstest du, dass du nicht verlieren kannst. Er hat die Einstellung jedes einzelnen Spielers optimal vorgenommen. Damals in Stuttgart habe ich kein Tor geschossen, aber ich habe meine taktische Aufgabe hinter den Spitzen Stefan Kohn und Bernd Hobsch perfekt erfüllt, glaube ich.

Und dein tollstes Tor?
Rufer: Es gab viele schöne Tore, aber am schönsten war sicher das in Lissabon gegen Monaco. Damit sind wir Europacupsieger geworden, und für mich war das besonders anrührend, weil mein Vater aus Neuseeland extra angereist war. Ein einmaliger Moment, und das Tor selbst war auch außergewöhnlich: Mirko Votava hat durch ein Super-Pressing den Ball gewonnen, Klaus Allofs hat mit einem Weltklassepass die Abseitsfalle ausgehebelt, und ich selbst habe dann Frankreichs Nationaltorwart Ettori ausgespielt. Am Ende wurde ich fast noch von einem Abwehrspieler eingeholt, und es ging um eine Hundertstelsekunde. Ein unglaublicher Moment!

Mit welchem Gegenspieler hattest du die meisten Probleme?
Rufer: Vor allem Dynamo Dresden hatte ein paar Banditen hinten drin. Der Schlimmste von ihnen war Melzig. Oder Schößler, so ein Giftzwerg mit Schnäuzer. Aber es gab so viele, auch bei anderen Clubs. Es gab viele Tiere. Auch Jürgen Kohler hat mich oft von hinten umgenietet. Das war einfach immer ungerecht: Du wolltest als Stürmer kreativ spielen und mit dem Ball besondere Dinge tun, und die Verteidiger mussten dir immer nur hinten reinspringen.

Marco Bode und Dieter Eilts haben mir gesagt, Wynton Rufer sei ihr fußballerisch bester Mitspieler überhaupt gewesen – wenn er Lust gehabt hat.
Rufer: Da bin ich in guter Gesellschaft. Ich hatte gerade Besuch von Brasiliens Carlos Dunga. Der hat mit mir auch über dieses Thema geredet und gesagt, seiner Meinung nach seien die besten Fußballer aller Zeiten Pelé, Maradona und Ronaldo. Aber Ronaldo auch nur, wenn er Lust dazu hat.

An was denkst du zuerst, wenn du »Werder« hörst?
Rufer: Ich war immer schon ein sehr emotionsgeladener Mensch. Wenn ich Werder höre, steigen mir fast die Tränen in die Augen. Werder, das war so ein unglaublicher Teil meines Lebens ...! Mein erster Sohn Caleb ist in Bremen geboren. Werder wird immer ein großer Teil von mir sein. Und ein Stück von mir wird immer in Bremen bleiben.

Was macht Wynton Rufer heute?
Rufer: Ich betreibe eine christliche Fußballschule namens »WYNRS«. Das steht für meinen Namen, aber auch für »WINNERS«. »WYNRS« ist eine Stiftung, die ich 1997 gegründet habe, als ich endgültig zurück nach Neuseeland zurückkehrte. Vorher, als ich in Japan spielte, hatte ich einen Traum. Darin hat mir Gott gesagt, ich solle nach Neuseeland gehen und dort etwas aufbauen, was mit Fußball und Glauben zu tun hat.

Unser Missionsmotto lautet: »To develop world class soccer players, and to develop world class community citizens«. Also auf Deutsch: Wir wollen einerseits Weltklasse-Fußballer ausbilden, aber andererseits auch Weltklasse-Menschen. Bei keinem Fußballer können wir garantieren, dass er tatsächlich ein Weltklassefußballer wird. Aber wir können zu 80 oder 90 Prozent garantieren, dass Kinder bei uns gute Menschen werden. Im Moment haben wir hier ein Fußball-Camp mit 50 Kindern. Einige davon bezahlen nichts, weil ihre Eltern arm sind und es sich nicht leisten können, das Camp zu bezahlen. Mit Kindern zu arbeiten, macht einen Riesenspaß. Ich möchte keine andere Arbeit mehr machen!

Informationen über Wynton Rufers Arbeit gibt es im Internet unter: http://www.wynrs.co.nz

Oben: »Der gehört erst mal mir!« Wynton Rufer mit »seinem« Europacup auf dem Weg in die Katakomben des Estadio da Luz in Lissabon

Links: Familientreffen: Wynton Rufer mit Vater, Ehefrau und Pokal

Die meisten Pflichtspieltore (Bundesliga, DFB-Pokal, Europacup) 1963–2003

1.	Frank Neubarth	134
2.	Marco Bode	133
3.	Rudi Völler	107
4.	Uwe Reinders	101
5.	Wynton Rufer	99

Die noch unüberdachte Ostkurve freut sich gemeinsam mit der alten Anzeigetafel über den größten Erfolg der Vereinsgeschichte

Abschlusstabelle der Bundesliga 1991/1992:

Pl.	Verein	Sp	S	U	N	Tore	Diff.	Punkte
1.	VfB Stuttgart	38	21	10	7	62:32	+30	52-24
2.	Borussia Dortmund	38	20	12	6	66:47	+19	52-24
3.	Eintracht Frankfurt	38	18	14	6	76:41	+35	50-26
4.	1. FC Köln	38	13	18	7	58:41	+17	44-32
5.	1. FC K'lautern	38	17	10	11	58:42	+16	44-32
6.	Bayer Leverkusen	38	15	13	10	53:39	+14	43-33
7.	1. FC Nürnberg	38	18	7	13	54:51	+3	43-33
8.	Karlsruher SC	38	16	9	13	48:50	-2	41-35
9.	**Werder Bremen**	**38**	**11**	**16**	**11**	**44:45**	**-1**	**38-38**
10.	Bayern München	38	13	10	15	59:61	-2	36-40
11.	Schalke 04	38	11	12	15	45:45	0	34-42
12.	Hamburger SV	38	9	16	13	32:43	-11	34-42
13.	Borussia M'gladbach	38	10	14	14	37:49	-12	34-42
14.	Dynamo Dresden	38	12	10	16	34:50	-16	34-42
15.	VfL Bochum	38	10	13	15	38:55	-17	33-43
16.	SG Wattenscheid 09	38	9	14	15	50:60	-10	32-44
17.	Stuttgarter Kickers	38	10	11	17	53:64	-11	31-45
18.	Hansa Rostock	38	10	11	17	43:55	-12	31-45
19.	MSV Duisburg	38	7	16	15	43:55	-12	30-46
20.	Fortuna Düsseldorf	38	6	12	20	41:69	-28	24-52

Saisonverlauf 1991/1992:

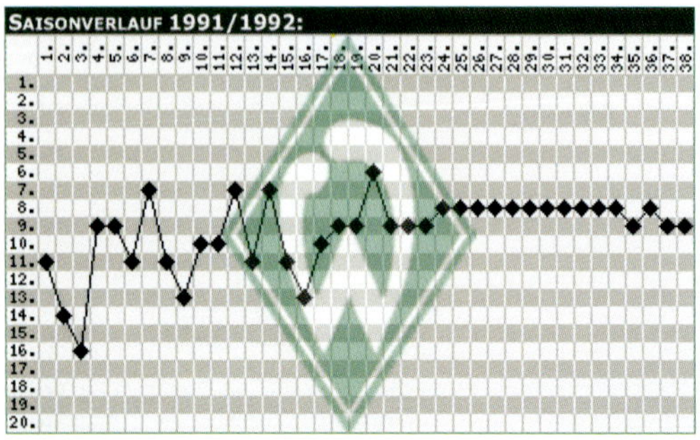

Reck, Oliver »Olli«
*27.2.1965
Torhüter
32 (345); 0 (0); 1985–1998

Rollmann, Jürgen
*17.10.1966
Torhüter
7 (9); 0 (0); 1988–1992, 1995–1996

Hermann, Günter »Jimmy«
*5.12.1960
Mittelfeldspieler
24 (231); 1 (8); 1982–1993

Legat, Thorsten
*7.11.1968
Mittelfeldspieler
25 (70); 2 (4); 1991–1994

Rehhagel, Otto
*9.8.1938
Trainer
38 (493); 1976/1981–1995

van Lent, Arie*
*31.8.1970
Stürmer
1 (32); 0 (6); 1990–1994, 1995–1998; Niederlande

Wer kam?

Wenschlag (Rotation Berlin)
Kohn (VfL Bochum)
Legat (VfL Bochum)
Kolbuch (Hertha Zehlendorf)
Witossek (eig. Amateure)
Deering (eig. Amateure)
Przondziono (eig. Amateure)
Unger (eig. Amateure)
Klugmann (eig. Amateure)

Wer ging?

Freund (Hannover 96, ausgeliehen)

w.d.S. = während der Saison

* Vertragsamateur

Sauer, Gunnar
*11.6.1964
Abwehrspieler
0 (134); 0 (8); 1984–1996

Malchow, Alexander*
»Sascha«
*11.9.1969
Abwehrspieler
0 (0); 0 (0); 1990–1992

Die Mannschaft (Name, Geb.-Datum, Position, Bundesliga-Einsätze (Gesamt), Tore (Gesamt), bei Werder von–bis)

1991/92

Bockenfeld, Manfred
»Manni«
*23.7.1960
Abwehrspieler
25 (94); 0 (2); 1989–1994

Schaaf, Thomas
*30.4.1961
Abwehrspieler
18 (262); 0 (13); 1978–1995

Borowka, Ulrich »Uli«
*19.5.1962
Abwehrspieler
36 (239); 1 (8); 1987–1996

Otten, Jonny
*31.1.1961
Abwehrspieler
13 (308); 0 (1); 1979–1992

Bratseth, Rune
*19.3.1961
Abwehrspieler
34 (230); 0 (12); 1986–1995
Norwegen

Eilts, Dieter
»Ostfriesen-Alemao«
*13.12.1964
Mittelfeldspieler
37 (390); 1 (7); 1985–2002

Wolter, Thomas »Stonie«
*4.10.1963
Mittelfeldspieler
26 (312); 1 (12); 1984–1999

Harttgen, Uwe
*6.7.1964
Mittelfeldspieler
20 (82); 1 (15); 1988–1994, 1997–1998

Votava, Miroslav »Mirko«
*25.4.1956
Mittelfeldspieler
32 (357); 0 (18); 1985–1997

Neubarth, Frank »Socrates«
*29.7.1962
Stürmer
30 (317); 5 (97); 1982–1996

Allofs, Klaus
*5.12.1956
Stürmer
32 (78); 8 (18); 1990–1993

Bode, Marco
*23.7.1969
Stürmer
32 (379); 12 (101); 1989–2002

Rufer, Wynton »Kiwi«
*29.12.1962
Stürmer
29 (174); 5 (59); 1989–1995
Neuseeland

Kohn, Stefan
*9.10.1965
Stürmer
27 (44); 6 (10); 1991–1993

Bester, Marinus*
*16.1.1969
Stürmer
3 (15); 0 (0); 1990–1992, 1993–1995

Erweiterter Kader:

Klugmann, Florian
*9.9.1970
Torhüter
0 (0); 0 (0); 1991–1992
Amateur

Wenschlag, Kay
*25.2.1970
Abwehrspieler
0 (0); 0 (0); 1991–1993

Kolbuch, Markus*
*4.11.1971
Abwehrspieler
0 (0); 0 (0); 1991–1992

Witossek, Markus*
*8.3.1972
Abwehrspieler
0 (0); 0 (0); 1991–1992

Wiedener, Andree*
*14.3.1970
Abwehrspieler
0 (164); 0 (3); 1989–2001

Deering, Chad*
*2.9.1970
Mittelfeldspieler
0 (0); 0 (0); 1991–1993
USA

Przondziono, Martin*
*11.6.1969
Mittelfeldspieler
0 (0); 0 (0); 1991–1994

Unger, Lars*
*30.9.1972
Mittelfeldspieler
0 (24); 0 (1); 1991–1997

1992/93: Pitsch und Patsch

Oben v.l.:
Eilts, Wolter, Harttgen, Przondziono, Votava, Otten, Bode, Sauer, Herzog, Legat
Mitte v.l.:
Trainer Rehhagel, Bratseth, Beiersdorfer, van Lent, Unger, Neubarth, Kohn, Deering, Wenschlag, Rufer, Zeugwart Ehrke
Unten v.l.:
Hermann, Borowka, Wiedener, Gundelach, Reck, Rost, Bockenfeld, Allofs, Schaaf

Der SV Werder machte es seinen Fans in diesen Tagen nicht einfach, verbohrt auf einer festgefahrenen Meinung zu beharren. Gemein – wo doch der Bremer an sich genau das so gerne tut, und der Bremer Fußballfan noch in verstärktem Maß. Vor einem halben Jahr war vielen Werder-Fans klar, dass es mit Otto als Trainer nun wirklich nicht mehr weitergeht. Dummerweise wurde dann der Europacup gewonnen, was die Unkerei natürlich etwas erschwert hat. Jetzt aber, im Herbst 1992, waren sich die Skeptiker sicher: Nun hatte sich die Sache mit Otto wirklich erledigt! Der Europacupsieger stand nach acht Spieltagen auf Platz 9 der Bundesliga. Die ersehnte Rückkehr an die Ligaspitze war schon das zweite Jahr in Folge vermasselt worden, und der Werder-Motor stotterte wieder so wie in der national so ernüchternden Vorsaison.

Vor allem das Auswärtsspiel in Karlsuhe am 3. Spieltag war für den schlechten Saisonstart verantwortlich. Rehhagel hatte es riskiert, mit Uwe Harttgen und Andy Herzog gleich zwei Mittelfeld-Asse Seite an Seite aufzustellen, die ihre offensichtlichen Stärken im Offensivbereich hatten und vor allem von Technik und Auge lebten. Das Duo Harttgen/Herzog sorgte dafür, dass nach einer guten halben Stunde die Fans im Wildparkstadion missmutig anerkennen mussten, einen Titelanwärter zu sehen. Mit Fußball wie aus dem Lehrbuch stürzten Herzog und Harttgen die KSC-Hintermannschaft im Minutentakt in neue Verlegenheiten, und die schon nach 15 Minuten bestehende Führung durch Rufer und Harttgen selbst war eher noch zu niedrig. Dann aber fing sich der Gegner aus dem Badischen und legte den vorher vergeblich gesuchten

Er war der Shooting Star dieser Saison: Andy Herzog spielte sensationell und wurde mit seiner neuen Mannschaft verdient Deutscher Meister

Hebel um: Werder wurde noch 5:2 überrollt, Sergej Kirjakow traf gleich dreimal, und Otto betrachtete das Tandem Harttgen/Herzog wohl als gescheitert – zumindest auswärts. Schade um den Zauberfußball und schade um einen großartigen Mittelfeldvirtuosen wie Harttgen, der es im weiteren Verlauf der Saison nur auf insgesamt zwölf Einsätze brachte.

Herzog seinerseits kristallisierte sich frühzeitig als erneuter Geniestreich des Transfer-Orakels Rehhagel heraus. Für einen »ungeschliffenen Rohdiamanten« hatte der Andy zwar das richtige Alter (beim Sprung in die Bundesliga war er erst 23), aber war im Grunde für seine Jugend schon viel zu erfolgreich: In Österreich genoss der »Alpen-Maradona« nach bereits 32 Länderspielen den Ruf, ein Fußball-Wunderkind zu sein. Diesen Ruf rechtfertigte Herzog in Bremen allerdings erst Mitte der Vorrunde. Davor war er von Ziehvater Rehhagel regelmäßig ausgewechselt worden. Ein Tor gelang ihm nicht, und über schön anzusehende Ansätze kam der Ösi selten hinaus. Das änderte sich schlagartig, als Werder den unangenehmen Gang nach Dresden antreten musste. Nach nur acht Minuten schoss Herzog sein erstes Bundesligator und spielte hernach wie befreit auf. Er zog die Fäden im Werder-Mittelfeld, war mit dem Ball am Fuß unwiderstehlich dynamisch und zeigte all das, wofür ihn Rehhagel ausgespäht hatte. In den Wochen darauf wurde er seltener ausgewechselt, machte nun regelmäßig seine Tore und spielte sich in die Herzen der Werder-Fans.

Herzogs Aufschwung war der des SV Werder. Mit dem Spiel in Dresden begann eine rasante Erfolgsserie, die erst auf Platz 2 stehend gestoppt wurde, als Werder ausgerechnet beim sonstigen Lieblingsgegner in Bochum versagte. Bis dahin hatte es in zwölf Spielen ohne Niederlage schnuckelige 20:4 Punkte gegeben. Wieder hatte sich Werder am eigenen grünweißen Schopf aus der Bredouille gezogen und die Kritiker verstummen lassen. Nach dem Pleitespiel von Bochum schüttelten sich Ottos Mannen kurz und siegten leise weiter vor sich hin. Ende April kam es schließlich zum vorweggenommenen Endspiel: Im Weser-Stadion gab sich Tabellenführer Bayern die Ehre, den Werder in der Hinserie schon in München unter der Federführung eines sensationell aufspielenden Duos Herzog/Rufer mit 3:1 zerpflückt hatte. Ein schillernder 4:1-Sieg über die vorher lauthals tönenden Rivalen aus dem Süden gab die Parole für die letzten sechs Spieltag aus: Nun konnte, wollte und musste Werder um den Titel mitreden!

Beim Kantersieg gegen den Spitzenreiter lieferte einmal mehr ein Mann seine Duftmarke ab, der erst im Winter geholt wurde und am Ende den entscheidenden Unterschied zur Elf der Vorrunde ausmachte: Bernd Hobsch aus Leipzig war der Spieler, der Herzogs geniale Pässe vorne humorlos zu Zählbarem konvertieren sollte, und das tat Hobsch vom

Ein Werder-Feiertag wie gemalt! Olli Reck hat diese Jubeleinlage erstaunlicherweise unbeschadet überlebt. Und obwohl es so aussieht: Nein, Torsten Legat beißt hier nicht gleich zu!

ersten Spiel an: Er traf zum Einstand beim 3:0 gegen den »Club« aus Nürnberg und wurde direkt danach mit Standing Ovations vom Spielfeld geleitet. Für den Rest der Saison wurde der Sachse zum Mann für die wichtigen Tore und harmonierte so seligmachend mit dem Fußball-Mozart aus Wien, dass die Boulevardpresse für das Duo die Spitznamen »Pitsch und Patsch« ersann.

Es wäre unfair, den dritten namhaften Neuzugang an dieser Stelle zu verschweigen. Denn Didi Beiersdorfer vom HSV wurde nicht nur menschlich zum Gewinn für Werders Elf, sondern vor allem sportlich zum Stabilisator der Hintermannschaft. Werder hatte in der Geschichte nicht selten unter Beiersdorfers kantiger Kompromisslosigkeit leiden müssen, denn der Stern des Franken ging vor allem in den Duellen mit Rudi Völler auf, den Beiersdorfer besser im Griff hatte als jeder Abwehrspieler des Landes sonst.

6. Juni 1993 1,80 DM

Bild am Sonntag

Stuttgart – Bremen 0:3

Schalke – München 3:3

Werder jubelt!

- 2 Tore! Hobsch machte alles klar
- Ein Russe stoppte die Bayern
- Karlsruhe (fast) im UEFA-Cup
- Bochum ist abgestiegen

Das Saisonfinish geriet filmreif. Die Bayern, die spätestens nach der Demontage im direkten Vergleich wankten und allzu auffällig im dunklen Wald pfiffen, gaben nach und nach alle Trümpfe aus der Hand. Drei Spieltage vor Saisonende lagen die Münchener zwei Punkte und acht Tore vor Werder. Werder siegte 4:0 beim potenziellen Absteiger 1. FC Saarbrücken und brachte sich nachhaltig ins Gespräch. Zeitgleich verloren die Bayern in Karlsruhe mit 2:4. Sie blieben vorne, hatten nun aber einen nur noch mikroskopisch feststellbaren Vorsprung von drei Törchen. Der wurde von Werder am vorletzten Spieltag kurz- und kleingespielt: Während die

Bayern nach einer 3:0-Pausenführung gegen Bochum wieder Meisterschaftsluft witterten, führte Werder nur mit 2:0 gegen den HSV und hatte nun wieder vier Tore Rückstand. Die folgende 2. Halbzeit entschied vielleicht schon die Meisterschaft. Die Bayern bekamen schwere Beine und siegten am Ende nur mit 3:1, während Werder sich in einen Rausch zauberte und den Nordrivalen mit 5:0 niederwalzte. Herzogs 5:0 in der letzten Spielminute brachte Werder 90 Minuten vor Ende dieser spektakulären Saison erstmals auf den Platz an der Sonne: Ein Tor Vorsprung! Im letzten Spiel ging es für Werder zum VfB Stuttgart, der noch eine Restchance auf den UEFA-Cup hatte und Werder exakt sieben Jahre zuvor (Kutzop!) den Titel vermieste. Die Bayern reisten zum Tabellenzehnten nach Schalke, für den es um nichts mehr ging. Bayern-Trainer Ribbeck schwafelte sich selbst Mut zu und bemühte sich, den Schalkern einzureden, sie seien nicht mehr im Stande, sich noch einmal wirklich anzustrengen. Ingo Anderbrügge sah das etwas anders: Der königsblaue Blonde kanonierte schon nach vier Minuten einen absolut waffenscheinpflichtigen 30-Meter-Schuss ins Herz der bayerischen Titelhoffnungen. Der Anfang vom Ende für Matthäus und Co., die in Gelsenkirchen erst in Führung gingen, als Werder schon das Glück in beide Hände genommen und den VfB Stuttgart in die Knie gezwungen hatte: Zweimal Hobsch und Thomas Wolter sorgten für die große Jubelfeier in Stuttgart, die sieben Jahre zuvor so gnadenlos verhindert worden war.

Anschlusstabelle der Bundesliga 1992/1993:

Pl.	Verein	Sp	S	U	N	Tore	Diff.	Punkte
1.	**Werder Bremen**	**34**	**19**	**10**	**5**	**63:30**	**+33**	**48-20**
2.	Bayern München	34	18	11	5	74:45	+29	47-21
3.	Eintracht Frankfurt	34	15	12	7	56:39	+17	42-26
4.	Borussia Dortmund	34	18	5	11	61:43	+18	41-27
5.	Bayer Leverkusen	34	14	12	8	64:45	+19	40-28
6.	Karlsruher SC	34	14	11	9	60:54	+6	39-29
7.	VfB Stuttgart	34	12	12	10	56:50	+6	36-32
8.	1. FC K'lautern	34	13	9	12	50:40	+10	35-33
9.	Borussia M'gladbach	34	13	9	12	59:59	0	35-33
10.	Schalke 04	34	11	12	11	42:43	-1	34-34
11.	Hamburger SV	34	8	15	11	42:44	-2	31-37
12.	1. FC Köln	34	12	4	18	41:51	-10	28-40
13.	1. FC Nürnberg	34	10	8	16	30:47	-17	28-40
14.	SG Wattenscheid 09	34	10	8	16	46:67	-21	28-40
15.	Dynamo Dresden	34	7	13	14	32:49	-17	27-41
16.	VfL Bochum	34	8	10	16	45:52	-7	26-42
17.	KFC Uerdingen 05	34	7	10	17	35:64	-29	24-44
18.	1. FC Saarbrücken	34	5	13	16	37:71	-34	23-45

Saisonverlauf 1992/1993:

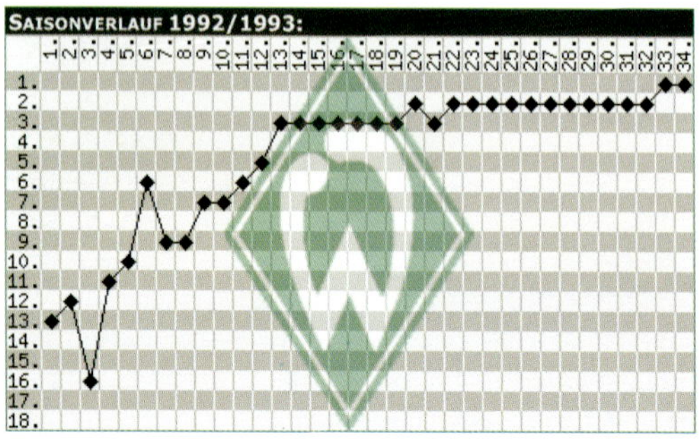

Reck, Oliver »Olli«
*27.2.1965
Torhüter
32 (345); 0 (0); 1985–1998

Gundelach, Hans-Jürgen
*29.11.1963
Torhüter
2 (9); 0 (0); 1992–1997

Rehhagel, Otto
*9.8.1938
Trainer
34 (493); 1976/1981–1995

Hermann, Günter »Jimmy«
*5.12.1960
Mittelfeldspieler
5 (231); 0 (8); 1982–1993

Wer kam?

Gundelach (FC Homburg)
Rost (eig. Amateure)
Beiersdorfer (Hamburger SV)
Herzog (Rapid Wien)
Hobsch (VfB Leipzig, w.d.S.)

Wer ging?

Rollmann (MSV Duisburg)
Klugmann (TSV Pansdorf)
Otten (VfB Oldenburg)
Kolbuch (Hertha Zehlendorf)
Witossek (eig. Amateure)
Malchow (VfB Oldenburg)
Bester (an den HSV ausgeliehen)
Hermann (SG Wattenscheid 09, w.d.S.)

w.d.S. = während der Saison

Erweiterter Kader:

Rost, Frank »Fäustel«
*30.6.1973
Torhüter
0 (147); 0 (1); 1992–2002
Amateur

Die Mannschaft (Name, Geb.-Datum, Position, Bundesliga-Einsätze (Gesamt), Tore (Gesamt), bei Werder von-bis)

1992/93

Bockenfeld, Manfred
»Manni«
*23.7.1960
Abwehrspieler
17 (94); 0 (2); 1989–1994

Schaaf, Thomas
*30.4.1961
Abwehrspieler
5 (262); 0 (13); 1978–1995

Borowka, Ulrich »Uli«
*19.5.1962
Abwehrspieler
28 (239); 1 (8); 1987–1996

Beiersdorfer, Dietmar »Didi«
*16.11.1963
Abwehrspieler
29 (64); 4 (6); 1992–1996

Bratseth, Rune
*19.3.1961
Abwehrspieler
29 (230); 2 (12); 1986–1995
Norwegen

Eilts, Dieter
»Ostfriesen-Alemao«
*13.12.1964
Mittelfeldspieler
24 (390); 1 (7); 1985–2002

Legat, Thorsten
*7.11.1968
Mittelfeldspieler
23 (70); 1 (4); 1991–1994

Wolter, Thomas »Stonie«
*4.10.1963
Mittelfeldspieler
31 (312); 2 (12); 1984–1999

Harttgen, Uwe
*6.7.1964
Mittelfeldspieler
12 (82); 2 (15); 1988–1994, 1997–1998

Herzog, Andreas »Andy«
*10.9.1968
Mittelfeldspieler
33 (236); 10 (57); 1992–1995, 1996–2002; Österr.

Votava, Miroslav »Mirko«
*25.4.1956
Mittelfeldspieler
33 (357); 3 (18); 1985–1997

Neubarth, Frank »Socrates«
*29.7.1962
Stürmer
19 (317); 3 (97); 1982–1996

Allofs, Klaus
*5.12.1956
Stürmer
16 (78); 0 (18); 1990–1993

Bode, Marco
*23.7.1969
Stürmer
29 (379); 4 (101); 1989–2002

Hobsch, Bernd »Hobscher«
*7.5.1968
Stürmer
17 (106); 7 (33); 1992–1997

van Lent, Arie
*31.8.1970
Stürmer
2 (32); 0 (6); 1990–1994, 1995–1998; Niederlande

Rufer, Wynton »Kiwi«
*29.12.1962
Stürmer
32 (174); 17 (59); 1989–1995
Neuseeland

Kohn, Stefan
*9.10.1965
Stürmer
17 (44); 4 (10); 1991–1993

Wenschlag, Kay
*25.2.1970
Abwehrspieler
0 (0); 0 (0); 1991–1993

Wiedener, Andree
*14.3.1970
Abwehrspieler
0 (164); 0 (3); 1989–2001
Amateur

Sauer, Gunnar
*11.6.1964
Abwehrspieler
0 (134); 0 (8); 1984–1996

Deering, Chad
*2.9.1970
Mittelfeldspieler
0 (0); 0 (0); 1991–1993
USA; Amateur

Przondziono, Martin
*11.6.1969
Mittelfeldspieler
0 (0); 0 (0); 1991–1994
Amateur

Unger, Lars
*30.9.1972
Mittelfeldspieler
0 (24); 0 (1); 1991–1997

Klaus Allofs 1990 …

Klaus Allofs

Der heutige Sportdirektor (Jahrgang 1956) gilt als einer der technisch beschlagensten, torgefährlichsten deutschen Offensivspieler aller Zeiten. Meister wurde er mit Werder und Olympique Marseille. Dazu dreimal Bundesliga-Torschützenkönig, Europacupsieger, Europameister 1980, Torschützenkönig der EM 1980, Vizeweltmeister 1986. Seit 1999 setzt er diese Erfolgsstory als Sportdirektor beim SVW fort. In seiner Amtszeit und unter seiner Regie wurden die Klassespieler Cesar, Pizarro, Baumann, Krstajic, Verlaat, Ernst, Lisztes, Micoud, Charisteas, Ismaël, Davala und Reinke verpflichtet. Seit dem Amtsantritt (Allofs begann seinen Job am 15. Juli 1999) gelang es ihm und Thomas Schaaf, den Marktwert der Mannschaft zu vervielfachen.

… und 2003. Optisch eindeutig gewonnen!

Klaus Allofs: »… eigentlich haben wir nie Geld!«

Ihr Wechsel als Spieler zu Werder glich 1990 einer Nacht- und Nebelaktion. Wie kam er zustande?

Allofs: Ich hatte in Bordeaux einen Vierjahresvertrag unterschrieben, den ich aber nicht erfüllen konnte, weil der Verein in finanzielle Schwierigkeiten geraten war. Otto Rehhagel erfuhr davon und bemühte sich im Sommer 1990 um mich, nachdem ich sogar noch das erste Meisterschaftsspiel in Frankreich absolviert hatte. Er versuchte, mich zu einer Rückkehr zu überreden, aber eigentlich wollte ich nicht. Ich war kurz davor, ihm abzusagen, aber nachdem die Probleme in Frankreich größer wurden, haben wir uns dann doch zu Verhandlungen getroffen. Ich war mir vorher fast sicher, dass das ein sinnloses Unterfangen sei, weil ich in Frankreich einen extrem guten Vertrag hatte und mir nicht vorstellen konnte, dass Werder und ich uns finanziell einigen würden. Ich war 33 Jahre alt, hatte drei gute Spielzeiten in Frankreich hinter mir. Ich will mich jetzt nicht mit Micoud vergleichen, aber eigentlich gab es Ähnlichkeiten bei beiden Transfers: Auch bei mir war eine Einigung im Grunde unmöglich, aber durch die besonderen finanziellen Umstände des abgebenden Vereins konnte man ihn dann doch stemmen. Bordeaux hat Werder signalisiert: Wir wollen keine Ablösesumme, wir geben sogar noch was dazu, wir müssen von unseren Gehältern runterkommen! Zu jener Zeit haben alle Leistungsträger in Frankreich sehr gut verdient. Mit Willi Lemke bin ich mir dann komischerweise doch sehr schnell einig geworden, und auch Werder und Girondins waren sehr schnell miteinander klar, weil Bordeaux wirklich in einer Notsituation war. Lemke hat einmal in Frankreich übernachtet, und am nächsten Tag sind wir mit einer Privatmaschine nach Bremen gedüst. Rehhagel hatte gut aufgepasst. Er kannte mich schon aus seiner Zeit bei Düsseldorf und hat mir gesagt: »Klaus, wir haben bei Werder jetzt eine gute Mannschaft, aber irgendwas fehlt. Wir sind immer dicht dran, aber wir brauchen eine Persönlichkeit wie dich. Ich glaube, dass du gut zu uns passen würdest.« Damit hatte er Recht: Wir haben dann bei Werder gemeinsam jedes Jahr einen Titel geholt.

Diese Titel müssen Sie als tollen Bonus am Ende Ihrer ereignisreichen Karriere empfunden haben?

Allofs: Ich war vorher gedanklich darauf fixiert, in Frankreich zu bleiben. Mit der Bundesliga hatte ich innerlich abgeschlossen. Ich bin bei Werder mit offenen Armen aufgenommen worden. Mannschaft und Öffentlichkeit haben mir gleich signalisiert, dass ich hier willkommen sei. Ich war ja der einzige richtige Neuzugang im Sommer 1990. Und dann habe ich schnell erkannt: mit Werder, das passt. Wir können zusammen etwas erreichen! Aber dass es dann so erfolgreich werden würde, mit Pokalsieg, Europapokalsieg und Meisterschaft hintereinander, das war natürlich nicht zu erwarten.

Welches war Ihr schönster Moment als Werder-Profi zum Abschluss Ihrer großen Karriere?

Allofs: Ich müsste eigentlich den Europapokalsieg nennen: selbst ein Tor gemacht, eins vorbereitet. Das war schon sehr schön, aber dann im Jahr darauf zum Abschluss noch einmal Meister zu werden, mit dem letzten Spiel meiner Karriere – das war auch sensationell für mich.

Gab es trotz der Erfolgsserie eine Enttäuschung in ihrer Zeit als Spieler bei Werder?

Allofs: (überlegt sorgfältig) Nun, es war in meiner letzten Saison so, wie es auch in vielen anderen Karrieren ist: Ich war 36 Jahre alt, mein Knie war nicht mehr in Ordnung, und deshalb konnte ich nicht mehr voll trainieren. Jüngere Spieler rückten nach, und ich spielte seltener. Alle Spieler erreichen diesen Punkt irgendwann. Bei Werder hatten wir immer ein

Vor einem Freundschaftsspiel gegen den Chemnitzer FC schnürt der Veteran zum allerersten Mal die Stiefel für Werder Bremen

gutes Klima, und ich bin hier fair behandelt worden. Deshalb habe ich auch keinen großen Grund zur Klage. Diese Endphase der Karriere schmeckt natürlich niemandem so recht, aber die Zeit bei Werder war so schön, dass sie auch durch die Problemchen zum Schluss nicht groß getrübt werden konnte.

Kommen wir zu Ihrer »zweiten Karriere« bei Werder. Wie war es, 1999 hierher zurückzukehren?

Allofs: Ich hatte als Spieler aufgehört, war nach Düsseldorf zurückgekehrt und bin dort Trainer bei der Fortuna geworden. Als Werder einen Sportdirektor gesucht hat, war die Verbindung zwischen dem Verein und mir sehr schnell wieder hergestellt. Für mich waren dann zwei Dinge entscheidend. Ich habe mir gesagt: Wenn du diese Aufgabe nach deinen Wünschen erledigen kannst, also mit voller sportlicher Kompetenz nach dem Abschied von Willi Lemke, dann musst du das machen! Zweitens wusste ich, dass man in Bremen gut leben kann. Ich wusste, dass meine Familie sich hier wohlfühlen würde und dass ich mit dem Vorstand klarkomme. Wenn man eine solche Anfrage bekommt, kann man eigentlich nicht nein sagen. Es war sehr schön, dass der Verein sich dann letztlich für mich entschieden hat.

Sie sind nach Ihrer aktiven Laufbahn erst Trainer geworden und unmittelbar anschließend dann »Schreibtischtäter«. Haben Sie gemerkt, dass Ihnen der Trainerjob weniger Spaß gemacht hat?

Allofs: Nein, überhaupt nicht! Das ist bei mir nicht so klar getrennt. Wenn das Angebot von Werder nicht gekommen wäre, würde ich wahrscheinlich jetzt noch als Trainer arbeiten. Beides liegt mir. Bei der Fortuna wurde ich auch erst als Sportdirektor geholt und habe den Trainerjob dann später übernommen. Die Arbeit auf dem Platz hat mir Spaß gemacht, aber ich habe dann eben auch gemerkt, dass es mir gut liegt, eine Mannschaft aufzubauen, Spieler zu verpflichten, Spieler auszusuchen und so weiter. Ein richtiger Büromensch bin ich dennoch nicht geworden. Das ist eigentlich das einzig Negative an meinem Beruf hier. Deshalb breche ich auch manchmal aus und trainiere mit der Mannschaft mit.

Als Sie zu Werder kamen, bestand die Mannschaft aus einem Sammelsurium von Spielern, die nicht von Ihnen, sondern von den zahlreichen Trainern der Jahre zuvor zusammengestellt wurde. Ab wann hatten Sie das Gefühl, dass die Mannschaft Ihre Handschrift trägt?

Allofs: Man erreicht eigentlich nie den Punkt, an dem man sagt: So, das ist jetzt deine Mannschaft. Ich fing in einer sehr schwierigen Phase an: Werder war fast abgestiegen, aber Pokalsieger geworden. Frank Baumann war verpflichtet worden, aber sonst geschah gar nichts, und das ausgerechnet in der Phase, wo man normalerweise die Personalplanungen auf Hochtouren abwickelt. Hätten wir diese Phase weiter verschlafen, dann hätte ich ein Jahr lang mit der Mannschaft zufrieden sein müssen, die schon da war. So aber haben wir gleich zu Beginn meiner Zeit als Sportdirektor zwei wichtige Transfers einfädeln können: der eine war Julio Cesar und der andere war Claudio Pizarro. Das waren für mich wichtige Erlebnisse. Bei zwei erfolgreichen Einkäufen hatte ich auf Anhieb das Gefühl, Einfluss genommen zu haben. Danach ging es dann sehr schnell, bis ich mich eingearbeitet hatte.

War es ein glücklicher Zufall, dass Thomas Schaaf und Sie beinahe zeitgleich Ihre Aufgaben bei Werder begonnen haben?

Allofs: Ich will mal so sagen: Wenn ein Trainer schon jahrelang bei einem Verein arbeitet, dann fällt es ihm natürlich schwerer, einen Teil seiner Kompetenz an einen neuen Sportdirektor abzugeben. Gut war hier, dass es meinen

Sieht aus wie Breakdance, ist aber eine ganz simple Aufwärmzeremonie. Klaus Allofs mit dem jungen Andy Herzog

Eines der absoluten Highlights in der Karriere des Spielers Klaus Allofs! Durch drei Tore im Spiel gegen die Niederlande wird Werders heutiger Sportdirektor Torschützenkönig der EM 1980

Klaus Allofs (oben, Mitte) an seinem letzten Arbeitstag als Fußballprofi. Besser kann man nicht aufhören

Aufgabenbereich so nicht gab. Ich werde zwar oft als Nachfolger von Willi Lemke bezeichnet, aber in der Realität war ich das ja gar nicht. Willis Nachfolge wurde eher von Manfred Müller übernommen, während das sportliche Management vorher gar nicht abgedeckt war. Auch Thomas Schaaf hatte diesen Aufgabenbereich noch nicht für sich besetzt. Es wäre schwieriger gewesen, plötzlich als neuer Sportdirektor mit Felix Magath zusammenarbeiten zu müssen. So aber konnten wir bei Null beginnen. Mein Tätigkeitsbereich lag im Grunde brach, seit Otto Rehhagel weg war. Bei Thomas und mir war von vornherein klar, dass wir uns nicht in die Quere kommen und er meine Mitarbeit ausdrücklich wünscht.

Wie lange hat es gedauert, sich die jetzige gute Reputation zu erarbeiten? Anfangs hat eine Boulevardzeitung Sie ja noch als »Deutschlands faulsten Bundesligamanager« verhöhnt.
Allofs: Wenn man eine neue Sache beginnt, dann stößt man naturgemäß erst einmal auf Vorbehalte. Diese Sache in der besagten Zeitung war eine Kampagne, die ein Journalist gegen mich geführt hat, der ein Problem mit mir hatte. Das hat etwas gestört, aber entscheidend war, dass der Verein zur selben Zeit nie einen Zweifel daran gelassen hat, dass er von meiner Arbeit überzeugt ist. Das war sehr hilfreich, und die Reputation kommt irgendwann ganz von selbst, wenn man Erfolge hat. Bei Werder weiß man um meinen Arbeitsumfang, und alle im Verein wissen, dass ich Tag und Nacht für die Belange des Clubs zur Verfügung stehe. Ich glaube nicht, dass mich heute noch jemand für »faul« hält.

Es fällt auf, dass Sie mit Thomas Schaaf bei der Wahl der Neueinkäufe eine ähnlich großartige Trefferquote erreichen wie Otto Rehhagel, während in den Jahren zwischen der Ära Rehhagel und der Ära Schaaf/Allofs eine Vielzahl von Spielern geholt wurde, die dem Verein nicht im geringsten weiterhelfen konnten. Steckt dahinter viel Glück, viel Zufall, oder gibt es eine Philosophie, die Sie verraten können?
Allofs: Man kann immer falsch liegen, und auch uns ist das passiert. Bei Stefan Blank und Jakub Wierzchowski haben wir uns schlichtweg geirrt. Hinter jedem Einkauf muss eine sportliche Idee stehen. Es reicht nicht, einen Spieler zu holen, weil ihn ein Berater als guten Spieler anpreist. Wir machen das alles sehr systematisch und überlegen uns früh im Jahr, auf welcher Position wir was machen müssen. Für jede Position haben wir drei, vier oder fünf Kandidaten, manchmal auch mehr. Der Trainer muss immer einverstanden sein, aber in letzter Konsequenz muss ich den Kopf dafür hinhalten.

Gibt es einen Fehler, den Sie sich eingestehen müssen?
Allofs: Klar, Fehler macht jeder irgendwann. In meiner Anfangszeit gab es die Sache mit dem Zahlendreher im Vertrag von Ivica Banovic. Das sind Dinge, die man natürlich vermeiden sollte, aber wenn man neu in einen Job kommt, ist so etwas normal. Ich konnte und musste hier von Anfang an sehr selbstständig arbeiten, war dadurch aber eben auch

So waren die Achtziger! Der Schnäuzer, die Frisur, das Design des PUMA-Trainingsanzugs, das alles musste damals so aussehen! Einziger Fehler: 1980 wird Klaus Allofs nicht wirklich viele Chips gegessen haben

auf mich alleine gestellt. Ich habe mir mit den Jahren angewöhnt, teamfähiger zu arbeiten. Dadurch minimieren wir natürlich das Risiko, derartige Fehler zu begehen. Am Anfang war ich etwas zu eigenbrötlerisch. Das hätte ich von Beginn an vermeiden sollen. Ich habe dadurch manche Dinge nicht richtig gemacht, für die ich zu Recht von der Presse aufs Dach bekommen habe. Auch den Umgang mit der Presse muss man erst lernen – sowohl als Spieler wie dann später als Sportdirektor. Da darf man nicht zu dünnhäutig sein, sondern muss sich einen entspannteren Umgang miteinander aneignen. Auch das hätte ich am Anfang meiner Amtszeit etwas anders machen können.

Auf der anderen Seite der Medaille: Gibt es Dinge, auf die Sie heute stolz sind, weil Sie sie trotz großer Schwierigkeiten gestemmt haben? Welcher Vertrag war Ihr schwierigster?

Allofs: Ganz schwierig war unser Vertragsabschluss mit Claudio Pizarro. Sein sportlicher Wert für den Verein war ja gar nicht absehbar. Den Vertrag mit Claudio haben wir auf dem Lufthansa-Abfertigungsschalter des Flughafens von Lima unterschrieben. Unser Flieger war kurz vorm Abheben, wir wurden schon zum zweiten Mal aufgerufen und Claudio hatte noch nicht unterschrieben. Es gab den Mitbewerber Betis Sevilla, und wir haben Claudio damals, auf dem Flughafen von Lima, dann gedrängt: So, jetzt unterschreiben – oder eben nicht! Wir haben die Unterschrift gottseidank noch bekommen.

Wie müssen wir uns denn Werders Finanzlage vorstellen? Mit welcher Ausgangslage gehen Sie heutzutage in Verhandlungen mit möglichen neuen Spielern?

Allofs: Also, prinzipiell: Eigentlich haben wir nie Geld! Innerhalb des Vereins spielt jeder seine Rolle. Ich bin derjenige, der das Geld ausgibt, und andere müssen naturgemäß bremsen. Ich komme natürlich nicht mit Vorschlägen wie Morientes oder so, aber ich muss eine sportliche Vision haben, eine Begeisterung. Man muss Fantasie haben und sich einen Spieler innerhalb unserer Mannschaft vorstellen können. Man muss sich euphorisch auf einen neuen Spieler freuen, Vorfreude haben. Bei Charisteas war das so: Den wollten wir ein Jahr vorher schon unbedingt haben. Hat nicht funktioniert. Ein Jahr später ging es plötzlich, und das war toll. Oder als Micoud seine ersten Spiele gemacht hat. Wunderbar! Anders lief es bei Mladen Krstajic, der ja ursprünglich als linker Verteidiger eingekauft wurde. Da mussten wir uns nach seinem mäßigen Start fragen lassen: »Sag mal, was habt ihr denn in dem gesehen?« Sehr schön, dass sich diese Frage nach seiner weiteren Entwicklung nicht mehr stellt.

Als kongeniales Duo ein Glücksfall für Werder: die beiden Macher Allofs und Schaaf, die sich 1999 wiedertrafen, nachdem ihre Wege als Spieler sich 1993 trennten (unten)

Apropos Vision: Welche Entwicklung ist für Werder denkbar? Was ist realistisch, was ist Utopie?

Allofs: In den vorangegangenen Jahren war es so, dass uns Clubs wie Wolfsburg, Hertha und Schalke die Spieler wegholen konnten. Wenn die Entwicklung auf dem Markt dahingehend weitergeht, dass diese Vereine das finanziell nicht mehr können, dann können wir irgendwann unsere Mannschaft zusammenhalten. Und dann können wir vielleicht längerfristig nach oben schauen. Früher haben wir immer die Aufbauarbeit für andere Vereine übernommen. Nehmen wir Pizarro: Der war bei uns ohne Frage gut, aber ein Weltklassespieler wie jetzt bei Bayern wurde er erst in seinem letzten halben Jahr bei uns. Solche Spieler haben uns bis jetzt immer verlassen. Wenn wir dahin kommen, solche Spieler künftig vielleicht dauerhaft bei uns halten zu können, oder wenn wir weiter so einkaufen können wie in dieser Saison 2003/04, wo wir mit Ismaël, Davala und Reinke qualitativ deutlich verbessern konnten, dann können wir auch nach oben schauen.

1993/94: Bühne frei für Mario

Oben v.l.:
Eilts, Wolter, Neubarth, Votava, Sauer, Hobsch, Bode, Harttgen, Basler
Mitte v.l.:
Trainer Rehhagel, Bratseth, Beiersdorfer, Wiedener, Herzog, Przondziono, Unger, Goldschmidt, Co-Trainer Schaaf, Co-Trainer Kamp
Unten v.l.: Rufer, Borowka, Bockenfeld, Reck, Gundelach, Rost, van Lent, Legat

Die Meisterfeierlichkeiten im Sommer 1993 zählten zu den schönsten Erlebnissen im Leben eines Werder-Fans überhaupt. Zum bislang einzigen Mal wurde eine Meisterschaft erst am letzten Spieltag in einem packenden Finish unter Dach und Fach gebracht, nachdem 1988 ja schon Wochen vorher angestoßen werden konnte. Jetzt, im heißen Sommer 1993, genoss Bremen das wohlige Gefühl, es den Bayern endlich Mal andersherum gezeigt zu haben. Der glanzvolle Sieg am letzten Spieltag in Stuttgart tat ein Übriges. Die Fans im Neckarstadion waren vor Freude benebelt, der Osterdeich in Bremen bebte unter einem Open-Air-Happening der Daheimgebliebenen, und bis zur völligen Stimmbandlähmung grölte ganz Bremen den Hit des Sommers: »SCHADE, BAYERN, ALLES IST VORBEI!« Aber nach dem »Schade Bayern« ist vor dem »Schade Bayern«, wie schon Sepp Herberger sinngemäß formulierte. Wieder Mal ging man im Verein die schwere Mission »Titelverteidigung« an.

Anders als die Konkurrenz ließ Werder es auf dem Transfermarkt wieder mal nicht so recht krachen. Die Dortmunder hatten sich Kalle Riedle gegönnt, und die Bayern holten einen grobschlächtigen Kolumbianer namens Adolpho Valencia, den man ob seiner Durchschlagskraft nur »El Tren« (Der Zug) nannte, aber der in der Bundesliga vor allem durch die unverwechselbare Eleganz eines Vorort-Güterzugs auffiel. Er zählte zu der langen, langen Liste von Bayern-Stürmern, die vom Rekordmeister trotz einer passablen Trefferquote schnell wieder abserviert wurden.

Bei Werder gab es nur einen namhafteren Neuen, aber auch der kam nur aus der zweiten Etage: Mit einem gewissen Mario Basler verpflichtete Werder den herausragenden Spieler der vorigen Zweitligasaison, von dem allerdings gemunkelt wurde, er sei »irgendwie schwierig«. Baslers Ex-Trainer Jürgen Röber, in Bremen ja auch kein Unbekannter, orakelte sogar: »Entweder der wird Weltklasse, oder er landet in der Gosse.« Bis heute lässt nicht abschließend über das Endergebnis dieser Weissagung urteilen.

Basler brauchte bei Werder einige Zeit, um in der Mannschaft Fuß zu fassen. Er kam als schüchterner, fast verklemmter Zweitligaspieler in Bremen an, stammelte in Interviews leise und gehemmt, und begeisterte in einer TV-Sendung von Radio Bremen mit der ernstgemeinten Vermutung, Bremen habe drei Millionen Einwohner. Ungefragt tat er kund, niemals nach Italien zu wollen, weil ihm da

»zu viele Ehen kaputtgehen«. Eine Sichtweise, die sich aus unterschiedlichen Motiven einige Jahre später massiv ändern sollte. Es begann harmlos mit Mario, wurde aber später in rasendem Tempo immer interessanter.

Interessant war auch der Saisonauftakt des Meisters: Werder empfing im Weser-Stadion den letzten Gegner der vorigen Saison, doch diesmal mit weniger versöhnlichem Ende für die Schwaben, die sich wenige Wochen zuvor noch als ausgesprochen gute Verlierer gegen den frisch gebackenen Meister Werder zeigten. Jetzt, am 1. Spieltag 1993/94, sah das alles etwas anders aus: Thomas Berthold flog etwas umstritten vom Platz, und die Stuttgarter zeterten von Betrug, was aus ihrer Sicht sogar verständlich war. Denn das Auftakttor zum abschließenden Torreigen von 5:1 schoss Andreas Herzog auf höchst merkwürdige Weise. Ein Zusammenprall knapp außerhalb des Stuttgarter Strafraums wertete Schiedsrichter Führer als Foul an Bernd Hobsch. So weit, so gut. Als die Schwaben noch das Für und Wider der Bildung einer Abwehrmauer diskutierten, schnappte sich Andy Herzog den Ball und schob ihn lässig ins Tor der unkonzentrierten Stuttgarter, was nur deshalb möglich war, weil der Ball mittlerweile ca. 20 Meter vom eigentlichen Ort des Geschehens entfernt lag. Das ist nicht direkt regelkonform, aber es verhalf Werder zur Führung, entnervte die Stuttgarter und brachte Herzog den Spitznamen »Schla-Wiener« ein. Der putzige Schiedsrichter Führer seinerseits verblüffte mit der wenig geschickten Interview-Aussage, es sei »ein sehr schönes Tor gewesen, im Gegensatz zu den Stuttgartern habe ich ja hingeschaut!« und verfeinerte dies noch mit: »Ich konnte deutlich das Schnarchen der Stuttgarter Abwehrspieler hören!« Führer pfiff seine letzte Bundesligasaison.

Weitere Aufregung gab es wie eigentlich immer nach dem Gastspiel der Bayern in Bremen. Bernd Hobsch hatte zum etwas glücklichen 1:0-Sieg getroffen, der durch die Auswechslung des Werder-Stars Andy Herzog überschattet worden war. Herzog sah nur noch Sterne, nachdem ihm Bayern-Raubein Jan Wouters den Ellbogen an die Stirn gerammt hatte. Eine Schädelprellung und ein Krankenhausaufenthalt waren die Folge, und Herzog fehlte sogar noch im darauf folgenden Spiel bei Kickers Offenbach. Das hielt Bayern-Manager Hoeneß nicht davon ab, Herzog als »Burgschauspieler« zu verhöhnen und dem SV Werder vorzuwerfen, durch diese »Schauspielerei« den bis dahin guten Schiedsrichter Merk auf die Seite der Heimmannschaft zu ziehen. Die Atmosphäre zwischen Spitzenfußball Nord und Spitzenfußball Süd war wieder mal im Eimer.

Werder spielte eine letztlich zufrieden stellende Saison, in der es zum mittlerweile obligatorischen Durchhänger in der Rückserie kam. Nach 21 Spieltagen stand Werder mit nur einem Punkt Rückstand auf Tabellenführer Frankfurt auf Rang 3, noch vor den Bayern. Dann folgten sieben Spiele ohne Sieg, und als die Saison in die letzten sechs Runden ging, lag Werder abgeschlagen auf Platz 12, volle zehn Zähler hinter dem Tabellenführer, der inzwischen natürlich längst wieder Bayern München hieß. Ein beherzter Schlussspurt brachte Werder noch einmal auf einen einstelligen Tabellenplatz, aber mehr war nicht drin. Zumindest nicht in der Bundesliga.

Doch Werder verfolgte weiter das bewährte Erfolgsrezept: Wenn es in der Liga nicht so läuft, muss man halt einen Pokal gewinnen. Und das wurde auch getan. Der Gegner hieß

»Die Bayern vertragen keine Härte, und ich bin der Erste, der anfängt damit.«

Thorsten Legat

Oben: Mario Basler wurde nach einer kurzen Durststrecke zu Beginn seiner Karriere bei Werder ein echter Superstar. Allerdings erlebte man 1993/94 auch letztmalig den bescheidenen, stillen Basler. Schon im Jahr danach sah das ganz anders aus

Unten: Ein weiterer Triumph, der Werders Reputation als erfolgreichste deutsche Mannschaft der neunziger Jahre zementierte: Drei Jahre nach dem letzten Pokalsieg ist Werder im DFB-Pokalfinale gegen RW Essen siegreich am 14. Mai Rot-Weiß Essen. Das war nicht nur eine auf dem Papier klare Sache, weil Essen Zweitligist war, sondern umso brisanter, weil die Mannschaft aus dem Pott wegen Verstößen gegen die DFB-Lizensierungsauflagen sogar in die Oberliga zurückgestuft wurde. Werder reiste also als klarer Favorit in die Hauptstadt und hatte erstmals die neutralen Fans komplett gegen sich. Der Mitleidsbonus half nicht: Werder gewann am Ende glanzlos mit 3:1, was für weniger Schlagzeilen sorgte als die Auswechselungen der beiden Stars Herzog und Basler. Während Herzog ein Tor erzielt hatte und die Herausnahme verkraftete, lief ein sichtlich bedienter Basler vom Spielfeld direkt in die Kabine, ignorierte die Bemühungen seiner Kameraden, den DFB-Pokal zu gewinnen, was man ja eigentlich nicht alle Tage tut, und musste nach Spielende mühsam dazu überredet werden, sich zur Siegerehrung aus der Kabine zu bemühen. Die Fotos von damals zeigen eine jubelnde Werderelf und einen versteinert dreinblickenden Basler – in Freizeitkleidung und Badelatschen.

Oben: Für Rune Bratseth war der Pokalsieg der perfekte Abschluss einer großartigen Werder-Karriere. Er kehrte in der folgenden Saison nur noch für einen Kurzeinsatz aus Norwegen zu Werder zurück

Unten: Andy Herzog blieb ein Leistungsträger, war aber weniger effektiv als in seinem Premierejahr 1992/93. Seinen Rang als gefährlichster Torvorbereiter lief ihm Mario Basler ab, und auch Herzog selbst traf nicht so oft wie im Jahr zuvor

Abschlusstabelle der Bundesliga 1993/1994:

Pl.	Verein	Sp	S	U	N	Tore	Diff.	Punkte
1.	Bayern München	34	17	10	7	68:37	+31	44-24
2.	1. FC K'lautern	34	18	7	9	64:36	+28	43-25
3.	Bayer Leverkusen	34	14	11	9	60:47	+13	39-29
4.	Borussia Dortmund	34	15	9	10	49:45	+4	39-29
5.	Eintracht Frankfurt	34	15	8	11	57:41	+16	38-30
6.	Karlsruher SC	34	14	10	10	46:43	+3	38-30
7.	VfB Stuttgart	34	13	11	10	51:43	+8	37-31
8.	**Werder Bremen**	**34**	**13**	**10**	**11**	**51:44**	**+7**	**36-32**
9.	MSV Duisburg	34	14	8	12	41:52	-11	36-32
10.	Borussia M'gladbach	34	14	7	13	65:59	+6	35-33
11.	1. FC Köln	34	14	6	14	49:51	-2	34-34
12.	Hamburger SV	34	13	8	13	48:52	-4	34-34
13.	Dynamo Dresden	34	10	14	10	33:44	-11	30-38
14.	Schalke 04	34	10	9	15	38:50	-12	29-39
15.	SC Freiburg	34	10	8	16	54:57	-3	28-40
16.	1. FC Nürnberg	34	10	8	16	41:55	-14	28-40
17.	SG Wattenscheid 09	34	6	11	17	48:70	-22	23-45
18.	VfB Leipzig	34	3	11	20	32:69	-37	17-51

Saisonverlauf 1993/1994:

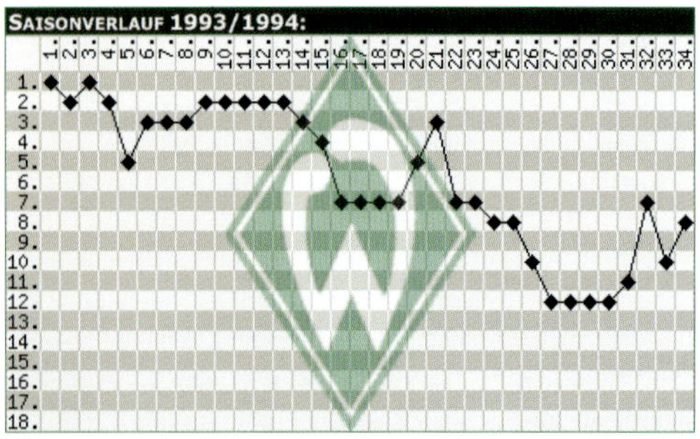

Reck, Oliver »Olli«
*27.2.1965
Torhüter
30 (345); 0 (0); 1985–1998

Wiedener, Andree
*14.3.1970
Abwehrspieler
21 (164); 2 (3); 1989–2001

Herzog, Andreas »Andy«
*10.9.1968
Mittelfeldspieler
30 (236); 6 (57); 1992–1995, 1996–2002; Österreich

Rehhagel, Otto
*9.8.1938
Trainer
34 (493); 1976/1981–1995

Wer kam?

Bester (w.d.S. zurück von Schalke 04, war ausgeliehen)
Basler (Hertha BSC Berlin)
van Lent (zurück vom VfB Oldenburg, war ausgeliehen)
Goldschmidt (eig. Amateure)

Wer ging?

Allofs (Karriereende)
Kohn (1. FC Köln)
Wenschlag (Hansa Rostock)
Deering (Schalke 04)

w.d.S. = während der Saison

* Vertragsamateur

Die Mannschaft

(Name, Geb.-Datum, Position, Bundesliga-Einsätze (Gesamt), Tore (Gesamt), bei Werder von-bis)

1993/94

Gundelach, Hans-Jürgen
*29.11.1963
Torhüter
4 (9); 0 (0); 1992–1997

Bockenfeld, Manfred »Manni«
*23.7.1960
Abwehrspieler
8 (94); 0 (2); 1989–1994

Schaaf, Thomas
*30.4.1961
Abwehrspieler
9 (262); 0 (13); 1978–1995

Borowka, Ulrich »Uli«
*19.5.1962
Abwehrspieler
24 (239); 1 (8); 1987–1996

Beiersdorfer, Dietmar »Didi«
*16.11.1963
Abwehrspieler
32 (64); 2 (6); 1992–1996

Bratseth, Rune
*19.3.1961
Abwehrspieler
26 (230); 1 (12); 1986–1995
Norwegen

Sauer, Gunnar*
*11.6.1964
Abwehrspieler
1 (134); 0 (8); 1984–1996

Eilts, Dieter »Ostfriesen-Alemao«
*13.12.1964
Mittelfeldspieler
26 (390); 1 (7); 1985–2002

Basler, Mario »Super-Mario«
*18.12.1968
Mittelfeldspieler
29 (92); 5 (36); 1993–1996

Legat, Thorsten
*7.11.1968
Mittelfeldspieler
22 (70); 1 (4); 1991–1994

Wolter, Thomas »Stonie«
*4.10.1963
Mittelfeldspieler
27 (312); 1 (12); 1984–1999

Harttgen, Uwe
*6.7.1964
Mittelfeldspieler
1 (82); 0 (15); 1988–1994, 1997–1998

Votava, Miroslav »Mirko«
*25.4.1956
Mittelfeldspieler
33 (357); 1 (18); 1985–1997

Unger, Lars
*30.9.1972
Mittelfeldspieler
1 (24); 0 (1); 1991–1997

Neubarth, Frank »Socrates«
*29.7.1962
Stürmer
17 (317); 4 (97); 1982–1996

Bester, Marinus
*16.1.1969
Stürmer
1 (15); 0 (0); 1990–1992, 1993–1995

Bode, Marco
*23.7.1969
Stürmer
32 (379); 7 (101); 1989–2002

Hobsch, Bernd »Hobscher«
*7.5.1968
Stürmer
23 (106); 8 (33); 1992–1997

Rufer, Wynton »Kiwi«
*29.12.1962
Stürmer
33 (174); 10 (59); 1989–1995
Neuseeland

Erweiterter Kader:

Rost, Frank »Fäustel«
*30.6.1973
Torhüter
0 (147); 0 (1); 1992–2002

Goldschmidt, Bernd*
*24.4.1970
Abwehrspieler
0 (0); 0 (0); 1993–1995

Przondziono, Martin*
*11.6.1969
Mittelfeldspieler
0 (0); 0 (0); 1991–1994

van Lent, Arie
*31.8.1970
Stürmer
0 (32); 0 (6); 1990–1994, 1995–1998; Niederlande

1994/95: »Otto? Fand ich gut!«

Oben v.l.:
Eilts, Wolter, Votava, Neubarth, Sauer, Hobsch, Herzog, Rufer
Mitte v.l.:
Trainer Rehhagel, Beiersdorfer, Bode, Ramzy, Unger, Schulz, Bestchastnykh, Bester, Co-Trainer Kamp
Unten v.l.:
Wiedener, Borowka, Basler, Rost, Gundelach, Reck, Lellek, Goldschmidt, Schaaf

Es gibt auffälligere und unauffälligere Phasen innerhalb der Geschichte eines Fußballvereins. Es gibt Wendepunkte, Comebacks, Abstürze und Zäsuren. Und es gibt den Abschied von Otto Rehhagel.

Otto hatte immer wieder betont, dass die vielen Interessenten in all den Jahren zuvor sich immer zum falschen Zeitpunkt gemeldet hätten. Nach einer überaus erfolgreichen Vorrunde der Saison 1994/95 probieren es die Bayern am 14. Januar 1995 am Rande des Hallenturniers in Berlin zaghaft noch einmal, und treffen zu ihrer eigenen Überraschung auf offene Ohren bei Werders Trainer. Gerüchte werden laut, und die »Sport Bild« wird am lautesten: »OTTO – DER RICHTIGE FÜR BAYERN!« titelt sie. Etwas richtig, aber nicht ganz. Denn Rehhagel geht zwar in der Tat zum Erzrivalen, aber »der Richtige« wird er nicht.

In Bremen sorgt die Nachricht des Rehhagel-Wechsels naturgemäß für eine Art Erdbeben. »Ich bin wahnsinnig enttäuscht! Überall hätte er hingehen dürfen – aber nicht zu den Bayern!«, lautete in etwa die repräsentative Fanmeinung. Werder musste sich nach einem neuen Trainer umsehen! Unvorstellbar! Vierzehn Jahre lang existierte die Bundesligaabteilung des Vereins gemütlich vor sich hin, und alles funktionierte immer irgendwie, denn Rehhagel war ja da. Nun sollte das alles anders werden. Jahre voller Frust ereilten den SV Werder, aber das konnte 1995 zum Glück noch keiner ahnen.

Der Rehhagel-Wechsel wurde insgesamt noch etwas schmerzlicher durch die Tatsache, dass der Trainer nicht alleine zu den Bayern wechselte, sondern Andy Herzog gleich huckepack mitnahm. Das verwunderte etwas, denn in den Monaten zuvor hatte es immer mal wieder intern zwischen dem Trainer und seinem Regisseur geknistert. Nun suchten beide dieselbe neue Herausforderung und erlitten letztlich auch beinahe dasselbe Schicksal bei den Bayern.

Während Herzogs Wechsel zu den Bayern im Weser-Stadion anfangs zu Pfiffen gegen das Ex-Idol führte, wurde ein sichtlich unsicherer Rehhagel beim ersten Heimspiel nach der Bekanntgabe seines Bayern-Engagements von den Werder-Fans mit warmem Beifall empfangen, was Otto gerührt mit mehreren tiefen Verbeugungen in Richtung des Fanblocks quittierte.

Sein Abschied aus Werder-Town hätte zu einer verdammt runden Sache werden können. Denn Rehhagels Jungs spielten Fußball wie einst im Mai, und zwar im Mai 1993, als es die Meisterschale das letzte Mal nach Bremen zog. Schon nach vier Spieltagen steht Werder ganz oben in der Tabelle, was auch an den Neuen Hany Ramzy und Michael Schulz liegt, die Werders Hintermannschaft wie geplant entscheidend verstärken. Vorne wirbelt ein strohblonder Russe durch die gegnerischen Abwehrreihen, den Werder schon ein Jahr vor seinem Dienstantritt an der Weser von Spartak Moskau verpflichtet hatte, und für dessen Nachnamen es etliche verschiedene Schreibweise zu geben schien. Die richtigste war (und ist) »Bestchastnykh«, aber genannt wurde er eh nur »Wladi«. Der technisch saustarke Mann aus dem Osten begeisterte die Fans auf Anhieb, obwohl er erst 20 Jahre alt war. Charakteristisch für Bestchastnykh war aber auch, dass immer irgendetwas zum wirklichen Durchbruch fehlte. Ein wirklicher Star wurde er bei Werder nie. Und das, obwohl er sein erstes Pflichtspieltor für Werder in seinem allerersten Spiel schon nach 32 Sekunden erzielen konnte: Wladi brachte seine neue Mannschaft zum Saisonauftakt beim Supercupspiel im Münchener Olympiastadion auf die Siegerstraße und sorgte maßgeblich dafür, dass Werder diesen Pokal beim dritten Anlauf auch schon zum dritten Mal gewann, und das erstaunt umso mehr, weil Werder alle drei Supercupspiele auf des Gegners Platz austragen musste: in Frankfurt, Leverkusen und nun in München.

Leider blieb der Supercup der einzige Titel der Saison. Unnötigerweise, denn Werder hatte definitiv das Zeug zum Meister. Obwohl die Tabellenspitze im Herbst durch ein bitteres 1:4 zuhause ausgerechnet gegen den HSV verspielt wurde, gelangen Geniestreiche im Dutzend: 4:0 gegen Stuttgart, 2:1 in Leverkusen (sensationelles Slalom-Tor von Basler!), 5:1 gegen Freiburg und Duisburg, 3:1 gegen Dortmund, 4:1 in Stuttgart. Basler traf, wie er wollte, und obwohl er und Herzog nicht die allerbesten Freunde waren, harmonierten sie auf dem Spielfeld großartig. Ihrer Dynamik konnten nur wenige Gegner etwas entgegensetzen.

Auch aus neutraler Sicht hätten es nach landläufiger Meinung die Bremer eher verdient gehabt, nach 34 Spieltagen auf dem Thron zu sitzen als der neue Meister Borussia Dortmund. Die Elf aus dem Ruhrpott mit den textmarkerfarbigen Trikots verdankte ihre finale Punktzahl auch der berüchtigten »Möller-Schwalbe«, mit der Mittelfeldrenner Andy Möller auf infame Weise einen Sieg gegen den KSC ergaunerte (wofür er nachträglich gesperrt wurde). Zudem zeigte sich der BVB als schlechter Verlierer: Nach der scheinbar vorentscheidenden Niederlage in Bremen vergiftete BVB-Coach Hitzfeld das Klima mit dem Vorwurf, Werder sei auf dem Platz Amok gelaufen. Eine bizarre Feststellung, wenn man bedenkt, dass es an diesem Tag drei gelbe Karten und eine rote Karte gab – und zwar jeweils für beide Mannschaften.

Kein schöner, aber ein unvergesslicher Tag: Otto Rehhagel verabschiedet sich am 10. Juni 1994 beim Heimspiel gegen den KSC (2:1) endgültig von den Fans im Weser-Stadion

Werders mittlerweile aus sage und schreibe 14 Nationalspielern bestehender Kader konnte aus seiner überaus günstigen Ausgangslage nach 29 Spieltagen nichts machen. Mit Schalke 04 schenkte ausgerechnet der Erzrivale den Dortmundern den entscheidenden Kick im Titelrennen. Werder Bremen war an diesem letzten Maisamstag 1995 von allen guten Geistern verlassen und hätte im Parkstadion auch höher verlieren können als 2:4. Dass mit Ex-Stürmer Stefan Kohn ein ehemaliger Werderaner zwei der vier Schalker Buden machte, hat da auch schon nicht mehr besonders gestört.

Werder hätte auch nach dem Debakel von Schalke noch den Titel gewinnen können, aber hätte dafür am letzten Spieltag ausgerechnet bei den Bayern siegen müssen – also beim neuen Arbeitgeber von Otto und Andy. Während zeitgleich der BVB locker gegen den HSV siegte, zeigte Werder Nerven und verlor ersatzgeschwächt mit 1:3 gegen eine entfesselt aufspielende Bayernelf, für die es um nichts mehr ging. Otto Rehhagel warf wütend mit Wasserflaschen um sich, Hany Ramzy erlitt noch auf dem Spielfeld einen Weinkrampf, und der Rest der Mannschaft schlich am Boden zerstört in die Katakomben des Olympiastadions. Nach einer großen Saison wurde Werder »nur« Vizemeister. Otto nahm seinen Hut (obwohl er in Wahrheit nie einen trug), und jeder der Beteiligten musste für sich diese unendlich nervenaufreibende Saison erst einmal verdauen.

»Ich bin da, aber ich bin auch nicht da.«

Aad de Mos stellt sich mit diesen Worten im Frühjahr 1995 seiner neuen Mannschaft vor.

Der natürliche Feind jeder Freistoßmauer: Mario Basler verwandelte Freistöße aus jeder denkbaren Distanz sicher wie Elfmeter

Ottos Abschied

Wut und Tränen

Schade Werder, ihr wart so dicht dran

Ein Werder-Fan weint nach dem Schlußpfiff. Auf dem Domshof sahen mit ihm Tausende die Niederlage der Bremer auf einer Mega-Videowand.

Trauriges Finish am Ende einer großartigen Saison: Otto weg, Titel weg

Abschlusstabelle der Bundesliga 1994/1995:

Pl.	Verein	Sp	S	U	N	Tore	Diff.	Punkte
1.	Borussia Dortmund	34	20	9	5	67:33	+34	49-19
2.	**Werder Bremen**	**34**	**20**	**8**	**6**	**70:39**	**+31**	**48-20**
3.	SC Freiburg	34	20	6	8	66:44	+22	46-22
4.	1. FC K'lautern	34	17	12	5	58:41	+17	46-22
5.	Borussia M'gladbach	34	17	9	8	66:41	+25	43-25
6.	Bayern München	34	15	13	6	55:41	+14	43-25
7.	Bayer Leverkusen	34	13	10	11	62:51	+11	36-32
8.	Karlsruher SC	34	11	14	9	51:47	+4	36-32
9.	Eintracht Frankfurt	34	12	9	13	41:49	-8	33-35
10.	1. FC Köln	34	11	10	13	54:54	0	32-36
11.	Schalke 04	34	10	11	13	48:54	-6	31-37
12.	VfB Stuttgart	34	10	10	14	52:66	-14	30-38
13.	Hamburger SV	34	10	9	15	43:50	-7	29-39
14.	1860 München	34	8	11	15	41:57	-16	27-41
15.	KFC Uerdingen 05	34	7	11	16	37:52	-15	25-43
16.	VfL Bochum	34	9	4	21	43:67	-24	22-46
17.	MSV Duisburg	34	6	8	20	31:64	-33	20-48
18.	Dynamo Dresden	34	4	8	22	33:68	-35	16-52

Saisonverlauf 1994/1995:

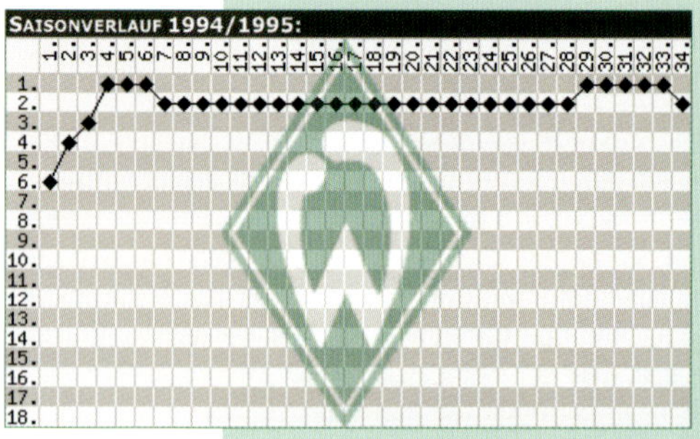

Reck, Oliver »Olli«
*27.2.1965
Torhüter
32 (345); 0 (0); 1985–1998

Schulz, Michael »Du Sau«
*3.9.1961
Abwehrspieler
27 (59); 0 (1); 1994–1997

Rehhagel, Otto
*9.8.1938
Trainer
34 (493); 1976/1981–1995

Unger, Lars
*30.9.1972
Mittelfeldspieler
2 (24); 0 (1); 1991–1997

Wer kam?

Ramzy (Xamax Neuchatel)
Schulz (Borussia Dortmund)
Bestchastnykh (Spartak Moskau)
Lellek (eig. Amateuere)
Simonsen (eig. Amateure)

Wer ging?

Bockenfeld (1. FC Bocholt)
Legat (Eintracht Frankfurt)
Harttgen (Hannover 96)
Przondziono (1. FC Nürnberg)
van Lent (eig. Amateure)
Rufer (JEF United Ichihara/Japan, w.d.S.)

w.d.S. = während der Saison

* Vertragsamateur

Die Mannschaft (Name, Geb.-Datum, Position, Bundesliga-Einsätze (Gesamt), Tore (Gesamt), bei Werder von-bis)

1994/95

Gundelach, Hans-Jürgen
*29.11.1963
Torhüter
3 (9); 0 (0); 1992–1997

Ramzy, Hany
*10.3.1969
Abwehrspieler
27 (98); 2 (3); 1994–1998
Ägypten

Schaaf, Thomas
*30.4.1961
Abwehrspieler
3 (262); 0 (13); 1978–1995

Borowka, Ulrich »Uli«
*19.5.1962
Abwehrspieler
22 (239); 0 (8); 1987–1996

Bratseth, Rune
*19.3.1961
Abwehrspieler
1 (230); 0 (12); 1986–1995
Norwegen

Wiedener, Andree
*14.3.1970
Abwehrspieler
23 (164); 0 (3); 1989–2001

Sauer, Gunnar
*11.6.1964
Abwehrspieler
11 (134); 0 (8); 1984–1996

Eilts, Dieter
»Ostfriesen-Alemao«
*13.12.1964
Mittelfeldspieler
34 (390); 1 (7); 1985–2002

Basler, Mario »Super-Mario«
*18.12.1968
Mittelfeldspieler
33 (92); 20 (36); 1993–1996

Wolter, Thomas »Stonie«
*4.10.1963
Mittelfeldspieler
23 (312); 0 (12); 1984–1999

Herzog, Andreas »Andy«
*10.9.1968
Mittelfeldspieler
31 (236); 10 (57); 1992–1995, 1996–2002; Österreich

Votava, Miroslav »Mirko«
*25.4.1956
Mittelfeldspieler
33 (357); 1 (18); 1985–1997

Neubarth, Frank »Socrates«
*29.7.1962
Stürmer
28 (317); 2 (97); 1982–1996

Bester, Marinus
*16.1.1969
Stürmer
10 (15); 0 (0);
1990–1992, 1993–1995

Bode, Marco
*23.7.1969
Stürmer
33 (379); 14 (101);
1989–2002

Hobsch, Bernd »Hobscher«
*7.5.1968
Stürmer
20 (106); 7 (33); 1992–1997

Rufer, Wynton* »Kiwi«
*29.12.1962
Stürmer
13 (174); 2 (59); 1989–1995
Neuseeland

Bestchastnykh, Wladimir
»Wladi«; *1.4.1974
Stürmer
29 (56); 10 (11); 1994–1997
Russland

Erweiterter Kader:

Rost, Frank* »Fäustel«
*30.6.1973
Torhüter
0 (147); 0 (1); 1992–2002

Beiersdorfer, Dietmar »Didi«
*16.11.1963
Abwehrspieler
0 (64); 0 (6); 1992–1996

Goldschmidt, Bernd*
*24.4.1970
Abwehrspieler
0 (0); 0 (0); 1993–1995

Lellek, Jens*
*31.1.1968
Abwehrspieler
0 (2); 0 (0); 1994–1995,
1996–1998

Simonsen, Sven*
*28.11.1969
Stürmer
0 (0); 0 (0); 1994–1995

Otto Rehhagel: »Bremen ist etwas Bleibendes ...!«

Wie ist die für beide Seiten sehr schicksalsträchtige Bindung zwischen Ihnen und Werder entstanden?

Rehhagel: Beim ersten Mal hat mich Klaus Matischak angerufen, der damals kurzzeitig Manager bei Werder war und den ich noch aus meiner Jugendzeit kannte, als wir zusammen in der Niederrhein-Auswahl spielten. Werder war in eine schwierige Situation geraten, obwohl in der Mannschaft damals mit Höttges, Görts, Röntved durchaus gute Fußballer standen. Matischak bat mich: »Otto, du musst uns retten!«, und das ist mir glücklicherweise gelungen. In diesen wenigen Wochen, die wir in jener Saison zusammengearbeitet haben, ist dann die Liebe zwischen Otto Rehhagel und Werder gewachsen. Kurz vorher hatte ich Dr. Böhmert beim DFB kennen gelernt, wo ich wieder mal wegen einer Strafe vorsprechen musste, die mir aufgebrummt werden sollte. Wir haben uns unterhalten, hatten ein nettes Gespräch und haben eine gegenseitige Sympathie entwickelt, die später die Basis für unsere tolle Zusammenarbeit war.

Höchst eigenartig war Ihr Dienstantritt beim ersten Werder-Engagement: Sie stießen im Bremer Restaurant »Ragusa« auf die Amtsübernahme als neuer Werder-Trainer gemeinsam mit ihrem gefeuerten Vorgänger Herbert Burdenski an.

Rehhagel: Das war ein ganz außergewöhnlicher Augenblick für mich! Das kann man sich heute gar nicht mehr vorstellen: Ein Trainer wird entlassen und sitzt dann mit seinem Nachfolger in einem Restaurant und wünscht ihm bei einem Glas Wein viel Glück. Herbert Burdenskis Verhalten war damals sehr beeindruckend. Schwierig war für mich allerdings, mit Dieter Burdenski zu arbeiten, der noch sehr jung war und damit leben musste, dass ich den Job seines Vaters weitergemacht habe. Durch den Erfolg haben wir diese Aufgabe dann aber zusammen gut gelöst.

Ich habe für dieses Buch viele alte Werderaner nach ihrem persönlichen »herausragenden Werder-Moment« gefragt. Bei Ihnen dürfte die Beantwortung anhand des langen Zeitraums sehr schwer fallen.

Rehhagel: Das ist richtig, weil es ja einen ganzen Haufen solcher Momente gab. Jede Meisterschaft, jeder Pokalsieg und natürlich der Europapokalsieg waren etwas ganz Besonderes, aber es gab auch andere Augenblicke, die sehr schön waren. Als Werder mich 1981 zurückholte, standen wir in der 2. Bundesliga gemeinsam mit Eintracht Braunschweig und Hertha BSC Berlin an der Spitze der Liga. Unser Manager Rudi Assauer sagte mir zum Dienstantritt: »Otto, von den restlichen elf Spielen musst du zehn gewinnen!« Wir mussten dann nach Berlin und haben dort vor 72.000 Zuschauern mit 2:1 gewonnen. Manchmal hatte ich so komische Einfälle: Vor diesem entscheidenden Spiel habe ich zum Beispiel am Nachmittag zu unserem damaligen Schatzmeister Karl-Heinz Hohnhorst gesagt: »Herr Hohnhorst, wenn es heute Abend nicht so richtig läuft, werde ich unseren kleinen Finnen Pasi Rautiainen ins kalte Wasser werfen!« Rautiainen habe ich dann am Abend eingewechselt, und er schoss unser Siegtor zum wichtigen 2:1 bei Hertha BSC. Unglaublich!

Bei Ihrem Abschied aus Bremen haben sie den mittlerweile legendären Satz gesagt: »Wer 14 Jahre in Bremen lebt, wird diese Stadt immer in seinem Herzen tragen.« Nun liegt Ihr Abschied aus Bremen mehr als acht Jahre zurück. Hat sich an diesem Gefühl etwas geändert?

Rehhagel: Nichts geändert! Während dieser Zeit zwischen 1981 bis 1995 war ich ja noch ein etwas jüngerer Mann. Ich stand mitten im Leben, und da schaut man nicht zurück und nicht nach vorne. Man lebt im Hier und Jetzt, wir hatten Erfolg, und ich habe diese Zeit unheimlich genossen. Ich denke sehr gerne daran zurück. Wann immer ich Gelegenheit habe, komme ich nach Bremen und besuche Werder-Spiele.

Bock auf Werder: Rehhagel 1982

Otto Rehhagel bei einer seiner ersten Trainerstationen in der Bundesliga: Offenbach 1974

Otto Rehhagel

»König Otto von Bremen« (Jahrgang 1938) trainierte Werder Bremen gleich zweimal: zunächst als Retter vor dem Abstieg 1975/76, als er für den gefeuerten Herbert Burdenski einsprang und bei Fans und Vorstand gleichermaßen einen blendenden Eindruck hinterließ. Im April 1981 kehrte er in der Zweitligasaison zu Werder zurück. Rehhagel kam als Trainer mit fragwürdigem Feuerwehrmann-Image und ging als lebende Trainer-Legende. Er verhalf Werder in 14 Jahren Regentschaft zu vielen Titelgewinnen, unzähligen Stareinkäufen, unvergesslichen Spielen und vor allem tollem Fußball. Heute arbeitet Otto Rehhagel erfolgreich als Nationaltrainer in Griechenland und pendelt zwischen seinem Lieblingscafé nahe der Akropolis und seinem Wohnsitz in Essen hin und her.

... und 21 Jahre später im Jahr seines Abschieds aus Bremen

Ich treffe mich mit meinem Freund Franz Böhmert und meinen ehemaligen Spielern Thomas Schaaf und Klaus Allofs, und wir reden von früher. Und wenn ich nur durch die Stadt gehe, meine alten Straßen im Viertel sehe, mich ins Café setze und an die schönen Zeiten von damals denke – wunderbar. Das ist etwas Bleibendes.

Und an was denken Sie zuerst, wenn Sie in Griechenland sitzen und das Wort »Werder« hören?
Rehhagel: Dann denke ich immer an die Leute, die ich noch kenne: An den Vorstand, Klaus Allofs, Thomas Schaaf. Wenn ich Werder im Fernsehen sehe, dann achte ich immer besonders drauf: Wo sitzen Manni Müller und Klaus-Dieter Fischer? Was machen die für ein Gesicht?

Als Sie Werder verließen wurde sehr schnell klar, dass die Mannschaft ohne Sie Probleme bekommen würde und nicht an die Erfolge Ihrer Ära würde anknüpfen können. Hat Sie das bedrückt?
Rehhagel: Ich will mal so sagen: Die Erfolge zu meiner Zeit waren keine Normalität, sondern eine Sensation, weil sie mit sehr bescheidenen finanziellen Mitteln erarbeitet wurden. Ich hatte aus der Distanz Verständnis für die Probleme, die dann auftauchten, weil es eben nicht permanent gelingen kann, mit wenig Geld immer wieder spätere Weltstars in die Mannschaft einzubauen, wie es zu meiner Zeit mit Völler, Riedle oder Rune Bratseth geklappt hatte. Erst jetzt, in den letzten Jahren unter Thomas Schaaf und Klaus Allofs, ist es Werder wieder gelungen, mit verhältnismäßig wenig Geld eine wirklich starke Mannschaft aufzubauen, die ganz oben mitspielen kann.

Sie kennen Thomas Schaaf sehr gut, bei dem man nun erstmals das Gefühl hat, dass da ein Trainer am Werk ist, der wirklich wie die Faust aufs Auge zu Werder passt. Welchen Eindruck haben Sie vom Trainer Thomas Schaaf?
Rehhagel: Thomas Schaaf hat einen tollen Einstieg ins Trainergeschäft geschafft. Werder ist ja seine erste Station als Bundesligatrainer, und normalerweise braucht man als junger Trainer seine Zeit, um sich in dem Geschäft zurechtzufinden. Aber Thomas hat mittlerweile schon relativ viel Erfahrung gesammelt. Er wurde ja früh Deutscher Pokalsieger mit Werder und wird sicherlich auch noch einmal Deutscher Meister mit Werder Bremen werden, hoffe ich. Thomas hat sich Schritt für Schritt in dieses Trainerleben hineingearbeitet. Er hat mit Klaus Allofs einen loyalen Mann an seiner Seite, der sehr viel vom Geschäft versteht. Ich denke, er hat mit seiner ruhigen und cleveren Art auch die richtige Ansprache bei den Spielern gefunden. Er ist auch in Extremsituationen souverän, und ich hoffe, dass er einiges aus unserer Zeit mitbekommen hat. Er muss natürlich auch seine eigene Linie finden und verfolgen, aber da ist er auf einem tollen Weg.

Otto Rehhagel als powervoller Erfolgstrainer bei Werder Mitte der achtziger Jahre (oben), mit seinem Dauer-Rivalen Walter Eschweiler (Mitte) und 1993 mit der Meisterschale auf dem Marktplatz (unten)

Ihre ehemaligen Spieler führen es unisono als die vielleicht wichtigste »Rehhagel-Stärke« an, dass Sie es verstanden hätten, trotz teils schwieriger Stars wie z. B. Mario Basler einen gerechten Umgang innerhalb des Kaders zu pflegen.
Rehhagel: Das handhabe ich auch heute in Griechenland noch so. Meine Spieler sagen: »Der Trainer ist fair, er ist gerecht.« Eigentlich ist das eine menschliche Selbstverständlichkeit. Ich habe immer gesagt: »Ich kritisiere eure Leistung, aber als Mensch seid ihr mir heilig!« Mein größter Erfolg ist eigentlich, dass alle meine ehemaligen Spieler heute meine Freunde sind. Dieser Umgang mit meinen Spielern ist immer eine der Grundlagen meiner Arbeit gewesen. Ich sitze heutzutage häufig in meinem Lieblingscafé »Dionysos«, 600 Meter Luftlinie von der Akropolis entfernt. Ich weiß, was Zeit bedeutet und dass wir alle nur zu Besuch hier sind. Um es mal etwas philosophisch auszudrücken, wie es zu meiner griechischen Wahlheimat passt: Wenn wir eines Tages zum lieben Gott kommen und der uns fragt »Was habt ihr gemacht mit den 70 Jahren, die ich euch gegeben habe?«, dann müssen wir zusehen, dass wir nicht antworten müssen: »Wir haben uns immer nur gestritten!«

1995/96: Käse aus Holland

Oben v.l.:
Eilts, Wolter, Cardoso, Sauer, Votava, Bestchastnykh, Ramzy, Unger, Hobsch, Co-Trainer Kamp
Mitte v.l.:
Trainer de Mos, Baiano, Beiersdorfer, Schulz, Bode, van Lent, Vier, Neubarth, Basler
Unten v.l.:
Borowka, Wiedener, Rollmann, Reck, Gundelach, Rost, Barten, Scholz

Es war allen im Verein klar, dass die Zeit nach Otto Rehhagel nicht einfach werden würde. Dass sie aber *so* hart sein würde, hätte niemand gedacht. Die Suche nach dem Rehhagel-Nachfolger dauerte lange. Sie war anstrengend und kostete zahllose Flugkilometer. Das lag vor allem an Arsène Wenger, der mittlerweile in Japan arbeitete und Favorit auf den Posten auf Werders Bank war. Wenger jedoch mochte seinen neuen Arbeitgeber in Japan nicht nach wenigen Wochen schon durch einen überstürzten Abschied enttäuschen und sagte dankend ab. Im Herbst hätte er nach Beendigung der J-League-Saison zur Verfügung gestanden, aber so lange wollten Werders Verantwortliche nicht warten. Aus heutiger Sicht war dies sicherlich eine der unglücklichsten Personalentscheidungen der letzten Jahre. Und vielleicht auch die Folgenschwerste.

Andere Kandidaten blieben übrig. Drei an der Zahl stellten sich schließlich im Weser-Stadion vor. Der eine hieß Herbert Neumann, war früher ein Mittelfeld-Ass beim 1. FC Köln und verdiente sich Anerkennung als erfolgreicher Trainer in der niederländischen Ehrendivision. Der zweite hieß Rolf Fringer und war kein Unbekannter, weil er nicht nur in der Schweiz erfolgreich arbeitete, sondern sich auch schon

Südamerika-Power beim Saisonauftakt: Der neue Trainer Aad de Mos präsentiert Junior Baiano und Rodolfo Cardoso nebst Vier, Rollmann und Scholz

in der Bundesliga kurz sehen ließ, als er den VfB Stuttgart trainierte.

Den Zuschlag bekam ein mürrisch aussehender Holländer namens Aad de Mos, der u. a. schon bei Ajax Amsterdam und dem belgischen KV Mechelen erfolgreich arbeitete. De Mos galt als überragender Theoretiker und großartiger Fachmann (aber mal ehrlich: Über welchen neuen Trainer würde man das nicht sagen ...?) und bekam den Job auch aufgrund einer überzeugenden Nachwuchs-Philosophie. Rätselhaft an ihm war, dass er nach Dienstantritt das genaue Gegenteil von dem tat, was er ankündigte. Bevor er mit Riesenbeifall auf Werders Trainingsplatz zum Saisonauftakttraining begrüßt wurde, verkündete er zurückhaltend, das Bewährte größtenteils beibehalten und nur Kleinigkeiten an der Mannschaft ändern zu wollen. Und zu seinem Lieblingsthema »Viererkette« tat er kund, dass er diese modernere Abwehrformation nur spielen lassen wolle, wenn die Mannschaft sie auch perfekt umsetzen könne.

Es passierte das Entgegengesetzte: De Mos behielt nur wenig Bewährtes bei, aber die Viererkette zog er störrisch durch, auch als die Mannschaft längst bewiesen hatte, dass sie unter diesem System regelrecht litt. Der Beginn einer neuen Werder-Ära spiegelte sich in einer völlig neuen Werder-Elf wieder:

Gundelach

Wolter Borowka Baiano Bode

Scholz Votava Cardoso Wiedener

Hobsch Bestchastnykh

In dieser Form bestritt Werder das erste Freundschaftsspiel unter de Mos' Federführung. In der Bundesliga ging es zunächst gegen Fortuna Düsseldorf. Aus der Stammformation fehlte weiterhin der schulterverletzte Olli Reck. Die Wahl des Ersatzmannes fiel zu Ungunsten von Hansi Gundelach aus. Im Tor stand der junge Frank Rost, der allerdings keinen guten Tag erwischte: Schon in der 2. Minute der neuen Bundesliga-Ära erlebte Werder nach einem Rost-Patzer den ersten Rückschlag. Der Pole Cyron brachte Außenseiter Düsseldorf im Weser-Stadion in Führung. Bernd Hobsch schaffte nach Vorarbeit des neuen Abwehrstars Junior Baiano zwar noch den Ausgleich, aber das war es dann auch schon. Die Werder-Euphorie hatte einen ersten Kratzer, und das, obwohl die Fans vor dem Spiel noch lauthals »Ohne Otto macht es wieder Spaß!« sangen. Sambatrommler verwandelten das Stadion am Osterdeich an diesem heißen Tag in einen südamerikanischen Fußball-Tempel – alles umsonst.

Der Brasilianer Junior Baiano spielte nur ein Jahr für Werder. Seiner gelegentlichen Leichtsinnigkeit wegen war er beim Publikum nicht unumstritten. Technisch und athletisch gehörte er jedoch definitiv zu den stärksten Verteidigern in Werders Geschichte. Später wurde er Stammspieler der brasilianischen Nationalelf. Oben eine fantastische Schuss-Studie aus seinem ersten Bundesliga-Heimspiel gegen Düsseldorf, unten ein Duell mit Ex-Werder-Idol Rudi Völler (Bayer Leverkusen), der ihn danach »meinen stärksten Gegenspieler überhaupt« nannte

Co-Trainer Kalli Kamp fand offenbar schon den Trainingsauftakt des Neuen aus Holland irgendwie eigenartig (oben). Unten: Rodolfo Cardoso war teuer, aber Geld schoss in seinem Fall wirklich keine Tore. Seine Bremen-Mission endete enttäuschend für Verein und Spieler

Schlimmer als das Unentschieden zum Auftakt war die statische, langweilige Spielweise der neuen Werder-Elf, die es schaffte, während der gesamten Vorrunde unter de Mos niemals wirkliche Glanzlichter zu setzen. Am 2. Spieltag retteten Hobsch und Basler wenigstens ein 3:3 in Hamburg, in der Woche darauf wurde der KSC im Weser-Stadion mit 1:0 niedergewürgt. Ein Meisterschaftsfavorit war das nicht. Noch nicht, hofften die Verantwortlichen, aber diese Hoffnung schwand zusehends. Eine Packung in Uerdingen folgte, und das zwischenzeitliche Strohfeuer mit Siegen gegen 1860 und Freiburg (Platz 4) brachte nur kurz Linderung. Die de Mos-Truppe hakte weiter an allen Ecken und Enden. Die Stürmer hingen in der Luft, die Abwehr wackelte und das Werder-Spiel insgesamt wirkte unansehnlich. Hätte die Mannschaft im Herbst die Kurve noch gekriegt, dann wäre Aad de Mos vielleicht eine feste Größe in der Bundesliga geworden. Es passierte aber das extreme Gegenteil: Werder blieb anschließend elf Spiele ohne Sieg und rutschte in allergrößte Abstiegsgefahr. Platz 15 in der beschaulichen Vorweihnachtszeit wäre alleine schon schlimm genug gewesen, aber im Fall der kriselnden Ehe zwischen dem norddeutschen Traditionsverein und dem eigenwilligen Holländer kam erschwerend dazu, dass de Mos zunehmend die Kontrolle über die Situation rund um seine Mannschaft verlor. Mario Basler gönnte sich folgenlos mehr und mehr Extrawürste, mit manchen Spielern des Kaders wurde gekungelt, andere eiskalt aufs Abstellgleis geschoben. Mit Journalisten wurde schon mal gezecht, manchmal waren auch hier Spieler dabei. Und an einem jener feuchtfröhlichen Abende dann redete der große blonde Übungsleiter mit dem internationalen Flair mehr, als für ihn gut gewesen wäre. Es sickerte durch, dass de Mos sich einem Journalisten gegenüber ausgeweint hatte: »Es wird nie etwas aus diesem Verein!« und »Ich habe nichts zu suchen in diesem erstarrten Fußball-Land!« waren die Kernaussagen. Der »SPIEGEL« veröffentlichte sie, und de Mos musste gehen. Werders Vereinsspitze hatte von ihm verlangt, eine Gegendarstellung zu erwirken, was nicht gelang. Die inkriminierenden Aussagen des Trainers blieben stehen – der Trainer selbst nicht.

Für ihn kam mit dem »Beckenbauer des Ostens« Hans-Jürgen »Dixie« Dörner ein ausgesprochen netter Kerl, der das willkommene Kontrastprogramm zum eitlen de Mos darstellte. Als Weihnachtsgeschenk bekamen Fans und neuer Trainer nachträglich Bruno Labbadia vom 1. FC Köln, der den nicht mehr sehr torgefährlichen Hobsch unterstützen sollte. Dörner konnte gar nicht viel falsch machen: Er ging fair mit den Spielern um, redete viel, war verständnisvoll und aufgeschlossen und vor allem: Er führte den Libero wieder ein. Die Viererkette kam ins Altmetall, und die Mannschaft dankte es dem neuen Trainer mit einer zwar dezenten, aber dennoch erleichternden Erfolgsserie im Frühjahr. Drei Unentschieden auswärts und zwei Siege daheim brachten den Sprung von Platz 15 auf Platz 12. Werder glänzte nicht oft und verlor auch weiterhin gegen harmlose Gegner, aber tat dies deutlich seltener als unter Aad de Mos. Es gab sogar ein Highlight zu bejubeln: Die Bayern, die sich in dieser Saison selbst zum »Dreamteam« ernannten, wurden im Weser-Stadion mit einem famos erkämpften 3:2 von Werder um jegliche Meisterschaftshoffnungen erleichtert. Das war umso schöner (und beinahe schon filmreif!), weil der FC Bayern neun Tage zuvor Otto Rehhagel auf dubiose Weise geschasst hatte – auf Platz 2 und im UEFA-Cup-Finale stehend! Zusätzlich anrührend wurde der Sieg über den Erzfeind, weil unüblicherweise einer der Gegner frenetisch gefeiert wurde: Andy Herzog, bei den Bayern zum Ersatzspieler degradiert, wurde wie ein verlorener Sohn begrüßt. Nicht zuletzt dieser Liebesbeweis seiner ehemaligen Fans sorgte wenige Wochen später für seine Rückkehr zu Werder.

Am Ende der Saison stand keine Euphorie, aber Erleichterung – und Platz 9 im »Jahr Eins nach Otto«. Neben de Mos gab es weitere Opfer in dieser schicksalsträchtigen Spielzeit. Didi Beiersdorfer und Publikumsliebling Uli Borowka flüchteten schon während der Saison nach Köln bzw. zu Tasmania 73 Berlin. Mario Basler machte sich während der kompletten Serie durch hanebüchene Italienwechsel-Räuberpistolen

rt Aad de Mos +++ Werder feuert Aad de Mos +++ Werder feuert Aad de Mos +++ Werder feuert Aad de Mos +++

14.16 Uhr – das Ende

Kein Abschied von der Mannschaft...

Aad de Mos hat's gerade erfahren: Er ist gefeuert. Auch Willi Lemke (r.) ist die Situation sichtlich unangenehm. de Mos – der dritte Trainer-Rausschmiß der Saison: Nach Olsen (Köln) und Mohlmann (HSV) hat's jetzt den Holländer erwischt.

Und tschüß! ◄◄ Von der Entscheidung des Präsidiums tief getroffen geht Aad de Mos zu seinem Mercedes. ◄ Bevor er einsteigt noch ein letzter Blick auf den Weser-Deich. ▲ Dann rauscht der Holländer ab – direkt zu seiner Familie in Eindhoven. Fotos: Schumacher/Barth

Werder feuert Trainer de Mos

Die Wende: Mit der Entlassung von Aad de Mos endet am 9. Januar 1996 ein sechsmonatiges Missverständnis. Rechts unten: Der Neubeginn! Mit dem neuen Trainer Dixie Dörner und dem neuen Torjäger Bruno Labbadia rettete sich Werder noch

»Ich spiele weiterhin mit Risiko. Schließlich profitieren alle davon: wir, das Publikum und auch der Gegner.«

Aad de Mos als Trainer von Werder Bremen

in den Medien lächerlich und erfand eine Millionen-Offerte nach der anderen, um schließlich zu den Bayern nach München zu wechseln – also dann doch nur *beinahe* nach Italien. Bei Werder war man darüber gar nicht sehr böse. »Super-Mario« glänzte in seiner letzten Werder-Saison weniger auf dem Platz als zuvor, brachte dafür aber Verantwortliche und Trainer durch geschwänztes Abschlusstraining, abfällige Gesten gegen eigene Fans und öffentliche Abrechnungen mit dem eigenen Vorstand zur Weißglut.

Viel Erfreuliches blieb wirklich nicht hängen nach dieser Saison. Die Glanzlichter mussten die wenigen Bremer setzen, die sich auf internationaler Ebene präsentieren durften. Das gelang freilich ganz prima: Marco Bode, Dieter Eilts, Olli Reck und Jens Todt wurden im Anschluss an die gerade noch hingebogene Bundesligasaison in England Europameister, wobei Todt lediglich als EM-Tourist dabei war. Marco Bode aber durfte mit Dieter Eilts tatkräftig mithelfen, und Eilts stieg in den Tagen von England sogar zum Superstar auf. Seine überragenden Defensivleistungen waren einer der Mosaiksteine für den Siegeszug der deutschen Elf und kürten das Werder-Urgestein auf einen Schlag zu einem der besten Abräumer Europas.

Wäre schön gewesen, wenn Mario sich 1996 nur mit Linienrichtern angelegt hätte. War aber nicht so: egal ob Medien, eigene Fans, Vorstand – alle traf sein Zorn, aus unterschiedlichsten Gründen

Abschlusstabelle der Bundesliga 1995/1996:

Pl.	Verein	Sp	S	U	N	Tore	Diff.	Punkte
1.	Borussia Dortmund	34	19	11	4	76:38	+38	68
2.	Bayern München	34	19	5	10	66:46	+20	62
3.	Schalke 04	34	14	14	6	45:36	+9	56
4.	Borussia M'gladbach	34	15	8	11	52:51	+1	53
5.	Hamburger SV	34	12	14	8	52:47	+5	50
6.	Hansa Rostock	34	13	10	11	47:43	+4	49
7.	Karlsruher SC	34	12	12	10	53:47	+6	48
8.	1860 München	34	11	12	11	52:46	+6	45
9.	**Werder Bremen**	**34**	**10**	**14**	**10**	**39:42**	**-3**	**44**
10.	VfB Stuttgart	34	10	13	11	59:62	-3	43
11.	SC Freiburg	34	11	9	14	30:41	-11	42
12.	1. FC Köln	34	9	13	12	33:35	-2	40
13.	Fortuna Düsseldorf	34	8	16	10	40:47	-7	40
14.	Bayer Leverkusen	34	8	14	12	37:38	-1	38
15.	FC St. Pauli	34	9	11	14	43:51	-8	38
16.	1. FC K'lautern	34	6	18	10	31:37	-6	36
17.	Eintracht Frankfurt	34	7	11	16	43:68	-25	32
18.	KFC Uerdingen 05	34	5	11	18	33:56	-23	26

Saisonverlauf 1995/1996:

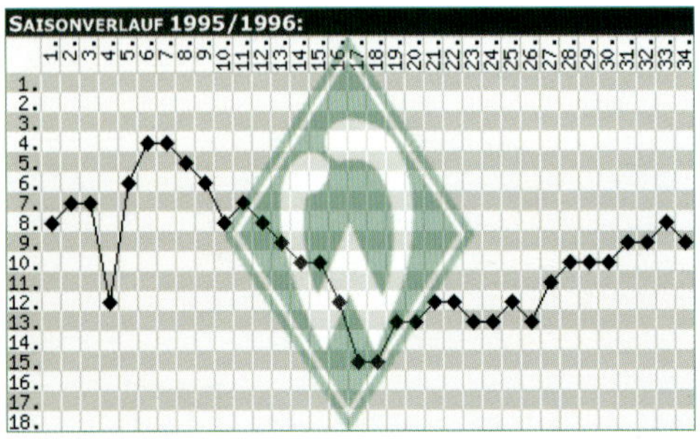

Reck, Oliver »Olli« (1)
*27.2.1965
Torhüter
20 (345); 0 (0); 1985–1998

Rost, Frank* »Fäustel« (20)
*30.6.1973
Torhüter
15 (147); 0 (1); 1992–2002

de Mos, Aad
*27.3.1947
Trainer 1
17 (17); 1995–9.1.1996
1.–17. Spieltag; Niederlande

Sauer, Gunnar (19)
*11.6.1964
Abwehrspieler
3 (134); 1 (8); 1984–1996

Dörner, Hans-Jürgen »Dixie«
*25.1.1951
Trainer 2
17 (54); 1996–20.8.1997
18.–34. Spieltag

Unger, Lars (21)
*30.9.1972
Mittelfeldspieler
3 (24); 0 (1); 1991–1997

Vier, Angelo (17)
*23.4.1972
Stürmer
11 (11); 1 (1); 1995–1996

Wer kam?

Junior Baiano (FC Sao Paulo/ Brasilien)
Cardoso (SC Freiburg)
Scholz (Bayer Leverkusen)
Rollmann (MSV Duisburg)
Labbadia (1. FC Köln, w.d.S.)
Albayrak (eig. A-Jugend)
Dogu (eig. Amateure)
Vier (SC Verl)
van Lent (eig. Amateure)
Barten (eig. Amateure)

Wer ging?

Schaaf (Karriereende)
Bratseth (Karriereende)
Herzog (Bayern München)
Bester (Concordia Hamburg)
Goldschmidt (eig. Amateure)
Lellek (eig. Amateure)
Simonsen (VfL Osnabrück)
Vier (Arminia Bielefeld, w.d.S.)
Rollmann (FC Augsburg, w.d.S.)
Beiersdorfer (1. FC Köln, w.d.S.)
Borowka (Tasmania 73 Berlin, w.d.S.)

w.d.S. = während der Saison

* Vertragsamateur

Die Mannschaft (Name (Rückennummer), Geb.-Datum, Position, Bundesliga-Einsätze (Gesamt), Tore (Gesamt), bei Werder von-bis)

Baiano, Junior* »Junior« (3)
*14.3.1970
Abwehrspieler
32 (32); 2 (2); 1995–1996
Brasilien

Ramzy, Hany (4)
*10.3.1969
Abwehrspieler
22 (98); 0 (3); 1994–1998
Ägypten

Beiersdorfer, Dietmar
»Didi« (12)
*16.11.1963
Abwehrspieler
3 (64); 0 (6); 1992–1996

Borowka, Ulrich »Uli« (6)
*19.5.1962
Abwehrspieler
10 (239); 0 (8); 1987–1996

Wiedener, Andree (13)
*14.3.1970
Abwehrspieler
25 (164); 0 (3); 1989–2001

Schulz, Michael
»Du Sau« (14)
*3.9.1961
Abwehrspieler
13 (59); 0 (1); 1994–1997

Basler, Mario
»Super-Mario« (7)
*18.12.1968
Mittelfeldspieler
30 (92); 11 (36); 1993–1996

Wolter, Thomas »Stonie« (15)
*4.10.1963
Mittelfeldspieler
23 (312); 0 (12); 1984–1999

Cardoso, Rodolfo
Esteban (10); *17.10.1968
Mittelfeldspieler
24 (32); 2 (2); 1995–1997
Argentinien

Votava, Miroslav »Mirko« (8)
*25.4.1956
Mittelfeldspieler
28 (357); 0 (18); 1985–1997

Scholz, Heiko »Scholle« (2)
*7.1.1966
Mittelfeldspieler
30 (52); 1 (2); 1995–1998

Eilts, Dieter
»Ostfriesen-Alemao« (5)
*13.12.1964
Mittelfeldspieler
32 (390); 0 (7); 1985–2002

Labbadia, Bruno (28)
*8.2.1966
Stürmer
13 (63); 4 (18); 1995–1998

Neubarth, Frank
»Socrates« (18)
*29.7.1962
Stürmer
15 (317); 1 (97); 1982–1996

Albayrak, Erhan* (24)
*5.4.1977
Stürmer
2 (2); 0 (0); 1995–1996
Türkei

Bode, Marco (11)
*23.7.1969
Stürmer
34 (379); 5 (101); 1989–2002

Hobsch, Bernd
»Hobscher« (9)
*7.5.1968
Stürmer
30 (106); 9 (33); 1992–1997

Dogu, Ersan* (27)
*20.4.1972
Stürmer
5 (5); 0 (0); 1995–1996
Türkei

Bestchastnykh, Wladimir
»Wladi« (22); *1.4.1974
Stürmer
24 (56); 1 (11); 1994–1997
Russland

van Lent, Arie* (23)
*31.8.1970
Stürmer
1 (32); 0 (6); 1990–1994,
1995–1997; Niederlande

Erweiterter Kader:

Rollmann, Jürgen* (26)
*17.10.1966
Torhüter
0 (9); 0 (0);
1988–1992, 1995–1996

Gundelach,
Hans-Jürgen (16)
*29.11.1963
Torhüter
0 (9); 0 (0); 1992–1997

Barten, Mike* (25)
*20.11.1973
Abwehrspieler
0 (34); 0 (0); 1995–2003

Dieter Eilts: »... habe eigentlich gespielt wie immer«

»Eisen-Dieter« 1985 ...

Dieter Eilts

Der »Ostfriesen-Alemao« (Jahrgang 1964) gehörte Werders Profikader insgesamt 17 Jahre an – das ist unangefochtener Werder-Rekord. Seinen Durchbruch schaffte er allerdings erst nach über drei Jahren Reservistendasein. In der Bundesliga war er eine Fußballgeneration lang ein Ausbund an Kampfgeist und Zuverlässigkeit. Diese Tugenden brachten Eilts schließlich verdientermaßen in die Nationalelf, wo seine Fähigkeiten lange unterschätzt wurden. Bei der Fußball-EM 1996 in England wuchs »Eisen-Dieter« über sich hinaus und erlangte die Anerkennung, die ihm längst zustand. Im Jahr 2002 wurde er gemeinsam mit Marco Bode zum Ehrenspielführer ernannt. 2003 folgte er dem Ruf des DFB als Nachwuchstrainer.

... und 2003 (mit Eilts-Puppe)

Wie bist du einst bei Werder gelandet?
Eilts: Der ehemalige Trainer meines Stammvereins SV Hage, Heinz Knieper, hatte gute Kontakte zu Werders Amateurmanager Rolf Behrens und hat mir ein Probetraining vermittelt, und eigentlich war beidseitig auch sehr schnell Interesse vorhanden. Ich habe ein Probetraining bei den Amateuren gemacht und eins bei den Profis, und dann haben wir eigentlich auch schon sehr schnell den Vertrag festgemacht.

Kaum ein Spieler hat bei Werder so lange auf eine echte Chance gewartet wie du. Mehr als dreieinhalb Jahre musstest du auf Ersatzbank oder Tribüne schmoren, ehe du nach einem überragenden Pokalspiel beim HSV schlagartig Stammspieler wurdest und das auch 13 Jahre lang geblieben bist. War diese lange Wartezeit zermürbend, oder hast du sie als notwendige Lehrzeit akzeptiert?
Eilts: Ich bin von Natur aus kein ungeduldiger Mensch. Im ersten Jahr bei Werder wollte ich nur mal gucken, wie es läuft. Und es ging gleich gut los: Ich wurde auf Anhieb Stammspieler bei den Amateuren, habe mein Abi nebenher gemacht. Im zweiten Jahr bin ich Vertragsamateur gewesen und habe die Bundeswehr hinter mich gebracht. Im dritten Jahr konnte ich mich dann voll auf Fußball konzentrieren und sollte eigentlich schon einen Profivertrag kriegen. Das hat aber damals noch nicht so hingehauen, und deshalb bin ich lieber noch Amateur geblieben. Während meines vierten Jahrs bei den Amateuren hatte ich dann meine ersten Kurzeinsätze in der Bundesliga, und nach meinem ersten Profivertrag im Sommer 1988 dauerte es dann noch mal ein Dreivierteljahr bis zu meinem ersten Spiel von Anfang an. Dann kam dieses Spiel in Hamburg, und von da an war ich praktisch in der Mannschaft. Es ist sehr ungewöhnlich, dass man den Start seiner Karriere an einem Spiel festmachen kann, aber bei mir ging wirklich alles so richtig mit dem Pokalspiel beim HSV los. Das war für mich der Ansatz zum Durchbruch. Der Durchbruch selbst kam dann innerhalb der nächsten zwei Jahre, in denen ich diese Leistungen dann bestätigen konnte.

Du bist bei Werder immer ein Synonym für Vereinstreue gewesen. Kam ein Wechsel für dich nie in Frage?
Eilts: Doch, es gab schon interessante Angebote. Aber ich habe einfach nie die Freigabe bekommen. Ich kann nicht beurteilen, ob es gut war, dass ich immer bei Werder geblieben bin, weil ich ja nie etwas anderes kennen gelernt habe. Aber es war für meine Karriere zumindest mal nicht schlecht.

Ehrenspielführer zu sein ist eine eher abstrakte Würde, die vornehmlich auf dem Papier existiert. Aber nicht zuletzt dieses Buch macht deutlich, dass die anderen Ehrenspielführer wie Pico Schütz oder Horst Höttges in Werders Geschichte wirklich zu lebenden Legenden geworden sind. Was bedeutet dir diese Ehre?
Eilts: Es ist eine tolle Anerkennung für das, was ich für diesen Verein geleistet habe. Und ich denke mal, dass es in Zukunft nicht mehr allzu viele Spieler geben wird, die diese Auszeichnung beim SV Werder bekommen werden.

Analog zu deinem Start in der Bundesliga nach dem Sprung in Werders Stammelf gab es auch international eine Initialzündung für dich: Nach der EM in England warst du plötzlich ein Star. War es nicht seltsam, nach acht Jahren durchweg guter Leistungen in der Bundesliga plötzlich diese recht späte Anerkennung der breiten Öffentlichkeit zu bekommen?

Tore schoss er nur zu sehr ausgesuchten Anlässen: Dieter Eilts jubelt über sein 1:0 im Pokalfinale 1991 gegen den 1. FC Köln

Eilts: Das hing ja nicht nur mit mir zusammen. Die breite Öffentlichkeit hat ganz allgemein meine Position im defensiven Mittelfeld nicht so hoch angesehen. Aber die EM hat in dieser Hinsicht die Sichtweise der so genannten Experten geändert. Danach hat man defensive Mittelfeldspieler vielleicht etwas intensiver wahrgenommen. Für mich war es etwas seltsam, weil ich bei der EM eigentlich nicht anders gespielt hatte als jahrelang zuvor schon im Verein.

Zu deinen schönsten Erfolgen zählt der Pokalsieg 1999 gegen die Bayern. Damals hast du erstmals vom Aufhören geredet, aber dann noch zwei Jahre weitergespielt. Wie siehst du heute den Zeitpunkt deines Karriereendes?
Eilts: Für mich selbst habe ich genau zur richtigen Zeit aufgehört. Hätte ich 1999 aufgehört, dann hätte ich mich bis ans Ende meiner Tage gefragt: Mensch, hättest du nicht noch ein, zwei Jahre länger mithalten können? Ich habe in den Jahren danach ganz klar meine Grenzen erfahren und das Maximum aus meiner Karriere rausgeholt. Und als ich meine Grenzen erkannt habe, habe ich dann auch von einem Moment auf den nächsten aufgehört.

Gab es in deiner Karriere Spieler, gegen die du ungern gespielt hast, weil du mit ihnen als Spielertyp nicht klargekommen bist?
Eilts: Nein, ich bin eigentlich mit allen irgendwie klargekommen. Ich habe ja meistens gegen den Spielmacher gespielt, und die Duelle gegen Leute wie Häßler, Balakov und Möller haben immer wahnsinnig viel Spaß gemacht.

Du hast deine Karriere als Spieler unter dem Trainer Thomas Schaaf beendet, der lange an deiner Seite gespielt hat. Was macht ihn als Trainer aus?
Eilts: Thomas ist einer wie Otto Rehhagel. Er lebt 24 Stunden für den Fußball, arbeitet sehr akribisch und hat ganz einfach ein Werder-Herz. Er tut alles für den Verein, und hat inzwischen eine richtig tolle Mannschaft zusammen. Und für die Zukunft ist von Werder unter Thomas Schaaf einiges zu erwarten.

Highlight und Lowlight einer Karriere: Dieter Eilts 1996 als Sammelbild im offiziellen Panini-Album zur EM (rechts unten) und buchstäblich am Boden zerstört nach dem 2:3 im Pokalfinale gegen Lautern 1990.

Ganz oben: Verdienter Abschluss einer großen Karriere! Dieter Eilts wird gemeinsam mit Marco Bode zum Ehrenspielführer ernannt

1996/97: Misstöne in der Dixie-Band

Oben v.l.:
Eilts, Wolter, Schulz, Schultz, Votava, Bode, Hobsch, Cardoso, Herzog
Mitte v.l.:
Trainer Dörner, Baiano, Penshorn, Pfeifenberger, Bestchastnykh, van Lent, Todt, Ramzy, Co-Trainer Kamp
Unten v.l.:
Wiedener, Barten, Labbadia, Reck, Gundelach, Rost, Brand, Scholz, Unger

Wenn man eines fernen Tages einmal rekapitulieren möchte, wann aus der strahlenden Erfolgself der Rehhagel-Ära schließlich eine mausgraue Durchschnittsmannschaft wurde, dann muss man auf die Saison 1996/97 verweisen. Noch vor einem Jahr herrschte Euphorie, als der neue Steuermann mit Junior Baiano und Rodolfo Cardoso gleich zwei Topleute aus Südamerika zu Werder holte. Die Vizemeisterelf des letzten Rehhagel-Jahres schien eher gestärkt denn geschwächt, was den furchtbaren Absturz unter Aad de Mos noch schwerer verdaulich machte. Dixie Dörner räumte die Trümmer beiseite, setzte spielerisch auf wenig Risiko und einen konservativen Stil, und er war richtig nett zu seinen Spielern. Das war für den Moment nach de Mos genau das Richtige. Dörners Fußballphilosophie jedoch war gleichzeitig nichts, was zu großen Visionen Anlass gab. Man konnte damit leben, aber man hörte auf zu träumen.

Das war vielleicht auch der Faktor, der Werders Fans schließlich skeptisch werden ließ. Es war ja eigentlich alles okay unter Dörner, aber es ging nicht vorwärts. Die Mannschaft war an guten Tagen zu vielem fähig, aber das immer seltener. Es gelang ein Highlight wie der traumhafte 3:0-Sieg über den FC Bayern, der seine Hollywoodtauglichkeit aus mehreren Personalien gewann: Heimkehrer Andy Herzog machte zwei Tore, der andere Ex-Bayer Labbadia eins. Und der quasi im Tausch mit Herzog an die Isar gewechselte Mario Basler wurde ausgewechselt und sah sich das Elend seiner neuen Kumpels eine Halbzeit lang bedröppelt im Spielertunnel an. Ein Sieg, von dem Werders Anhänger lange zehrten, aber auch nicht endlos leben konnten. Denn auf der anderen Seite kostete Werder seine Fans vor allem fernab des Weser-Stadions viel Kraft: Zwölf Auswärtsniederlagen standen für Werders schlechteste Bilanz auf fremden Plätzen seit dem Abstiegsjahr 1980!

Während seiner gesamten Amtszeit als Werder-Trainer folgte vierzehntäglich die Dörnersche Entschuldigung vom Umbruch, in dem seine Elf sich nun einmal befinde. Pressekonferenzen begannen in sieben von zehn Fällen mit den Worten »Ja gut, ich bin natürlich enttäuscht!«, und in den Mannschaftssitzungen lautete der stets wiederkehrende Trainersatz: »Männer, heute stoßen wir den Bock um!« In der Mannschaft war der Trainer beliebt und seiner glanzvollen aktiven Vergangenheit wegen auch geachtet. Der Öffentlichkeit war er mit der Zeit immer schwerer zu vermitteln.

Zu Dörners Entlastung sei angeführt, dass er mit der Personalpolitik einfach Pech hatte. Abwehrstar Junior Baiano ließ sich zwar noch fürs Mannschaftsfoto ablichten, verschwand dann aber überstürzt zurück nach Brasilien, weil seine Familie in Bremen unglücklich war. Mario Basler war weg, Frank Neubarth hatte aufgehört, und der Dauerverletzte Gunnar Sauer gab seine Hoffnung auf ein Comeback im Werder-Dress auf. Während der Saison drehte sich das Spielerkarussell weiter: Mirko Votava wurde von Dörner in einer Phase aussortiert, als er eigentlich in bestechender Form auftrumpfte. Der Ex-Kapitän flüchtete zum Lokalrivalen Oldenburg. Klassestürmer Bestchastnykh hatte keine Geduld mehr mit Werder, mehr noch aber umgekehrt Werder nicht mehr mit ihm. Der blonde Russe, dem der Fußballhimmel offen zu stehen schien, kam in Bremen letztlich über blendende Ansätze nicht hinaus und versuchte sein Glück während der Saison in Spanien. Und schließlich ging ein weiterer Hoffnungsträger, der Werder nie richtig weiterhelfen konnte: Rodolfo Cardoso wurde zum HSV abgeschoben. Die vielen neuen Spieler hatten fast durchweg gute Referenzen, denen sie jedoch nur sporadisch gerecht werden konnten: Jens Todt spielte bei Werder solide, aber nicht mehr so überzeugend wie beim SC Freiburg. Der Ukrainer Victor Skripnik konnte bedenkenlos eingebaut werden, ohne Glanzlichter zu setzen. Heimo Pfeifenberger aus Österreich sah gut aus, konnte am Ball auch eine ganze Menge, aber fand in Werders System nie eine Position, die ihm wirklich zu liegen schien. Zeitweilig wurde er von Dörner sogar als Basler-Nachfolger auf der rechten Außenbahn versucht, mal als hängende Spitze, dann wieder als Defensivmann. Der Norweger Håvard Flo kam als Torschützenkönig aus Dänemarks erster Liga und galt als Kopfballungeheuer, aber er blieb in seinem ersten Jahr bei Werder komplett torlos, was daran liegen könnte, dass ein kopfballstarker Spieler auch ab und zu mal eine Flanke durchaus zu schätzen weiß. Flügelspiel aber fand unter Dixie Dörner mangels passenden Personals so gut wie nicht statt. Statt dessen wurde häufig der nicht gerade pfeilschnelle Strafraumfachmann Bruno Labbadia mit Steilpässen gefüttert, was auf den Rängen auch keiner so recht kapieren mochte. Kurz: Es rumpelte an allen Ecken und Enden, und ohne die zusammen 25 Tore der beiden Leistungsträger Bode und Herzog hätte es ganz zappenduster ausgesehen. Der gegnerische Strafraum entpuppte sich dabei als das ganz große Werder-Krisengebiet der Saison: Labbadia auf dem absteigenden Ast, Hobsch im Dauer-Tief, Bestchastnykh nach drei Saisonspielen nach Spanien verscherbelt, »Howie« Flo harm- und torlos. Und der als Torjäger aus Aachen verpflichtete Torsten Frings schließlich beeindruckte zwar auf Anhieb spielerisch, aber wurde bei Werder nie dem Ruf gerecht, ein wirklich guter Stürmer zu sein. Ein Trauerspiel!

Zwischenzeitlich schien sich alles zum Guten zu wenden: Nach elf Spielen stand Werder auf einem UEFA-Cup-Platz, obwohl die Mannschaft bis dahin nicht unbedingt auffällig geglänzt hatte – wenn man das schon beschriebene 3:0 gegen die Bayern einmal ausklammert. Um oben dranzubleiben, fehlte der Mannschaft einfach die Konstanz. Auswärtsspiele bedeuteten fast immer Niederlagen, und als auch im Weser-Stadion nicht mehr so häufig gewonnen wurde, sackte die Mannschaft in die Grauzone ab, wo sie auch blieb.

Die triste Saison kam Werder besonders ungelegen, weil das Drumherum im Stadion endlich stimmte: Die Vokabel »Schatzkästchen« als Metapher für das Weser-Stadion wurde angesichts der bundesweit einmaligen neuen Businesslogen in der Ostkurve immer häufiger bemüht. Leider stand vor den Logen ein Fanblock, der sich weder über die zahlungskräftige Klientel in seinem Rücken freute, noch über das Gekicke vorne auf dem Rasen. »Dörner raus!« tönte es zum Saisonende immer öfter durch die schmucke Arena, weil die Mannschaft nicht nur unattraktiv spielte, sondern auch durch oft schwer verständliche Wechsel des Trainers durcheinander schien. Werder bog die Saison mit einem geschmacksneutralen 8. Platz irgendwie zuende und hielt am bei den Fans nicht mehr sehr beliebten Trainer fest. Es war eine lobenswerte Absicht, Dörner nicht der öffentlichen Meinung zum Fraß vorzuwerfen. Ein Fehler war es dennoch, wie sich wenige Wochen später schmerzhaft zeigen sollte.

Endlich mal wieder ein Fußballfest gegen die Bayern! Am 28. September 1996 werden die Münchener von zwei Ex-Bayern deklassiert. Herzog und »Sheriff« Labbadia schießen einen sensationellen 3:0-Sieg heraus

Vom Spielfeldrand 1996/97:

Endlich: die große Schnäuzerstatistik! Am Nikolaustag 1996 wurde mit Mirko Votava der letzte Schnäuzerträger der Werder-Historie eingesetzt. Nach Votavas Abschied gab es nie wieder einen Spieler mit einem solchen Oberlippenschmuck in Werders Elf. Interessant ist die Kulturgeschichte des Schnäuzers in Werders Bundesligastatistik: In den Sechzigern gab es nicht einen einzigen Bartträger in den Reihen des SVW! Die mutigen Pioniere waren 1972 Dieter Zembski und Bernd Schmidt. In den Achtzigern gab es eine wahre Schnäuzer-Mania, die im Meisterjahr 1987/88 ihren Höhepunkt fand: Gleich zehn Oberlippenbärte wurden mit Werder Deutscher Meister! In den Neunzigern nahm der Bart-Boom rasch ab, und Mirko Votava war der letzte Bartträger, der die Fahne (oder den Schnäuzer) hoch hielt.

Der etwas andere Profi: Christian Brand spielte E-Gitarre, kam mit dem Fahrrad zum Training und war kurz der Liebling der Fans. Den Durchbruch auf dem Spielfeld schaffte der begnadete Techniker leider nie so recht

Abschlusstabelle der Bundesliga 1996/1997:

Pl.	Verein	Sp	S	U	N	Tore	Diff.	Punkte
1.	Bayern München	34	20	11	3	68:34	+34	71
2.	Bayer Leverkusen	34	21	6	7	69:41	+28	69
3.	Borussia Dortmund	34	19	6	9	63:41	+22	63
4.	VfB Stuttgart	34	18	7	9	78:40	+38	61
5.	VfL Bochum	34	14	11	9	54:51	+3	53
6.	Karlsruher SC	34	13	10	11	55:44	+11	49
7.	1860 München	34	13	10	11	56:56	0	49
8.	**Werder Bremen**	**34**	**14**	**6**	**14**	**53:52**	**+1**	**48**
9.	MSV Duisburg	34	12	9	13	44:49	-5	45
10.	1. FC Köln	34	13	5	16	62:62	0	44
11.	Borussia M'gladbach	34	12	7	15	46:48	-2	43
12.	Schalke 04	34	11	10	13	35:40	-5	43
13.	Hamburger SV	34	10	11	13	46:60	-14	41
14.	Arminia Bielefeld	34	11	7	16	46:54	-8	40
15.	Hansa Rostock	34	11	7	16	35:46	-11	40
16.	Fortuna Düsseldorf	34	9	6	19	26:57	-31	33
17.	SC Freiburg	34	8	5	21	43:67	-24	29
18.	FC St. Pauli	34	7	6	21	32:69	-37	27

Saisonverlauf 1996/1997:

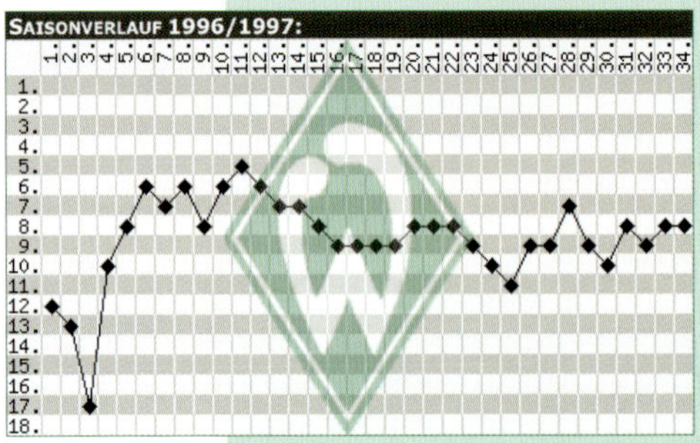

Reck, Oliver »Olli« (1)
*27.2.1965
Torhüter
34 (345); 0 (0); 1985–1998

Skripnik, Victor »Skripa« (19)
*19.11.1969
Abwehrspieler
22 (132); 1 (6); 1996–
Ukraine

Eilts, Dieter (5)
»Ostfriesen-Alemao«
*13.12.1964
Mittelfeldspieler
30 (390); 0 (7); 1985–2002

Herzog, Andreas »Andy« (18)
*10.9.1968
Mittelfeldspieler
29 (236); 15 (57); 1992–1995, 1996–2002; Österreich

Wer kam?

Skripnik (Dnjepr Dnjepropetrowsk/Ukraine)
Todt (SC Freiburg)
Schierenbeck (eig. Amateure)
Herzog (Bayern München)
Pfeifenberger (Casino Salzburg/Österreich)
Brand (eig. Amateure)
Völzke (eig. Amateure)
Flo (Aarhus GF/Dänemark, w.d.S.)
Frings (Alemannia Aachen, w.d.S.)
Schultz (eig. A-Jugend)
Penshorn (eig. A-Jugend)

Brand, Christian* (28)
*23.5.1972
Mittelfeldspieler
24 (59); 1 (5); 1996–1999

Völzke, Hendrik* (27)
*22.3.1975
Mittelfeldspieler
1 (1); 0 (0); 1996–1998

Wer ging?

Baiano (Flamengo Rio de Janeiro/Brasilien)
Sauer (Hertha BSC Berlin)
Basler (Bayern München)
Neubarth (Karriereende)
Albayrak (Kocaelispor Külübü/Türkei)
Dogu (Galatasaray Istanbul/Türkei)
Bestchastnykh (Racing Santander/Spanien, w.d.S.)
Cardoso (Hamburger SV, w.d.S.)
Votava (VfB Oldenburg, w.d.S.)

w.d.S. = während der Saison

* Vertragsamateur

van Lent, Arie* (25)
*31.8.1970
Stürmer
15 (32); 5 (6); 1990–1994, 1995–1998; Niederlande

Dörner, Hans-Jürgen »Dixie«
*25.1.1951
Trainer
34 (54); 1996–20.8.1997

Die Mannschaft

(Name (Rückennummer), Geb.-Datum, Position, Bundesliga-Einsätze (Gesamt), Tore (Gesamt), bei Werder von-bis)

1996/97

Todt, Jens (6)
*5.1.1970
Abwehrspieler
21 (72); 1 (6); 1996–1999

Ramzy, Hany (4)
*10.3.1969
Abwehrspieler
24 (98); 0 (3); 1994–1998
Ägypten

Schierenbeck, Björn*
»Fiedel« (30); *12.4.1974
Abwehrspieler
13 (16); 0 (0); 1996–1998

Wiedener, Andree (13)
*14.3.1970
Abwehrspieler
25 (164); 1 (3); 1989–2001

Schulz, Michael
»Du Sau« (14)
*3.9.1961
Abwehrspieler
19 (59); 1 (1); 1994–1997

Lellek, Jens (31)
*31.1.1968
Abwehrspieler
2 (2); 0 (0); 1994–1995,
1996–1998

Wolter, Thomas »Stonie« (15)
4.10.1963
Mittelfeldspieler
9 (312); 0 (12); 1984–1999

Cardoso, Rodolfo
Esteban (10); *17.10.1968
Mittelfeldspieler
8 (32); 0 (2); 1995–1997
Argentinien

Votava, Miroslav »Mirko« (8)
*25.4.1956
Mittelfeldspieler
6 (357); 1 (18); 1985–1997

Scholz, Heiko »Scholle« (2)
*7.1.1966
Mittelfeldspieler
21 (52); 1 (2); 1995–1998

Unger, Lars (21)
*30.9.1972
Mittelfeldspieler
18 (24); 1 (1); 1991–1997

Pfeifenberger, Heimo (7)
*29.12.1966
Mittelfeldspieler
25 (43); 3 (5); 1996–1988
Österreich

Labbadia, Bruno (9)
*8.2.1966
Stürmer
23 (63); 8 (18); 1995–1998

Flo, Håvard »Howie« (10)
*4.4.1970
Stürmer
14 (55); 0 (5); 1996–1999
Norwegen

Bode, Marco (17)
*23.7.1969
Stürmer
33 (379);10 (101); 1989–2002

Hobsch, Bernd
»Hobscher« (11)
*7.5.1968
Stürmer
16 (106); 2 (33); 1992–1997

Frings, Torsten
»Lutscher« (22)
*22.11.1976
Stürmer
15 (162); 0 (16); 1996–2002

Bestchastnykh, Wladimir
»Wladi« (22); *1.4.1974
Stürmer
3 (56); 0 (11); 1994–1997
Russland

Rost, Frank »Fäustel« (20)
*30.6.1973
Torhüter
0 (147); 0 (1); 1992–2002

Gundelach,
Hans-Jürgen* (16)
*29.11.1963
Torhüter
0 (9); 0 (0); 1992–1997

Penshorn, Thomas* (24)
*27.8.1977
Abwehrspieler
0 (0); 0 (0); 1996–1998

Barten, Mike* (25)
*20.11.1973
Abwehrspieler
0 (34); 0 (0); 1995–2003

Schultz, Timo* (26)
*26.8.1977
Mittelfeldspieler
0 (0); 0 (0); 1996–2000

1997/98: Dixieland ist abgebrannt

Oben v.l.:
Eilts, Wolter, Frey, Plump, Bode, Schierenbeck, Todt, Ramzy, Benken, Trares
Mitte v.l.:
Trainer Dörner, Torwarttrainer Burdenski, Wicky, Skripnik, Pfeifenberger, Penshorn, Völzke, Flo, van Lent, J. Lellek, Schultz, Co-Trainer Sidka
Unten v.l.:
Wiedener, Herzog, Labbadia, Jaschob, Rost, Reck, Brand, Scholz, Frings

Trainerwechsel sind nie eine spaßige Angelegenheit. Und weil das so ist, versucht man sie zu vermeiden, wenn man kann. Mit einem wackelnden, unter schwindender Akzeptanz und Autorität leidenden Trainer in eine neue Saison zu gehen, ist allerdings auch nicht die reine Glückseligkeit. Die Saison 1997/98 begann Werder noch mit Hans-Jürgen »Dixie« Dörner, obwohl der sympathische Sachse weder bei Fans noch in der Mannschaft viel Kredit hatte. Seltsamerweise hatten alle im Umfeld des Vereins so eine diffuse Ahnung, dass der Nachfolger von »Dixie« möglicherweise schon im Werder-Boot saß: Zu Saisonbeginn war der alte Werder-Mittelfeldrecke Wolfgang Sidka zum neuen Co-Trainer gemacht worden, dem man allgemein zutraute, im nicht allzu schwer vorstellbaren Notfall zumindest als Interimstrainer für die Zeit nach Dörner seinen Mann zu stehen.

Aber wie gesagt: Dixie Dörner absolvierte noch die Saisonvorbereitung und kümmerte sich um die Personalplanung. Die Abgänge hatten den Kader qualitativ nicht verschlechtert. Allerdings hatten Dörners Neueinkäufe dem Kader auch keinen merklichen Schub gegeben: Ex-Bayer Dieter Frey erwies sich als zu verletzungsanfällig. Sven Benken aus Cottbus genügte als Verteidiger höchsten Bundesligaansprüchen nicht, obwohl er in seinen ersten Spielen wie eine etwas zahmere Reinkarnation des guten alten Uli Borowka wirkte. Mit Raphael Wicky kam ein hoch gelobtes Jungtalent aus der Schweiz, mit Bernhard Trares ein weggelobtes Alttalent von München 1860. Die Ansprüche waren überschaubar bei Werder anno 1997: Es war jedem klar, dass man mit diesem Kader nicht um den Titel mitspielen kann, aber es sollte auch nicht weniger herauskommen als der 8. Platz der Vorsaison.

Nachdem der Saisonauftakt mit einem 1:3 in Karlsruhe gründlich danebengegangen war (Platz 18!), begann die Saison vor eigenem Publikum so, wie das letzte Heimspiel der letzten Spielzeit geendet hatte: mit stimmgewaltigen »Dörner raus!«-Rufen. Die Auftaktniederlage wäre mit zwei Heimspielen in Folge gegen schlagbare Gegner wie Rostock und 1860 München reparabel gewesen. Wäre gewesen, war aber nicht: Weder das traurige 1:1 gegen Rostock, noch das ebenso dröge 3:3 vier Tage später gegen 1860 München halfen Werder auch nur einen Millimeter voran. Weiterhin behielten die Bremer die rote Laterne und fröstelten auf dem zugigen Tabellenplatz 18 vor sich hin. Dabei hätte es gegen die Löwen aus München um ein Haar einen Hoffnungsschimmer gegeben: Werder war zwar deutlich unterlegen, hätte aber durch einen sehenswerten Volleytreffer von Andy Herzog kurz vor Schluss beinahe einen Duselsieg erzwungen. Bemerkenswert der Torjubel des Österreichers, der schnurstracks auf den wankenden Trainer zueilte, um ihn demonstrativ zu herzen. Das umjubelte Führungstor drei Minuten vor dem Ende konterten die Sechziger jedoch mit dem 3:3 in der Schlussminute. Nach nur wenigen Schrecksekunden nahm das »Dörner raus!« anschließend eine bedrohliche Phonstärke an.

Mit Dixie Dörner scheiterte zum wiederholten Male ein ehemaliger DFB-Trainer im Haifischbecken Bundesliga. Holger Osieck, Rainer Bonhof und Berti Vogts erging es kaum anders. Schon in den Tagen vor dem Ende waren Alarmsignale deutlich und auch für die Öffentlichkeit sichtbar: Dörner hatte seit langem Verstärkungen für den lahmenden Angriff gefordert. In der vergangenen Saison bekam der Trainer dafür zwei Millionen DM zugesagt. Für die vergleichsweise nichtige Summe bekam Dörner keinen seiner Wunschspieler. Jetzt, da die neue Saison begonnen hatte, wurde kolportiert, dass der SVW sieben Millionen DM für einen neuen Offensivkracher

Werder 0:8 Die Schande

Jetzt Berger für Dörner?

Dörner gefeuert

Wer rettet jetzt Werder?

Werder Schande der Bundesliga

Heute Krisensitzung

Dörner nicht mehr zu halten - Berger Samstag auf der Bank?

Um 20.28 landete Werder gestern in Bremen. Wie geprügelte Hunde schlichen die Spieler nach den bitteren Niederlagen von Teneriffa aus der Maschine, warteten wortlos auf ihr Gepäck. Dieter Eilts griff sich als erster seine Tasche und stürmte aus dem Flughafen.

Trainer Dixie Dörner („Ich weiß nicht, was in den Köpfen der Spieler vorgeht") dagegen stellte sich: „Ich bin nicht dahin gefahren, um Geld zu verdienen, sondern um mich sportlich zu messen." Dann verschwand er durch den Nebeneingang. Torwart Rost brachte nur heraus: „Ich fühle mich in meiner Ehre als Fußballer verletzt."

Beim Turnier auf Teneriffa waren die Bremer innerhalb von 24 Stunden zweimal regelrecht auseinandergenommen worden. Dem 0:4 gegen Gastgeber CD Teneriffa folgte ein 0:8-Debakel gegen Atletico Madrid.

WERDER, DIE SCHANDE DER BUNDESLIGA!

Denn so hat sich ein deutscher Klub noch nie im Ausland blamiert. Vor einer großen Öffentlichkeit. Beide Spiele wurden live im spanischen TV übertragen. Kommentar von Atletico-Boß Jesus Gil y Gil: „So geht Bremen in die 2. Liga, wo sie nach dem 8:0 auch hingehören."

Von Werder berichten
OLIVER RICHARDT und HOLGER BIERMANN

Für Wackel-Trainer Dörner waren es wohl die letzten Auftritte als Trainer in Bremen.

„Ich kenne nur die nackten Ergebnisse. Das ist einfach nur grausam. Wir werden erst einmal mit Trainer und Mannschaft sprechen", sagt Schatzmeister Manfred Müller. Die entscheidende Krisensitzung

heute in Bremen.

Wie BILD erfuhr, fühlt Werder bereits auf dem Trainer-Markt vor. Als Nachfolger ist Jörg Berger (52) im Gespräch.

In der Werder-Krise sagte Präsident Dr. Franz Böhmert sogar seine DFB-Reise zum Länderspiel nach Nordirland ab.

Vizepräsident Klaus-Dieter Fischer tauchte gestern ab. Manager Willi Lemke war angeblich in Österreich unterwegs.

Berger nach Bremen?

Vieles spricht dafür. Er hat Erfahrung im Kampf gegen den Abstieg. Schon Eintracht Frankfurt (1988 – 1991), den 1.FC Köln (1991 – 1993) und Schalke 04 (1993 – 1996) rettete er vor dem Bundesliga-Abstieg, holte anschließend Europacup-Erfolge.

Beim FC Basel ist er nach einem Fehlstart bei den Fans umstritten. Wie sagte er nach der Entlassung vor zehn Monaten auf Schalke: „Das war nicht mein Abschied aus der Bundesliga..."

Könnte Berger schon Samstag in Bielefeld auf der Bank sitzen? In der Schweiz hat er einen Zwei-Jahres-Vertrag, der erst aufgelöst werden müßte. Gut möglich, daß nach einer Dörner-Entlassung zunächst Werder-Assi Wolfgang Sidka einspringt.

Heute wird die Krisensitzung über seine Zukunft entscheiden

Jörg Berger
In der Bundesliga rettete er zuletzt Schalke vorm Abstieg. Seit 1.Juli ist er beim FC Basel.

Dixie Dörner
Für das Abenteuer Werder gab er 1996 seinen „Renten-Job" als DFB-Trainer auf.

Der einzige Trainer der Bundesligageschichte, der wegen eines Freundschaftsspielergebnisses gefeuert wurde: Dixie Dörner war nach dem 0:8 gegen Atletico Madrid nicht mehr zu retten

aufwenden könne. Dörner lamentierte in großen Interviews herum, dass der Markt nun aber leergefegt sei. O-Ton Dörner, wenige Tage vor seiner Demission: »Vor einem halben Jahr hätte ich es gebraucht. Jetzt plötzlich soll so viel Geld da sein. Damit wird in der Öffentlichkeit der Eindruck erweckt, ich könne nicht einmal einen neuen Stürmer präsentieren.« Das klang nach Scheidung der Ehe Werder – Dörner. Schwerer noch wog, dass der »Beckenbauer des Ostens« sich in den Medien beklagte, Manager Lemke und Vize Fischer würden sich ungebührlich in die sportlichen Belange einmischen. Derartige atmosphärische Störungen hat man in der Werder-Familie noch nie besonders geschätzt. Aus Dörners Mund wirkte die Kritik an den Vorgesetzten wie ein letzter Verzweiflungsakt vor dem längst unausweichlichen Scheitern.

Das »Aus« kam dann allerdings auf sehr bizarre Weise: Platz 18 in der Bundesliga hatte der DDR-Rekordnationalspieler noch knapp überlebt, aber zwei Freundschaftsspiele wurden Hans-Jürgen Dörner kurioserweise zum Verhängnis. Ausgerechnet nach verpatztem Saisonstart und mitten im Abstiegskampf musste Werder zu einem internationalen Turnier nach Teneriffa jetten. Die Mannschaft war acht Stunden unterwegs, bekam unterwegs weder Ruhe noch vernünftige Verpflegung und musste am Abend gegen den einheimischen CD Teneriffa ran. Das sang- und klanglose 0:4 war schlimm genug, aber es war Pipifax gegen das zweite Turnierspiel am darauf folgenden Abend. Dörner hatte der heimischen Presse »eine deutliche Steigerung« versprochen und ahnte dabei nicht, wie sehr er Recht behalten sollte: Das 0:4 gegen Teneriffa wurde bei der vernichtenden 0:8-Niederlage gegen Atletico Madrid gleich um 100 Prozent gesteigert. Werders Profis ließen ihren strauchelnden Coach im Regen stehen, und die spanische Presse schlug mächtig drauf auf die Grünweißen: »Der Abstiegskandidat hat dem deutschen Fußball großen Schaden zugefügt«, schrieb »EFE«, während »PAIS« blumig schwadronierte, Bremen sei »zur Schlachtbank geführt« worden.

Die deutschen Zeitungen sahen es nüchterner, titelten »Dörner nicht mehr zu halten!« – und hatten wohl Recht.

Wie erwartet übernahm Wolfgang Sidka das Ruder. Keine beneidenswerte Mission, denn die personell heruntergewirtschaftete Mannschaft war in sich zerstritten. Labbadia und Herzog gingen sich in der Kabine an die Gurgel, ignorierten sich beim Trainingsspiel. Die anderen Spieler schienen fast lethargisch und wenig entschlossen, die Ärmel hochzukrempeln. Das erste Spiel unter Sidkas Regie endete folgerichtig 0:3 in Bielefeld. Aber Sidka bekam die Truppe langsam in den

Die jungen Wilden rückten nach: Christian Brand, Raphael Wicky und Torsten Frings gaben Anlass zu großen Hoffnungen

Griff: Es folgten drei Heimsiege in Folge und dazwischen ein überraschendes 3:1 in Kaiserslautern, bei dem der ob seiner fast schon rührenden Torlosigkeit zum Kult-Stürmer aufgestiegene Håvard Flo doch tatsächlich seine erstes Bundesligator erzielte – im 18. Spiel als Mittelstürmer. Wolle Sidka hatte das leckgeschlagene Werder-Schiff nicht nur geflickt, sondern zu neuen Ufern geführt: Nur sechs Wochen nach dem schwarzen Abend von Teneriffa hatte der lange Blonde Werder vom letzten Platz in Sichtweite der UEFA-Cup-Plätze geführt. Das Hoch im Norden erwies sich allerdings schnell als höchst porös: Es schlossen sich fünf torlose Werder-Trauerspiele an. Die Mannschaft steckte wieder im Schlamassel. Im Winter steuerte der Verein gegen und schenkte Sidka zwei dringend geforderte Offensivspieler. Der Schweizer Adrian Kunz war ein sehr, sehr sympathischer Kumpeltyp, aber diese Eigenschaften waren auffälliger als alles, was er je auf dem Spielfeld zustande brachte. Der schnelle Kunz wurde von Sidka von vornherein als Ergänzungsspieler angekündigt, und zu mehr brachte er es in seinen zweieinhalb Jahren Werder auch nicht, in denen er lediglich 16, meist eher kurze Bundesligaspiele absolvierte. Eine bedeutendere Verstärkung war der als Superstar von Dynamo Kiew geholte Juri Maximov, dessen Fähigkeiten bei Werder für spontane Begeisterungsstürme sorgten. Allerdings ahnte auch keiner, welch geringe Halbwertzeit die Talente des Ukrainers hatten. Er schlug kometenhaft ein in einer Phase, in der Werder spielerisch sehr unter der schweren Fußverletzung von Andy Herzog litt. Maximov erwies sich als technisch brillanter Mittelfeldmann mit gutem Auge und gelegentlichem Torriecher. Der meistgehörte Halbsatz unter Werders Fans und Offiziellen beinhaltete die Hoffnung auf ein absolutes Hochkaräter-Mittelfeld: »Mensch, wenn der Herzog und der Maximov erst mal zusammen auflaufen können …!« Träume. Schäume.

Zum Duo Herzog/Maximov kam es sehr selten, weil einer von beiden eigentlich immer verletzt war. Als Andys Zehe auf dem Weg der Besserung war, zog sich Juri eine schwere Knieverletzung zu. Und wenn beide mal gemeinsam fit und einsatzfähig waren, stellte sich heraus, dass Maximov seine gute Anfangsform nicht allzu häufig bestätigen konnte.

Analog zur Wankelmütigkeit des blonden Stareinkaufs aus Kiew verlief auch die Saison für Sidkas Jungs. Werder pendelte in der Rückrunde zwischen Platz 7 und 9, also genau dort, wo Dörner im Vorjahr auch gelandet war. Ein Schlussspurt sorgte am 33. Spieltag für kollektives Augenreiben bei Werder: Nach einem 1:0 über den VfL Bochum, glücklich und erst kurz vor Schluss durch Maximov zustande gekommen, standen die Grünweißen plötzlich auf Rang 4! Erstmals seit Ottos Abschied stand Werder vor der Rückkehr in die Bundesligaspitze. Am letzten Spieltag musste (wie fast immer) in Stuttgart gespielt werden. Fredi Bobic leistete sich eine alberne Schubserei gegen Olli Reck und flog früh vom Platz. Werder durfte ein halbes Spiel lang in Überzahl versuchen, beim VfB aus eigener Kraft die ersehnte Rückkehr ins internationale Geschäft zu schaffen. Aber die Mannschaft spielte unverständlicherweise Angsthasenfußball der allerschlimmsten Sorte und unterlag dem dezimierten Gastgeber mit 0:1. Der Sprung unter die ersten Fünf war vergeigt. Wenn man ehrlich war, musste man allerdings eingestehen: Dort hätte Werder auch irgendwie nicht hingehört. Jahre voller Frust – wie viele noch?

Oben: Der neue Chef Sidka freut sich mit dem bemerkenswert erfolglosen Kult-Stürmer Håvard Flo über dessen erstes Bundesligator in Kaiserslautern

Unten: Mit seinem späten Tor gegen die »Löwen« hätte Andy Herzog beinahe den Trainerstuhl von Dixie Dörner gerettet. Dann kam die desaströse Teneriffareise …

Eine schweißtreibende Saison: Dieter Eilts bringt seine Frisur durcheinander

Abschlusstabelle der Bundesliga 1997/1998:

Pl.	Verein	Sp	S	U	N	Tore	Diff.	Punkte
1.	1. FC K'lautern	34	19	11	4	63:39	+24	68
2.	Bayern München	34	19	9	6	69:37	+32	66
3.	Bayer Leverkusen	34	14	13	7	66:39	+27	55
4.	VfB Stuttgart	34	14	10	10	55:49	+6	52
5.	Schalke 04	34	13	13	8	38:32	+6	52
6.	Hansa Rostock	34	14	9	11	54:46	+8	51
7.	**Werder Bremen**	**34**	**14**	**8**	**12**	**43:47**	**-4**	**50**
8.	MSV Duisburg	34	11	11	12	43:44	-1	44
9.	Hamburger SV	34	11	11	12	38:46	-8	44
10.	Borussia Dortmund	34	11	10	13	57:55	+2	43
11.	Hertha BSC Berlin	34	12	7	15	41:53	-12	43
12.	VfL Bochum	34	11	8	15	41:49	-8	41
13.	1860 München	34	11	8	15	43:54	-11	41
14.	VfL Wolfsburg	34	11	6	17	38:54	-16	39
15.	Borussia M'gladbach	34	9	11	14	54:59	-5	38
16.	Karlsruher SC	34	9	11	14	48:60	-12	38
17.	1. FC Köln	34	10	6	18	49:64	-15	36
18.	Arminia Bielefeld	34	8	8	18	43:56	-13	32

Saisonverlauf 1997/1998:

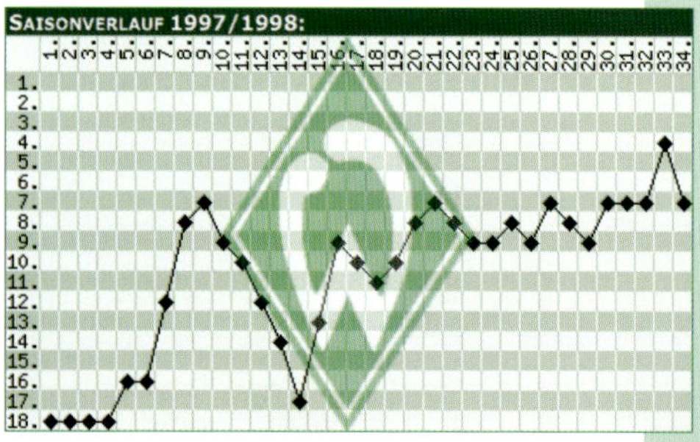

Reck, Oliver »Olli« (1)
*27.2.1965
Torhüter
33 (345); 0 (0); 1985–1998

Rost, Frank »Fäustel« (20)
*30.6.1973
Torhüter
2 (147); 0 (1); 1992–2002

Skripnik, Victor »Skripa« (19)
*19.11.1969
Abwehrspieler
23 (132); 0 (6); 1996–2004
Ukraine

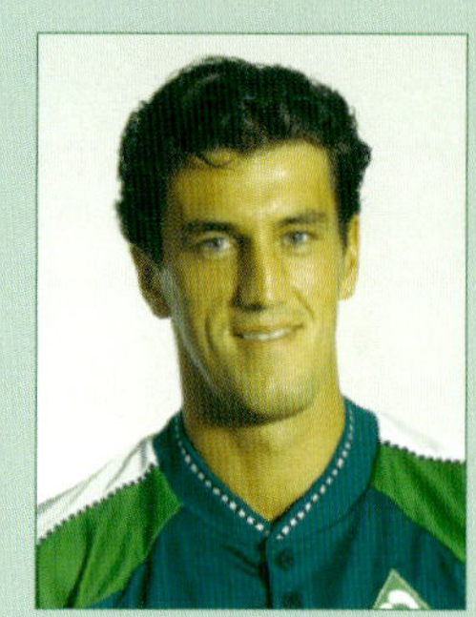

Todt, Jens (6)
*5.1.1970
Abwehrspieler
31 (72); 2 (6); 1996–1999

Dörner, Hans-Jürgen »Dixie«
*25.1.1951
Trainer 1
3 (54); 1996–20.8.1997
1.–3. Spieltag

Sidka, Wolfgang
*26.5.1954
Trainer 2
31 (39); 21.8.1997–1998
4.–34. Spieltag

Eilts, Dieter
»Ostfriesen-Alemao« (5)
*13.12.1964
Mittelfeldspieler
33 (390); 1 (7); 1985–2002

Herzog, Andreas »Andy« (18)
*10.9.1968
Mittelfeldspieler
18 (236); 4 (57); 1992–1995, 1996–2002; Österreich

Brand, Christian (28)
*23.5.1972
Mittelfeldspieler
31 (59); 3 (5); 1996–1999

Maximov, Juri (34)
*8.12.1968
Mittelfeldspieler
12 (69); 3 (9); 1997–2001
Ukraine

Wer kam?

Wicky (FC Sion/Schweiz)
Benken (Energie Cottbus)
Trares (TSV München 1860)
Frey (SC Freiburg)
Harttgen (eig. Amateure)
Maximov (Dynamo Kiew/Ukraine, w.d.S.)
Kunz (Xamax Neuchatel/Schweiz, w.d.S.)
Seidel (eig. Amateure)
Plump (eig. Amaterue)
Borchardt (eig. Amateure)

Wer ging?

Schulz (Karriereende)
Unger (Fortuna Düsseldorf)
Hobsch (Stade Rennes/Frankreich)
Gundelach (Karriereende)
Völzke (VfB Oldenburg, w.d.S.)
Schierenbeck (w.d.S. an SpVgg. Greuther Fürth ausgeliehen)
Scholz (Fortuna Köln, w.d.S.)

w.d.S. = während der Saison

Erweiterter Kader:

Jaschob, Jens* (16)
*19.10.1968
Torhüter
0 (0); 0 (0); 1997–1998

Lellek, Jens* (31)
*31.1.1968
Abwehrspieler
0 (2); 0 (0); 1994–1995, 1996–1998

* Vertragsamateur

Die Mannschaft

(Name (Rückennummer), Geb.-Datum, Position, Bundesliga-Einsätze (Gesamt), Tore (Gesamt), bei Werder von–bis)

Ramzy, Hany (4)
*10.3.1969
Abwehrspieler
25 (98); 1 (3); 1994–1998
Ägypten

Schierenbeck, Björn »Fiedel« (30), *12.7.1974
Abwehrspieler
1 (16); 0 (0); 1996–1998, 1999–2003

Wiedener, Andree (13)
*14.3.1970
Abwehrspieler
9 (164); 0 (3); 1989–2001

Wicky, Raphael »Rapha« (3)
*26.4.1977
Abwehrspieler
31 (92); 0 (1); 1997–2001
Schweiz

Benken, Sven (24)
*20.4.1970
Abwehrspieler
6 (29); 0 (0); 1997–2000

Trares, Bernhard (8)
*18.8.1965
Abwehrspieler
26 (89); 0 (6); 1997–2001

Wolter, Thomas »Stonie« (14)
*4.10.1963
Mittelfeldspieler
13 (312); 0 (12); 1984–1999

Frey, Dieter (15)
*31.10.1972
Mittelfeldspieler
22 (30); 2 (3); 1997–2001

Bode, Marco (17)
*23.7.1969
Mittelfeldspieler
28 (379); 9 (101); 1989–2002

Scholz, Heiko »Scholle« (2)
*7.1.1966
Mittelfeldspieler
1 (52); 0 (2); 1995–1988

Harttgen, Uwe* (21)
*6.7.1964
Mittelfeldspieler
5 (82); 0 (15);
1988–1994, 1997–1999

Pfeifenberger, Heimo (7)
*29.12.1966
Mittelfeldspieler
18 (43); 2 (5); 1996–1998
Österreich

Labbadia, Bruno (9)
*8.2.1966
Stürmer
27 (63); 6 (18); 1995–1998

Flo, Håvard »Howie« (10)
*4.4.1970
Stürmer
25 (55); 5 (5); 1996–1999
Norwegen

Kunz, Adrian »Addo« (11)
*7.7.1967
Stürmer
12 (16); 1 (1); 1997–2000
Schweiz

van Lent, Arie* (24)
*31.8.1970
Stürmer
13 (32); 1 (6); 1990–1994, 1995–1998; Niederlande

Frings, Torsten »Lutscher« (22)
*22.11.1976
Stürmer
28 (162); 2 (16); 1996–2002

Seidel, Sören* (25)
*10.10.1972
Stürmer
1 (12); 0 (1); 1997–1999, 1999–2000

Penshorn, Thomas (12)
*27.8.1977
Abwehrspieler
0 (0); 0 (0); 1996–1998

Plump, Matthias* (29)
*30.11.1978
Abwehrspieler
0 (0); 0 (0); 1997–2000

Barten, Mike* (33)
*20.11.1973
Abwehrspieler
0 (34); 0 (0); 1995–2003

Völzke, Hendrik* (27)
*22.3.1975
Mittelfeldspieler
0 (1); 0 (0); 1996–1998

Schultz, Timo (26)
*26.8.1977
Mittelfeldspieler
0 (0); 0 (0); 1996–2000

Borchardt, Stephan* (32)
*6.3.1973
Stürmer
0 (0); 0 (0); 1997–1998

1998/99: Der Durchlauferhitzer

Oben v.l.:
Eilts, Wolter, Seidel, Plump, Flo, Dabrowski, Maximov, Bode, Frey, Herzog
Mitte v.l.:
Trainer Sidka, Nouri, Roembiak, Kunz, Skripnik, Todt, Schultz, Benken, Tjikuzu, Torwarttrainer Burdenski, Co-Trainer Kamp
Unten v.l.:
Wiedener, Wicky, Trares, Borel, Brasas, Rost, Barten, Brand, Frings

Wenn man sich mal das vermaledeite 0:8 von Teneriffa wegdenkt, dann begann die Saison 1998/99 beinahe wie die Spielzeit zuvor: Ein Trainer verspielt in Rekordzeit weite Teile seines Kredits bei der Kundschaft und muss nach einem verpatzen Saisonstart gehen. Der Trainer hieß diesmal nicht Dörner, sondern Sidka. Er wurde nicht nach drei Spieltagen entlassen, sondern durfe sich fünf Wochen länger um die Wende bemühen. Und er scheiterte nicht so sehr an der Außendarstellung seiner Person, sondern an – klar – Erfolglosigkeit. Aber auch an der angebotenen Art von Fußball, die kein Werder-Fan mehr sehen mochte: statisch, ängstlich, vorhersehbar.

Verpatzte Saisonstarts hatten in der Post-Rehhagel-Ära Tradition, und auch Wolfgang Sidka mochte sich in seiner ersten Saison da nicht lumpen lassen: 0:1 in Berlin, 2:3 zuhause gegen den »Club« aus Nürnberg, 0:2 in Bochum – Platz 18, genau wie ein Jahr zuvor unter Dixie Dörner! Das Spiel in Bochum lieferte dabei den Offenbarungseid: Beim Stand von 0:1 dirigierte Trainer Sidka den wuchtigen Sturmtank Håvard Flo irgendwann in die Abwehr. Die eingewechselten Stürmer Kunz und Seidel kennen an diesem Abend so etwas wie »Ballkontakte« nur vom Hörensagen. Werder war bei einer eher harmlosen Mannschaft aus dem Mittelmaß der Bundesliga eine ganze Klasse unterlegen. Berühmt wurde später die Szene eines am Spielfeldrand verzweifelt und wütend in Richtung Sidka gestikulierenden Kapitäns Dieter Eilts. Mitten im Spiel ein für alle erkennbarer Disput zwischen Trainer und Spielführer, der beinahe eine Minute dauerte (gefühlt). Das Spiel dauerte für mitgereiste Fans gefühlte sechs Stunden, und gerade als man froh war, als Werder-Supporter noch einmal ohne Spätfolgen dieses grauenvollen Auswärtsspiels davongekommen zu sein, lieferte Werder im UEFA-Cup noch einmal exakt dasselbe Spiel ab: Gegner war genau eine Woche nach dem schwarzen Abend von Bochum die noch weitaus schwächere Elf von Brann Bergen aus Norwegen. Wieder 0:2. Vom gebotenen Sport her gab es für Werderaner in den letzten zwanzig Jahren keine bitterere Phase als diese.

Um gegenzusteuern, bemühte sich Werder um den brasilianischen Stürmer Ailton, mit dessen Verein Tigres Monterrey (Mexiko) es jedoch ein endloses Wechseltheater gab. Als der Transfer praktisch geplatzt schien, wurde mit Rade Bogdanovic von der Ersatzbank Atletico Madrids ein klassischer Mittelstürmer ausgeliehen. Bogdanovic gefiel den männlichen Werder-Fans spontan durch seine sofort allgegenwärtige Torgefährlichkeit. Den weiblichen Werder-Fans gefiel er zusätzlich durch den nicht minder allgegenwärtigen Waschbrettbauch, den der Serbe bei jedem Torjubel präsentierte. Bogdanovic erzielte sein erstes Tor schon im ersten Spiel beim VfL Wolfsburg, wo den Werder-Fans erstaunt vor allem eines auffiel: Plötzlich hatte Werder nach langer Pause wieder einen echten Mittelstürmer. Da war endlich jemand präsent, der vorne drinstand und den Gegner kirre machen konnte – herrlich! Seit dem Abschied von Bruno Labbadia zu Saisonbeginn hatte es so etwas nicht mehr gegeben. Leider war Bogdanovics Auftakttreffer nur ein Tropfen auf dem heißen Stein. Trotz des neuen Goalgetters wurde danach wieder vergeigt, was das Zeug hält.

Ernst wurde es bei der dritten Niederlage in Folge nach dem kurzen Zwischenhoch in Wolfsburg. Werder spielte daheim gegen den SC Freiburg und verlor mit 2:3. Im Mittelpunkt der Kritik stand neben Trainer Sidka auch der umstrittene Torwart Frank Rost, den die grünweiße Menge mit »Brasas, Brasas!«-Rufen aus dem Tor brüllen wollte. Der so Gescholtene zeigte Wirkung und verschuldete zwei der drei Gegentore.

Da nützte es auch nichts, dass der heftig umworbene Brasilianer Ailton aus Mexiko plötzlich doch noch losgeeist werden konnte. Wenige Tage nach seiner Ankunft in Deutschland lief er gegen Freiburg erstmals auf, machte sogar ein Tor, aber konnte die Niederlage und den erneuten Sturz auf Platz 18 auch nicht verhindern. Wolfgang Sidkas Tage waren gezählt.

Es kam mit Felix Magath ein umstrittener Mann, der den Profibereich des SV Werder ähnlich durcheinanderwirbeln sollte wie einst Aad de Mos. Magaths Verpflichtung wurde als Ex-HSVer bei den Fans skeptisch zur Kenntnis genommen, und seine Empfehlungen waren durchwachsen: Bei allen Ex-Vereinen hatte er jeweils vorübergehend beeindruckenden Erfolg, aber nutzte sich ebenso schnell wieder ab. Ein Durchlauferhitzer, der die Mannschaft für einen sehr begrenzten Zeitraum heiß machen konnte, um danach die Kontrolle über die Strömungen innerhalb des Kaders zu verlieren. Seine Mannschaften wurden nach dem immer gleichen Prinzip mit knallhartem Training körperlich auf das allerhöchste Level getrimmt, ehe der Disziplinfanatiker Magath dann den Kader massiv umkrempelte. Bei Werder waren Magaths personellen Vorlieben schon im allerersten Spiel deutlich, das pikanterweise bei Magaths Ex-Verein HSV stattfand. Bogdanovic musste auf die Bank, Ailton (eine Woche nach seinem ersten Bundesligator!) gar auf die Tribüne. Leistungsträger Maximov wurde vom neuen Trainer mit der Begründung aus der Stammelf aussortiert, er solle erst einmal Deutsch lernen.

Auf dem Spielfeld sahen Werders Profis 1998/99 selten so respekteinflößend aus wie hier: Roembiak, Benken, Maximov, Flock und Wiedener, direkt nach der Schicht

Magath hatte allerdings auch das große Pech, eine in sich kaputte Mannschaft zu übernehmen, in der es »von vorne bis hinten nicht stimmt« (Raphael Wicky). Bitter rächte sich die defensive Einkaufspolitik des Sommers: Die Dauerverletzten Todt und Herzog fehlten an allen Ecken und Enden. Immer wieder mussten die Löcher innerhalb der Mannschaft auf abenteuerlichste Weise gestopft werden. Der durch die beiden neuen Stürmer vorne nutzlose Håvard Flo verteidigte für den dauerverletzten Todt, Roembiak und Wicky mussten mal hier und mal da ran, bei Torsten Frings

»Tja Jungs, das habt ihr nun davon!«

Willi Lemke zur Mannschaft bei der Vorstellung des neuen Trainers Felix Magath

Thomas Schaaf: Kann der Neue noch was retten?

Der neue Werder-Coach Thomas Schaaf (38/Foto) – er ist ein Rehhagel-Schüler!

Seit 1972 ist Schaaf bei Werder, durchlief alle Jugendmannschaften, erlebte als Profi die große Rehhagel-Zeit.

Seit vier Jahren trainiert er die Amateure (zuletzt 8 Siege in 9 Spielen).

Noch-Vize Fischer begründet die Entscheidung: „Thomas Schaaf kennt die Vereinsstrukturen, ist dicht am Team. Wir kennen seine Art, Fußball spielen zu lassen. Als Amateurtrainer hat er hervorragende Arbeit geleistet."

Gestern um 16 Uhr leitete er das erste Training, fuhr anschließend ins Trainingslager nach Verden in den „Niedersachsen Hof".

Wie will er Werder vor dem Abstieg retten?

Schaaf: „Ich muß den Spielern ihre Ängste nehmen, sie in Einzelgesprächen stark reden. Wir brauchen jetzt wieder eine positive Stimmung."

Ein kurzes Kapitel und der Beginn eines sehr langen Kapitels: Marco Bode musste sich Magaths Worte nicht allzu lange anhören, »der Neue« konnte eine ganze Menge retten und wurde erst Pokalsieger und anschließend zum Dauerbrenner auf der Trainerbank: Thomas Schaaf war endlich der erste Glücksfall einer vierjährigen Suche nach dem idealen Werder-Trainer

wurde langwierig ermittelt, für was der quirlige Aachener Stürmer überhaupt zu gebrauchen sein könnte. Personell herrschte das ganz große Chaos, woran Magath einen großen Teil der Schuld trug. Mit Ailton schmorte ein Torjäger auf der Tribüne, den Magath nicht einsetzte, weil er in Werders prekärer Lage auf Arbeiter setzte, nicht auf Künstler. Dafür wurde auf ausdrückliche Initiative des Trainers mit Magaths Ex-HSV-Weggefährten Dirk Weetendorf ein Stürmer geholt, den »Quälix« schon beim ersten Training kurz und klein trainierte und später kaum einsetzte. In Hamburg lachten sie sich unterdessen tot und rätselten, welchen HSV-Ladenhüter Magath als nächstes zum Nordrivalen locken würde.

Die sportliche Entwicklung unter dem für die Spieler oft schwer einzuschätzenden Schleifer war ähnlich, wie sie Magath bei anderen Stationen auch erlebte: Am Anfang ging es bergauf, und zwar steil. Die Mannschaft hatte Respekt vor den Visionen des neuen Trainers, wurde immer fitter und zog an einem Strang. In zwei Monaten unter Magath kletterte Werder vom Schlusslicht hoch bis zu Platz 9, und leise keimten sogar Hoffnungen auf, es wieder in die UEFA-Cup-Ränge schaffen zu können. Die Träumereien wurden im Frühjahr auf brutalste Weise zerstört, nachdem das Winter-Trainingslager in Herzlake (»Schmerzlake«) eigentlich schon brutal genug gewesen war. In den nächsten zwölf Bundesligaspielen unter Magath gab es nur einen einzigen Sieg (in Freiburg). Der Rest war Schweigen. Die Mannschaft spielte nicht mehr, sie ackerte nur noch vor sich hin. Anders als in der Vorrunde tat sie dies nun völlig erfolglos. Die atmosphärischen Störungen innerhalb des Teams wurden täglich schlimmer. Die jüngeren Spieler wie Frings zitterten vor Gesprächen mit Magath, die älteren wie Herzog hatten vom eitlen, selbstverliebten Führungsstil des Feldwebels die Nase gestrichen voll. Und der Vorstand geriet spätestens dann ins Grübeln, nachdem Magath kundgetan hatte, mit welchen Spielern er künftig nicht mehr plante: Rost, Wicky, Frings, Ailton und andere standen auf seiner Abschussliste. Unfassbar. Untragbar.

Nach einem 1:2 zuhause gegen den Abstiegskandidaten Eintracht Frankfurt zog Werders Vereinsführung die Reißleine. Felix Magath wurde zum Gespräch gebeten, in dessen Verlauf ihm dringend nahegelegt wurde, von sich aus zurückzutreten. Magath nahm an und ließ keine Gelegenheit aus, anschließend zu betonen, dass der Verein Werder für »einen wie ihn« einfach nicht bereit gewesen sei. Noch Jahre danach betonte Magath, er habe Werder damals aus einer ganz prekären Lage gerettet. Bewusst oder unbewusst verdrängt er bei dieser Darstellung, dass er den Verein nicht nur aus der prekären Situation heraus-, sondern anschließend mit Riesenschritten auch wieder hereingeführt hatte. Magath und Werder – ein einziges, großes Missverständnis. Die Trennung vom einstigen Hoffnungsträger auf der Bank wertete Werders Führungsmannschaft als Niederlage und kündigte den geschlossenen Rückzug an. Präsident Dr. Franz Böhmert, Vize Klaus-Dieter Fischer und Schatzmeister Manni Müller zeigten in dieser Niederlage Größe und forderten die Vereinsmitglieder auf, im Juni eine neue Leitung zu wählen. Sie übernahmen damit die Verantwortung für fünf Trainer in vier Jahren nach Rehhagel, unzählige erfolglose Spielereinkäufe und eine Fehlentwicklung im sportlichen Management. Fischer bekannte selbstkritisch: »Wir haben nach Rehhagels Weggang so getan, als wäre nichts passiert. Der Trainer behielt die alleinige Verantwortung bei Spielereinkäufen, und das war vielleicht falsch.«

So bitter und schmerzhaft dieser Einschnitt für Werder war, so positiv muss diese Zäsur im Nachhinein gesehen werden. Der Verein reinigte sich selbst, und das lag vor allem an zwei Personalien: Nachwuchstrainer Thomas Schaaf übernahm zunächst als Übergangslösung die Bundesligaelf. Eigentlich hatte ihm das in den Medien kaum jemand zugetraut, aber Schaaf bewies in kürzester Zeit, dass er für die ins Schlingern geratene Mannschaft der richtige Mann zur richtigen Zeit gewesen war, und diese »richtige Zeit« dauert zum Erscheinungstermin dieses Buches ohne Aussicht auf ein baldiges Ende immer noch an. Schaafs beeindruckende Erfolgsstory wurde zusätzlich angeschoben durch die Inthronisierung von Klaus Allofs zum neuen Sportdirektor. Die Schaffung dieser Position war nach Rehhagels Abschied längst überfällig gewesen. Jetzt, nach dem Donnergrollen um die Magath-Entlassung, ging Werder Bremen die notwendigen Wege und stellte die Weichen auf Fortschritt.

Bremen und Thomas Schaaf wollten es gemeinsam mit der Mannschaft schaffen. Die Stadt flaggte in Gedanken grünweiß, und das Weser-Stadion erzitterte in seinen Grundfesten, als 35.000 Zuschauer ihren SVW zum Sieg gegen Schalke 04 brüllten, wie in Bremen noch niemals zuvor eine Mannschaft zum Sieg gebrüllt worden war. Youngster Christoph Dabrowski war es, der in der 54. Minute das wohl auf ewig wichtigste Tor seiner Karriere erzielte. Der erste Schritt war getan, dem Schaaf mit seiner Magath-befreiten Elf gleich noch zwei Siege bei München 1860 und gegen Mönchengladbach folgen ließ. Innerhalb von nur elf Tagen hatte Schaaf neun Punkte geholt und Werder in sensationeller Manier gerettet. Für neun Punkte hatte Felix Magath zuvor viereinhalb Monate gebraucht.

Am Ende durfte Werders Elf als Riesen-Bonus sogar noch das Pokalfinale gewinnen – und das gegen den scheinbar unschlagbaren FC Bayern. Effenberg und Matthäus waren die großen Verlierer einer wahren Pokal-Schlacht, in der eine über sich hinauswachsende Bremer Mannschaft das Glück im Elfmeterschießen erzwang und nicht nur Torwart-Pokalheld Frank Rost es mit beiden Händen festhielt. Für viele jüngere Spieler war es der erste Titelgewinn ihrer Karriere, für viele ältere Spieler der letzte große Triumph ihrer Werder-Laufbahn. Für Thomas Schaaf war es die Belohnung für großartige Arbeit unter allerschwersten Bedingungen. Werder hatte sich in letzter Minute vor dem Absturz gerettet, um ausgelaugt, aber glücklich eine nervenzehrende Saison runderneuert auf dem Rathausbalkon ausklingen zu lassen. Die »Jahre voller Frust« waren so gut wie beendet.

Vom Spielfeldrand 1998/99:

Neue Trainer wollen neue Spieler. In der Saison 1998/99 sorgte der Wechsel von Sidka zu Magath für die größte Fluktuation in Werders Spielerkader, die Bremen je erlebte: Gleich 15 (!) neue Gesichter tauchten im Verlauf der Saison auf dem Trainingsplatz auf. Im krassen Gegensatz dazu kam Werder 1965, 1974 und auch vor der Meistersaison 1987 mit nur jeweils drei Neuzugängen aus.

Unglaublich: Eine kurz zuvor noch mausetote Elf gewinnt gegen die Bayern den Pokal. Herzog und Wiedener freuen sich mit dem Cup, unten Neu-Trainer Schaaf und Pokalheld Rost vor dem Elfmeterschießen

Werders Torwart raubte Bayern den Pokal

Goldhändchen Rost

Abschlusstabelle der Bundesliga 1998/1999:

Pl.	Verein	Sp	S	U	N	Tore	Diff.	Punkte
1.	Bayern München	34	24	6	4	76:28	+48	78
2.	Bayer Leverkusen	34	17	12	5	61:30	+31	63
3.	Hertha BSC Berlin	34	18	8	8	59:32	+27	62
4.	Borussia Dortmund	34	16	9	9	48:34	+14	57
5.	1. FC K'lautern	34	17	6	11	51:47	+4	57
6.	VfL Wolfsburg	34	15	10	9	54:49	+5	55
7.	Hamburger SV	34	13	11	10	47:46	+1	50
8.	MSV Duisburg	34	13	10	11	48:45	+3	49
9.	1860 München	34	11	8	15	49:56	-7	41
10.	Schalke 04	34	10	11	13	41:54	-13	41
11.	VfB Stuttgart	34	9	12	13	41:48	-7	39
12.	SC Freiburg	34	10	9	15	36:44	-8	39
13.	**Werder Bremen**	**34**	**10**	**8**	**16**	**41:47**	**-6**	**38**
14.	Hansa Rostock	34	9	11	14	49:58	-9	38
15.	Eintracht Frankfurt	34	9	10	15	44:54	-10	37
16.	1. FC Nürnberg	34	7	16	11	40:50	-10	37
17.	VfL Bochum	34	7	8	19	40:65	-25	29
18.	Borussia M'gladbach	34	4	9	21	41:79	-38	21

Saisonverlauf 1998/1999:

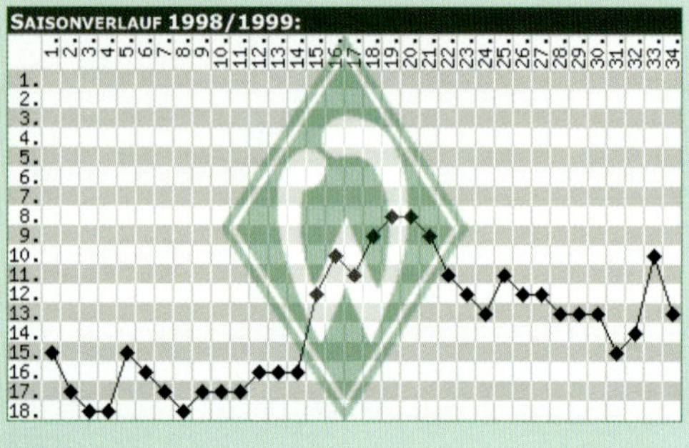

Rost, Frank »Fäustel« (20)
*30.6.1973
Torhüter
28 (147); 0 (1); 1992–2002

Brasas, Stefan (12)
*31.8.1967
Torhüter
6 (6); 0 (0); 1998–2001

Skripnik, Victor »Skripa« (19)
*19.11.1969
Abwehrspieler
16 (132); 0 (6); 1996–2004
Ukraine

Todt, Jens (6)
*5.1.1970
Abwehrspieler
20 (72); 3 (6); 1996–1999

Trares, Bernhard (8)
*18.8.1965
Abwehrspieler
31 (89); 3 (6); 1997–2001

Eilts, Dieter
»Ostfriesen-Alemao« (5)
*13.12.1964
Mittelfeldspieler
32 (390); 0 (7); 1985–2002

Herzog, Andreas »Andy« (18)
*10.9.1968
Mittelfeldspieler
27 (236); 3 (57); 1992–1995; 1996–2002; Österreich

Dabrowski, Christoph (23)
»Barry«
*1.7.1978
Mittelfeldspieler
15 (49); 1 (3); 1998–2001

Wer kam?

Brasas (SV Meppen)
Schierenbeck (w.d.S. zurück aus Fürth, war ausgeliehen)
Wojtala (Hamburger SV, w.d.S.)
Dabrowski (eigene Amateure)
Flock (FC Gütersloh)
Fütterer (eig. Amateure, w.d.S.)
Roembiak (FC Aarau/Schweiz)
Ailton (Tigres Monterrey/Mexiko, w.d.S.)
Bogdanovic (Atletico Madrid/Spenien, w.d.S.)
Weetendorf (Hamburger SV, w.d.S.)
Borel (eig. Amateure)
Tjikuzu (eig. Amateure)
Nouri (eig. Amateure)
Thiago (Joinville EC/Brasilien)
Stalteri (eig. Amateure)

Sidka, Wolfgang
*26.5.1954
Trainer 1
8 (39); 21.8.1997–19.10.1998
1.–8. Spieltag

Magath, Wolfgang »Felix«
*26.7.1953
Trainer 2
22 (22); 20.10.1998–10.5.1999
9.–31. Spieltag

Maximov, Juri (7)
*8.12.1968
Mittelfeldspieler
20 (69); 3 (9); 1997–2001
Ukraine

Roembiak, Lodewijk
»Lody« (2); *18.5.1969
Mittelfeldspieler
16 (18); 3 (3); 1998–2000
Niederlande

Wer ging?

Reck (Schalke 04)
Ramzy (1. FC Kaiserslautern)
Pfeifenberger (Casino Salzburg/Österreich)
Labbadia (Arm. Bielefeld)
Jaschob (eig. Amateure)
Lellek (eig. Amateure)
Penshorn (eig. Amateure)
van Lent (SpVgg. Greuther Fürth)
Kunz (FC Zürich/Schweiz, w.d.S. ausgeliehen)
Flo (Wolverhampton Wanderers/England, w.d.S.)
Seidel (Hannover 96, w.d.S. ausgeliehen)
Borchardt (FC Bremerhaven)

w.d.S. = während der Saison

* Vertragsamateur

Schaaf, Thomas »Schabba«
*30.4.1961
Trainer 3
4 (140); 11.5.1999–
32.–34. Spieltag

Erweiterter Kader:

Borel, Pascal (16)
*28.9.1978
Torhüter
0 (31); 0 (0); 1998–

Wolter, Thomas*
»Stonie« (14)
*4.10.1963
Abwehrspieler
0 (312); 0 (12); 1984–1999

Tjikuzu, Razundara*
»Raschi« (28)
*12.12.1979
Abwehrspieler
0 (68); 0 (0); 1998–2003
Namibia

Die Mannschaft (Name (Rückennummer), Geb.-Datum, Position, Bundesliga-Einsätze (Gesamt), Tore (Gesamt), bei Werder von-bis)

Barten, Mike* (33)
*20.11.1973
Abwehrspieler
2 (34); 0 (0); 1995–2003

Schierenbeck, Björn »Fiedel« (38), *12.7.1974
Abwehrspieler
1 (16); 0 (0); 1996–1998, 1999–2003

Wiedener, Andree (13)
*14.3.1970
Abwehrspieler
30 (164); 0 (3); 1989–2001

Wicky, Raphael »Rapha« (3)
*26.4.1977
Abwehrspieler
31 (92); 1 (1); 1997–2001
Schweiz

Benken, Sven
*20.4.1970
Abwehrspieler
23 (29); 0 (0); 1997–2000

Wojtala, Pawel (30)
*27.10.1972
Abwehrspieler
19 (21); 1 (1); 1998–2000
Polen

Frey, Dieter (15)
*31.10.1972
Mittelfeldspieler
5 (30); 1 (3); 1997–2001

Bode, Marco (17)
*23.7.1969
Mittelfeldspieler
29 (379); 8 (101); 1989–2002

Flock, Dirk (4)
*23.6.1972
Mittelfeldspieler
18 (31); 0 (1); 1998–2001

Fütterer, Danny* (39)
*28.8.1975
Mittelfeldspieler
1 (1); 0 (0); 1998–2001

Brand, Christian (20)
*23.5.1972
Mittelfeldspieler
4 (59); 0 (5); 1996–1999

Frings, Torsten »Lutscher« (22)
*22.11.1976
Mittelfeldspieler
23 (162); 4 (16); 1996–2002

Flo, Håvard »Howie« (10)
*4.4.1970
Stürmer
16 (55); 0 (5); 1996–1999
Norwegen

Kunz, Adrian »Addo« (11)
*7.7.1967
Stürmer
4 (16); 0 (1); 1997–2000
Schweiz

»Ailton«, Gonçalves da Silva »Toni« (32); *19.7.1973
Stürmer
12 (136); 2 (60); 1998–
Brasilien

Seidel, Sören* (25)
*10.10.1972
Stürmer
5 (12); 0 (1); 1997–1999; 1999–2000

Bogdanovic, Rade (9)
*21.5.1970
Stürmer
23 (56); 8 (15); 1998–2002
Jugoslawien

Weetendorf, Dirk »Weete« (37)
*1.10.1972
Stürmer
7 (7); 0 (0); 1998–2000

Thiago, Traina Gama*
*16.9.1975
Abwehrspieler
0 (0); 0 (0); 1998–2000
Brasilien

Plump, Matthias* (29)
*30.11.1978
Abwehrspieler
0 (0); 0 (0); 1997–2000

Harttgen, Uwe* (21)
*6.7.1964
Mittelfeldspieler
5 (82); 0 (15); 1988–1994, 1997–1999

Nouri, Alexander (27)
*20.8.1979
Mittelfeldspieler
0 (0); 0 (0); 1998–2000

Schultz, Timo (26)
*26.8.1977
Mittelfeldspieler
0 (0); 0 (0); 1996–2000

Stalteri, Paul* (35)
*28.10.1977
Mittelfeldspieler
0 (86); 0 (4); 1998–

Die Mannschaft der 1. B-Jugend
MF-Spieler Thomas **Schaaf,** am 30. 4. wird er 16 Jahre alt, kam vor 6 Jahren vom Nachbarverein Union zu Werder. Seitdem spielte er bei uns jeweils in der 1. Mannschaft seiner Altersklasse und auch in der Auswahlmannschaft des BFV auf Landesebene. Die nächsten Ziele für Thomas sind die Teilnahme an der Norddeutschen Meisterschaft, das Spielen in der NFV-Auswahl unter Verbandstrainer Wilke und die Grundlagen für einen erfolgreichen Schulabschluß (Abitur in 3 Jahren) zu schaffen.

Thomas Schaaf: »... wenn es einer schafft, dann du!«

Sie werden vermutlich auf ewig einen Werder-Rekord halten: Erster Einsatz in Werders Bundesligaelf mit 17 Jahren. 1978 war das. Wie lief dieser für Sie denkwürdige Tag seinerzeit ab?

Schaaf: Ich war eigentlich noch A-Jugendlicher, spielte aber schon bei den Amateuren. Ab und zu habe ich auch im Profikader mittrainieren dürfen. Die Bundesligamannschaft musste in Bochum antreten, und durch einen Personalengpass wurde ich nominiert. Norbert Siegmann hatte sich verletzt. Morgens am Spieltag, einem Mittwoch, bin ich noch zur Schule gegangen und mittags mit dem Zug der Mannschaft hinterhergefahren. Im Spiel hat sich unser Kalle Geils dann auch noch verletzt, und nach 64 Minuten hat mich Trainer Weber dann aufs Feld geschickt. Ich musste gegen Bochums Jochen Abels spielen, damals ein sehr abgezockter, erfahrener Torjäger. Wir haben leider 0:3 verloren, aber das Spiel war mein Einstand.

Oben: Thomas Schaaf 2003. Unten: Knapp 30 Jahre vorher wurde das Haar noch offen getragen (Sorry, Trainer)

Sie haben in Ihrer Anfangsphase mit absoluten Legenden zusammenspielen dürfen. Erst bei Werders Amateuren mit Horst-Dieter Höttges, später dann bei den Profis mit Klaus Fichtel. Waren das Vorbilder für Sie?

Schaaf: Absolut! Ich habe damals als 18-Jähriger bei Werders Amateuren direkt neben Horst-Dieter Höttges gespielt. Von ihm konnte man sich in Sachen Cleverness und Zweikampfverhalten natürlich eine Menge abgucken. Mit ihm zusammenzuspielen hat unheimlich viel Spaß gemacht. Wir haben hinten den Laden dichtgehalten, er als Libero und ich als Vorstopper. Wir haben wahnsinnig gut miteinander harmoniert. Später in der Zweitligasaison haben uns die älteren Spieler wie Kostedde, Konschal und Fichtel sehr weitergebracht. Klaus Fichtel war später mein Zimmergenosse, und das war für mich sehr, sehr lehrreich. Klaus war für mich der perfekte Profi. Er kannte seinen Körper, wusste wie viel Training er brauchte, wusste über die ideale Behandlung seiner Blessuren Bescheid. Wenn ihm Spritzigkeit fehlte, dann ist er die Stadiontreppen rauf- und runtergerannt, bis er sich besser gefühlt hat. Nach dem Training hat er manchmal alleine in der Unterwassermassagewanne gesessen und hat sich selbst massiert. (lacht) Ich habe im weiteren Verlauf meiner Karriere sehr davon profitiert, so großartige Vorbilder bei Werder gehabt zu haben.

Kommen wir zum Einstieg als Trainer bei Werder. Der kam ja ähnlich abrupt wie das Debüt als Profi 21 Jahre zuvor.
Schaaf: Den Weg, vom Nachwuchstrainer direkt zum Profitrainer zu werden, den gab es eigentlich nie. Weder bei uns, noch bei anderen Vereinen. Ich konnte nie davon ausgehen, bei Werder Cheftrainer der Profis zu werden. Ich habe mir immer gesagt: Mach deinen Job als Nachwuchstrainer gut, dann kriegst du vielleicht irgendwann ein Angebot eines anderen Vereins aus dem Profibereich. Und dann gehst du weg und entwickelst dich weiter, und vielleicht kommst du irgendwann wieder. Ich habe bei Werder einige Jahre als Nachwuchscheftrainer gearbeitet. Werder kannte meine Arbeit und hatte das Problem, nach der Trennung von Felix Magath einen neuen Trainer finden zu müssen. Ich wurde an einem Sonntag vom Vorstand angerufen und gefragt, ob ich die Mannschaft für den Rest der Saison übernehmen würde. Ich habe gar nicht viel überlegt und erst mal gesagt: »Klar, kein Thema!« Auf der anderen Seite hat man einen Plan für sein eigenes Berufsleben. Es hätte ja auch sein können, dass man sich mit so einem Job als Interimstrainer alles verbaut. Du kannst ruckzuck verbrannt sein und danach beruflich nicht mehr weiterkommen. Aber letztlich hatte ich Werder so viel zu verdanken und sagte mir: Jetzt wirst du gebraucht und machst das einfach! Ich hatte auch selbst die Überzeugung: Wenn es einer schafft, dann du! Du musst dich in diesem Verein nicht erst mühsam zurechtfinden, sondern kennst hier jeden. Vielleicht war das ja die ideale Voraussetzung. Ich habe also zugesagt und hatte nur ganz wenig Zeit, mit der Mannschaft vor dem Schicksalsspiel gegen Schalke 04 zu arbeiten. Am Sonntagabend wurde ich gebeten, den Job zu machen. Am Dienstag war das Spiel. Und das war sensationell! Ich kriege jetzt noch jedes Mal eine Gänsehaut, wenn ich daran denke, welche Sympathie uns entgegengebracht wurde. Unfassbar! Die Bude war voll, wir waren im Prinzip schon abgestiegen. Keiner mehr hat noch etwas auf uns gegeben. Schalke war klarer Favorit. Ich habe der Mannschaft gesagt: »Es ist mir vollkommen wurscht, ob ich nach dem Spiel jeden einzeln vom Platz tragen muss. Aber ich will

Vor- und Abspann einer Spielerkarriere: links Thomas Schaaf als A-Jugendlicher kurz vor seinem ersten Bundesligaeinsatz, rechts als Stand-by-Profi Mitte der neunziger Jahre mit Förderer Otto Rehhagel

Erstes Sammelbild: Thomas Schaaf 1979

Thomas Schaaf

Thomas Schaaf (Jahrgang 1961) ist einer der wenigen, auf die der Begriff »Werderaner durch und durch« wirklich zutrifft. Er spielte als Jugendlicher für den SVW, schaffte als hoch talentierter A-Jugendspieler den Sprung in den Stamm der Amateurmannschaft und feierte mit 17 Jahren sein Debüt in der Fußballbundesliga. Bis heute ist er damit Werders Rekordhalter: So jung schaffte weder vor ihm noch nach ihm ein Spieler den Sprung in Werders Bundesligaelf. Unter Otto Rehhagel reifte Schaaf zu einem Leistungsträger auf der rechten Außenbahn. Wie viele Tore der Stars Völler, Neubarth und Riedle durch Flanken des heutigen Trainers vorbereitet wurden, lässt sich heute nur noch erahnen. Nach Abschluss der aktiven Karriere trainierte Schaaf erfolgreich die Werder-Amateure, ehe er nach der Trennung von Felix Magath 1999 den Bundesligakader übernahm. Anfangs vielerseits unterschätzt, erarbeitete Thomas Schaaf sich in den ersten fünf Jahren als Trainer bei Werder eine hervorragende Reputation. Er erreichte mit Werder unter schwierigen wirtschaftlichen Voraussetzungen nach dem 13. Platz 1999 die Platzierungen 9, 7, 6, 6 und baute aus einem anfangs durch die zahlreichen Trainerwechsel personell bestenfalls mittelmäßig besetzten Kader bis zur Saison 2003/04 eine der bundesweit respektierten deutschen Mannschaften. Thomas Schaaf ist mittlerweile seit über 30 Jahren Vereinsmitglied, seit über 22 Jahren professionell als Spieler und Trainer für Werder tätig und – nebenbei bemerkt – inzwischen der nach Otto Rehhagel dienstälteste Werder-Trainer aller Zeiten.

Spiele, die man nie vergisst: Thomas Schaaf gegen Ruud Gullit beim Fight gegen den AC Milan 1989. Unten links: In den Achtzigern avancierte er zum Flankengott auf der rechten Seite. Rechts: Lawrence von Arabien

sehen, dass ihr euch auskotzt bis zum Geht nicht mehr! Ich will sehen, dass ihr die Leute hier begeistert! Ich will sehen, dass ihr es den Fans rüberbringt, dass ihr euren Job liebt und mit Begeisterung macht! Und wenn der Ball ins Aus geht, will ich sehen, dass ihr noch auf der Laufbahn dem Ball hinterher grätscht! Einfach nur, um zu dokumentieren: Ihr seid euch nicht zu schade, an diesem Abend auch den letzten Weg zu gehen.« Das hat die Mannschaft verinnerlicht und ausgestrahlt, und die Zuschauer haben das aufgenommen. Es wurde ein Pingpong-Spiel zwischen Mannschaft und Fans: Immer wenn wir in Schwierigkeiten kamen, war sofort die Kulisse wieder da und hat uns nach vorne gepeitscht. Am Ende haben wir 1:0 gewonnen – ein unbeschreibliches Erlebnis! Dann haben wir noch die nächsten zwei Spiele gewonnen und waren schon am vorletzten Spieltag gerettet. Am letzten Spieltag mussten wir nach Stuttgart und hätten den VfB in die 2. Liga schießen können, aber da war die Mannschaft restlos alle. Die Luft war raus, weil die Wochen vorher soviel Kraft und Nerven gekostet hatten.

Unter dem Duo Schaaf/Allofs hat sich Werders Personalpolitik schlagartig verbessert. Wie kam das?

Schaaf: Zunächst mal muss man sehen, dass in den Jahren vor unserem Amtsantritt sehr viel Schaden durch die vielen Trainerwechsel entstanden war. Jeder Trainer hatte das Recht, seine Wunschspieler zu verpflichten. Resultat war, dass ich zu Beginn einen wahnsinnig aufgeblähten Kader vorgefunden habe. Wir mussten erst einmal schauen, uns auf einen Stamm von Spielern zu konzentrieren. Danach haben wir zwei oder drei wichtige Positionen besser besetzt, zum Beispiel durch Frank Baumann. Dann haben wir uns entschieden, die Mannschaft zu verjüngen, weil wir auch eine sehr alte Mannschaft hatten. Insgesamt haben wir unseren Altersschnitt um vier Jahre verringert. Wir haben uns von anfänglich zehn Nationalspielern auf über zwanzig Nationalspieler verbessert. Peu à peu haben wir die meisten Positionen doppelt besetzt, und ich glaube, dass wir jetzt eine Mannschaft aufgebaut haben, mit der man sich identifizieren kann und die sich sehen lassen kann. Wir haben das Niveau des Aufgebots Jahr für Jahr gesteigert. Das äußert sich natürlich auch in der Spielweise: Als ich als Trainer bei Werder begann war es üblich, dass viele Fans beim ersten Gegentor gegangen sind, weil sie wussten, dass nichts mehr passieren wird. Das ist heute komplett anders geworden. Heute wissen die Werder-Fans auch nach einem Gegentor: »Egal, da passiert noch was! Da kommt noch was!«

Sie sind nun schon der Werder-Trainer, der nach Rehhagel die längste Ära vorzuweisen hat. Wann war Ihnen klar, dass Sie keine Übergangslösung sind?

Schaaf: Ich habe das immer auf mich zukommen lassen. Ich wusste, ich hatte einen guten Job gemacht. Ich hoffte, dass ich weitermachen und mich beweisen darf. Ich konnte meine Ideen einbringen und umsetzen, und im ersten Jahr lief es gleich sehr gut an. Als wichtige Pesonalie kam Klaus Allofs als Sportdirektor dazu. Unsere Zusammenarbeit hat vom ersten Moment an sehr gut funktioniert und tut das heute noch unverändert. Gemeinsam haben wir jetzt eine Mannschaft aufgebaut, die sich sehen lassen kann und mit der sich die Fans identifizieren können. Ich habe immer gesagt: Es geht so lange, wie es geht! Ich bin nicht der Typ, der einen Fünfjahresplan aufstellt. Ich will schon sehen, was man in ein oder zwei Jahren realisieren kann. Für mich ist nicht wichtig, dass man das Ziel Champions League ausgibt. Für mich ist es wichtiger, ständig an der Mannschaft weiterzuarbeiten. Es muss immer weiter vorangehen. Ich habe darauf geachtet, dass die Mannschaft sich immer weiter vorwärts bewegt, und das haben wir zusammen ganz gut umgesetzt. Ob ich am Ende ein, zwei, vier oder vierzehn Jahre hier Trainer war, ist für mich nicht wichtig.

Wieviel Rehhagel steckt in Thomas Schaaf? Nehmen wir zum Beispiel die Art der Menschenführung, bei der es zwischen Otto und Ihnen durchaus Parallelen zu geben scheint?
Schaaf: Kann gut sein. Jeder Profi muss das Gefühl haben, anständig behandelt zu werden. Mag sein, dass das einer der Werte ist, den Otto Rehhagel uns vermittelt hat. Wir haben zu seiner Zeit als Mannschaft eingesehen und akzeptiert, dass Basler oder Kiwi Rufer manchmal etwas eigenartig waren. Wir haben als Mannschaft eingesehen: Okay, sollen sie sich Sonderrechte herausnehmen, aber dann sollen sie auch für uns vorne die Buden machen. So konnten wir das akzeptieren.

Wie sehen Sie die Perspektive Ihrer Mannschaft im Jahr 2004?
Schaaf: Wir haben eine Mannschaft, die von der Klasse her um den internationalen Wettbewerb mitspielen soll, kann, darf, muss. Viele Faktoren spielen in dieses Thema rein, nicht zuletzt die finanziellen Umstände. Wir haben bis jetzt gut gearbeitet und haben einen guten Kader, der ganz oben mitspielen kann. An einem guten Tag können wir jeden schlagen, aber wir müssen konstanter werden. Um unsere Mannschaft personell weiter verbessern zu können, müssen wir am Ende unter den ersten Fünf landen. Das ist das große Ziel, aber man muss auch sehen, dass ein UEFA-Cup-Platz trotz der Qualität unserer Spieler nach wie vor eine Sensation wäre, weil unsere finanziellen Gegebenheiten nicht mit denen anderer Vereine zu vergleichen sind. Sicherlich will auch ich irgendwann mal Meister werden. Wenn ich das mit Werder schaffe, werden sie mir hier vielleicht auch ein Denkmal setzen. (lacht) Aber man muss realistisch bleiben und Schritt für Schritt planen. Ein toller Erfolg ist es zum Beispiel auch, Spieler zu Stars reifen zu lassen und perfekt auszubilden – und diese Spieler dann auch halten zu können. An unserem Kader sieht man, welch verdammt gute Arbeit hier zuletzt geleistet wurde. Spieler wie Micoud, Ismaël oder Davala wären für uns früher nicht zu bekommen gewesen, aber Klaus Allofs hat immer die Vision gehabt, sich auch an die schwierigsten Verhandlungen heranzuwagen. Er hat vor den Verhandlungen mit hochkarätigen Spielern manchmal gesagt: »Ach, vielleicht ist es aussichtslos, aber ich versuch das einfach mal!«

Dreierkette: Astrid, Valeska und Thomas Schaaf genau an der Stelle, wo die Weser einen großen Bogen macht.

Die Trainer 1963–2003

Rehhagel	505	Meister 1988, Pokalsieger 1991, Europapokalsieger der Pokalsieger 1992, Meister 1993, Pokalsieger 1994
Schaaf	140	Pokalsieger 1999
Piontek	122	
Langner	81	
Brocker	71	
Tilkowski	65	
Multhaup	64	Meister 1965
Dörner	54	
Weber	53	
Gebhardt	42	
Sidka	39	
Klötzer	28	
Magath	22	
Rebell	22	
Burdenski	21	
de Mos	17	
Schulz	15	
Assauer	3	

1999/2000: Neu in Bremen: Pizza-Toni

Oben v.l.:
Eilts, Benken, Seidel, Flock, Plump, Bogdanovic, Wojtala, Bode, Baumann, Frey, Weetendorf, Herzog
Mitte v.l.:
Sportdirektor Allofs, Trainer Schaaf, Torwarttrainer Burdenski, Tjikuzu, Wicky, Skripnik, Dabrowski, Schierenbeck, Maximov, Schultz, Stalteri, Fütterer, Co-Trainer Fazlic, Co-Trainer Kamp
Unten v.l.:
Wiedener, Barten, Roembiak, Trares, Rost, Brasas, Borel, Chanko, Ailton, Frey, Frings

»Herr Basler, was sagen Sie zum Spiel?«

Ein österreichischer TV-Reporter während der EM 2000 zu Marco Bode

Mit der Beförderung von Thomas Schaaf zum Cheftrainer begann an der Weser eine neue Ära, was zum Ausklang des vorigen Jahrtausends freilich noch niemand ahnen konnte. Schaaf repräsentierte Werder sympathisch nach außen, hatte einen erkennbar guten Draht zur Mannschaft, erreichte auf Anhieb die Rettung aus stürmischem Abstiegsgewässer und wurde als Bonus noch Pokalsieger gegen die Bayern. Noch Fragen?

Ja. Nämlich die: War es zwischen Werder und diesem Schaaf diesmal etwas Ernstes oder wieder nur so eine kurze Liebelei wie zwischen Werder und Dörner, Werder und Sidka oder Werder und Magath? Die Antwort ließ auf sich warten, denn der SVW konnte zum Start der Spielzeit die guten Eindrücke der mit Pauken und Trompeten beendeten Vorsaison nicht bestätigen. 0:0 zum Auftakt in Stuttgart, dann eine Heimniederlage mit 0:1 gegen Schalke und schließlich ein weiteres Unentschieden in Berlin. Plötzlich stand Werder dort, wo die Mannschaft in den letzten Jahren viel zu häufig stand: am Abgrund. Bonjour, tristesse.

Die Wende kam in Form von zwei Neuverpflichtungen im Spätsommer. Beide sorgten nicht für übermäßig viel Aufsehen, denn weder vom routinierten Abwehr-Opa Julio Cesar noch vom in Europa völlig unbekannten Sturmtalent Claudio Pizarro waren umgehend Wunderdinge zu erwarten. Dachte man.

Neuer Trainer, neuer Sportdirektor, neue Spieler: Frank Baumann wurde zum Dauerbrenner, Jacek Chanko zu einem der beeindruckend wenigen Flops des Tandems Schaaf/Allofs

Dachte man aber nur kurz. Frank Baumann wurde schnell als eines der größten deutschen Abwehrtalente gehandelt. Auf den Tag genau drei Monate nach seinem Werder-Debüt trug er zum ersten Mal den Dress der A-Nationalelf. Julio Cesar erwies sich schon in seinen ersten Auftritten im Werder-Trikot als Defensivkanone der Extraklasse. Nie zuvor und nie wieder hinterher hatte Werder einen so coolen Abwehrchef. Und Claudio Pizarro brauchte nicht mehr als 51 Minuten für sein erstes Bundesligator. Damit nicht genug: In seinem dritten Bundesligaspiel gelang ihm ein Hattrick. Es war die Woche des »17-Tore-Sturms«: Am Sonntag kriegten Rehhagels Lauterer im Weser-Stadion fünf Tore, am Donnerstag die Norweger von Bodö Glimmt im UEFA-Cup auswärts noch mal fünf. Und der VfL Wolfsburg schließlich bekam dank Pizarro und Bode gleich sieben Mal eingeschenkt. Ein neuer Traumsturm war geboren: »PIZANOVIC«! Claudio Pizarro und Rade Bogdanovic schienen sich gesucht und gefunden zu haben. Dachte man.

Aber auch dies dachte man nur kurz. Nachdem Bogdanovic gut in die Saison gestartet war, musste er sich mit immer neuen Wehwehchen herumschlagen. Angesichts seiner blendenden Form hätte Rade seinen Stammplatz unter normalen Umständen nicht verloren, aber alle hatten die Rechnung ohne Ailton gemacht. Das längst abgeschriebene »5,5-Millionen-DM-Missverständnis« (Kicker) wurde nach Magaths Abgang von Nachfolger Thomas Schaaf massiv gefördert und blühte auch durch die Gesellschaft des väterlichen Freundes Julio Cesar auf. In Wolfsburg durfte Ailton zum ersten Mal seit fünf Monaten in der Anfangsformation ran und dankte es der Mannschaft mit dem wichtigen Führungstor zum 3:2. Den Treffer feierte »Toni« mit einem ausgelassenen Veitstanz. Von diesem Moment an war er in der Stammelf angekommen, Kollege Bogdanovic dagegen ein für alle Mal draußen. Ein Jahr nach seiner Ankunft in Bremen konnte Ailton endgültig als wertvoller Neuzugang begrüßt werden. Er revanchierte sich für den zwar reichlich späten, aber nun umso herzlicheren Empfang in der Stammformation mit zwölf Toren und zehn Torvorlagen. Das Synonym »Pizanovic« hatte schnell ausgedient und wurde nahtlos ersetzt durch den neuen Spitznamen des Traumsturms Ailton-Pizarro: »Pizza-Toni liefert wieder!« fiel es der Journaille ein, als wieder einmal Ailton vorbereitet und Pizarro vollendet hatte, oder umgekehrt. Die beiden südamerikanischen Strahlemänner machten fortan alle Hintermannschaften der Liga irre und fütterten sie so lange unnachgiebig mit Tor-Pizzen, bis die Gegner groggy nach Verdauungsschnaps riefen.

Es wäre unlogisch gewesen, hätte Werder alleine durch Ailtons Auferstehung, den Trainerwechsel und ein bisschen Glück auf dem Transfermarkt gleich den Sprung zurück in die Ligaspitze geschafft. Werder in der Saison 1999/2000 – das bedeutete zwar häufig die Rückkehr zu Galavorstellungen lange vermisster Qualität. Unter Schaaf spielte die Mannschaft so offensiv wie zuletzt unter Otto Rehhagel, und durch die Personalpolitik des kongenialen Duos Allofs/ Schaaf hatte man auch endlich immer öfter das Gefühl, der SV Werder habe nun auch die passenden Spieler für wirklich schönen Fußball. Doch die noch zu häufigen Rückschläge kamen, und sie nervten.

Sie konnten aber andererseits den angenehmen Eindruck nicht verwischen, dass da unter kompetenter Leitung eine gesunde Mannschaft zusammenwächst. Nicht einmal der Nacht-und-Nebel-Abschied des verehrten und liebgewonnenen Abwehrchefs Cesar konnte daran etwas ändern. Julio kapitulierte vor chronischen Knieproblemen, hakte die eigene aktive Laufbahn stillschweigend ab und blieb schließlich einfach in der brasilianischen Heimat. Trotz einer nur zwölf Spiele währenden Karriere im Werder-Trikot behielten ihn alle in allerbester Erinnerung. Cesars purer Gegenwart verdankt der Verein die nicht mehr für möglich gehaltene Integration Ailtons und einen Leistungsschub beim jungen Neuzugang Frank Baumann, der sich von Cesar so manches abschauen konnte.

Erstmals stand seit Jahren am Ende einer Saison das Gefühl, mehr Licht als Schatten gesehen zu haben. Werder war noch nicht wieder oben, aber der Absturz schien gestoppt. Die hungrigen Fans hatten wieder Träume, und sie hatten wieder echte Stars.

Oben: Neue Jubelvariationen im Weser-Stadion: Rade Bogdanovic zeigte insgesamt 15 Mal den bekanntesten Waschbrettbauch der Stadt. Claudio Pizarro schoss seinerseits so zauberhafte Tore, dass sich sogar die Schiedsrichter aufrichtig mitfreuten

Unten: Der große Überraschungscoup der Saison: Für ganz wenig Geld holte Klaus Allofs den bärenstarken Julio Cesar an die Weser. Der Brasilianer trug zwar verletzungsbedingt lediglich zwölfmal das damals grünschwarze Trikot, spielte sich aber in dieser kurzen Zeit in die Herzen der Werder-Fans

Vom Spielfeldrand 1999/2000:

Starken Schwankungen waren die Kaderstärken der Bundesligisten seit 1963 unterworfen. Werder kam sowohl 1965/66 als auch 1967/68 und 1982/83 mit nur 19 Spielern im Bundesligakader aus. In der zweiten Hälfte der Neunziger blähten alle Proficlubs ihre Aufgebote auf. Werder stellte seinen internen Rekord 1998/99 und 1999/2000 auf, als die Kader jeweils aus stattlichen 37 Spielern bestanden. Nicht zuletzt aus wirtschaftlichen Gründen findet seit 2002 eine Rückbesinnung statt. Der aktuelle Werder-Kader umfasste bei Redaktionsschluss des Buches wieder gesunde 28 Profis.

Abschlusstabelle der Bundesliga 1999/2000:

Pl.	Verein	Sp	S	U	N	Tore	Diff.	Punkte
1.	Bayern München	34	22	7	5	73:28	+45	73
2.	Bayer Leverkusen	34	21	10	3	74:36	+38	73
3.	Hamburger SV	34	16	11	7	63:39	+24	59
4.	1860 München	34	14	11	9	55:48	+7	53
5.	1. FC K'lautern	34	15	5	14	54:59	-5	50
6.	Hertha BSC Berlin	34	13	11	10	39:46	-7	50
7.	VfL Wolfsburg	34	12	13	9	51:58	-7	49
8.	VfB Stuttgart	34	14	6	14	44:47	-3	48
9.	**Werder Bremen**	**34**	**13**	**8**	**13**	**65:52**	**+13**	**47**
10.	SpVgg Unterhaching	34	12	8	14	40:42	-2	44
11.	Borussia Dortmund	34	9	13	12	41:38	+3	40
12.	SC Freiburg	34	10	10	14	45:50	-5	40
13.	Eintracht Frankfurt	34	12	5	17	42:44	-2	39
	Schalke 04	34	8	15	11	42:44	-2	39
15.	Hansa Rostock	34	8	14	12	44:60	-16	38
16.	SSV Ulm 1846	34	9	8	17	36:62	-26	35
17.	Arminia Bielefeld	34	7	9	18	40:61	-21	30
18.	MSV Duisburg	34	4	10	20	37:71	-34	22

Saisonverlauf 1999/2000

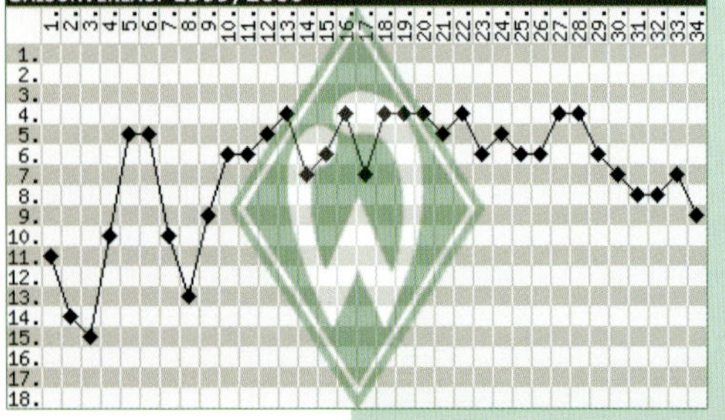

Rost, Frank »Fäustel« (1)
*30.6.1973
Torhüter
34 (147); 0 (1); 1992–2002

Baumann, Frank »Baumi« (6)
*29.10.1975
Abwehrspieler
32 (120); 5 (8); 1999–

Skripnik, Victor »Skripa« (19)
*19.11.1969
Abwehrspieler
5 (132); 0 (6); 1996–
Ukraine

Cesar Silva, Julio* (36)
*8.3.1963
Abwehrspieler
12 (12); 0 (0); 1999–2000
Brasilien

Barten, Mike* (33)
*20.11.1973
Abwehrspieler
16 (34); 0 (0); 1995–2003

Schaaf, Thomas »Schabba«
*30.4.1961
Trainer
34 (140); 0 (0); 1999–

Dabrowski, Christoph
»Barry« (23)
*1.7.1978
Mittelfeldspieler
28 (49); 2 (3); 1998–2001

Frey, Dieter (15)
*31.10.1972
Mittelfeldspieler
3 (30); 0 (3); 1997–2001

Flock, Dirk (4)
*23.6.1972
Mittelfeldspieler
12 (31); 1 (1); 1998–2001

Wer kam?

Kunz (FC Zürich/Schweiz, war ausgeliehen)
Seidel (Hannover 96, war ausgeliehen)
Baumann (1. FC Nürnberg)
Julio Cesar (Panathinaikos Athen/Griechenland)
Pizarro (Alianza Lima/Peru, w.d.S.)
Chanko (Stomil Olsztyn/Polen)
Thioub (AS Camberene/Senegal)

Wer ging?

Todt (VfB Stuttgart)
Brand (VfL Wolfsburg)
Wolter (Karriereende)
Harttgen (eig. Amateure)
Wojtala (Legia Warschau / Polen, w.d.S.)
Kunz (FC Aarau/Schweiz, w.d.S.)
Weetendorf (Eintr. Braunschweig, w.d.S.)
Plump (VfL Osnabrück, w.d.S.)
Benken (Hansa Rostock, w.d.S.)
Roembiak (w.d.S. an den FC Aarau/Schweiz ausgeliehen)

w.d.S. = während der Saison

* Vertragsamateur

»Ailton«, Gonçalves da Silva
»Toni« (32); *19.7.1973
Stürmer
29 (136); 12 (60); 1998–
Brasilien

Bode, Marco (17)
*23.7.1969
Stürmer
27 (379); 13 (101)
1989–2002

Bogdanovic, Rade (9)
*21.5.1970
Stürmer
22 (56); 4 (15); 1998–2002
Jugoslawien

Plump, Matthias (29)
*30.11.1978
Abwehrspieler
0 (0); 0 (0); 1997–2000

Fütterer, Danny* (39)
*28.8.1975
Mittelfeldspieler
0 (0); 0 (0); 1998–2001

Chanko, Jacek (11)
*25.1.1974
Mittelfeldspieler
0 (0); 0 (0); 1999–2000
Polen

Die Mannschaft

(Name (Rückennummer), Geb.-Datum, Position, Bundesliga-Einsätze (Gesamt), Tore (Gesamt), bei Werder von-bis)

1999/00

Trares, Bernhard (8)
*18.8.1965
Abwehrspieler
26 (89); 0 (6); 1997–2001

Wiedener, Andree (13)
*14.3.1970
Abwehrspieler
25 (164); 0 (3); 1989–2001

Wicky, Raphael »Rapha« (3)
*26.4.1977
Abwehrspieler
15 (92); 0 (1); 1997–2001
Schweiz

Wojtala, Pawel (30)
*27.10.1972
Abwehrspieler
2 (21); 0 (1); 1998–2000
Polen

Tjikuzu, Razundara
»Raschi« (28); *12.12.1979
Abwehrspieler
25 (68); 0 (0); 1998–2003
Namibia

Herzog, Andreas »Andy« (18)
*10.9.1968
Mittelfeldspieler
27 (236); 6 (57); 1992–1995,
1996–2002; Österreich

Eilts, Dieter
»Ostfriesen-Alemao« (5)
*13.12.1964
Mittelfeldspieler
29 (390); 1 (7); 1985–2002

Frings, Torsten
»Lutscher« (22)
*22.11.1976
Mittelfeldspieler
33 (162); 3 (16); 1996–2002

Maximov, Juri (34)
*8.12.1968
Mittelfeldspieler
29 (69); 3 (9); 1997–2001
Ukraine

Roembiak, Lodewijk
»Lody« (2); *18.5.1969
Mittelfeldspieler
2 (18); 0 (3); 1998–2000
Niederlande

Pizarro Bosio, Claudio (10)
*3.10.1978
Stürmer
25 (56); 10 (30); 1999–2001
Peru

Seidel, Sören (25)
*10.10.1972
Stürmer
6 (12); 1 (1); 1997–1999,
1999–2000

Erweiterter Kader:

Borel, Pascal (16)
*28.9.1978
Torhüter
0 (31); 0 (0); 1998–

Brasas, Stefan (12)
*31.8.1967
Torhüter
0 (6); 0 (0); 1998–2001

Benken, Sven (24)
*20.4.1970
Abwehrspieler
0 (29); 0 (0); 1997–2000

Schierenbeck, Björn*
»Fiedel« (38); *12.7.1974
Abwehrspieler
0 (16); 0 (0); 1996–1998,
1999–2003

Thiago, Traina Gama (34)
*16.9.1975
Abwehrspieler
0 (0); 0 (0); 1998–2000
Brasilien

Schultz, Timo (26)
*26.8.1977
Mittelfeldspieler
0 (0); 0 (0); 1996–2000

Stalteri, Paul* »Stally« (35)
*28.10.1977
Mittelfeldspieler
0 (86); 0 (4); 1998–
Kanada

Nouri, Alexander (27)
*20.8.1979
Mittelfeldspieler
0 (0); 0 (0); 1998–2000

Kunz, Adrian »Addo« (37)
*7.7.1967
Stürmer
0 (16); 0 (1); 1997–2000
Schweiz

Weetendorf, Dirk
»Weete« (36)
*1.10.1972
Stürmer
0 (7); 0 (0); 1998–2000

Thioub, Mamadou
Masseye (21)
*23.6.1980
Stürmer
0 (0); 0 (0); 1999–2000
Senegal

»Ailton« Gonçalves da Silva

»Toni« (Jahrgang 1973) galt nahezu ein Jahr lang als Werders teuerster Fehleinkauf aller Zeiten. Noch von Wolfgang Sidka geholt, schob ihn Felix Magath in kürzester Zeit aufs Abstellgleis und warf ihm papageiengleich »zu schlechtes Zweikampfverhalten«, »Defizite in der Laufarbeit« und »taktische Unzulänglichkeiten« vor. Thomas Schaaf entschied sich dagegen frühzeitig, dem schnellen Brasilianer eine echte Chance zu geben. Der »Kugelblitz« nutzte die Bewährungsprobe unter Schaaf ebenso schnell, wie ihm Magath knapp ein Jahr zuvor das Vertrauen entzogen hatte. Mit rasant wachsendem Torkonto schoss sich der Turborenner in die Herzen der Werder-Fans und wurde zum ersten echten Werder-Idol des gerade anbrechenden neuen Jahrtausends. Im Oktober 2003 schockierte Ailton die Fans mit der Bekanntgabe seines Wechsels zu Ligakonkurrent Schalke 04.

Ailton: »… wollte den Fans alles zurückgeben!«

Dein Wechsel zu Werder verlief 1999 turbulent und war fast schon geplatzt. Was war da los?
Ailton: Mein Traum war schon immer, in Europa zu spielen. Mit Werder hatte ich sogar schon Kontakt, als ich noch für Guarani in Brasilien spielte. Es gab aber keine Einigung zwischen den Vereinen, und daraufhin bin ich erst mal ein Jahr nach Mexiko gegangen. Wolfgang Sidka und Willi Lemke haben aber nicht locker gelassen und sich weiter um mich bemüht. 1999 haben wir den Wechsel dann hinbekommen, und ich habe meine Koffer gepackt und mich in den Flieger nach Bremen gesetzt. Ich habe mich darüber sehr gefreut, weil es immer schon mein Traum war, eines Tages in Europa zu spielen.

Ist es wahr, dass der berühmte ehemalige brasilianische Nationaltrainer Mario Jorge Zagalo dich empfohlen hatte?
Ailton: Das stimmt. Zagalo hat eine sehr wichtige Rolle bei meinem Wechsel gespielt. Ich habe später erfahren, dass er bei Werders Verantwortlichen ein gutes Wort für mich eingelegt hat und Wolfgang Sidka versichert hat, dass ich ein guter Spieler und auch ein guter Mensch sei.

Hast du für dich selbst inzwischen irgendeine Erklärung dafür, dass Felix Magath dich links liegen ließ und nicht einsetzen wollte?
Ailton: Ich weiß es immer noch nicht, keine Ahnung. Ich war bei Felix Magath derselbe Ailton, der ich heute bei Thomas Schaaf bin. Der einzige Unterschied ist, dass Thomas Schaaf mir die Gelegenheit gegeben hat zu spielen, Magath nicht. Und als Spieler braucht man das Vertrauen des Trainers. Ich rätsele oft, woran es lag. Ob Magath meine Hautfarbe nicht mochte, meine Spielweise oder meine Persönlichkeit – keine Ahnung. Er hat kurz nach seinem Wechsel zum VfB Stuttgart exakt dasselbe mit meinem Landsmann Adhemar gemacht. Der hat in seinem ersten Spiel drei Tore geschossen und wurde dann von Magath auf die Bank gesetzt. Ich habe mit Adhemar lange geredet, und ihm ging es genau wie mir: Er hat auch nie erfahren, was Magath gegen ihn hatte.

Wie erklärst du dir deine Rolle als Publikumsliebling? Das liegt ja nicht nur daran, dass du viele Tore schießt.
Ailton: Nein, sicher nicht. Als ich nach Bremen kam, war ich der teuerste Einkauf der Vereinsgeschichte. Und auch als ich unter Magath nicht spielte, galt ich bei den Fans nicht als Fehleinkauf. Sie hätten ja denken können, dieser teure Brasilianer sitzt nur auf der Tribüne – weg mit ihm! Aber sie haben mich immer gefeiert und meinen Namen gerufen und mich unterstützt, auch als ich nur auf der Tribüne gesessen habe. Das habe ich ihnen nie vergessen, diesen Rückhalt, dieses Vertrauen und diese Zuneigung, und das wollte ich den Fans später zurückgeben, als ich dann endlich die Gelegenheit dazu hatte. Deshalb widme ich meine Tore hier in Bremen vor allem den Werder-Fans.

Als es um deine Vertragsverlängerung ging, haben alle Werder-Fans gehofft, dass dir selbst bewusst ist, welch großartiges Standing du hier in Bremen hast, wie sehr du hier geliebt wirst und dass du diesen Stellenwert vermutlich nirgendwo mehr in dieser Form erreichen kannst.
Ailton: (lacht) Oh ja, das ist natürlich etwas, was mir viel bedeutet. Wir haben hier eine ganz besondere Beziehung zueinander, die Fans und ich. Hier in Bremen zu leben ist wunderbar, meine Familie und ich sind hier glücklich. Wir haben hier so viel erlebt. Bremen ist ein wichtiger Teil meines Lebens und wird es immer bleiben. Bremen ist ein fester Teil meines Herzens. Ich habe keinen Grund, anderswo hinzuwollen – egal, was ich manchmal aus schlechter Laune heraus gesagt haben mag. Natürlich bin ich Profi und würde auch anderswo das Fußballspielen nicht verlernen. Aber emotional wäre es für mich nirgendwo so schön wie hier in Bremen.

(Auch ganz ohne Grund entschied sich Ailton elf Tage nach dieser Aussage für einen Wechsel zum FC Schalke 04.)

In guten Phasen nannte ihn die Boulevardpresse »Null-Null Ailton«, an schlechten Tagen schimpfte sie ihn das »Dumm-Dumm-Geschoss«

Eine der schönsten Werder-Überschriften lautete: »PIZZA TONI LIEFERT WIEDER!« Claudio Pizarro und Ailton bildeten eines der besten Bundesliga-Sturm-Tandems aller Zeiten

2000/01: Shopping

Oben v.l.:
Trares, Eilts, Flock, Pizarro, Dabrowski, Schierenbeck, Borowski, Bode, Baumann, Verlaat, Frey, Stalteri
Mitte v.l.:
Sportdirektor Allofs, Trainer Schaaf, Banovic, Krstajic, Maximov, Bogdanovic, Schmedes, Barten, Fütterer, Torwarttrainer Burdenski, Co-Trainer Kamp
Unten v.l.:
Wiedener, Tjikuzu, Skripnik, Herzog, Borel, Jürgen, Brasas, Rost, Ernst, Wicky, Ailton, Frings

Im Sommer 2000 tat sich Unerhörtes an der Weser: Werder gab Geld aus! Viel Geld! Mehr als je zuvor! Die Rekordsumme von umgerechnet 6,5 Millionen Euro investierte Werder in die neuen Leistungsträger Verlaat, Krstajic, Banovic und Ernst. Verlaat sollte Julio Cesar ersetzen, den einzigen abgewanderten Stammspieler. Krstajic war die neue Hoffnung für die seit langem schwächelnde linke Abwehrseite, Banovic ein Riesentalent für die Kreativzentrale im Mittelfeld, und Fabian Ernst galt als Rohdiamant, der abgesehen von Sturmspitze eigentlich fast alles spielen kann.

Diese vier Neueinkäufe waren die ersten vom Tandem Schaaf/Allofs realisierten Transfers, nachdem Werder ein gutes Jahr zuvor noch ohne hauptamtliches sportliches Management dastand. Die Bilanz dieser Transfers wurde zum Fundament für eine Personalpolitik, wie es sie bei Werder in dieser Treffsicherheit seit Otto Rehhagel nicht mehr gegeben hatte. Bis auf Ivica Banovic wurden alle neuen Spieler zu unantastbaren Stars im Mannschaftsgefüge, und auch bei Banovic waren beeindruckende Ansätze vorhanden, die ihn langfristig zum Hoffnungsträger für die Nachfolge des alternden Andy Herzog kürten. Bei Mladen Krstajic gelang der Sprung zur eindeutigen Verstärkung erst, nachdem man sich bei Werder darüber klar wurde, dass der Jugoslawe im Abwehrzentrum um Lichtjahre effektiver war als auf der linken Außenbahn. Einziges Problem der neuen Abwehrformation: Frank Verlaat war ein klassischer Libero alter Prägung und schien für die von Thomas Schaaf favorisierte Viererkette nur bedingt tauglich.

Am 1. Spieltag der neuen Saison allerdings trat jemand hell erstrahlend in den Mittelpunkt, den überhaupt keiner auf der Werder-Rechnung hatte: Der Kanadier Paul Stalteri, den Werder-Amateuren entwachsen, machte sein erstes Bundesligaspiel, und wie: Paul wurde aus heutiger Sicht erstaunlicherweise als Sturmspitze aufgeboten, schoss gegen Energie Cottbus gleich das erste Saisontor und bekam vom »Kicker« die Note 1,5 dafür. Es war gleichzeitig Stalteris vorletzter Profieinsatz als Stürmer, und sein erstes Bundesligator im ersten Spiel war gleichzeitig das letzte für über ein Jahr. Was wie eine ernüchternde Bilanz klingt, ist in Wirklichkeit Zeugnis für die ganz besondere Fähigkeit des Kanadiers: Er kann eigentlich alles, irgendwie.

Die Saison begann mit dem mühsamen Auftaktsieg gegen den Aufsteiger aus der Lausitz glanzlos, und sie ging auch erst einmal so weiter. Die Konsolidierung des Mannschaftsgefüges unter dem fleißig weiter an der Werder-Elf der Zukunft feilenden Thomas Schaaf erlebte allerdings einen weiteren Rückschlag, den ungeduldige Geister auf der Tribüne gar schon als Scheitern des Trainers werten wollten: Nachdem aus den Spieltagen 2 bis 11 nur ein weiterer »Dreier« geholt werden konnte (1:0 beim SC Freiburg), gähnte der tiefe Abgrund unter Pizarro und Co.: Platz 17. Ein Zwischenspurt konnte zwar bis Mitte Dezember für etwas bessere Atemluft sorgen und ließ Schaafs Herde auf Rang 10 kurz verschnaufen, aber dieser kurze Moment der Besinnung war auch notwendig, um die vielleicht schwärzesten Tage der Ära Schaaf überhaupt verdauen zu können: Beim Auswärtsspiel in Rostock gab es nicht nur ein 2:5-Debakel, sondern auch eine Flut von Abwehrfehlern und Undiszipliniertheiten. Die Kamera entlarvte zweifelsfrei eine Tätlichkeit von Krstajic und eine Spuck-Attacke von Rade Bogdanovic. Beide wurden vom DFB zu Recht verknackt, und neben der sportlichen Bankrotterklärung und dem erneuten Fall in die Nähe der Abstiegsränge erlitt Werder Bremen schlimmen Imageschaden: Erfolglose, brutale und spuckende Spieler ließen in der Boulevardpresse das Etikett vom »SV Widerlich« entstehen, das damals wehtat und in der Erinnerung heute noch wehtut.

Das Spiel in Rostock war das Ende der Werder-Karriere des kurz kometenhaft aufgestiegenen Rade Bogdanovic. Er hatte ausgespielt und trug nie wieder das Werder-Trikot in der Bundesliga. Der Verein bestrafte die miserable Präsentation der Mannschaft mit einem verordneten Ausflug der nicht eingesetzten Spieler in den Fanblock der Unentwegten, die sich wenige Tage nach dem Rostock-Trauma auch noch das Spiel im Sportpark von Unterhaching antun mochten. Das Wort »antun« ist mit Bedacht gewählt: Das 0:0 zwischen der SpVgg. Unterhaching und Werder an einem tristen Dezemberabend zählte sicher zu den ereignislosesten Bundesligaspielen aller Zeiten. Der gesperrte Pizarro fror im Fanblock mit den wenigen mitgereisten Werder-Supportern, und niemals zuvor war ein Spiel weniger dazu geeignet, die Besucher zu wärmen.

Das Fußballjahr war um, Werder stand auf Platz 12. Schnell einen Strich unter die Vorrunde, abhaken, nach vorne schauen!

Das Jahr 2001 brach an, und es wurde ein sonniges, denkwürdiges Jahr in der Vereinshistorie: Der »SV Widerlich« mutierte in Rekordzeit zum »SV Wunderbar«. Die beinahe erfolglose Mannschaft mit dem hässlichen Dezembergesicht entwickelte sich zu einer Spitzenmannschaft, die einen höchst ansehnlichen Ball spielte und ein Jahr lang mehr Punkte holte als alle anderen Bundesligisten Deutschlands. Werder nahm Anlauf für die Rückrunde und rauschte durchs Jahr, an dessen Ende der eigenartige inoffizielle, aber oft

bemühte Titel vom »Kalenderjahrmeister 2001« stand. Werder, wir kommen wieder!

In den ersten sieben Spielen des neuen Jahres wurde nicht verloren. Werder ackerte sich aus den Niederungen der Tabelle in Regionen vor, die den UEFA-Cup-Horizont greifbar nahe scheinen ließen. Leider blieb es beim Schein: Heimniederlagen gegen Kaiserslautern und Wolfsburg sowie ein abermals extrem torloses Spiel gegen Unterhaching kosteten den Sprung auf die Sonnenseite der Liga. Selbst Claudio Pizarro konnte das nicht verhindern. Der junge Peruaner avancierte mit Traumtoren am Fließband zum Topstar der Bundesliga. Lange Zeit liebäugelte er mit einem Wechsel nach Italien, aber die Fahrkarte reichte dann nur bis München. Seine Visitenkarte enthielt in Schönschrift die Empfehlung: »15 Tore in 16 Spielen für Werder im Jahr 2001!« Selbst der ebenfalls immer gefährlichere Ailton konnte da nicht ganz mithalten.

Am Ende stand ein 7. Platz der Abschlusstabelle. In der Rückrunde holten nur die Bayern und der SC Freiburg mehr Punkte als Werder Bremen. Eine hart erarbeitete Erfolgsserie, die bitter nötig war, um den katastrophalen Eindruck der Wintermonate so schnell wie möglich zu reparieren. Fans und Verein sehnten sich gemeinsam nach einer Saison, in der die Wellentäler weniger anstrengend und nervenaufreibend verlaufen. Der Rückweg an die Bundesligaspitze war steinig, soviel war jedem klar. Aber alle Menschen mit grünweißem Herzen registrierten erfreut, dass es Thomas Schaaf seit seinem Dienstantritt stetig gelang, die Qualität des Werder-Spiels in gleichem Maße zu steigern, wie sich die Quantität der Rückschläge verringerte. Die Hoffnung auf eine sonnigere Saison war berechtigt. Vorübergehend. Bis zu dem Moment, da Claudio Pizarro Lebewohl sagte.

Oben: Paul Stalteri kam, traf und wurde zum unverzichtbaren Allrounder bei Werder

Unten: Der gelernte Kellner Mladen Krstajic aus Belgrad wurde zum neuen Abwehr-Tower. Wieder mal ein unbekannter Spieler, der bei Werder zum Star reifte

»After Regen comes immer Sonne!«

Rade Bogdanovic über sein Ersatzspielerdasein

Sie kamen als Nobodys für wenig Geld, jubelten nur diese eine Saison gemeinsam und verließen Werder nacheinander als Marktführer auf ihrer jeweiligen Position: Mladen Krstajic und Claudio Pizarro. Traurige Verluste für Werder, aber auch stolze Belege für eine prachtvolle Einkaufspolitik

Abschlusstabelle der Bundesliga 2000/2001:

Pl.	Verein	Sp	S	U	N	Tore	Diff.	Punkte
1.	Bayern München	34	19	6	9	62:37	+25	63
2.	Schalke 04	34	18	8	8	65:35	+30	62
3.	Borussia Dortmund	34	16	10	8	62:42	+20	58
4.	Bayer Leverkusen	34	17	6	11	54:40	+14	57
5.	Hertha BSC Berlin	34	18	2	14	58:52	+6	56
6.	SC Freiburg	34	15	10	9	54:37	+17	55
7.	**Werder Bremen**	**34**	**15**	**8**	**11**	**53:48**	**+5**	**53**
8.	1. FC K'lautern	34	15	5	14	49:54	-5	50
9.	VfL Wolfsburg	34	12	11	11	60:45	+15	47
10.	1. FC Köln	34	12	10	12	59:52	+7	46
11.	1860 München	34	12	8	14	43:55	-12	44
12.	Hansa Rostock	34	12	7	15	34:47	-13	43
13.	Hamburger SV	34	10	11	13	58:58	0	41
14.	FC Energie Cottbus	34	12	3	19	38:52	-14	39
15.	VfB Stuttgart	34	9	11	14	42:49	-7	38
16.	SpVgg Unterhaching	34	8	11	15	35:59	-24	35
17.	Eintracht Frankfurt	34	10	5	19	41:68	-27	35
18.	VfL Bochum	34	7	6	21	30:67	-37	27

Saisonverlauf 2000/2001:

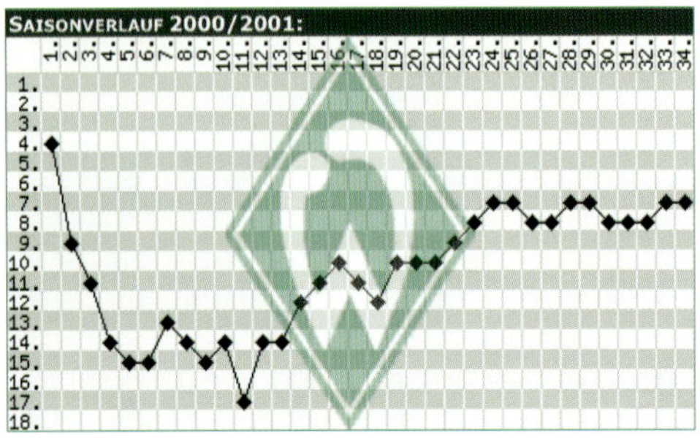

Rost, Frank »Fäustel« (1)
*30.6.1973
Torhüter
34 (147); 0 (1); 1992–2002

Baumann, Frank »Baumi« (6)
*29.10.1975
Abwehrspieler
30 (120); 2 (8); 1999–

Skripnik, Victor »Skripa« (19)
*19.11.1969
Abwehrspieler
10 (132); 0 (6); 1996–
Ukraine

Verlaat, Frank »Ed« (14)
*5.3.1968
Abwehrspieler
19 (81); 1 (5); 2000–2003
Niederlande

Eilts, Dieter
»Ostfriesen-Alemao« (5)
*13.12.1964
Mittelfeldspieler
32 (390); 2 (7); 1985–2002

Herzog, Andreas »Andy« (18)
*10.9.1968
Mittelfeldspieler
27 (236); 6 (57); 1992–1995, 1996–2002; Österreich

Wer kam?

Krstajic (Partizan Belgrad/Jugoslawien)
Verlaat (Ajax Amsterdam/Niederlande)
Ernst (Hamburger SV)
Banovic (NK Zagreb/Kroatien)
Lee (w.d.S. von Pohang Steelers/Südkorea ausgeliehen)
Jürgen (eig. Amateure)
Schmedes (eig. Amateure)
Borowski (eig. Amateure)

Wer ging?

Julio Cesar (Karriereende)
Seidel (MSV Duisburg)
Chanko (Pogon Stettin/Polen)
Nouri (eig. Amateure)
Thioub (SV Braunau/Österreich)
Thiago (SC Recife/Brasilien)
Schultz (VfB Lübeck)
Wicky (Atletico Madrid/Spanien, w.d.S.)
Flock (Arm. Bielefeld, w.d.S.)

w.d.S. = während der Saison

Schaaf, Thomas »Schabba«
*30.4.1961
Trainer
34 (140); 0 (0); 1999–

Maximov, Juri (7)
*8.12.1968
Mittelfeldspieler
8 (69); 0 (9); 1997–2001
Ukraine

Erweiterter Kader:

Borel, Pascal (16)
*28.9.1978
Torhüter
0 (31); 0 (0); 1998–

* Vertragsamateur

Die Mannschaft (Name (Rückennummer), Geb.-Datum, Position, Bundesliga-Einsätze (Gesamt), Tore (Gesamt), bei Werder von-bis)

Krstajic, Mladen »Kris« (20)
*4.3.1974
Abwehrspieler
25 (82); 2 (8); 2000–
Jugoslawien

Barten, Mike (33)
*20.11.1973
Abwehrspieler
9 (34); 0 (0); 1995–2003

Trares, Bernhard (8)
*18.8.1965
Abwehrspieler
12 (89); 0 (6); 1997–2001

Wiedener, Andree (13)
*14.3.1970
Abwehrspieler
6 (164); 0 (3); 1989–2001

Wicky, Raphael »Rapha« (3)
*26.4.1977
Abwehrspieler
15 (92); 0 (1); 1997–2001
Schweiz

Schierenbeck, Björn*
»Fiedel« (38); *12.7.1974
Abwehrspieler
1 (16); 0 (0); 1996–1998,
1999–2003

Dabrowski, Christoph
»Barry« (23)
*1.7.1978
Mittelfeldspieler
6 (49); 0 (3); 1998–2001

Stalteri, Paul »Stally« (35)
*28.10.1977
Mittelfeldspieler
31 (86); 1 (4); 1998–
Kanada

Flock, Dirk (4)
*23.6.1972
Mittelfeldspieler
1 (31); 0 (1); 1998–2001

Tjikuzu, Razundara
»Raschi« (28); *12.12.1979
Mittelfeldspieler
13 (68); 0 (0); 1998–2003
Namibia

Frings, Torsten
»Lutscher« (22)
*22.11.1976
Mittelfeldspieler
30 (162); 1 (16); 1996–2002

Ernst, Fabian »Fabe« (2)
*30.5.1979
Mittelfeldspieler
28 (86); 2 (7); 2000–

Banovic, Ivica »Izzo« (11)
*2.8.1980
Mittelfeldspieler
17 (49); 0 (2); 2000–
Kroatien

Pizarro Bosio, Claudio (10)
*3.10.1978
Stürmer
31 (56); 20 (30); 1999–2001
Peru

Lee, Dong Gook (21)
*28.2.1979
Stürmer
7 (7); 0 (0); 2000–2001
Südkorea

»Ailton«, Gonçalves da Silva
»Toni« (32); *19.7.1973
Stürmer
31 (136); 14 (60); 1998–
Brasilien

Bode, Marco (17)
*23.7.1969
Stürmer
26 (379); 5 (101)
1989–2002

Bogdanovic, Rade
*21.5.1970
Stürmer
11 (56); 3 (15); 1998–2002
Jugoslawien

Brasas, Stefan (12)
*31.8.1967
Torhüter
0 (6); 0 (0); 1998–2001

Jürgen, Michael*
»Schnapper« (31);*12.9.1973
Torhüter
0 (0); 0 (0); 2000–2001,
2002–2003

Schmedes, Lars* (29)
*22.1.1981
Abwehrspieler
0 (0); 0 (0); 2000–2001

Fütterer, Danny* (39)
*28.8.1975
Mittelfeldspieler
0 (1); 0 (0); 1998–2001

Borowski, Tim* »Boro« (24)
*2.5.1980
Mittelfeldspieler
0 (43); 0 (1); 2000–

Frey, Dieter (15)
*31.10.1972
Mittelfeldspieler
0 (30); 0 (3); 1997–2001

2001/02: Bye bye, Herzilein (nicht traurig sein)!

Oben v.l.:
Blank, Rolfes, Krstajic, Borowski, Bode, Baumann, Verlaat, Stalteri, Eilts
Mitte v.l.:
Trainer Schaaf, Tjikuzu, Wehlage, Banovic, Bogdanovic, Kern, Ernst, Lisztes, Ailton, Torwarttrainer Burdenski, Co-Trainer Kamp
Unten v.l.:
Wiedener, Skripnik, Herzog, Wierzchowski, Borel, Walke, Rost, Klasnic, Barten, Frings

»Wir sind nun einmal ein ›abgebender Verein‹ und werden das auch immer bleiben!« Worte des Vorstandsvorsitzenden Jürgen L. Born, die jeden Werder-Anhänger zusammenzucken ließen, weil sie eine ganz unangenehme Wahrheit aussprachen: Werder Bremen würde herausragende Stars in den seltensten Fällen lange an den Verein binden können. Claudio Pizarro war das allerbeste Beispiel. Werder hatte ihn für kleines Geld aus Peru geholt und musste sich anfangs noch aus Richtung München verlachen lassen, dieser Junge sei bestenfalls ein »Santa Cruz für Arme«. Zwei Jahre später taten die Bayern das, was sie auch bei Andy Herzog und Mario Basler schon getan hatten: Sie pickten sich für ein Vielfaches an Ablöse einen Werder-Spieler heraus, den erst Werder zu einem wirklichen Klassespieler geformt hatte. Für Pizarro strich Werder ca. 16 Millionen DM ein und kam damit erst einmal wieder ganz gut über die Runden.

Sportlich geschah ein kleines Wunder: Obwohl sich der als Pizarro-Nachfolger geholte Ersatz-Peruaner Roberto Silva als Fehlgriff in den Transfer-Topf erwies, spielte die Elf ohne Pizarro nicht nennenswert offensivschwächer. Das lag an einem Ailton, der mit 16 Buden seinen persönlichen Rekord weiter hochschraubte und schon seit drei Jahren jede Saison stetig besser traf als sowieso schon. Das lag an einem Torsten Frings, der sich in die Form seines Lebens hineinspielte, zum vielleicht besten Spieler der ganzen Liga avancierte und folgerichtig der nächste abgegebene Spieler werden sollte. Und das lag an einem Marco Bode, der in seinem letzten Jahr zum ewigen Rekordtorschützen wurde und sich durch starke Leistungen letztlich sogar in die Nationalelf spielte, die nach der Saison sensationell Vizeweltmeister wurde.

Aber auch neue Stars wurden geboren. Krisztian Lisztes kam im Doppelpack mit Stefan Blank aus Stuttgart und wurde anfangs von den Fans mehr als skeptisch beäugt, weil er bei den Schwaben als verschenktes Talent im Schatten des großen Krassimir Balakov galt. Lisztes wurde schnell zu einem Supereinkauf, der in Werders Mittelfeld vom banalen Abgrätschen über den genialen Traumpass bis hin zum spektakulären Tor so ziemlich alles selbst erledigte, was über kurz oder lang Andy Herzog den Job kostete. Die vor der Saison brennende Frage »Lisztes oder Herzog?« beantwortete der Ungar durch eine wirklich beeindruckende Saisonleistung. Ansonsten kamen hauptsächlich Talente, die Lust machten auf mehr: Ivan Klasnic brachte es vorerst nur zum Ergänzungsstürmer, aber ließ in nahezu jedem seiner Einsätze aufblitzen, dass ihm eines Tages der Fußballhimmel offen stehen könnte – oder zumindest die Strafräume des Gegners.

Das Vertrauen in die Pizarro-lose Werder-Elf war nicht übermäßig groß. In zahlreichen Vorschauen auf die Saison tauchte Werder sogar immer mal wieder in der Liste der möglichen Abstiegskandidaten auf. Der Saisonstart wurde von den Grünweißen passend dazu gestaltet, beinahe schon traditionsgemäß: 0:3 in Freiburg am ersten Spieltag mit einem Platzverweis für Stalteri und zwei Gegentoren in den Schlussminuten brachten Werder auf Platz 17. Energie Cottbus wurde sehr mühselig mit 3:2 niedergerungen, danach folgte einen Monat lang Enttäuschung auf Enttäuschung: ein tristes torloses Unentschieden in Stuttgart, ein schockierendes 1:3 zuhause gegen die Münchener Löwen, eine Niederlage in Kaiserslautern und ein ganz mageres 1:1 im Weser-Stadion gegen den harmlosen späteren Absteiger 1. FC Köln. So weit, so mittelmäßig: Platz 14.

Danach jedoch konnten Werder-Fans die ersten von vielen Werder-Sternstunden der Saison feiern: »Ihr seid das Tor zur Welt, aber wir haben den Schlüssel!« stand auf einer gigantischen Blockfahne, die die Werder-Fans in weiser Voraussicht vor dem Auswärtsspiel beim Nordrivalen HSV gestaltet hatten. Und wie Werder den Schlüssel hatte! Ailton, Bode, Ernst und Stalteri demütigten die Hamburger in einer Weise, die den 4:0-Auswärtssieg für alle mitgereisten Werder-Fans zu einem unvergesslichen Eriegnis werden ließen. Es war wieder einmal die Werder-typische Initialzündung, die eine bis dahin schlummernde Werder-Elf wachküsste. Bis Silvester gab es nur noch eine einzige Niederlage (in Berlin), dafür aber einen weiteren Kantersieg in der neuen Arena »Auf Schalke«. Scheinbar mühelos wurden in den folgenden Wochen jeweils ohne Gegentor die Skalps von Mönchengladbach, Nürnberg, Wolfsburg, Rostock, St. Pauli und auch Bayern München eingesammelt. Als das Fußballjahr 2001 endete, stand Werder auf einem nie für möglich gehaltenen Platz 3 und hatte, wie findige Statistiker errechneten, von allen Bundesligateams im Kalenderjahr die meisten Punkte überhaupt gesammelt.

Doch es gab nicht nur Sonnenschein: Die soeben beendete Vorrunde brachte den Abschied zweier Werder-Idole, die auf sehr unterschiedliche Weise »Tschüß« sagten: Dieter Eilts erkannte, dass es für ihn nicht mehr zu allerhöchstem Niveau reichte und machte nach vier Spielen in der Startformation freiwillig Platz für einen Jüngeren. Das Heimspiel gegen 1860 München brachte am 4. Spieltag den Schlussakkord einer großen Werder-Karriere: Die beste Grätsche aller Zeiten räumte das Feld. Bei Andreas Herzog dauerte es wenige Wochen länger: Er, der nach seiner Zehenoperation zwei Jahre zuvor nie wieder ganz der Alte wurde, hätte gerne weiter das Werder-Trikot getragen, aber auch seine Zeit lief ab. Am selben Tag, an dem Dieter Eilts sein letztes Punktspiel absolvierte, durfte Herzog letztmalig für 90 Minuten ran. Nach dem 1:3 gegen 1860 war er seinen Stammplatz los. In den kommenden sechs Spielen wurde er fünfmal lediglich eingewechselt und blieb beim Triumph in Hamburg gar ganz draußen. Herzog litt wie ein Hund unter seinem schwindenden Einfluss, äußerte Abwanderungsgedanken und knüpfte Kontakte zu seinem Heimatverein Rapid Wien. Sein Abschied wurde begünstigt durch einen immer stärker auftrumpfenden Krisztian Lisztes, der seine ersten Tore für Werder beim 3:0 gegen Nürnberg erzielte. Zwei Wochen später verabschiedete sich Andy Herzog tränenreich und ergriffen von den Werder-Fans, die ihn fast ein Jahrzehnt lang ins Herz geschlossen hatten.

In der Rückrunde lernten die Freunde des SV Werder dann leider ein Trauma kennen, dass sie bis zum Erscheinungstermin dieses Buches beschäftigte: Ein unerklärlicher Leistungsknick kostete nicht nur die kurz aufgeflackerten Titelambitionen und am Ende beinahe noch den UEFA-Cup-Platz. Nur ein Sieg aus den ersten sieben Spielen des neuen Jahres – der Jahresmeister 2001 hatte seinen Biss verloren. Er fand ihn gerade noch rechtzeitig wieder: Fünf Spieltage vor Schluss der Saison war der 1. FC Kaiserslautern beinahe hoffnungslos enteilt. Es drohte ein Jahr ohne internationalen Wettbewerb, aber mehrere denkwürdige Spiele am Stück bogen die Saison doch noch zu einem Erfolgsjahr. Gegen Rostock lag Werder eine Minute vor Schluss in einem mucksmäuschenstillen Weser-Stadion mit 2:3 hinten, ehe der nach vorne gepreschte Torwart Frank Rost den Ausgleich erzielte. Es war das erste Feldtor eines Bundesligatorhüters mit dem Fuß überhaupt. Gästetrainer Veh verzog sich bedient in die Kabine – und verpasste noch was. Die Nachspielzeit nutzte der glänzend aufspielende Torsten Frings zu einem zielstrebigen Dribbling in den Rostocker Strafraum, das nur durch ein Foul unterbunden werden konnte. Ailton nutzte die Chance, traf in einem Wahnsinnsspiel per Elfmeter zum nicht mehr für möglich gehaltenen 4:3 nach 92 Minuten und verkürzte damit den Abstand auf die Lauterer auf drei Punkte.

Anschließend wurde ein Punkt bei den Bayern erkämpft, Schalke beim 3:0 um die allerletzten Titelchancen gebracht und in der folgenden Woche beim 2:1 in Leverkusen (Traumtor Lisztes, Rost hält Elfer von Butt!) tatsächlich der ersehnte UEFA-Cup-Platz zurückerobert.

Die Saison endete feierlich: Beim letzten Heimspiel gegen St. Pauli wurden die scheidenden Werder-Idole Marco Bode, Dieter Eilts und Frank Rost ebenso verabschiedet wie der heilige Rasen des Weser-Stadions, der nach dem Abpfiff nicht mehr benötigt wurde, weil das Stadion seinem Umbau entgegensah. Und da das Spielfeld im Zuge dieses Umbaus abgesenkt werden sollte, durfte an diesem regnerischen Aprilsams-

Werders sensationelle Torwart-Schmiede, die Vierte: Nach Bernard, Burdenski und Reck wurde auch Frank Rost zum Nationaltorhüter. Zwischen 1963 und 2002 gab es in 39 Jahren Bundesliga keinen Werder-Stammkeeper, der nicht auch irgendwann im DFB-Tor stehen durfte. Einmalig!

»Wenn meine Oma ein Bus wäre, dann könnte sie hupen!«

Dieter Eilts auf eine Hätte-wenn-und-aber-Frage eines Journalisten

Für die Vereinskasse ein Ärgernis, für die Fans ein Kultobjekt: Das blitzeblanke grüne Trikot ohne Sponsorenaufdruck

tag nicht nur jeder Werder-Fan wärmende Erinnerungen an die Herren Bode, Eilts und Rost mit nach Hause nehmen, sondern auch noch eine schmucke Tüte, gefüllt mit nicht mehr benötigtem Siegerrasen.

Abschlusstabelle der Bundesliga 2001/2002:

Pl.	Verein	Sp	S	U	N	Tore	Diff.	Punkte
1.	Borussia Dortmund	34	21	7	6	62:33	+29	70
2.	Bayer Leverkusen	34	21	6	7	77:38	+39	69
3.	Bayern München	34	20	8	6	65:25	+40	68
4.	Hertha BSC Berlin	34	18	7	9	61:38	+23	61
5.	Schalke 04	34	18	7	9	52:36	+16	61
6.	**Werder Bremen**	**34**	**17**	**5**	**12**	**54:43**	**+11**	**56**
7.	1. FC K'lautern	34	17	5	12	62:53	+9	56
8.	VfB Stuttgart	34	13	11	10	47:43	+4	50
9.	1860 München	34	15	5	14	59:59	0	50
10.	VfL Wolfsburg	34	13	7	14	57:49	+8	46
11.	Hamburger SV	34	10	10	14	51:57	-6	40
12.	Borussia M'gladbach	34	9	12	13	41:53	-12	39
13.	FC Energie Cottbus	34	9	8	17	36:60	-24	35
14.	Hansa Rostock	34	9	7	18	35:54	-19	34
15.	1. FC Nürnberg	34	10	4	20	34:57	-23	34
16.	SC Freiburg	34	7	9	18	37:64	-27	30
17.	1. FC Köln	34	7	8	19	26:61	-35	29
18.	FC St. Pauli	34	4	10	20	37:70	-33	22

Saisonverlauf 2001/2002:

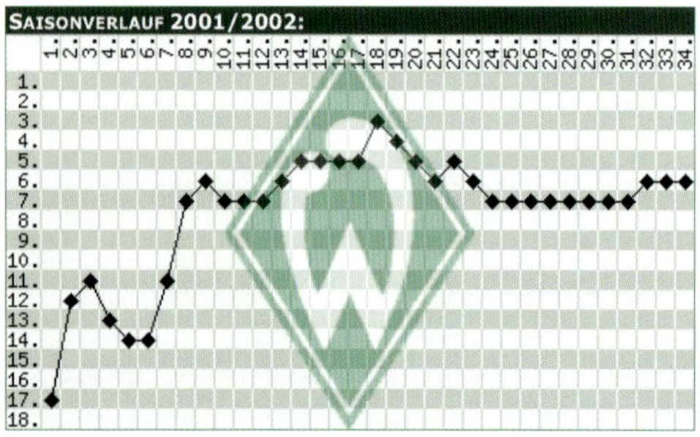

Rost, Frank »Fäustel« (1)
*30.6.1973
Torhüter
34 (147); 1 (1); 1992–2002

Baumann, Frank »Baumi« (6)
*29.10.1975
Abwehrspieler
34 (120); 1 (8); 1999–

Wer kam?

Blank (VfB Stuttgart)
Lisztes (VfB Stuttgart)
Magnin (FC Lugano/Schweiz, w.d.S.)
Wehlage (FC St. Pauli)
Klasnic (FC St. Pauli)
Silva (Sporting Cristal Lima/Peru)
Wierzchowski (Ruch Chorzow/Polen)
Walke (eig. A-Jugend)
Rolfes (eig. Amateure)
Di Iorio (eig. Amateure)
Kern (eig. Amateure)

Wer ging?

Trares (Waldhof Mannheim)
Wiedener (w.d.S. zu Eintracht Frankfurt)
Schierenbeck (eig. Amateure)
Dabrowski (Arm. Bielefeld)
Maximov (Waldhof Mannheim)
Lee (zurück zu Pohang Steelers/Südkorea, war ausgeliehen)
Pizarro (Bayern München)
Brasas (MSV Duisburg)
Frey (1. FC Nürnberg)
Fütterer (eig. Amateure)
Schmedes (Karlsruher SC)
Jürgen (Kickers Emden)
Herzog (Rapid Wien/Österreich, w.d.S.)
Di Iorio (Sunshine George Cross Soccer Club/Australien, w.d.S.)
Scholz (Fortuna Köln, w.d.S.)

w.d.S. = während der Saison

Borowski, Tim »Boro« (24)
*2.5.1980
Mittelfeldspieler
25 (43); 1 (1); 2000–

Stalteri, Paul* »Stally« (35)
*28.10.1977
Mittelfeldspieler
22 (86); 3 (4); 1998–
Kanada

Wehlage, Holger (21)
*3.7.1976
Mittelfeldspieler
8 (10); 0 (1); 2001–2002, 2003–

Klasnic, Ivan »Raul« (7)
*29.1.1980
Stürmer
23 (36); 1 (3); 2001–
Kroatien

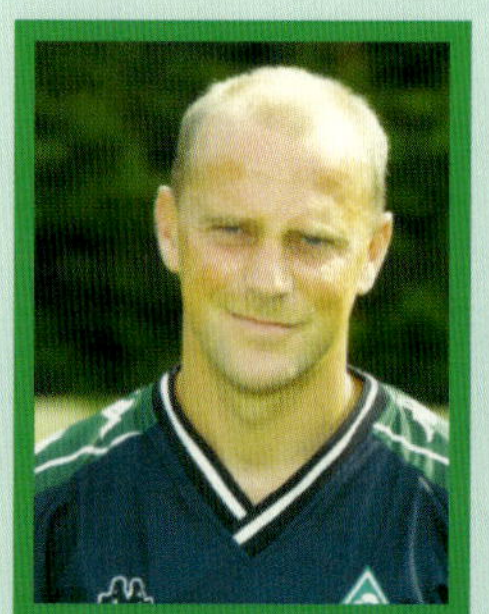

Schaaf, Thomas »Schabba«
*30.4.1961
Trainer
34 (140); 0 (0); 1999–

Walke, Alexander »Walle« (31); *6.6.1983
Torhüter
0 (0); 0 (0); 2001–

* Vertragsamateur

Die Mannschaft

(Name (Rückennummer), Geb.-Datum, Position, Bundesliga-Einsätze (Gesamt), Tore (Gesamt), bei Werder von–bis)

Skripnik, Victor »Skripa« (19)
*19.11.1969
Abwehrspieler
31 (132); 4 (6); 1996–
Ukraine

Krstajic, Mladen »Kris« (20)
*4.3.1969
Abwehrspieler
26 (82); 2 (8); 2000–
Jugoslawien

Blank, Stefan (33)
*10.3.1977
Abwehrspieler
1 (1); 0 (0); 2001–2003

Verlaat, Frank »Ed« (14)
*5.3.1968
Abwehrspieler
33 (81); 2 (5); 2000–2003
Niederlande

Eilts, Dieter
»Ostfriesen-Alemao« (5)
*13.12.1964
Mittelfeldspieler
4 (390); 0 (7); 1985–2002

Herzog, Andreas »Andy« (18)
*10.9.1968
Mittelfeldspieler
9 (236); 1 (57); 1992–1995,
1996–2002; Österreich

Lisztes, Krisztian (8)
*2.7.1976
Mittelfeldspieler
29 (60); 5 (5); 2001–
Ungarn

Tjikuzu, Razundara
»Raschi« (28); *12.12.1979
Mittelfeldspieler
22 (68); 0 (0); 1998–2003
Namibia

Frings, Torsten
»Lutscher« (22); *22.11.1976
Mittelfeldspieler
33 (162); 6 (16); 1996–2002

Ernst, Fabian »Fabe« (2)
*30.5.1979
Mittelfeldspieler
27 (86); 3 (7); 2000–

Magnin, Ludovic »Ludo« (13)
*20.4.1979
Mittelfeldspieler
4 (16); 0 (1); 2001–
Schweiz

Banovic, Ivica »Izzo« (11)
*2.8.1980
Mittelfeldspieler
17 (49); 1 (2); 2000–
Kroatien

»Ailton«, Gonçalves da Silva
»Toni« (32); *19.7.1973
Stürmer
33 (136); 16 (60); 1998–
Brasilien

Bode, Marco (17)
*23.7.1969
Stürmer
31 (379); 7 (101)
1989–2002

Silva Pro, Roberto
Enrique (15); *1.6.1976
Stürmer
6 (6); 0 (0); 2001–2002
Peru

Erweiterter Kader:

Borel, Pascal (16)
*28.9.1978
Torhüter
0 (31); 0 (0); 1998–

Wierzchowski, Jakub
»Kuba« (12); *15.4.1977
Torhüter
0 (3); 0 (0); 2001–
Polen

Wiedener, Andree (13)
*14.3.1970
Abwehrspieler
0 (164); 0 (3); 1989–2001

Barten, Mike (33)
*20.11.1973
Abwehrspieler
0 (34); 0 (0); 1995–2003

Rolfes, Simon »Simmse« (26)
*21.1.1982
Mittelfeldspieler
0 (0); 0 (0); 2001–2002,
2003–

Bogdanovic, Rade (9)
*21.5.1970
Stürmer
0 (56); 0 (15); 1998–2002
Jugoslawien

Di Iorio, Joseph Antonio
»Joe« (29); *8.4.1982
Stürmer
0 (0); 0 (0); 2001–2002
Australien

Kern, Enrico (30)
*12.3.1979
Stürmer
0 (0); 0 (0); 2001–2002

Jürgen L. Born: »... wenn Sie nicht zugehauen hätten, hätte ich es gemacht!«

... Ihr Engagement bei Werder begann genau wie?
Born: Ja, ich saß also in dieser Vorstandssitzung meiner Bank in Montevideo. Meine Sekretärin hatte den ganz klaren Auftrag, mich nur zu stören, wenn es um Werder Bremen ging. Also hat sie mich aus dieser Sitzung rausgeholt, weil Dr. Böhmert am Telefon wartete, der zu dieser Zeit gerade dabei war, die Umstrukturierung des Vereins voranzutreiben. Franz begann das Gespräch mit den Worten: »Mensch, wir strukturieren hier gerade den Verein neu. Möchtest du nicht den Schiedsrichterbetreuer machen?« Ich musste lachen, und er konnte seinen kleinen Gag auch nicht länger durchhalten und hat sofort nachgeschoben: »Naja, wir würden dich vielleicht sogar als Vorstandsvorsitzenden nehmen!« Ich habe noch in derselben Minute am Telefon zugesagt.

Gibt es eine Werder-Philosophie für Sie? Der Vereinsalltag hat sich in den letzten Jahrzehnten ja immens verändert. Es geht nicht mehr um die pure Führung eines Vereins, sondern auch um ein Wirtschaftsunternehmen, das es am Markt zu positionieren gilt.
Born: Nicht nur Werder hat sich verändert, sondern der gesamte Profifußball. Innerhalb der letzten zwanzig Jahre hat sich bei den Bundesligaclubs alles von kleinen Budgets zu sehr großen Budgets weiterentwickelt. Dadurch bedingt musste man zwangsläufig weg von der alten Vereinsphilosophie. Denn jetzt ging es leider nicht mehr um alte Vereinstraditionen mit sehr vielen Ehrenämtern und Familienbewusstsein, sondern um die Führung eines mittleren Unternehmens, um Managementstrategien. Man musste im Verein die Weitsicht und die Fähigkeit entwickeln, auch mit wirtschaftlichen Knicks umgehen zu können.

Die Kirch-Krise war solch ein Knick. War dieser Crash für Werder eine Tragödie, oder gibt er dem deutschen Profifußball die große Chance, sich peu à peu zu regulieren?
Born: Wir müssen uns heutzutage in der Verwaltung eines Bundesligavereins als Kaufleute verstehen. Es gibt natürlich die Profifußballer, die die Arbeit machen, aber wir haben auch Kaufleute, die dieses Geschäft begleiten. Ich kenne keine Branche auf dieser Welt, wo es immer nur nach oben gegangen ist. Es wird sie auch nie geben. Wir sind im Moment in einer Abwärtsbewegung, und da wir Kaufleute sind, glauben wir, sie verwalten zu können.

Links: Spielte die Saison seines Lebens: Torsten Frings

Wir haben aber noch viel Arbeit vor uns. Wir sind in der glücklichen Situation, vieles noch gar nicht ausgeschöpft zu haben, was andere Vereine für sich bereits restlos abgefrühstückt haben. Wir können immer noch Aktien an den Markt bringen oder das Stadion vermarkten. Wir haben Reserven und müssen jetzt darangehen, Investoren zu suchen und im Sog der Begeisterung für die WM 2006 ein bisschen mitschwimmen. Wir haben noch große Möglichkeiten, die wir ausschöpfen können.

Wenn man die sportliche Entwicklung der letzten Jahre genauer betrachtet, kommt man zu dem Ergebnis, dass dieser Verein nur eine Chance hat: Er muss etwas cleverer sein als alle anderen, um oben mithalten zu können. Vor allem, was die Personalpolitik betrifft hat man das Gefühl, genau diese Cleverness zeichnet Werder seit der Ära Schaaf/Allofs aus?
Born: Werder hat insofern Großartiges geleistet, als wir uns in einem Umfeld bewegen, in dem wir gar nicht auf eine faire Konkurrenzsituation treffen. Schauen Sie sich nur mal als Vergleich Hannover 96 an: Die steigen auf, haben ein riesiges Stadion und die Unterstützung der Politik und Wirtschaft. Sie haben ein Super-Umfeld, mehr Zuschauer und so weiter. Wir müssen sehr strampeln, um mit solchen Gegebenheiten zu konkurrieren. Entscheidend ist in diesem Zusammenhang die so genannte Budget-Effizienz: Ein Forschungsinstitut der Universität Innsbruck hat vor einigen Jahren herausgearbeitet, dass Werder Bremen zusammen mit Bayern München an der Spitze der Bundesliga steht, wenn man den sportlichen Erfolg und das umgesetzte Geld in Zusammenhang setzt. So etwas erfüllt uns mit Stolz. Wir haben im sportlichen Bereich das erreicht, was mit unseren Mitteln zu erreichen ist. Niemand kann behaupten, wir hätten den Absprung verpasst, uns mit den ganz großen Vereinen zu messen. Wir werden uns nie mit Bayern München messen können. Wir können unser Umfeld nicht künstlich verändern. Wir können nur unsere Marktgrenzen weiter verschieben und unseren Markt vergrößern, den Kernmarkt vergrößern und die Umgebung des Kernmarktes aushöhlen. Wir wurden oft »graue Maus« genannt, aber wir sind gar keine, im Gegenteil: In vielen Dingen sind wir bundesweit Vorreiter gewesen. Wir waren die ersten, die sich vor zehn Jahren beim DFB nach den Möglichkeiten einer Umwandlung in eine Aktiengesellschaft erkundigt haben. Das ging damals nicht. Wir waren die ersten, die Businesslogen hatten. Wir waren die ersten, die sich jetzt in einem sinnvollen Maß darauf eingestellt haben, verstärkt Spieler auszuleihen, statt sie teuer zu verpflichten. Wir waren in vielen Dingen ganz weit vorne. Wir waren lediglich

Jürgen Ludger Born

Jürgen L. Born (Jahrgang 1940) übernahm im Zuge der Turbulenzen nach der Entlassung Felix Magaths das Amt des neuen Vorstandvorsitzenden, nachdem der »alte« Vorstand seine Ämter geschlossen zur Verfügung gestellt hatte. Born, seines Zeichens langjähriger Banker in Südamerika, ließ (wie immer) für den SV Werder alles stehen und liegen und wechselte aus der Vorstandssitzung seiner Bank in Montevideo binnen Minuten auf Werders Chefsessel, zumindest innerlich. Offiziell zwar erst ab Mai 1999 Vereinsmitglied, ist er dem Verein jedoch schon von klein auf extrem eng verbunden, was sich mitunter in etwas bizarren Zuneigungsbeweisen äußerte, wie Jürgen Born hier selbst enthüllt ...

manchmal zu bescheiden, um das alles herauszustellen. Wir halten uns da lieber hanseatisch zurück.

Ihr Satz »Werder ist ein abgebender Verein und wird es auch immer bleiben!« wurde in diesem Buch schon zitiert. Können die Freunde des Vereins wirklich keine Hoffnung haben, dass sich an diesem Umstand eines schönen Tages einmal etwas ändern wird?
Born: Von unserer Umgebung und unserem Einnahmepotenzial her hängen wir sehr stark von Fernsehgeldern ab. Unsere Zuschauereinnahmen sind schön, aber mit derartigen Einnahmen aus Fernsehgeldern nicht zu vergleichen. Dann verkaufen wir auch noch ein paar Mützen und ein paar Schals – alles, was andere Vereine auch machen. Aber wir haben auch hochklassige Spieler, die gute Gehälter verdienen, und unsere Einnahmen reichen nicht ganz aus, um eine Vielzahl an Spitzenverdienern zu finanzieren. Deshalb werden wir immer mal wieder in die Lage geraten, einen Spieler verkaufen zu müssen. Andererseits hat sich der Markt geändert. Ein Spieler wie Elber wechselt für schlappe 4,5 Millionen nach Frankreich. Vor zwei Jahren hätte er 14,5 Millionen gekostet. Daran sieht man, in welche Richtung sich der Markt entwickelt. Und weil das so ist, werden wir es künftig gar nicht mehr schaffen können, größere Löcher in der Bilanz durch Spielerverkäufe auszugleichen. Von daher könnte es sein, dass wir irgendwann keine Spieler mehr verkaufen müssen, sondern eher unser Heil darin suchen, weniger Spieler einzukaufen und unseren Kader insgesamt kleiner zu halten. Aber ich sagte ja auch schon, dass es für den SV Werder noch ein Potenzial an Einnahmen gibt, das wir noch lange nicht ausgeschöpft haben: Stadion umbenennen, Aktien ausgeben und dergleichen, das alles ist unter bestimmten Gegebenheiten diskussionswürdig. Sollten wir das mal machen, wäre es vielleicht möglich, dass wir durch geschicktes Wirtschaften z. B. mit Aktieneinnahmen irgendwann mal in eine Situation kommen, in der wir konstatieren können: »So, jetzt haben wir die finanziellen Voraussetzungen, um unsere Mannschaft erst einmal für vier Jahre zusammenhalten zu können!«

Kommen wir zum Thema »Werder-Wahnsinn«. Sie waren jahrzehntelang vor Ihrer Zeit als Vorstandsvorsitzender schon Fan des Vereins und sollen selbst strapaziöseste Langstreckenflüge auf sich genommen haben, nur um ein Werder-Spiel zu gucken und sofort danach wieder nach Südamerika zurückzujetten. Stimmt das?
Born: Für einen verheirateten Mann war das nicht immer einfach zu lösen, aber es gab da so eine Maschine am Freitagabend, 23 Uhr ab Sao Paulo. Da bin ich dann öfter mal Zigaretten holen gegangen und kam am Sonntagmorgen um 6 Uhr wieder. Das passte immer alles ganz genau. Ich kam direkt zum Spiel hier an und flog nach dem Schlusspfiff wieder zurück, allerdings nie, ohne noch bei meiner Mutter vorbeizuschauen.

Und noch ein höchst interessantes Indiz für Ihr Fan-Herz: Werder gegen Braunschweig, März 1962. Was war da los???
Born: Wenn ich mich richtig erinnere, endete dieses Spiel mit einer völlig falschen Schiedsrichterentscheidung. Gut, ich war noch jung. Solche Sachen habe ich damals verabscheut, und deshalb habe ich Selbstjustiz ergriffen und diesem Schiedsrichter mit meinem Schirm auf den Kopf gehauen. Ich habe mich aber dann selbst gestellt, damit Werder keine Platzsperre bekommt. Es gab eine Verhandlung beim Norddeutschen Fußballverband in Hamburg. Da musste ich mich für meine Aktion verantworten und habe meine Banklehre aufs Spiel gesetzt. Ich musste damals drei Lehrlingsgehälter zahlen, aber das war so wenig Geld, das war dann auch egal. (lacht) Das alles sorgte dummerweise deshalb für Aufsehen, weil ich damals bei der Bremer Bank lernte, und mein Personalchef nur vier Reihen über mir saß. Ich bin also gleich am Montagmorgen kleinlaut bei ihm angetanzt und habe schuldbewusst gesagt: »Okay, damit ist meine Lehre nun wohl in die Binsen gegangen, das sehe ich ein. Aber so eine Schiedsrichterleistung konnte ich nun mal wirklich nicht durchgehen lassen …!« Und daraufhin sagte er: »Herr Born, wenn Sie nicht zugehauen hätten, hätte ich es gemacht!« Und damit war die Lehre dann doch gerettet.

Nach den Herren Ries, Düring und Böhmert erst Werders viertes Vereinsoberhaupt in über vier Jahrzehnten Profifußball: Jürgen L. Born

2002/03: »Allez les verts!«

Oben v.l.:
Mannschaftsarzt Dr. Dimanski, Daun, Charisteas, Rolfes, Krstajic, Blank, Borowski, Baumann, Verlaat, Micoud, Stalteri, Zeugwart Kollra
Mitte v.l.:
Trainer Schaaf, Sportdirektor Allofs, Tjikuzu, Mamoum, Banovic, Schulz, Friedrich, Lisztes, Ernst, Zeugwart Behrens, Torwarttrainer Burdenski, Co-Trainer Kamp
Unten v.l.:
Reich, Beckert, Skripnik, Magnin, Borel, Wierzchowski, Jürgen, Klasnic, Ailton, Wehlage, Barten

Thomas Schaafs Bilanz im Sommer 2002 konnte sich sehen lassen: Nacheinander hatte er die Plätze 13, 9, 7 und 6 belegt, und das trotz personellen Aderlasses und bescheidener wirtschaftlicher Möglichkeiten. Vor der Saison 2002/2003 geriet die Zäsur schlimmer als je zuvor: Torwart Frank Rost zog es zu Schalke 04, »Eisen-Dieter« Eilts beendete endgültig seine Karriere und Marco Bode überraschenderweise auch. Am schwersten schien bei alledem der Verlust von Torsten Frings zu wiegen, der künftig in Diensten von Borussia Dortmund um den Titel mitspielen wollte.

Der Wechsel von Frings hatte Werder zuvor ein knappes halbes Jahr lang in Atem gehalten. Der beste Feldspieler der Saison hatte noch zur Winterpause vor laufender Kamera erklärt, es sei zwar ganz schön, wenn sich andere Vereine für ihn interessierten, aber er habe nicht den geringsten Grund, Werder zu verlassen. Spätestens als Frings ein überraschendes »So etwas habe ich nie gesagt!« entfuhr, war den Werder-Verantwortlichen klar: Der Kampf um seine Unterschrift war für Werder beinahe aussichtslos. Umso mehr, weil der Allrounder sich am Ende zwischen Angeboten von Borussia Dortmund, Bayer Leverkusen und auch Bayern München entscheiden konnte.

Er war das Thema der Vorrunde: Pascal Borel stand anfangs zu Recht in der Kritik, steigerte sich in der Rückrunde aber fast unbemerkt zu einem fehlerlosen Bundesligatorhüter

Die Einkäufe machten zwar Lust auf die Saison, aber schienen allesamt nicht spektakulär genug, um den Verlust der vier Stars Rost, Eilts, Bode und Frings aufzuwiegen. Den griechischen Stürmer Charisteas wollte Werder schon lange zuvor haben – nun bekam man ihn. Marco Reich kam als gescheiterter Supereinkauf des 1. FC Köln, denen offenbar vor der Verpflichtung niemand gesagt hatte, dass der Pfälzer kein Mittelstürmer ist. Mit Manuel Friedrich aus Mainz kam das größte Defensivtalent der 2. Liga, und mit Markus Daun ein entwicklungsfähiger Stürmer von Bayer Leverkusen, dem der Ruf einer unermüdlichen Kampfameise vorauseilte.

Zur Verstärkung wurden nur Daun und Charisteas. Manuel Friedrich riss in der Saisonvorbereitung das Kreuzband (und im Winter dann gleich noch einmal!), während Marco Reich mit immensen Anlaufschwierigkeiten zu kämpfen hatte.

Zum Schlüsselproblem der Saison wurde die Besetzung des Torhüterpostens. Der eigentlich als Rost-Nachfolger verpflichtete Pole Jakub Wierzchowski hatte binnen eines Jahres das Vertrauen in seine Fähigkeiten weitgehend verspielt, so dass zum Saisonauftakt etwas überraschend Nachwuchsmann Pascal Borel zwischen den Pfosten stand, dessen Person Werder nahezu das ganze Jahr über in Atem halten sollte, ohne dass der Betroffene am Ende wirklich viel dafür konnte.

Die Saison begann wie die vorige: Eine 0:3-Auswärtspackung bei einem späteren Absteiger, garniert mit Platzverweisen. Diesmal war Arminia Bielefeld der Empfänger der milden Punkte-Gabe aus Bremen, reduziert wurden die unkonzentriert wirkenden Grünweißen im Spielverlauf um Fabian Ernst und Raschi Tjikuzu. Etwas glücklich, aber verdient wurde in der folgenden Woche der gute alte HSV mit 2:1 niedergerungen – wunderbarerweise durch ein Tor des St.-Pauli-Neuzugangs Holger Wehlage. Schöner noch war das erste Tor des Spiels: Ein angeschnittener Kunstschuss von Angelos Charisteas schon nach neun Minuten, mit dem der Grieche sich in seinem ersten Heimspiel für Werder in beachtlichem Tempo in die Herzen der Fans ballerte.

Grund zur Beunruhigung gab das nächste Auswärtsspiel bei München 1860: Eine chancenlose Werder-Elf vergeigte das Spiel mit 0:3, und erstmals gab es Getuschel um Pascal Borel, der beim dritten Tor schlecht aussah. Und ab hier zeigten sich alle Sündenbock-Mechanismen der Medien von ihrer unangenehmsten Seite: Pascal Borel war fortan das personifizierte Problem des SV Werder, und bis zur Kreation des Spott-Namens »Pannen-Pascal« dauerte

»Wenn irgendwo auf der Welt eine Kokosnuss vom Baum fiel, die zufällig jemand auffangen konnte, dann war das in den Medien immer gleich ein neuer Torwartkandidat für uns!«

Sportdirektor Klaus Allofs über die Spekulationen der Medien um Werders Torwartsuche 2003

Der Glücksgriff schlechthin: Weil der AC Parma ihn nicht mehr bezahlen konnte, zauberte Klaus Allofs Werder einen Weltklassefußballer herbei. Johan Micoud verlieh Werders Spiel eine zuweilen göttliche Spielkultur

es nun auch nicht mehr lange. Keine Rolle spielte es dabei, dass in München Frank Baumann und Mladen Krstajic nicht die Bohne besser spielten als der junge Keeper. Ein Phänomen, das Werder und Borel in den nächsten Monaten zur Genüge kennen lernen sollten: Patzte ein Abwehrspieler, wurde dies bestenfalls mit hochgezogenen

Werders Oldtimer Frank Verlaat spielte eine starke letzte Saison in der Bundesliga. Der anfangs als »zu langsam« verspottete Niederländer verabschiedete sich nach drei ganz starken Jahren aus Bremen

»Das, was Toni macht, könnte man als bezahlten Urlaub bezeichnen. Er macht Urlaub und bezahlt dafür.«

Thomas Schaaf über den Brasilianer »Toni« Ailton, der beim Trainingsauftakt unentschuldigt fehlte

Augenbrauen zur Kenntnis genommen. Erwischte Borel eine Flanke nicht, hieß es: »Der schon wieder!«

Zugegeben: Pascal Borel spielte keine gute Vorrunde. Viele der Spiele liefen unglücklich und boten ihm keine Chance, sich auszuzeichnen. Manchmal sah er nicht gut aus, aber derartige Phasen hatten alle in diesem Buch gewürdigten Klassetorhüter vor ihm auch zu bestehen. Werders sportliche Leitung hielt an Borel fest, was den üblichen Verdächtigen bei den Medien feinste Munition lieferte, um bei jedem Gegentor genüsslich auf Werders Torwartproblem hinzuweisen.

Eigentlich hätte es genügend Anlass für positive Werder-Schlagzeilen gegeben: Am 4. Spieltag betrat ein Spieler die Bundesliga-Bühne, der Bremen ab sofort verzaubern sollte, wie dies lange kein Spieler mehr vermochte: Sportdirektor Allofs war es zur allgemeinen Überraschung gelungen, den Weltklassemann Johan Micoud vom klammen AC Parma zu verpflichten. Der Franzose, der in seiner Heimat immer im Schatten des großen Zinedine Zidane stand, riss das Werder-Spiel schon bei seinem Debüt gegen den 1. FC Nürnberg an sich. Der »Kicker« gab ihm die Note 1,5 – und das nicht nur, weil Micoud auf Anhieb traf. Der Regisseur lenkte das Spiel des SV Werder mit einer Genialität, wie sie nie ein Werder-Regisseur vor ihm ausstrahlen konnte. Als Werder-Fan hatte man bei aller Freude manchmal das klammheimliche Gefühl: »Der ist eigentlich zu gut für uns!«

Dieses Gefühl verschwand schnell, denn mit Micoud legte Werder spielerisch zwei Klassen zu und kletterte in der Tabelle beachtlich nach oben. Als »Joe« kam, stand Werder auf Platz 13. Einen Monat später war es Platz 4, und zur Winterpause gar Platz 3. Nicht wenige trauten Werder nun Champions League und Titelrennen zu, aber leider … leider zog die Elf nun wieder schmerzlich die Parallelen zur Vorsaison: Heim-Unentschieden gegen Absteiger Bielefeld, Niederlage in Hamburg, Heimschlappe gegen 1860, Niederlage bei Absteiger Nürnberg, Heimdesaster gegen Absteiger Cottbus – es war unfassbar!

Eine merkwürdige Laune des Schicksals brachte die Wende. Nach dem 1:2 gegen die Löwen, bei dem Werder über weite Strecken Traumfußball zelebrierte, um schließlich durch einen Klops von Torwart Borel auf die Verliererstraße zu geraten, reagierte Thomas Schaaf und nahm einen Torwartwechsel vor. Eine Maßnahme, die im Nachhinein anmutet, als habe Schaaf allen Borel-Kritikern mit Gewalt zeigen wollen: »Seht her, der andere Torwart ist auch nicht besser!« In der Tat begann »Kuba« Wierzchowski in Nürnberg hibbelig, unterlief Flanken und lenkte sich einen Ball ins eigene Tor. Seine Leistungen in Leverkusen und beim

Pokalspiel in Kaiserslautern gehörten zum Bedenklichsten, was ein Werder-Torwart seit Hermann Rülander (vgl. Saison 1981/82!) gezeigt hatte. Das Experiment mit dem bedauernswerten Ex-Nationaltorhüter aus Polen war spektakulär gescheitert. Wierzchowski hatte sich seine Bundesliga-Karriere in nur vier Spielen kurz und klein geflattert.

Nun war also Borel wieder dran, und das Wunder geschah: Im ersten Spiel nach seiner Rückkehr ins Tor war er gemeinsam mit Micoud und Ailton der Garant für den Sieg gegen den VfL Bochum, der die Wende einleitete. Borel hielt fortan mindestens eine Klasse besser als in der Vorrunde, strahlte Ruhe und Sicherheit aus und machte bis zum Saisonende nichts mehr falsch. Im letzten Drittel der Saison zählte er zu den besten Torhütern der Liga.

Im selben Maß, wie der zuvor so bitterböse kritisierte Torwart es nun den eigenen Fans leichter machte, machten es die Ergebnisse schwerer, den SV Werder richtig einzuordnen. Nach 26 Spieltagen war die Mannschaft mit einer 1:2-Heimniederlage gegen Hannover 96 auf dem Tiefpunkt angekommen. Keiner gab mehr einen Pfifferling für die vermeintliche »Versagertruppe, die es ja doch immer irgendwie vergeigt«. Aber die Gescholtenen zeigten es Fans und Medien: Es folgten nacheinander zwei denkwürdige Siege mit zwei denkwürdigen Toren: 2:1 beim Meister Dortmund mit Fabian Ernsts Heber beinahe von der Mittellinie, und der 1:0-Triumph bei Bayern München mit Johan Micouds Heber beinahe von der Eckfahne.

Bis zum Saisonende wechselten sich Sternstunden und unerklärliche Blackouts munter ab. Am Ende stand zum zweiten Mal nacheinander Platz 6 – UI-Cup. Werder-Fans trauerten um die verpatzten Träume von UEFA-Cup oder gar Champions League, erschauerten bei der Erinnerung an das Torhüter-Theater um Borel und Wierzchowski, aber freuten sich an einem unbezahlbaren Johan Micoud, einem gewohnt treffsicheren Ailton, Vertragsverlängerungen mit Fabian Ernst und Frank Baumann und einem zuletzt bärenstarken Pascal Borel. Die Saison endete leicht verkatert, machte aber Lust auf mehr. Mehr Micoud.

Immer eine imposante Erscheinung: Johan Micoud auf dem Spielfeld beim erhabenen Torjubel mit »Harry« Charisteas und bei seiner »Taufe« als Werderaner auf dem Bremer Freimarkt. Man beachte den so genannten »Funny Hat«, den auch Blaise Mamoum hervorragend tragen konnte

Vielleicht das spektakulärste Werder-Tor der letzten Jahre: Fabian Ernst nimmt in Dortmund kurz vor Schluss beinahe von der Mittellinie Maß, BVB-Torwart Weidenfeller hechelt vergeblich hinterher – 2:1-Sieg beim Meister!

Markus Daun traf in seinem ersten Werder-Jahr nicht oft, aber wenn, dann richtig: Hier bejubelt er sein erstes Bundesligator, ausgerechnet gegen die Bayern und Oliver Kahn. Der junge Mann aus Leverkusen bestach durch nie versiegenden Kampfgeist und Fleiß

Abschlusstabelle der Bundesliga 2002/2003:

Pl.	Verein	Sp	S	U	N	Tore	Diff.	Punkte
1.	Bayern München	34	23	6	5	70:25	+45	75
2.	VfB Stuttgart	34	17	8	9	53:39	+14	59
3.	Borussia Dortmund	34	15	13	6	51:27	+24	58
4.	Hamburger SV	34	15	11	8	46:36	+10	56
5.	Hertha BSC Berlin	34	16	6	12	52:43	+9	54
6.	**Werder Bremen**	**34**	**16**	**4**	**14**	**51:50**	**+1**	**52**
7.	Schalke 04	34	12	13	9	46:40	+6	49
8.	VfL Wolfsburg	34	13	7	14	39:42	-3	46
9.	VfL Bochum	34	12	9	13	55:56	-1	45
10.	1860 München	34	12	9	13	44:52	-8	45
11.	Hannover 96	34	12	7	15	47:57	-10	43
12.	Borussia M'gladbach	34	11	9	14	43:45	-2	42
13.	Hansa Rostock	34	11	8	15	35:41	-6	41
14.	1. FC K'lautern	34	10	10	14	40:42	-2	40
15.	Bayer Leverkusen	34	11	7	16	47:56	-9	40
16.	Arminia Bielefeld	34	8	12	14	35:46	-11	36
17.	1. FC Nürnberg	34	8	6	20	33:60	-27	30
18.	FC Energie Cottbus	34	7	9	18	34:64	-30	30

Saisonverlauf 2002/2003:

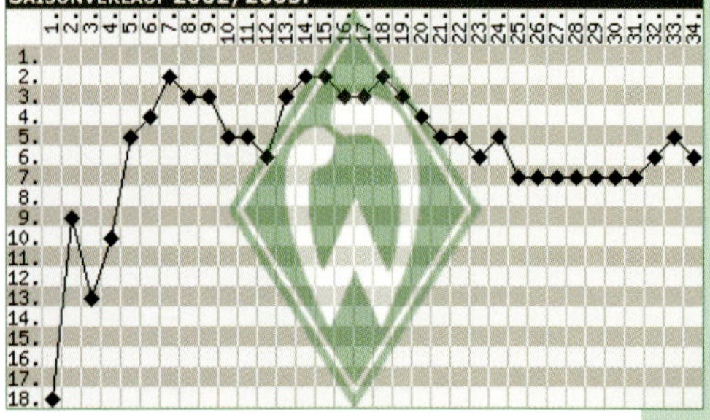

Wer kam?

Micoud (AC Parma/Italien, w.d.S.)
Salyer (eig. Amateure)
Schulz (eig. Amateure)
Charisteas (Aris Saloniki/ Griechenland)
Daun (von Bayer Leverkusen ausgeliehen)
Haedo-Valdez (eig. Amateure)
Reich (1. FC Köln)
Friedrich (FSV Mainz 05)
Beckert (eig. Amateure)
Mamoum (eig. Amateure)
Stier (eig. A-Jugend)
Jürgen (Preußen Münster)
Schierenbeck (eig. Amateure)
Lenze (eig. Amateure)

Wer ging?

Rost (Schalke 04)
Eilts (Karriereende, Jugendtrainer bei Werder)
Wehlage (w.d.S. an Union Berlin ausgeliehen)
Frings (Borussia Dortmund)
Bode (Karriereende)
Silva (Union Santa Fé/ Argentinien)
Rolfes (w.d.S. an SSV Reutlingen ausgeliehen)
Bogdanovic (Arminia Bielefeld)
Kern (SV Waldhof Mannheim)
Blank (FC St. Pauli, w.d.S.)
Mamoum (w.d.S. an Waldhof Mannheim ausgeliehen)
Salyer (w.d.S. Dallas Burn/ USA)

w.d.S. = während der Saison

* Nicht-Amateur ohne Lizenz

Borel, Pascal (16)
*26.8.1978
Torhüter
31 (31); 0 (0); 1998–

Wierzchowski, Jakub »Kuba« (1); *15.4.1977
Torhüter
3 (3); 0 (0); 2001–2003
Polen

Baumann, Frank »Baumi« (6)
*29.10.1975
Abwehrspieler
24 (120); 0 (8); 1999–

Schaaf, Thomas »Schabba«
*30.4.1961
Trainer
34 (140); 1999–

Stalteri, Paul »Stally« (7)
*28.10.1977
Mittelfeldspieler
33 (86); 0 (4); 1998–
Kanada

Lisztes, Krisztian (8)
*2.7.1976
Mittelfeldspieler
31 (60); 0 (5); 2001–
Ungarn

»Ailton«, Gonçalves da Silva »Toni« (32); *19.7.1973
Stürmer
31 (136); 16 (60); 1998–
Brasilien

Charisteas, Angelos »Harry« (9); *9.2.1980
Stürmer
31 (31); 9 (9); 2002–
Griechenland

Daun, Markus (18)
*10.9.1980
Stürmer
27 (27); 3 (3); 2002–

Schierenbeck, Björn »Fiedel« (39); *12.7.1973
Abwehrspieler
0 (16); 0 (0); 1996–1998, 1999–2003

Blank, Stefan (3)
*10.3.1977
Abwehrspieler
0 (1); 0 (0); 2001–2003

Friedrich, Manuel »Münn« (34)
*13.9.1979
Abwehrspieler
0 (0); 0 (0); 2002–

Die Mannschaft

(Name (Rückennummer), Geb.-Datum, Position, Bundesliga-Einsätze (Gesamt), Tore (Gesamt), bei Werder von–bis)

Skripnik, Victor »Skripa« (19)
*19.11.1969
Abwehrspieler
25 (132); 1 (6); 1996–
Ukraine

Krstajic, Mladen »Kris« (20)
*4.3.1974
Abwehrspieler
31 (82); 4 (8); 2000–
Jugoslawien

Verlaat, Frank »Ed« (14)
*5.3.1968
Abwehrspieler
29 (81); 2 (5); 2000–2003
Niederlande

Barten, Mike (33)
*20.11.1973
Abwehrspieler
0 (34); 0 (0); 1995–2003

Micoud, Johan »Joe« (10)
*24.7.1973
Mittelfeldspieler
28 (28); 5 (5); 2002–
Frankreich

Borowski, Tim »Boro« (24)
*2.5.1980
Mittelfeldspieler
18 (43); 0 (1); 2000–

Tjikuzu, Razundara
»Raschi« (28); *12.12.1979
Mittelfeldspieler
8 (68); 0 (0); 1998–2003
Namibia

Schulz, Christian
»Schulle« (27)
*1.4.1983
Mittelfeldspieler
11 (11); 0 (0); 2002–

Ernst, Fabian »Fabe« (4)
*30.5.1979
Mittelfeldspieler
31 (86); 2 (7); 2000–

Magnin, Ludovic »Ludo« (23)
*20.4.1979
Mittelfeldspieler
12 (16); 1 (1); 2001–
Schweiz

Banovic, Ivica »Izzo« (11)
*2.8.1980
Mittelfeldspieler
15 (49); 1 (2); 2000–
Kroatien

Wehlage, Holger (21)
*3.7.1976
Mittelfeldspieler
2 (10); 1 (1); 2001–2002,
2003–

Haedo-Valdez, Nelson (38)
*28.11.1983
Stürmer
2 (2); 0 (0); 2002–
Paraguay

Reich, Marco »Siggi« (22)
*30.12.1977
Stürmer
15 (15); 0 (0); 2002–

Klasnic, Ivan »Raul« (17)
*29.1.1980
Stürmer
13 (36); 2 (3); 2001–
Kroatien

Erweiterter Kader:

Walke, Alexander
»Walle« (31)
*6.6.1983
Torhüter
0 (0); 0 (0); 2001–

Jürgen, Michael*
»Schnapper« (30); *12.9.1973
Torhüter
0 (0); 0 (0); 2000–2002,
2002–2003

Rolfes, Simon »Simmse« (26)
*21.1.1982
Mittelfeldspieler
0 (0); 0 (0); 2001–2002,
2003–

Stier, Marco »Stierchen« (35)
*26.3.1984
Mittelfeldspieler
0 (0); 0 (0); 2002–

Lenze, Christian (37)
*26.4.1977
Mittelfeldspieler
0 (0); 0 (0); 2002–

Beckert, Stefan (36)
*3.5.1982
Mittelfeldspieler
0 (0); 0 (0); 2002–

Salyer, Philip (25)
*30.10.1981
Mittelfeldspieler
0 (0); 0 (0); 2002–2003
USA

Mamoum, Blaise »Shaft« (29)
*25.12.1979
Stürmer
0 (0); 0 (0); 2002–2003
Frankreich

Frank Baumann 1994: Erstes Profijahr in Nürnberg

Frank Baumann

»Baumi« (Jahrgang 1975) kam in schweren Zeiten zu Werder Bremen. Der Würzburger, der vom TSV Grombühl über Jugend und Ligamannschaft des 1. FC Nürnberg 1999 den Weg nach Bremen fand, integrierte sich rasant in eine Mannschaft, die gerade knapp dem Abstieg entronnen war. Seine menschlichen Qualitäten machten ihn schon ein Jahr nach seiner Verpflichtung mit nur 24 Jahren zum jüngsten etatmäßigen Werder-Kapitän aller Zeiten. Der intelligente Defensiv-Allrounder schaffte in Bremen den Sprung in die Nationalelf. Bei Werder gilt er trotz seiner bisweilen etwas zu stark ausgeprägten Introvertiertheit als wichtigste Integrationsfigur innerhalb des Kaders.

Frank Baumann 2003: Kapitän des SV Werder

Frank Baumann: »... dann wäre ich heute noch beim TSV Grombühl«

Werder hat extrem lange gebaggert, bis du 1999 endlich gekommen bist. Wie lief das ab?

Baumann: Wir sind mit Nürnberg in die Regionalliga abgestiegen. Ich hatte eine Reihe von Angeboten, eben auch von Werder. Ich war schon hier, habe mir die Stadt angeschaut, habe mit Werders Vorstand zusammengesessen. Werders Angebot war damals schon am interessantesten, aber ich habe mich dann nach gründlichem Überlegen dennoch entschieden, dem »Club« die Treue zu halten. Ich war erst 19 und Werders Trainer Dixie Dörner war sehr an mir interessiert, aber er wackelte damals schon sehr und wurde wenig später entlassen. Ich bin anschließend mit Nürnberg zweimal aufgestiegen und dann gleich wieder abgestiegen. Werder hat sich weiterhin am hartnäckigsten um mich bemüht. Thomas Schaaf hat mich täglich mit Anrufen geradezu terrorisiert und gequält, und obwohl ich nach dem Abstieg mit Nürnberg eigentlich andere Sorgen hatte, habe ich mir das alles angehört. Und als ich mich dazu durchgerungen hatte, Nürnberg doch zu verlassen, war Werder dann schnell der heißeste Kandidat. Werder war einfach ein gut geführter Verein und die Mannschaft hatte Potenzial. Deshalb kam ich nach Bremen.

Andere Werder-Persönlichkeiten in diesem Buch haben gesagt, es sei gut gewesen, auch in schwierigen Zeiten bei Werder geblieben zu sein. Kannst du dir vorstellen, dass du dieses Resümee eines Tages auch ziehen wirst?

Baumann: Also, zumindest werde ich definitiv nie sagen, dass es ein Fehler gewesen sein könnte, hier zu sein. Ich habe zum jeweiligen Zeitpunkt immer die richtige Entscheidung für mich getroffen. Ich hatte immer mal gute Angebote, aber es war für mich immer richtig, bei Werder meinen Weg weiterzugehen.

Wir haben in der Vergangenheit immer mal zu hören bekommen, dass hier bei Werder offenbar die Lobby fehlt, um sich eine gute Rolle in der Nationalelf zu erarbeiten. Du bist zum Zeitpunkt dieses Gespräches Stammspieler der DFB-Elf. Bist du das Gegenbeispiel?

Baumann: Eigentlich nicht. Da habe ich eine geteilte Meinung. Einerseits haben Spieler wie Eilts, Bode oder Frings in der Vergangenheit gezeigt, dass man bei Werder sehr wohl Nationalspieler werden kann. Andererseits glaube ich, dass man bei Dortmund oder Bayern um einiges einfacher in den Fokus rücken kann, um in der Nationalelf eine feste Größe zu werden. Letztendlich regelt die Leistung das alles, aber bei Werder muss man vielleicht etwas besser spielen als bei den ganz großen Vereinen, um Nationalspieler zu werden und zu bleiben, und genau das werde ich dann eben weiter versuchen.

Victor Skripnik wird seine Profikarriere im Sommer 2004 beenden, Ailton wird zu Schalke wechseln. Dann ist Frank Baumann der dienstälteste Spieler des SV Werder. Ist für dich als Spieler der etwas altmodische Begriff »Vereinstreue« ein Wert?

Baumann: Da hat natürlich jeder Spieler seine eigene Philosophie. Bei mir war es immer so, dass ich mehr oder weniger gedrängt werden musste, meinen Verein zu wechseln. Das fing in der Jugend an, als ich beim kleinen Würzburger Stadtteilverein TSV Grombühl spielte. Auch da gab es immer mal Chancen, zu den größeren Clubs FV 04 Würzburg oder Würzburger Kickers zu wechseln, aber das habe ich immer ignoriert. Erst mit 15 gab es dann das Angebot vom 1. FC Nürnberg, und da bin ich auch nur hingewechselt, weil aus der damals guten Elf von Grombühl zwei der besten Spieler zu den größeren Würzburger Vereinen gegangen sind. Wäre das nicht passiert, dann würde ich heute noch für den TSV Grombühl spielen. Und auch in meiner Zeit beim »Club« aus Nürnberg hatte ich jedes Jahr die Chance, für mehr Geld anderswo zu spielen, aber ich bin immer geblieben, selbst in der Regionalliga. Erst 1999 nach dem erneuten Abstieg wäre es sportlich ein zu gro-

Knapp zwei Jahrzehnte vor dem Start seiner Nationalelf-Karriere: Frank Baumann in der E-Jugend des TSV Grombühl

ßer Rückschritt gewesen, weil ich inzwischen kurz vor der Berufung in die Nationalelf stand. Deshalb bin ich dann zu Werder gekommen. Für mich ist die Identifikation mit dem Verein sehr wichtig. Generell ist das natürlich schwieriger geworden, weil durch die Entwicklung nach dem Bosman-Urteil immer mehr ausländische Spieler in den Mannschaften stehen und immer mehr gewechselt wird. Aber ich denke schon, dass sich bei uns die meisten Spieler absolut mit Werder identifizieren.

Der furchtbarste Moment deiner Karriere war die vergebene Riesenchance in der Schlussminute des letzten Spiels der Saison 1998/99, als dein Fehlschuss den Abstieg für den 1. FC Nürnberg bedeutete. Was wäre, wenn du den Ball damals reingemacht hättest?
Baumann: Dann wäre ich wie abgesprochen in Nürnberg geblieben. Ich habe ja gesagt: Vereinstreue ist mir immer wichtig gewesen, und wenn nichts Außergewöhnliches passiert wäre und ich die Chance gehabt hätte, mich beim »Club« weiterzuentwickeln, dann würde ich sicher heute noch beim 1. FC Nürnberg spielen. (atmet tief durch) Wenn man es auf dem Fuß hatte, seinen Lieblingsverein in der Liga zu halten und das dann vergeigt, dann ist das im ersten Moment schon schwer. Aber letztendlich bringt es nichts, sich da jahrelang den Kopf zu zermartern. Irgendwann muss man das abhaken.

Wenn montags in den großen Zeitungen die Noten der Spiele vom Wochenende drinstehen, hast du eigentlich immer eine »3«. Du bist nicht für die Glanzlichter zuständig und wirst selten explizit gelobt, auch wenn du deinen Job perfekt erledigt hast. Nervt das?
Baumann: Nein. Ich war von klein auf immer jemand, für den die Mannschaft als Ganzes im Mittelpunkt steht. In der Jugend habe ich viel weiter vorne gespielt, aber schon damals war ich nie der, der viele Tore gemacht hat, weil ich dann immer eher vor dem Tor noch mal quergespielt habe. Ich bin glücklich, wenn die Mannschaft Erfolg hat, und wenn andere Spieler gefeiert werden und Anerkennung bekommen, bin ich froh darüber.

Wenn man aus Süddeutschland nach Bremen kommt, hört man vorher oft Schauermärchen über die humorlosen Norddeutschen und das schlechte Wetter hier. Dennoch hast du es schon fünf Jahre hier ausgehalten und wirst nach Abschluss deines – hoffentlich nicht letzten – Vertrages bei Werder sieben Jahre für den Verein gespielt haben. Es ist also absehbar, dass Werder Bremen so oder so das größte Kapitel deiner Profilaufbahn sein und bleiben wird. Welchen Stellenwert hat dieses Kapitel deines Lebens für dich?
Baumann: Es ist ein ganz wichtiger Teil meines Lebens geworden. Der 1. FC Nürnberg war als Kind immer mein Lieblingsclub, und als ich dort Profi wurde, war natürlich die

Anfangs als »zu leise« kritisiert, später ein Werder-Kapitän vom Scheitel bis zur Sohle: Frank Baumann. Im defensiven Mittelfeld gelang ihm der Durchbruch als Nationalspieler

Identifikation etwas schneller vorhanden als hier, da bin ich ganz ehrlich. Ist ja auch ganz normal. Mit der Zeit bin ich aber ein echter Werderaner und Bremer geworden. Wenn ich irgendwann mal auf meine Karriere zurückblicken werde, ist Werder sicherlich der wichtigste Teil.

Träume?
Baumann: Ich arbeite immer darauf hin, mit der Mannschaft Erfolg zu haben. Ich habe mit Werder noch keinen Titel gewonnen. Das muss irgendwann mal passieren. Mein Traum wäre, eine neue Werder-Ära mit anzuschieben.

2003/04: Sexy Football

Oben v.l.:
Zeugwart Behrens, Daun, Schulz, Krstajic, Borowski, Ismaël, Charisteas, Rolfes, Baumann, Physiotherapeut Fitschen, Zeugwart Kollra
Mitte v.l.:
Trainer Schaaf, Sportdirektor Allofs, Mannschaftsarzt Dr. Dimanski, Stier, Davala, Banovic, Friedrich, Micoud, Beckert, Torwarttrainer Burdenski, Co-Trainer Kamp
Unten v.l.:
Reich, Klasnic, Magnin, Skripnik, Lenze, Borel, Reinke, Walke, Wehlage, Valdez, Ernst, Lisztes, Ailton

Die üblichen Jubel-Verdächtigen: Charisteas, Ailton, Micoud

Eines vorweg: Während der Autor diese Zeilen schreibt, ist die Saison 2003/04 in vollem Gange. Das letzte Kapitel dieses Buches besteht daher weniger aus Fakten, dafür vielleicht etwas mehr aus Prognosen ... und ein ganz kleines bisschen auch aus kunterbunten Hoffnungen. Die wurden im Sommer 2003 zum einen durch die Tatsache genährt, dass erstmals seit Jahren vor einer Saison kein Leistungsträger unfreiwillig abgegeben werden musste. Im Gegenteil: Sportdirektor Klaus Allofs bekam von der ihm nicht immer so zugeneigten Boulevardpresse gar den neuen Ehrentitel »Die Supernase der Liga«, weil ihm vor der laufenden Saison nicht einer, sondern gleich drei Transfercoups gelungen waren: Mit den Herren Reinke, Ismaël und Davala kaufte Werder effektiver ein als alle anderen Vereine der Liga, denn alle drei Hochkaräter kosteten Werder praktisch kein Geld.

Fangen wir beim neuen Torwart an. Um die Verpflichtung Reinkes gab es viele Spekulationen, denn die Planungslage für Werder war nicht einfach: Die endlosen, schrillen Torwartdiskussionen der vergangenen Saison hatten Werder letztlich um eine bessere Platzierung gebracht. Aber nach seiner Rückkehr ins Werder-Tor hatte Pascal Borel sich unvorstellbar gesteigert und in den letzten Monaten der alten Saison praktisch keinen Fehler mehr gemacht. Spannung herrschte also im Vorfeld, wem Trainer Schaaf zu Saisonbeginn das Vertrauen schenken würde. Neuzugang Reinke war beim spanischen Zweitligisten Murcia zu einem wahren Über-Torwart gereift und kehrte mit der Empfehlung nach Deutschland zurück, in der abgelaufenen Saison der beste Torwart im spanischen Profifußball gewesen zu sein. Dafür gab es die »Zamora«-Trophäe, benannt nach einer spanischen Torwartlegende aus der Zeit vor dem Zweiten Weltkrieg. Besagter Ricardo Zamora zeichnete sich durch übermenschliche Reflexe aus und hatte in seiner Karriere einmal in zwei Jahren ganze neun Gegentore zugelassen. Reinke erhielt die Trophäe zu Recht.

Pascal Borel hatte die Degradierung zum Ersatztorhüter nach seinen zuletzt starken Leistungen eigentlich nicht verdient, aber er trug sie mit Fassung, zumal Andy Reinke von der ersten Minute an keinen Zweifel daran ließ, genau der bärenstarke, unantastbare Fels im Werder-Tor zu sein, der seit Rosts Abschied gefehlt hatte.

Bei den anderen beiden Neuzugängen war vorher klar, dass sie vom ersten Spiel an feste Größen sein würden: Valérien

Ismaël kam als Mannschaftskapitän von Racing Strasburg, und als größtes Plus hatte er neben seinen unglaublichen technischen und athletischen Fähigkeiten große Erfahrung im Organisieren einer Viererkette zu bieten. Hier haperte es beim klassischen Libero Frank Verlaat, den die Fans vor der Saison schweren Herzens verabschiedet hatten. Um Verlaats Abschied nach Wien gab es vor der Saison Unruhe und Irritationen, die quasi mit dem ersten Ballkontakt von Ismaël beendet waren: Der Franzose bestach durch eine Eleganz, eine Kopfballstärke und Technik, wie man sie zuvor vielleicht zuletzt bei Junior Baiano oder noch viel früher bei Rigobert Gruber gesehen hatte. Der schmächtige Lulatsch wurde binnen weniger Wochen zum Publikumsliebling und ließ nicht den Hauch eines Zweifels daran, dass Klaus Allofs hier einen Mann ausgeguckt hatte, den auch die Bayern oder Dortmund ganz gut hätten gebrauchen können.

Der Türke Ümit Davala schließlich war ein weiterer Mosaikstein im nun beinahe perfekten Werder-Gefüge. Seine Offensivpower hatte die Welt während der WM 2002 in Korea und Japan respektvoll zur Kenntnis genommen. Bei Werder schlug er in seinen ersten fünf Einsätzen mehr brauchbare Flanken, als Raschi Tjikuzu, mit Verlaub gesagt, bis zu seinem Karriereende zustande bringen wird.

Ein unkaputtbarer Torwart, ein Abwehr-Künstler und ein neuer Flankengott! Die Neu-Werderaner ergaben zusammen mit den bewährten Größen Micoud, Ailton und Krstajic sowie einem immer stärker werdenden Fabian Ernst und einem ebenfalls besser als je zuvor spielenden Kapitän Frank Baumann ein Kollektiv, das erstmals seit Otto Rehhagels Abschied diesen Namen wieder verdient hatte. Werder war nun überall erstklassig besetzt, konnte auch durch Ausfälle nicht mehr entscheidend geschwächt werden und fand spielerisch zu einem Selbstbewusstsein, das Fans und Medien gleichermaßen überraschte und entzückte.

Werders Fußball war geradezu »sexy«. Eine Vokabel, die einst der große Ruud Gullit etablierte, als er Trainer des FC Chelsea wurde und dort einen formvollendeten, ästhetischen Angriffsfußball spielen ließ, der die Gegner Woche für Woche von einer Überraschung in die nächste stürzte. Für die Werder-Fans war die Fußball-Welt zwar schon wieder in Ordnung, seit Thomas Schaaf vor langer Zeit den unglückseligen Felix Magath ablöste, aber sie wurde jedes Jahr seither ein bisschen mehr in Ordnung, und nach Jahren zaghafter Hoffnungen schien die Saison 2003/04 die Rückkehr an die Ligaspitze zu markieren. Das Selbstbewusstsein der Fans stieg parallel zu dem der Spieler, die in ihren persönlichen Ausblicken auf die Saison Werder mehrheitlich – teils spaßig, teils ernst – zu den Titelanwärtern gerechnet hatten.

Sorgte erst für Aufregung satt, wurde aber schließlich zum geschätzten Farbtupfer einer farbigen Werder-Elf: das so genannte »Papageientrikot«

Der tatsächliche Sprung an die Tabellenspitze war wie ein Ausrufungszeichen unter diesen kühnen Hoffnungen. Werder verblüffte die Konkurrenz durch einen wahren Raketenstart mit Auswärtssiegen in Berlin, Kaiserslautern und Köln, wobei vor allem der Sieg in der Domstadt einer Fußballdemonstration gleichkam. Im Weser-Stadion entsprang der hohe 4:1-Triumph gegen Schalke 04 einer schillernden Offensiv-Gala, der auch die hoch gelobten, aber merklich lahmenden Heynckes-Schützlinge nicht die Bohne entgegensetzen konnten.

Niemand weiß genau, ob es letztlich diese Klatsche war, die Schalke bitter Rache schwören ließ. Das königsblaue Imperium jedenfalls schlug in den ersten auch meteorologisch unfreundlicheren Tagen des Herbstes so brutal zu, wie man es bei Werder seit 1963 nie spüren musste. Schalke-Manager Rudi Assauer litt monatelang unter diversen persönlichen Niederlagen bei Trainersuche und Transferbemühungen. Die eigenen Fans nahmen ihn in die Mangel und mangelten immer herzloser, als auch noch der Saisonstart der »Knappen« völlig versemmelt wurde. Offenbar litt er auch unter einem zu vollen Bankkonto. Jedenfalls spuckte er Werder in den Tagen nach der Zweitbesteigung der Tabellenspitze (am 8. Spieltag, 5:3 gegen Wolfsburg nach großer Ailton-Show) aus dem Hinterhalt in hohem Bogen in die Euphorie-Suppe und verkündete binnen 24 Stunden erst die Verpflichtung von Mladen Krstajic und schließlich auch noch die von Ailton, beide zur neuen Saison, beide ablösefrei. Werder und ganz Bremen lagen im Schockzustand.

Werder-Schock
Ailton weg!
Brasi-Bomber geht 2004 ablösefrei zu Schalke

»Das Geld spielte bei meinem Wechsel keine Rolle. Aber ich kann in Schalke doppelt soviel verdienen wie bei Werder. Dieses Angebot konnte ich nicht ablehnen.«

Ailton auf einer Pressekonferenz im Oktober 2003 über die Gründe seines Wechsels zu Schalke 04 zum Saisonende

Die Vertragsverlängerung mit beiden Heroen schien phasenweise nur noch eine Formsache, und nun das. Das Schmerzliche am sich abzeichnenden Verlust der beiden Stars war nicht die mögliche sportliche Schwächung zum Saisonende. Es wäre noch genügend Zeit gewesen, um beide Abgänge durch erneute Geniestreiche der Supernasen Schaaf und Allofs zu kompensieren. Nein - was bitter, bitter wehtat war das Gefühl, dass es auch in Zeiten der Kirch-Krise und der Rückbesinnung auf zivilisiertere Gehaltsrahmen innerhalb der Bundesliga noch möglich war, dass ein einziger (erfolgloser) Verein einen prächtig spielenden, hervorragend geführten und wie ein gigantisches Mosaik zu einer aufstrebenden Spitzenelf geformten SV Werder Bremen binnen kürzester Zeit erst einmal moralisch und personell plattmacht. Schalke hatte den SVW auf offizieller Ebene über die beabsichtigten Verhandlungen mit Krstajic und Ailton offensichtlich nicht angemessen informiert.

Am Ende des Tages hatte Schalke die Gehaltsangebote des SV Werder nach Ailtons Aussage kurzerhand verdoppelt. Die frühe Bekanntgabe des Wechsels erfolgte nicht nur zum Schaden Werders, sondern auch zum Schaden der beiden Bald-Schalker in Werders Reihen bedenklich hastig. Der Verlust der kurzfristig in alle Himmelsrichtungen zerstobenen Platz-1-Euphorie trieb jedem Werder-Fan unmittelbar vor dem Schlagerspiel gegen den VfB Stuttgart tiefe Sorgenfurchen in die Stirn. In diesem Spiel konnte der SV Werder schließlich für den besten Saisonstart seiner Bundesligageschichte sorgen.

Dies sind die letzten Zeilen des vorliegenden Buches. Während der Autor sie in seine Tastatur hackt, blickt er auf Mannschaftsbilder des SV Werder aus vier Jahrzehnten. Selten war eine Mannschaft so gut wie die der Saison 2003/04. Selten waren die Hoffnungen so groß, wieder einmal zu den besten Mannschaften des Landes dazugehören zu dürfen. Selten war die Verlustangst größer, dieses kostbare Hochgefühl wieder nur kurz beschnuppern zu dürfen. Es fühlt sich einfach alles zu gut an im Herbst 2003. Und deshalb endet dieses Buch mit freiem Raum für Träume. Jeder, dessen Herz grünweiß schlägt, möge sie hier notieren und anschließend gut aufbewahren. Werder-Träume halten ewig.

Raum für -Träume:

Borel, Pascal (16)
*26.8.1978
Torhüter
? (31); ? (0); 1998–

Reinke, Andreas »Andy« (1)
*10.1.1969
Torhüter
? (0); ? (0); 2003–

Beckert, Stefan* (36)
*3.5.1982
Mittelfeldspieler
? (0); ? (0); 2002–

Rolfes, Simon »Simmse« (26)
*21.1.1982
Mittelfeldspieler
? (0); ? (0); 2003–

Wer kam?

Ismaël (RC Strasbourg/Frankreich, zunächst auf Leihbasis)
Reinke (Real Murcia/Spanien)
Wehlage (zurück von Union Berlin, war ausgeliehen)
Rolfes (zurück vom SSV Reutlingen, war ausgeliehen)
Lenze (eig. Amateure)
Davala (Galatasaray Istanbul/Türkei, abgebender Verein Inter Mailand/Italien)

Wer ging?

Wierzchowski (Wisla Plock/Polen)
Tjikuzu (Hansa Rostock)
Verlaat (Austria Wien/Österreich)
Barten (SC Weyhe)
Schierenbeck (eig. Amateure)
Jürgen (eig. Amateure)
Mamoum (Hamburger SV Amateure, war zuletzt an SVW Mannheim ausgeliehen)

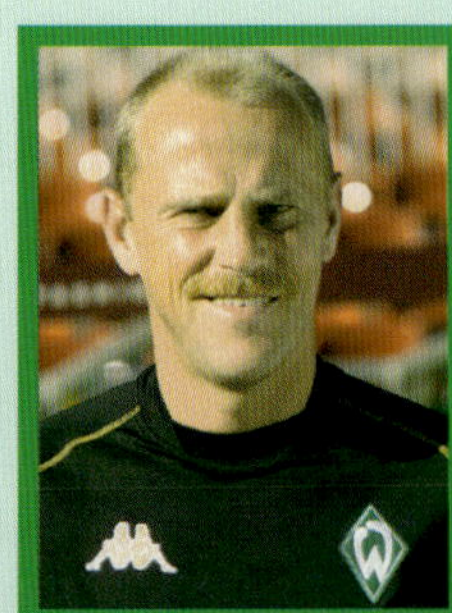

Schaaf, Thomas »Schabba«
*30.4.1961
Trainer
? (140); 0 (0); 1999–

* Nicht-Amateur ohne Lizenz

Die Mannschaft

(Name (Rückennummer), Geb.-Datum, Position, Bundesliga-Einsätze (Gesamt), Tore (Gesamt), bei Werder von-bis)

2003/04

Walke, Alexander
»Walle« (31)
*6.6.1983
Torhüter
? (0); ? (0); 2001-

Ismaël, Valérien (25)
*28.9.1975
Abwehrspieler
? (0); ? (0); 2003-
Frankreich

Friedrich, Manuel
»Münn« (34)
*13.9.1979
Abwehrspieler
? (0); ? (0); 2002-

Baumann, Frank »Baumi« (6)
*29.10.1975
Abwehrspieler
? (120); ? (8); 1999-

Skripnik, Victor »Skripa« (19)
*19.11.1969
Abwehrspieler
? (132); ? (6); 1996-
Ukraine

Krstajic, Mladen »Kris« (20)
*4.3.1974
Abwehrspieler
? (82); ? (8); 2000-
Jugoslawien

Micoud, Johan »Joe« (10)
*24.7.1973
Mittelfeldspieler
? (28); ? (5); 2002
Frankreich

Borowski, Tim »Boro« (24)
*2.5.1980
Mittelfeldspieler
? (43); ? (1); 2000-

Stalteri, Paul »Stally« (7)
*28.10.1977
Mittelfeldspieler
? (86); ? (4); 1999-
Kanada

Lisztes, Krisztian (8)
*2.7.1976
Mittelfeldspieler
? (60); ? (5); 2001-
Ungarn

Lenze, Christian (37)
*26.4.1977
Mittelfeldspieler
? (0); ? (0); 2002-

Schulz, Christian
»Schulle« (27)
*1.4.1983
Mittelfeldspieler
? (11); ? (0); 2002-

Ernst, Fabian »Fabe« (4)
*30.5.1979
Mittelfeldspieler
? (86); ? (7); 2000-

Magnin, Ludovic »Ludo« (23)
*20.4.1979
Mittelfeldspieler
? (16); ? (1); 2001-
Schweiz

Banovic, Ivica »Izzo« (11)
*2.8.1980
Mittelfeldspieler
? (49); ? (2); 2000-
Kroatien

Wehlage, Holger (21)
*3.7.1976
Mittelfeldspieler
? (10); ? (1); 2003-

Davala, Ümit (5)
*30.7.1973
Mittelfeldspieler
? (0); ? (0); 2003-

Stier, Marco »Stierchen« (35)
*26.3.1984
Mittelfeldspieler
? (0); ? (0); 2002-

Klasnic, Ivan »Raul« (17)
*29.1.1980
Stürmer
? (36); ? (3); 2001-
Kroatien

»Ailton«, Gonçalves da
Silva, »Toni« (32); *19.7.1973
Stürmer
? (136); ? (60); 1998-
Brasilien

Charisteas, Angelos
»Harry« (9); *9.2.1980
Stürmer
? (31); ? (9); 2002-
Griechenland

Daun, Markus (18)
*10.9.1980
Stürmer
? (27); ? (3); 2002-

Valdez, Nelson* (38)
*28.11.1983
Stürmer
? (2); ? (0); 2002-
Paraguay

Reich, Marco »Siggi« (22)
*30.12.1977
Stürmer
? (15); ? (0); 2002-

DFB-Pokal

1963/64
1. Runde: SV WERDER – FC Schalke 04 0:2

1964/65
1. Runde: FSV Mainz 05 – SV WERDER 1:0

1965/66
1. Runde: SV WERDER – TSV München 1860 4:0
Torschützen: Dausmann (2), Zebrowski, Schütz
Achtelfinale: SV WERDER – Concordia Hamburg 2:0
Torschützen: Ferner, Schütz
Viertelfinale: 1. FC Kaiserslautern – SV WERDER 3:1
Torschütze: Danielsen

1966/67
1. Runde: KSV Hessen Kassel – SV WERDER 2:2 n. V.
Torschützen: Ferner, Schimeczek
Wiederholungsspiel:
SV WERDER – KSV Hessen Kassel 2:1 n. V.
Torschütze: Höttges (2)
Achtelfinale: Borussia Neunkirchen – SV WERDER 1:1 n. V.
Torschütze: Görts
Wiederholungsspiel:
SV WERDER – Borussia Neunkirchen 1:2
Torschütze: Hänel

1967/68
1. Runde: SV Völklingen – SV WERDER 4:2
Torschützen: Görts, Rupp

1968/69
1. Runde: Rot-Weiß Essen – SV WERDER 1:2
Torschützen: Danielsen, Görts
Achtelfinale: SV WERDER – Eintracht Braunschweig 5:0
Torschützen: Schweighöfer, Björnmose, Görts (2), Rupp
Viertelfinale: 1. FC Kaiserslautern – SV WERDER 3:0

1969/70
1. Runde: Tennis Borussia Berlin – SV WERDER 0:2
Torschütze: Hasebrink (2)
Achtelfinale: Alemannia Aachen – SV WERDER 1:1 n. V.
Torschütze: Thelen
Wiederholungsspiel:
SV WERDER – Alemannia Aachen 1:1 n. V.
Torschütze: Assauer
Losentscheid für Alemannia Aachen

1970/71
1. Runde: Fortuna Düsseldorf – SV WERDER 3:1 n. V.
Torschütze: Schütz

1971/72
1. Runde: SpVgg Bad Pyrmont – SV WERDER 1:4
Torschützen: Assauer, Laumen, Weist, Zembski
SV WERDER – SpVgg Bad Pyrmont 6:0
Torschützen: Schmidt, Weist (3), Zembski, Kamp
Achtelfinale: SV WERDER – Hamburger SV 4:2
Torschützen: Kamp, Neuberger, Höttges, Hasebrink
Hamburger SV – SV WERDER 1:0
Viertelfinale: Hannover 96 – SV WERDER 0:2
Torschützen: Weist, Görts
SV WERDER – Hannover 96 2:1
Torschützen: Laumen, Hasebrink
Halbfinale: 1. FC Kaiserslautern – SV WERDER 2:1
Torschütze: Hasebrink
SV WERDER – 1. FC Kaiserslautern 1:2
Torschütze: Hasebrink

1972/73
1. Runde: Wacker 04 Berlin – SV WERDER 1:5
Torschützen: Hasebrink (2), Kamp, Weist (2)
SV WERDER – Wacker 04 Berlin 4:0
Torschützen: Neuberger, Hasebrink (2), Höttges
Achtelfinale: VfL Bochum – SV WERDER 4:4
Torschützen: Neuberger (2), Laumen, Görts
SV WERDER – VfL Bochum 2:1
Torschützen: Höttges, Kamp
Viertelfinale: SV WERDER – Hertha BSC Berlin 2:0
Torschützen: Eigentor, Weist
Hertha BSC Berlin – SV WERDER 2:2
Torschützen: Neuberger, Görts
Halbfinale: SV WERDER – Bor. Mönchengladbach 1:3
Torschütze: Laumen
Bor. Mönchengladbach – SV WERDER 4:2
Torschütze: Laumen (2)

1973/74
1. Runde: VfL Bochum – SV WERDER 2:2 n. V.
Torschütze: Höttges (2)
Wiederholungsspiel:
SV WERDER – VfL Bochum 2:1
Torschützen: Zembski, Erkenbrecher
Achtelfinale: SV WERDER – FC Bayern München 1:2
Torschütze: Görts

1974/75
1. Runde: SV WERDER – BSC Grünhöfe 11:1
Torschützen: Thygesen (3), Erkenbrecher (2), Görts (2), Bracht (2), Ohling (2)
2. Runde: VfL Wolfsburg – SV WERDER 1:4
Torschützen: Weist (2), Ohling, Röntved

3. Runde: SV WERDER – FC Augsburg 2:2 n. V.
Torschützen: Röber, Ohling
Wiederholungsspiel:
FC Augsburg – SV WERDER 1:2
Torschützen: Görts, Bracht
Achtelfinale: VfB Eppingen – SV WERDER 0:2
Torschützen: Röber, Kamp
Viertelfinale: SV WERDER – MSV Duisburg 0:2

1975/76

1. Runde: SV WERDER – Bor. Mönchengladbach 0:3

1976/77

1. Runde: SV WERDER – Südwest Ludwigshafen 4:0
Torschützen: Bracht, Röber, Kamp, Eigentor
2. Runde: SV WERDER – SG Wattenscheid 09 4:1
Torschützen: Röber (3), Petrovic
3. Runde: SV WERDER – Bayer 04 Leverkusen 3:0
Torschützen: Röber, Görts, Meininger
Achtelfinale: Bayer 05 Uerdingen – SV WERDER 2:0

1977/78

1. Runde: Blumenthaler SV – SV WERDER 1:5
Torschützen: Höttges (2), Röntved, Bracht (2)
2. Runde: Röchling Völklingen – SV WERDER 0:4
Torschützen: Reinders (2), Höttges, Eigentor
3. Runde: DSC Wanne-Eickel – SV WERDER 0:2
Torschützen: Dressel, Mense
Achtelfinale: SV WERDER – TSV München 1860 2:1
Torschützen: Röber, Eigentor
Viertelfinale: SV WERDER – Bor. Mönchengladbach 2:1
Torschützen: Dressel, Höttges
Halbfinale: 1. FC Köln – SV WERDER 1:0

1978/79

1. Runde: SV WERDER – SV Holzwickede 5:0
Torschützen: Röntved, Wunder (3), Röber
2. Runde: SV WERDER – Eintracht Frankfurt 2:3
Torschützen: Dressel, Wunder

1979/80

1. Runde: Alemannia Aachen – SV WERDER 0:1
Torschütze: Röber
2. Runde: SV WERDER – Hertha BSC Berlin 0:2

1980/81

1. Runde: SV WERDER – Viktoria Köln 6:3 n. V.
Torschützen: Möhlmann (2), Meier (2), Kostedde, Reinders
2. Runde: Hannover 96 – SV WERDER 5:5 n. V.
Torschützen: Möhlmann, Fichtel, Kostedde, Otten, Reinders
Wiederholungsspiel:
SV WERDER – Hannover 96 1:0
Torschütze: Möhlmann
3. Runde: FC Augsburg – SV WERDER 1:3
Torschützen: Reinders, Kostedde (2)
Achtelfinale: Fortuna Düsseldorf – SV WERDER 2:0

1981/82

1. Runde: SV WERDER – 1. FC Kaiserslautern 1:0
Torschütze: Reinders
2. Runde: FSV Salmrohr – SV WERDER 0:3
Torschützen: Gruber (2), Kostedde
3. Runde: SV Darmstadt 98 – SV WERDER 1:3
Torschützen: Gruber (2), Reinders
Achtelfinale: SV WERDER – SpVgg Bayreuth 2:0
Torschütze: Kostedde (2)
Viertelfinale: SV WERDER – FC Bayern München 1:2 n. V.
Torschütze: Reinders

1982/83

1. Runde: Offenburger FV – SV WERDER 1:4
Torschützen: Völler (2), Reinders, Möhlmann
2. Runde: Hamburger SV – SV WERDER 3:2
Torschützen: Schaaf, Otten

1983/84

1. Runde: SV WERDER – SV Darmstadt 98 5:0
Torschützen: Neubarth (2), Sidka, Völler, Meier
2. Runde: ASV Burglengenfeld – SV WERDER 0:3
Torschützen: Reinders (2), Möhlmann
Achtelfinale: Alemannia Aachen – SV WERDER 0:1 n. V.
Torschütze: Meier
Viertelfinale: SV WERDER – VfB Stuttgart 1:0
Torschütze: Sidka
Halbfinale: Bor. Mönchengladbach – SV WERDER 5:4 n. V.
Torschützen: Meier, Möhlmann, Sidka, Reinders

1984/85

1. Runde: OSC Bremerhaven – SV WERDER 0:4
Torschützen: Möhlmann (2), Reinders, Otten
2. Runde: SV WERDER – SV Darmstadt 98 5:0
Torschützen: Neubarth (2), Reinders, Pezzey, Völler
Achtelfinale: SC Jülich 1910 – SV WERDER 2:4
Torschützen: Reinders, Sidka, Pezzey, Meier
Viertelfinale: Bayer 05 Uerdingen – SV WERDER 2:1
Torschütze: Reinders

1985/86

1. Runde: SV Weil – SV WERDER 0:7
Torschützen: Meier (2), Neubarth, Eigentor, Ordenewitz (2), Völler
2. Runde: DSC Wanne-Eickel – SV WERDER 0:4
Torschützen: Sidka, Möhlmann, Neubarth (2)
Achtelfinale: VfB Stuttgart – SV WERDER 2:0

1986/87

1. Runde: SV WERDER – Alemannia Aachen 0:0 n. V.
Wiederholungsspiel:
Alemannia Aachen – SV WERDER 7:6 n. E.

1987/88

1. Runde: TSV Verden – SV WERDER 0:4
Torschützen: Meier (2), Neubarth, Ordenewitz
2. Runde: VfL Wolfsburg – SV WERDER 4:5 n. V.
Torschützen: Neubarth, Eigentor, Kutzop, Riedle, Ordenewitz
Achtelfinale: 1. FC Pforzheim – SV WERDER 1:1 n. V.
Torschütze: Bratseth
Wiederholungsspiel:
SV WERDER – 1. FC Pforzheim 3:1
Torschützen: Neubarth, Ordenewitz, Riedle
Viertelfinale: Viktoria Aschaffenburg – SV WERDER 1:3
Torschützen: Neubarth, Votava, Schaaf
Halbfinale: SV WERDER – Eintracht Frankfurt 0:1

1988/89

1. Runde: SV WERDER – Hannover 96 4:1
Torschützen: Neubarth (2), Burgsmüller (2)
2. Runde: SV WERDER – SpVgg Bayreuth 6:1
Torschützen: Burgsmüller, Riedle (3), Votava, Hermann
Achtelfinale: SV WERDER – Fortuna Köln 3:1 n. V.
Torschützen: Neubarth (2), Burgsmüller
Viertelfinale: Hamburger SV – SV WERDER 0:1
Torschütze: Riedle
Halbfinale: Bayer 04 Leverkusen – SV WERDER 1:2
Torschützen: Bratseth, Eilts
Finale: Borussia Dortmund – SV WERDER 4:1
Torschütze: Riedle

1989/90

1. Runde: FC St. Pauli – SV WERDER 1:2
Torschützen: Burgsmüller, Rufer
2. Runde: Stuttgarter Kickers – SV WERDER 2:3
Torschütze: Rufer (3)
Achtelfinale: TSV München 1860 – SV WERDER 1:2
Torschützen: Bode, Riedle
Viertelfinale: SV WERDER – VfB Stuttgart 3:0
Torschützen: Neubarth (2), Rufer
Halbfinale: SV WERDER – Eintracht Braunschweig 2:0
Torschützen: Eilts, Riedle
Finale: SV WERDER – 1. FC Kaiserslautern 2:3
Torschützen: Neubarth, Burgsmüller

1990/91

1. Runde: SpVgg Weiden – SV WERDER 1:2
Torschützen: Neubarth, Allofs
2. Runde: SV WERDER – FC St. Pauli 2:0
Torschützen: Harttgen, Hermann
Achtelfinale: SV WERDER – FC Schalke 04 3:1
Torschützen: Allofs, Borowka, Rufer
Viertelfinale: KSV Hessen Kassel – SV WERDER 0:2
Torschützen: Harttgen, Neubarth
Halbfinale: Eintracht Frankfurt – SV WERDER 2:2 n. V.
Torschützen: Eigentor, Bode
Wiederholungsspiel:
SV WERDER – Eintracht Frankfurt 6:3
Torschützen: Rufer (3), Bratseth, Neubarth, Allofs
Finale: SV WERDER – 1. FC Köln 1:1 n. V.
Torschütze: Eilts
Elfmeterschießen: 4:3 für SV WERDER

Der SV Werder ist Deutscher Pokalsieger 1991!

1991/92

1. Runde: Freilos
2. Runde: SV WERDER – Hamburger SV 3:1
Torschützen: Rufer, Kohn (2)
Achtelfinale: Fortuna Düsseldorf – SV WERDER 1:3
Torschützen: Kohn, Allofs, Bockenfeld
Viertelfinale: SV WERDER – Dynamo Dresden 4:1
Torschützen: Neubarth (2), Kohn (2)
Halbfinale: SV WERDER – 1. FC Kaiserslautern 2:0
Torschützen: Eigentor, Kohn
Halbfinale: Hannover 96 – SV WERDER 1:1 n. V.
Torschütze: Bratseth
Elfmeterschießen: 6:5 für Hannover 96

1992/93

1. Runde: SC Jülich 1910 – SV WERDER 1:5 n. V.
Torschützen: Rufer (2), Kohn (2), Allofs
2. Runde: SpVgg Beckum – SV WERDER 0:7
Torschützen: Legat, Bode (2), Beiersdorfer, Allofs, Kohn, Herzog
3. Runde: SV WERDER – FSV Mainz 05 3:1
Torschützen: Bode, Rufer, Kohn
Achtelfinale: SV WERDER – Borussia Dortmund 2:0
Torschütze: Rufer (2)
Viertelfinale: Chemnitzer FC – SV WERDER 2:1 n. V.
Torschütze: Allofs

1993/94

1. Runde: Freilos
2. Runde: SV WERDER – Stuttgarter Kickers 2:1 n. V.
Torschützen: Eigentor, Bockenfeld
3. Runde: Kickers Offenbach – SV WERDER 1:1 n. V.
Torschütze: Rufer
Elfmeterschießen: 5:3 für SV WERDER
Achtelfinale: SV WERDER – Hamburger SV 4:2
Torschützen: Herzog, Hobsch, Neubarth, Rufer
Viertelfinale: SV WERDER – 1. FC Kaiserslautern 2:2 n. V.
Torschützen: Rufer, Bode
Elfmeterschießen: 4:3 für SV WERDER

Halbfinale: Dynamo Dresden – **SV WERDER** 0:2
Torschützen: Rufer, Neubarth
Finale: **SV WERDER** – Rot-Weiß Essen 3:1
Torschützen: Beiersdorfer, Herzog, Rufer

Der SV Werder ist Deutscher Pokalsieger 1994!

1994/95

1. Runde: Bayern München Am. – **SV WERDER** 2:1
Torschütze: Bestchastnykh

1995/96

1. Runde: Bayern München Am. – **SV WERDER** 0:1
Torschütze: Bestchastnykh
2. Runde: FSV Mainz 05 – **SV WERDER** 2:3
Torschützen: Bode, Bestchastnykh (2)
Achtelfinale: 1. FC Nürnberg – **SV WERDER** 3:2
Torschützen: Bestchastnykh, Basler

1996/97

1. Runde: **SV WERDER** – Bayer 04 Leverkusen 1:1 n. V.
Torschütze: Cardoso
Elfmeterschießen: 5:3 für **SV WERDER**
2. Runde: VfB Oldenburg – **SV WERDER** 1:2
Torschützen: Brand, Labbadia
Achtelfinale: FC Bayern München – **SV WERDER** 3:1
Torschütze: Bode

1997/98

1. Runde: Rot-Weiß Oberhausen – **SV WERDER** 0:2
Torschützen: van Lent, Labbadia
2. Runde: Eintracht Frankfurt – **SV WERDER** 3:0

1998/99

1. Runde: Bayer 04 Leverkusen Am. – **SV WERDER** 1:2
Torschützen: Frings, Maximov
2. Runde: **SV WERDER** – FC Hansa Rostock 3:2
Torschützen: Trares, Maximov, Frey
Achtelfinale: **SV WERDER** – Fortuna Düsseldorf 3:2
Torschützen: Frings (2), Maximov
Viertelfinale: **SV WERDER** – Tennis Borussia Berlin 2:1 n. V.
Torschützen: Flo, Wojtala
Halbfinale: VfL Wolfsburg – **SV WERDER** 0:1
Torschütze: Bode
Finale: **SV WERDER** – FC Bayern München 1:1 n. V.
Torschütze: Maximov
Elfmeterschießen: 5:4 für **SV WERDER**

Der SV Werder ist Deutscher Pokalsieger 1999!

1999/2000

1. Runde: **SV WERDER** – 1. FC Kaiserslautern 2:2 n. V.
Torschützen: Ailton, Bode
Elfmeterschießen: 4:3 für **SV WERDER**
2. Runde: **SV WERDER** – SSV Ulm 1846 2:1
Torschütze: Pizarro (2)
Achtelfinale: VfL Bochum – **SV WERDER** 1:2
Torschütze: Ailton (2)
Viertelfinale: **SV WERDER** – Stuttgarter Kickers 2:1 n. V.
Torschützen: Dabrowski, Maximov
Finale: **SV WERDER** – FC Bayern München 0:3

2000/01

1. Runde: Tennis Borussia Berlin Am. – **SV WERDER** 0:2
Torschützen: Herzog, Bogdanovic
2. Runde: SC Freiburg – **SV WERDER** 1:0

2001/02

1. Runde: VfB Lübeck – **SV WERDER** 2:3
Torschützen: Ailton (2), Tjikuzu
2. Runde: KFC Uerdingen – **SV WERDER** 1:1 n. V.
Torschütze: Borowski
Elfmeterschießen: 4:3 für KFC Uerdingen

2002/03

1. Runde: Stahl Eisenhüttenstadt – **SV WERDER** 0:1
Torschütze: Charisteas
2. Runde: FC St. Pauli – **SV WERDER** 0:3
Torschützen: Ailton, Daun, Magnin
Achtelfinale: LR Ahlen – **SV WERDER** 1:2
Torschützen: Charisteas, Klasnic
Viertelfinale: TSV München 1860 – **SV WERDER** 1:4 n. V.
Torschützen: Charisteas (2), Klasnic (2)
Halbfinale: 1. FC Kaiserslautern – **SV WERDER** 3:0

2003/04

1. Runde: Ludwigsfelder SC – **SV WERDER** 1:9
Torschützen: Borowski (3), Ailton (3), Klasnic (2), Banovic
2. Runde: **SV WERDER** – VfL Wolfsburg :
SV WERDER war bei Redaktionsschluss dieses Buches noch im Wettbewerb vertreten.

DFB-Pokal: die meisten Tore 1963–2003

1.	Frank Neubarth	25
2.	Wynton Rufer	20
3.	Uwe Reinders	16
4.	Werner Görts	13
5	Horst-Dieter Höttges	11
6.	Stefan Kohn	10
	Marco Bode	10
	Jürgen Röber	10
	Werner Weist	10
	Heinz-Dieter Hasebrink	10
	Benno Möhlmann	10

Internationale Wettbewerbe

1965/66

Europapokal der Landesmeister

Runde 1: Hapoel Nikosia – SV WERDER 0:5
(Spiel in Hamburg)
Torschützen: Matischak (2), Podlich, Schulz, Zebrowski
SV WERDER – Hapoel Nikosia 5:0
Torschützen: Danielsen (2), Höttges (2), Ferner
Runde 2: SK Partizan Belgrad – SV WERDER 3:0
SV WERDER – SK Partizan Belgrad 1:0
Torschütze: Schütz

1982/83

UEFA-Pokal

Runde 1: Vorwärts Frankfurt/Oder – SV WERDER 1:3
Torschützen: Meier, Reinders, Völler
SV WERDER – Vorwärts Frankfurt/Oder 0:2
Runde 2: SV WERDER – IK Brage 2:0
Torschützen: Meier, Sidka
IK Brage – SV WERDER 2:6
Torschützen: Völler (3), Meier (2), Gruber
Runde 3: Dundee United – SV WERDER 2:1
Torschütze: Meier
SV WERDER – Dundee United 1:1
Torschütze: Völler

1983/84

UEFA-Pokal

Runde 1: SV WERDER – Malmö FF 1:1
Torschütze: Reinders
Malmö FF – SV WERDER 1:2
Torschützen: Pezzey, Sidka
Runde 2: Lokomotive Leipzig – SV WERDER 1:0
SV WERDER – Lokomotive Leipzig 1:1
Torschütze: Kreer (Eigentor)

1984/85

UEFA-Pokal

Runde 1: RSC Anderlecht – SV WERDER 1:0
SV WERDER – RSC Anderlecht 2:1
Torschütze: Sidka (2)

1985/86

UEFA-Pokal

Runde 1: Schwarzmeer Odessa – SV WERDER 2:1
Torschütze: Meier
SV WERDER – Schwarzmeer Odessa 3:2
Torschützen: Kutzop, Pezzey

1986/87

UEFA-Pokal

Runde 1: Atletico Madrid – SV WERDER 2:0
SV WERDER – Atletico Madrid 2:1
Torschützen: Neubarth, Meier

1987/88

UEFA-Pokal

Runde 1: Mjöndalen IF – SV WERDER 0:5
Torschützen: Riedle (2), Ordenewitz, Sauer, Wolter
SV WERDER – Mjöndalen IF 0:1
Runde 2: Spartak Moskau – SV WERDER 4:1
Torschütze: Burgsmüller
SV WERDER – Spartak Moskau 6:2
Torschützen: Neubarth (2), Ordenewitz, Riedle, Sauer, Burgsmüller
Runde 3: SV WERDER – Dynamo Tiflis 2:1
Torschützen: Neubarth, Riedle
Dynamo Tiflis – SV WERDER 1:1
Torschütze: Schaaf
Viertelfinale: Hellas Verona – SV WERDER 0:1
Torschütze: Neubarth
SV WERDER – Hellas Verona 1:1
Torschütze: Sauer
Halbfinale: Bayer 04 Leverkusen – SV WERDER 1:0
SV WERDER – Bayer 04 Leverkusen 0:0

1988/89

Europapokal der Landesmeister

Runde 1: Berliner FC Dynamo – SV WERDER 3:0
SV WERDER – Berliner FC Dynamo 5:0
Torschützen: Kutzop, Hermann, Riedle, Burgsmüller, Schaaf
Runde 2: Celtic Glasgow – SV WERDER 0:1
Torschütze: Wolter
SV WERDER – Celtic Glasgow 0:0
Runde 3: SV WERDER – AC Mailand 0:0
AC Mailand – SV WERDER 1:0

1989/90

UEFA-Pokal

Runde 1: Lilleström SK – SV WERDER 1:3
Torschützen: Eilts, Bode (2)
SV WERDER – Lilleström SK 2:0
Torschützen: Neubarth, Sauer
Runde 2: SV WERDER – Austria Wien 5:0
Torschützen: Neubarth, Hermann, Riedle, Rufer, Kutzop
Austria Wien – SV WERDER 2:0
Runde 3: SSC Neapel – SV WERDER 2:3
Torschützen: Neubarth, Riedle, Rufer
SV WERDER – SSC Neapel 5:1
Torschützen: Riedle (2), Rufer, Sauer, Eilts
Viertelfinale: RFC Lüttich – SV WERDER 1:4
Torschützen: Bockenfeld, Riedle (2), Rufer
SV WERDER – RFC Lüttich 0:2
Halbfinale: SV WERDER – AC Florenz 1:1
Torschütze: Landucci (Eigentor)
AC Florenz – SV WERDER 0:0

1991/92

Europapokal der Pokalsieger

Runde 1: FC Bacau – SV WERDER 0:6
Torschützen: Rufer (3), Bratseth, Votava, Neubarth
SV WERDER – FC Bacau 5:0
Torschützen: Kohn (2), Eilts, Bratseth, Bode
Runde 2: SV WERDER – Ferencvaros Budapest 3:2
Torschützen: Neubarth (2), Allofs
Ferencvaros Budapest – SV WERDER 0:1
Torschütze: Bode
Runde 3: SV WERDER – Galatasaray Istanbul 2:1
Torschützen: Kohn, Bester
Galatasaray Istanbul – SV WERDER 0:0
Halbfinale: Club Brugge K. V. – SV WERDER 1:0
SV WERDER – Club Brugge K. V. 2:0
Torschützen: Bode, Bockenfeld
Finale: AS Monaco – SV WERDER 0:2
Torschützen: Allofs, Rufer

Der SV Werder ist Europapokalsieger der Pokalsieger 1992!

1992/93

Europapokal der Pokalsieger

Runde 1: SV WERDER – Hannover 96 3:1
Torschützen: Rufer (2), Bratseth
Hannover 96 – SV WERDER 2:1
Torschütze: Rufer
Runde 2: SV WERDER – Sparta Prag 2:3
Torschützen: Neubarth, Rufer
Sparta Prag – SV WERDER 1:0

1993/94

Champions League

Runde 1: SV WERDER – Dynamo Minsk 5:2
Torschützen: Hobsch (3), Rufer (2)
Dynamo Minsk – SV WERDER 1:1
Torschütze: Rufer
Runde 2: Levski Sofia – SV WERDER 2:2
Torschützen: Bode, Rufer
SV WERDER – Levski Sofia 1:0
Torschütze: Basler

Werder für die Gruppenspiele qualifiziert!

Gruppenspiele:

FC Porto – SV WERDER 3:2
Torschützen: Hobsch, Rufer
SV WERDER – RSC Anderlecht 5:3
Torschützen: Rufer (2), Bratseth, Hobsch, Bode
AC Mailand – SV WERDER 2:1
Torschütze: Basler
SV WERDER – AC Mailand 1:1
Torschütze: Rufer
SV WERDER – FC Porto 0:5
RSC Anderlecht – SV WERDER 1:2
Torschütze: Bode (2)

Tabelle der Gruppe 2

Pl.	Name	Sp.	g.	u.	v.	Tore	Diff.	Punkte
1.	AC Mailand	6	2	4	0	6: 2	+ 4	8:4
2.	FC Porto	6	3	1	2	10: 6	+ 4	7:5
3.	**SV Werder Bremen**	**6**	**2**	**1**	**3**	**11:15**	**- 4**	**5:7**
4.	RSC Anderlecht	6	1	2	3	5: 9	- 4	4:8

1994/95

Europapokal der Pokalsieger

Runde 1: Maccabi Tel Aviv – SV WERDER 0:0
SV WERDER – Maccabi Tel Aviv 2:0
Torschützen: Bode, Basler
Runde 2: Feyenoord Rotterdam – SV WERDER 1:0
SV WERDER – Feyenoord Rotterdam 3:4
Torschützen: Bestchastnykh (2), Basler

1995/96

UEFA-Pokal

Runde 1: FC Glenavon – SV WERDER 0:2
Torschützen: Cardoso, Vier
SV WERDER – FC Glenavon 5:0
Torschützen: Hobsch (3), Basler, Borowka
Runde 2: SV WERDER – Dynamo Minsk 5:0
Torschützen: Shtaniuk (Eigentor), Basler (2), Hobsch, Bode
Dynamo Minsk – SV WERDER 2:1
Torschütze: Bode
Runde 3: PSV Eindhoven – SV WERDER 2:1
Torschütze: Bode
SV WERDER – PSV Eindhoven 0:0

1996/97

UI-Cup

Gruppenspiele Qualifikation
Apollon Limassol – SV WERDER 0:2
Torschützen: Labbadia, Herzog
SV WERDER – Djurgarden Stockholm 3:2
Torschützen: Brand, Hobsch, Pfeifenberger
B68 Toftir – SV WERDER 0:2
Torschützen: Pfeifenberger, Labbadia
SV WERDER – Linzer ASK 1:3
Torschütze: Herzog

Tabelle Qualifikationsgruppe

Pl.	Name	Tore	Punkte
1.	LASK Linz	11:1	12
2.	**SV WERDER BREMEN**	**8:5**	**9**
3.	Djurgardens IF	15:6	6
4.	Apollon Limassol	4:13	3
5.	B 68 (Toftir)	2:15	0

1997/98

UI-Cup

Gruppenspiele Qualifikation
SV WERDER – Östers IF Växjö 2:1
Torschützen: Labbadia, Herzog
FC Universitate Riga – SV WERDER 0:3
Torschützen: Labbadia, van Lent, Herzog
SV WERDER – Istanbulspor 0:0
Vasas Budapest – SV WERDER 2:0

Tabelle Qualifikationsgruppe

Pl.	Name	Tore	Punkte
1.	Istanbulspor	10:3	10
2.	Vasas Budapest	9:3	9
3.	**SV WERDER BREMEN**	**5:3**	**7**
4.	Östers IF Växjö	6:10	3
5.	Universitate Riga	2:13	0

1998/99

UI-Cup

Runde 2: SV WERDER – FK Inkaras Kaunas 4:1
Torschützen: Bode (2), Skripnik, Frings
FK Inkaras Kaunas – SV WERDER 0:1
Torschütze: Herzog
Runde 3: Lommel SK – SV WERDER 1:3
Torschützen: Kunz (2), Bode

SV WERDER – Lommel SK 2:1
Torschützen: Frings, Flo
Halbfinale: SV WERDER – Samsunspor 3:0
Torschützen: Todt, Bode, Seidel
Samsunspor – SV WERDER 0:3
Torschützen: Flo, Wicky, Frings
Finale: SV WERDER – Vojvodina Novi Sad 1:0
Torschütze: Frey
Vojvodina Novi Sad – SV WERDER 1:1
Torschütze: Frings

Werder für den UEFA-Cup qualifiziert!

UEFA-Pokal
Runde 1: Brann Bergen – SV WERDER 2:0
SV WERDER – Brann Bergen 4:0
Torschützen: Wicky, Wiedener, Maximov, Flo
Runde 2: SV WERDER – Olympique Marseille 1:1
Torschütze: Herzog
Olympique Marseille – SV WERDER 3:2
Torschützen: Eilts, Herzog

1999/2000

UEFA-Pokal
Runde 1: FK Bodö Glimt – SV WERDER 0:5
Torschützen: Pizarro (2), Bogdanovic (2), Maximov
SV WERDER – FK Bodö Glimt 1:1
Torschütze: Ailton
Runde 2: SV WERDER – Viking Stavanger 0:0
Viking Stavanger – SV WERDER 2:2
Torschützen: Wiedener, Herzog
Runde 3: Olympique Lyon – SV WERDER 3:0
SV WERDER – Olympique Lyon 4:0
Torschützen: Bode, Herzog, Baumann, Pizarro
Runde 4: AC Parma – SV WERDER 1:0
SV WERDER – AC Parma 3:1
Torschützen: Dabrowski, Bode, Cannavaro (Eigentor)
Runde 5: Arsenal London – SV WERDER 2:0
SV WERDER – Arsenal London 2:4
Torschützen: Bode, Bogdanovic

2000/01

UEFA-Pokal
Runde 1: Antalyaspor – SV WERDER 2:0
SV WERDER – Antalyaspor 6:0
Torschützen: Wicky, Bode, Stalteri, Ailton (3)
Runde 2: SV WERDER – KRC Genk 4:1
Torschützen: Ernst, Herzog, Baumann, Bode
KRC Genk – SV WERDER 2:5
Torschützen: Pizarro (3), Stalteri, Maximov
Runde 3: Girondins Bordeaux – SV WERDER 4:1
Torschütze: Pizarro
SV WERDER – Girondins Bordeaux 0:0

2001/02

UI-Cup
3. Runde SV WERDER – KAA Gent 2:3
Torschütze: Ailton (2)
KAA Gent – SV WERDER 0:1
Torschütze: Herzog

2002/03

UEFA-Pokal
Runde 1: Metallurg Donetzk – SV WERDER 2:2
Torschützen: Lisztes, Verlaat
SV WERDER – Metallurg Donetzk 8:0
Torschützen: Verlaat, Micoud (2), Borowski (2), Charisteas, Klasnic (2)
Runde 2: Vitesse Arnheim – SV WERDER 2:1
Torschütze: Verlaat
SV WERDER – Vitesse Arnheim 3:3
Torschützen: Baumann, Krstajic, Charisteas

2003/04

UI-Cup
Runde 3: OGC Nizza – SV WERDER 0:0
SV WERDER – OGC Nizza 1:0
Torschütze: Micoud
Halbfinale: FC Superfund Pasching – SV WERDER 4:0
SV WERDER – FC Superfund Pasching 1:1
Torschütze: Charisteas

Internationale Wettbewerbe: die meisten Tore 1963–2003

1.	Marco Bode	22
2.	Wynton Rufer	20
3.	Frank Neubarth	12
4.	Andreas Herzog	11
	Karl-Heinz Riedle	11
6.	Bernd Hobsch	10
7.	Claudio Pizarro	7
	Mario Basler	7
	Norbert Meier	7
8.	Ailton	6

Zweiundachtzig Dank!

Mein ganz, ganz tiefer Dank gilt allen, die mir bei diesem Buch tatkräftig geholfen haben, sei es durch Gespräche, beigesteuerte Fotos oder wertvolle Erinnerungen. Den Fotografen Walter Schumann und Jürgen Stroscher, Gerhard Zebrowski, allen bei Werder Bremen, besonders Klaus-Dieter Fischer, Dr. Franz Böhmert, Marita Hanke und Tino Polster, Rolf Behrens, Dieter Mohrmann für unzählige, wertvolle Informationen, allen Interviewpartnern, die für zum Teil sehr lange Gespräche zur Verfügung standen, Wolfgang Kölbl für Fotos von Frank Baumann und Herbert Rienessel für den Kontakt zu Gerhard Steinkogler. Sorry meiner Familie für endlose Monate, in denen ich unansprechbar bis zur Nase in Wimpeln, Fotos, Nachschlagewerken und vergilbten Schriftstücken vergraben war, um dieses Buch zu schreiben.

Namentlich tausend Dank an: Ailton, Heinz Allhorn, Klaus Allofs, Rudi Assauer, Wolfgang Barkhausen, Frank Baumann, Günter Bernard, Marco Bode, Volker Boelsen, Lothar Böhm, Dr. Franz Böhmert, Jürgen L. Born, Horst Bünting, Dieter Burdenski, Caro und ihren Super-Teddy, dem wir Fabian Ernsts Traumtor in Dortmund verdanken, Reinaldo Couddou, Kenneth Dudjahn, Dieter Eilts, Entenspiel, Ralf Faber, Klaus-Dieter Fischer, Robert Frese, Heiko Gefken, Hans-Georg Gerling, Jörn Gildehaus (Gildehaus & Lankenau), Peter Haak, Marita Hanke, Schorse Hasemann, Horst-Dieter Höttges, Norbert Hoyer, IMAGO, Reinhard Jordan, Sammlung Peter Keller, Kicker Sportmagazin (Archiv), Harald Klingebiel, Kuno Klötzer, Florian Klugmann, Wolfgang Kölbl (TSV Grombühl), David Koopmann, Bernd Kugler, Klaus Lambertz, Dirk Lellek, Willi Lemke, Max Lorenz, Bogdan Masztaler, Ulli Merk, Dieter Mohrmann, Manni Müller, Jonny Otten, Panini GmbH, Sabine Peege, Roland Podeschwik, Tino Polster, Oliver Rau, Alfons Rebell, Oliver Reck, Otto Rehhagel, Dr. Herbert Rienessel, Kurt Roder, Bernd Rosenberger, Wynton Rufer, Holger Rullhusen, Thomas Schaaf, Bernd Schmidt, Volker Schöttner, Arnold Schütz, Hans Schulz, Walter Schumann und Gemahlin, Heinz Sidon, Gerhard Steinkogler, Stolli, Jürgen Stroscher, Gerhard Teupel, Carl van der Walle, Roman Wagner, Hans-Joachim Wallenhorst, Dave Watson, Wolfgang Weber, Gerhard und Tanja Zebrowski

Wenn Sie ...
- ... in diesem Buch nicht vorkommen, obwohl Sie eigentlich auch reingehört hätten,
- ... Fehler entdeckt haben,
- ... Anregungen äußern möchten,
- ... Fotomaterial zu Werders Bundesligageschichte anbieten können, das in einer sicherlich eines Tages anstehenden überarbeiteten Neuauflage des vorliegenden Buches gut aufgehoben wäre,
- ... wissen, wo sich der Spieler Klaus Müller heute aufhält oder
- ... Sie ein originales altes Norda- oder Pentax-Trikot für den Autor übrig haben,

würde er sich über ein paar Zeilen von Ihnen sehr freuen: Arnd Zeigler, c/o Werder Bremen, Weserstadion, 28205 Bremen oder arndzeig@aol.com.

Für:

Zeigler, Ben »Hutzel«
*2.3.2001
Angriff
0 (0); 0 (0); im SV Werder 2001–

Der Autor

Arnd Zeigler wurde 1965 in einem Weidenkörbchen unter der Ostkurve des Bremer Weser-Stadions gefunden. Noch heute lebt er im Weser-Stadion. Weil er einfach nicht weggehen wollte, ist er nun dort Stadionsprecher. Das bedeutet: Er schaut sich alle Fußballspiele des SV Werder an und darf dabei rumbrüllen. Das ist auch das, was er am besten kann.

Wenn Arnd nicht im Weser-Stadion rumbrüllt, schaut er zuhause Fußball im Fernsehen. Und brüllt dabei rum. Und weil er mehr Fußball guckt als jeder andere Mensch auf unserem blauen Planeten, taucht er Woche für Woche ein in »Zeiglers wunderbare Welt des Fußballs«, um auch ganz normal tickende Menschen am alltäglichen Wahnsinn namens »Fußball« teilhaben zu lassen. Seine gleichnamige Hörfunk-Serie läuft seit über einem Jahrzehnt wöchentlich in den Programmen von Radio Bremen, WDR 2, HR 3, SWR 1, Bayern 3, SR 1 und »Eins Live«.

Die, die Arnd nicht kennen, vermuten, dass er in einem Dickicht aus alten Wimpeln, Panini-Sammelalben, Lederfußbällen und bizarren Fußballschallplatten vor sich hin vegetiert. Die, die ihn gut kennen wissen, dass das auch tatsächlich so ist.

Nebenbei arbeitet er als Radiomoderator für Radio Bremen (mit eigener Nachmittagsshow »Planet Arnie« auf Bremen 4), gibt Fußball-CDs heraus (»Kult Fußball«), schreibt als Kolumnist für das Fußball-Magazin »11 Freunde« und ist Texter und Interpret der Werder-Stadionhymne »Das W auf dem Trikot«.

Der SV WERDER in der Bundesliga

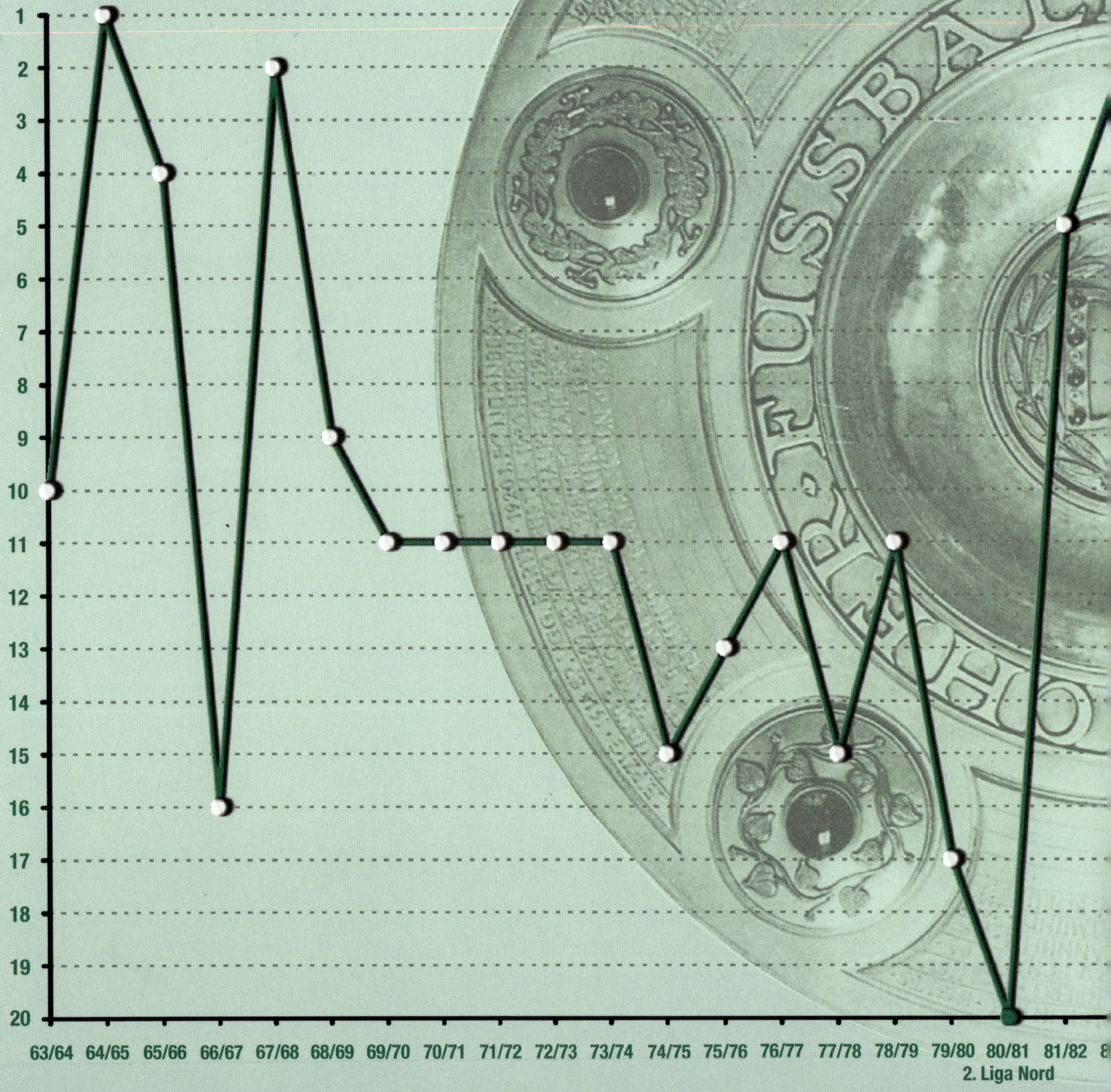